经时险也
砥砺前来
贺教师节
重大攻向项目
必至全胜

教育部哲学社會科學研究重大課題攻關項目
"十三五"国家重点出版物出版规划项目

20世纪中国社会思潮研究

ON THE INTELLECTUAL TRENDS IN CHINA, 1895-1995

高瑞泉 等著

中国财经出版传媒集团
经济科学出版社
Economic Science Press

图书在版编目（CIP）数据

20世纪中国社会思潮研究/高瑞泉等著．—北京：经济科学出版社，2018.12

教育部哲学社会科学研究重大课题攻关项目"十三五"国家重点出版物出版规划项目

ISBN 978-7-5218-0114-9

Ⅰ.①2… Ⅱ.①高… Ⅲ.①社会思潮-研究-中国-20世纪 Ⅳ.①D092.6

中国版本图书馆CIP数据核字（2018）第298556号

责任编辑：刘明晖　程憬怡
责任校对：郑淑艳
责任印制：李　鹏

20世纪中国社会思潮研究

高瑞泉　等著

经济科学出版社出版、发行　新华书店经销
社址：北京市海淀区阜成路甲28号　邮编：100142
总编部电话：010-88191217　发行部电话：010-88191522
网址：www.esp.com.cn
电子邮件：esp@esp.com.cn
天猫网店：经济科学出版社旗舰店
网址：http：//jjkxcbs.tmall.com
北京季蜂印刷有限公司印装
787×1092　16开　27.5印张　520000字
2019年4月第1版　2019年4月第1次印刷
ISBN 978-7-5218-0114-9　定价：96.00元
(图书出现印装问题，本社负责调换。电话：010-88191510)
(版权所有　侵权必究　打击盗版　举报热线：010-88191661
QQ：2242791300　营销中心电话：010-88191537
电子邮箱：dbts@esp.com.cn)

课题组主要成员

首 席 专 家 高瑞泉
课题组成员 胡伟希　高力克　胡逢祥　李洪卫
　　　　　　　蔡志栋　吴晓番　胡　岩

编审委员会成员

主　任　吕　萍
委　员　李洪波　柳　敏　陈迈利　刘来喜
　　　　樊曙华　孙怡虹　孙丽丽

总　序

哲学社会科学是人们认识世界、改造世界的重要工具,是推动历史发展和社会进步的重要力量,其发展水平反映了一个民族的思维能力、精神品格、文明素质,体现了一个国家的综合国力和国际竞争力。一个国家的发展水平,既取决于自然科学发展水平,也取决于哲学社会科学发展水平。

党和国家高度重视哲学社会科学。党的十八大提出要建设哲学社会科学创新体系,推进马克思主义中国化、时代化、大众化,坚持不懈用中国特色社会主义理论体系武装全党、教育人民。2016年5月17日,习近平总书记亲自主持召开哲学社会科学工作座谈会并发表重要讲话。讲话从坚持和发展中国特色社会主义事业全局的高度,深刻阐释了哲学社会科学的战略地位,全面分析了哲学社会科学面临的新形势,明确了加快构建中国特色哲学社会科学的新目标,对哲学社会科学工作者提出了新期待,体现了我们党对哲学社会科学发展规律的认识达到了一个新高度,是一篇新形势下繁荣发展我国哲学社会科学事业的纲领性文献,为哲学社会科学事业提供了强大精神动力,指明了前进方向。

高校是我国哲学社会科学事业的主力军。贯彻落实习近平总书记哲学社会科学座谈会重要讲话精神,加快构建中国特色哲学社会科学,高校应发挥重要作用:要坚持和巩固马克思主义的指导地位,用中国化的马克思主义指导哲学社会科学;要实施以育人育才为中心的哲学社会科学整体发展战略,构筑学生、学术、学科一体的综合发展体系;要以人为本,从人抓起,积极实施人才工程,构建种类齐全、梯队衔接的高校哲学社会科学人才体系；要深化科研管理体制改革，发挥高校人才、智力和学科优势，提升学术原创能力，激发创新创造活力，建设中国特色新型高校智库；要加强组织领导、做好统筹规划、营造良好学术生态，形成统筹推进高校哲学社会科学发展新格局。

哲学社会科学研究重大课题攻关项目计划是教育部贯彻落实党中央决策部署的一项重大举措，是实施"高校哲学社会科学繁荣计划"的重要内容。重大攻关项目采取招投标的组织方式，按照"公平竞争，择优立项，严格管理，铸造精品"的要求进行，每年评审立项约40个项目。项目研究实行首席专家负责制，鼓励跨学科、跨学校、跨地区的联合研究，协同创新。重大攻关项目以解决国家现代化建设过程中重大理论和实际问题为主攻方向，以提升为党和政府咨询决策服务能力和推动哲学社会科学发展为战略目标，集合优秀研究团队和顶尖人才联合攻关。自2003年以来，项目开展取得了丰硕成果，形成了特色品牌。一大批标志性成果纷纷涌现，一大批科研名家脱颖而出，高校哲学社会科学整体实力和社会影响力快速提升。国务院副总理刘延东同志做出重要批示，指出重大攻关项目有效调动各方面的积极性，产生了一批重要成果，影响广泛，成效显著；要总结经验，再接再厉，紧密服务国家需求，更好地优化资源，突出重点，多出精品，多出人才，为经济社会发展做出新的贡献。

作为教育部社科研究项目中的拳头产品，我们始终秉持以管理创新服务学术创新的理念，坚持科学管理、民主管理、依法管理，切实增强服务意识，不断创新管理模式，健全管理制度，加强对重大攻关项目的选题遴选、评审立项、组织开题、中期检查到最终成果鉴定的全过程管理，逐渐探索并形成一套成熟有效、符合学术研究规律的管理办法，努力将重大攻关项目打造成学术精品工程。我们将项目最终成果汇编成"教育部哲学社会科学研究重大课题攻关项目成果文库"统一组织出版。经济科学出版社倾全社之力，精心组织编辑力量，努力铸造出版精品。国学大师季羡林先生为本文库题词："经时济世　继往开来——贺教育部重大攻关项目成果出版"；欧阳中石先生题写了"教育部哲学社会科学研究重大课题攻关项目"的书名，充分体现了他们对繁荣发展高校哲学社会科学的深切勉励和由衷期望。

伟大的时代呼唤伟大的理论，伟大的理论推动伟大的实践。高校哲学社会科学将不忘初心，继续前进。深入贯彻落实习近平总书记系列重要讲话精神，坚持道路自信、理论自信、制度自信、文化自信，立足中国、借鉴国外，挖掘历史、把握当代，关怀人类、面向未来，立时代之潮头、发思想之先声，为加快构建中国特色哲学社会科学，实现中华民族伟大复兴的中国梦做出新的更大贡献！

教育部社会科学司

摘 要

本书通过对20世纪中国诸多社会思潮的综合研究，试图达到以"通观"为目标，重新认识由于中国崛起而备受关注的"中国道路"或"中国经验"；或者说，通过研究与社会史密切结合的社会思潮所表现的观念世界的转变，对现代化的"中国道路"或"中国经验"作整体性的观念反思。

对于中华民族而言，20世纪是一个"否极泰来"的转变时期，是千年帝国在其国运日衰之际通过曲折的现代化之路走向民族复兴的世纪；因而也是一个革命的世纪。革命世纪先后出现的现代化方案曾经呈现为复杂的"古今中西"之争，有着中国独特的面貌。然而中国既然已经进入现代世界，诸多现代化方案的性质和格局，与世界上其他各国大体类似，呈现为激进、保守和中间状态的三角关系，在思潮研究中即可以分析为激进主义、保守主义和自由主义三大派别之间的争鸣。从承认观念对于社会行动具有不可小觑的力量而言，中国的崛起是前述三大思潮在复杂纠缠中（其中不乏对立争斗与共鸣）共同作用的结果。"思潮"既然是"思"之"潮"，自然有变动不居的一面，但是处于特定历史条件下的中国思潮，又都有自己大致的边界和特征。通过政治革命和残酷的战争，中国结束了千年帝制和殖民压迫，获得了民族独立，形成了统一的现代国家，现代化建设的进程才获得了巩固的政治基础。因而至少在1949年前，由激进主义主导的与自由主义之间不平衡的联盟，成为推动中国社会进步的主要观念力量。中华人民共和国成立以前的政治革命与而后现代化所引起的广泛社会变革之间有高度的连续性，它们所共同需要的动力性观念，更多地来自社会思潮中激进的一翼以及其不平衡的联盟。现代社会不但需要持续的动力来推动变革，而且需要合理的制度安排、理想的秩序建构、民族文化认同和道德重建。20世纪中国社会思潮中保守的一翼，尤其是文化保守主义以强调传统的悠久性、历史的连续性和民族文化的优胜性为中心，为此作出了自己的理论贡献。从社会史的角度说，中国的现代化史与民族复兴是高度重叠的；反映在社会思潮的谱系上，就是民族主义成为20世纪中国各种重大思潮的共同"底线"。20世纪80年代以后，激进主义开始退潮，文化保守主义迅速成为主流，这种社会思潮总画面的变易，可以在中国现代化历史进程的内在要求层面上获得合理的解释。

从世纪长程看一百年来三大思潮（以及它们与民族主义）之间的总体关联与图景转换，是建立在对这三大思潮的具体研究基础上的。本书分三编分别讨论了上述三大思潮，每编都又在政治、文化和哲学三个方面加以具体展开。

近代以来，"中国到何处去？"是一个迫在眉睫的大问题，一开始表现为民族存亡的危机，然后又表现为中国道路的争持，因而必然首先体现在政治领域。它包括革命、改良和反动三种态度和政策取向；革命内部本身也会有策略之争。态度、政策和策略可以有不同程度的理论辩护。它们共同构成政治层面思潮研究的对象。我们肯定中国革命有它不可低估的伟大历史意义，"中国特色社会主义"是承接了革命的遗产又扬弃了激进主义的结果。从来没有占据中国社会主流的政治自由主义，在反对专制、主张自由、平等和民主政治等方面，却曾经起过积极的作用，甚至短暂地占据了舆论的高地，但是它终究只是少数知识分子的运动，无法在中国社会生根。政治保守主义实际上有强大的社会根基，但是从理论形态上说却始终处于下风，至少在知识分子中无法获得足够的合法性。

"中国向何处去？"从来就不仅是政治方略之争，它始终表现为文化上的"古今中西"之争，集中展开为如何对待传统文化、是否以及如何吸收、融摄西方文化等争论。20世纪上半叶，文化激进主义主导了激烈反传统的潮流；作为对它的反拨，文化保守主义思潮崛起，既有文史专家群体，又有以现代新儒家为代表的哲学创获。文化自由主义则游动于上述两者之间，它通常以向西方文化尤其是英美开放的面相示人。20世纪晚期，"激进主义反思"出现的同时，文化保守主义占据思想界的王座，文化自由主义开始与保守主义结盟。我们的研究表明，"激进主义反思"既有其合理性，又有加以再反思的必要；而知识分子在文化认同上的复杂性，加之民族主义成为诸多思潮的共同底线，也使得文化保守主义与自由主义之间的壁垒并非永远黑白分明。

  思潮研究属于广义的公共思想史研究。20世纪公共思想史何以出现一个激进化的高潮，与其得到一定哲学的导向或辩护有密不可分的关系，它们包括线性化的进步主义信念、功利主义的兴起，以及平等主义的衍化。所有这些都与激进一翼在政治、文化诸领域中的表达有某种路径或气质上的相似，三者在适当的条件下会产生巨大的共振。中国的自由主义有其共有的哲学基线，如进化论和对理性的信念，但未有独创的哲学体系，当然这并不妨碍一些自由主义者在认识论和自由人格问题上做出了有益的探索。现代新儒家在哲学上做出了体系建构的贡献，就与保守主义相关的部分，则主要是着意于权威与秩序重建而发展出来的一套人文理性之建构。这些分别构成每一编第三部分的分析。希望本书对20世纪中国社会思潮的研究取得更为深入与丰满的成果能有所裨益。

Abstract

Through a systematic study of various intellectual trends in China in the 20th century, this thesis, by way of "a comprehensive survey", targets to achieve a new understanding of the "Chinese Way" or the "Chinese Experience", which has attracted much attention because of the rise of China. In other words, this thesis is a comprehensive reflection on the "Chinese Way" or the "Chinese Experience" of modernization by analyzing the changes in people's notions reflected in various intellectual trends, which are closely tied with the development of social history.

To the Chinese nation, the 20th century is an era of transformation in the sense of "extreme adversity begets good fortune". In this century, the millennium-old empire went from decline to revival through the zigzag of modernization. Therefore, it was also a century of revolution. In this century of revolution, various approaches to modernization were presented in a perplexing controversy of "the ancient versus the present, and the Chinese versus the Western" in a distinctively Chinese way. However, as China had entered the modern world, many of these approaches to modernization share the same characteristics and frameworks of those in other major countries in the world. These approaches the radical, the conservative and the middle grounds are in a triangular relationship. Hence, a study of various intellectual trends is a study of the controversy among radicalism, conservatism and liberalism. If notions truly have significant power over social acts, China's rise is attributable to the collective impact of the three aforementioned intertwining schools of thought, which were at times in conflict and at times in concert. An intellectual trend certainly has its variability. However, all of the intellectual trends in China, which formed under specific historical conditions, have their own boundaries and characteristics. Only after China had ended two thousand years of autocratic monarchy through various political reforms and brutal wars attained independence, and founded a unified modern country, its modernization process obtained a solid political foundation. It is, therefore, fair to say, before 1949 at least, the rather lopsided coalition between the dominant radicalism on the one hand and the dominated liberalism on the other, constituted the primary force of notion that propelled China's social development. There was a high degree of continuity between the political reforms before the founding of the People's Republic of China and the widespread social transformations during the modernization process both required the notion of impetus, which was mostly attributable to the radicalism as well as its lopsided coalition. Modern society needs not only steady impetus to push for transformations, but also rational institutional arrangement, optimal principle of order, national identity and moral reconstruction. Emphasizing the long standing of the tradition, the continuity of the history and the superiority of the national culture, the conservatism in the 20th century, particularly the cultural conservatism, also made its own theoretical contributions. From a perspective of social history, China's modernization and revival are significant overlapped. Thus, as far as the genealogy of intellectual trends was concerned, nationalism became the common "bottom line" of all major intellectual trends in China in the 20th century. In the 1980s, radicalism started to ebb while cultural conservatism quickly became the mainstream. The intrinsic needs of China's modernization process could well explain such a change in the landscape.

An understanding of the overall connection amongst the three major trends (as well as nationalism) and the changing landscape over a century requires a detailed study of the three trends. This thesis is divided into three parts to discuss the three trends separately. Each part further delves into the political, cultural and philosophical aspects of each trend.

"Whither China?" has become a key burning question in modern times. This issue at first concerned the crisis over national survival, then led to the debate over "the Chinese way". Therefore, it must primarily be a political issue, which involves three political ideologies revolutionism, reformism and reactionism. Even within the revolutionism camp, there were also strategic differences. Attitudes, policies and strategies could find theoretical defenses to various degrees. Altogether they constitute the subject of the study of the political aspect of intellectual trends. We are certain that one cannot underestimate the historical significance of China's revolution. "Socialism with Chinese characteristics" is a result of taking in the legacy of the revolution while casting aside radicalism. Political liberalism never took center stage in China. Yet, in the struggle against autocratic monarchy and the fight for freedom, equality and democracy as well as other areas, it made positive contributions and even temporarily mobilized public opinions in its favor. However, it came down to a movement led by a minority of intellectuals, hence unable to take root in Chinese society. Political conservatism, in contrary, had a strong foothold in the society. Nevertheless, its theoretical configuration was always inferior to the others at least difficult to establish legitimacy among the intellectuals.

"Whither China?" is never merely an issue of political strategy; it is also a cultural debate over "the ancient versus the present, and the Chinese versus the Western", encompassing issues such as how to deal with traditional culture, whether and how to assimilate Western culture and so on. During the first half of the 20th century, cultural radicalism dominated the anti-tradition trend, while cultural conservatism, comprised of literary experts and historians as well as philosophers that founded modern Neo-Confucian, emerged as a rebuttal to cultural radicalism. In the meantime, cultural liberalism wavered between the above-mentioned two trends, often showing its openness towards the Western, especially British and American, culture. In late 20th century, as the "reflection on radicalism" emerged, cultural conservatism rose to preeminence, and cultural liberalism began to form a coalition with cultural conservatism. This thesis shows that the "reflection on radicalism", in spite of its reasonability, must be reexamined. Given the complexity of intellectuals' cultural identity, and the fact that nationalism had become the common bottom line of many schools, the line between cultural conservatism and liberalism was not always so clear.

A study of intellectual trends is a study of public intellectual history in a broad sense. The appearance of a climax of radicalization in the public intellectual history in the 20th century was attributable to its philosophical guidance and defense, including linear progressivism, the rise of utilitarianism, and the evolution of egalitarianism. All of them are to a certain extent similar to radicalism as far as the approach and attitude towards politics and culture was concerned. These three doctrines would resonate greatly under certain conditions. Chinese liberalists had common philosophical principles, such as revolutionism and the belief in rationality, but they hadn't created a separate philosophical system. Certainly, some liberalists had made positive exploration on epistemology and the issue of free personality. New Confucian made contributions to the construction of philosophical systems, including a humanist rationalism for authority and the reestablishment of order, which was relative to conservatism. This thesis deals with these respectively in the last chapter of the three parts. We hope that this thesis will contribute to the study of China's intellectual trends in the 20th century both in depth and in breadth.

目录

导论　1

　　一、重新理解中国经验　1
　　二、19世纪的遗产　10
　　三、革命世纪的思潮变迁与知识分子　27
　　四、20世纪的中国与世界　40
　　五、本书的基本结构　55

第一编　79

第一章 ▶ 从"反满"共和到社会革命　81
　　一、"排满"共和：20世纪早期的革命思潮　82
　　二、向着"无何有之乡"　94
　　三、探寻社会主义道路：理论与实践　106

第二章 ▶ 文化激进主义的兴衰　122
　　一、清末民初传统文化批判的兴起　123
　　二、狂飙突进的新文化运动　136
　　三、对文化激进主义的反思　145

第三章 ▶ 公共思想激进史的哲学分析　161
　　一、线性化的进步主义信念　161
　　二、平等主义的衍化　169

三、功利主义的兴起　177

第二编　187

第四章 ▶ 政治自由主义潮起潮落　189
　　一、从戊戌到辛亥：政治自由主义的萌芽　189
　　二、运动与理论的双重进展："人权运动"　198
　　三、蛰伏后的高潮与沉寂　207

第五章 ▶ 文化自由主义　221
　　一、一场知识分子运动　222
　　二、自由主义与民族主义：从文化的视角看　232
　　三、现代政治与传统文化　242

第六章 ▶ 自由主义者的哲学探索　252
　　一、中国自由主义的哲学基线　252
　　二、认识论研究中的推进　258
　　三、理想人格如何构建　269

第三编　277

第七章 ▶ 比较视野中的中国保守主义特质　279
　　一、秩序、理性与保守主义　279
　　二、20世纪中国保守主义的精神特质　287

第八章 ▶ 变革进程中的政治与社会秩序　304
　　一、民族竞争中的国家秩序　305
　　二、变革中的权威与秩序　311
　　三、君主与教主　315

第九章 ▶ 理性的伦理生活与中道　323
　　一、理性的礼俗与伦理生活　324

二、新文化保守主义的方法论　332

第十章 ▶ 文化保守主义的哲学基础　343

　　一、理性主义对抗经验主义　343

　　二、人文理性主义的新建构　351

　　三、儒家教化的哲学证成　362

　　四、人文理性的分解与政道　373

参考文献　388

后记　405

Contents

Introduction　1

    1. A New Understanding of the China Experience　1
    2. The Legacy of the 19th Century　10
    3. Changes of Intellectual Trends and Intellectuals in the Era of Revolution　27
    4. China and the World in the 20th Century　40
    5. The Framework of this Book　55

Part I　79

Chapter 1　From the "Anti-Manchu" Repulic to the Social Revolution　81

    1. The "Anti-Manchu" Republic: the Revolutionary Intellectual Trends in the Early 20th Century　82
    2. Towards the Utopia　94
    3. Exploring the Socialist Path: Theory and Practice　106

Chapter 2　The Rise and Fall of Cultural Radicalism　122

    1. The Rise of Criticism on Traditional Culture in Late Qing and Early Republic　123
    2. The Rapid Development of the Neo-Cultural Movement　136
    3. A Reflection on Cutural Radicalism　145

Chapter 3　A Philosophical Analysis of the Radicalization History of Public Thoughts　161

　　1. Linear Progressivism　161
　　2. The Evolution of Egalitarianism　169
　　3. The Rise of Utilitarianism　177

Part Ⅱ　187

Chapter 4　The Tide of Political Liberalism　189

　　1. From Wuxu Reform to Xinhai Revolution: The Emergence of Political Liberalism　189
　　2. The Dual Evolution of Movement and Theory: "The Human Rights Movement"　198
　　3. The Storm and the Calm After Dormancy　207

Chapter 5　Cutural Liberalism　221

　　1. A Movement Led by Intellectuals　222
　　2. Liberalism and Nationalism: From a Cultural Perspective　232
　　3. Modern Politics and Traditional Culture　242

Chapter 6　Liberalists' Philosophical Exploration　252

　　1. Philosophical Principles of Liberalism in China　252
　　2. The Progress in Epistemology　258
　　3. How to Construct Ideal Personality　269

Part Ⅲ　277

Chapter 7　The Characteristics of Chinese Liberalism from a Comparative Perspective　279

　　1. Order, Rationality and Conservatism　279
　　2. The Ethos of Chinese Liberalism in the 20th Century　287

Chapter 8　Politics and Social Order during Reform　304

　　1. Order of the State in the Competition among Nations　305

  2. Authority and Order during Reform 311

  3. The Monarch and the Hierarch 315

Chapter 9 The Ethical Life and the Middle Way of Rationality 323

  1. Rational Rites and Ethical Life 324

  2. The Methodology of Neo-Cutural Conservatism 332

Chapter 10 The Philosophical Foundation of Cutural Liberalism 343

  1. Rationalism Versus Empiricism 343

  2. The New Construction of Humanist Rationalism 351

  3. The Philosophical Justification of Confucian Edification 362

  4. The Disintegration of Human Rationality and Political Principles 373

References 388

Postscript 405

导　论

思潮研究并非新鲜的话题，对于近现代以来最重要的思潮，学术界已经有了不少个案研究的成果。本项工作虽不敢自夸是对诸多研究工作的全面综合，但却以综合的标准来要求自身。我们希望借助这项研究工作，对20世纪中国社会思潮达到某种"通观"，即整体性的认识。在知识生产高度专业化的今天，这种努力从一开始就注定是一种冒险之举。因为所谓"社会思潮"，从来就是多学科、跨学科的现象；之所以受到人们的重视，常常是因为它们一时之流行或者社会影响的巨大，而似乎非知识之积累，更不敢说垂之久远。但是，在我们看来，貌似"百家往而不返"的社会思潮于潮起潮落之际，如何推动了中国思想史的进程，又有何等尚待发掘的意蕴，实在是需要认真研究同时也是极具价值的课题。在20世纪已经成为历史的今天，我们提交这项研究报告，需要对研究工作的意义、目标、研究路径和方法等问题，作一个简要的说明。

一、重新理解中国经验

在21世纪的今天，为什么还要将已经属于"过去"的20世纪的社会思潮作为一项研究的对象？这固然属于现代中国经验的反思，因为只要平心反省，我们有谁能够完全脱离时代思潮的影响，或者说我们实际上都在各种各样的社会思潮之中；但同时它也有更重要的意义，即有助于从本质上理解今天的中国，理解由于中国崛起而备受关注的中国道路或中国经验。

（一）

可以确定无疑地说，中国在20世纪的重新崛起，已经成为世界史的一个重大事件。它改变了中国的面貌，改变了亿万国人的命运；也改变了当代世界的格局，并将在很大程度上改变世界史的走向。很早就有人预言过中国人的觉醒将改变世界："拿破仑曾说，'不要唤醒沉睡的巨人'。英国人打败了拿破仑，马上就发动了鸦片战争，使中国觉醒了。"作如此大跨度叙述的是著名历史学家汤因比，他在20世纪70年代断言："将来统一世界的大概不是西欧国家，也不是西欧化的国家，而是中国。并且正因为中国有担任这样的未来政治任务的征兆，所以今天中国在世界上才有令人惊叹的威望。"① 尽管20世纪不乏中国将实现"突驾"或"大跃进"的预言，而且中国民众已经对迅速赶超西方有强烈的社会期待，最近30多年来的经济高速增长，还是超出了所有人的想象。回望20世纪，从八国联军进入北京（1900年）开始的这个世纪，以中国高调进入WTO（2000年）结束。从那时起，几乎全世界都开始谈论"中国的崛起"。当然，20世纪远非一帆风顺，当下也非一切光昌明丽，加之曾经有过的喧腾和荒唐，汇合起来让世人看到了一出中国现代传奇。

与"史"的这种天翻地覆相映成趣的，是"思"的波涛起伏、千回百转。换言之，与这100年来政治、经济、军事、国际环境、社会结构、阶级状况、生活方式发生前所未有的变化同时，中国思想也经历了一场大变局，包括曾经出现过各种各样的社会思潮。中国古代也有思潮的变化，如人们后来常说的先秦子学、两汉经学、魏晋玄学、隋唐佛学、宋明理学和清代朴学，都是对历史上那些大时代学术思想主流的概括。通常是一种思想或学术形态占据主流数百年以后，让位于另一种思想或学术形态，后者又会经历用现代人看几乎是漫长的绵延过程。但是没有哪一个世纪像20世纪这样，各种各样的思潮频繁发生与转换，它们似乎都有成、住、坏、灭的过程，却又似乎总是互相纠缠、时隐时现。社会思潮的多样性、复杂性和易变性，成为现代中国的一个突出特征。

把社会史的现代变迁与社会思潮的现代性研究联系在一起，表示了这样一种研究意向：通过社会思潮的研究，来理解20世纪的"中国传奇"。换言之，通过研究社会思潮所表现的观念世界的转变轨迹，对现代化的"中国道路"或"中国经验"作整体性的反思。

对于近代以来的社会思潮，学术界早已有诸多研究。我们从中受益甚多，具体的就不一一罗列。不过，以往的研究主要集中在对思潮个案的平列研究。研究的方式，也主要是按照学科和专业而分类。因而有对于政治、经济、文化、教育、哲学等思潮的讨论。说得更具体些，人们对作为思潮的进化论、改良主义、激进主义、社会主义、无政府主义、人文主义、实证主义、唯科学主义、自由主义、保守主义、民族主义、民粹主义、新儒家等，都已经多有研究，有些研究本

---

① ［英］阿·汤因比、［日］池田大作，荀春生等译：《展望21世纪：汤因比与池田大作对话录》，国际文化出版公司1985年版，第289~291页。

身还成为一时的争论焦点,譬如"改良 vs 革命"的争论,便不仅发生于 20 世纪初,而且回响于 20 世纪末。就思潮本身的发展而言,有些思潮曾经上升为意识形态,有些曾经处于潜流的,后来居上成为主流。所有这些提示了学术研究的新的空间及其必要性:将 20 世纪中国社会思潮作为统一的历史来研究,尝试着描绘出一幅总的图景,并且作出某种总括与理论提升。

更往前追溯,最早提示思潮作为学术研究对象的是梁启超。他注意到 20 世纪最初的 20 年间,"时代思潮"成为一个流行术语,因而对思潮作为一种重要的文化现象的合理性给予了肯定:

> 凡"思"非皆能成"潮";能成"潮"者,则其"思"必有相当之价值,而又适合其时代之要求者也。凡"时代"非皆有"思潮";有"思潮"之时代,必文化昂进之时代也。①

梁启超意识到"思潮"与一个时代的文化发展,以及由此引起的社会期待有密切的关联。"思潮"的时代性突出表现为它有社会心理学的特征,即可以获得广泛的社会共鸣,引起"继续的群众运动"。换言之,梁启超已经注意到,"思潮"之值得研究,正在于思潮运动带来的"共通观念"有其支配社会行动、改变观念世界的意义。

不过,梁启超给出的是一个对作为文化现象的"思潮"之经验描述,并且他具体论述的还限于学术思潮,而非严格意义的社会思潮。严格意义的社会思潮,应该是较大规模的观念形态的运动,是特定社会各种矛盾的尖锐化、复杂化在精神世界的反映,通常是从知识分子群体发端,或者从外部世界引入,渐渐扩展到社会层面,进而影响到生活世界与民众心理的思想运动。从知识社会学的角度说,上述界定承认所谓社会思潮,尤其是重要的迁延久长的社会思潮,必定有深刻的社会历史原因。社会生活提出了急迫的问题,特定的问题在思想家那里转变为某种重要的社会关切,经过某种程度的概念化以后,以相对规整的理论形态提出了对"问题"的回应。

承认社会思潮有其社会史的根据,不等于承认"史"与"思"之间服从线性的或者单一的因果联合,即不能论断特定的社会条件只能导致(causes)一种特定的思潮;更不能断定面对某种社会关切,只有一种理论回应——因为它一时被众多人所接受——是正确的。事实上,从社会思潮研究的角度说,虽然人们有共同的问题、共同的社会关切,但是通常会给出互相形成竞争乃至对抗的不同的解答方案,于是,不同思潮的争鸣就成为一种普遍的现象。如果我们承认不同意

---

① 梁启超:《清代学术概论》,引自朱维铮编:《梁启超论清学史二种》,复旦大学出版社 1985 年版,第 1 页。

见的争论是通达知识（真理）的本然之路的话，它就还是合理的现象。由于20世纪正是中国现代学术和学院制度形成的时期，诸多社会思潮既是社会的，又是学院的，或者说流行在专业化与通俗化之间。其最主要的形式就是频繁出现的诸多争论，有些更以著名的"某某论战"载入思想史。譬如，20世纪诸多思潮互相激荡的格局：政治上有保守主义的民族主义、社会主义、政治自由主义的三角关系；哲学上有实证主义与非理性主义、人本主义与科学主义的对立；文化上有文化激进主义、文化保守主义和文化自由主义的三角关系；宗教方面有佛教复兴思潮、建立儒教的思潮和基督教在中国传播之间的抗衡。上述类型化的思潮，在其实际发展过程中可能有更复杂的谱系。由于许多现代思潮最初都是从外部引入，不但自身即包含了不同的倾向，而且总会与中国传统文化的不同因素相结合，由此同一个"主义"完全可以分裂出不同的派别。譬如进化论在中国的传播结果，既有社会达尔文主义，又有主张互助论的进化论，还有所谓"俱分进化论"。社会主义最初常常与无政府主义不分伯仲，主张"科学社会主义"的也有内部的路线分歧。甚至文化保守主义也有哲学的和史学的不同路向。本项工作是对20世纪社会思潮进行总体性研究，这意味着我们不能将诸多思潮作简单的罗列，而是既要与具体的社会现象保持着联系，又不至于过分陷入细节和偶然性的描述。因此，从社会史与思潮史结合出发，可以帮助我们确定研究的路径：把20世纪社会思潮视为基于中国现代化过程、对于这场历史变迁提出的重大问题的思想回应。

（二）

19世纪中叶以来，中国精英就意识到中国进入了"三千年未有之大变局"。经过160年再来回望这一"变局"，我们可以说它是划时代的转变，是古典中国向现代中国的转变。用现代化叙事来界定中国近现代史，是继20世纪中叶现代化取向成为国家意志以后，中国近现代史获得的概念化表达。在19世纪中叶以后的很长一段时间内，如何以"变法"来应对"变局"，已经不再只是临时的策略，而成为根本性的文化方案之争。这里的"文化"，是广义的类似梁漱溟所用的整全的文化概念：文化是民族生活的样法。换言之，"中国向何处去？"转变为文化上的"古今中西"之争。该争论几乎贯穿了整个20世纪，并且迄今为止并未最终结束。我们可以把它归结为引发20世纪中国社会思潮的元问题，即人们出于对民族前途命运的关切，所提出的文化变迁的不同规划或方案之争。

"古今中西"之争作为现代性方案的元问题，包含了复杂的面向。从最初较为简单"师夷之长技以制夷"开始，人们就把"西"和"中"分析为"技"（器）和"道"，并直接导向了"中体西用"的路径。这被有的现代化理论家视为"现代化意识的最初萌芽"。20世纪中国思想史几乎是从批判"中体西用"论开始的,并进而开启了"西化""东西互补"或"东西调和"等思潮。后者表示现代化成为一种明确的意识。又经过"中国本位"与"全盘西化"的论争,20世纪40年代,"中国现代化运动从自己的实践中提出现代化的概念"。与此同时,还有"以工立国"和"以农立国"的争论①。除了以生产力标准为现代化的核心所观察到的思潮现象之外,从政治现代化的层面说,中国像其他后发达国家一样,需要解决提升"国家能力"和"政治民主"这样两个互相连接又互相冲突的目标。于是我们发现20世纪中国先后出现了保皇 vs 革命、立宪 vs 共和、(开明)专制 vs 民主等争论。同时,在"西学"和"中学"的对比中,人们也开始揭示各自内部的复杂元素乃至不同的传统。形式上似乎是"天下多得一察焉以自好",实质则是原先儒家统一的知识世界严重分化,从何种社会秩序是合理的可欲的,到人生的意义,乃至天人之际、幽明之序,似乎都需要重新思考。它们集中体现了现代化过程中价值分化和价值冲突的加剧。然而像许多最先发展出现代文明的国家所经历过的一样,后者正是现代化过程中必然经历的一部分,其目标在于实现中国民族价值的现代重建。

概括言之,长达一个多世纪的"古今中西"之争,围绕的主题实质是"中国如何实现现代化?"它覆盖了经济和政治等社会建制,和以价值转换为核心的思想文化。将"中国向何处去?"的问题归结为文化上的"古今中西"之争,是否是问题误置,这是可以讨论的②。但是这种现象作为历史事实,可以帮助我们解释"古今中西"之争何以成为20世纪众多社会思潮的元问题。同时,它又给我们一个启示:围绕着"古今中西"而散为思潮形态的百家争鸣,事实上推动了中国的现代化进程,并为现代化的中国道路作了理论辩护。换言之,通过社会思潮研究,重新认识20世纪的中国经验或中国道路,可以使我们获得现代性研究的切入口。

(三)

诸多社会思潮频繁出现、消长起伏,是中国现代性的一个特点,因此,思潮研究可以帮助我们进入中国的现代性研究。在我们看来,20世纪中国社会思潮研究,除了关注思潮之"史"的一面,还关注思潮之"思"的一面,即通过历

---

① 罗荣渠:《现代化新论:世界与中国的现代化进程》,商务印书馆2004年版,第363~403页。
② 罗荣渠提出:"中国现代化思想运动的一大特色在于它始终是在文化层次来探讨中国出路问题。"他特别关注"中国文化和文明的延续和统一",认为儒家传统的思维模式,以及知识的老化,是中国文化一个很大的弱点(《现代化新论:世界与中国的现代化进程》,第387~396页)。我们认为,将中国出路问题归结为文化问题,是不恰当的,这尤其忽略了经济(工业化)的发展。

史研究来对社会思潮作深度反思。而"中国的现代性"则表示该项反思达到了概念化的新高度。

与实践向度的现代化运动相应，现代性研究曾经对中国现当代哲学社会科学有广泛的影响。到20世纪末，"中国的现代性"概念已经确立为共识。这一概念是长期的"古今中西"之争的结果，可以被视为当代中国"道路自信"的一种理论表达。经济建设的成就与国际政治中的地位上升，同时都期待在现代性研究中获得相应的理论肯定。另外，现代性的"一与多"始终萦绕在理论家脑际，"多元现代性"或"多重现代性"的概念已经在学理上被多方讨论。诸多论述都意在说明现代性不再是单一的现代性，更不是西方模式的复制，而且并不存在什么单一的"西方模式"或者单一的"欧洲模式"。由此，"多元现代性"概念（multiple modernities），即主张现代性是复数的，这成为"中国的现代性"的必要前提。反过来，我们也可以说由于"中国的现代性"，"多元现代性"获得一重实践上的证成。从艾森斯塔德到查尔斯·泰勒，都提升了我们在"多元现代性"的预设下研究"中国的现代性"的自觉。

什么是"中国的现代性"？"中国的现代性"作为描述性的概念，相对于西方现代性而言是"中国"的，相对于传统中国而言，是"现代"的。但问题并没有因此解决，反而又回转到一些更根本的问题上：什么是传统（中国），什么是现代？因此，除了在合理性的诸形式的意义上理解现代性以外，我们似乎还应该在中国经验的概念化层面上来回答问题。大致来说，中国是从"学习型的现代性"开始，转变为"反省型的现代性"[①]。比较而言，西方现代性是内生的现代性，它主要是其社会自然演变的产物，而中国一开始就是以西方现代性在中国的实现为目标的。具体地说，是以"富强"为目标而引发了一系列社会变革：对近现代中国来说，首要的追求是"富强"和能够导致富强的科学技术。换言之，是工具合理性一开始就处于优先的地位，它相应地引起建制上的改变，包括学术学科和社会制度上的变革，后者连同"富强"的追求一起都需要意义世界的辩护，由此引起了广泛而深刻的"重新评定一切价值"的运动。价值重估固然促进了反思和自我批判的论辩合理性，但同时也进一步压制了传统价值的空间，瓦解了意义世界的传统秩序。

毋庸讳言，工具理性和价值理性之间的持续紧张，在现代中国成为一个相当凸显的现象，不但表现为知识分子文化认同的分裂（如王国维可信与可爱的分裂），表现为人文主义与科学主义的分裂（如"科玄论战"所展示的那样），而且表现为传统主义与启蒙主义的对立，表现为以现代新儒家为代表的文化保守主

[①] 高瑞泉：《从学习型现代性到反省型现代性》，载于《学术月刊》2001年第1期，第3~5页。

义对于工具合理性的批判,以及以此为先导的某种"复魅"诉求。它们最后集合在一起,使得中国的现代价值重建成为一场旷日持久的斗争,而文化精英与政治精英都不能确保牢固地占据"社会中心"的地位,更难以达成以高度信任为基础的普遍团结。

从现代化是人类社会的一次历史性大转变的角度说,虽然可以用依照合理性(rationality)的诸形式来理解现代化和现代性,但它的实现不会是纯粹理想的力量所推动的,相反总是会伴随着怀特海所谓的"强制力"甚至"暴力"的作用①。像诸多不幸而有被殖民的痛苦经验的国家一样,西方现代性在中国人面前呈现的,是"无情感的力量"与"理想的力量"兼而有之。被怀特海视为"理想的力量"或"说服的力量"的基督教和民主,最初也是挟着"强制力"乃至"暴力"进入中国的。众所周知,中国的现代化的前一百年,几乎始终伴随着帝国主义的侵略与中国人民反侵略的战争。

现代化需要相应的社会动员,以获得其动力。最初的动力来自外界的军事压力,结果中国的现代化一开始便是自上而下的运动。由于当时中国不同地区之间的发展极不平衡,以及最初需要从清朝的专制统治下获得解放等条件,在自上而下的运动遭遇挫折的时候,发生了自下而上、堪称激烈的革命。革命和战争实现了前所未有的社会动员②。革命和革命以后的经济建设,在是否采用常规化的现代化方案,以及采用何种具体方案的问题上,都伴随着"学习"与"反思"的交织。日本、俄国、英美、法德、新加坡、匈牙利,乃至后来消失了的南斯拉夫,都曾经是中国人(至少是部分人)试图效法的对象。在开放的条件下,中国人如饥似渴地向外部世界学习,但是真正被效法而成就建制的,是苏俄和英美。不但战争和革命是在激烈的对抗和斗争中完成的,现代化方案的选择与再选择(通常总是政治选择和建制化活动),也不会用纯粹和平的方式温和顺利地实现,而是常常被处理为胜者全赢的斗争。我们知道,20世纪中国许多学术讨论被冠之为某某"论战",学术问题不但被"是/非"二分,而且常常被处理成分清"敌/友"的活动。所有这些都表明(如果不是因此之故的话)中国的社会信任严重不足,与此相应的是,现代性内在要求的论辩的合理性未能充分发育,这也从根本上限制了政治文明的建设。在经济高速发展的同时,全社会整体的富裕程

---

① 怀特海认为历史上有两种力量,一种是西方历史中如蛮族和蒸汽那样,"驱动它们各自的文明脱离传统秩序的无情感的力量(senseless agencies)",可以分别表现为"强制力"或者"暴力"。另一种是"经深思熟虑的理想的力量","属于重铸它们时代的那些说服的力量",主要指现代民主和罗马时代的基督教。但是这两者在与中国文化相遇的时候,却呈现为"西人以动力横绝天下"的形态。

② 与此相应的是所谓"救亡 vs 启蒙"的争论。中国的特殊性也许正表现为寓启蒙于救亡之中,救亡唤醒了民族主义,后者是通向现代性的道路。但通过救亡达到启蒙的路径,也影响到中国现代性的生成。

度和国家能力都得到空前的提升；与此同时，发达资本主义社会中高度悬殊的贫富分化现象，在社会主义中国以更为危险的情状现身。

"中国的现代性"概念的展开，蕴含着对当代中国的深度理解；然而其最直接的要求，还是对"中国的现代性"的生成的解释，即需要回答"何以有现在这样的中国"这一问题。这在最简化的意义上是问"中国经济持续增长的奇迹是如何发生的"，并连带涉及百年来的文化争论，于是就演变为"传统文化在中国现代性中的地位与作用"的争论。更直接的问题应该是，蕴含在"中国崛起"之中，直接或间接发生作用的是哪些传统要素？它们是如何起作用的？由于它们的作用，中国现代性才得以既与西方现代性有所区别，又依然是现代性。从更根本的意义上说，进行中的"中国现代性"尚未被客观化，理解"中国的现代性"问题，需要借助历史哲学或社会哲学的某些洞见，同时也需要借助社会思潮的现象学研究。在这两者结合的基点上，可以在具体的问题上获得切实的进展，包括深入到研究现代人的心灵史，研究传统观念如何在现代社会条件下经过"创造性转化"，进入了现代意义世界；研究貌似"碎片化"的价值世界是如何构成的；研究它们在什么意义上是合理的，或者说如何促进了理性化的进程；更重要的，研究中国社会是如何新陈代谢的。

（四）

从观念与社会行动的关系考察，20世纪中国社会思潮的研究还可以帮助我们理解民族复兴的动力。虽然人们曾经把"救亡"与"启蒙"对立起来，如果救亡是民族主义的主题，启蒙则是现代性的话语，那么按照前一论式，民族主义与现代化似乎是对立的。但是，如果我们将1840年以来的历史视为一个长程之部分，我们会承认，现代化与民族复兴，在20世纪中国实际上是高度重叠的。实质性的民族主义诉求隐身于现代化的方案之后，通过现代化实现民族复兴。从另一层意义上，也可以说这是通向现代化的中国之路。正如约翰·格雷所说，世界经济的增长，并不一定引起普遍的文明。相反，它允许种种资本主义的发展，它不同于理想的自由市场经济，彼此之间也互不相同。它造就的政权通过恢复自己的文化传统来获得现代性，而不是模仿西方国家。因此就有各种不同的现代性，就像在现代化过程中也有多种失败一样。

作为历史的折射，民族主义是20世纪各种社会思潮的共同底线。借用科学哲学的术语，在民族利益与其他利益冲突之时，民族利益优先成为"默识点"，这已成为一种隐蔽的共识。关于这一点，我们后面会有比较详细的讨论。此外，在思潮繁多、"百家往而不返"的现象背后，我们也看到通过思潮争鸣，20世纪形成了新的观念世界，在哲学上则表现为"文化综合创新"的理论自觉。

熟悉中国近现代哲学史的人都清楚，其进展是在复杂的论争与辩难中实现的，尤其包含了不同文化主张之间的争论。因为正如我们大家都知道的，哲学史虽然有其自身的线索和问题，但是它的发展永远同时响应着它的时代的召唤，并且永远需要从大时代的生活和实践中汲取诗情。事实上，从知识社会学的角度看，近代以来，最重要的中国哲学家没有一个超脱了对于时代问题——中国向何处去——的考虑。它从最显性的层面"中国要不要现代化、如何现代化、要什么样的现代化"，必定要提升为更为一般、更基本的文化主张和文化哲学，以及认识论、存在论、历史观和伦理学。正是在 20 世纪 80 年代的"文化热"中，张岱年教授提出了"文化综合创新论"，在当时的"激烈反传统"与"传统主义"两造之外提出了一个自具根源的新主张。它在学术界得到许多学者的赞成，尤其是得到方克立教授的阐述与发展。他从"三大思潮对立互动"的角度来考察当时的文化争论，明确地提出：

> 我认为，自由主义的"全盘西化"派，保守主义的"儒学复兴"派和马克思主义的"古为今用，洋为中用，批判继承，综合创新"派（可简称为"综合创新"派），20 世纪 80 年代文化讨论中三个最主要的思想派别，它们之间的对立斗争和统一关系，仍然未超出"五四"时期业已形成的思想格局，是 70 年来的文化争论在新的历史条件下的继续和延伸。[①]

这一种论断既是对教条式意识形态的扬弃，又拒绝了"道统论"这样一种古老的独断论的复归，当然也是对咄咄逼人的洋教条的批评。这与冯契先生的主张可谓不谋而合。冯契先生在《中国近代哲学的革命进程》中，将一百多年的哲学发展，看作是从龚自珍以来各个不同派别的哲学家围绕着哲学基本问题而展开的认识的辩证运动，并且期望当代中国哲学应当开辟"同归而殊途，一致而百虑"的新阶段。"可以说，由于中国近代的哲学革命，中西哲学、中西文化在中国的土地上开始汇合了，预示着中国哲学将成为统一的世界哲学的重要组成部分。当然，这只是一个发展趋势的开始，但它是一个具有重大历史意义的可贵的开始。这个成就，后代的人可能要给予很高的评价，认为这是一个非常重大的事件。"[②] 事实上，现在有越来越多的学者同人认识到，近代以来中国哲学的发展是多个学派、思潮复杂互动的结果。这预示着中国近现代哲学的研究将进入一个新的境界。

哲学固然不能停留于经验和历史现象，但是正如彼得·温奇说的那样："任何有价值的社会研究在本质上必须是哲学的，任何有价值的哲学必定关心人类社

---

① 方克立、关东：《现代新儒学研究的回顾与展望——访方克立教授》，载于《哲学研究》1990 年第 3 期，第 80～85 页。
② 冯契：《中国近代哲学的革命进程》，上海人民出版社 1989 年版，第 679～721 页。

会的本性。"① 关心人类社会最普遍、最基本的问题、趋向和理想的哲学家,不可能完全不顾他那个时代的问题,不可能完全超脱于他那个时代的思想潮流——即使是反对或批判,也是一种参与。正是这种内在的关切,使得有天才的哲学家可能从那个具体的历史发展中窥测到社会的本性之类的形而上学问题;或者说,把他个人对历史之道的窥测表达为普遍的真理。对于时代和历史的理解,在今天,应该包含对于"中国崛起"的精神动力或文化因素的探讨。它是"中国的现代性"研究的重要组成部分。因此,虽然是一个韦伯式的问题,但却有着不同于韦伯式的解答。简要说来,在一个并非单一宗教甚至并非宗教主导的文明中,她的现代转型的精神动力应该由哲学性的变革来提供,因为正如韦伯的研究所说明的那样,现代文明的确立,不但有经济、政治的要素,而且有特殊的"价值偏好"或"精神气质"。而在中国,这种哲学性的变革,正是由前述多个学派、思潮在对立斗争、"综合创新"的辩证过程实现的。

因此,"综合创新"不但是当代学人的理论自觉,而且也是近代以来中国哲学历史变革的客观逻辑。在这个意义上,我们可以"以道观之"。就方法论而言,我们以为,观念史和社会史的结合是一个值得提倡的方向。从知识社会学的角度看,我们可以把近代以来中国社会的种种思潮看作围绕"现代化"而展开的重大争论和各自提出的多种方案。对于这场旷日持久的争论各方所共同具有的"问题""前提""预设"的研究,对于在各有所偏的价值判断后面共同的"意图"和某些"隐蔽的共识"的研究,以及对于随着这些争论所带来的现代性观念的系统研究,将使我们对于作为时代的自我理解的中国现代哲学获得一种新的视阈;在这个基础上,我们才可能提供对于"中国的现代性"真正有价值的改写。

二、19世纪的遗产

20世纪中国社会思潮研究有相对确定的历史起点,即1894年中国在甲午战争中失败,这引发士大夫乃至政治精英思想的空前震动。它既承接了鸦片战争以来中国思想界的转向,又是新的文化危机下所发生的激变。可以非常肯定地说,20世纪中国社会如此繁多的社会思潮,以及各种思潮之间的争持,都与19世纪的遗产有割不断的关系。这是一份双重意义的历史遗产:社会的和思想的。

---

① [英]彼得·温奇,张庆熊等译:《社会科学的观念及其与哲学的关系》,上海人民出版社2004年版,第3页。

（一）

所谓社会的遗产，是指19世纪后期，西方列强的入侵和以"自强"为口号的早期现代化运动，以及由此导致的中国社会的变迁。19世纪60年代以后，朝廷中形成的一个主张改革的政治集团，与随镇压太平天国而成为地方实力派的曾左李相配合，主导了引进与学习西方技艺（以及随之而来的科学知识、局部的工业化建制），以寻求抵御西方列强的"新政"。后来学术界称之为"洋务运动"。对于"洋务运动"的评价历来充满着争论，尤其是在激进主义主导中国思潮的年代，它被描述成地主阶级勾结帝国主义的"反动"的自救运动。19世纪80年代以后，它被修改为主事者的意图与历史变迁的效果之间某种作弄人的吊诡关系。从统治集团的意图看："他们的原意是想因此而能维持和加强封建主义的统治，不但加强对内的镇压，而且对外也不至于只能在外国侵略势力面前步步退让。"在这一意义上看洋务运动自然是失败了，即使它客观上——与洋务派官僚的原意相反——也刺激和推动了中国资本主义的发展[①]。随着现代化的进程和现代化理论影响历史研究，历史学家认为洋务运动"构成了近代化一小步"。这主要体现在近代军事工业和民用工业的建立，科技、文化和教育诸方面的初步建制[②]。另一方面，随着工业化和文化建制的这"一小步"，社会结构也发生了变动，新的阶层如买办、民族资本家和工人阶级开始出现，同时随着知识世界和生存方式的变化，部分传统士大夫正开始转变成新式知识分子。所有这些，都将随着中国社会的艰难转型而继续发展。

19世纪将现代化的"一小步"作为遗产留给20世纪的同时，也把更严重的社会变革的危机明晰地呈现在世人面前。19世纪与20世纪交会的10年间，从甲午战争、戊戌变法、义和团运动到八国联军进入北京、《辛丑条约》的签订，都可以证明"洋务运动"追求富强的失败，而其根本的原因在于政治腐败。"到19世纪末，在某种程度上用'瘫痪'两字来形容行政机构恐怕也不算过分。19世纪的运转情况江河日下，政治败坏已使中国官僚机构的理性荡然无存……政治结构成了一堆废物，对于现代化道路上任何有意义的行动，它都毫无作用。政治的失败乃是解释中国现代化起步缓慢的一个最重要的原因。"[③] 除了统治者的个人原因，研究中国现代化史的专家更倾向于从政治制度与文化方面去寻找早期现代化所遭遇的体制性障碍。包括政治结构缺乏社会变革的容纳力与现代化的领导

[①] 胡绳：《从鸦片战争到五四运动》（上），人民出版社1981年版，第323页。
[②] 陈旭麓：《近代中国社会的新陈代谢》，上海人民出版社1992年版，第107页。
[③] [美]吉尔伯特·罗兹曼主编，国家社会科学基金"比较现代化"课题组译：《中国的现代化》，江苏人民出版社1995年版，第274～276页。

力，中国社会的经济结构无法有效地启动工业化进程、促进经济增长，中国传统教育—文化体制对外来科学技术知识与社会变革的抵制等[①]。

在讨论20世纪中国社会思潮的社会史前提的时候，回顾对于甲午战争以后中国社会的状况的以上议论，评价它们的孰是孰非并非我们最主要的任务。我们希望说明的是，由于"自强新政"（洋务）的失败，19世纪留给20世纪的，已经从龚自珍时代的"衰世"，变成了"乱世"。中国历史上有过多次治乱循环，但是19世纪末开始的"乱世"与以往有着根本的不同，因为它第一次既与民族危亡又与空前的文化危机联系在一起。洋务运动是在"师夷之长技以制夷"——"中学为体，西学为用"的思路指导下展开的，而这一思路本身又处于"古今中西"的历史性争论之中，并且是突破了传统主义的"夷夏之辨"，才渐渐成为主导性的路径。从这个意义说，19世纪后半叶大部分时间内，知识精英和政治精英勉强维持着改革的基本共识，恰如洋务运动一度获得"同光中兴"的美名。甲午一战使得原先的基本共识几乎完全失效，"中国向何处去"的问题更为严峻。政治的败坏意味着实际的无政府状态，加上文化方略的"古今中西"取向之争论，以及内在的基本价值的迷失所导致的心灵世界的失序，所有这些，一起加剧了在早期现代化遭遇重大挫折以后，呈现在中国面前的危象。

（二）

19世纪的社会变革留给20世纪的，还有一份思想遗产。19世纪中叶以来的思想学术乃至整个知识生产，实际上为20世纪思想世界的变迁提供了某些准备。扼要地说，它可以归结为这样几个方面。第一，晚清"以复古为解放"，既有诸子学和佛学的复兴，又有王学复兴和今文经学崛起，可以说传统本身包含的多元性和辩证性呈现出思想解放的动力，它预示着"经学时代"的结束，"后经学时代"即将来临。第二，随着19世纪中国价值迷失、社会共识的瓦解，尤其是知识精英和政治集团之间的分裂，传统意义上的儒家开始分化。主导20世纪中国社会的三种主要社会思潮，即激进主义、自由主义、保守主义都开始从原先相对统一的儒家分化而出，后来演变成类似"三国演义"的复杂关系，此时已经初露端倪。第三，古典哲学中原先非正统乃至处于异端地位的学说，被重新发现并加入了社会批判潮流。第四，作为文化危机时代的反映，各种西方思想先后或程度不同地传入中国。中西文化的冲突更加尖锐和深刻，同时也有文化融合的侧面，由此形成知识世界的新的共识，最具有历史意义的是进化论及其新的世界观与历史观。第五，民族危亡激发了强烈的民族主义意识。

---

① 罗荣渠：《现代化新论：世界与中国的现代化进程》，商务印书馆2004年版，第290~301页。

本节先简要讨论第一个问题。

有清一代，无疑仍属于冯友兰所说的"经学时代"。其中有一个古文经学到今文经学的转变。古文经学以考据学的发达为形式，与清代的政治生态有密切的关系。作为官方意识形态的程朱理学既缺乏创新，也未能真正吸引士大夫的心灵。"民间——以江浙为中心，'反宋学'的气势日盛，标出'汉学'名目与之抵抗。到乾隆朝，汉学派殆占全胜。"① 原本出于畏害保身而从事的学术活动，固然以烦琐的学问功夫阉割了士大夫的雄心，但其引发的"求是之学"与其潜藏着的抗议精神，有某种微妙的配合。"求是之学"的一个积极成果是诸子学的复兴，特别是长期被视为异端并且几乎是绝学的荀学和墨学的复兴，这表明一直被视为正统的思孟学派——宋明理学，事实上已经不再能够独占权威的王座。

经过清代近200年的禁锢、怀柔和利用，到道光年间，随着国势的衰微，朝廷对于士大夫的思想控制也渐渐松弛。政治—文化批判获得了一定的空间，经学内部的今文学派渐见复苏，提供了借解释经典来发抒批判性思想的渠道。龚自珍、魏源等都不满于乾嘉学风，而借经典高谈性与天及治道，开了晚清七十年士大夫思想解放的风气。康有为的《新学伪经考》与《孔子改制考》则是今文经学复兴所激发的最具有创造性、对于既定秩序也最具有破坏力的著述。康有为的一系列著述，不但使他成为晚近三百年学术史的"殿军"②，而且与诸子学的复兴一起，标注着两千年"经学时代"的终结。因为按照梁启超的说法，"复古为解放"遵循着自身的逻辑：孔孟不过诸子中一家。而按照康有为追求"微言大义"的方式，儒家经典不再是神圣不可怀疑的，孔子正是改革家，而改革的方向是"大同"。在这里，经典的"旧瓶"里装上了西方价值观念的"新酒"。

晚清思潮的另一大特点是佛学的复兴③。我们通常说明代已经达到三教融合的状态，这是与中国化的佛教实际上包含了佛教儒学化有关。其突出地表现为佛教的伦理化，包括推崇"孝道"，把佛教的戒律与儒家的仁义忠孝统一起来④；同时也表现为"人世的佛法与中国古代的王道政治常常有互相契合、可资利用之处"⑤。晚清佛教复兴则有不同的意蕴。大乘佛学尤其是天台、华严、唯识等的

---

① 梁启超：《中国近三百年学术史》，引自朱维铮编：《梁启超论清学史二种》，复旦大学出版社1985年版，第114页。
② 钱穆：《中国近三百年学术史》，商务印书馆1997年版，第702~785页。
③ 事实上，佛学复兴可以说是近代中国重要的社会思潮之一，重要的研究著述有：邓子美的《中兴与嬗变：佛教复兴思潮与中国早期现代化》（高瑞泉主编《中国近代社会思潮》第十一章，上海人民出版社2007年版），李向平的《救世与救心：中国近代佛教复兴思潮研究》（上海人民出版社1993年版），等。
④ 赖永海：《佛学与儒学》，浙江人民出版社1992年版，第62~64页。
⑤ 赖永海：《中国佛教文化论》，东方出版社2014年版，第226页。

复兴,从龚自珍、魏源开始,就有对抗以性命之学为中心的正统价值、填补正统价值失序所造成的精神真空的趋向。它不但可使士大夫安顿个人的心灵,而且到戊戌时代,已经成为积极改革社会积弊的精神动力。康有为、梁启超、谭嗣同等人,都以大乘佛教"我不入地狱谁入地狱"自勉,章太炎更强调佛教"依自不依他",这里佛学已经成为培育道德主体性、动员民众献身革命的资源。换言之,19世纪末的佛教,尤其是大乘佛学的复兴,表现出末法时代救世与救心的双重热情,这也证实了儒学价值迷失造成的真空给佛学重回社会中心以新的机遇。

除了大乘佛学内在的批判性被凸显以外,佛学复兴也显示了独立于伦理政治之外的知识和逻辑学的兴趣。这一点主要表现在唯识学的复兴。唯识学东传以来,由于作为典型的印度佛学,未能与中国传统尤其是儒学相结合,仅仅数十年即几成绝学。唯识学复兴,自杨文会始。杨文会本人尊儒而持兼容立场,主张同时学习西学、新学,将孔子仅位列菩萨。他主持金陵刻经处等机构,不仅重印《成唯识论述记》等一批唯识学经典,吸引并培养了佛学人才,而且使唯识学一时成为显学。唯识学复兴的同时,是佛教逻辑因明理论受到近代哲学家的高度重视,章太炎等更将其与墨经、亚里士多德逻辑相比较,推进了中国哲学在逻辑学方面的进展。

鸟瞰19世纪末的知识图景,人们不难发现,至少知识阶层(士大夫)原先所具有的社会共识,现在不是漂移了,就是分裂了。从经典而来的那部分知识,也因为经典的多元化而多样化了。儒家经典尤其是长期被视为正统的《四书》及其官方解释,不再能垄断真理和权威。事实上,随着知识的来源与价值的标准空前多样化,后经学时代即将开始①。

---

① "后经学时代"的概念最初由陈少明教授提出,它是接着冯友兰所谓"子学时代"和"经学时代"以后的文化时代,主要有两个含义:一是在社会政治层次上,经学失去其作为合法性依据的地位,中国形式上走向法理化的时代;二是在学术文化上,对经的研究不必站在宗经的立场,所以是思想多元化的时代(见陈少明:《汉宋学术与现代思想》,广东人民出版社1995年版,第127~135页)。高瑞泉在《中国现代精神传统》(东方出版中心1999年出版)一书中,将"后经学时代"作了扩张,由此,所谓"后经学时代",实际上是中国人从价值迷失到价值重构实现价值转换的时代。"后经学时代"虽然在时序上居于经学时代之后,但是其文化精神却与经学时代有相反相成的关系。所谓相反,指这一时代有明显的反独断论气质,在经学时代被视为异端的常常翻转为正统。从积极的方面说,人们在对传统的清理和批判中发掘新价值的原点;从消极的方面说,导致反传统成为传统。所谓"相成",则指这一时代的许多基本问题依然是经学时代遗留下来的,古代哲学家在经学的外衣下保藏的创获被重新阐发,独断性权威的倾覆,导致了持续的价值失序,同时也不断有人试图在新形势下重建权威主义。李维武教授则曾经讨论过19世纪晚期到20世纪初期,今文经学与古文经学在共同应对文化危机和政治变革的构成中互相争持,形成"从经学时代向后经学时代的嬗变"的大致过程(见李维武:《近百年来儒学形态与功能变化的总体走向与基本历程》,载于《武汉大学学报》(人文社会科学版)2014年第5期,第6~22页)。

（三）

19世纪末的一个重要现象，是儒家（儒学、儒教）的分化。所谓"儒"，其意义有多重性。在学术的层面是指"儒学"，即研究历史上的儒家经典与当代儒家著述的学问或学科，如传统学术中的经史子集四科之学。在信奉某种生活方式和价值以及思维方式的角度说，它是"儒家"，一个社会派别。儒家以孔子为宗主，共享了某种信仰，包含了蒂利希所谓的"终极关怀"或者现代新儒家自己强调的"内在超越"，从这个角度讲，儒家也可以说是"儒教"。后面两个名称都和社会建制有关，所以海外汉学家常常会有所谓"儒家社会"或"儒教社会"的概念。由此可见，儒家（以及与其相关联的儒学、儒教）[①]，都不但表示一套思想观念和价值，而且表示对其生活方式的忠诚。从最基本的文化认同说，儒家是指一种政治—文化派别，它以孔子为宗主，以六经为基本经典，以"仁义"为核心价值，以"礼"为可以有所损益的建制；同时，从其社会阶层来说，又特指乡绅—士大夫—官僚三位一体的文化精英和政治精英集团。我们知道，儒家从来不是单一的宗教组织或学术团体。孔子以后，儒分为八。先秦即至少有思孟和荀子两大流派，按照《淮南子》的说法，墨子也曾"学儒者之业"，后来才自立门户。经过两千年的传承，尽管每一个朝代的儒学都有主流与潜流、中心与边缘，甚至有正统与异端的种种分流，但是由于儒学与政治的紧密关系，"一代有一代之学"，历史上每一个朝代通常都划分了儒学的"范式"，而同一时代的儒者通常共享着一套观念共识。

情况在19世纪末发生了根本性的逆转：以"古今中西"的历史争论为背景，围绕如何达致"富强"的目标，不但儒家精英集团在是否赞成改革（尤其是政治-文化体制改革）的问题上，原先的分歧尖锐化了，赞成或主导改革的部分也高度分化了。这种分化的形成，有上述各自掇取传统儒学派别（今古、汉宋等）

[①] 由于20世纪中国社会思潮研究在许多方面都必须涉及儒家或儒学（尤其是所谓新儒家），而我们的研究又是从观念世界与生活世界的综合来进入的，因此有必要对所谓"儒家""儒学""儒教"等概念作基本的厘清。通常所谓"儒家"，不但指孔子所开创的整个学派之思想，而且包括以儒家思想为主导价值的文化以及一套社会制度。这意味着我们可以将儒家看成一个整全而复杂的大系统，它内部包含三个互相联结又互有分殊的子系统。第一个是儒学经典义理的系统，特别是经学系统。由于"经学必专守旧，世世递嬗，毋得改易"的特性，经学思想尽管也不免有各种歧说，但会有比较大的连贯性。无论今古、汉宋，都承认与尊重他们有一套共同的经典。第二个是儒家文化的系统，包括文学、史学、政治表述之所体现，它可能包含了在其长期发展中儒家自身不同进路的演进，以及和其他来源有异的思想（譬如佛教、道教甚至基督教的早期传播）的融合。第三个是儒家社会系统（海外汉学家也会称"儒教社会"），主要是社会、伦理、政治制度、风尚习俗等，及其体现出来的观念。中国传统社会虽然可以笼统地称为"儒家社会"，但是实际上在社会生活、制度、习俗等中间，法家和佛教、道教（家）也都有自己的角色。"儒表法里"和"三教融合"都是人们对"儒家社会"复杂性的认知。

的不同,而总趋势是不同程度、不同向度地吸收和融化西方思想,来回答时代的大问题,进而构建新的中国理论。其间的"不同"则迅速演变为尖锐的意识形态争论,从而分化为不同的政治—文化派别。其中的重要一脉是以张之洞为代表的保守主义;康有为、谭嗣同、梁启超、严复等维新派则代表了激进主义与自由主义的联盟。后者是一个不稳定的联盟。以下的分析大致上可以告诉人们,由于"儒家"在19世纪末的迅速分化,激进主义、保守主义和自由主义的三角关系已经初露端倪。

张之洞是活跃在"洋务运动"和"戊戌变法"时期乃至政变以后的上层官僚,同时又是著名的"中体西用"论的倡导者。我们把"中体西用"看作中国现代保守主义的第一个纲领[1],而张之洞则无疑代表了现代保守主义。这样说,是因为张之洞不同于倭仁那样传统主义意义上的保守主义,后者完全拒绝学习西方科学技术(西学),认为非如此不能保证中国文化尤其是传统价值的纯洁性和历史连续性,因而显示出典型的蒙昧主义。除了利益、地位等实际诉求的因素,其极端性与偏执所表现出的对知识的拒斥,可以归结为非理性的一翼。张之洞等之所以可以被称为现代保守主义,是因为他们代表了这样一种保守主义,为了保卫中国文化的基本价值(纲常伦理)不被野蛮的西方入侵者毁灭,必须做出一种选择:在那些只具有实用性而非核心价值的领域实行改革,即可以由此达致中国的富强,最终是利用西方的科学技术知识来保卫中国文化的核心价值。承认工具合理性或理论合理性的价值,包含了我们可以在中西两种文明中选择最好的因素并使其互相结合这样一种理性主义。

张之洞为上述政治设计作了理论辩护,即著名的"中学为体,西学为用",因而凸显了保守主义的特质。

"中体西用"论最早源于早期洋务派的冯桂芬所论:"以中国之伦常名教为原本,辅以诸国富强之术。"[2] 而所谓"中学",首先就是"伦常名教",或者说是以伦常名教为中心的中国固有思想文化。而后来大力主张"中体西用"的张之洞,则将之归结为"明纲":

> 君为臣纲,父为子纲,夫为妻纲,……五伦之要,百行之原,相传数千年更无异义,圣人所以为圣人,中国所以为中国,实在于此。故知君臣之纲,则民权之说不可行也;知父子之纲,则父子同罪、免丧废祀之说不可行也;知夫妇之纲,则男女平权之说不可行也。[3]

---

[1] 高瑞泉:《秩序的重建:现代新儒学的历史方位》,载于《武汉大学学报》(社会科学版)2014年第5期,第23~30页。

[2] 冯桂芬:《校邠庐抗议》,上海书店出版社2002年版,第57页。

[3] 张之洞:《劝学篇》,上海书店出版社2002年版,第12页。

就其反对自由、平等，反对民主政治而言，"明纲"是典型的政治保守主义。这一点与"顽固派"的保守有高度的一致性。"明纲"的背后则有文化保守主义为学理基础：

> 今欲强中国、存中学则不得不讲西学。然不先以中学固其根柢，端其识趣，则强者为乱首，弱者为人奴，其祸更烈于不通西学者矣。

> 今日学者，必先通经以明我中国先圣先师立教之旨，考史以识我中国历代之治乱、九州之风土，涉猎子、集以通我中国之学术文章，然后择西学之可以补吾疾者取之，斯有其益而无其害。如养生者，先有谷气而后可饫庶羞；疗病者，先审脏腑而后可施药石。西学必先由中学，亦犹是矣。①

在"不得不讲西学"的现实态度上，这与当时被称为"顽固派"的"保守"有所区别；在强调传统文化的连续性、本位性与价值排他性方面，则凸显出具有民族主义色彩的保守主义的共同特点。

我们固然承认"中体西用"说已经是某种程度的理性反思的结果（即以富强为目的，在中国传统伦理政治的基础上采用西方的科学技术），是一种理性的行为选择。但是，还是有几个特征是必须被注意的。第一，他们依然是在维护等级制度的意义上的保守主义，所以保留了传统的保守主义的基本特征。对于三纲的维护、对于民主政治的排斥、对于平等（首先是政治平等）的否定，似乎是当时的家常便饭，更根本的是对于隐蔽在现存秩序后面的地位、特权、等级的肯定，这些才是保守主义真正留恋的东西。与此相匹配的是权威主义的文化气质，所谓"先圣先师立教之旨"是绝无讨论余地的。这些特质甚至在21世纪初年的西方保守主义者如罗杰·史库顿那里也是公开宣示的原则②。第二，在承认工具理性的同时，保留着价值理性的优先性。即在价值世界中，"中学"所代表的传统人伦在新时代的价值排序中依然保留其优先地位。因此，他们政治上的态度和文化上的倾向是统一的，或者说其政治保守主义立场是由文化保守主义来辩护的。人们不难发现，这里呈现出保守主义特有的、"定位在存活到现在的过去"的那种感觉方式、思想方式和行为方式。曼海姆说："保守主义的经验从存活到现在的过去的内容来介入历史，同时它也从这里得到了它的 tensio——精神的紧张方向。因此保守主义经验在其本真形式上意味着从某些经验的中心获取养分，这些经验的根源在于过去的历史格局，它们直到现代保守主义成型都相对保持不变，因为它们处在社会潮流中那些直到那时都还没被现代事件的潮流卷走的部分。"③ 这段多少有些思辨和绕口的话，用近代最早主张改革的思想家龚自珍的

---

① 张之洞：《劝学篇》，上海书店出版社2002年版，第22页。
② [英] 罗杰·史库顿，王皖强译：《保守主义》，台北立绪文化事业有限公司2006年版。
③ [德] 卡尔·曼海姆，李朝晖等译：《保守主义》，译林出版社2001年版，第99~100页。

诗句就简单得多了：药方只贩古时丹。不过，龚自珍在双重意义上都不能归结为保守主义。不但因为他积极地主张"自改革"；而且因为在龚自珍的时代（其实整个中国古代大致都是如此），基本的价值取向是崇古、信古的，这种基于传统历史观和世界图景的取向，在19世纪中叶以前，几乎就是一个传统的社会共识。而只有到了19世纪末，这时的中国社会事实上已经发生了急剧的变化，"定位在存活到现在的过去"的价值取向，才作为一种理性的选择，而具有现代保守主义的意蕴。

如果我们要从历史因果关系的环节进一步探究保守主义的第一个纲领，某种意义上一定会追溯其社会存在方面的根源。那么，尽管有神圣性的价值（圣人）和对于土地及有机联合体的移情经验（中国）作为公开的目标，在它后面隐蔽着"利益"的动机还是可以通过社会阶层的分析而获得透视。换言之，在当时的语境中，体现统治集团"保守"自己的利益的愿望，是"中体西用"论的重要意蕴。①

甲午战争以后，随着"洋务运动"的失败，保守主义的"中体西用"论受到激烈的攻击，激进主义一翼开始崛起。激进主义思潮包括政治激进主义与文化激进主义。甲午一役，激发的主要是急迫的政治改革诉求，其本身尚属于渐进的改良一途。戊戌变法的失败，改良派进一步分化，曾经倾向过渐进式改良的孙中山等开始着手暴力推翻清廷的革命。在世纪交接点上，孙中山、会党和无政府主义者结成了政治激进主义联盟。另外，改良派内部也蕴藏着文化激进主义的一脉。后来的研究者大多把谭嗣同视为其先导。关于20世纪的激进主义思潮，我们在第二章将有更多的论述，在这里只能简要分析谭嗣同的个案，来说明激进主义最初的某些特征。戊戌政变以后，谭嗣同不惜杀身成仁，梁启超将其遗著《仁学》付梓，共同成就了谭嗣同践履其激进主义的烈士形象。但是，我们将谭嗣同安放在19世纪末的语境中，回顾其从保守到激进的转变历程，不难发现，他依然代表了从传统儒家分化而出的一个派别，一个趋向激进的派别。《仁学》一书，杂糅了儒学、墨子、佛教、道家和各色西学，虽然没有形成精致的体系，却以"仁学"为题。在政治上，他游弋在变法与革命之间，参与改良的实践是

---

① 张之洞的《劝学篇》及其"中体西用"论对思想史的影响是多方面的，如冯天瑜说："《劝学篇》作为探讨中国社会及文化如何在古今中西大交会时代实现'过渡'的一部作品，是道、咸、同、光间一批朝野人士求索过渡之道的思想结晶，并为此后一个长时期提供了继续讨论此一切关宏旨的论题的基点，无论是发扬它还是批判它的人们，都离不开《劝学篇》设定的范畴、论题和展开域。尽管《劝学篇》的许多具体论点论据已成明日黄花，但它关于文化的'内—外'、'本—末'、'体—用'、'常—变'、'动—静'之辨，关于文化的民族性保持与世界性获得二者关系的探求，都已提出后人无法回避的题目，促人深思。"（见冯天瑜：《近代化方略之辩》，引自冯天瑜、陈锋主编：《张之洞与中国近代化》，中国社会科学出版社2010年版，第27页）

真诚的，而革命只是一个不得已的选项，在《仁学》中也只是偶尔闪过的火光。这里表达的主要是怨愤的心态，而非整全的理论选择。其真正的激进在于对传统政治制度乃至孔子以后儒学的激烈批判，谭嗣同认为它们不过是"大盗与乡愿"的结合，这又被后来的激进主义所继承。下面这段话几乎成为中国激进主义思潮的经典：

> 故常以为二千年来之政，秦政也，皆大盗也；二千年来之学，荀学也，皆乡愿也。惟大盗利用乡愿，惟乡愿工媚大盗。二者交相资本，而罔不托之于孔。
>
> 由是二千年来君臣一伦，尤为黑暗否塞，无复人理，延及今兹，方愈剧矣。[1]

从其个人思想的脉络去考虑，"反满"情绪和王夫之道器论所蕴含的批判意识，是谭嗣同走向激进的重要原因[2]。平等主义在《仁学》一书中占据了支配地位，则是其激进思想的另一个显著标志[3]。平等在观念世界中似乎天然具有某种激进的革命性质。"在一个等级制的世界，统治阶层的统治尚未成为问题，人们也以一种特权制的方式镇定自若的行事。随着公民平等的观念的兴起，任何类型的特权主义，不管是左翼还是右翼都要以全体的名义使自己合法化。"[4] 面对一个等级制的社会，"平等"意味着权力与利益的重新分配，意味着社会关系的全盘性调整，意味着政治合法性必须再论证。如果统治阶层既没有继续维持旧秩序的能力和权威，又没有能力和智慧从事渐进性的"调适"，那么革命就是不可避免的选项。19世纪末的中国，"公民平等"的观念开始兴起。它尤其具有激进倾向，首先就是因为它所包含的政治平等的理想，最初在中国是以纯粹外来的方式出现的。中国人古已有之的是严复所谓"消极的平等"，中国人并没有严复所谓"积极的平等"即"民主的平等"或"公民的平等"。要用一种中国人自身没有的观念来改变中国社会，此之谓"激进"。其次，"平等"尤其是"政治平等"不但威胁到两千年来的帝制，而且连带威胁到为帝制提供合法性论证的儒学，威胁到伦理政治高度一体化的政治文化。它们在谭嗣同那里就变成"大盗与乡愿"被一并弃之，从中我们也确实可以看到五四激烈反传统的先声。

---

[1] 蔡尚思、方行编：《谭嗣同全集》，中华书局1981年版，第337页。

[2] 张灏：《烈士精神与批判意识》，新星出版社2006年版，第266页。

[3] 现代社会的三种主要的社会思潮之间，就价值排序而言，基本的差别是对于"平等"观念及其意义、地位的认识存在着不同。大致说来，激进主义尤其是社会主义、无政府主义，都主张平等优先；自由主义则主张自由优先（如果平等与自由相冲突的话）；保守主义一般贬低平等，极端的甚至反平等。从某种意义上可以说，谭嗣同的《仁学》是一部论证平等主义的哲学著作（见高瑞泉：《平等观念史论略》，上海人民出版社2011年版，第143～162页）。

[4] ［德］卡尔·曼海姆，李朝晖等译：《保守主义》，译林出版社2001年版，第194～195页。

从平等主义是激进主义的学理之一部分来讨论问题，康有为的《大同书》当然也属于激进主义的著述。其"大同"描绘了一个不同于现实世界的乌托邦，也表现了他试图根本改变这个世界的激进主义心态[①]。但是，作为戊戌维新运动的精神领袖，和能超越那个时代作更高远的哲学思考和人类前景规划的思想家，康有为有着高度的复杂性。保守主义者钱穆批判他"用夷变夏"[②]，而"用夷变夏"是激进主义的另一个特征。另外，康有为的尊孔保皇，主张以孔子为教主，又被后来一般人视为保守的证据；康有为始终坚持渐进的改良，实现的却是自由、平等诸价值，在其公羊经学的外衣下，"引申经文以便将平等、自由、共和和宪政诸义注入儒学"[③]，从这个意义上说，康有为似乎又有自由主义的倾向。以甲午到戊戌的政治表现而论，康有为急迫地推进政治改革，表现出某种激进心态。正如其激进的一面被其追随者谭嗣同作了发挥，其自由主义的一面则被其另一个学生梁启超在后来作了发展。我们现在一般会将梁启超与严复视为中国自由主义的先驱，他们同样是 19 世纪末儒家分化的结果。

梁启超少年登科，无论是在信守今文经学还是在变法维新等诸多活动中，都追随康有为，是变法维新思想的杰出宣传家，故当时人以"康梁"并称之。戊戌政变后，"康梁"却发生了分裂。原因是围绕着"自由"发生的争论。康有为对梁启超宣传自由表示深恶痛绝，而梁启超答复说：

> 窃以为于天地之公理与中国之时势，皆非发明此义不为功也。弟子之言自由者，非对于压力而言之，对于奴隶性而言之。压力属于施者，奴隶性属于受者。（施者不足责亦不屑教诲，惟责教受者耳。）中国数千年之腐败，其祸极于今日，推其大原，皆必自奴隶性来；不除此性，中国万不能立于世界万国之间。而自由云者，正使人自知其本性，而不受钳制于他人。今日非施此药，万不能愈此病。……自由之界说，有最要者一语，曰人人自由，而以不侵人之自由为界是矣。质而论之，即不受三纲之压制而已，不受古人之束缚而已。

> 夫子谓今日"但当言开民智，不当言兴民权"，弟子见此二语，不禁讶

[①] 高瑞泉：《平等主义的纲领及其衍绎：〈大同书〉〈仁学〉的一种解读》，载于《社会科学》2011 年第 11 期，第 122～130 页。

[②] 钱穆批评康有为尊孔只是其外貌，实质则是认为"中国为野蛮、西洋为文明"，因而"特曰西之所有，孔子亦有之而已"。"此明以西洋为太平，中国君主为升平，即朱鼎甫所讥'用夷变夏'也。"（钱穆：《中国近三百年学术史》，商务印书馆 1997 年版，第 702～785 页）

[③] 萧公权著，汪荣祖译：《康有为思想研究》，新星出版社 2005 年版，第 63 页。萧著对康有为作了相当公允的评价，对其内在的复杂性和思想矛盾也有同情的理解。尤其对康有为在儒学史上的地位有恰当的肯定："康有为则直接从 19 世纪公羊学者获得线索，并用西方以及佛家思想给予儒学以普及的意义，因此扩大了它的伦理与政治学说。然则他可能是开创了第四阶段的儒学发展，所以可以说是在儒学史上占有极重要的地位。"（同前，第 83 页）

其与张之洞之言甚类也。夫不兴民权则民智乌可得开哉？……故今日而知民智之为急，则舍自由无他道矣。①

这场争论最初是围绕是否效法卢梭和法国革命而展开的，它可以成为思潮研究的一个标志性事件：以启蒙主义为内在核心、明确主张自由、民主的自由主义从改良派分离而出。

有的学者认为梁启超与基于个人主义的西方自由民主传统或"弥尔主义"十分相似②，同属一个光谱的还有严复（梁启超承认自己受严复的影响甚深）。严复是在张之洞"中学为体，西学为用"路线下培养出来的新学家，但甲午战争以后，却以其对中国传统价值的尖锐批判而闻名于世，并且是最先对"中体西用"论给予哲学批判的思想家。学术界大体同意严复属于英国式的自由主义，譬如著名的美国汉学家史华慈。不过他对严复是否以及在多大程度上属于儒家颇为犹豫③。其实，尽管严复曾经对正统儒家有过激烈的批判，我们依然可以把他看作儒家的边缘性人物。这并不仅仅因为他参加科举、直到辛亥革命前一年才获得"进士"身份，也不仅仅因为他晚年参与"孔教会"、卷入"筹安会"的活动，同时也是因为我们可以从分析其知识世界得出这一结论。大致说来，他对于传统儒学有分析地汲取：对待汉宋之争，他崇宋而抑汉，同是理学，他批评王学"师心自用"，取"道问学"的立场，但又赞扬王学悲天悯人的道德感；在"群己之辨"上，他游弋在"群重己轻"与"群己兼顾"之间，并不是原子主义的个人主义；在"天人之辨"上，他上承荀子、刘禹锡、柳宗元即儒学中强调"天人相分"的一脉；至于其进步主义的历史观，更是从易学的变异理论获得传统思想的基础④。关于梁启超与严复的自由主义，我们在后面的章节会有更多的讨论，在这里不过是说明，他们作为自由主义的先驱，在19世纪与20世纪之交，已经或正在从原先统一的儒家分化出来。这既是儒家社会（包括上层与下层的隔阂）分裂的表现，也是向现代知识分子转变中的士大夫知识世界分化的表现。其总趋势是随着改良主义的失败，旧体制与民主诉求越来越呈现为对抗之势，知识阶层的心理也日渐激进化。

---

① 梁启超：《致南海夫子大人书》，引自丁文江、赵丰田编：《梁任公先生年谱长编》（初稿）第二册，中华书局2010年版，第116~117页。

② 黄克武：《一个被放弃的选择：梁启超调适思想研究》，台北"中央研究院"近代史研究所1994年版，第33页。

③ [美]本杰明·史华慈，叶凤美译：《寻求富强：严复与西方》，江苏人民出版社1989年版，第226~235页。

④ 最早钱基博已经看到，严复"据《易》理以阐欧学""为阐《易》道以欧学者之大辂椎轮而已"（钱基博：《经学通志》，岳麓书社2010年版，第34页）。但是钱基博未能看到，严复的《天演论》使易道之"变"转变成"进步"观念，因而具有了时间性，作为人与世界历时性变化的总体，历史经过进步和发展的观念，得到了概念化。因而中国哲学在历史哲学的论域中进入了一个重要的新阶段。

（四）

从儒家作为一个知识共同体的视角看，19世纪到20世纪的转折时期，儒家之所以分化，与原先在正统意识形态控制之下处于异端或"绝学"的思想学术，开始被重新发现并很快成为显学有关。其中，最显著者当属明清之际的三大思想家了。对他们的重视极大地影响了20世纪中国社会思潮的走向。

梁启超在《中国近三百年学术史》中说：

> 最近三十年思想界之变迁，虽波澜一日比一日壮阔，内容一日比一日复杂，而最初的原动力，我敢用一句话来包举它，是残明遗献思想之复活。[①]

所谓"残明遗献思想之复活"，主要是指明清之际三大思想家王夫之、黄宗羲和顾炎武的著作之出版、思想之流行。顾炎武由于其与乾嘉学派的关系，尚非完全的绝学，但是他和王夫之、黄宗羲之所以为世纪之交的思想界所看重，乃在于他们的"遗献"中的强烈批判精神和启蒙意义。

残明遗献思想之复活并非自19世纪末开始，毋宁说"一部19世纪的中国思想史，仿佛就是顾炎武、王夫之、黄宗羲的思想依次复活的历史"[②]。戊戌时期对于新派人物在思想上曾经给予过巨大震动的龚自珍——对于龚自珍，梁启超曾经有过评价：当时的新学家流几乎人人都曾经有过龚自珍崇拜时期，"初读《定庵文集》，若受电然"——最早作《明良论》《乙丙之际箸议》，就曾大量吸收顾炎武的思想，魏源、包世臣等经世派对顾炎武、王夫之和黄宗羲都有所继承，其中顾炎武尤其受到他们的尊重。郑观应的《原君》不外是对黄宗羲思想的发挥，谭嗣同的《仁学》在道器观和理欲观方面明显有王夫之的烙印。章太炎也深受明清之际思想家的影响，在西学大规模传入中国以前，明清之际思想家成为其革命思想的最早来源[③]。

"残明遗献"的社会影响，不但是思想学术的，更重要的是政治的。在19世纪与20世纪之交，其思想常被用来宣传"反满"革命，而后则被作为民族民主

---

① 梁启超：《中国近三百年学术史》，引自朱维铮编：《梁启超论清学史二种》，复旦大学出版社1985年版，第123页。

② 许苏民：《古代圣哲的诡谲微笑——论20世纪中国社会思潮与传统文化的关系》，引自高瑞泉主编：《中国思潮评论第二辑：现代性视野中的思潮与观念》，上海古籍出版社2010年版，第91页。本节内容对许文多有撷取，不一一注明。

③ 章太炎说："余十一二岁时，外祖朱佐卿授余读经，偶读蒋氏《东华录》曾静案，外祖曰：'夷夏之防，同于君臣之义。'余问：'前人有谈此语否？'外祖曰：'王船山、顾亭林已言之，尤以王氏之言为甚。'""余之革命思想伏根于此。"（见朱希祖：《本师章太炎先生口授少年事迹笔记》，引自许苏民《古代圣哲的诡谲微笑——论20世纪中国社会思潮与传统文化的关系》，高瑞泉主编：《中国思潮评论第二辑：现代性视野中的思潮与观念》，上海古籍出版社2010年版，第92页）

革命思想的主要资源。上述章太炎的回忆，说明王夫之对于民族主义思想的影响。顾炎武提出的"合天下之私以成天下之公"的命题，颠覆了以往以抽象的群体扼杀个人权利的"天经地义"，被严复用来接续近代民主政治的理念[①]。被用作宣传民主主义工具的，最著名的还数黄宗羲的《明夷待访录》一书。不但梁启超当初在湖南私自翻印传播此书，引起思想界共鸣；孙中山在日本也曾翻印《明夷待访录》，作为"反满"革命的宣传品；刘师培的《中国民约精义》一书，即是续黄宗羲此书而作（他的另一本著述《攘书》，则是续王夫之的《黄书》而作）。

明清之际思想家在19世纪末被思想界重新发现，在20世纪更进入到伦理革命和文化革命，最重要的标志，是他们被视为中国思想"早期启蒙"的源头。譬如蔡元培的《中国伦理学史》就认黄宗羲与戴震、俞正燮等为自由思想之先声。侯外庐主编的《中国思想通史》在20世纪影响深远，其中对于明清之际思想家的高度评价，与19世纪末的主流一脉相承。研究中国早期启蒙颇有心得的萧萐父，则将19世纪与20世纪之交对顾、黄、王等学术思想的阐发，视为中国启蒙运动史的重要环节：

> 17世纪的启蒙哲学，穿过了18世纪的洄流而在19世纪后期的维新运动乃至20世纪初叶的新文化运动中闪耀出火光，18世纪乾嘉朴学中被扭曲了的科学方法，穿过19世纪的政治风浪而在20世纪初酝酿史学革命时发生了重要作用，至于"道器"、"体用"、"变常"、"一两"、"虚实"、"知行"等17世纪启蒙学者经过咀嚼、赋予新意的范畴，通过曲折的发展，保持着生命力，至今还活在人们的思维运动中。[②]

（五）

从社会思潮研究的论域考察19世纪的思想遗产，不难发现，一方面是原先儒家的知识世界分化了；另一方面，随着儒学内部"正统与异端""边缘与中心"的转换，以及西学的大量传播，一些新的观念共识正在公共思想界形成，它们很大程度上规定了20世纪社会思潮（至少是最初数十年）的走向。

第一，是进化论以及随着进化论的传播而形成的"进步"与"进步主义"。"时代思潮是由社会的有教养阶层中实际占统治地位的宇宙观所产生的。"[③] 19世纪末中国思想界的一大转变，就是受到新知影响的知识阶层迅速接受了进化论，给传统的"天道"增加了自然科学的内容，根本改变了中国人传统的"天不变

---

① 严复：《原强修订稿》，引自《严复集》第一册，中华书局1986年版，第31~32页。
② 萧萐父：《中国哲学启蒙的坎坷道路》，引自《萧萐父文选》上，武汉大学出版社2006年版，第15页。
③ ［英］A.N.怀特海，何钦译：《科学与近代世界》，商务印书馆1984年版，"序"。

道亦不变"的宇宙观和循环论的历史观。从此历史进化论占据了思想界的王座,并且成为中国人接受其他各种现代意识的基础。换言之,进化论的广泛传播,造成了新的社会共识乃至民族心理,其中最基础最核心的,即为"进步"的观念。作为一种信念,"进步"意味着世界将随着时间之流从低级到高级、从简单到复杂不断发展;与此相伴,人类的知识、幸福、力量和德性也将不断增长,并最终进入一个尽善尽美的理想社会。"进步"的观念,实质上是现代性的前提,同时也成为中国社会各派思潮的基本共识,至少是激进主义与自由主义的共识,文化保守主义也在一定程度上实质性地接受了它。

进化论与进步观念之所以迅速成为中国社会的共识,除了其他若干原因以外,很重要的是因为19世纪中叶以后,传统的"变"的哲学从玄学一变而成为知识阶层关注的焦点:在一个历史的大变局中如何主动求变?人们都在思考这一问题,因而"变"的哲学同时也就为"自改革"或"改革"提供了哲学的辩护。进化论使得这种辩护有了科学的形式。随着进步信念的确立,"力量"、"竞争"和"创造"等使进步得以可能的条件也获得了价值贞定。

第二,是富强的追求。在中国的古代,"富强"是边缘性的治国理念或政治理想,中心的或正统的政治理想是"王道"而非"霸道"。在经过先秦诸子关于"王霸(德力)之争"以后,汉代以降,实际的政治通常是"王霸杂用",或者说是"儒表法里"。清代嘉道以降,国势日微,又正逢坚船利炮的西方列强不断侵逼,民族生存的需求激活了原先处于边缘状态的"富强"理念。从历史的逻辑看,是"救亡"给"富强"提供了强大的动力。因此,随着19世纪末"救亡"的形势日趋严峻,追求"富强"成为中国社会新的共识。它不但在后来的大部分时间里成为压倒其他追求的目标,而且由于内部包含了"力量""竞争"等随进化论而来的新的价值,最终与进化论一起占据了公共思想史的王座。后者则给予了"富强"以宇宙观和历史观的辩护。

第三,民族意识开始觉醒,民族主义情绪逐渐积淀为社会心理。"民族"和"民族主义"作为明确的语词,19世纪偶有一见,而大量出现则在20世纪初年,它与"国家"代替"朝廷"有关,尤其是和革命派与立宪派围绕建立一个什么样的民族国家的争论相关[①]。但是19世纪末的最后十年,已经为民族主义浮出水面提供了充分的心理基础。我们知道,只要赞成把社会实体作为民族来保卫,并极力把这个目的置于其他价值观念和信仰之上,而据此来决定孰取孰舍,那么,明确的民族主义意识就登上舞台了。富强的追求及其一系列的受挫(甲午、戊戌

---

① 郑大华:《中国近代民族主义的理论建构与演变》,引自高瑞泉主编:《中国思潮评论第三辑:民族主义及其他》,上海古籍出版社2011年版,第26~35页。

到辛丑),加剧了民族独立和民族解放意识,这也解释了为何历史一旦跨进20世纪,"民族"和"民族主义"会突然成为思想界最为流行的议题①。换言之,这种心理很大程度出于追求民族平等而实际上遭受民族压迫所导致的"怨恨"(ressentiment)。

> 怨恨的创造力——及其社会重要性——在于它最终可能导致"价值重估",即价值标准的转变,原来至高无上的价值被贬低,取而代之的是无足轻重的、外在的,甚至是在原先标准中带有负面色彩的观念。②

另外,"引进了民族观念并明确表达出各自社会民族意识的群体所感受到的怨恨,常常导致他们自己本土传统中与原初民族原则相对立的元素被挑选出来并被刻意栽培。"③ 19世纪后半叶一连串丧权辱国的遭遇和民族意识的觉醒,已经为后来的"价值重估"准备了社会条件,但"价值重估"本身又包含了反传统与传统主义的张力。更进一步,我们还会注意到,"富强"作为社会公认的追求,包含了工具合理性的扩张;民族主义要求的价值重估本身又含有价值合理性与工具合理性的紧张。我们同意周锡瑞所说的:"民族主义是一个贯穿了整个近代中国史的主题。公平地说,20世纪几乎所有积极参与政治的中国人都是民族主义者,在某种意义上说,他们试图在现代世界恢复中国的尊严、地位和主权。他们的分歧在于如何实现这一目标。"④ 如果说当年的义和团运动曾经以一种盲目的过分情绪化的方式呈现了民族主义的负面效应的话,以爱国主义为标志的民族意识和民族主义精神是19世纪留给我们最重要的遗产之一。

第四,以"科学"为标志的中国知识系统正在转型。与"民族"一样,science的汉译"科学"虽然在19世纪晚期特别是甲午战争以后已经在文献中出现,但是远远没有它后来替代的"格致"那么常见。19世纪中期从"师夷之长技以制夷"开始,贯穿洋务运动始终的主流,基本上依然是明清之际开明的士大夫对西方科学的观点:"肯定西方'格致'学有'经世'之'实用'和'精密'的'实测'之术的工具价值"⑤。知识界放弃"格致"改用"科学"是20世纪初的潮流⑥。但是,以"科学"为标志的知识系统开始转型,科学不只有工具的

---

① 胡逢祥:《民族主义与中国现代民族国家意识的形成》,引自高瑞泉主编:《中国思潮评论第三辑:民族主义及其他》,上海古籍出版社2011年版,第9~18页。

②③ [美]里亚·格林菲尔德,王春华等译:《民族主义:走向现代的五条道路》,上海三联书店2010年版,"导言",第18页。

④ 郑诗亮:《周锡瑞谈近代以来中国民族主义思潮》,载于《东方早报·上海书评》2014年8月24日。

⑤ 陈卫平:《第一页与胚胎:明清之际的中西文化比较》,上海人民出版社1992年版,第108页。按照作者的研究,近代科学没有在明清之际顺利发育而"夭折",原因之一是士大夫对于西学的态度,形成了一个从"会通以求超胜"到"西学东源"的路径(详见该书第93~136页)。

⑥ 金观涛、刘青峰:《观念史研究:中国现代政治术语的形成》,香港中文大学出版社2008年版,第325~358页。

价值，同时进入世界观和价值观的领域。对科学的信仰乃至科学主义的元素，却是19世纪留下的遗产。

从知识社会学的角度看，19世纪末中国思想家求知的动机是追求"富强"，并进而追求社会制度的变革。他们属于从传统士大夫向现代知识分子转变中的人物，其知识构成大多限于了解西方16世纪以来自然科学的一套常识。但是，以康有为、梁启超、谭嗣同为例，我们可以发现，他们正在努力运用近代科学的概念、命题和假说，并将之与中国传统哲学的概念互相诠释。以经典物理学为代表的机械唯物论似乎特别适合追求"自强"的力量的需要，而进化论和各种带进化论色彩的科学假说（如康德—拉普拉斯星云说），也适合追求变革所需要的宇宙论和历史观的气质。在此过程中，他们把西方科学发展史上的某些结论，视为确定的真理，以论证其宇宙观或世界观，并从中推论出历史观与人生观。自由、平等、民主等政治观念也可以从自然科学中获得印证。这样一来，科学实际上正在实现由"技"而"道"的转身。"科学由'技'而'道'的演进，可以看作是一份逐渐形而上化的过程。"① 当然，此时的"科学"，还只是具体的自然科学的结论，而不是"科学"一般。不过，由于中国哲学中"道"既是天道，又是人道，包含了"当行之路"的含义，由技而道的转变意味着科学正在上升为价值。

另外，正如格林菲尔德所说的那样，"科学，这个权威主义的现代知识生产机制直接与民族主义的世俗主义相关。它推重经验现实，而不是像基督教那样崇尚超验领域。"② 从戊戌时代开始，中国哲学家就常常试图从数学和经验科学中抽取出普遍的方法，以弥补注经传统所导致的逻辑意识的薄弱。在当时的语境中，它直接冲击了从对圣人和经典的信仰中推论出真理来的注经方法。同时，对科学和科学方法的信仰所造成的基本历史氛围是科学乐观主义。"科学是不断进步的"，它使得我们可以把科学及其发展安排在一个确定的秩序中，一个不断接近真理的过程中。并且，同时也表现出对于科学功能的乐观预期。

如果进一步研究，我们还可以发现许多在20世纪发生重要影响的观念变革，在世纪之交已经发轫，但是就其大要而言，上述四项及其互动，构成了研究20世纪中国社会思潮的前提。

---

① 杨国荣：《科学的形上之维：中国近代科学主义的形成与衍化》，上海人民出版社1999年版，第15页。笔者注意到，科学主义在中国的形成，除了西方思潮的影响以外，从明清之际耶稣会传教士传教活动中科学与宗教的纠缠、清代乾嘉学派之经学研究的"实证化"，以及传统治学之"术"独立为"学"，都可以看作《近代科学观念变迁的历史先导》。

② [美]里亚·格林菲尔德，王春华译：《民族主义：走向现代的五条道路》，上海三联书店2010年版，"中译本前言"，第2~3页。

三、革命世纪的思潮变迁与知识分子

研究 20 世纪社会思潮，与认识 20 世纪中国历史有密切的关系，这意味着恰当地理解社会思潮的整体脉络，需要以对历史的贞定为前提，从而获得明确的时代意识。

（一）

在中国社会史上，20 世纪无疑可以称作"革命的世纪"。这是在前所未有的变革的意义上所理解的"革命"，而不仅仅是在传统中国改朝换代意义上的"天命转移"。"天命转移"意义上的"革命"，通常与起义、叛乱、政变相联系。譬如不堪忍受贫困与苦难的农民揭竿而起，由此造成社会的动荡和混乱，在镇压农民暴动中胜出的野心家获得政权，开辟一个新的王朝；或者是通过种种宫廷阴谋、单纯的暴力篡夺实现的"禅让"。20 世纪中国的革命是现代意义的革命，是以现代观念引导的革命。这种革命之所以发生，除了其他重要条件以外，观念的变化是必要的条件。主导观念生活的士大夫-知识分子中的前卫（他们中的部分人由于掌握文化权力已经掌握部分政治权力），意识到政治体制的缺陷和困境，逐步形成改革的整体蓝图，制造舆论，不仅影响统治者而且影响广大民众。早在 19 世纪中叶，现代化运动的先驱、"洋务运动"的领袖们已经意识到中国面临着"三千年未有之大变局"。从那时开始的 150 年所经历的翻天覆地（包括观念世界）的深刻变化，历史学家通常都用"革命"来指称。不仅如此，研究 20 世纪的社会思潮运动，确定它是"革命世纪"，也与这场社会革命和观念变迁有紧密关系。

所谓"革命"，在马克思和恩格斯的《共产党宣言》中已经有过深刻的界定：它是基于科学技术和物质生产手段的革命性变化导致人类生活方式的变革，乃至使世界经历了历史性的社会变迁。而在《〈政治经济学批判〉序言》中则有更普遍化的论述：

> 人们在自己生活的社会生产中发生一定的、必然的、不以他们的意志为转移的关系，即同他们的物质生产力的一定发展阶段相适合的生产关系。这些生产关系的总和构成社会的经济结构，即有法律的和政治的上层建筑竖立其上并有一定的社会意识形式与之相适应的现实基础。……社会的物质生产力发展到一定阶段，便同它们一直在其中运动的现存生产关系或财产关系（这只是生产关系的法律用语）发生矛盾。于是这些关系便由生产力的发展形式变成生产力的桎梏。那时社会革命的时代就到来了。随着经济基础的变

更,全部庞大的上层建筑也或慢或快地发生变革。①

20世纪的政治学家和社会学家倾向于把这场变革视为席卷全球的现代化潮流。"这里所谓现代化,指的是从一个以农业为基础的人均收入很低的社会,走向着重利用科学和技术的都市化和工业化社会的这样一种巨大转变。"② 基于现代化理论的政治学家则注意到这一社会革命的政治意义:

> 革命,就是对一个社会据主导地位的价值观念和神话,及其政治制度、社会结构、领导体系、政治活动和政策,进行一场急速的,根本性的、暴力的国内变革。……革命是现代化所特有的东西。它是一种使一个传统社会现代化的手段。③

就政治哲学的党派性而言,汉娜·阿伦特在《论革命》中则特别强调作为现代社会特有的政治现象的革命。革命的目标主要是国家转型和新型政府形式的创建,"一场革命绝不是以消灭国家和政府而告终,相反是以建立一个新国家和成立一个新政府形式为目的"④。从共和主义的立场出发,她以为革命如果不是因为"恐怖的灾难",都会导致一个共和国的建立。从戊戌变法到辛亥革命,让中国人心仪的"革命"也是阿伦特所特别关注的法国革命与美国革命。1949年10月1日毛泽东在天安门城楼宣布"中华人民共和国成立了"的内在意味,是"中国人民站起来了",即中国人民不但可以和其他民族平等交往,而且可以在国内政治生活中平等地参与政治意志的建构。与数千年的专制王朝相比,这无疑是一个"新中国"。

不过,也有从更多的历史连续性来看待中国革命的,他们把中国革命看成一个古老民族现代复兴的形式。著名历史学家费正清在他的《伟大的中国革命(1800—1985)》的前言中写道:

> 19世纪和20世纪的中国人民——他们不仅是文化上而且是政治上的爱国者——经历了从看起来优越的地位,一下子可耻地坠落到一种卑劣的地位,接着又长期继续进行民族复兴的狂热努力,现在总算是成功在望了。一

---

① 马克思:《〈政治经济学批判〉序言》,马克思、恩格斯,中央编译局编译:《马克思恩格斯选集》第2卷,人民出版社1995年版,第32~33页。
② [美]吉尔伯特·罗兹曼主编,国家社会科学基金"比较现代化"课题组译:《中国的现代化》,江苏人民出版社1988年版,第1页。
③ [美]塞缪尔·P.亨廷顿,王冠华等译:《变化社会中的政治秩序》,三联书店1989年版,第241页。
④ [美]汉娜·阿伦特,陈周旺译:《论革命》,译林出版社2011年,第245页。阿伦特对20世纪的革命持相当悲观的态度:"恰恰是这种对国家转型,即对新政府形式的期盼,这种让现代平等社会的每一位成员都成为一名公共事务的'参与者'的期盼,在20世纪革命的灾难中被埋葬了。"(同前,第249页)

旦完全看清楚这点后,将来这就会是一切时代中最戏剧化的故事之一。①

从这个向度看中国革命,"革命"的意义比一般西方人所理解的要更为复杂:

> 在西方世界,革命一般发生在诞生它们的文化中,一般说来,革命首先是政治变革,是一种政治制度的改变,这种变革有时也使经济和社会制度的改变成为可能。我非常怀疑,当人们讲到中国的"革命"时,是否忽视了一个根本点,就是中国不仅进行了政治、经济和社会革命,而且确实在进行整个文化的转变。这种看法有一个前提的设想,就是中国文化确实不同于给世界很大影响的欧洲文化。②

费正清因此认为应该用"转化"来概括中国革命的过程。这意味着在美国历史学家特别是相当一批中国学家看来,中国革命不仅是指在中国文化(我们把它理解为意义的论域)的内部发生了革命,而且这场革命使"中国文化"本身发生了一种前所未有的"转变"。至于中国文化是转变为更西方化,还是更具有独特性,费正清与许多中国学家一样十分迷惑。造成这种迷惑的原因当然是"中国革命"并没有终结,同时也因为有许多互相冲突的思潮始终贯穿于"中国革命"的历史中。

从中国社会思潮研究的角度,将20世纪定位于"革命的世纪",意味着我们是在三个层面上界定"革命"的。最显性的目标当然是它表示我们意识到思潮运动本身的革命性,而我们观念世界的革命,植根于政治的和社会的革命,它不但以政治革命为动力并且与之构成互动的关系,而且根本上是受制于整个社会从古典时代向现代世界转型的历史过程的。换言之,不管人们对20世纪中国革命的评价如何分歧,都不能改变这样的事实:"革命世纪"是中国社会现代化历史不可分割的重要阶段。从引起众多社会思潮的中国的现代化(不管它是否或多大程度地西方化)本身是一场剧烈的革命这一点,可以发现20世纪中国许多社会思潮的秘密。而这场革命所带来的文化"转变"只是更加剧了其非常规性的可能。

(二)

我们把20世纪称作"革命的世纪",当然也有给这一世纪在断代思想史上定位的理由。但是,思想的世纪与此有某种错位。以"革命的世纪"而论,可以把思潮研究论域中的"20世纪"的开端规定为1895年,而把其终结规定为1995年。

---

① [美]费正清著,刘尊棋译:《伟大的中国革命(1800~1985)》,国际文化出版公司1989年版,"前言",第2页。

② [美]费正清著,刘尊棋译:《伟大的中国革命(1800~1985)》,国际文化出版公司1989年版,第37页。

1895年是康有为组织"公车上书"的一年，他在给光绪皇帝的万言书中提出了，要以变法来确立"立国自强之策"，并对"二万万之地，四万万之人"实行广泛的社会动员，从而开启了激进变革的先声。他说："窃以为今之治，当以开创之势治天下，不当以守成之势治天下，当以列国并立之势治天下，不当以一统垂裳之势治天下。盖开创则百度更新，守成则率由旧章；列国并立则争雄角智，一统垂裳则拱手无为。"① 这段在康有为的"万言书"中已经出现过的文字，在《上清帝第三书》中再度出现，表示康有为充分意识到要以"开创"来代替"守成"，要求开启"百度更新"即激进的政治改革，为此他甚至警告说"若非大变讲求，是坐待自毙也"。

1895年严复发表《论世变之亟》《原强》《辟韩》《救亡决论》四篇重要政论，断言："观今日之世变，盖自秦以来未有若斯之亟也"②，阐发了在时人看来相当激进的政治改革乃至文化批评的主张，他不但提出了著名的"鼓民力、开民智、新民德"的变革纲领，提出了与历古之圣贤不同的自由理想，而且谴责两千年的君主政治：

> 老子言曰："窃钩者诛，窃国者侯。"夫自秦以来，为中国之君者，皆其尤强梗者也，最能欺夺者也。③

这与后来被称作激进主义代表的谭嗣同把历代君主统称为"大盗"的说法已经如出一辙。不过，无论对于严复还是对于20世纪中国思想而言，1895年之重要，乃是因为，这一年，《天演论》已经译出初稿，这部书所传达的进化论及其进步主义，将中国引领进了现代世界。20世纪中国发生的所有巨大变革都可以在这一脉络中寻找到其思想的因缘。

就在康有为、严复等后来被称作改良主义者的人物提出激进的政治改革主张的时候，另一类更为激进的被称作革命派的人已经在从事实际的社会运动，他们就是孙中山与他积极组织的革命政党兴中会。这当然和孙中山个人思想的激进化有关。此前一年，孙中山曾经试图上书李鸿章，受到冷遇。这对于他从改良转向革命的选择有重大的意义，"吾党于是抚然长叹，知和平之法无可复施。然望治之心愈坚，要求之念愈切，积渐而知和平之手段不得不稍易以强迫。"④ 后来他又叙述说：

> 目前中国的制度以及现今的政府绝不可能有什么改善，也决不会搞什么改革，只能加以推翻，无法进行改良。期望当今的政府能在时代要求影响下

---

① 康有为：《上清帝第三书》，引自《康有为政论集》（上），中华书局1981年版，第140页。
② 王栻主编：《严复集》第一册，中华书局1986年版，第1页。
③ 王栻主编：《严复集》第一册，中华书局1986年版，第34页。
④ 《伦敦被难记》，引自《孙中山全集》（第一卷），中华书局版1981年版，第52页。

自我革新，并接触欧洲文化，这等于希望农场的一头猪会对农业全神贯注并善于耕作，哪怕这头猪在农场里喂养得很好又能接近它的文明的主人。①

1895年10月，孙中山领导的兴中会发动了第一次反清武装暴动——广州起义。它与以往历史上的谋反、叛乱或农民起义的最大不同，并不仅仅在于章太炎所说的"以前的革命，俗称强盗结义，现在的革命，俗称秀才造反"②，还在于它标志着现代知识分子中的最激进的一翼，开始用社会运动的方式对现存政治体制加以根本性的改造。

如果我们把1895年视为社会思潮史意义上"革命世纪"的开始，那么到1995年这个激荡的"革命世纪"便渐行渐远了。尽管社会变迁意义上的"革命"尚在途中，就整个知识分子和意识形态达成的"隐蔽的共识"而言，激烈的社会革命的时代已经结束。1995年，中国最有创造力、并以不同路径阐释哲学主体性的三位哲学家中，冯契和牟宗三相继去世，另一位哲学家李泽厚则在香港出版了《告别革命》。这本书并不是哲学著作，甚至说不上是一本学术著作，但是在当代思想史上却无疑发出了一个有意味的信号，"告别革命"由一个不仅曾经高度肯定20世纪中国革命，而且为其做了现代性的哲学辩护的哲学家口中道出，③反映着社会思潮的重大转向。

"告别革命"并非突然发生的事件，而是经过近二十年的酝酿。

1976年，毛泽东的逝世和"文化大革命"的结束，邓小平的复出和务实渐进的改革开放政策，标志着中国进入了一个"后革命时代"。1979年邓小平在一次讲话中宣称：当时的政治经济形势，"使全党有可能把工作着重点从今年起转移到社会主义现代化建设上来。这是我国历史上的一个伟大的转折。虽然过去我们已经进行了多年的社会主义建设，但是我们仍然有足够的理由说，这是一个新

---

① 《与〈伦敦被难记〉俄译者等的谈话》，引自《孙中山全集》（第一卷），中华书局1981年版，第86页。

② 转引自胡绳：《从鸦片战争到五四运动》，人民出版社1981年版，第5页。该书展示了对于我们所讨论的事件的历史意义的解释，国共两党在各自的革命叙事中有不同的策略。在他的"三次革命高潮"的历史叙事中，胡绳把孙中山上书、兴中会成立、广州起义及其失败，只是作为"第二次革命高潮"的酝酿过程的一部分。当时的革命叙事将共产主义革命视为近代历史之革命传统的真正继承者。而国民党的吴稚晖则直接说孙中山上书李鸿章，"陈说大计，劝李革命"（转引自上书，第672页）。

③ 我们知道，李泽厚最先以思想史家闻名，他的思想史论三书中《中国近代思想史论》发表最早，在革命派和改良派之间，李泽厚肯定革命的立场是鲜明的；他的《中国现代思想史论》发表最晚，但对新文化运动的启蒙主义，包括激烈反传统甚至全盘西化的倾向，有深刻的同情。他的《批判哲学的批判》（1979年）引导了知识界从黑格尔到康德的转向，后来又发表了论文《康德哲学与建立主体性论纲》，主体性讨论与1980年代的"新启蒙"互相呼应，成为一时的学术热点。主体性可以被看作中国现代性的哲学话语，关于这一点，我在与杨扬等合作的《转折时期的精神转折》（上海古籍出版社2008年版）一书中有专门的讨论（第54~117页）。

的历史发展阶段的开端。"[①] 这个讲话虽然与邓小平1957年《今后的主要任务是搞建设》的讲话有某种相似,[②] 但是实际的语境却有根本的不同。因为20世纪80年代,从中国的现代化史的角度说,发生了巨大的历史转折。从19世纪中叶曾、左、李等意识到"三千年未有之大变局",实现"同治中兴"以来,中国的现代化是一个统一的过程。贯穿这一历史过程的大问题,也是根本上引起诸多社会思潮的现实根据,就是关于"中国向何处去"的争论。但是这一过程可以分为现代民族国家的建立和经济起飞两大阶段。1949年中华人民共和国成立以前,主要的现实关切是"如何得到国家独立和民族解放"?伴随这一争论并且实现其结论的是激进的社会政治革命和战争。1949年标志着统一的民族国家已经建立,问题转变为:"中国如何实现现代化"?回答是两种方案,一种是毛泽东坚持的激进的"无产阶级专政下的继续革命"的方案;一种是所谓"常规性的现代化"。前者是依靠国家权力、意识形态、阶级斗争和连续不断的政治运动,来实现高度的社会动员和社会控制,在高度集权的政治结构、公有制和计划体系内建设社会主义。后者则是不断向外部世界开放、逐渐融入现存的世界经济体系,在保持高度的政治权威和社会秩序受控的条件下实行渐进式的社会改革,更多地利用科学技术的力量,在中国特色的社会主义市场体制中实现经济和社会的高速发展。20世纪80年代,正是前者向后者转变的时代,不仅暴力革命已经过去,而且是激进的共产主义实验让位于"常规性的现代化"方案的时期。

(三)

20世纪中国的任何重大变故无一不与世界经济、国际政治密切关联。思想史上"革命世纪"的结束,亦复如此。简言之,它是下列两个重大事件的反应:冷战结束、苏联解体和社会主义在全球范围的失势;西方式政治民主运动在中国的严重受挫。这是两个原本方向相反,结果却殊途同归的事件。

冷战结束和苏东剧变,共产主义运动转入低潮,美国学者弗朗西斯·福山由此断言"历史的终结"。他认为,过去几年中自由民主制度作为一个政体在全世界涌现,并战胜其他与之竞争的各种意识形态,如世袭的君主制、法西斯主义以

[①] 《坚持四项基本原则》,引自《邓小平文选(一九七五~一九八二年)》,人民出版社1983年版,第145页。

[②] 邓小平在这篇讲话中说:"我们前一个阶段做的事情是干革命。从农业、手工业和资本主义工商业的社会主义改造基本完成时起,革命的任务也就基本上完成了,今后的任务是什么呢?革命的任务还有一部分,但是不多了。今后的主要任务是搞建设。我们党的第八次全国代表大会提出的任务,就是要调动一切积极因素,调动一切力量,为把我国建设成为一个伟大的社会主义工业国而奋斗。"(《邓小平文选》第一卷,人民出版社1989年版,第261页)

及近代的共产主义等，有其合法性①。这与以"文革"结束为标志的以毛泽东"无产阶级专政下继续革命"的理论与实践为主要内容的政治激进主义的历史性失败，构成了系列性的冲击。与此同时，对于西方式自由民主制度的追求，对于中国不能迅速完成政治体制改革的批评，成为当时语境中的另类"政治激进主义"。借"文化热"表现的"自由化"倾向，对于现存体制来说具有某种颠覆性。思想文化界的标志性人物，不但宣布"告别革命"（李泽厚），而且要"告别崇高"（王蒙），进而进行"启蒙反思"（王元化）。它与学术界对法国革命的批评、推崇苏格兰启蒙运动、批判极权主义等，一起构成了激进主义反思的主流。

关于"激进主义反思"作为20世纪中国社会思潮的一个重要现象，我们在第一编将有更详细的讨论。在导论部分我们只能述其大要。

作为"革命世纪"的主要思想潮流，主张改革乃至革命的一脉基本上占据了前卫的、主导的地位，时而也与自由主义组成某种不稳定的联盟。自由主义的左翼、民主主义与社会主义运动，共同推动了20世纪中国社会的伟大变革。革命时代社会思潮的中心可以说是"动力的追求"。但是，"革命之后"的中国，需要在现代化的同时建立新的社会秩序。换言之，"秩序"代替"动力"成为首要的追求。事实上，在"动力"的追求高涨的同时，"秩序"的寻求虽不如动力的追求那么明显却也已经发生。因为困扰国人的问题"中国向何处去"转变为"现代化的追求"以后，已经内在地包含了"我们如何实现现代化"和"中国要什么样的现代化"。前者要解决动力的来源，后者关心秩序如何建构。不过其最初，在社会公共意识的层面，是"动力"的追求压倒了"秩序"的思考，"动力"的追求与"破坏旧秩序"更相匹配。即使如此，中国思想家也不缺乏对于"秩序"的创造性构想。在寻求国家富强、民族解放的过程中，中国人并未离开对世界前途的思考。"天下兴亡，匹夫有责"的传统，由于"天下"已经大大拓展，变得既可以唤醒民族主义，又可能转化为世界公民的意识。从康有为、谭嗣同、孙中山、梁漱溟到毛泽东，中国思想家总是胸襟广阔、规模宏大，决不局限于中国问题本身，而总是同世界前途联系在一起，来设计中国的道路。所以，秩序的重构已经内在地包含在动力的追寻之中。这也是"中国道路"或"中国经验"具有独特魅力的原因之一。

秩序的追求可以区分为社会生活的秩序与意义世界的秩序。这是两个互相联系而又各自有其特殊领域的秩序。社会生活的秩序本质上是伦理—政治的关系，

---

① [美]弗朗西斯·福山，黄胜强、许铭原译：《历史的终结及最后之人》，中国社会科学出版社2003年版，第1页。

其基础是经济的结构和经济活动的秩序；意义世界的秩序则涉及价值和理想乃至宗教。

从伦理—政治的向度说，有国际政治和民族国家内部的不同，中国人在追求民族国家的独立富强的同时，提出了世界主义的大同理想。这个被康有为创造性地发挥为现代乌托邦的未来社会蓝图，其秩序建构的基本原则是平等。后来的社会主义实验，与《大同书》有相当的类似。这表明在这类人物那里平等成为建构理想社会秩序的主要原则。在基于"平等"的激进主义方案和实验之外，也有更强调自由、法治、宪政民主和市场经济秩序，倾向于自由主义的方案，后者在接受外来思想的同时，渐渐倾向于认为传统的自然演变是社会秩序的基础。因而在经济起飞实现以后，以文化传统主义为特色的保守主义开始崛起，取代文化激进主义成为社会主流思潮。他们的运思方向，是将社会秩序、文化的连续性、人的实存三者视为内在一体的。在"秩序"建构上，虽然自由主义和保守主义在抗拒激进主义这一点上是共同的，但是自由主义的"秩序"原理是自由、平等和多元竞争，保守主义的"秩序"更强调"权威"、"等级"和文化历史的连续性。

与伦理—政治向度的秩序重建相伴随的，是自19世纪中叶以来始终纠缠着中国人的意义世界的失序和重构。意义世界的失序，至少是人们痛恨的道德失序的原因之一，它更大的危险是导致社会丧失内在的权威。它包括价值观念的新旧冲突和要素排序之不同。前者是人们熟知的，社会结构、生活方式、文化冲突带来旧价值的失效和新价值的渗入，它涉及规范的有和无。后者是指同样作为现代性价值的自由、平等、繁荣、发展等在价值选择中何者占据优先性的问题，涉及规范的先和后、强和弱。意义世界的重构，还关系到世俗生活和超越境界（道、上帝、神）的秩序，因而与宗教的复兴密切相关，它指示了秩序重建的形上向度如何为世俗生活的秩序提供辩护。

20世纪晚期中国经历了经济起飞，随之发生的历史性变化是"动力的追求"开始让位于"秩序的重建"，或者说，原先困扰中国哲学家的"动力的追求"转变为"动力的反省"——它表现为"启蒙反思"、进步主义批判、儒家的重光和科学发展观的提出。"和谐"成为朝野一致的追求形象地表达了这一转换。在秩序重建的两个层面——价值秩序和政治秩序——也已经出现若干新的理论尝试。事实上，价值观念变革和重构是20世纪80年代以来一直纠缠国人的大题目；如何形成社会共识即形成人们心悦诚服的内在权威，尚在途中。这是一场正待充分展开的讨论。另外，面临新的国际环境，原有的世界秩序需要重新规划，"天下"成为许多人热衷谈论的话题，不过直至今天，它依然是一个比较薄的概念：如果不解决现代民族价值的重建，那么"天下"话语中活跃的似乎还是昔日的"帝国"。它同时也追问着非西式民主体制改革的方向。不仅价值观念的转变正在途中,其更深的基础——经济结构也尚在变革之中,它需要与动力式文明相协调的结构,还是回到古典时代的恬静与闲适?而其广阔的背景则是,随着环境危机和人类中心主义批判的兴起,人在宇宙中的位置似乎更为不确定。

总之,从"革命世纪"到"革命之后",20世纪中国众多社会思潮提供了价值重建的多重选择和复杂画面。本书虽然不能专门研究近现代以来中国的价值观变迁史,但是在研究社会思潮的"三国演义"的过程中,都会注意到各种类型的思潮在价值观方面的特点,及其对于现代中国价值重建的贡献,以显示各种思潮的争鸣并非只是"百家往而不返"的战场,它们对于当代中国的核心价值都各有其内在的意义。

(四)

从思潮史与社会史结合的角度看,20世纪中国之所以被称作"革命世纪",很大程度上是因为这个世纪社会生活方式和社会阶层发生了重要的、根本性的变革。它涉及若干方面,从本项研究的目标出发,我们尤其注意到20世纪中国的知识分子问题。

20世纪初期中国社会的结构性变革之一,就是传统士大夫的消失和新型知识分子的产生乃至掌控文化权力。从根源上说,新型知识分子从19世纪后期就渐渐从传统士大夫群体中蜕变而出,这是早期现代化运动带来的中国社会新陈代谢的一部分。开始只是在上海等少数沿海城市,与新的阶层"买办"、民族资产阶级出现的同时,如著名的王韬那样新的士类出现了。他们大多经受过儒家经典的很好训练,举业却不甚得意,随着西方人在上海出现创造的新机会而来到上海。

> 作为个人而言,他们颇不平常,甚或有些古怪,有时才华横溢。就整体而言,他们代表了中国大地上一种新的社会现象——条约口岸知识分子。他们的重要性将与日俱增。他们在中华世界的边缘活动。起初,他们的工作对中国主流中的事件似乎几无影响,但最终他们所提出的东西却与中国的实际需要逐渐吻合,直到这时,他们才渐次得到一定的社会地位和自尊。[①]

柯文描写了治近代中国史的学者们所熟悉的场景,从研究中国社会思潮与知识分子的关系的角度,我们注意到他提出了两个新的语词乃至新的概念。一是"(条约口岸)知识分子",二是(与"主流"相对的)"边缘"。这两个概念与

---

① [美]柯文,雷颐、罗检秋译:《在传统与现代性之间——王韬与晚清改革》,江苏人民出版社1994年版,第17~18页。

本书研究的主题有高度的相关性，因此需要做简要的论述。

我们曾经给"社会思潮"做过简要的界定，认为它指较大规模的观念形态的运动，是特定社会的各种矛盾尖锐化、复杂化在精神世界的反映，通常是从知识分子群体发端，或者从外部世界引入，渐渐扩展到社会层面，进而影响到生活世界与民众心理的思想运动。换言之，"知识分子"是社会思潮的首要载体。在柯文那里，"条约口岸知识分子"是一种特殊的现象，也可以说是过渡的现象。尽管与传统士大夫类似，受过传统经典的训练，但他们不再是纯粹的士大夫，因为其知识结构（有西学新知）和社会存在都发生了变化。他们最初的职责可能主要是帮助西人翻译，但渐渐形成了一种趋势，即除了翻译相关文件之外，还意在满足新近出现的新闻出版机构的需求。换言之，最初出现的"知识分子"，是那些未能在"正途"中获取功名的部分士类，在仕途、成为乡绅或私塾之外获得了自我实现的方式。20世纪以后，尤其是晚清新政废除科举，通过读经—科举—做官的工具性连环已经失效，而这本是传统士子的一般出路。在世纪之交，归国留学生逐渐增多，即使他们中的精英可能获得类似科举的"功名"（譬如著名的科玄论战的双方主将丁文江和张君劢都曾通过清政府鉴定留学生的考试，前者被授予翰林院庶吉士，后者则被赐予格致科进士——正因为如此，他们才成为"elite"，社会精英或上流社会人物），但是他们中的大多数人，也同辛亥革命以后大量通过新式教育培养出来的人一样，不再是传统的士大夫，而属于知识分子的群体。

问题是何谓知识分子？我们知道，作为一个汉译西语，"知识分子"（the intellectual）最早出现于法国和俄国，不过真正从学科意义上对"知识分子"加以专门研究并卓有成效的，是知识社会学家曼海姆。他的《意识形态和乌托邦》成为该领域的权威著作。他说："迄今为止，除了那些实际上代表各个阶级的直接利益的人以外，所有各个阶级都一直包含着一个更多地取向，我们也许可以称之为精神领域的那个领域的阶层。从社会学的角度出发来看，我们可以称他们是'知识分子'。"[1] 按此，知识分子可以被视为意识形态和乌托邦的制造者和传播者。福柯则认为有两类知识分子：普遍的知识分子（universal intellectual）和专门的知识分子（specific intellectual）。前者更接近于曼海姆所说的"取向精神领域的阶层"的"知识分子"。所以我们同意在如下意义上使用"知识分子"这一概念：所谓"知识分子"，是指具有强烈社会关怀，并且以思想观念作为武器投身于社会及政治活动的人文型知识分子。而不是社会上一般只关心自己专业和个人生活的工程师、会计、银行职员等"有知识的专业人员"。

现在我们讨论柯文所提到的第二个关键词"边缘"。在柯文那里"边缘"与

---

[1] ［德］卡尔·曼海姆，艾彦译：《意识形态和乌托邦》，华夏出版社2001年版，第298页。

"主流"相对,我们则以为"边缘"也可以与"中心"相对①。不但王韬那样蜕变中的士类属于边缘性的,康、梁、谭、严等改良派相比权力中心而言也属于边缘性人物,因为尽管他们一时似乎主导了改良思潮,但是其政治理想和社会改造的方案并未成功地转变为政治现实和社会建制;他们的文化权力尚相当有限,不但离开政治权力距离遥远,而且即使体现在主导学会、报刊等方面的文化权力,持续的时间也十分短暂。五四时代陈独秀、胡适等已经获取了很大的文化权力(在学院体制中也短暂地获得过中心地位),但是就政治权力而言,他们依然是边缘性的人物。实际上,中国的自由主义知识分子,基本上始终处于边缘地位;即使是文化保守主义者,也是在五四新文化潮流中的反潮流者,因而很长时间处于边缘地位。我们甚至可以说,一般重要的社会思潮,在其发端之际,通常都是居于边缘的知识分子所为。但是,社会思潮之所以是社会思潮,又通常会有极大的社会影响力,甚至引发全民的关注与投入。换言之,边缘与中心(主流)是可以易位的。

边缘与中心何以可以互相易位,与知识分子之为知识分子有关。把知识分子界定为乌托邦与意识形态的制造者与传播者,使得上述互相易位获得了可理解性。一般来说,乌托邦由于其对现实的批判性和理想的导引力量,通常表现为否定的或革命的力量;意识形态则倾向于维持既定的社会秩序,因而将具有明显的保守性。如此,"中心与边缘"就可以有两个向度的解释。第一,是指意识形态与乌托邦作为保守和革命的思想观念,具有相对性。当一种观念具有乌托邦性质时,通常处于社会的边缘,而意识形态占据着社会政治中心成全其保守的特征。就社会思潮而言,20世纪中国的意识形态与乌托邦常常互相易位,因而中心与边缘的关系显得错综复杂。第二,是对于20世纪中国知识分子的生存境遇的形象描述。20世纪中国知识分子的生存境遇,以一种悖论形式的"中心与边缘"关系呈现。一方面,与传统士大夫相比,随着晚清对"富强"的举国追求,尤其是帝制的颠覆,社会"边缘人"逐渐占据社会政治舞台的中心,或获得了主导性的文化话语权;士大夫阶层可以说是传统的人文型知识分子②,这个阶层在传统

---

① 本书关于知识分子与20世纪中国社会思潮关系的论述,基础是胡伟希的长篇研究报告《中心与边缘:20世纪中国知识分子与社会思潮》,见高瑞泉主编:《巨变时代的社会思潮与知识分子》,上海古籍出版社2014年版,第1~212页。

② 关于传统士大夫与近代知识分子的关系,余英时有甚为详细的研究。广西师范大学出版社2014年出版的《余英时文集》第四卷《中国知识人之史的考察》集中了他这方面的论文。大致说来,他更强调传统社会的"士"与近代知识分子的连续性和相似性,所以他常常直接称呼"士"为"中国古代知识分子"。余英时认为,"士"阶层以"道"自任,传统中国的"社会良心"也落实在他们的身上。尽管余英时也承认20世纪中国知识分子"毕竟不是传统的'士'了",但是对此的讨论不在其关注的中心。而现代知识分子与传统士大夫之间的分别,则应该从存在论上得到说明。

社会基本上处于"中心"位置，从 19 世纪末到 20 世纪初，随着中国社会的新陈代谢，他们日益被边缘化。新式知识分子占据了话语主导地位，但是只要其保持"知识分子"的身份，总难免被边缘化。另一方面，中国知识分子总是自觉地以"道义"作为自己的承担和责任，自我的认同与客观的地位之间形成一种紧张，容易导致知识分子的焦虑。因而以承担"道义"自任的知识分子，通常也必须寻找"践道"的途径，为了从边缘进入中心，他们需要改变"随风飘荡"的境况，既使得自己认同的"道"能够践行，也使自己能有所附丽。最通常的途径是获得国家权力的认可，实现知识与权力的结合。因而，"边缘"与"中心"的互相易位，隐藏着文化权力与政治权力之间的博弈，后者又常常是知识分子群体分裂或重组的原因之一。研究社会思潮的义理和意蕴之同时，注意它们与知识分子的高度关联，从方法论的向度说，就是 20 世纪中国社会思潮的多样性，不仅是观念的差异和流动所致，还可以在社会存在的层面去深入观察。

（五）

20 世纪作为一个"革命世纪"，必然经历事实上也确实经历了一场社会结构和秩序重建的过程，从这一角度看社会思潮与其首要载体知识分子的关系，有助于我们不停留在观念层面去理解 20 世纪社会思潮的分合交错、冲突成败和消长起伏。

有人曾经将 20 世纪中国（尤其是辛亥以后）的思想史概括为"启蒙与救亡的变奏"。无论"革命"、"启蒙"还是"救亡"，都既有社会精神现象的改变，又必须伴随高度的社会动员，才能构成典型的"社会思潮"，形成梁启超所谓一时之"风气"或"群众化"——"时代思潮之为物，当运动热度最高时，可以举全社会各部分之人人，悉参加于此运动。"① 梁启超认为晚明心学即是如此。公允地说，梁启超此论未免混同了现代社会思潮与古代学术思潮的差别。可以说，20 世纪中国革命所需要和经历的社会动员的广度与深度，是前所未有的。不仅是作为"边缘人"的知识分子，而且更有底层民众不断被动员（土地改革和抗日战争以及 1949 年以来的两种不同类型的现代化实验），改变了直到民国初年依旧存在的社会上层与底层的脱节。这种"脱节"的状态不仅在美国汉学家爱德华·佛利德曼的《向革命倒回》一书里有所描述，而且在鲁迅的小说《药》《阿Q正传》《风波》等有更形象、更直观也更深刻的反映。他们都认识到"中国城市中的激进知识分子和辽阔的腹地的贫苦农民对中国革命具有完全不同的想

---

① 梁启超：《清代学术概论》，引自朱维铮编：《梁启超论清学史二种》，复旦大学出版社 1985 年版，第 2~55 页。

法和感受。"① 由于现代化的进程，20世纪末的中国社会可以说已经脱胎换骨。20世纪若干"群众化"的社会思潮之所以常一时汇为浊浪滚滚、泥沙俱下之象，与此有关。

在这个意义上我们不能停留于观念本身去考察"观念的力量"。前面曾提到过，怀特海认为推动观念的历史衍变的力量有两股：无情感的力量和理想的力量。由于中西文化的冲突与交融，近代以来中国人的生活世界受到怀特海所说的两种力量的共同影响，甚至可以说，怀特海所谓"理想的力量"也曾经以"强制力"或"暴力"的形式出现在近代中国人的面前，蕴含着观念变迁的纷纭复杂的社会思潮不过是其表象。

如果我们回到前一节讨论过的"乌托邦和意识形态"的视角，那么我们可以说，"乌托邦"可能代表了理想的力量，而意识形态由于是思想与权力的结合，通常会表现出某种强制性。这里有一难以避免的悖论：当某一带有乌托邦性质的思潮试图转变为改变现实的力量时，同时出现的就是该思潮的载体——特殊知识分子群体——将文化权力转变为政治权力，非如此，思想无法具备实践的中介。其结果通常则是曼海姆所谓知识的"变形"，乌托邦转变为意识形态。当然也有相反的情形：政治权力直接阻止思想的传播，由此决定思潮的消长。譬如蒋介石20世纪30年代对《新月》派、40年代对《观察》系进行打压，统一舆论、压制思想言论自由，这是"暴力"影响社会思潮的典型。而五四新文化运动期间，之所以各种思潮风起云涌，与国家能力（尤其是政府统制舆论的能力）的薄弱有关。我们甚至可以大致描画出国家能力与思潮繁衍之间的函数关系。

除了上述两类情况，还有另一种影响20世纪中国社会思潮的"强制力"，即市场。现代中国的社会思潮与古代社会的学术思潮的一大差别，是传播媒介和手段的不同。19世纪晚期以来，报刊对社会思潮的推波助澜之功，非常值得研究。从戊戌到辛亥，报刊成为思想论战的疆场。1906年仅上海一地，出版的报纸即有66家；全国出版的报纸多达239种。五四新文化运动期间则更是报刊林立，连中学生都会办起刊物。其中固然有一些是同人刊物，但是我们也要注意到思想与资本之间的关联。可以说，决定不同思潮当时的际遇者，并非单纯学理之是非，更有着"思想市场"的逻辑在起作用。五四新文化运动期间，作为《新青年》的对手，杜亚泉和《学衡》派的遭遇，可以作为该方面的例证。为什么杜亚泉的"东西文化调和论"失势？直接的表象是杜亚泉受到陈独秀的猛烈批评，但更为基础的是，《东方杂志》销量的急剧下滑。《东方杂志》在杜亚泉主持初

---

① ［美］柯文著，林同奇译：《在中国发现历史——中国中心观在美国的兴起》，中华书局1989年版，第67页。

期（也是经过一番"大改良"以后）发行量达到一万多份,"打破历来杂志销数的纪录",但是,后来与其论敌相比,"《东方杂志》日益显得陈旧落伍,销量亦急剧下滑。在这种情况下,出于声誉与营业上的双重考虑",张元济等劝退杜亚泉乃属必然①。与《东方杂志》类似的是《学衡》派,他们师法白璧德的"新人文主义",在五四时代主张文言、古典、尊孔,到20世纪30年代,在多重条件作用下,"《学衡》杂志之销路每况愈下,以致不能存活而停刊"②。从更深的层面观察,20世纪主要的社会思潮最重要的传播途径是期刊,这多少增加了思想活动的临时性,轰动一时的"论战"既有促进思想深化的一面,因为意见争论是通达知识乃至真理的必要途径;又有恶化语境的作用,追求极端表达获得更多观众（读者）亦使得思潮运动虽有一时的轰动性影响,却难以有沉潜往复的体系性创造。

现代社会不可能在思想上一潭死水的同时却富有活力;也不可能只要"各自表达",无须基本的社会共识与社会团结,就出现有序的进步。理想的状况还是毛泽东同志当年说过的：百花齐放、百家争鸣。换言之,社会思潮研究同样可以在"动力与秩序"的协调中建立观察的标准。而作为社会思潮之载体的知识分子如何正确对待权力与资本,如何学习在"讲理"、讨论中发展论辩的合理性,不至于在思想冒险的过程中发生严重的异化,也是本书通过20世纪中国社会思潮的经验教训而试图探讨的问题之一。

四、20世纪的中国与世界

研究20世纪中国社会思潮,一个不可或缺的向度,是中国与世界的关系。这不但指我们需要理解20世纪中国的国际地位及其国际关系的变化,更是说我们需要认真研究中国人的思想与外部世界的思想潮流的关系,尤其是与作为一种强势文明乃至占据文化霸权地位的西方思潮的关系。几乎人所共知的是,20世纪中国最重要的社会思潮,无一没有西方的因素在起作用,只是到底是何种"西方",以及此类西方思想如何影响中国思潮会有所不同。因此,深入考察上述问题,对于我们深刻理解20世纪中国社会思潮的复杂性与时代特点,会有重大意义。

---

① 周武：《杜亚泉与商务印书馆》,引自许纪霖、田建业编：《一溪集》,三联书店1999年版,第196~202页。

② 汪荣祖：《新文化的南北之争——重新认识新文化运动的复杂面相》,引自《探索与争鸣》编辑部：《"现代化与化现代：新文化运动百年重估"国际学术研讨会论文集》,2015年6月,第25页。

（一）

从 19 世纪中叶开始，中国人意识到的所谓"三千年未有之大变局"，首先就表现在中国在现代世界的地位变化，从"天下"之中心，迅速沦落到可以任人宰割的地步，同时也表现在人们逐渐意识到的西方文化对于中国传统价值的威胁。康有为说："窃维国事蹙迫，在危急存亡之间，未有若今日之可忧也……近者洋人智学之兴，器艺之奇，地利之辟，日新月异。今海外略地已竟，合而伺我，真非常之变局也。"① 数年后康有为又说："夫泰西诸国之相逼，中国数千年未有之变局也，曩代四夷之交侵，以强兵相陵而已，未有治法文学之事也。今泰西诸国，以治法相竞，以智学相上，此诚从古诸夷之所无。"② 可见，当时引领中国思想潮流的人物已充分意识到，中国所面临的变局，既是国家存亡危机，又是文化危机。

从现代世界历史的视角看，中西文明的大规模交汇之际，恰好是中国国运衰微、而西方列强正在走向其顶点的时期。希望通过追求富强而实现"救亡"目标的中国人，发现自己面临着一个前所未知的世界，在对外部世界的了解上，道光年间的上层统治者比起此前 250 年的徐光启等晚明知识精英，实在有巨大的倒退。他们只是在经历了差不多半个世纪之后才感觉到，当时的世界在形式上与中国古代的某个历史阶段（如战国时代）颇相类似。在新的世界格局中，一个有着数千年辉煌历史的文明大国，忽然成为一个衰弱、分裂、备受列强欺凌的对象。如何理解新的"天下大势"，不能不深刻地影响中国社会的道路选择与思想世界。然而这两者之间的互动本身就必然经历一个复杂曲折的过程。从思潮研究的视野看，20 世纪几乎所有重大思潮的起伏都与中国的国际地位、国际关系密切相关。

总体而言，甲午以后中国人意识到，这个"变局"是中国不能接受却又不得不接受的，因而是中国必须以积极的变革加以认真应对的。《共产党宣言》已经指出，资本主义的发展使东方服从西方，从伊曼纽尔·沃勒斯坦的视角看来，中国被迫进入了他所谓的现代世界体系，而作为现代世界体系的资本主义是一个不平等的体系。在这个体系里，中国不但受欧美而且受到同属东亚国家的日本的欺凌③。20 世纪中国的"救亡"——追求富强——实现现代化，就其最基本的社会

---

① 康有为：《上清帝第一书》，引自《康有为政论集》（上），中华书局 1981 年版，第 53 页。
② 康有为：《上清帝第四书》，引自《康有为政论集》（上），中华书局 1981 年版，第 149 页。
③ 沃勒斯坦认为："资本主义世界经济体系是以世界范围的劳动分工为基础而建立的，在这种分工中，世界经济体系的不同区域（我们名之为中心区域、半边缘区域和边缘区域）被派定承担特定的经济角色，发展出不同的阶级结构，因而使用不同的劳动控制方式，从世界经济体系的运转中获利也就不平等。"见［美］伊曼纽尔·沃勒斯坦，尤来寅等译：《现代世界体系》（第一卷），高等教育出版社 1998 年版，第 162 页。

心理而言，动力来自国家独立、民族平等的目标。这一民族主义的动机，贯穿了20世纪。

为了追求民族自救，中国人曾经努力学习西方——一种从西欧北美迅速扩展的现代文明，因而客观地派生出另一个动机：实现现代化。它最初意味着以西方的现代性在中国的实现为目标。在20世纪，这个目标不但成为中国社会和民众的强烈期待，而且上升为国家意志。因而，我们可以说，民族生存和文化复兴的目标，与中国的现代化目标，在20世纪的历史中曾经有高度重合的一面。不过，毋庸置疑，这两者同时又有冲突的一面，因为遍布世界的现代化运动，在呈现出全球化（globalization）的趋势的同时，又在后发展国家出现了与西方现代性不同的特点，其中主要是由于民族文化的不同和道路选择的差异而呈现出的不同。正是这些，决定了开放的中国，其重要的思潮之产生、流变，都不能不与20世纪世界史的轨迹，尤其是主导了现代世界体系的"中心"的欧美国家的知识生产发生密切的关联。因此，从中国与世界的关系看20世纪中国社会思潮，一是需要注意世界史的重大事件——尤其是转折性的事件所引致的思潮反应；二是需要注意现代化进程在20世纪呈现的全球化特征，以及中国思想界对它的回应。

就对中国思潮具有重大影响的世界史进程而言，战争与革命无疑占据了首要地位。中日甲午战争、第一次世界大战、俄国十月革命、第二次世界大战、中国民主革命的胜利与中华人民共和国的成立等重大历史事件，都成为思想史的某种转折点。我们之所以说中国20世纪是一个"革命世纪"，很大程度上也是因为对于整个世界来说，20世纪同样是发生重大转变的世纪。如果说20世纪初，尚且是"东方服从西方"的话，20世纪末，随着中国的崛起，以及其他非西方国家的迅速发展（譬如"金砖四国"的出现），当代世界的格局乃至国际秩序都在重构之中。

本书主要的目标不是讨论国际秩序变革的问题，而是将其视为中国思潮研究的更广阔的背景。因而有必要在此大致描述外部世界包括国际关系的重大变动对于中国思潮的影响。

首先，甲午战争前后，各种外来思想已经多方面地传入中国，中国在战争中的惨败引发了激进的政治改革思潮，进而导向政治革命，其内里就有进化论和民族主义、自由主义、无政府主义、共和主义等众多西方思想。八国联军入侵和《辛丑条约》的订立更赋予了革命思潮传播的动力，该思潮运动的一种建制化后果则是辛亥革命和民国的建立。

其次，第一次世界大战和十月革命的胜利，改变了中国思潮的方向。规模和残酷程度空前的第一次世界大战及其结果（尤其是作为战胜国的中国获得的是新的国耻），一方面进一步激发了中国的民族主义，另一方面也引发了文化保守主义的崛起；这与西方社会对现代性的反省包括柏格森、倭肯等对实证主义、科学主义的批判有关。俄国革命对于中国的意义更是人尽皆知：十月革命一声炮响送来了马克思列宁主义。它是继进化论传播以来，对中国社会发生影响最为深远的重大事件。第一次世界大战和俄国革命的相继发生，使得互相冲突的诸种思潮同时进入中国，不但共同构成了新文化运动的背景，而且与中国现代化道路的选择有重大的关系。简而言之，此前中国人如饥似渴地学习的"西方"，是一个相当笼统的目标，而此后相当一部分中国人的目光开始东移，转向苏俄。孙中山如此，中国共产党的诞生乃至而后的社会主义运动都与之有密切的联系。正如中共党史专家杨奎松所说的那样：

> 中国之所以会产生共产党，不能不归因于第一次世界大战和俄国的十月革命。正是因为有了第一次世界大战，中国人才第一次理直气壮地认定自己应该可以和列强平起平坐，并对公理和正义不能惠临中国，而表现出强烈的民族情绪。正是因为俄国十月革命的成功，诞生了一个前所未有的平民政权，中国众多激进的小知识分子才意外地发现，原来国家和民族的命运并非只有那些官僚政客才能左右，社会的改造其实更需要从下层做起，即使是青年学生，也能够组织起来，动员民众起来革命。第一次世界大战，典型地表现了资本主义的没落，而俄国十月革命的胜利，却代表着社会主义的升起。很少有人会愿意中国重蹈没落的资本主义的道路，但很多人愿意把中国未来的希望放在正在冉冉升起的社会主义的探索。[①]

从20世纪中国社会思潮的具体历史进程而言，上述判断已经涉及思想史与地缘政治的关系，它是20世纪中国与世界的关系的重要部分。影响中国思潮的不但有远道而来的欧美思想，还有作为近邻的俄国和日本。作为列强之一的沙俄与作为世界上第一个社会主义国家的苏俄，都强烈地影响了20世纪中国，苏俄对于中国走上共产革命、获得全国政权以及后来的中国特色社会主义道路的选择，有极为复杂的意义。不但是"十月革命一声炮响，给我们送来了马克思列宁主义"，实际上，离开了苏俄的地缘政治要素，就无法充分解释中国的成功之道，也无法合理解释中国社会思潮的演化。

再次，说到影响20世纪中国思潮的地缘政治要素，不能跳过日本。从19世纪中叶开始，中日两国先后对外开放、走上现代化的历程，到19世纪末20世纪

[①] 杨奎松：《中间地带的革命：国际大背景下看中共成功之道》，山西人民出版社2010年版，第52~53页。作者认为以往党史研究中比较常见的论断：在中国革命途中，"对外'独立自主'、对内'阶级斗争'是一切成功的基石与法宝"，"这种看法显然不够全面"（"再版序"）。该书则着力描述作为近邻的苏联、中共尤其是其领袖毛泽东的机敏睿智、日本的入侵和国民党蒋介石本身的困境这四方面的博弈过程，尤其是强调了前两项在中共取得胜利过程中的不可或缺的地位。

初日本在双重意义上影响着中国社会，一是日本成为列强之一以后不断逼迫和侵略中国，二是甲午以后，日本思想界的动向时常影响中国思想界。更往前追溯，由于中日哲学的亲缘关系，在近代史开端之际，中日两国就享有类似的哲学背景，譬如以王学的勃兴为先导、唯意志论的流行等。世纪之交，中国留日学生大量翻译了日译西方哲学社会科学的著述，使得西方思想转道日本进入了中国。由于许多重要的中国思想家都有旅居日本的经历，所以日本成为中国输入西学的重要通道[①]。不但梁启超等改良派从日本汲取各种思想资源，他和孙中山、章太炎等革命党人把日本变成了中国思想论战的战场。激进的无政府主义者，如刘师培等也是在日本从事活动；与此相关的"新村运动"完全是从日本引入的社会实验。人们习惯说"十月革命一声炮响，给中国人送来了马克思列宁主义"，而当时最前卫的知识分子如李大钊、陈独秀、李达等对于唯物史观的接受与阅读日文著作也有密切的关系。日本学者幸德秋水、河上肇等的书都是中国学者耳熟能详的著作。从地缘政治的角度看日本对于20世纪中国社会思潮的影响，更重大的是民族主义思潮。关于这一点我们下面会有更详细的讨论。

最后，第二次世界大战以后，社会主义在全世界的高歌猛进，冷战时期的意识形态对峙，以及20世纪晚期的苏联解体、社会主义运动在全球遭受挫折，20世纪下半叶国际社会主义运动的历史，都曾经强烈地影响了中国思想界。20世纪中期，社会主义风行于全世界，不但出现了一个前所未有的"社会主义阵营"，而且西方国家也是通过吸取社会主义的某些要素来改善资本主义制度。这就是一度十分活跃的中国自由主义思潮转入低潮的国际背景。在冷战乃至中苏失和的语境中，"极左"思潮流行。不过即使在"文化大革命"那样似乎万马齐喑的情况下，民粹主义、无政府主义、唯意志论等思潮实际上依然暗中流行。我们在此也应该考虑这几十年海峡两岸的关系对思潮史研究的意义。那时的港台基本上背靠强势的西方政治—文化，因此自由主义在那里有其特殊作用，文化保守主义也派生出儒家自由主义的倾向。而在大陆，文化保守主义则表现为儒家社会主义一脉。中美建交、冷战结束与中国开启改革开放，都为思想解放背景下多种思潮并行提供了国际环境。在苏联解体、社会主义转入低潮这样一种特殊的历史条件下，中国从自己的国情出发，纠正了一度曾经导致灾难性结果的失误以后，在改革开放中继续沿着社会主义道路发展自身，形成了"中国特色社会主义"。回顾这段历程，我们可以说"中国特色社会主义"是中国在现代化、全球化潮流中作出的正确选择。

---

① 高瑞泉：《略论近代中日哲学的相关性》，载于《天津社会科学》1993年第4期，第17~21页。

（二）

在 20 世纪中国社会思潮研究的视域中讨论"中国与世界"，更重要的不仅是将其作为背景，而是认识到 20 世纪中国几乎所有重要的思潮都受到外来思想的影响这一事实。外来思想影响中国社会思潮，它们的程度可以不同，方式也会有所区别，概括地说可以有正向与反向两种方式。通常我们将"影响"理解成正向的方式，它包括传输、刺激、示范与强化等形态。反向的方式，即通过批判或反思的方式来化解乃至融摄西方思想。所有这些都或大或小、或深或浅地改变了本土的思想内容，乃至思想方式，因而也属于广义的"影响"之列。

中国的现代化经历了从"学习型的现代性"走向"反省的现代性"的过程，因而在相当长的时间内，"正向的影响"是显性的，反向的则蛰伏其间，到后来后者才反转为主流。

从学理的传输而言，相当一批中国思潮可以说是西学的传播。最突出的自然是基督教的传播，由于它不是典型的中国思潮，所以本书没有加以单独论述，但是基督教的传播对于中国人的科学和民主意识具有附带的作用，对于我们强化民族认同的重要性、佛教的复兴以及建立孔教等主张，不无刺激和示范作用。本书比较多地论述到进化论、实证主义、自由主义、无政府主义、共和主义、马克思主义与社会主义，尽管它们能够移植到中国并且在中国生根从而影响了社会变革进程，总是或多或少具有中国文化的土壤，但在最初，它们还都是西方同类思潮传输、译介的结果。从这一向度说，许多西学经典的汉译，实际上也成为中国现代经典的重要组成部分。仅哲学著作，就有《天演论》《群己权界论》《法意》《互助论》《共产党宣言》《创化论》《纯粹理性批判》《苏鲁特拉如是说》《路索民约论》等，此外我们还可以开出一个长得多的书单，其中就包括罗素和杜威等著名西方思想家在中国的诸多讲演①。

外来思想对中国思潮的刺激和示范作用，在民族主义问题上表现得尤其突出。西方历史学家将 20 世纪中叶以前的 500 年称作"欧洲时代"，它的一个突出表现是西方的政治经济霸权，"由于它的霸权从根本上说源于民族主义，因此它坚定地认为，只要民族主义还有生命力，这种霸权就能维持下去"。在此之前，它所遭遇到的唯一一个也是"最可怕的对手"是明治维新以后的日本②。这就可

---

① 袁刚等将罗素在中国的讲演从当初的《罗素五大讲演》扩编为《中国到自由之路——罗素在华演讲集》，将杜威的许多当时发表于各种报刊上的讲演汇编为《民治主义与现代社会——杜威在华讲演》，两书均由北京大学出版社 2004 年出版。
② ［美］里亚·格林菲尔德，王春华等译：《民族主义：走向现代的五条道路》，上海三联书店 2010 年版，"中译本前言"。

以帮助我们理解为什么在此问题上，中国人从日本那里受到的刺激最深。在大部分中国知识分子心目中，日本只是蕞尔小岛，向来是中国的学生而已。甲午一战，使中国人幡然觉悟，需要学习日本。而甲午战争和日俄战争以后，日本国内民族主义乃至国家主义高涨，从正反两方面刺激了中国思潮。我们知道，鲁迅和郁达夫等著名作家曾经非常强烈地表达了，日本人对中国人民的轻蔑与鄙视，如何激起了中国知识分子的爱国热情；那么我们同样应该知道，民族主义对于日本崛起所起的重要作用，实际上也正面鼓舞了中国的民族主义。更重要的是，就民族主义主要包括的民族认同（民族性 nationality）和民族意识而言，曾经被称为"一盘散沙"的普通中国民众尤其广大农民，是通过抗日战争的社会动员才获得的。不过，就直接的形态而言，抗日战争胜利以后，中国进入了新民主主义—社会主义革命的系列。

我们知道，"西方"也并非僵硬的整体，它本身不但包含了多样性，而且其主流思潮也是处于变迁之中，这种分化与变迁就给中国思潮的外来元素增添了一种不确定的变量。无论是倾向于积极变革中国社会的社会主义，还是自由主义，都有随国际思潮变动而变动的一面。早期的中国共产党，受到共产国际、苏联和斯大林的影响是毋庸置疑的。即使是中华人民共和国成立以后，中苏两国的国家关系和意识形态的分合，也对我国的社会主义理论与实践发生过重大影响。其中自然有许多曲折和复杂性，譬如由于教条主义所导致的极"左"路线，表现为形式上极端的"激进化"。但是从更长的时段看，中国共产党立足于中国具体国情，坚持独立自主、将马克思主义的普遍原理与中国革命的具体实践相结合的方针是具有高度连续性的。人们固然有理由将其归入激进主义的一脉，但是它最终（尤其是进入社会主义建设时期），实际上发生了方向性的转折，或者说扬弃了激进主义。这是中国特色社会主义道路的理论和方法论基础。

至于像自由主义这样主要是西方舶来品的思潮，更加受到国际社会尤其是欧美思想界的变动的影响。譬如严复之与约翰·密尔，胡适之与杜威，20世纪40年代《观察》系自由主义之与拉斯基、殷海光之与海耶克，都呈现出某种一一对应的关系。我们并不能简单地说，自由主义唯西方马首是瞻，他们也有会通中西的理想。譬如胡适曾说过："我们今日的学术思想有这两个大源头：一方面是汉学家传给我们的古书；另一方面是西洋的新旧学说。这两大潮流汇合以后，中国若不能产生出一种中国的新哲学，那真是辜负了这个好机会了。"胡适对新哲学的期望，是与他对东西"两大支的哲学互相接触、互相影响，五十年后、一百年后，或竟能发生一种世界的哲学"的预期相联系的[①]。但是总体上，这一派别的思潮受西方思潮影响最深。最具有代表性的，是考察20世纪中国自由主义对

[①] 胡适：《中国哲学史大纲》，河北教育出版社2001年版，第10~13页。

"平等""社会主义"等问题的态度转变,一定不能离开西方思想界的背景。"通观整个 20 世纪中自由主义的发展史,我们认为在西方自由主义思想家中拉斯基和哈耶克对中国自由主义的影响最大,……由于拉斯基的思想性格偏于激进,哈耶克的思想性格偏于保守,这也决定了中国自由主义思潮中激进和保守的两种进路。"① 这里的激进与保守主要是相对于价值排序中如何处理自由的优先性(与平等的关系),以及对于文化传统的连续与非连续性的观点而言。本书中讨论的"自由主义"不仅指某个派别,同时指某种中间的立场。自由主义作为在激进主义与保守主义之间的某种"中间派",至少是由于受到外来思想的不同影响,在自由与平等的关系,以及多大程度上承认传统的价值这两个问题上会有不同的取向,由此影响其自身的地位和性质。从更宽的视野看,只有既看到《观察》系自由主义者与拉斯基和费边社代表的左翼自由主义的师承关系,同时又看到冷战结束以后社会主义在全世界的受挫和保守主义盛行②,才能真正理解新中国成立前后的自由主义与改革开放以后的新自由主义何以不同。

通常来看,"西化派"尤其是自由主义思潮,明确地呈现出其受到西方思想的正向影响。其实 20 世纪中国的保守主义思潮,同样受到西方相关思想的"影响"。不过其方式与知识生产的单向东移相比,要复杂得多。其中既有某种移植,更有在译介、反思和批判的过程中,融摄西方思想乃至达到某种程度的超越。最重要的有两大流派可供我们考察该理路。一是《学衡》派,二是现代新儒家。这两派人物都反对五四新文化运动激发的批判儒家传统的潮流,但是,前者偏向广义的人文,尤重文史;后者则重点在哲学的创发。

《学衡》派以其创办《学衡》杂志而得名,大多是在欧美留学归来在东南大学任教的学人,如梅光迪、吴宓、刘伯明、胡先骕、柳诒徵、黄季刚、吴梅、胡小石等。他们的领袖人物梅光迪和吴宓,都在哈佛读书,师从白璧德(Irving Babbitt),将白璧德倡导的美国"新人文主义运动"(new-humanistic movement)介绍进中国。白璧德本人对于中国古典文化尤其是孔子和道家有相当的敬意,梅光迪、吴宓等人则认为其"新人文主义"有助于国人熔铸中西古典文化以建设中国的新文化。与他们同道的有陈寅恪等著名历史学家,自觉其思想类似(曾)湘乡与(张)南皮那样的"中体西用"立场,主张一方面尽量吸收西方学术思想,一方面不忘本民族之本位。这群文史专家在现代学术的建构上卓有成效。

---

① 张世保:《"拉斯基"还是"哈耶克"——中国自由主义思潮中的激进与保守》,引自高瑞泉主编:《中国思潮评论第四辑:自由主义诸问题》第四辑,上海古籍出版社 2012 年版,第 1 页。
② 这一时期的保守主义即以里根-撒切尔为旗帜的西方保守主义思潮,本身也很复杂,汇集了多个保守主义的流派,如反对计划经济、主张彻底捍卫市场经济与个人自由的"自由意志论者"、主张回归宗教和传统伦理的"传统主义者"、反对共产主义的派别、从自由主义转变而成的"新保守主义",以及一批宗教右翼人士。

所谓现代新儒家,可以追溯到甲午以后儒家精英集团的分化,康有为、梁启超等已经开始用"旧瓶装新酒"的方式来结合中西文化,应对现实的挑战。第一次世界大战和五四新文化运动以后,随着东方文化派的兴起,梁漱溟、熊十力、冯友兰、贺麟等从复兴宋明理学开始,形成了后来被称作现代新儒家的学派。就个人的哲学路径与风格而言,他们各自对西方哲学有所取也有所"反"。总体上,他们对西方哲学重分析的传统较为重视。所谓"重视"有其两面性,一方面他们认为实证主义的逻辑分析并不能进达"大道",形上的智慧最后要依靠证会或体悟,因而坚持直觉主义的路径;另一方面,要与作为强势话语的西方哲学对话和抗衡,并且用现代汉语来从事哲学著述,不能不接受逻辑分析这一西方哲学给予中国哲学的"永久性贡献"。所以他们的哲学名相是清晰的,并且也注意到体系的建设,改变了古典哲学概念多义、不重形式的系统建构的状态。分析地说,梁漱溟受到叔本华、柏格森、克罗泡特金、罗素等的"影响",主要是采用某些局部的观点来论证其信念。熊十力虽然与柏格森有某种共鸣,但几乎立刻就批评后者仍在"习气"中讨论,他正是在批评实证主义、科学主义等的过程中建立起心本论的体系。冯友兰虽然受教于新实在论,并且强调西方哲学对于中国哲学的永久性贡献是提供了分析技术,但是在构造"新理学"的过程中,他继续形而上学的工作,而没有拒绝形而上学;同时主张形上智慧的获得,离不开中国哲学的"负的方法"。冯友兰在20世纪40年代还更加具体地预言,"未来世界哲学一定比中国传统哲学更理性一些,比西方传统哲学更神秘一些。只有理性主义与神秘主义的统一才能造成与整个未来世界哲学相称的哲学。"熊十力的后学如牟宗三、唐君毅等,他们的著述实质上是通过与康德、黑格尔"对话"的方式形成的,因而新儒家哲学显示出消化、融摄西方思想的努力,而不再只是西方思想家的学生。

(三)

从中国与世界的关系这一视角看中国思潮,更为基本的是需要注意20世纪遍布世界的现代化运动。我们前面曾经说过,把20世纪中国社会思潮看成是中国现代化进程的一部分,这包含了考察中国思想的全球化视野。它的一种概念化工作就是通过此进程来透视中国的现代性。事实上,20世纪90年代,"全球化"与"现代性"一起,都是中国思潮共同关怀的中心问题之一。

"'全球化'作为一个用于理论分析的概念到1968年几乎还不存在。"[①] 作为学科的人文主义,随着全球化的进程扩展到非西方世界,后者的历史学都往往成

---

① [美]文森特·皮可拉:《全球化与人文主义》,引自高瑞泉、颜海平编:《全球化与人文学术的发展》,上海古籍出版社2006年版,第16页。

为"欧洲史的主导叙事的变种"。这其中包含着某种进化论的历史主义，按照这种路径，最初在欧洲现代性进程中发生的一切，之后都会在非西方世界的现代化历程中慢慢展现出来。"现代化"（modernization）、"全球化"（globalization）和"现代性"（modernity）三个词，虽然属于同一系列，但是在中国流行的时间表上还是有次序可寻的。"现代化"出现最早，但直到20世纪70年代末开始，才成为一个妇孺皆知的词语，这是与改革开放时代的中国人追求现代化的那种无与伦比的迫切和热情相应的。人们通常说的"改革开放"，实际上改变了冷战时期的封闭状态，去迎接全球化时代的到来。"与国际接轨"的口号，表现出其高度的热情，由此也形成了广泛的社会改革的动力。中国的改革没有走"休克"式的道路，具有中国特色的社会主义市场经济的目标，不仅是一种政治谋略的产物，在更深的结构层面，还展现了中国作为一个东方大国在全球化浪潮中的独特选择。我们上面讨论的中国思潮三角关系的互动，则隐身在其背后或底层。在"全球化"成为流行语词的同时，"本土化"以及全球化与本土化的关系被一些好学深思的学者所关注。这更深地折射出在现代化的过程中，中国如何开掘传统资源、展现民族文化的独特性那样的问题意识。中国的经济起飞及其种种社会后果，和后现代理论的传播，从实践和理论的角度，共同激发了现代性研究或现代性批判。换言之，与几乎全民族拥抱"现代化"相比，"全球化"在中国并非是毫无质疑地被接受的；而"现代性"一词，在中国一开始就是毁誉参半的观念。围绕着"现代性"所展开的是对现代现象的总体性反省，既然它关系到历史、现实和未来，就合乎情理地形成着一个范围更广、影响更为深远的争论。

如果说"现代化"和"全球化"还是对当代现象的一种表述的话，"现代性"则可谓思想在逐渐走向更高的综合。如果说"现代化"曾经主要用于表征西欧北美以外的国家和地区追求现代发展的过程的话，"全球化"曾经被理解成资本主义在世界范围的同质化现象，那么"现代性"则是对这一过程和现象的本质批判。现代性研究将现代化、全球化诸概念包含在自身。几乎人所共知的现实是，"现代化"并非单一的西方化，因为"全球化"问题在中国引发的讨论结果之一，是"单一的现代性"让位于"多重现代性"的概念。而正是对多重"现代性"的肯定，成为中国学者研究"中国的现代性"之观念前提。十分明显，研究"中国的现代性"，不但包括了对中国的现代化的历史之反省和未来之规划，而且包括了在"全球化"语境中的"中国（本土）化"。当全世界都被中国的崛起所震动——对于某些人或秩序说是"搅乱"——的时候，"中国的现代性"研究被期望有超出国界的意义。

在20世纪中国社会思潮研究的视域中考察这一现象，我们意识到："中国的现代性"概念的提出，一方面意味着中国学者的文化自觉，意味着中国学者对中国经验的认知提高到总体性的程度，另一方面，也意味着对中国现代现象的思考必须安放在全球化的语境中。因为正是全球化，对中国乃至世界历史进程发生着越来越深刻的影响，成为我们时代最重要的特征之一。如何看待全球化，如何以中国经验、中国道路来影响未来世界秩序的建构，可以说是中国的现代性研究的题中应有之义。

马克思、恩格斯在《共产党宣言》中就已经描写了欧洲现代性与资本主义全球化的关系。他们指出，资产阶级正在"按照自己的面貌为自己创造出一个世界"，通过铸造统一的世界市场，"正像它使乡村从属于城市一样，它使未开化和半开化的国家从属于文明国家，使农民的民族从属于资产阶级的民族，使东方从属于西方"[①]。在批判资本主义制度的同时，马克思对世界市场和全球经济一体化带来的文化融合有乐观的展望：

> 过去那种地方的和民族的自给自足和闭关自守状态，被各民族的各方面的互相往来和各方面的互相依赖代替了。物质的生产是如此，精神的生产也是如此。各民族的精神产品成了公共的财产。民族的片面性和局限性日益成为不可能，于是有许多种民族的和地方的文学形成了一种世界的文学。[②]

马克思用"文学"（Literature）一词，表达的是具有世界统一性的科学、艺术、哲学等。因此，这里的"世界文学"，就是精神生产的全球化表现。这和历史学家对19世纪的描写是吻合的：大约从1870年到第一次世界大战期间，世界经济的发展呈现出明显的一体化趋势。当时，商品、资本和劳动力的流动达到了创纪录的水平，横跨大西洋的交通和电报也是前所未有的繁忙，人们经常愉快地谈论着"距离的消失"。这种"距离的消失"，身处地球另一边的中国最敏感的思想家也觉察到了。不过它通常并不只是被"愉快地谈论"着，而是常常使人产生强烈的精神张力。梁启超曾引唐才常的话说：

> 西人以动力横绝五洲也。通商传教、觅地布种，其粗迹也，其政学精进不已，骎骎乎突过升平也。无可惧也，无可骇也。乃天之日新地球之运，而生吾中国之动力也。[③]

这可以看作中国人对19世纪资本主义全球化的最早意识。如果他们将这种现象归结为世界发展的客观趋势（所谓"天之日新地球之运"），意在强调中国社会对动力的追求的话，那么彼时最有创造性的心灵，已经获得一种创造的灵感，去规划全球化的未来蓝图。维新运动的领袖康有为创作的《大同书》，描写了一个全球化的乌托邦：不仅要"去国界合大地"，而且要"去级界平民族"和

---

① 马克思、恩格斯：《共产党宣言》，人民出版社1971年版，第28页。
② 马克思、恩格斯：《共产党宣言》，人民出版社1971年版，第27页。
③ 梁启超：《说动》，引自《饮冰室合集·文集之三》，中华书局1989年版，第38页。

"去种界同人类"。"大同"固然要实现平等、自由、博爱等价值,但它同时也是一个单质的统一世界。"大同"是几代中国人的共同理想,从某种意义上说,是中国人对现代性的价值定位。

第一次世界大战曾经一度打乱了全球化的诗意图景。在中国也出现了反全球化或另类全球化的学说和实验。现代新儒家的先驱梁漱溟对以技术理性和商品生产为特征的全球化深恶痛绝,但并未因此表现为犬儒主义;相反,他多次自豪地称,中国人从来气魄阔大,关怀的是"天下"。古代汉语中的"天下",其实是一个边界未定的人文世界,在20世纪中国人的意识中就是这一个现实的"全世界"。"天下"观念的变化,表示在修改全球化的规划方面,中国人应该当仁不让。因为,梁漱溟非常坚决地相信,由技术理性和商品流通推动的现代世界,必将反身走向儒家文明和印度文明在全世界的复兴。梁漱溟的一大贡献是激发了中国人的民族自豪感,其背景便是中国现代化的历史伴随着民族主义的高涨。"民族主义"曾经是一个毁誉参半的名词,但是大体上正如论者所言,中国的民族主义并不注定是排外的,相反,其最初的动因主要是争取民族平等的国际环境,是对帝国主义和殖民主义的世界秩序的反叛和抗议。事实上,在民族主义兴起的同时,中国也不乏国际主义的信徒[①]。

第二次世界大战以后,在冷战的特殊条件下,中国曾经以"独立自主、自力更生"来代替向苏联的"一边倒"和应对资本主义世界的孤立和封锁政策。著名的"第三世界"理论的提出,则进一步表达了被当时的两极对立格局所掩盖和牺牲的后发达国家生存和发展的愿望,这实际上提供了一种新的全球视野。毛泽东的诗歌要把昆仑山裁为三截,"一截遗欧、一截赠美,一截还东国,太平世界,环球同此凉热。"这种浪漫主义情怀,在今天的全球化现实中最多被看作另类的全球化规划。但是我们并不能抹杀其意义,它提醒人们注意到:从自称"天游化人"的康有为以来,最卓越、最有创造性的中国精英,始终保持着努力按照自己的人文理想来安排世界秩序的传统。

改革开放时代的中国,以一度被压抑因而特别昂奋的热情正面拥抱全球化的浪潮,中国努力争取加入世界贸易组织成为一个最明显的标志。"与世界接轨"的口号在全国上下通行无阻,是它的心理表达;中国经济的持续高速增长和世界

---

① 如徐国琦说:"此民族主义决非排他性的、狭隘的,而是建立在中国人民希望加入国际社会作为平等一员的强烈愿望之上的。用美国历史学家柯瑞佳(Rebecca E. Karl)的最新研究成果来表述,就是近代中国的民族主义的兴起,实乃中国密切参与国际社会的产物('marked a Chinese intervention in the world'),是中国'重新定位自己及世界'的结晶。换言之,中国的民族主义是国际化的民族主义(internationalist nationalism),是建立在'世界主义'之上的'国家主义',用近代政论家、政治家杨度的词语就是'世界的国家主义'。"(见徐国琦:《第一次世界大战对中国历史进程的影响》,载于《二十一世纪》(香港)2005年8月号,第42页)

突然发现"中国崛起",则是它的一个历史性结果。同时,资源紧张、环境危机,以及由收入不平等、发展不均衡导致的贫富差距、地区差距等全球性现象,短时间内在中国竟然也发展到令人警觉的程度。"科学发展观"与"和谐社会"目标的提出,表明中国意识到需要认真应对这类危机。在韬光养晦策略的指导下,中国没有强烈挑战全球化的现存秩序,但并不表示它准备永远全盘接受全球化的现有格局。如果说官方文件阐述的是政治和国际政治角度的全球化观,那么当代新儒家和"新左派"的言说,凸显的则是对资本主义全球化的既接受又批评的复杂态度。第三代新儒家的代表杜维明说:

> 从观念上看,全球化并不是一个同质化的过程,至少现在来说,那种认为非西方世界最终将因循一个单一发展模式的合流观念是过于简单化的,……世界的彼此依存和相互依存从未达到今天这样的程度。然而,正在出现的地球村远未整合为统一整体,更不要说因循着一个铁板一块的单一模式。反之,它显现出鲜明的多样性特征,近来的发展日益倾向于维护个体同一性。因此,当今世界成为这样一个竞技场,全球化和它的对立物——本土化——各擅胜场,正在同时对个体和群体产生巨大的压力。①

根据这一客观趋势,他们主张在全球化的过程中进行"文明对话"。

20世纪90年代出现的"新左派"则不同,他们不仅批评"大多数中国知识分子对'全球化'抱持着儒家大同式的理想主义,这种有关大同的天下主义不过是一个世纪以来不断重复的'走向世界'的现代性梦想罢了,我们还能从中辨认出一些'儒教化的世界图景'的依稀面目。"而且拒绝像自称为自由主义者的另一批知识分子那样,无条件地接受西方20世纪80年代以来,以保守主义主宰全球资本主义的格局。因而对全球化提出质疑:

> 全球化过程并不能自明地解决我们所面临的各种社会问题。从现代世界的发展来看,生产和贸易过程的全球化并没有自发产生与之相适应的超越民族国家的政治-社会组织的新形式,也没有发展出能够适应亚洲和拉丁美洲等边缘地区兴起的政治、经济关系,更没有解决所谓的南北差异和不平等。②

因而主张重视对中国经验的现代性反省,并且提出了"制度创新"的任务。

跳开那些具体的主张和论证,我们可以发现,尽管"新左派"与主流意识形态、新儒家保守主义存有明显的分野,三者在一点上还是极为相似,即都从中国具体的历史文化或政经国情出发,对全球化浪潮提出了批评性的回应。

---

① 杜维明:《全球化与多样性》,引自哈佛燕京学社主编:《全球化与文明对话》,江苏教育出版社2004年版,第80页。
② 汪晖:《当代中国的思想状况与现代性问题》,引自公羊主编:《思潮:中国"新左派"及其影响》,中国社会科学出版社2003年版,第39~41页。

（四）

从 20 世纪中国社会思潮研究的角度来考察"中国的现代性"，我们可以大致勾勒出一条从"学习型现代性"到"反省型现代性"的轨迹，这一轨迹在一定程度上又可以从中国思潮的"三国演义"获得历史的证成。

从历史的维度讨论问题，中国的现代性与西方的现代性之最大不同，其尤为明显者是：西方属于"生长型的现代性"，而中国一开始属于"学习型的现代性"。我们现在称作现代化的过程，在西方本是其社会自身演变的结果，本质上不是理性设计的产物。对于中国人而言，那样的现代性几乎完全是外在的，这当然不是说中国没有现代性的本根，而是说现代西方文明将科学技术、工业化生产、自由市场、民主政治以及不断提高的物质生活水平，结合成一个整体，在人类历史上无疑是前所未有的。对于 19 世纪中叶的中国人而言，这是前所未有的"夷夏之别"——后来则转变为"华洋之别"。此后一切为追求民族自救而学习西方的人，虽然有学习欧美与学习苏联的差别，实质上都无异于以西方现代性在中国的实现为目标。某种意义上，这样一种追求构成了 19 世纪中叶到 20 世纪末中国社会变革的重要内容。在此历程中，中国人又不断融摄西方的现代性，因而内化为"中国的现代性"。它的外在表现则是通过革命走向中国特色的社会主义道路。

在中国人如饥似渴地学习西方的时候，发生过两类对西方现代性的批判。一类是革命的社会主义；一类是文化保守主义。对于前者，我们只要重温毛泽东的《论人民民主专政》就可以明白。在那篇著名的文章中，毛泽东生动地描述了中国人如何从学习西方到"以俄为师"的转变。十月革命以前，"要救国，只有维新，要维新，只有学外国。那时的外国只有西方资本主义国家是进步的，它们成功地建设了资产阶级的现代国家。"但是到 20 世纪中叶，"西方资产阶级的文明，资产阶级的民主主义，资产阶级共和国的方案，在中国人民的心目中，一齐破了产，资产阶级的民主主义让位给工人阶级领导的人民民主主义，资产阶级的共和国让位给人民共和国。这样就造成一种可能性，经过人民共和国到达社会主义和共产主义，到达阶级的消灭和世界的大同。"[①] 这是从激进的政治革命的立场对西方现代性的批评。文化保守主义对于西方现代性的批评则更多进入了观念的领域。20 世纪初章太炎就发表了《俱分进化论》，这位政治上主张激进革命的思想家，文化上则有保守主义的倾向，后期更转变为著名的"国粹派"。《俱分进化论》批判的矛头指向现代性的观念前提"进步主义"，而其经验内容则是现代性所呈现的矛盾和危机。20 世纪 20 年代，前有梁漱溟的《东西文化及其哲学》，

---

① 《论人民民主专政》，引自《毛泽东选集》（第四卷），人民出版社 1991 年版，第 1470～1471 页。

后有科学论战中的"玄学派",都尖锐地批评科学主义与功利主义。不过在中国现代化尚未成形的 20 世纪上半叶,他们的批评都显得相当外在,与中国民众的生活经验脱节,无法转变为社会的主流意识。

20 世纪晚期,中国经济开始起飞,如何看待"中国奇迹"和"中国崛起",尽管"新左派"与主流意识形态、新儒家(以及后起的所谓"大陆新儒家")保守主义存有明显的分野,但都从中国具体的历史文化或政经国情出发,对全球化浪潮提出了批评性的回应,这实质上就是从"学习型现代性"转变为"反省的现代性"。它与 20 世纪初期曾经出现的反现代性处于不同的历史条件,原先积贫积弱的中国,变成了一个富强的大国。不仅经济总量位居世界第二,而且其国家能力得到高速提升,也是众所公认的。20 世纪结束之际,中西关系乃至中国与欧美在世界的地位与实际影响力之比例,已经发生了根本性的逆转。它与整个亚洲的崛起有关,与"金砖四国"等发展中国家的崛起有关。在世界格局的巨变中,中国经验已经引起了国际社会的高度关注,有些人不仅相信"占人类四分之一的中国人民,将会在决定人类共同命运中起重大作用"[①]。而且希望曾经受过西方欺凌而复兴起来的中国人能以德报怨,善待他人。颇有代表性的是里亚·格林菲尔德在其《民族主义:走向现代的五条道路》"中文版序言"中对中国读者说的:

  你们在登上世界舞台之时,正值我们的文明已经在无法解决的矛盾或即便能够解决也代价巨大的矛盾中超支了自己,创造潜力已经快要耗尽。你们现在拥有曾经使我们富有创造性的那种思维方式,拥有曾经使我们变得强大的民族主义竞争精神。你们拥有它们却没有让它们占有你们的全部生活。你们可能不必承受失范所造成的巨大负担——矛盾所造成的痛苦折磨——而那在多少世纪里是我们之中的优秀分子的生存痛苦所在。此外,你们了解我们:你们曾不得不观察我们,尽管迫不得已,而且努力了解我们背后的动力,而我们却狂妄自大地认为,所有的人都是按照我们的形象创造出来的,因此对你们这些他者从未给予充分的注意。

  未来属于你们。我们希望,你们将能友好地对待我们,而且比我们更好地照料这个世界。[②]

里亚·格林菲尔德不但注意到一个多世纪以来,西方文化对中国人的精神世界的影响,同时也注意到中国并没有按照西方的形象被塑造。这从另一个侧面揭示了当今世界知识分配的不对称流动应当构成思潮研究的一个批判向度。正如格林菲尔

[①] [美]伊曼纽尔·沃勒斯坦,尤来寅等译:《现代世界体系》,高等教育出版社 2001 年版,"中文版序言"。

[②] [美]里亚·格林菲尔德,王春华等译:《民族主义:走向现代的五条道路》,上海三联书店 2010 年版,"中文版前言"。

德说的那样,在西方人眼中,中国乃至整个"东方",在很长的时间里都只是"他者"(the other)。"欧洲文化的核心正是那种使这一文化在欧洲内和欧洲外都获得霸权地位的东西——认为欧洲民族和文化优越于所有非欧洲的民族与文化。此外,欧洲的东方观念本身也存在着霸权,这种霸权不断重申欧洲比东方优越、比东方先进,这一霸权排除了更具独立意识和怀疑精神的思想家对此提出异议的可能性。"[①]

就现代性研究的语境而言,随着全球化的进程,西方现代性弊病的暴露与"后现代"理论的批判,亦与20世纪初期迥然不同。用戴维·霍尔的话说,现在的世界是"现代中国和后现代西方"(modern China and post-modern west)[②]。中国当然有自己的问题,最重要的是一方面财富总量神奇地快速增长,另一方面是贫富差距急剧拉大。工具理性和价值理性之间的裂隙亟待弥合的同时,论辩的合理性有必要得到扩充。社会团结和具有高度信任的平等主义的政治文化也亟待建设。高速发展所付出的环境破坏的代价,更是难以估量。如何面对此类社会问题,连同对于西方文化霸权的消解一起,既是新世纪中国思潮的基本背景,也成为"反省型现代性"的重要内涵。

五、本书的基本结构

20世纪诸多社会思潮各有自己的思想脉络,又有共同的背景:中国经历了一场前所未有的变革,由于这场变革,传统中国在进入现代世界的过程中展开了新的面貌。这是一个由"剥"而"复"的过程,古老的民族在经历了两百年的困顿以后走上了现代复兴之路。从文化现象上考察,这是一条伴随着"古今中西"持久争论的曲折的路,如何通过20世纪中国社会思潮的总体研究,从社会分析和内在价值评估两条线索,来重建这个伟大世纪的思想世界,首先需要的就是梳理20世纪中国社会思潮的基本脉络。

意识到"革命世纪"的历史特点,同时也注意到19世纪以来现代世界普遍的现象,我们将20世纪中国诸多社会思潮归结为"三角互动关系",即激进主义、保守主义和自由主义三大思潮以及它们之间的复杂争持。采用"三角互动关系"的框架来分析现代社会思潮,具有现代性研究的一般方法论意义,也是国际学术界一种比较常见的方式。因为粗略地说,世界各国在现代化发展过程中普遍存在着上述三角关系,著名的思想史家史华慈认为:"这三项范畴大致同时出现

---

① [美]爱德华·萨义德,王宇根译:《东方学》,上海三联书店1999年版,第10页。
② Lawrence Cahoone. *From Modernism to Postmodernism: An Anthology*, Blackwell Publishers, Ltd. 1996, pp. 698 – 708.

的事实,恰足以说明他们在许多共同观念的同一架构中运作"①。当然各个国家实际发生的思潮运动会有自己的特点,并且在不同的历史时期"三角互动关系"的实际格局也会有所不同。尽管如此,从公共思想史的角度看,现代化进程总是包含了激进主义、保守主义和自由主义三种力量博弈的历史②。中国的现代化进程造成了一本社会思潮的"三国演义",现代版的"三国演义"又体现了"中国的现代性"的民族特点。现代化进程如何引发了中国社会思潮的争鸣,而思潮的复杂运动如何体现了中国的现代性,是我们的研究工作需要具体展开的。

需要说明的是,在运用这一分析框架的时候,互动的三角关系中每一"角"都首先是一种社会倾向的"类型",就长时段而言,都包含了处于关系中的"态度"或"倾向"(disposition),因而是不同程度的方位性意识(positional ideology)。但就具体情境中的具体诉求乃至制度设计而言,它们又各有自己系统程度不同的理论,构成其特殊的"态度"之知识辩护,大致具有比较清楚的义理边界。这在其发展过程中促进了哲学的创造,因而某些最深的意蕴需要哲学的分析。上述三种类型之所以是"关系"中的,不但有外在的对立的关系,而且有内在的关系,因为它们常常随着争论对手的改变而改变,也因为它们共享着社会大变革的语境,共享了若干问题、前提和共识。譬如20世纪初的进化论和贯穿世纪的民族主义,以及经济上的社会主义,都曾经不同程度地覆盖了各种思潮,乃至成为它们的共同底色。这一"三角互动关系"表示三大思潮派别既互相分立又互相交涉、互相涵化;它们之间的关系尤其是支配中国思想主流的地位转换,决定了20世纪中国思想的基本面貌。

另外,历史上真实呈现的激进主义与保守主义、自由主义之间也并不总是壁垒分明的。这多半是由于无论激进主义,还是保守主义和自由主义,都各自可以具体分析为政治的、文化的和哲学的三个层面。而在具体的事件和人物身上,三

---

① 傅乐诗等:《近代中国思想人物论——保守主义》,台北时报文化出版事业有限公司1980年版,第20页。在中国当代学者中也有人认为运用该分析框架于中国现代社会思潮有一定的价值,当然他们也指出运用该框架应该避免其机械性。如郑师渠认为:"五四前后的中国已实现了由传统向现代社会的转型,其时出现的分别以李大钊、胡适、梁启超诸人为代表的马克思主义派、西化派与东方文化派的思想取向,是可以借助激进主义、自由主义与保守主义的范畴来理解的。"不过对于诸如章太炎等思想更为复杂的人物却不宜简单断言(郑师渠:《思潮与学派——中国近代思想文化研究》,北京师范大学出版社2005年版,"序")。

② 有些学者倾向于把现代社会的三大思潮归结为社会主义、自由主义和保守主义,这意味着社会主义就是激进主义。我们承认中国近代史上相当大部分社会主义者有激进的倾向,但是并非所有自称"社会主义"的都是激进主义。反过来,我们在一定程度上也同意有些学者的观点:社会主义是三大思潮的共同取向。"但激进主义与社会主义有更天然、更密切的亲缘关系"(见俞祖华、赵慧峰:《社会主义:现代中国三大思潮的共同取向》,引自郑大华、邹小站主编:《中国近代史上的社会主义》,社会科学文献出版社2011年版,第47页。总之,社会主义和激进主义在一定的历史条件下有某种重叠或交叉,但并非简单的等同,这是本书的基本见解)。

种思潮在政治、文化、哲学各项之间会发生交错。譬如章太炎、孙中山那样著名的革命派,却是文化保守主义者;《学衡》派中人如陈寅恪等人,就其对中国传统文化的留恋与维护,自然应该归之于文化保守主义,但是他们对白璧德"新人文主义"的阐发和对自由精神之追求,又不亚于自由主义。作为文化保守主义的现代新儒家,1949 年以后也有立场的分化:留在大陆的梁漱溟、熊十力等人都赞成社会主义,而港台新儒家则谴责革命、主张资本主义,虽然在文化上他们都批判西方文化。20 世纪 80 年代,在中国大陆曾以"马列主义老太太"寓意思想僵化保守的人,成为"保守派"之代名词。当代许多知识分子欣赏美国著名学者丹尼尔·贝尔的立场:经济上的社会主义、政治上的自由主义和文化上的保守主义,更是这种复杂性的表现之一[①]。所以,我们将激进主义、保守主义和自由主义运用在 20 世纪社会思潮研究之中,始终是将其作为三种类型来运用谱系学的方法,以便我们通过这本"三国演义"来理解 20 世纪中国社会思潮的总体图景。而不是视为刚性的模式,机械地套用在具体的人物身上。

基于这样一个分析架构的重要作用,在"导论"中需要对激进主义、保守主义和自由主义作基本的规定;在此基础上,需要描画"三角互动关系"展开的大致脉络。

(一)

除了"自由主义"作为系统的学理,在某些时候被视为某种自觉的文化认同以外,"激进主义"和"保守主义"最初都不是自我确认而是被命名的派别,所谓"激进"与"保守",最初都是论战的结果,即"所指"的名称。从戊戌变法开始,原先统一的儒家共同体就分裂为一个从"保守"到"激进"的光谱:全盘反对改革(顽固派)——主张"中体西用"式的改革(早期改良派)——维新派(改良派)——革命派。换言之,无论"激进"还是"保守",最初都是批评性的语词,都蕴含着某种不合时宜的、错误的意义。"激进"意味着"过激""急进"(急于求成),保守则意味着颟顸、不够开明。所以,一般而论,"保守

[①] [美]丹尼尔·贝尔,赵一凡等译:《资本主义文化矛盾》,上海三联书店 1989 年版,第 20~40 页。正是在为该书写的《一九七八年再版前言》中,贝尔对社会主义、自由主义和保守主义的概念有所描述。他所信仰的社会主义是指制定经济政策的合法性应该遵循群体价值优先于个体价值的原则;他所谓政治自由主义,基本上来源于康德;而文化保守主义,则需要"尊敬传统,相信对艺术作品的好坏应作出合理鉴定,还认为有必要在判断经验、艺术和教育价值方面,坚持依赖权威的原则"。他进而把这三个"主义"归结为:"我所坚持的三位一体立场既连贯又统一。首先,它通过最低经济收入原则使人人获得自尊和公民身份。其次,它基于任人唯贤原则承认个人成就带来社会地位。最后,它强调历史与现实的连续性,并以此作为维护文明秩序的必要条件,去创建未来。"(见上书,第 24 页)贝尔对文化保守主义的界定,可以说是低调的或最温和的保守主义,它对文化连续性的尊重、对文明秩序的维护,是所有保守主义的基线。

主义"和"激进主义"都是被命名的结果:最初的保守主义者通常并不承认自己"保守",激进主义者也不大愿意承认自己"激进"。直到 20 世纪晚期,情况才发生了变化,这与最初引发激进主义反思的余英时的讲演有关。在那篇著名的讲演中,余英时提出:"这是中国近代思想史的一个特色:中国近代一部思想史就是一个激进化的过程(process of radicalization)。最后一定要激化到最高峰,十几年前的'文革'就是这个变化的一个结果"。不过他同时又注明:"'激进与保守'就是英文所谓 radicalism versus conservatism,……我指的是一种态度,英文叫 disposition,一种倾向,或者一种 orientation。这种态度是常常发生的,特别在一个时代、一个社会有重大变化的时期,这两种态度我们常常看得见。"① 该文所论的"激进主义"强调 20 世纪中国知识分子对现状采取激烈变革的态度,由此主张与传统文化实行决裂,因而表现为反传统主义。把激进主义与"文革"一锅煮,并从此形成一种流行的说法,似乎五四新文化运动注定会走到"文革"那样极端的终结之地。把启蒙运动的反传统倾向与形式上反传统实质上回复极端的权威主义连成一线,其实并不恰当。不过由于 20 世纪中国以变革、变动、革命为基本价值,所以至少在意识形态层面,至少在一般舆论上,"激进"确实常对"保守"占着上风,在这意义上,激进主义主要是反传统主义。20 世纪 90 年代中国思想界发生了对激进主义的持续批判,并伴随着保守主义回归。经过 20 年的反思,我们再来讨论激进主义思潮,应该对"激进主义"本身有较为明确的界定,尤其需要在某种追求变革的态度后面,尝试揭示其实质性的内容以及学理表达。

我们一般把汉语词语"激进"或"激进主义"的来源归结为英文 radical radicalism。但是,从英文而来的"激进主义"包含着追求彻底的、根本性变革的意蕴②,

---

① 余英时:《中国近代思想史上的激进与保守——香港中文大学 25 周年纪念讲座第四讲(1988 年 9 月)》,引自李世涛主编:《知识分子立场——激进与保守之间的动荡》,时代文艺出版社 2000 年版,第 1~12 页。
② 埃利·哈列维的《哲学激进主义的兴起——从苏格兰启蒙运动到功利主义》追溯过激进主义的辞源:19 世纪初期,随着英国社会危机(1815 年)的蔓延,"城镇劳动者打碎了机器,乡村劳动者点燃了干草堆。'激进主义'最终成为一种政治力量。""在这之前的一段时间,'激进改革'这个词已经成为普通语言的一部分。在 1797 年和 1798 年左右,它一度开始变得时髦起来,那时,受到'反雅各宾派'嘲笑的福克斯和霍恩·图克为了要求'激进改革'而达成了一致;这个表示性质的形容词代表着回到起源或根的意思,这在 18 世纪的英国民主主义者的哲学中是很普遍的。接着,这个词好像完全消失了,在大约 1810 年之前就没有再出现过。在 1911 年的一封私人信件中,卡特赖特对激进改革者和温和改革者进行了比较,认为前者在'极度优异的简单性'方面使国家呈现出建制本身的状态,而后者提供的则是有点他自己的组合与想象的东西,(像他自己承认的那样)复杂但很不完善的东西。形容词'激进的'和名词'改革者'从此被使用得越来越频繁。……他所说的激进改革者不只是指年度议会选举和普选权的支持者,还指那些希望依据某种宏大的总的彻底的计划改变宪法的人;而他所说的温和改革者则是指那些满足于部分的,适用于他们认为特别不满的状况的改变。但是,直到 1819 年,形容词激进的通过节略法被作为名词使用的情况才出现。现在,这是一个准确的时间,激进主义历史上的一个大事件刚刚发生。"[法]埃利·哈列维,曹海军等译:《哲学激进主义的兴起——从苏格兰启蒙运动到功利主义》,吉林人民出版社 2006 年版,第 282 页)所谓大事件大约是指 1817 年边沁出版了他的《议会改革计划:问答形式,逐条释疑》一书。

由于具有这种倾向的人或者态度,通常被认为行动的方式"过激"、急于求成,所以中文又有所谓"急进主义"。在反思激进主义的过程中,人们注意到中国知识分子曾经受到俄罗斯文化尤其是苏俄政治文化的深刻影响,因此当代学者从俄文中追溯激进和激进主义的辞源,从俄苏文学和俄国知识分子的历史中去了解激进主义①。在俄国的语境中,"'激进主义'便意味着摒弃渐进改革,反对妥协让步,强调与过去'决裂',对现存秩序与现存社会制度持强烈否定态度,急切地希望对社会进行根本性的变革。"② 这与我们通常的理解非常相近。不过,如果只是局限于"态度",那么它在指称的对象上就可以非常宽泛,因为按照这一解释,"激进主义"的内在理论尺度被虚化了:

> 也许可以界定为一种对现有的机构、制度等持批评性的疑问态度,并主张对那些已无存在的合理理由的机构制度等进行改革或干脆抛弃之的倾向。因此,与其说这是一种完整、全面的政治信念,倒不如说是一种立场;其实践内涵随激进分子所处的政治环境不同而发生变化。激进分子向来大多是自由派人士或社会主义者,但也有对已具备自由主义和社会主义特点的制度机构等持批评态度的反对派,因此诸如法西斯主义一类的政治信条也可以看成是激进右翼的意识形态。③

因此,我们在研究激进主义思潮的时候,注意到"态度"和系统的"理论"之间的联系与区别;注意到"态度"、"理论"与更长的时段的社会历史条件之间的相关性。换言之,本书所论的"激进主义",虽然组成了一个家族,但是主要是民主主义的革命派、左翼自由派人士和社会主义者(包括无政府主义),而把右翼意识形态总体上归入保守主义一脉。

在对激进主义的批评中,人们注意到著名中国思想史专家、美国斯坦福大学胡佛研究所的墨子刻教授(Thomas A. Metzger)运用的一对范畴:转化(transformative thinking)与调适(accommodative thinking)。他将激进主义描述为"企图拔本塞源地彻底转化中国社会"的倾向,这里的"转化"接近于与"调适"相对立的激进主义,"调适"则似乎是包含着试错过程的渐进改革的意思④。台湾学者黄克武则进一步分梳了知识分子在政治选择中采取"转化"还是"调

---

① 前者有张建华等著《政治激进主义与近代俄国政治》(上海三联书店 2010 年版),后者有金雁著《倒转"红轮":俄国知识分子的心路回溯》(北京大学出版社 2012 年版)。
② 金雁:《倒转"红轮":俄国知识分子的心路回溯》,北京大学出版社 2012 年版,第 436 页。
③ [英] 戴维·米勒、韦农·波格丹诺编,邓正来译:《布莱克维尔政治学百科全书》,中国政法大学出版社 1992 年版,第 626 页。
④ [美] 墨子刻:《〈自由的所以然〉序》,引自黄克武:《自由的所以然:严复对约翰弥尔自由思想的认识与批判》,台北允晨文化实业股份有限公司 1998 年版。

适"，和他们的选择与传统文化之间是连续还是断裂，是有所区别的问题①。他还从运用这对范畴于近代史上革命派与立宪派之争，上溯西方从卢梭、黑格尔到马克思与从约翰·弥尔到韦伯、熊彼特的两个传统的分歧，以及更远的西方宗教史上"宗派型"与"教会型"的区别，同时上溯中国古代"经术派"和"史学派"的对立。他由此认为，"近代中国的革命派倾向'转化类型'，主张以一套高远的理想彻底改造现实世界，以达到'拔本塞源'的目的，他们多以为历史有两个阶段，一为完全成功的将来或当代欧美社会，一为彻底失败的当代中国，而历史上成功的例子使他们乐观地相信理想终将实现；改革派则倾向所谓的'调适类型'，以为不可只看理想而不顾现实，因此主张小规模的局部调整或阶段性的渐进革新，并反对不切实际的全面变革。"②这样一对分析工具用在研究革命派和改良派的争论中是有效的，但是并不能完全取代激进与保守的分析架构。这不但是因为中国20世纪社会思潮的大背景是"古今中西"的文化争论，激进与保守总是与对传统文化的取舍有关，而且"调适"与"转化"并不能覆盖思潮研究的全部倾向。如果我们回到当时的政治话语，我们更赞成陈旭麓的论断：革命和改良是"变革中的两大动力"。

革命与改良之于社会，如燕雀之有双翼，舟车之有两轮。革命时"用暴力打碎陈旧的政治上层建筑，即打碎那由于和新的生产关系发生矛盾而到一定的时机就要瓦解的上层建筑"，变旧质为新质；改良则是以渐进的斗争形式推动旧事物向新事物转化，它们既是互相依存的，又是矛盾对立的，二者交互地出现，或缓或急地促进社会的新陈代谢。近代中国就是在革命与改良的不断变革中曲折前进的。③

事实上，在这两种态度之外，中国近代社会始终存在着反对革命即激进改革、甚至反对渐进式改良的力量，存在着典型的或极端的"保守"倾向与主张。忽略这种极端保守的力量的存在，就不能充分理解激进主义兴起与发展的历史根源。换言之，激进主义不仅因其主张"转化"而在与主张"调适"的一派在争持之中，而且是在极端"保守"的一派的反对中存在；甚至可以说正因为反对改革的现实力量的强大，反激起激进主义的兴起和持续。

在与保守主义、自由主义的三角关系中讨论20世纪中国的激进主义思潮，决定了我们的研究有其内在的向度：一方面，激进主义思潮包含着"主义"而不

---

① ［美］墨子刻：《〈自由的所以然〉序》，引自黄克武：《自由的所以然：严复对约翰弥尔自由思想的认识与批判》，台北允晨文化实业股份有限公司1998年版，第15页。

② 黄克武：《一个被放弃的选择：梁启超调适思想之研究》，台北"中央研究院"近代史研究所1994年版，第5页。

③ 陈旭麓：《近代中国社会的新陈代谢》，上海人民出版社1992年版，第277页。文中之引文出自《列宁选集》（第一卷），人民出版社1972年版，第616页。

仅仅是一种"态度",因而在"激进"的态度或倾向后面应该去发掘实质性的内容和定义。因为所谓"主义",总是包含着具体的诉求以及该诉求所指向的理想,而一个能贯穿世纪的"主义"必定包含着行动纲领与理想,以及对它们的论证即理论辩护,尽管这种理论辩护的成功程度不同,有些按照当代学院体制下的学术规范还不易得到好评。另一方面,激进主义成为"思潮",因为它不仅仅只是某一种主义,还可以是若干具有自身脉络的思想共同具备的"激进"倾向或态度。因而我们研究的实际上是一个激进主义的思想谱系。在"态度"和实质性内容的双重意义上研究激进主义思潮,意味着两者虽有相应的关系却并非总是一一对应的,这样我们才可以理解表层的"态度""倾向"等现象,与"主义"的实质性诉求及其学理论述之间可能形成的紧张,才可以进而理解激进主义本身如何也是变动的。

虽然大家都注意到对中国社会改革的激进主义态度与反传统主义的关联,但这只是中国激进主义的一个向度。从谱系学的向度分析20世纪中国的激进主义,我们可以分析为政治的、文化的和哲学的三个向度。社会改革涉及政治、经济、社会等诸多方面,其实这都涉及与不同阶层的利益诉求以及权力和制度的关系,因此我们不妨将其称作"政治激进主义"。宽泛意义上的政治激进主义可以是指对于同时期的社会政治体制持批判或否定的立场观点,它可以有明显的临时性;作为一个更专门化的概念,政治激进主义是与理性主义、平等主义、进步主义、功利主义等现代性价值相关而具有对社会作根本性改革理想的系统理论,它不是临时的而是一贯的"主义"。我们把主张与传统彻底决裂这类激进主义称作"文化激进主义"。当我们将"文化"与"主义"两个词联系在一起的时候,通常要表示的既是某种理论同时又是忠诚于一定的生活和思想方式的。但是我们不能满足于平面化地划分政治、文化、经济等方面的激进主义,而应该从激进的"倾向"——具体的诉求及其理想——对其"主义"的哲学辩护,这样纵向的层次加以探究。因而就进入哲学激进主义或者说激进主义的哲学基础。换言之,研究20世纪中国社会的激进主义思潮,需要贯通政治激进主义、文化激进主义和哲学激进主义。我们可以把它们称作激进主义三相。在激进主义三相最互相协调的意义上说,政治激进主义是激进的政治诉求,可以表现为各种各样的"革命"主张,广泛的社会实践和社会运动;文化激进主义是激进的文化立场,在中国特别表现为对传统文化的各种各样的批判和断裂;哲学激进主义是政治的或文化的激进主义的哲学辩护,也是政治、文化激进主义的精神内核。这一精神内核本身又有一个谱系,即诸多现代哲学,包括传统哲学的某些潜在激进倾向在现代思想世界的变形,如何在不同方向和程度上给激进主义提供了支援意识。

简而言之,在本书第一编中所论述的并非一个"整全的激进主义思潮",

但是相比保守主义与自由主义，这一派都倾向于赞成对中国社会进行一场革命性的变革，而其最积极的成果则是通过"中国特色社会主义"实现了中国崛起。

（二）

我们知道，激进主义不但是现代社会普遍出现的一种现象，而且通常都是在与"保守主义"对立的意义上被使用的，就像"激进"和"保守"是一个比较固定的对子一样。这与对待社会现状可能采用的"变"或"不变"的态度选择有关。现代社会既然是一个急剧变动中的社会，人们对变动的态度差异最基本的就是肯定与否定。但是，我们在使用这一套分析工具的时候，有其受社会结构决定的内在限制。余英时在分析美国社会的"三国演义"的时候指出：

> 事实上，liberalism 是美国的一个主题。美国的 radicalism 和 conservatism 是相对于这个自由传统来说的……激进与保守本来是相对于美国的自由主义传统的 system，所以如果要讲美国的保守主义跟激进主义，我们一定不要忘记它中间是一个 liberal。这样 conservative—liberal—radical 便成为一个鼎的三足。这不是两极，两极就是一边保守，一边激进，而没有 common ground。事实上，美国的保守和激进中间，还有一个 common ground。[①]

这意味着诸如美国那样的现代社会，激进与保守都是相对于美国社会的固有秩序而言，这种秩序是随着自由主义传统而形成的，在此基础上方有变与不变、激进与保守之争。它是真正的三角关系。而中国的激进与保守之争，却并没有共同的基础——大家认同的制度体系和秩序，所以只有两极对立。这个说法指出了20世纪中国现代化的进程尚未完成，现代性的秩序尚在建构途中，自由主义并未成为中国社会的 common ground。但是要说20世纪中国根本没有任何 common ground，就缺乏说服力。从社会史的角度说，中国的现代性是否一定需要以自由主义为基础？中国的现代性与西方现代性有着不尽相同的结构和特征。从历史的向度说，在20世纪80年代末，余英时的判断似乎很有影响力，但是在中国崛起的今天，情况自然大有改观。从观念史研究的向度说，不但不同观念、思潮的争论，总有它们共享的前提、预设、共有的问题，否则争论无从展开；而且社会史的进展则是19世纪中叶以来现代化的进程，正是在激进主义与保守主义的长期

[①] 余英时：《中国近代思想史上的激进与保守》，引自李世涛主编：《知识分子立场——激进与保守之间的动荡》，时代文艺出版社2000年版，第4页。

争论中，中国进入了现代社会①。现代化过程就是20世纪中国社会的common ground：不但现代中国形成了新的传统，使得中国的现代性得以实质性的成立，中国的现代性当然包括了某些自由主义的要素；而且自由主义作为激进主义和保守主义的中间物，无论其作为实质性的理念，还是一种文化态度，始终是在场的。

问题在于什么是"自由主义"？作为一种政治理论，自由主义从宽泛的意义上说，是旨在保护个人不受无理的外界限制，重视人的个性意识，把人从对集体的屈服中解放出来，从习俗、法律和权威的拘束中解放出来。中国的自由主义者曾经自称为"解放者"②，所以中国的自由主义属于解放理论，或者说"自由主义是实现自由的理想主义"，这意味着这个思想派别在现代性的价值排序中坚持自由优先的立场③。霍布豪斯在《自由主义》中将"自由主义诸多要素"归结为公民自由、财政自由、人身自由、社会自由、经济自由、家庭自由、地方自由、种族自由和民族自由、国际自由、政治自由和人民主权九项，宗旨是自由④。更宽泛的理解承认自由主义内部可以划分为主张自由优先的右翼、主张平等优先的左翼，和介于两者之间势力较大的中间派。而比较狭义的界定则采取一种描述性的定义，只将严复等接受弥尔主义（Millsianism）的一派中国思想家看成是自由主义者，将更为激进的另一脉排除出自由主义的家族⑤。同时也有一种综合的或整全性的自由主义（comprehensive liberalism），这一派的学者相信，由于自由主义包含了下列诸多内容，因而可以划分出它的基本理论内涵和大致的原则界限：

> 自由主义是一种基本的政治信念，一种哲学和社会运动，也是一种社会体制构建和政策取向。它还是一种宽容异己、兼容并包的生活方式。它把自由当作政府的基本方法和政策，社会的组织原则以及个人与社区的生活方式。其内容是丰富多彩的，其价值诉求也是多元的。⑥

尽管我们似乎很难用这一概念套用中国的自由主义，但是它指出了在政治理

---

① 我在《开辟考察中国经验的新境界》的讲演中批评过这个问题，我认为以20世纪80年代的争论为例，无论是文化激进主义，还是文化保守主义，都犯了一个共同的错误，我把它叫作前提误置。毫无疑问，这两类学者的结论和文化倾向明显不同，而且各自带着其政治诉求；或者说双方的争论不过是各自开出药方的不同。但是他们的前提是相同的：中国现代化长期止步不前。换言之，对于中国近代以来尤其是20世纪社会变革结果的判断，双方的意见是惊人的一致。但是，具有极大的讽刺意义的是：就在双方争论不休的同时，一夜之间，几乎全世界都开始谈论"中国的崛起"！（见2007年12月6日《文汇报》"每周讲演"专版）
② 殷海光：《中国文化的展望》，上海三联书店2002年版，第257页。
③ 杨人楩：《自由主义者往何处去？》，引自《观察》（第二卷），1947年第11期。
④ ［英］霍布豪斯，朱曾汶译：引自《自由主义》，商务印书馆1998年版，第8～23页。
⑤ 黄克武：《近代中国的思潮与人物》，九州出版社2013年版，第102～107页。
⑥ 顾肃：《自由主义基本理念》，中央编译出版社2003年版，第1页。

想和政治制度设计之外,在忠于一定文化和思想方式甚至生活方式的向度,自由主义也有与激进主义、保守主义相区别的面貌。

因此,这里作为激进与保守的"中间物"的意义并非仅仅在于政治理论,还在于一般的文化倾向与心态。在一个长时段的历史变迁中,尤其是在类似20世纪中国这样规模巨大、形态复杂的社会变迁——人们现在通常都承认这是一个不得不然的历史性变革——中,面对具体的变革过程,人们的立场分化总是更为复杂,即使我们高度类型化以后,也会在激进和保守——假如它们被解释为"变"与"不变"的两极的话——之间出现一个中间物:相对于保守主义的"不变",它主张"变";相对于激进主义的"全变""顿变""速变",它虽然也主张变,却主张"部分的变""渐变""慢慢变"。由于20世纪中国以变革、变动、革命为基本价值,"激进"就与"进步""革命""左翼"相联结;"保守"就与"反动""反革命""右翼"等相联结。处于中间的派别则既反对"革命",又反对"反革命",试图安居于两个极端之间。在正常的社会生活中,"中间派"应该是多数,但是多数人对其态度未必有充分的自觉,未经充分启蒙的多数因而常会被激进主义或保守主义的思潮所裹胁,有理论或高度的身份自觉的只是少数。这派人的态度和心理曾经有过一种绝妙的表达:

> 有些人将以我的意见为太保守,有些人以为太偏激。世上总常有人很热心地想攀住过去,也常有人热心地想攫得他的所想象的未来。但是明智的人,站在两者中间,能同情于他们,却知道我们是永远在于过渡时代。在无论如何,现在只是一个交点,为过去与未来相遇之处,我们对于二者都不能有什么争向。不能有世界而无传统,亦不能有生命而无活动。①

这是20世纪中国某一派知识分子的文化"态度"或"倾向"(disposition, orientation),与传统儒家"无过无不及"的中庸之道有某种相似性。在20世纪40年代中国自由主义达到某种高潮的时期,冯契先生发表过一篇名为《论自由主义的本质与方向》的文章,对现在我们用一种思潮类型方式来研究自由主义有所帮助。他指出虽然我们很难给自由主义下一个定义,"但有一点是可以确定的,即自由主义必具中庸性"。按照儒家讲的"中庸",乃"不偏之谓中,不易之谓庸。"

> 自由主义者有其"不偏",故处于左右之中间。自由主义者有其"不易",即对于自由之追求。所谓不偏,有程度差异。或居中而"左"倾,或居中而右倾,而此左倾和右倾又可多可少。至于追求自由之原则,则或者把握得紧,紧到可以杀身以成仁,舍身以取义;又或者把握得松,松到一无把

---

① 周作人:《蔼理斯的话》,引自《雨天的书》,岳麓书社1987年版,第84页。

握，只剩下得个中庸的幌子，那却是孔子所谓"乡愿，德之贼也"，亦即一般人所骂的"妥协、骑墙、两面派"了。

从社会存在的角度来理解自由主义的"中庸"，一方面固然是其"不易"的原则，在最低的层面涉及人的生存，最高的层面涉及现代社会的理想；而其"不偏"的特性则在于"它是中间层的意识形态"①。所谓"中间层"是一个历史的范畴，在20世纪上半叶，通常被理解成由知识分子代言的"中等社会"。在一个现代化迟迟未起的、以农民为最大多数的国家，这个"中等社会"虽然在舆论上可以一时占尽风头，但是终究不能代表真正的大多数的真实诉求和意识状况。所以在决定社会走向的关键时刻，自由主义视为"不偏不易"的品格，终究不能变身为主宰中国社会思潮的主流。

当然，对于中国的现代化乃至民族复兴，自由主义自有其贡献，尤其是在民主革命的过程中与社会主义者构成了同盟关系，其对于自由、平等、法治的坚持，是中国社会重要的启蒙力量。政治思想是哲学发展的重要动力，在社会大转型的近现代尤其如此。自由主义者对民主的追求、以自由优先的价值排序原则，以及坚持科学进步的信念，促使中国哲学在认识论和伦理学等多方面获得的进展，也值得很好总结。对于这个曾经影响深远、却最终并未取得主导地位的思潮的得失成败以及哲学探寻，构成本书第二编的内容。

（三）

本书第三编则表述了我们对20世纪中国保守主义思潮的研究。

杰里·马勒曾经说过："保守主义与自由主义、社会主义以及其他'主义'同为现代思想的一条主线。在这些思想当中，保守主义按说是最需要历史阐释和跨文化阐释的思想传统。"② 在中国，与自由主义或社会主义比较早地进入思想史的论域不同，"保守主义"成为显性的话语进入思想史的视域相对较晚。尽管在一个充满变数的时代，由于各种各样的原因（利益、地位或认知），"保守"——拒绝变革或追求稳定的秩序——的意向，几乎是每临变化都会随时发生的。但是在中国人面临"三千年未有之大变局"之初，被今人视为保守的群体，多半以为"保守"是一种批评性的名称，因为其自我意识是"卫道"，即维持既定的秩序和传统的价值乃至生活方式。至于在"革命世纪"——一个以"进步"为基本价值的时代，更是很少有人愿意认同"保守主义"，哪怕他们实际上对社

---

① 冯契：《论自由主义的本质与方向》，引自《冯契文集》（第九卷），华东师范大学出版社1998年版，第80~83页。

② ［美］杰里·马勒著，刘曙辉、张容南译：《保守主义：从休谟到当前的社会政治思想文集》，译林出版社2010年版，第1页。

会变革采取保守的乃至反对的态度。只有在现代性批判兴起（包括进步主义受到批判）以后，"保守主义"才被视为荣誉性的归属，保守主义也才有其理论的自觉。在中国，正是在"革命世纪"结束之际，以"启蒙反思"或"激进主义批判"为导向的思潮兴起时，学界中一部分人物才公开以保守主义为号召。这多少是与保守主义作为西方政治思想的重要来源被中国学术界认同有关。

从最普遍的现象说，我们将历史上那些对社会变革持否定态度，倾向于保护现存制度的权威和合法性的思想或人物，称作保守主义（或保守主义者）。但是我们不能简单地以为，保守主义代表社会的惰性力量，自身是完全被动的力量。卡尔·曼海姆将这样的认识视为保守主义的"形式定义"。就传统中国而言，既有《易经》"穷则变、变则通、通则久"的智慧，又有"天不变，道亦不变"的教训。由于在历史的每一个交叉点上，都会存在求变和保守的关系双方，形式定义不足以帮助我们深入讨论现代保守主义。

简言之，我们所讨论的保守主义除了众所周知的抗拒改革的势力以外，主要是现代保守主义，它同样具有反思性，因而也是理性化的一部分。在这一点上它与传统主义不同：

> 传统主义变成保守主义，换句话说，传统主义从一种或多或少在所有个体中存在的形式态度，变成了一种在其精神和心理学内涵中展现着一种确定的（虽然也历史地变化着的）结构组织的运动的发散中心和激励源泉，其原因在于此前刚刚发生的类似转变。传统主义曾经是一种在所有个体中起主导作用的潮流，不过它以这种有生长力的特征的远处形式存在，根本没有意识到自身。相反，保守主义则是一种反运动，这个事实本身就使它成为反思性的；可以说，它终究是对经验和思想中"进步"因素的"自我组织"与凝聚的一种回应。

曼海姆在韦伯主义的立场上，把传统主义行为归结为"反应性行为"，而把保守主义行为视为"具有意义取向的行为，它总是以包含着不同时期、不同历史阶段、总是变化不居的不同客观内容的意义复合体为取向。"[1] 不过，曼海姆是在与自由主义对立的意义上研究保守主义的[2]，而我们现在是在自由主义、（以社会主义为主体的）激进主义和保守主义的三角关系中来研究保守主义的。基于从知识社会学出发对保守主义作出跨文化阐释的需要，曼海姆提出如下的问题有其特别的理论意义：

> 与"保守主义"这个词所包含的意义相当的历史学和社会学实体存在

---

[1] ［德］卡尔·曼海姆著，李朝晖等译：《保守主义》，译林出版社2002年版，第60页。
[2] ［德］卡尔·曼海姆著，李朝晖等译：《保守主义》，译林出版社2002年版，第7、21页。

吗？一种能够在现象学上加以确认并能够确切地被称为"保守主义"的感觉方式、思想方式和行为方式存在吗？①

在研究20世纪中国保守主义思潮的时候，我们既注意到曼海姆对于保守主义是否具有普遍的内在心理倾向的提示，注意到杰里·马勒对于保守主义思潮中反复出现的"实质性议题"的归纳②，但更强调保守主义在中国的历史及其中国特点。

大致说来，像马勒说的那样，中国的保守主义同样重视传统的风俗习惯，重视家庭、秩序、权威，对于平等（尤其是政治平等）则放置在较低的层次；他们更重视历史的连续性，而非历史变革（尤其是飞跃性的变革）的必要性。不过中国的保守主义的最大特点，是其实质性议题有着民族文化的规定，因为它们是从传统儒家转变为现代思潮的。虽然它依然是社会的和政治的，但更多的是文化的。换言之，在保守主义最初出现之时，它是一种整全的保守主义，即既是政治的，又是文化的。而进入20世纪以后，尤其是辛亥革命以后，政治的保守主义与文化保守主义有所分离；更有生命力的是文化保守主义。后者在文史学术和哲学两大类现代学科获得了实质性的进展。本书在第三编中会对它们做相应的论述。

作为20世纪中国社会思潮的重要组成部分，对于保守主义思潮，重要的不仅是描述其基本面貌，而是需要在不同的"态度"或"倾向"后面去发掘其实质性的内容，即保守主义的"感觉方式、思想方式和行为方式"，以及它们如何"在一个历史空间被一个阶级或生活圈子生动而直接地经验"。换言之，那个被称作保守主义的思潮，如何在与特定的社会存在相关联中呈现，并且因为何种样式的思想观念而可以被当作研究现代文化的理想类型来运用。

用比较简化的方式看20世纪中国的保守主义，我们大致上可以认为它是一种"新保守主义"或者说现代保守主义。20世纪中国当然有典型的带有传统主义色彩的政治保守主义，譬如辛亥以后的复辟思潮，土地革命时期的反革命潮流。但是总体来说，帝制废除以后，中国没有贵族、没有国教，完全恢复"三纲"、公开推翻共和制度的政治反动派终究不敌革命的滚滚洪流。而所谓"新保守主义"，与传统型的保守主义不同，也是理性的文化选择。具体地说，就是在"古今中西"之争中，对全盘反传统的一种反拨。他们强调中国文化的三性：首先，与激进主义乐见传统的断裂不同，这一派强调中国文化的历史连续性；其

---

① ［德］卡尔·曼海姆著，李朝晖等译：《保守主义》，译林出版社2002年版，第55页。
② 杰里·马勒认为这种"实质性议题"共有九条，包括依赖风俗习惯来确立社会制度、实现教化，对"解放"主题的怀疑，重视家庭、私有财产和国家权威，以及"不平等的合法性"，等等（见《保守主义：从休谟到当前的社会政治思想文集》，译林出版社2010年版，第23页）。

次，与世界主义主张现代性的普适性不同，这一派强调中国传统文化的特殊性；最后，与全盘西化论承认西方文化的优越性不同，这一派强调中国文化的优胜性。

为了表达上述中国文化的"三性"，在修辞上，我们可以注意若干"口号"，它们成为了保守主义的思想纲领。

直观上说，当代保守主义者常常向曾湘乡、张南皮致敬。如果我们希望连缀中国保守主义的谱系，大约也应该从那个时代开始。急剧的社会变革起于中西文化冲突加剧了的古老社会自身的危机。保守和激进之争注定是不可避免的事情。不过真正可以被称为现代保守主义的，应该从"中体西用"论开始。此前那些反对改革的人与事，只是传统主义意义上的守旧派，在对世界图景茫然无所知的情况下，此派人物之反对改革近乎单纯的反应性行为。而随着中国现代化进程的开始，出现了现代保守主义的第一个纲领："中体西用"论。关于张之洞及其"中体西用"论的保守主义性质，我们在"十九世纪的遗产"那一节已经有所论述。简言之，它是维护等级制度意义上的保守主义，坚持"不平等的合法性"，强调家庭、传统习俗和国家的权威。它同时对于科学技术的进步采用实用主义的态度，而不改变其价值理性优先性的立场，或者说对现代科学技术的运用以维护传统制度与生活方式为目标。

保守主义的第二纲领是"返本开新"。

我们在观察梁漱溟、熊十力、冯友兰等现代新儒家的思想特征时，可以看到他们寻求救世与人生大道上的基本理路都是"返本开新"。像"中体西用"一样，"返本开新"的意蕴甚为深广。它既可以是现代中国人解决"安身立命"的途径，也蕴含着政治态度及其变化的限度。何谓"返本开新"？返本者，返求古代传统；开新者，接续与创造近代传统。它包括互相联系的两个过程；一是回复到古代传统中去寻找当代生活亟须的道德价值的源泉，以此构筑一个现代性的新价值体系；二是运用现代观念共识去重新解释古代传统，使得现代人的价值理想获得悠远历史的支撑。它们构成了保守主义第二个纲领的内在张力。

说"返本开新"是保守主义的纲领，是因为这一派人物的基本的思想方式依然是"从存活到现在的过去的内容来介入历史"，不过他们不是像19世纪晚期的"中体西用"论者那样，以社会基本政治制度以及这一制度得以确立的伦理原则为"体"。经过20世纪的社会革命，中国的社会制度发生了一些根本性的变化——存活到19世纪晚期的某些"过去的内容"无法再"存活"于20世纪。同时也意味着我们不再将保守主义定义为社会的惰性，一种自身没有行为冲动的被动因素，或社会进步的单纯阻力。尽管从内心而言，保守主义对现代政治持有深刻的怀疑态度，在这方面他们真的觉得无可保守者，因而他们转而以哲学为

"体"。体亦即本，故此谓"本体"。这从梁漱溟的《东西文化及其哲学》就开始了。作为一种社会思潮的保守主义在19世纪初的欧洲兴起时是对启蒙运动的直接反动，与此不同，20世纪初中国的保守主义面对的是中西文化冲突，面对的是文化的"古今中西"之争。不过我们看到，他的著作所激发的传统主义热情，针对的也是西方启蒙主义。梁漱溟得以成名的这部著作，将文化归约为哲学，又将哲学归约为人生态度，后者大约就是前文所述余英时之"orientation"。不过梁漱溟用一种唯意志论的文化哲学，围绕着的核心是"意欲"（will）。人生的问题是普遍的、共同的，但是意欲的方向即"态度"的不同，造成了文化的色彩不同。在文化冲突的当下，中国人的要务就是"批评地把中国原来态度重新拿出来"：

> 明白的说，照我的意思是要如宋明人那样再创讲学之风，以孔颜的人生为现在青年解决他烦闷的人生问题，一个个替他开出一条路来去走。一个人必确定了他的人生才得往前走动，多数人也是这样，只有昭苏了中国人的人生态度，才能把生机剥尽死气沉沉的中国人复活过来，只能于此得之，这是唯一无二的路。[①]

"返本开新"，作为文化保守主义运动的纲领，其实现，则重在哲学的创造。不过这里有一种精神的吊诡存在：其创造性正在于其主观上意识到这是一种历史的重新解释或者说是从历史原点的再次出发，而不是历史的简单重复。在形式上是对于五四打倒孔家店的反动，其内容则将梁漱溟规划的"孔子—宋明理学—现代文化"之间的路线，具体化为"孔子—董仲舒—朱熹—新理学"的一路，与"孔子—思孟—陆王心学—新心学"一路。由冯友兰和熊十力所代表的这两个不同的理路，在根本上都像现代保守主义那样，从起源处获得价值的标准与行动的力量，"道统"就是其符号。在冯友兰那里就是自觉地"接着（孔子—董仲舒—朱熹）讲"的；在熊十力那里则在抨击"小康儒"的同时，将思孟到王阳明发挥为更具有能动性的"心本论"，从唯心论的方向上发展了主体的能动性。就表现出动力的追求这个中国现代性的主题而言，保守主义与自由主义、激进主义可谓殊途同归。但是，它们共同体现出的另一些特质，却是保守主义所特有的。譬如，出于对科学主义和实证主义的反动，他们通常会推崇直觉而不是分析理性；进步主义受到责疑或修正；文化连续性的意义再次得到高度肯定；以对儒家伦理的内在价值的肯定为形式，秩序和权威实际上可以获得价值排序中的优先地位。除了引起中国人的文化自觉以外，他们在哲学上的贡献也值得研究与总结。

从知识社会学关注的"存在关联"（connectedness to existence）的向度看，

[①] 梁漱溟：《东西文化及其哲学》，引自《梁漱溟全集》（第一卷），山东人民出版社1989年版，第528、539页。

如果"中体西用"论的知识主体是官绅阶层中的开明派别,包括政治精英和精神贵族,那么"返本开新"论的知识主体则是一批知识分子。他们虽然也属于新型的知识分子,但是本身的来源比较复杂,既有像梁漱溟、陈寅恪那样的世家子弟,也有像熊十力、钱穆那样的来自底层的知识者,其中相当大一部分人逐渐进入现代学院体制。在此之前,他们曾经以民间讲学或举办书院的方式存在;现代学院制度也相当程度上改变了他们从事知识生产的方式。用他们自己喜欢的术语,是远离了"生命的学问"自身。而有一部分受政治斗争影响更大的,则经受了身世飘零的巨流。因此,总体说来他们在现代社会的横向流动和纵向升降中地位不定。"返本开新"论与知识主体的个人利益之间,并无清晰的线性关系可言。也许正是这个原因,"返本开新"的哲学家们,在政治、经济问题上既可以相当激进,也可以采纳自由主义的态度,当然也有持保守主义立场以终老的人。

(四)

形式上,本书除了总论部分,只是三编分别讨论上述三大类型的社会思潮。但是严格说来,应该是3加1的组成方式。因为隐身在20世纪中国社会思潮的"三国演义"后面,尚有一个极其重要、似乎无所不在,又似乎无确定的边界可寻的思潮——民族主义。换言之,前述三编中分别讨论的思潮都与民族主义有关,都不同程度地带有民族主义的意味。

回顾20世纪中国社会思潮运动的总体轨迹,我们不难发现,前八十年大致是民主革命和社会主义革命的运动,在与政治保守主义的较量中不断推进中国的现代化,自由主义是前者不稳定的联盟力量。在此过程中,文化保守主义孕育、崛起,在后革命时代即20世纪后二十年成为显学,替代了激进主义,占据了思想界的王座。随着"告别革命"和对于激进主义的清算,曾经在中国思想学术界引起过很大争论的"激进与保守"的争论,被"新左派"和自由主义的争论所替代。随着中国的崛起,被中国社会更广泛接受的是"中华民族的伟大复兴"。换言之,在新的世纪里,能够形成社会团结的凝聚力的是民族共同体的繁荣发达。

这与我们描述20世纪中国社会思潮的时候,关注到一个基本的事实有关:即许多历史学家都认为民族主义是各种社会思潮的公分母。罗志田说:"近代百多年间,中国始终呈乱象,似乎没有什么思想观念可以一以贯之。各种思想呈现出一种'你方唱罢我登场'的流动局面,可谓名副其实的'思潮'——潮过即落。但若仔细剖析各类,仍能看出背后有一条潜流,虽不十分明显,却不绝如缕贯穿其间。这条乱世中的潜流便是民族主义。如果将晚清以来各种激进与保守、改良与革命的思潮条分缕析，都可以发现其所包含的民族主义关怀，故可都视为民族主义的不同表现形式。"① 余英时把民族主义视作百年来中国一个最大的动力②；周锡瑞则说"民族主义是一个贯穿了整个近代中国史的主题。公平地说，20 世纪几乎所有积极参与政治的中国人都是民族主义者，在某种意义上说，他们都试图在现代世界恢复中国的尊严、地位和主权。他们的分歧在于如何实现这一目标。"③ 我们同意这样的判断，而且在我们对 20 世纪三大思潮的研究中，希望体现了它们各自所包含的民族主义内涵。

有的学者将中国的民族主义分为政治的、文化的和经济的三种内涵④；也有学者指出，尽管民族主义在 20 世纪上半叶曾经"惊人地有效"，但是很难将其归结为某一个具体的象征物⑤，而如欲以清理出一个单独的意识形态来看待中国的民族主义思潮，人们更会明显地发现其中的困难。除了相当少数的思想家，如孙中山的三民主义中单列了"民族主义"以外⑥，在 20 世纪中国很少找到民族主义的系统理论形态。这主要出于理论和现实两方面的限制。就理论的创立而言，"事实上，如果简单地与主流的意识形态如自由主义、社会主义、保守主义等相比，民族主义通常不是清晰的意识形态。"⑦ 民族主义作为一种几乎无所不包的社会思潮，其理论的边界模糊不清，包括了它也不如前述三者那样与各自特定的哲学传统有紧密的联系。就中国的社会现实而言，由于现代中国是一个多民族的政治共同体，民族主义需要的全民认同和全民参与，是在民主政治的架构中实现的。对于处理国内政治事务，"民族主义"可能是个非常敏感的话题。里亚·格林菲尔德将世界上先后现代化的国家英法德俄美，都归结为通过民族主义的道路。如果这一看法是正确的，无论就其历史的延续性看，还是就其被社会广泛接受的程度看，在"中国崛起"的今天，中国看来也没有其他选择。不过，中国经

---

① 罗志田：《乱世潜流：民族主义与民国政治》，上海古籍出版社 2001 年版，"自序"。
② 余英时：《中国近代思想史上的激进与保守》，类似的观点还见诸章清的如下论断："民族主义无疑又是现代中国最普遍与最重要的意识形态，它不仅被证明是知识界所凭借的共同观念，也实际构成了支配其他思潮的普遍倾向。"（章清：《自由主义：启蒙与民族主义之间》，引自刘青峰编：《民族主义与中国现代化》，香港中文大学出版社 1994 年版，第 401 页）
③ 郑诗亮：《周锡瑞谈近代以来中国民族主义思潮》，载于《东方早报·上海书评》2014 年 8 月 24 日。
④ 张玉发：《帝国主义、民族主义与国际主义在近代中国历史上的角色（1900～1949）》，引自刘青峰编《民族主义与中国现代化》，香港中文大学出版社 1994 年版，第 105～116 页。
⑤ 陈方正：《民族主义的解剖：起源、结构与功能》，引自刘青峰编《民族主义与中国现代化》，香港中文大学出版社 1994 年版，第 17 页。
⑥ 孙中山的民族主义思想也有一个发展过程，从最初的"驱除鞑虏，恢复中华"，到突破传统"族裔的民族主义"，将"排满"革命与建立共和结合起来，争取与世界上其他民族的平等地位，同时实行国内各民族平等的思想。1924 年又进而系统发挥了恢复民族精神反对帝国主义侵略的主张。
⑦ ［英］安东尼·史密斯著，叶江译：《民族主义：理论、意识形态、历史》，上海人民出版社 2011 年版，第 26 页。

验的重要部分是坚持马克思主义和社会主义,因而民族主义不可能成为指导性的意识形态。但是从马克思主义普遍真理与中国革命具体实践相结合的传统而来的"中国特色社会主义",无论就其历史还是现实,都将民族主义的诉求包含在内。

什么是民族主义?安东尼·史密斯将民族主义的基本主张归纳为六点"核心原则":

(1) 世界由不同的民族组成,每个民族都有自己的特征、历史和认同;
(2) 民族是政治权力的唯一源泉;
(3) 对民族的忠诚超出其他所有的忠诚;
(4) 为赢得自由,每个人必须从属于某个民族;
(5) 每个民族都需要完全的自决和自治;
(6) 全球的和平和正义需要一个各民族自治的世界。[①]

如果把某些细节忽略的话,上述六点也可以说是现代中国人的普遍共识,尤其是在民族生存与其他原则发生冲突的时候。它也很好地解释了为什么救亡特别是抗日战争的胜利空前地激发了民族主义的高涨,"救亡"成为三大社会思潮的共同底线。正如"富强"今天依然是首要的价值。

当然,中国的民族主义依然有自己的特点[②]。如果从如何理解民族主义的核心概念"民族"看,有学者已经指出:现代中国人的"民族"观念与古代的"民族"观念有某种历史的联系,后者主要表现为"夷夏之辨"的意识,因此有着"文化主义"和"华夏文化中心主义"倾向。即主要关注不同民族之间在文化习俗和伦理制度上的差异,而与民族主义相连的爱国主义,也曾经被古代人"忠君报国"的美德所装点[③]。中国人总体上不能接受用西方学者"民族是想象的社会共同体"的理论,来解释中国的民族和民族主义的产生。保守主义在这里找到值得保守的实在,就是作为异于西方文化的民族共同体。费孝通说:"中华民族作为一个自觉的民族实体,是近百年来在中国和西方列强对抗中出现的,但作为一个自在的民族实体,则是在几千年的历史过程中形成的。"[④] 在其中我们可以看到斯大林关于"民族"定义的影子:"民族是人们在历史上形成的一个由

[①] [英] 安东尼·史密斯著,叶江译:《民族主义:理论、意识形态、历史》,上海人民出版社2011年版,第25页。

[②] 围绕这一问题,学术界也有相当的成果,比较早的如唐文权的《觉醒与迷误:中国近代民族主义思潮研究》(上海人民出版社1993年版),对民族主义思潮的历史作了偏向政治史的描述;刘青峰主编的《民族主义与中国现代化》(香港中文大学出版社1994年版),则是基于香港中文大学1992年举办"民族主义与现代中国"国际学术研讨会的会议论文的汇编。

[③] 胡逢祥:《民族主义与中国现代民族国家意识的形成》,引自高瑞泉主编《中国思潮评论第三辑:民族主义及其他》,上海古籍出版社2011年版,第1~18页。

[④] 费孝通:《中华民族多元一体格局》,中央民族学院出版社1989年版,第1页。

共同语言、共同地域、共同经济生活以及表现于共同文化上的共同心理素质的稳定的共同体。"从某种意义上说,这与中国的民族主义和俄国的民族主义同属"东方的民族主义"有关。我们知道,在民族主义研究中,常见到有学者从世界范围把民族主义分为两类,一类是"西方的",最初出现在西欧;另一类是"东方的",出现在东欧、亚洲、非洲和拉丁美洲。两类民族主义不但有时间的先后,而且与地域乃至与社会结构的差异相关,分别是"族群的"民族主义和"公民的"民族主义。由于西方强大并有信心的资产阶级能够建立拥有市民精神的大众公民民族,所以"西方的民族主义形式是在习惯法和共有领土范围内的公民理性联合;而东方的各种民族主义形式则是建立在一个有机的、无缝的和超越个体成员的整体,并将个体成员从其出生开始就打上去不掉的民族烙印"。[1]

如此的民族概念和民族主义的分类方式,未必就全部恰当,不过在一定程度上有助于我们理解,20世纪中国三大社会思潮为何围绕文化问题的古今中西之争而展开。在印度学者帕尔塔·查特吉看来,"'东方'型民族主义意味着从文化上'重新武装',要改造它的文化,但这并不是简单地模仿异族文化,因为这样民族将会失去自己的特性。因此要尝试去复兴民族文化,使其既适应进步的需要,同时保留其独特性。"

"模仿"说也为其他学者所使用,不过帕尔塔·查特吉注意到由此引起的困扰:

> 这个尝试有深层次的矛盾:"它对被模仿的对象既模仿又敌对"。它模仿,因为它接受外国文化所设定的价值观。但它也拒绝,事实上有两种拒绝,而两者又是自相矛盾的,拒绝外国入侵者和统治者,却以他们的标准模仿和超越他们;也拒绝祖先的方式,它们既被视作进步的阻碍,又被看作民族认同的标记。因此这个矛盾的进程同样令人困扰。[2]

"既模仿又(双重)拒绝"的民族主义概念,从一个重要视角解释了,尽管有民族主义作为三大思潮的公分母,但是三大思潮何以依然有其不可弥合的差别。伯林强调,民族主义是民族意识的一种"发炎红肿"的状态,导致民族主义发生的通常是创伤感,是某种形式的集体耻辱。日耳曼如此,亚洲的日本如此,中国更是如此。中国人的民族主义,就最早的一批知识分子而言,许多人都是由于受到日本民族主义的刺激而生成的。在中国民族主义的兴起中,与日本的"既模仿又拒绝"关系的模式最为典型。拒绝外国的入侵和统治是共同的,为了拒绝

---

[1] [英]安东尼·史密斯著,叶江译:《民族主义:理论、意识形态、历史》,上海人民出版社2011年版,第43页。

[2] [印度]帕尔塔·查特吉著,范慕尤等译:《民族主义思想与殖民地世界:一种衍生的话语?》,译林出版社2007年版,第2页。

必须模仿，所以最低程度的模仿（"中体西用"）也是共同的。但是，激进主义和自由主义不满足于此，突破"中体西用"的共识，士大夫集团分裂了。社会主义和自由主义作为现代化的推动力量，模仿的对象又有不同，这是他们分为两大派别的重要原因。为了追求现代化的进步，"祖先的方式"（在中国尤其是儒家传统）其阻碍进步的侧面被突出加以批判，即形成反传统主义；强调其"民族认同的标记"的性质突出被加以颂扬，即为文化保守主义。

不过三大社会思潮与民族主义并非是等距离的，就现代社会的三角关系——保守主义、自由主义和社会主义（激进主义）的彼此消长的函数而言，通常是民族主义与保守主义的共进退比较常见，所以章太炎那样的国学大师在主张民族主义的时候会诉诸历史意识。20世纪90年代以来的中国与20世纪30年代的中国，有许多相像之处。维持稳定、权威和秩序是首要的政治目标。由于与民族主义的关系，保守主义可以表现出其内在蕴涵的政治诉求，而原先它们曾经与哲学的"返本开新"有所分离，于是我们看到在儒学复兴的过程中，从"生命儒学""知识儒学"到"政治儒学"的不断发展。儒学也从宋明理学而更向前追述到公羊学，经学也因此呈现出复活的生机。事物还有吊诡的一面，单纯从"态度"的视角论述，保守主义的民族主义者也可以表现出积极干预现实事务的态度，这主要指他们对于现存外部秩序的态度，譬如对于普遍伦理的拒绝、对于世界格局的责疑等。在保守主义者眼中，这个世界看来太需要"拨乱反正"了。原因并不复杂，因为当今世界进入了一个新的国际竞争格局。文化保守主义一贯强调中国文化传统的优胜性，因而认为在制定新的国际规则时理所当然应该听到中国声音。

对民族主义类型的社会学分析也有助于我们理解为什么自由主义不能在20世纪中国生根。以马克斯·韦伯的社会学方法为基础，美国学者里亚·格林菲尔德以为：随着"民族"一词从西到东的不同运用，该概念内在的意义也发生了变更，这标志着不同的民族主义类型的出现。它们主要分为两大分支：

> 也许最重要的区别涉及民族主义和民主之间的关系。主权在民并且承认各个阶层在根本上的平等，这构成了现代民族观念的本质，同时也是民主的基本信条。民主是与意识到民族性同时诞生的……但当民族主义在不同的条件下传播时，民族观念就从强调主权的特性转为强调人民的独特性，民族主义与民主原则之间那原先的一致性就不复存在了。需要强调的是，这其中蕴含的意味之一，便是**民主不能输出**。

本段引文最后一句之为黑体字，是引者特意标出。原作者所谓"民主不能输出"，严格地说是西式民主不能被东方国家在走向现代化的过程中照搬。换言之，东方各国的民族主义未必采取西式民主的政治形式。里亚·格林菲尔德进一步说：

民族主义可以分为个体主义－自由主义和集体主义－权威主义的，上文对人民主权的两种不同解释就构成了民族主义几种基本类型的基础。此外，我们可以根据民族集合体的成员资格标准来区分民族主义，或者是"公民的"（即等同于公民资格），或者是"族裔的"。在第一种情况中，民族性至少在原则上是开放和自愿的；它能够，而且有时必须被获取。而在第二种情况中，它被认为是与生俱来的——如果没有，就无法获取，如果有了，也无法改变；它与个体意志无关，而成为一种遗传特征。[①]

当然，作者同时说明这两种类型只是近似的模型，最为常见的民族主义是混合型的。作者没有详细讨论"混合型"的样本，混合型民族主义是否正包含了同一现代民族内部的文化—政治争论，伦理学上的个体主义与集体主义的争持，政治学上的自由主义与权威主义的斗争？我们对20世纪中国社会思潮的研究，说明民族主义在中国被三大思潮所共享，但是它们各自内在的特性决定了它们所能分享的成色不同，于是在中国获得成功与否也就不同。个体主义思潮虽然在中国有过黄金时代（如五四时期），但是个体主义终究不能在一个"集体主义—权威主义的民族主义"中充分发育。中国自由主义的主流是，"个人价值被赋予了民族主义的解释，一方面要求个人从传统专制主义的精神羁绊中解放出来；另一方面则将个人融化于民族国家的社会有机体里。"[②] 换言之，自由主义在三角关系中始终是一个相对的弱项，也是题中应有之义[③]。不过这主要是在政治的向度，在观念世界的变迁中，甚至在经济起飞的过程中，自由主义与民族主义的关系也比政治关系更为紧密。正如美国学者海斯所说："经济自由主义由开始的时候就和自由民族主义发生密切的关系了"。"边沁是这两种主义的使徒；他的功利哲学所根据的个人主义也是这两种主义的共同财产，他的民族主义的门徒的经济学

---

① ［美］里亚·格林菲尔德著，王春华译：《民族主义：走向现代的五条道路》，上海三联书店2010年版，第11页。

② 章清：《自由主义：启蒙与民族主义之间》，引自刘青峰编：《民族主义与中国现代化》，香港中文大学出版社1994年版，第402页。

③ 里亚·格林菲尔德的研究具有启发性的还在于：她提出了可能分析区别具体的民族主义形成的三个阶段，即结构的、文化的和心理的。如果联系到中国20世纪的历史来说，当19～20世纪之交，传统士大夫集团分化，知识分子——精英集团发生"边缘与中心"的易位，社会新旧阶层的地位发生上下流动，这是第一个阶段。此时，社会发生了认同危机——"失范"（anomie），民族主义的文化阶段出现了："用本土的传统对民族性观念进行重新诠释（本土的传统本可以与这一主导的观念体系并驾齐驱，而现在被拒斥的传统认同只能深埋于这一观念体系之下），也常常牵涉到用这个观念体系本身之中未被拒斥的元素对民族性观念进行重新诠释。"这个阶段事实上必定有对外观念的引进（学习），用格林菲尔德的说法是"模仿"，结果结构和文化上的影响与心理的影响结合了，即产生尼采或舍勒所谓的"怨恨"（resentment），它来自主体主观上认为与对象之间的根本平等，与实际上的不平等这样两个条件。"怨恨的创造力——及其社会重要性——在于它最终可能导致'价值重估'，即价值标准的转变。"（里亚·格林菲尔德《民族主义：走向现代的五条道路》，第18页）这样一来，原先的异端与正统可能易位。

则是自由主义的,他的经济学门徒的民族主义是属于自由主义的。"① 如果我们研究20世纪中国民族工业发展的历史,大约也会丰富这样的图景。

最后一点,马克思主义曾经强调"国际主义",认为共产主义社会是消灭阶级和国家的理想世界。但是,"从某些方面看来,我们可以视马克思自己为社会民族主义的先驱者。他不反对民族主义的理论。他承认民族主义是一种事实,而且颂扬它。他对祖国很有感情。……马克思社会主义虽则在理论上将阶级置于民族之前,……却是现代民族主义发展上的一个因素"。② 而中国的马克思主义者,正是追求救国救民真理的过程将他们引向马克思主义。尽管在中国的马克思主义话语中,"民族主义"这一概念一向被谨慎地使用着,对于孙中山的三民主义中的"民族主义",也只是在对外争取民族独立、对内各民族平等相处的意义上予以承认。所以正如毛泽东抗日战争时期说过的那样:"我们是国际主义者,我们又是爱国主义者……只有民族得到解放,才有使无产阶级和劳动人民得到解放的可能。"③ 事实上,正是在抗日战争中,中国共产党及时而有力地推动了民族主义的高涨,既实现了高度的社会动员,又使一个被隔离在西北一隅的革命党从弱变强,并最终成功地创建了一个现代民族国家;它与后革命时代,"中华民族的伟大复兴"口号的提出,存在着显而易见的连续性。

(五)

正如前文引述过的国际国内学术界的相关资料所说明的,将20世纪中国社会思潮安置在前述三加一的分析框架中来描述和分析,并非我们的独创,但是本书在运用该分析架构时依然有自己的特点,它们是从20世纪中国社会思潮的历史事实出发,同时又是对迄今为止的思潮研究做了深入反思、因而达到相应的理论自觉的结果。

思潮研究的方法总体上不能不受到主流历史观的影响。在相当一段时间内,对于20世纪乃至近代以来的中国思想史的基本分析框架是高度政治化的,即"革命"(进步)与"反动"(落后)二分的模式,这也导致相当一批社会思潮成为研究的禁区。"文革"结束以后,"现代化"迅速成为历史研究的正面取向,社会史兴趣的复活与之匹配,极大地丰富了近现代思想史研究的内涵。它虽然并未完全脱离政治叙事,但是一则社会思潮本身就包含着政治意蕴(有些还是具有强烈的政治意义的);二则在现代化话语中,意识形态改变了其钳制思想的状态。

---

① [美]海斯著,帕米尔等译:《现代民族主义演进史》,华东师范大学出版社2005年版,第194页。
② [美]海斯著,帕米尔等译:《现代民族主义演进史》,华东师范大学出版社2005年版,第206页。
③ 《论新阶段》,引自《毛泽东选集》(第二卷),人民出版社1991年版,第520~521页。

思潮研究可以采用激进主义、保守主义和自由主义三分的分析方式，正是该语境的产物。它有明显的合理性，即20世纪晚期中国的改革开放表示中国将更快地融入现代世界的历史进程，因而那些具有普遍意义的规则，不可能在中国完全失效（正如它们不会完全在中国实现一样）。各种各样思潮的流行，表示中国问题的解决需要在"主义"的层面上得到理论辩护，它们以现代化的追求为共同基础，在如何实现现代化和实现何等现代化等问题上展开争论，最后又在民族复兴的焦点上达成一致。现代化运动与民族复兴的高度重叠的背后，是《周易》所谓"天下同归而殊途，一致而百虑"的图景。

有人认为我们所持的三分模型（三加一）本质上是以对传统的态度为尺度来命名的，只有自由主义是中立的。这种说法将激进主义和保守主义用唯名论的方式来处理，明显是不恰当的。因为我们一直强调，三大思潮虽然都有"态度"的一面，意味着具有方位性、可变性；但是无论激进主义还是保守主义，都有他们实质性的诉求和肯认，并且具有明显的中国特点，它们是中国的社会思潮。在中国，自由主义虽然追求"中庸"，但是从来不是什么"中立"的。这些是不能用西方模式来套用和解释的。

之所以说本书在采用上述分析框架时已经有一定程度的理论自觉，是因为它是反思后的方法运用，即我们意识到它像其他一些分析框架一样，不可避免地会有其局限，如果硬性地套用，必定产生历史的盲区。对于如此复杂多样的社会思潮，一定不能因为追求整齐划一而牺牲其丰富性；但是在总体合理的前提下，以实事求是的态度去描述三种倾向的思潮互动，将割裂历史的可能性降到最低，依然是值得期待的。因此，读者诸君可以发现，对于三大思潮，我们不但讨论它们的差异，而且讨论它们的共同点，讨论它们在对抗的外表下如何构成内在的共生—互动关系。对于思潮中具体的人物，如果他们的思想具有代表性的话，我们可能在不同思潮中都予以讨论；因为我们的研究不是以人物为中心，而是以思潮现象为对象。又譬如对于社会思潮中"激进"的一脉，我们并不一概归结为"激进主义"。进入以经济建设为中心的时期，社会主义经历了一个扬弃"激进"的过程，尽管这曾经是一个曲折的过程。

尽管如此，我们知道自己的研究依然会有许多局限和不足。如果一项有限的研究能够在尽可能完善之后，让从事研究的人们知道该项研究尚有新的空间，大约也就有了其价值。

第一编

第一章

从"反满"共和到社会革命

早期现代化进程受挫而引发的民族存亡的严重危机，成为19世纪最重要的政治挑战，也为急迫地因"救亡"而追求"变革"——"革命"的思想，从少数边缘性知识分子迅速扩展为主导性的社会思潮开辟了道路。康有为等推动的戊戌变法曾经被各种各样的批评者认为是过于"激进"，戊戌政变、义和团、八国联军、《辛丑条约》等一连串事件以后，曾经反对变法的清廷即使转变政治姿态，却面临了更为"激进"的革命潮流。事实上，晚清新政的许多具体措施，其"激进"程度丝毫不亚于戊戌变法，却不能挽狂澜于既倒。从此，"革命"的观念主导了20世纪的中国。这是一段变革思潮与社会运动互相激荡的历史：内涵各种改革方案的思潮此起彼伏，在观念指导行动的现象后面，社会生活包括国家关系、社会结构、建制实践等又制约着思潮的消长。就国内政治的向度而言，以激进的姿态推动了中国历史进程的，从世纪初的"反满""共和"，裹挟了流行一时的"无政府革命"，经过国共合作的"大革命"，到抗战胜利后的第三次国内革命战争，一个新型的现代民族国家——中华人民共和国——的诞生，中国的现代化取得了里程碑式的胜利①。在西方政治学家的眼里，"中国政治是长期革

---

① 新近出版的研究著作提出可以从更宽阔的历史视野来考察20世纪20年代的"革命"思潮，认为与晚清主要由单一的政党主导革命不同，"1920年代的革命激变为多个党派的共同诉求。国民党的'国民革命'，共产党的'阶级革命'与青年党的'全民革命'几乎同时并起。虽然三党在革命目标和革命对象的设定上不尽相同，但都竞相揭橥'革命'大旗，且均以革命党自居。革命由过去一党独导发展为多党竞争的局面"（王奇生：《革命与反革命：社会文化视野下的民国政治》，社会科学文献出版社2010年版，第67页）。把青年党的活动纳入对激进主义思潮的考察之中，是有意义的；它从一个侧面增加了一重证据，说明激进的革命主张如何左右了20世纪20年代的中国。但是本书注意的是从社会史与思潮史的结合来研究，尽管青年党在短时期内似乎与国共两党形成鼎立之势，但是无论就其内在的理论基础还是就其实际的社会实践，与三民主义的国民党、马克思主义的共产党，都不在同一水准上。

命的产物,它至少跨越 1911~1949 年这样一段时期,并且经历了不是一次,而是三次用暴力推翻政治制度的事件",直到"第三次革命使中国共产党取得了政权,标志着共产主义体制的出现"①。西方的现代化问题专家也表示:"我们和其他许多人一样,无疑也认为这一年(指 1949 年——引者注)是一个重大的转折点,尤其在国家的协调和控制方面是如此。"与此相连的是民族复兴有了新的基础,表现在国际关系上,"1949 年中华人民共和国的建立标志着一个明显的转折点。新政府在采取行动时,已拥有完全恢复了的国家主权。"②

通过革命实现现代化,不但意味着广泛的社会动员,意味着新的社会制度的建立,在 20 世纪中国还具有鲜明的本土特色:一个古老的民族以建立一个强大的现代国家为复兴的新起点。从社会结构——政治革命之经济基础——的变革观察,1949 年以后,社会主义的实验进入了新的阶段。就社会革命是政治革命的继续而言,社会主义其实贯穿了 20 世纪激进的革命过程,或者说,是通常被归类为激进主义的诸种社会思潮所共享的理想,而其核心的价值则是平等,尤其是经济上的平等。资产阶级革命派孙中山的三民主义包含着某种社会主义(民生主义)的成分,无政府主义(anarchism)——极端的激进主义——最初是以社会主义的身份被中国人所接受;还有其他种类的社会主义,如基尔特社会主义(Guild Socialism)、类似费边社的左翼自由主义所承认的社会主义。当然,20 世纪中国革命最重要的成果,是科学社会主义的胜利,在 1949 年以后则是"中国特色社会主义"道路的探寻。本章将着重讨论推动政治-社会革命的思潮的演进历程,分析其合理性与历史曲折,以及它如何在中国特色社会主义道路上实现并被超越。

一、"排满"共和:20 世纪早期的革命思潮

(一)

我们将 20 世纪中国社会思潮的起点确定为 1894 年,将此后的整整一个世纪视为"革命世纪",除了因为前述严复、康有为等人的思想迅速激进化可以作为标志以外,一个重要的原因是,资产阶级革命派的首领孙中山此时已经开始组织实际的政治革命,并且很快与知识分子中的革命思潮互相呼应,超越了同时代的

---

① [美]詹姆斯·R. 汤森、布兰特利·沃马克著,顾速、董方译:《中国政治》,江苏人民出版社 1995 年版,第 1 页。
② [美]吉尔伯特·罗兹曼主编,国家社会科学基金"比较现代化"课题组译:《中国的现代化》,江苏人民出版社 1988 年版,第 9、314 页。

改良主义，成为引领中国思想的前卫。

与当时影响最大的维新思潮一样，革命思潮也是为了回应社会的危机。不同的是，维新派强调通过渐进的改良的方式来实现社会危机的化解，而革命派则主张通过激进的革命的方式来完成这一任务。后者在历史的发展中，逐渐从一个只在小部分革命者中发挥影响的思潮演变为具有广泛社会影响力的主流思潮。我们知道，1894年孙中山曾经上书李鸿章，提出了一个与后来康有为上皇帝书类似的和平改良政治的方案，但并没有得到李鸿章的回应。这促使孙中山转向革命的道路。1894年11月在檀香山和1895年在香港成立了兴中会，孙中山亲自为兴中会起草了章程和盟书。在檀香山兴中会的盟书中，他将革命活动的目标定为："驱除鞑虏，恢复中国，创立合众政府"。这是一个政治革命的纲领：驱除异族统治和在中国建立一个合众政府。这意味着推翻专制政府，建立新型的现代国家。短短十年间，不但兴中会不断组织城市暴动，光复会、华兴会等其他革命组织也纷纷成立。为了适应客观形势的需要，1905年，兴中会、华兴会和光复会等带有地方性的革命团体联合起来，在东京成立了中国同盟会，决定以"驱除鞑虏，恢复中华，创立民国，平均地权"为纲领，表明它不但有民族复兴的动力，以共和制代替君主专制，而且具有改变社会经济结构的目标，因而是一个比兴中会的章程更为全面的革命纲领。

与革命团体有组织的政治活动乃至城市暴动（如广州、惠州起义）相联系的，是革命思想的广泛传播。正如孙中山1904年在东京的演讲中所说的："鄙人往年提倡民族主义，应而和之者特会党耳，至于中流社会以上之人，实为寥寥。乃曾几何时，思想进步，民族主义大有一日千里之势，充布于各种社会之中，殆无不认社会革命之必要者。"[①] 孙中山所云确实描述了20世纪初年的一大变化，此时陆续出现了许多宣传革命思想的报刊和团体。1901年5月10日，《国民报》在日本创刊，该报发表了一系列具有鲜明战斗风格的文章，如《二十世纪之中国》《说国民》《中国灭亡论》《说汉种》《亡国篇》等。《国民报》所发文章指出中国已处于生死存亡的紧急关头，要求人们起来反抗，同时也从多方面阐述国民的权利，希望提高国民的自觉和责任感，而且鲜明地提出了"反满"革命的主张。其中最著名的就是章太炎的《正仇满论》。1902年12月14日《游学译编》创刊，1903年1月29日《湖北学生界》创刊，2月27日《浙江潮》创刊，4月27日《江苏》创刊。"这些刊物的内容，主要是宣传严重的民族危机，介绍西方资产阶级的哲学、政治、经济、军事、法律、教育、历史等学说，并从各方面探讨西方国家之所以富强、中国之所以落后和遭受侵略的原因，力图找出救亡图存的途径和方法。它们的出版，使中国的思想界呈现出生动活泼的局面，为资产阶

---

① 《孙中山全集》（第一卷），中华书局1981年版，第282页。

级民族民主革命思想的广泛传播打下了重要的基础。"[①]

为"反满"—革命的思潮推波助澜贡献最著者当数章太炎、邹容和陈天华数人。与孙中山等革命派类似,章太炎也有一个从改良到革命的转变过程。戊戌变法失败以后,章太炎迅速转变为坚决的革命派,并在与改良派的论战中成为排满革命的旗帜。章太炎反驳梁启超的《正仇满论》和反驳康有为的《驳康有为论革命书》,一时传为名文,更由于著名的《苏报》案而扩大了"反满"革命思潮的社会影响。引发《苏报》案的《革命军》为邹容所作,他与撰写了诸如《警世钟》《猛回头》等鼓动革命的作品,并跳海而死的陈天华都表现出激进知识分子的烈士精神和豪杰人格。当初谭嗣同曾经预言改革的成功必须有人甘愿流血牺牲,章太炎、邹容和陈天华等遵循此道,自然增加了"排满"革命思想的影响力。

概括说来,20世纪初革命思潮的内容有几个特点。

第一,是强调"排满"的迫切性,认为救亡图存,就必须要推翻满洲贵族的统治。他们都强调满洲贵族不仅统治无能,导致了空前的政治危机,而且扼杀了中国人的民族精神。如章太炎说:

> 今日之满人,则固制汉不足亡汉有余,戴其瞥窳,无一事不足以丧吾大陆。今满人之阘茸,进不知政,退不知农商,睢盱蓁狂状若鹿豕,惟赖宗室米禄以为养;而一二桀黠者,则一切取吾汉人之善政而颠倒更张之,一切取吾汉人之贤俊而芟薙钼刈之。[②]

> 满洲弗逐,而欲士之争自濯磨,民之敌忾效死,以期至乎独立不羁之域,此必不可得之数也。浸微浸衰,亦终为欧、美之奴隶而已矣。非种不锄,良种不滋,败群不除,善群不殖,自非躬执大彗以扫除其故家污俗,而望禹域之自完也,岂可得乎![③]

邹容在《革命军》中指出,中国面临的困境,根源在于腐朽的清朝政权,要想摆脱困境,必须推翻清朝的统治:

> 我同胞处今之世,立今之日,内受满洲之压制,外受列国之驱迫,内患外侮,两相刺激,十年灭国,百年灭种,其信然夫。然人之言曰:欲御外侮,先清内患。如是如是,则贼满人为我同胞之公敌,为我同胞之公仇,二百六十余年之奴隶犹能脱,数十年之奴隶勿论已。吾今与同胞约曰:张九世复仇之义,作十年血战之期,磨吾刃,建吾旗,各出其九死一生之魄力,以驱除凌辱我之贼满人,压制我之贼满人,屠杀我之贼满人,奸淫我之贼满

[①] 金冲及、胡绳武:《辛亥革命史稿》(第一卷),上海辞书出版社2011年版,第200页。
[②] 章太炎:《正仇满论》,引自张枬、王忍之编:《辛亥革命前十年间时论选集》(第1卷上册),生活·读书·新知三联书店1959年版,第94~95页。
[③] 章太炎:《正仇满论》,引自张枬、王忍之编:《辛亥革命前十年间时论选集》(第1卷上册),第97页。

人，以恢复我声明文物之祖国，以收回我天赋之权利，以挽回我有生以来之自由，以购取人人平等之幸福。①

第二，由于清廷已经成为列强的代理人，面对亡国危机，只有"排满"革命，方能对外实现民族独立、对内实现民族平等。因此，虽然是"排满"，但革命本身又有反对帝国主义的意义，因而使得民族主义成为20世纪初革命思潮的实质之一。革命派的思想旗帜章太炎同时也是民族主义最有力的提倡者。在他看来，要"排满"就要培养民族主义，"要以史籍所载之人物制度、地理风俗之类，为之灌溉，则蔚然以兴矣。"② 民族主义情绪通常会利用民族压迫所造成的怨愤，所以陈天华在《警世钟》里开头就说：

长梦千年何日醒，睡乡谁遣警钟鸣？腥风血雨难为我，好个江山忍送人！万丈风潮大逼人，腥膻满地血如糜；一腔无限同舟痛，献与同胞侧耳听。嗳呀！嗳呀！来了！来了！甚么来了？洋人来了！洋人来了！不好了！不好了！大家都不好了！老的、少的、男的、女的、贵的、贱的、富的、贫的、做官的、读书的、做买卖的、做手艺的各项人等，从今以后，都是那洋人畜圈里的牛羊，锅子里的鱼肉，由他要杀就杀，要煮就煮，不能走动半分。唉！这是我们大家的死日到了！苦呀！苦呀！苦呀！我们同胞辛苦所积的银钱产业，一齐要被洋人夺去；我们同胞恩爱的妻儿老小，活活要被洋人拆散；男男女女们，父子兄弟们，夫妻儿女们，都要受那洋人的斩杀奸淫。我们同胞的生路，将从此停止；我们同胞的后代，将永远断绝。枪林炮雨，是我们同胞的送终场；黑牢暗狱，是我们同胞的安身所。大好江山，变做了犬羊的世界；神明贵种，沦落为最下的奴才。唉！好不伤心呀！③

邹容则强调：

我中国今日不可不革命。我中国今日欲脱满洲人之羁缚，不可不革命。我中国欲独立，不可不革命。我中国欲与世界列强并雄，不可不革命。我中国欲长存于二十世纪新世界上，不可不革命。我中国欲为地球上名国，地球上主人翁，不可不革命。④

章太炎之所以反对清廷的预备立宪，原因也是如此：

所谓立宪者，固将有上下两院，而下院议定之案，上院犹得以可否之。今上院之法定议员，谁为之邪？其曰皇族，则亲王、贝子是已；其曰贵族，

---

① 邹容：《革命军》，引自张枬、王忍之编：《辛亥革命前十年间时论选集》（第1卷下册），第664~665页。
② 章太炎：《答铁铮》，引自《章太炎全集》（四），上海人民出版社1985年版，第371页。
③ 陈天华：《警世钟》，引自郅志选注：《猛回头——陈天华邹容集》，辽宁人民出版社1994年版，第41~42页。
④ 邹容：《革命军》，引自张枬、王忍之编：《辛亥革命前十年间时论选集》（第1卷下册），第651页。

则八家与内外蒙古是已；其曰高僧，则卫藏之达赖、班禅是已。是数者，皆汉族之所无而异种之所特有，是议权仍不在汉人也。①

"排满"革命的目标之总体性，决定了政治激进主义思潮存在着文化激进主义与文化保守主义的内在张力。或者说，当"排满"革命真正成为席卷全社会的思潮之时，它同时吸引了文化倾向不同乃至对立的人物；随着政治革命的进程，此类张力将呈现为显性的分裂和论争。

第三，革命不但有迫切的现实需要，而且有充分的普遍理则作为根据。20世纪初的革命派，在世界观上大多是进化论者，在社会历史领域则取进步主义的历史观；在维系帝国合法性的"天命"信仰陨落以后，进化的"公理"取而代之，成为革命的合法性的证明。他们相信"革命者，天演之公例也。革命者，世界之公理也。"② 此所谓"公理"主要是启蒙主义的"天赋人权"等。所以邹容又说：

> 问吾侪何为而革命？必有障碍吾国民天赋权利之恶魔焉，吾侪得而扫除之，以复我天赋之权利。是则革命者、除祸害而求幸福者也。为除祸害而求幸福，此吾同胞所当顶礼膜拜者。为除祸害而求幸福，则是为文明之革命，此更吾同胞所当顶礼膜拜者也。③

他们相信"文明革命"既有破坏，也有建设性，革命可以造成一个自由、平等、民主的社会，可以增进中国人的幸福生活。

第四，不同于传统的改朝换代，现代社会的政治革命需要广泛的社会动员，或者如邹容所说，需要"无量无名之英雄"；同时又需要对民众实行教育和启蒙④。革命将启蒙与社会动员合于一身，被章太炎在认识论上做了哲学的提升。康有为以旧俗俱在、公理未明为理由反对革命，章太炎则以人心进化为预设，主张"公理之未明，即以革命明之；旧俗之俱在，即以革命去之。革命非天雄、大黄之猛剂，而实补泻兼备之良药矣。"⑤ 章太炎进而提出了"革命开民智，竞争生智慧"的著名命题，不仅从历史观和认识论两方面，都推进了近代的哲学革命⑥，而且从政治哲学的向度，为革命的合法性作了认识论的辩护：通过革命实现启蒙。

从读者对象的角度来看，虽然同样主张"排满"，章太炎、邹容、陈天华三

---

① 章太炎：《驳康有为论革命书》，引自张枏、王忍之编：《辛亥革命前十年间时论选集》（第1卷下册），第757页。
② 邹容：《革命军》，引自张枏、王忍之编：《辛亥革命前十年间时论选集》（第1卷下册），第651页。
③ 邹容：《革命军》，引自张枏、王忍之编：《辛亥革命前十年间时论选集》（第1卷下册），第665~676页。
④ 邹容：《革命军》，引自张枏、王忍之编：《辛亥革命前十年间时论选集》（第1卷下册），第665页。
⑤ 章太炎：《驳康有为论革命书》，引自《章太炎全集》（四），上海人民出版社1985年版，第181页。
⑥ 冯契先生在其《中国近代哲学的革命进程》一书中专节讨论这一问题，见该书第二章第五节《章太炎："竞争生智慧，革命开民智"——社会实践观点的萌芽》，华东师范大学出版社1996年版，第218~244页。

人的论述还是有所不同。章太炎的"排满"论述以书信的形式出现且文字古雅，显然他并没有将阅读对象定位于一般的知识分子；而邹容的《革命军》则采用了通俗论文的形式，其文字也相对晓畅易懂，显然他想要自己文章的读者范围更为扩大；到了陈天华的《警世钟》《猛回头》，行文是更为通俗的白话文，且采用了弹词等形式，更加容易被下层民众所接纳。邹、陈的著作在当时销量都大，这也从一个侧面反映出"排满"思想已经不只是部分知识分子的主张，而是逐步成为一种有广泛社会影响的思潮了。

（二）

20世纪初期的革命思潮，对于辛亥革命的发动以及推翻帝制建立民国，都有不容忽视的意义。从表现形态言，由于它是与渐进的"改良"（君主立宪）相对立的选项，因而无疑具有相当激进的色彩，同时由于它最直接的目标是推翻满洲贵族的统治，因而带有某种种族斗争的色彩。后者某种程度上又加剧了"激进"的意味。上述两点，引起了持久的争论。

主张改良或者立宪、反对"排满"革命，在20世纪初年，自然以康有为为领袖。在《答南北美洲诸华商论中国只可行立宪不可行革命书》的万字长文中，康有为除了表达对光绪皇帝的信任以外，反对革命的最主要理由依然是公羊三世说外衣下的进化论，从君主专制到民主，一定要经过君主立宪的"过渡之时"。中国作为一个幅员辽阔、人口众多的大国，人民没有受到充分的教育与训练，"以中国之政俗人心，一旦乃欲超越而直入民主之世界，如台高三丈，不假梯级而欲登之；河广十寻，不假舟筏而欲渡之。其必不成而堕溺，乃必然也。"在断言"革命非一国之吉祥善事也"后，他屡次以法国革命的惨烈历史为证，预言革命在中国兴起，一定引起大乱，"以法乱之例推之，必将数百年而后定，否亦须过百年而后定"①。革命会给野心家以得逞之机，令列强坐收渔翁之利，但绝不会有民主自由。康有为反对当时的革命思潮的另一条原因，是"革命"与"排满"联系在一起，甚为悖谬。在他看来，在文化上，满汉已经高度同化；在政治上"满汉不分"同享政治权力。梁启超同样反对将满族看成是异族，"以社会学者所下之民族定义以衡之，彼满洲实已同化于汉人，而有混同民族之资格也"②。总之，"排满－革命"绝非理智的选择。

在20世纪的大部分时间中，激进主义占据了思想界的主流，只是到世纪末保守主义崛起的时候，才响起了对康有为的回应。20世纪90年代开始流行的

---

① 康有为：《答南北美洲诸华商论中国只可行立宪不可行革命书》，引自汤志钧编《康有为政论集》（上），中华书局1998年版，第475、479、480页。
② 梁启超：《申论种族革命与政治革命之得失》，载于《新民丛报》1906年（76）。

"告别革命",包括了对世纪初革命与改良之争的重新评价。无论是改良胜过革命的"告别革命"论者所谓"当时逐步改良可能成功,革命则一定失败"①,还是强调"调适"胜过"转化"的分析模式,其基本的理路是认为革命只是知识分子的非理性的、情绪化行为所致,包括受法国大革命的影响;而"要改良,不要革命,是理性的,负责任的"英国式的"虚君共和"比法国式的"断头台",要好得多②。其共同的特点是否认中国革命有其合理性。所谓合理性,一方面是指革命有其深刻的社会历史根源,因而有某种不可避免性;另一方面是指中国通过社会革命实现现代化,体现了"中国的现代性"的某些本质特征。

与此相应,对于20世纪初期革命以"反满"为旗帜,新近的研究也提出了质疑。论者以为八旗制度经过二百多年的发展,已导致了满人的贫困化与衰弱化,并且实际上一直到19世纪末在民间并没有较大规模的"反满"意识。戊戌变法的失败,导致知识分子的分裂。"历史文化中的种姓意识和西潮引入的民族主义交汇于这个过程,为知识人引导下内卷的社会矛盾提供了一个可以承接众恶之所归的题目,'排满'因之而成思想潮流。"③ 事实上,最初主张"反满"的革命家如孙中山、章太炎等,后来都回到"五族共和"的路径,回到中华民族的国族立场。从这个意义上说,"反满"有某种方位性意识的特征。从20世纪初革命思潮所具有的民族主义意味而言,"排满"是国人之现代民族意识成熟的一个过渡阶段,孙中山当初即澄清过:"推倒满洲政府,从驱除满人那一面说,是民族革命;从颠覆君主政体那一面说,是政治革命,并不是把来分作两次去做。"因此,就"反满"—革命具有方位性而言,它既是近代民族主义的"接生婆",又指向了新的政治秩序"共和"④。然而,如果将其与对革命思潮的反思联系起来,

---

① 李泽厚、刘再复:《告别革命:李泽厚刘再复对谈录》,天地图书公司1995年版,第78~85页。
② 李泽厚、刘再复:《告别革命》,天地图书公司出版1995年版,第65~90页。
③ 杨国强:《论清末知识人的"反满"意识》,载于《史林》2004年第3期,第1~24页。
④ 关于这一问题,研究成果颇丰。胡逢祥认为"排满"在民族主义与中国现代民族国家意识形成的过程中有其特有的地位,其内里有民主革命的根本指向(胡逢祥:《民族主义与中国现代民族国家意识的形成》,高瑞泉主编:《民族主义及其他》,上海古籍出版社2011年版)。郑大华则认为,作为中国近代民族主义三个阶段之一的清末民初,"民族主义的理论主要是围绕建立一个什么样的国家而构建的,当时以孙中山为代表的革命派主张'排满'和建立单一的汉民族国家,而以梁启超为代表的立宪派则主张'合满'和建立包括满族在内的多民族国家,双方为此而展开过激烈的论战和斗争,结果是建立一个独立、民主和统一的多民族国家成了革命派和立宪派的共识并得到最终确立"(郑大华:《论中国近代民族主义的理论建构及其演变》,高瑞泉主编:《民族主义及其他》,上海古籍出版社2011年版,第64页)。金观涛则认为:"由于要推翻的王朝是满清少数民族政权,改朝换代既是政权更替,亦是汉族摆脱少数民族政权的统治,所以清末文献中'革命'一词的使用,也与'排满'联系在一起,与种族民族主义共同消长,成为中国近代民族主义的接生婆。那么,推翻满族政权后,应建立何种新秩序?当中国在西方现代政治经济制度冲击下谈政权彻底变化时,原有的建立新王朝的模式不再具有正当性,'革命'不可能仅仅是改朝换代的代名词。这就成为赋予传统革命观念以现代意义的契机。如果说'排满革命'用于表达推翻旧王朝,那么'共和'则表达了所应建立的新秩序。"(金观涛、刘青峰:《观念史研究》,法律出版社2010年版,第372页)

并不能因此而构成革命之所以发生的充分解释。

要恰当地理解 20 世纪初"革命"之所以发生、"反满"革命思潮之所以汹涌澎湃,只停留在观念与观念之间的关联是不够的。还应该深入到社会结构的变化、现代化过程中的政治动员、权力的分配等更深的层面。从上述三个层面看,19 世纪中叶以后,一方面是新的阶级如民族资产阶级开始兴起,包括近代知识分子的产生;另一方面是推动政治动员的力量逐步下移。前者意味着需要从经济结构、生产关系的变革去考察政治革命,也意味着需要关注文化权力与政治权力之间的博弈。后者是指清廷越来越丧失政治改革的主动权:洋务运动主要是由地方大员主导的,戊戌变法则是地位较低的士大夫推动的,世纪初的革命动力更多的来自边缘化的知识人、海外华侨和会党等底层社会。新文化运动由留学生主导,五四运动以"学生社会"为中心,"五四"后的"大革命"依托工人运动和农民革命。这一系列的重心下移,构成了革命史的内在逻辑。这意味着,从国家能力而言,清廷不但已经失去应对世变与事变的能力,而且已经失去了合法性的基础;从中国社会自身说,在将一个农业社会转变为工业社会的过程中,现代化本身是需要高度的社会动员的。革命之兴起,意味着在清廷失去中枢地位以后,社会期待发生了变化:通过权力的重新分配、确立新的政治秩序——建立一个新型的国家,以满足中国自上而下进行现代化的政治条件。

当我们从民族主义的向度考察 20 世纪初的革命思潮时,对于一度出现的"排满"宣传,也会得到一种同情的理解。处于从古代文化意味的"天下"到现代民族国家转变过程中,民族主义的兴起,需要重建历史——唤醒民族史的历史记忆。主张"排满"最有力同时也是主张民族主义最有力的章太炎,就曾经明确表示必须重视历史传记:

> 故仆以为民族主义,如稼穑然,要以史籍所载人物制度、地理风俗之类,为之灌溉。则蔚然以兴矣。不然徒知主义之可贵,而不知民族之可爱,吾恐其渐就萎黄也。①

当时主导时代思潮的知识分子,从维新派到革命派,占多数的是汉族南方人,满族入主中原以后的暴力征服以及为了维持专制统治所制造的一系列文字狱等暴政,应该是活着的记忆。对此的反抗与历史上抵御外族入侵的英雄事迹,一样是民族史的重要组成部分。它们都使得传统的"夷夏之辨"有了强烈的现实感。因此,当章太炎在反驳康有为的时候,可以非常驾轻就熟地引用历史经验,来论证反清("排满")的正当性。邹容、陈天华等"排满"—革命的宣传,同样通过重述历史来激发人们的"怨愤"情绪,并顺理成章地获得广泛的社会同情。

---

① 章太炎:《答铁铮》,引自《章太炎全集》(四),上海人民出版社 1985 年版,第 371 页。

在此过程中，某种具有历史偶然性的因素也起了重要作用。譬如被视为改革希望的光绪皇帝于1908年去世，对于君主立宪派是一个很大的打击。而后面有些看似有偶然性的现象则隐藏着决定性的力量。革命通常起于阶级之间的不平衡。戊戌政变以后，清廷确实曾经试图改革现实的政治权力格局，但是不能满足新阶级和新型知识分子的要求。所以研究民族主义的专家周锡瑞谈到晚清革命与民族主义的关系时说：尽管晚清满汉之间在文化上的差别已经很小，"但问题是政治上的分歧仍然存在：中央政府为满族官员的数量留有配额，而且比例极为失衡，他们占有大量的地方性职位（尤其是总督）；虽然八旗子弟在军事上已经不起作用了，但他们仍然拥有固定的薪俸；而且朝政显然被满族亲贵把持着。所有这些特权都在汉族精英中造成了愤恨，而且由于这些原因，端方一类的改革者呼吁取消他们的特权。然而在清摄政王载沣的统治下，朝廷拒绝了这些改革的呼声。压倒这些改革者的最后一根稻草是1911年任命的皇族内阁，它使得宪法改革者被彻底疏远了。""我相信，是满族精英的政治特权注定了清朝灭亡的命运。"①

所以，在考察戊戌到辛亥之间有关"革命 vs 改良"的争论时，如果不注意他们的共同对象第三方即清廷的实际状况，就没有办法真正恰当地理解"革命"思潮的合理性及现实性。清廷对于改革的态度对于人心之转向的意义，被"告别革命"论者严重低估。以梁启超为例，戊戌政变和义和团事件以后，他一度趋向激进。1902年他说：

> 今日民族主义最发达之时代，非有此精神，决不能立国……而所以唤起民族精神者，势不得不攻满洲。日本以讨幕为最适宜之主义，中国以讨满为最适宜之主义……满廷之无可望久矣，今日望归政，望复辟，夫何可得？即得矣，满朝皆仇敌，百事腐败已久，虽召吾党归用之，而亦决不能行其志也。②

1903年还屡次声言"中国实舍革命外无别法""弟深信中国之万万不能不革命。今怀此志，转益深也。"③ 他的好友，原先一直主张君主立宪的黄遵宪，曾在给他的信（1902年）中回顾其戊戌到辛丑以后的思想转变，他认为，在义和团事变以后，朝廷曾下变法诏书，给维新人士以极大的希望。"今回銮将一年，所用之人，所治之事，所搜刮之款，所敷衍之策，所娱乐之具，比前又甚焉。辗转迁延，卒归于绝望！然后乃知变法之诏，第为辟祸全生，徒以之媚外人而骗吾

---

① 《周锡瑞谈近代以来中国民族主义思潮》，载于《东方早报（上海书评）》2014年8月24日。
② 梁启超：光绪二十八年《与夫子大人书》，引自丁文江、赵丰田编：《梁任公年谱长编》，中华书局2010年版，第236页。
③ 转引自丁文江、赵丰田编：《梁任公年谱长编》，中华书局2010年版，第144、161、163页。

民也。"① 可以想见，当 1911 年清廷的皇族内阁方案出炉之际，这"最后一根稻草"同时也压倒了君主立宪派的声音。

（三）

前面我们在讨论 20 世纪初的"排满"－革命思潮的时候，虽然也议及孙中山，但是涉笔不多。事实上在 20 世纪初年真正领导与梁启超等论战，并实际谋划和组织革命行动的，正是孙中山。"资产阶级革命派的民主思想是以提出民主共和国为其主要特征和最大特色的。"而这一方案最早的提出者是孙中山②。孙中山及其思想在 20 世纪中国革命中的影响远非仅仅在世纪之初，他本人的思想也有一个发展过程，不能不以专节来讨论。考虑到研究孙中山的已有成果可谓汗牛充栋，本书将以政治激进主义为中心分析孙中山的思想及其特点与意义。

毫无疑问，在 20 世纪中国思想的三角关系中，孙中山总体上属于激进的一翼。早在 1905 年《〈民报〉发刊词》中，孙中山就相当集中地表达了其思想的激进性。正是在那里，他最早提出了革命的纲领，即后来称为三民主义的"民族""民权""民生"三大主义：

> 今者中国以千年专制之毒而不解，异种残之，外邦逼之，民族主义、民权主义殆不可以须臾缓。而民生主义，欧美所虑积重难返者，中国独受病未深，而去之易。是故或于人为既往之陈迹，或于我为方来之大患，要为缮吾群所有事，则不可不并时而弛张之……诚可举政治革命、社会革命毕其功于一役。还视欧美，彼且瞠乎后也。③

《民报》期间，同盟会的理论家通过抨击梁启超的渐进改良和君主立宪主张，向人们展示了一个相当乐观的前景。胡汉民专门撰写《"民报"之六大主义》一文对孙中山三民主义进行更为详细的解释和说明。他认为，当前革命的首要任务就是推翻清朝的统治，所以民族主义是"造端之事业"："以吾多数优美之民族，钳制于少数恶劣之民族之下，彼不为我同化，而强我同化于彼，以言其理则不顺，以言其势则不久，是故'排满'者，为独立计，为救亡计也。"关于民权主义，胡汉民认为要推翻专制政府，建设共和政体。"旧日之为异族政府所有者，固当倾覆之，而数千年君主专制之政府，亦必同时改造，而后可以保种而竞存。""必革命而后可言立宪，而一度革命，更不可不求至公至良之政体，而留改革之遗憾。故言专制，则无论其为君权专制，民权专制，皆无道不平之政体也；而言

---

① 黄遵宪：光绪二十八年《致新民师函文书》，引自丁文江、赵丰田编：《梁任公年谱长编》，中华书局 2010 年版，第 154～155 页。
② 熊月之：《中国近代民主思想史》，上海人民出版社 1986 年版，第 354 页。
③ 《孙中山全集》第一卷，中华书局 1981 年版，第 288～289 页。

立宪,则君主立宪,其治人者与治于人者,等差厘然各殊,其爱情亦从而生阶级;民权立宪,则并此无之,而壹是平等。"关于民生主义,胡汉民特别强调了土地国有。他认为经济上的土地国有与政治上的共和立宪是相匹配的。"革命以后,文明骤进,则内地之趋势亦复可知。倘复行私有制度,则经济阶级将与政治阶级代兴,而及其始为之备,则害未见而易图也。吾人用国有主义,其为施行政策不一,然其目的则使人民不得有土地所有权,惟得有其他权(如地上权,永小作权,地役权等),且是诸权必得国家许可,无私佣,亦无永贷,如是则地主强权将绝迹于支那大陆。"①

不难发现,孙中山革命思想的激进性,不但在于他坚决主张以推翻帝制的政治革命——在必要的时候将诉诸武力,来代替梁启超等的君主立宪的渐进改良的方案;而且在于其"毕其功于一役"的设计,即设想中国可以在短时间内通过一场"政治-社会"的整体性的革命,同时解决民族独立、政治民主和社会(尤其是经济生活的)平等。在现代化道路上发挥后发优势,由此实现对于发达资本主义国家的"超胜"。孙中山思想的激进性,从最直观的形态上应该是下述两者的综合:后继的马克思主义历史学家强调其正面推动民主革命的价值②,就其正面推动中国的现代化进程而言,曾经得到积极的评价③;外部观察家通常则会注意到其过于乐观和简单的问题④。

如果我们不停留在上述综合,从内在的学理看,尤其是在价值观念的取向上,孙中山思想与政治保守主义、自由主义也有着明显的不同。这主要表现在对于自由、平等、秩序等基本价值要素的排序上,孙中山很大程度上有平等优先的思想。

在"平等"观念史上,辛亥革命具有重要的意义,即在国家根本大法的层面上肯定了"平等"的价值,并承诺将其转变为社会政治法律方面的制度安排。从此以后,中国所有合法的政府必须在法律上承认"平等",或者说,是否在法律

---

① 胡汉民:《"民报"之六大主义》,引自张枬、王忍之编:《辛亥革命前十年间时论选集》(第2卷上册),第374~378页。类似的文章颇多,比较有代表性的有汪兆铭的《民族的国民》、朱执信的《论满洲虽欲立宪而不能》、汪东的《论支那立宪必先以革命》、陈天华的《论中国宜改创民主政体》等。这些文章分别从不同的角度对三民主义进行了详细的解释。

② 金冲及、胡绳武认为三民主义的提出,"给了当时的革命派以一种强有力的思想武器,从理论上给了改良派以沉重的打击,为资产阶级民族民主革命开启了一个新的时期。"(见《辛亥革命史稿》(第二卷),第402页)

③ 刘学照认为孙中山的三民主义是当时中国最完美的近代化思想,既表现出与欧美各国近代化常轨的"从同",又包含了社会发展上迎头赶上但避免其弊病的"超越"思想(刘学照:《"从同"和"超越":孙中山近代化思想的特色》,引自《孙中山与中国近代化》上册,人民出版社1999年版)。

④ [美]费正清等,陈仲丹等译:《中国:传统与变革》,江苏人民出版社1992年版,第428页。对于孙中山对中国经济建设的激进规划,后人也有许多客观的批评。

意义上承认"平等"的权威成为衡量政治合法性的标准之一。"平等"不再是大逆不道的异端思想,而是一种合法的观念、现代社会的核心价值之一。从这个意义上,中国社会开始进入了平等的时代。所有这一切,与辛亥革命的领导者孙中山的名字联系在一起。

孙中山真诚地追求平等,用平等价值来规定三民主义,并把三民主义演绎成一个全面的平等主义纲领,认为三民主义追求民族平等、政治平等和经济平等。作为一个质朴的思想家,他反对卢梭用"天赋人权"来解释自由平等的合法性,因而没有在平等的形上学方面措意太多,而是采取了经验论的路径,主张先有事实、再有思想(言论):"事实"是欧美诸先进国家都实现了从不平等到平等的转变,因此中国或早或迟也要实现这样的转变。后面隐藏着进步论的预设,因而历史"事实"是一幅服从普遍化理则的世界图景。换言之,世界有其固有的方向和目标,虽然历史过程会有曲折,但是最后一定会达到平等的终点。所以我们可以说他是进步主义的目的论平等观。进步主义相信世界服从统一的法则或公理,它表现为普遍的潮流。平等的原则是普遍的,中国也应该实现平等的价值。但是由于中国的特殊性,平等原则在中国的具体实现势将与欧美诸资本主义国家有所不同。

在平等的内容取舍上,包括在平等与自由、权威的关系上,孙中山表现出既不同于自由主义因而类似社会主义,又不同于无政府主义的社会主义的复杂性。孙中山主张用平均地权、节制资本的方法去求得经济平等。他一方面警惕社会贫富的分化与对立,另一方面又不赞成平均主义。总体来说,孙中山的经济平等诉求比其政治平等来要激进和具体得多。与此相连,在论及"自由"时,孙中山认为中国人已经有过多的自由,成了一盘散沙:"中国自古以来,虽无自由之名,而确有自由之实,且极其充分,不必再去多求。"[①] 因而在自由与平等的排序上明显不同于自由主义的自由优先原则。另一方面,孙中山又不同于主张平等优先的社会主义,尤其是不同于激进的无政府主义。因为在平等的内容取舍上,孙中山主张机会平等,反对实质平等或结果平等——"平头的平等"或假平等。不过他并没有仔细区分作为平等利用的机会平等和平等出发点的机会平等。对他来说,最重要的是顺应"世界潮流",宣布给予中国人民以平等的政治地位。在实际的政治设计中,孙中山并未将平等视为民主政治的基础,民主政治出于对国家权力的限制,要保障人民普遍地享有政治参与权,并不能依靠政治家的"服务道德心",而要依靠制度安排。这种制度安排最核心的就是如何保证"所有成年人在政治上都应该被平等对待",首先就是所有成年人都有平等地参与政治的权利。孙中山属意于精英政治,将人分为先知先觉、后知后觉和不知不觉三种类型。而

[①] 《孙中山选集》,人民出版社1981年版,第740页。

在政治平等方面，这种思想的集中表达就是"权能分离"的政治理论。按照孙中山的设计，政治权力可以分离成政权和治权。人民有权，政府有能，造成一个全能政府。孙中山的平等主义使其倾向于社会主义，其对中国的现代性整体设计则表现出了国家社会主义的特征。

尽管孙中山的思想有明显的激进倾向，但是主要与政治激进主义有相似性，与整体性的激进主义尚有所不同。其缘由主要在其文化观和民族主义诉求，这是互相重叠的两个要素决定的。从文化观的向度看，对待贯穿19世纪中叶以来的"古今中西"之争，孙中山的基本立场是中西汇通："余之谋中国革命，其所持主义，有因袭吾国固有之思想者，有规抚欧洲之学说事迹者，有吾所独见而创获者。"[①] 历史学家陈旭麓称孙中山由此提出了"人类文化史上具有永恒性的命题"[②]。简言之，孙中山在积极谋划中国革命、促进中国的现代化进程之时，虽然意识到中国的积贫积弱有文化方面的原因，承认西方在现代化之实现中的先进地位；但是他也强烈地意识到几千年中华文明的发展造成了其独特性，因而虽需要努力学习而又不能一切照搬西方。这并不单单是工具理性的客观态度所致，同时是由其民族主义的价值理性所决定。孙中山几乎一贯认为，中国以精神文明取胜，西方人以物质文明见强。1924年他说三民主义"不过演绎中华三千年来汉民族所保有之治国平天下之理想而成之者也。"[③] 他认为要救亡图存，要实现超胜，必须"回复民族的精神"，尤其是固有的道德、知识与能力。就道德言，主要包括忠孝、仁爱、信义、和平诸种传统美德。这是对"全盘反传统"的一种反驳[④]。尽管孙中山的论述有政治策略的一面，即具有某种方位性，但是其文化观与反传统主义不同，也并非单纯的文化保守主义，是可以被认定的。

二、向着"无何有之乡"

20世纪初，在"反满"—革命思潮兴起的同时，另一类积极主张发动革命的思潮——无政府主义——也被引入了中国。这种思潮与"反满"—革命的潮流有所差别，它是一种不满足于推翻清朝统治以后仅仅建立一个资产阶级共和国，而追求创造全新社会和全新个人的乌托邦思潮。无政府主义的流布，至辛亥革命前后达到其高峰，在五四时期则歧变为影响广泛的新村运动和工读互助运动，随着现代思想界和知

---

① 《孙中山全集》（第七卷），中华书局1981年版，第60页。
② 陈旭麓：《因袭—规抚—创获——孙中山的中西文化观论纲》，引自《陈旭麓学术文存》，上海人民出版社1990年版，第1069页。
③ 《孙中山全集》（第九卷），中华书局1981年版，第532页。
④ 《孙中山全集》（第九卷），中华书局1981年版，242～253页。

识分子的分化，最前卫的革命知识分子转变到科学社会主义的立场，无政府主义作为一个有纲领、有组织的社会运动才渐渐失势，但其思想影响却长期地或变相地存在。

（一）

作为一套具有系统理论的社会运动，无政府主义虽然有某些本土资源，但与外来思潮的传播是分不开的。就语词史而言，"无政府主义"的是英文 anarchism 的汉译，"这个词在英文中出现的时候，主要是指任何形式的失序（disorder）或混乱（chaos，希腊词为裂缝）。然而 17 世纪中叶出现的 anarchism（无政府主义）和 17 世纪末出现的 anarchist（无政府主义者）更具有政治方面的意涵：anarchism 在 1656 年时成为那些提倡无政府状态者的信条、立场与手段，也意指人们处于没有统治者的状态。"从词语运用的结果看，从上述"无政府主义"的定义派生出来的无政府主义者（anarchists），与民主主义者（democrats）或共和主义者（republicans）的旧意涵非常接近。自由主义者也在反对政府侵犯个人自由的意义上用它，而在法国大革命的语脉中，它变得具有了极端政治倾向的意涵。首度使该词具有正面意义的是普鲁东（Proudhon），他用其指与主流的马克思主义以及其他社会主义对抗的"社会主义"和劳工运动。19 世纪晚期到 20 世纪初期，可以编入 anarchism/anarchists 谱系的，至少包括了互助主义者（mulualists）、联邦主义者（federalist）、反权威主义者（antiauthoritarian）和工团主义者（anarcho-syndicalism），以及少数主张以暴力和谋杀作为对抗政治领袖手段、使其给人"恐怖分子"印象的 anarchists[①]。总之，西语中的"anarchism/anarchists"是一个相当庞杂的家族，这一点在 20 世纪中国有相应的表现。换言之，中国的"无政府主义"是一个庞杂的思潮谱系。

中国的无政府主义从 20 世纪初的革命思潮中分化而出，尤其是由于 1903 年《苏报》案的爆发，促使以青年学生为主体的知识分子走上激进的道路；同时又与社会主义在中国的最初流行有关。大概从 1903 年开始，革命派的许多刊物上陆续出现了介绍国外无政府主义的文章[②]；到 1905 年同盟会成立和《民报》创刊后，无政府主义思潮迎来了一个宣传高潮。但这些宣传主要是将无政府主义当作社会主义诸流派中的一种来进行客观介绍，而并没有将它作为一种指导当时革

---

① ［英］雷蒙·威廉斯，刘建基译：《关键词：文化与社会的词汇》，三联书店 2005 年版，第 10 ~ 11 页。

② 1902 年上海广智书局和商务印书馆已经出版过《俄罗斯大风潮》和《社会主义广长舌》，开始介绍无政府主义。1903 年以后类似的著述则明显增多，"1907 年之前中国人介绍无政府主义的书籍或文章，基本上都出自留日的中国学生之手。而这些书籍或文章，又都是将俄国民粹派作为无政府主义加以宣传。"（齐卫平、钟家栋：《向着"无何有之乡"》，引自高瑞泉主编：《中国近代社会思潮》，上海人民出版社 2007 年版，第 275 页）

命实践的科学真理来加以宣传。

1907年，无政府主义作为一个独立派别从革命派中分化出来，这几乎是在日本和巴黎同时展开的。在东京的张继、刘师培、何震、汪公权等人，发起成立了"社会主义讲习会"，并出版《天义报》半月刊（1907年6月10日创刊）；而在巴黎的张静江、李煜瀛、吴敬恒、褚民谊等人，则出版了《新世纪》周刊（1907年6月20日创刊）。《天义报》和《新世纪》是中国近代史上最早出现的专门宣传无政府主义的刊物，但它们都没有维持太长时间。《天义报》出版至1908年4月停刊，刘师培将其改成《衡报》，后出版至1908年10月彻底停刊，其主要代表人物张继在1908年逃往巴黎，刘师培夫妇则回国，该派别最终消失。《新世纪》周刊虽然比《天义报》维持时间更长，但也仅仅出版了三年，在1910年5月21日停刊。上述两地的无政府主义派别，在政治－文化取向上也有所差别。巴黎派由于其西方中心的取向，虽然也以瓦解资本主义制度、改造人心、创建自由的新社会为终极目标，但是他们承认"反满"革命的进步意义，肯定科学的进步会带来道德的进步，相对比较温和。同样主张消灭私有制度、废除国家，建立共产主义的东京派，对于西方文化的扩张性和工业资本主义的本性，却有高度的疑虑。"刘师培所构想的社会革命是以农民为主体，反映出他对农民自发革命潜能的信念；并且他所理解的无政府共产社会，虽不拒斥科技与工业文明，却是以俭朴的田园生活为雏形。"[①] 因而文化倾向上更具有颠覆性实质。

巴黎与东京的无政府主义者对于国内政治影响甚微，一个新无政府主义的热潮再度兴起则是辛亥革命之后。辛亥革命虽然造成了民国的建立，但并没有改变政治失序的状况，毋宁说政治失序和道德失序同时并进。这一时期无政府主义的主要代表人物是刘师复。民国之前，刘师复就从事了无政府主义的宣传和暗杀活动，但系统地宣传无政府主义思想并组织有影响的团体，则是在民国建立后。1912年他在广州发起成立了"心社"，这是一个以净化个人道德为宗旨的团体，但在其对社友的戒规中却出现了很多无政府主义的主张，比如，"不婚姻""不称族姓"等。他还成立了"晦明学社"，出版《晦明录》，专门宣传无政府主义思想。1913年8月"心社""晦明学社"被查封。1914年7月，刘师复又在上海发起成立了"无政府共产主义同志社"，继续宣传无政府主义。1915年，刘师复因病去世，之后"无政府共产主义同志社"及其宣传活动又继续了一段时间，但直到五四运动爆发，都没有产生太大的影响。

五四运动时期出现了传播无政府主义思潮的又一个高潮。这主要体现在：第

[①] 杨芳燕：《激进主义、现代情境以及中国无政府主义之崛起》，引自高瑞泉主编：《现代性视野中的思潮与观念》，上海古籍出版社2010年版，第161~163页。

一，宣传无政府主义思想和组织无政府主义活动的团体开始大量出现。1916年，"群社"成立；1917年，"实社"成立；1918年，"平社"成立；1919年，"进化社""社会主义同志会""真社"分别成立；1920年又分别有"奋斗社""安社"7个无政府主义团体成立；1922年出现了18个无政府主义团体；1923年出现了40个无政府主义团体。据统计，五四时期出现的无政府主义团体大约有70余个。第二，宣传无政府主义的刊物和书籍大量出现。据统计，五四时期出现的刊物总数达70多种，较有影响的有《进化》《互助》《民钟》《奋斗》等；书籍也达35种，比较重要的有刘师复的《无政府浅说》《无政府主义讨论集》等。第三，这一时期还出现了比较有影响的代表性人物，他们分别从不同角度出发撰写文章宣传无政府主义。比如黄凌霜等的"正统无政府主义"、朱谦之的"无政府虚无主义"、郑太朴的"中国式无政府主义"等。

我们分析无政府主义思潮的谱系，不应该跳过对"新村运动"或"工读互助运动"的相应研究。[①] 虽然新村主义成为与社会实践运动相配合、具有较大社会影响的乌托邦主义思潮，是日本武者实笃创办《新村》杂志提倡新村主义，又经过周作人等社会名流的大力介绍，在20世纪20年代才真正开始的，但是，其先声却早在辛亥革命前后就已经在革命派人士包括一批具有不同程度无政府主义倾向的人物中酝酿了。如江亢虎在宣传"社会主义"的著述的同时，曾计划将崇明岛作为"社会主义研究"的实验基地；革命党人沙淦和太虚也曾经想在崇明创办新村；著名的无政府主义者张继曾经在法国体验过类似新村的"鹰山共产村"的生活，他后来和刘师培等在东京发起"社会主义讲习会"，实际上是宣传无政府主义的乌托邦。而刘师复在从事暴力活动之余，也曾经设想在新安的赤湾创办半耕半读的新村。

20世纪20年代开始的新村运动，试图以进步知识分子深入农村，以平等合作而非阶级统治的方式实现"共产自治的共同生活"，目标是使古老的农村摆脱旧的落后面貌，这一新型的乌托邦吸引了为数众多的知识分子。曾经不同程度关注与支持乃至参与过新村运动的著名人物有周作人、蔡元培、叶圣陶、郑振铎、庐隐、王统照、黄日葵、郭绍虞、王拱璧、李大钊、毛泽东、何孟雄、恽代英、林育南等。他们大致分为两类：一类是后来转变为马克思主义者的早期共产党人；另一类是作家或文学家。这两类人的结合，使得新村运动不但有思想的传播，而且有实际的社会活动和建制实验。

[①] 研究20世纪中国无政府主义思潮的著述一般会将新村运动的相关资料收入其中，如葛懋春等编《无政府主义思想资料选》(北京大学出版社1984年版)、高军等编《无政府主义在中国》(湖南人民出版社1984年版)都是如此。但是将新村运动作为一个课题单独做详尽而系统的研究者，应该首推赵泓。他的《中国人的乌托邦——新村主义在中国的传播与发展》(台北，独立作家，2014年)为我们对新村运动获得一个总貌提供了切实的帮助。

继新村运动的社会实验而起的,是与其类似的乌托邦实验——工读互助运动。最著名的有王光祈发起的北京工读互助团,邓中夏、张国焘与罗章龙发起的曦园,恽代英发起的利群书社,陈独秀、毛泽东等26人发起的上海工读互助团。天津、南京、广州等地也有相似的团体存在过。如果说新村运动主要在农村,那么最初源于资助贫困学生能够求学而发起的"工读互助运动",则主要在中心城市活动。以北京工读互助团为例,由其宗旨可以明了,参与者希望通过工读互助的形式,可以建立一个财产公有、人人各尽所能地参加劳动、实行各取所需的公平分配的理想社会,"城市中的新生活"①。工读互助运动虽然也得到某些自由主义者如胡适、罗家伦等的一定程度的赞同,但是积极参与乃至组织运动的著名人物中,如陈独秀、毛泽东、张国焘、邓中夏、罗章龙、恽代英、罗亦农、汪寿华、柯庆施、俞秀松、施存统等,为数众多的是后来转变为早期马克思主义者的先进知识分子。

无论是新村运动还是工读互助团的实验,都只维持了很短的时间即告解散。历史地看,新村运动和工读互助团都显示出其某些无政府主义倾向的幼稚病,但是其意义并非完全消极的。它同样体现了面对西方资本主义的扩张和中国社会-政治的失序,中国人在寻找另类现代化道路上的一种尝试。它再现了传统乌托邦的某些精神,但它是一种新型的乌托邦,超越了"桃花源"或《礼记》中的"大同"那类只停留在典籍诠释、文学想象或历史虚构中的古代乌托邦,后者并未产生实际的社会运动。新村运动与工读互助团的实践,是在进步主义的历史观支配下,以重构社会乃至世界秩序为宗旨、积极进取的理想主义运动。当然这场实验也有一些实质性的遗产为20世纪中国知识分子所接受,需要特别指出的有,新村运动与工读互助团的实验开启了新型知识分子与工农结合的历史。新村主义对于现代乡村建设运动产生过某些影响。包括20世纪20年代的王拱璧在河南西华县孝武营村创办"青年村"、30年代陶行知创办乡村工学团,都在普及乡村教育,主张学者下乡、深入民间参加劳动和农民结合。积极支持新村运动与工读互助团的李大钊在《"少年中国"的"少年运功"》中强调,创造一个"少年中国"需要精神与物质两方面的改造。精神方面是以互助博爱为宗旨去"改造现代堕落的人心","物质改造的运动,就是本着勤工俭学的精神,创造一种'劳工神圣'的组织,改造现代游堕本位、掠夺主义的经济制度,把那劳工的生活,从这种制度下解放出来,使人人都须作工,作工的人都能吃饭。"② 此时的李大钊,已经开始接受马克思主义,我们可以看到新村与工读互助运动与早期马克思主义

---

① 王光祈:《城市中的新生活》,载于《晨报》1919年12月4日。
② 李大钊:《"少年中国"的"少年运动"》,引自《李大钊全集》(第三卷),人民出版社1999年版,第319页。

者在心路历程上的相通之处。不过它最积极的意义在于以形式上否定的方式启发了早期马克思主义者寻找科学社会主义的路径。陈独秀在1920年写道：

> 在全社会底一种经济组织、生产制度未推翻以前，一个人或一团体绝没有单独改造底余地。试问福利耶（今作傅立叶——引者注）以来的新村运动，像工读互助团及恽君的《未来之梦》等类，是否真是痴人说梦？①

换言之，20世纪初期，无政府主义作为一种追求对中国社会作根本性改革的思潮，内部存在着理想与现实的紧张，它推动着这一思潮的演变、分化乃至消隐。无政府主义与马克思主义分离之后，便开始走向衰落。1924～1927年，四年之间只有大约18个无政府主义社团建立，且规模和影响力都不如之前的团体。1928年李石曾等人创办《革命周报》，1931年卫惠林、巴金主编《时代前》杂志，1933年卢剑波编辑发行《憧憬》半月刊，这些都是具有无政府主义色彩的刊物，甚至直到40年代仍有部分人士宣传无政府主义，但在抗日救亡和民主建国的大形势之下，这些活动已无法发生大的影响力了。中国的无政府主义思潮终于走向没落。

（二）

分析20世纪初期中国无政府主义思潮的谱系可以知道，虽然不同的无政府主义者之间存在很大的差异，但他们作为一个整体确实表现出激进主义的面貌。我们将无政府主义归入20世纪中国社会思潮中激进的一翼，首先是因为这一个思想派别的基本主张，是对中国社会实行急迫的、根本性的变革；其中不仅有反对封建主义的主张，而且有取消一切政治，混杂了反对资本主义和社会分工的乌托邦。其次是从其理想社会的视角看，他们虽然像一般资产阶级革命派和自由主义者一样，主张自由平等博爱，但是在价值排序上实行平等优先，包括广泛的社会平等、经济上主张分配的实质性平等（即平均主义）。最后，无政府主义者的社会革命论与其实行底层社会动员的主张，与资产阶级革命派不同，而更接近社会主义的路径。我们同意这样的观点："某些特殊的'无政府主义团体'（anarchists groups）通过激进的（militant）与暴力的（violent）手段来反对某种特殊的专制政府，但这并不是'无政府主义'原则下的一个必然的或普遍的结果；无论如何，这些手段与社会主义所界定的革命（revolution）有着错综复杂的重叠关系。"②

与孙中山等资产阶级革命派相比，无政府主义有更为激进的社会革命的诉求。

---

① 陈独秀：《陈独秀著作选》（第二卷），上海人民出版社1993年版，第214页。
② 陈独秀：《陈独秀著作选》（第二卷），上海人民出版社1993年版，第444页。

故而对前者的政治主张多有不满，认为它们太过保守。就价值理想而言，以进步论的历史观为基础，针对革命派的民主主义主张，无政府主义者指出，推翻满清政府的统治，还会有其他的政府来统治人民；针对革命派提出的民权主义的主张，无政府主义者指出，推翻专制政府，组织共和政府，还是有政府存在，凡是政府对人民都必定是一种压制；针对革命派提出的民生主义的主张，他们认为平均地权不够彻底，即便平均了地权，私有财产制度也必定导致剥削的产生和贫富分化。而就实现理想的手段来说，无政府主义者的主张也比革命派更加激进。他们认为革命党主张政治革命，且革命所依赖的是社会中层力量，而无政府主义者则强调社会革命，不局限于推翻专制政府、平均地权，而是要实现社会各个层面的全面变革（政治、法律、宗教、道德、经济等），并且他所依靠的主要是下层民众的力量。

总之，无政府主义者反对一切强权，而政府只是其中之一①。反对强权是为了实现人的绝对的自由和平等：

> 自政治学说方面来说，国家的权力越小，人们的自由越多，所以在国家尚没有废止以前，欲求人民之幸福者，首先减削国家之权力，而至于最小限度。自经济学说方面来说，一己劳力所得之结果，其利益于一己之所有，或属于一己愿与之人所有，则其人必尽力于劳动，而使生产提高。所以"市民自治""产业公有"实为达到自由和平等之要路。②

与反对一切强权相应的是追求"绝对自由"。他们说：

> 我们目的只是求绝对的自由，"安那其主义"是要打破一切虚伪的、人为的、不自然的、拘束我们自由的，"安那其主义"就是自由主义——绝对的自由主义，我们要求绝对的自由，非做到"安那其"境地不可。③

这种绝对的自由，在思想上体现为摆脱了"宗教、道德和种种背理的学说的欺骗、拘束"，在行为上体现为推翻"政治、财产、家庭、风俗习惯和一切制度的束缚、制裁"。出于对"自然秩序"的信念和对历史进化的乐观主义预期，他们断言"原人之始，莫不具有天然之自由，饮欤，事欤，游欤，泳欤，各任其天然，此为大幸福大安乐。而自有君有政府以来，倡设政治，制造法律，俄而有宗教，俄而有教育，种种束缚天然自由之机关相袭而来，及入人与种种机关之范围，而天然自由如烟消火灭，邈不可得矣。故必欲尽举而破败之，以得返天然自

---

① "无政府之字面为反对政府，而含义则为反对强权，其义几无所不赅，凡反对家族，反对宗教等等，皆为无政府党人所昌导，亦为反对强权之一种。"（师复：《无政府共产主义释名》，引自葛懋春、蒋俊、李兴芝编：《无政府主义思想资料选》（上册），北京大学出版社1984年版，第282页）

② 声白：《中国目前的政治问题如何解决》，引自葛懋春、蒋俊、李兴芝编：《无政府主义思想资料选》（下册），北京大学出版社1984年版，635~636页。

③ 遗恨：《安那其与自由》，引自葛懋春、蒋俊、李兴芝编：《无政府主义思想资料选》（上册），第493页。

由为其独一不二之真宗旨"①。他们认为，随着历史的进化人们将享有越来越多的自由，"将来之社会，各个人完全自由，无复一切以人治人之强权"②。但现实情况是，人们并没有享有理想中的自由，而是处于种种专制之中，要想实现自由，必须推翻这种专制。

无政府主义者还追求绝对的平等，出于天赋人权的观念，认为每个人都天然享有平等的权利，"吾人生来是彼此均等的，本能和遗传虽有智愚高下，但这不是吾人自身的罪过，不能不有相等的待遇，那一切权利义务的享受服劳应当均等。"③ 但是随着政府的出现，私有财产的出现，各种不平等的现象逐渐出现了。包括经济地位、政治权力、道德、性别之间，都存在不平等现象。在他们看来，不平等是一切罪恶的源头：

> 以上凌下，政府之弊也。以富制贫，资本私有之弊也。以强凌弱，国家之弊也。惟其有政府，故仅利政府，不遑利及人民；惟其资本私有，故仅利一人，而不遑利及公众；惟其有国家，故仅利一国，而不遑利及世界。虽然，保护资本家者政府也，代表国家者亦政府也，故政府尤为万恶所归。人类生于今日，安能不筹及改造世界之策哉。④

因此，为实现绝对的平等，需要推翻导致不平等的那些因素，"贵贱、主奴、治者被治者的阶级应当划除，凡畸形制度为造成阶级束缚争杀的原动力，或阻碍平等自由互助的，都应一律取消"⑤。无政府主义者追求的平等，广泛体现于社会生活的各个领域，比如男女平等、道德平等、教育平等，等等。因而所谓"绝对平等"既有其深度，又有其广度。

我们已经讨论过，在否定权威、反政治的意义上主张绝对自由和平等，使得无政府主义与资产阶级革命派相区别。其实，这一点也使得它与自由主义思潮有所区别。就价值排序而言，如何处理自由和平等的关系，无政府主义与自由主义有所不同。一般而言，自由主义和无政府主义一样赞成自由和平等的价值，典型的自由主义坚持的主要是形式平等和机会平等，但又主张"自由优先"。而无政府主义的观点可以说是"平等优先"。如著名无政府主义者刘师培认为：

> 吾人确信人类有三大权：一曰平等权，二曰独立权，三曰自由权。平等

---

① 马叙伦：《二十世纪之新主义》，引自葛懋春、蒋俊、李兴芝编：《无政府主义思想资料选》（上册），第8页。

② 师复：《无政府共产主义同志社宣言书》，引自葛懋春、蒋俊、李兴芝编：《无政府主义思想资料选》（上册），第305页。

③ 《均社宣言》，引自葛懋春、蒋俊、李兴芝编：《无政府主义思想资料选》（下册），第534页。

④ 申叔：《无政府主义之平等观》，引自葛懋春、蒋俊、李兴芝编：《无政府主义思想资料选》（上册），第84页。

⑤ 《均社宣言》，引自葛懋春、蒋俊、李兴芝编：《无政府主义思想资料选》（下册），第534页。

者,权利义务无复差别之谓也;独立者,不役他人不倚他人之谓也;自由者,不受制于人不受役于人之谓也。此三权者,吾人均认为天赋。独立自由二权,以个人为本位,而平等之权必合人类全体而后见,故为人类全体谋幸福,当以平等之权为尤重。独立权者,所以维持平等权者也。惟过用其自由之权,则与他人之自由生冲突,与人类平等之旨,或相背驰,故欲维持人类平等权,宁限制个人之自由权。①

显然,无政府主义既有个人主义("以个人为本位")的立场,又有世界主义的视域("合人类全体"),其未来社会的设想只可能是平等联合的乌托邦。

无政府主义者认为,绝对自由和绝对平等的实现,需要以"革命"来完成。因为仅有政治革命、经济革命,将无法实现绝对的自由平等,而必须对社会实行全方位的革命,即"社会革命"。他们所谓"社会革命"主要包含三方面内容。

首先,就革命的性质而言,它是对现实的颠覆性变革,涵盖社会的全部领域,而非部分的改良。"改造社会者,不能仍旧社会而组织之,则必破坏旧社会而荡涤之。"② 无政府主义者通常醉心于革命的"根本性"或墨子刻所谓"拔本塞源"的激进性:

> 考察革命发生的原因,就知道革命不是一时盲目的冲动,实因不满人意的环境,到了非革命不可的时候,才能唤起他。所以革命是自然不可逃避的事实,假使不能从根本上讲环境改善,就绝其不能阻住革命发生。③

其次,就革命的依靠力量来说,无政府革命的力量来自全社会尤其是占社会绝大多数的普通民众。在他们看来,社会革命须出于大多数人的意愿,所以最重要的是动员占人口最大多数的农民(劳民)参加革命:

> 吾党之意,以为中国革命非由劳民为主动,则革命不成,即使克成,亦非根本之革命,故吾党所希望者,惟在劳民之直接行动。④

> 无论行何种革命(政治革命社会革命)均当以劳民为基础,即劳民无革命程度,亦宜竭力运动,方为革命之正道。⑤

> 一切革命均由经济革命发生,而经济革命又由劳民团体发生,此必然之

---

① 申叔:《无政府主义之平等观》,引自葛懋春、蒋俊、李兴芝编:《无政府主义思想资料选》(上册),第 73 页。
② 朱谦之:《革命家的性格与精神》,引自葛懋春、蒋俊、李兴芝编:《无政府主义思想资料选》(上册),第 442 页。
③ 杨笃生:《湖南之湖南人》,引自葛懋春、蒋俊、李兴芝编:《无政府主义思想资料选》(上册),第 17 页。
④ 《汉口暴动论》,引自葛懋春、蒋俊、李兴芝编:《无政府主义思想资料选》(上册),第 142 页。
⑤ 张继:《张继来函(节录)》,引自葛懋春、蒋俊、李兴芝编:《无政府主义思想资料选》(上册),第 151 页。

势也，故吾党对于中国，首冀劳民之革命。①

欲行无政府革命，必自农民革命始。所谓农民革命者，即以抗税诸法反对政府及田主是也。②

无政府主义的上述立场，与资产阶级革命派乃至一般自由主义的精英主义有所不同，带有某种民粹主义的倾向。

最后，就革命手段来说，他们虽然承认教育的功效，但是更主张实行总罢工，提倡暴力乃至暗杀等。无政府主义者对于"革命"的正当性作了多方面的宣传，不过通常是在传统的"汤武革命"的意义上，因而其"革命"一开始就带有"暴力"的意蕴。而不是如西语 revolution 那样的法英双轮革命，即既有法国大革命式的激烈政治变革，又有英国工业化渐进过程的"革命"③。用他们的话来说，即主张"直接行动"：

"直接行动"就是自己干自己的事，不倚靠他们，不畏怯他们，振起自决的精神，联合我们的工团，把资本家从前掠夺工人据为己有的生产机关，如土地、工场、机器……等和管理权一概取回，归诸公有，大家协同工作，共同生活，依着"各尽所能各取所需"的原则去自由生产、自由消费，造成一个真正"共产主义"的社会，普及"全人类的正当生活和幸福"。如果他们还要恃着从前欺人的手段，把财力、兵力、官力来压制我们，我们一面就罢工、罢市、抗兵、抗税，一面就努力、互助，拼命和他们奋斗，誓达"共产主义"的目的。这就叫做直接行动。④

故而无政府主义并不讳言其"激进"（急进、激烈）的特点，反而认为一场激进的变革不但是可欲的而且是可行的：

吾人之所谓急进者，质言之，即激烈行动之代名词耳。激烈行动之作用，一方面为反抗强权，伸张公理，一方面为鼓吹风潮，迅速传播，其用意则无非欲使多数人明白无政府之真理，赞成无政府之组织也。……若徒借口舌笔墨之鼓吹，而欲达吾目的，真不知至于何年何月，且敢决其无由达到。故吾人于口舌笔墨之外，不能不更以激烈行动助之，如罢工、暴动、暗杀等等，皆可视为传播之一种方法者也。⑤

---

① 《论中国宜组织劳民协会（节录）》，引自葛懋春、蒋俊、李兴芝编：《无政府主义思想资料选》（上册），北京大学出版社1984年版，第154页。

② 《无政府革命与农民革命》，引自葛懋春、蒋俊、李兴芝编：《无政府主义思想资料选》（上册），北京大学出版社1984年版，第158页。

③ 陈建华：《革命的现代性：中国革命话语考论》，上海古籍出版社2000年版，第169页。

④ 志平：《直接行动》，引自葛懋春、蒋俊、李兴芝编：《无政府主义思想资料选》（下册），北京大学出版社1984年版，第593页。

⑤ 师复：《答恨仓》，引自葛懋春、蒋俊、李兴芝编：《无政府主义思想资料选》（上册），北京大学出版社1984年版，第321页。

由于革命天然具有正当性，因而暴力手段也自动地具有合法性：

> 人曰：今日之言暴动者，凶德也。吾党则曰：今日之言暴动者，立义也。人曰：今日之言暴动者，败群也。吾党则曰：今日之言暴动者，爱国也。人曰：今日之言暴动者，畔夫也。吾党则曰：今日之言暴动者，贞士也。他人之言暴动也，或与吾党异，吾党欲有所创立而为暴动，欲有所成就而为暴动。苟有所创立有所成就，而不必为暴动者，吾党行之；苟有所创立，有所成就，而不得不行之暴动者，吾党行之。①

他们甚至认为采用暗杀政治领导人的手法，可以非常简捷神速的达到革命的效果。虽然不少无政府主义者提倡暗杀等暴力活动，但是很少有人付诸实际的行动②。

（三）

20初期中国的无政府主义思潮，是外来思想与中国本土观念运动结合的产物，其产生和演化有深刻的社会史与思想史的缘由。我们以往比较注意阶级分析的视角：中国像其他小资产阶级占人口绝大多数的国家一样，容易产生无政府主义；接受无政府主义的主体——青年学生以及刚刚诞生不久的新型知识分子，在革命时代容易患上简单急躁的幼稚病③。传统文化中的某些因素，如老子的"无为而治"、墨子的"兼爱"、《礼运》的"大同"，都曾经被当做无政府主义的本土资源来运用。在这里我们再次看到现代观念变迁中的"新知附益旧学"现象④。

---

① 杨笃生：《湖南之湖南人》，引自葛懋春、蒋俊、李兴芝编：《无政府主义思想资料选》（上册），北京大学出版社1984年版，第20页。

② 齐卫平、钟家栋：《向着"无何有之乡"》，引自高瑞泉主编：《中国近代社会思潮》，上海人民出版社2007年版，第288页。

③ 齐卫平、钟家栋：《向着"无何有之乡"》，引自高瑞泉主编：《中国近代社会思潮》，上海人民出版社2007年版，第297~299页。

④ 杨芳燕曾经归纳无政府主义作为一种现代激进主义的三大结构性特质，即所谓"全盘主义""环境决定论与对于人心之乐观信念的吊诡性结合"，以及"道德主义与反政治倾向的结合"（杨芳燕：《激进主义、现代情境以及中国无政府主义之崛起》，引自高瑞泉主编：《现代性视野中的思潮与观念》，上海古籍出版社2010年版，第175~176页）。从思想方式说，中国传统思想有朴素的"相容主义"，即从天道、地道、人道三者统一的思维定式中形成的决定论与意志自由论可以并行不悖的常识。从源头上说，古代哲学经典《周易》讲天地人"三材"，认为"大人"能做到"先天而天弗违，后天而奉天时"，使得易理本身就包含了某种朴素的相容主义（compatibilism），尽管决定论与自由意志论在这里呈现出某种不稳定的平衡。即使是卜筮之道也是在预言某种趋势以后，可以寻找出该趋势改变的可能，然后确信人之当为——"变而通之以尽其利"——促使事物朝有利于人的方向发展。人们不难发现，在"天人之际"问题上的"相容主义"，已经成为民族心理的重要积淀。鲁迅、周作人等曾经分析过中国人一方面相信"定命""运命"，一方面又相信运命可以转移（《鲁迅全集》第6卷，人民文学出版社1956年版，第130~131页）。我在《天命的没落——中国近代唯意志论思潮研究》中曾经讨论过中国近代的相关问题：天命的信仰没落了，但是"公理"代替了"天理"、教条化的"规律"代替了"天命"，宿命论与唯意志论的两极对峙长期存在；在社会生活中，则是权威主义与无政府主义的两极对峙。

进一步的研究则强调20世纪初流布在中国的无政府主义思潮，是"现代情境"的产物。换言之，无政府主义同样是中国现代化进程中的社会思潮，因而应该对其作必要的现代性分析。一种观点是，强调民族主义在无政府主义思潮兴起中的历史作用。他们认为，随着民族主义要求对社会形成国家整合的同时，也使得国家与社会的关系成为"问题"，与民族主义并生的全球意识（global consciousness）所催生的世界主义（cosmopolitanism）与民族主义之间的冲突（即全球意识所衍生的世界主义，所导致的反民族国家的立场），为无政府主义的崛起创造了一个历史的可能性。台湾学者杨芳燕则认为，必须从民族主义与全球意识共同兴起的背景去理解无政府主义与民族主义的关系。近代以来，由于西方工业资本主义文明的扩张与入侵，形成了一个从天下国家到民族国家观的大转折，导致中国传统社会政治秩序的解体。无政府主义之兴起乃是对它们的一种回应。

惟其如此，无政府主义遂得以吸引了大批的信徒，同时也借由它对社会革命理念、理想的持续论述，而为日后共产主义的兴起发挥了积极助援的作用。然而由于近代西方资本主义工业文明之扩张，乃是以帝国主义入侵的形式对中国造成威胁，因此营建国族的民族主义政治目标，自始即是内蕴于此一情境的一个重大问题环节，但无政府主义对此却是无力回应的。此一无力回应的事实，不只使得无政府主义渐失竞逐能力，同时它所导致的无政府主义者的虚空、焦虑之感，亦为共产主义的兴起发挥了一定的消极助援作用。①从民族主义与世界主义之间的紧张，可以获得观察无政府主义的一个极好视角。

20世纪初的中国，与社会主义、民主主义、无政府主义等一起传入中国的，还有民族主义和世界主义这一对伴生却对立的思潮。从严复开始，追求富强——民族主义——始终是时代的强主题、革命运动的主要动力。在中国之前，西方列强乃至日本，尽管各有自己的特点，但是先后都通过民族主义道路通向了现代②。在此过程中，民族主义与资本主义的扩张，是共生的，因而天生具有高度的竞争性。中国人在追求富强的同时，寻求国际间的平等关系，"去国界合大地"被列入实现"大同"的首要步骤。但是，写作《大同书》的康有为并非无政府主义者，其实际政治活动的宗旨却始终是以君主立宪建立现代民族国家。不但这一方

---

① 杨芳燕：《激进主义、现代情境以及中国无政府主义之崛起》，引自高瑞泉主编：《现代性视野中的思潮与观念》，上海古籍出版社2010年版，第177页。
② 里亚·格林菲尔德在其著作《民族主义：走向现代的五条道路》中分别讨论了英格兰、法兰西、俄国、德意志和美国，如何共同达到了民族主义"这个世界的根基"。她当然也注意到日本虽然没有犹太教一神论宗教传统，却获得了西方科学，拥有了民族主义的动力。

式未获成功,为建立共和而发生的资产阶级革命,也没有完成建立现代民族国家的任务。国家无能与政治失序比旧时代的专制政治更刺激人们厌恶政治的心理。连带的是由于遭受发达资本主义国家的欺凌而积压了民族"怨恨"(ressentiment)心理:作为被欺凌的民族我们相信自己与列强之间根本平等,然而"实际上的不平等(这被认为是非根本性的),使得实践中不可能取得理论上存在的平等",这为怨恨提供了结构条件①。它具有导向价值重估的创造性,打破工业资本主义和资产阶级的政治统治,主张具有世界主义色彩的无政府主义,而非民族主义的路径,可以被视为这一创造性的表现之一。不过,无政府主义的创造性同时表现出空想的非现实性。因为,作为现代社会特有的政治现象的革命,其目标主要是国家转型和新型政府形式的创建;显而易见,以推进社会革命为宗旨的无政府主义完全无法完成这一历史使命。

就20世纪中国政治激进主义的发展来看,作为一个环节,无政府主义思潮的历史意义有其多面性。研究者大致都肯定它对社会主义思潮产生和发展具有的影响。阿里夫指出:

> 无政府主义者自身也拥有几个重要的"第一",他们预示了1920年代革命运动开始具有社会性时所发生的转折。无政府主义者是中国第一个现代劳工联盟的创立者(1917年);他们首次促成了革命运动向农村的转移;他们首先试验了新的教育形式和新的生产组织形式;最后,无论是凭这些实验还是在城市和农村的组织活动,他们建立了最终为其他革命者提供了范式的活动模式,即创立了一种个人和社会群体(学生、妇女、工人或农民)可以从事社会活动的教育和机构体系。②

其实,19世纪中叶以后 anarchy 被一些反对国家社会主义(state socialism)与无产阶级专政(dictatorship of the proletariat)的革命团体所接纳,他们虽然自认为社会主义,但是更强调"互助"(muluality)和"合作"(cooperation)是社会中的自我管理组织的原则。这可以看作在激进的左翼阵营中,anarchists 与科学社会主义的分水岭。

三、探寻社会主义道路:理论与实践

我们在第一节曾经回顾了20世纪初革命与改良的争论,事实上,前述争

---

① 详见里亚·格林菲尔德在其书中讨论的由尼采创造、舍勒界定与发展的"怨恨"概念,见《民族主义:通向现代的五条道路》,"导言"。
② [美]阿里夫·德里克著,孙宜学译:《中国革命中的无政府主义》,广西师范大学出版社2006年版,第25~26页。

论不仅是推翻满清的"革命"还是"立宪"这样的政治内容，同时也包含"社会改良"还是"社会革命"的分歧。这里强调"社会"的范畴，其基本的背景是，社会主义思潮在20世纪初已经传入中国，鉴于对西方资本主义现代病（特别是贫富分化、阶级斗争激烈）的洞察，无论是梁启超还是孙中山，以及后来陆续出现的各种各样赞成"社会主义"的人，都希望未来中国能够与西方发达国家一样富强的同时，避免西方现代性的弊病，因而都不同程度地赞成社会主义——当然是在对社会主义知之甚少的情况下言之。不过此处的"不同程度"其实有着激进主义与自由主义的实质性分歧：孙中山认为需要通过"武断政治""雷厉风行之政策"实行"平均地权"、达到土地国有。梁启超只是在防微杜渐的意义上赞成社会主义，但是坚决反对发动下层社会到达"平均地权"的"社会革命"[①]。当然，而后的共产党人认识到中国不得不经过暴力革命和阶级斗争，方能结束剥削阶级的统治、进入社会主义建设，与之相比，无论是孙中山还是梁启超都不是科学社会主义的路线。因此，20世纪中国政治激进主义思潮，不仅有反对专制、实行共和的民主主义的内容，更有在建设一个统一的现代民族国家的同时如何选择社会主义道路的问题。因此，我们可以看到，从20世纪初的"反满"革命，到20世纪20年代乃至20世纪下半叶中国人对社会主义道路的探寻之间，有着无法割断的联系。美国学者阿里夫·德里克曾经说过：

> 第一代的激进变革者专注于政治制度问题，第二代关注继承传统的价值问题，第三代则将目光投向了解决所有其他问题的社会深层结构（substructure）。此前的激进主义者苦恼于"中国性"（Chineseness）的抛弃本土传统的涵义，政治争论亦围绕变革在制度和思想价值方面的结果而展开。新的一代，在即将来临的岁月中，吸取了胜利的现代派的论点，将对于传统或民族认同的关注贬抑到第二位，而转向寻找以往改变中国的努力之所以失败的潜在的社会原因。通过20年代中期的总体的社会动员，"社会问题"成为中心关注点，中国知识界对于社会和社会力量的意识大大提高了。这一建立在政治辩论基础上的转变，对于马克思主义思想在中国知识分子中的作用产生了重要的影响。[②]

显而易见，德里克这里的"激进变革者"的代际划分只是指显性的思潮而

[①] 关于梁启超与孙中山在对待社会主义的不同理解与政治方略上的分歧，杨奎松、董士伟曾经有详细的论述，见杨奎松、董士伟：《海市蜃楼与大漠绿洲：中国近代社会主义思潮研究》，上海人民出版社1991年，第33～49页。

[②] ［美］阿里夫·德里克著，翁贺凯译：《革命与历史：中国马克思主义历史学的起源，1919～1937》，江苏人民出版社2010年版，第1页。

言,实际上,在具体的人物以及思想之间,它们都有某种连续性。但是本书把德里克所谓的第二代,与第一代、第三代做了不同类型的处理。第二代虽然有其政治背景和政治诉求,但是就思潮本身而言,主要是文化思潮(主张进行文学革命、文化革命、思想革命);后者则是政治革命和社会革命,涉及权力与财富的再分配,涉及社会结构的重建。这里有文化激进主义与政治激进主义之间的差异,尽管其间确实也有某种相同点。激进的变革者如何从政治革命扩展到社会革命——"解决所有其他问题的社会深层结构",即他们如何从民主革命转进为对社会主义道路的探寻,本节即着重处理这一问题。

(一)

孙中山曾经期望政治革命与社会革命"毕其功于一役",但是,辛亥革命的实质性成果主要是推翻两千年来的帝制,建立民国,开始了中国走向共和的新时期。这是一个即使在形式上也显得极其脆弱的成果。无论就目标在于建立一个统一的现代民族国家意义上的政治革命,还是就马克思所指那样实现与新的生产力发展需求相适应的整个社会制度获得改造的社会革命,20世纪初期的中国似乎都相距遥远。1918年,连孙中山本人也承认"溯夫吾党革命之初心,本以救国救种为志,欲出斯民于水火之中,而登之衽席之上也。今乃反令之陷水益深、蹈火益热,与革命初衷大相径庭……"作为资产阶级革命派的领袖,孙中山当然没有放弃其革命的理想,此时他致力于理论建设,试图为革命奠定更宽阔的哲学基础,这就是他的《孙文学说——知难行易》。尽管后来的研究者对这本著作的理论价值评价不同[①],但是孙本人相信,如果他倡导的"知难行易"学说深入人心,"夫如是,乃能万众一心,急起直追,以我五千年文明优秀之民族,应世界之潮流,而建设一政治最修明、人民最安乐之国家,为民所有、为民所治、为民所享者也。则其成功,必较革命之破坏事业为尤速、尤易也"[②]。

1925年孙中山逝世,给后人的遗嘱是"革命尚未成功,同志尚需努力"。以后见之明观之,未完成的革命首先需要解决的,是建立一个统一的现代民族国

[①] 冯契先生指出:"孙中山的知行理论,基本上是从唯物主义观点出发,肯定行先于知,又讲了知和行的辩证关系。所以,它所包含的基本观点是正确的。"不过他夸大了"心"的力量,没有社会实践的观念,有割裂知与行、经验与理论的缺陷(见冯契:《中国近代哲学革命进程》,华东师范大学出版社1996年版,第292~297页)。徐良伯将《孙文学说——知难行易》评价为"立意崇高、论证粗疏的'革命哲学'",认为它有通俗易懂、充满激情、强调行动等优点。同时他也担忧"这种理论一旦被野心家所利用,变成实行愚民政策,鼓吹盲目服从、盲目蛮干的理论根据,其后果则是相当严重的"。(见茅家琦等:《孙中山评传》,南京大学出版社2001年版,第535~551页)

[②] 孙中山:《治国方略》,引自《孙中山全集》第六卷,中华书局1981年版,第159页。

家。民国以后，国内主要存在着三种政治势力：孙中山为首的革命党、袁世凯及其北洋军阀、原先的立宪党人。随着三者的博弈，尤其是袁氏称帝失败以后，北洋一系迅速溃散，不但出现了南北对立、武人擅权、地方意识上升等情状；"与社会结构的混乱无序相伴随，20世纪20年代初的中国政治出现了一个近代前所未有的新现象，即中央政府渐失驾驭力，而南北大小军阀已实际形成占地而治的割据局面。"① 所有那些割据一方的军阀都不同程度地乞求不同的外国势力在物质与精神两方面的援助，而列强的在华存在也需要利用其代理人的力量。如果说从袁世凯以来的北洋政府原先就缺乏政治合法性的话，后继的军阀与列强互相勾连的关系，更使他们在国人心目中地位日降。从客观上说，北洋政府以及实际上的军阀割据，与中国现代化需要建立一个统一的新型的强大国家的历史趋势完全背道而驰；从国民心理说，一统江山、万世太平才是中国人心之所向。换言之，社会失序、政治合法性缺失从反面激发了革命诉求与民族主义思潮的互相激荡。五四运动提出"外抗强权内除国贼"的口号，五四运动后期，工人市民包括民族资产阶级亦卷入革命日深；中国共产党成立以后更致力于工农运动，嗣后的国民革命的口号则是"打倒列强除军阀"。晚年孙中山在坚持以武装力量统一中国的同时，以"联俄、联共、扶助农工"为三大政策，重新解释三民主义。他改组国民党，在中国国民党第一次全国代表大会上通过《宣言》，表示要重新承担起革命的重任，也就是"计划彻底的革命"②。所有这一切都表示20世纪政治革命思潮与民间大众的民族主义情绪合流的实质。

从社会－经济史的视角看，北洋时代中国的经济与政治的混乱构成了相当吊诡的关系。"北洋军阀对于经济的控制力极大地削弱以致失控。军阀政府不能任意操控经济，也就不能任意破坏经济。这是这一时期中国经济的最主要的特征之一。"③ 北洋政府对于经济的操控失灵，体现甚至加剧了政治失序或政治混乱；但是这一时期也是我国民族工业和金融业取得迅速发展的时期之一。通常我们把其原因之一归结为第一次世界大战所导致的国际竞争环境的短暂舒缓。但是无论如何，伴随民族工业和金融业发展的，是民族资产阶级的壮大及其社团对抗军阀的力量与社会影响的扩大。如毛泽东所言，民族资产阶级"在受外资打击、军阀压迫感觉痛苦时，需要革命，赞成反帝国主义反军阀的革命运动"④。

---

① 罗志田：《乱世潜流：民族主义与民国政治》，上海古籍出版社2001年版，第144页。
② 茅家琦等：《孙中山评传》，南京大学出版社2001年版，第707~760页。
③ 许纪霖、陈达凯主编：《中国现代化史（1800~1949）》（第一卷），学林出版社2006年版，第280页。
④ 《中国社会各阶级的分析》，引自《毛泽东选集》（第一卷），人民出版社1991年版，第4页。

从"五四"到"六三",以青年知识分子为先锋的爱国革命运动,开始从文化重建的目标转进为政治革命。正如人们熟悉的,从1915年到1919年,新文化运动本身尤其是它的领导者,有意避开直接介入政治,他们设想中国将能通过文化重建而得到复兴。而民主革命的领袖孙中山显然认为,单独的文化革命不足以复兴中国(更何况在对待传统文化上,孙中山与新文化运动诸领袖的文化激进主义态度不同),还需要政治的新方案和路径。因此他在上海创办了《建设》杂志,通过它我们可以看到孙中山从事社会革命的入口。20世纪20年代,尤其是中国共产党成立以后,随着工农运动的兴起,中国革命风起云涌;孙中山也以"联俄、联共、扶助农工"的三大政策重新解释三民主义,从而形成了第一次国共合作。以五卅运动为标志,在追求国家统一的更深层面,是随着工农运动的兴起,社会动员的规模和程度都前所未有的发展了。这远远不是以往改朝换代式的农民造反,而是在全新的社会理想与阶级斗争理论鼓舞下的革命,是知识分子与社会最底层民众相结合的运动。

从激进主义思潮的修辞去考察,20世纪20年代有一个从"打倒军阀、反对列强",到"反对帝国主义与封建主义"的变化①。反帝反封建的新语汇表明,中国人对于现代世界的理解和政治行动的基础有某种转换,"从封建主义和帝国主义手里拯救出来的中国,将不同于从军阀和列强的魔爪中抢救过来的中国,也不同于从西学和蛮夷那里挽救回来的中国……国民革命的语言让革命者们能够想象到自己的救国目的,即以正在转变的方式或者说是激进的方式去拯救这个民族"②。

简而言之,从社会史与思潮史结合的视角观察辛亥革命以后政治激进主义的走向,我们无疑可以首先认识到一个基本事实:革命思想与社会运动互相激荡。一方面我们可以说激进的政治改革诉求之所以成为思潮,是由于它具有迫切的社会期待和深厚的社会基础;另一方面我们也可以看到激进的革命者摆脱了无政府主义的乌托邦、卷进了更艰辛的社会变革漩涡,即走俄国革命的道路。一个东方大国,在其内在的根据和外在的条件共同促成下,以"国民革命"为过渡,走向

---

① 孙中山之所以以三大政策对三民主义以及它如何使得三民主义乃至国民革命激进化作出新解释,内里正在于"苏联人无疑正在把反帝、反封建,乃至反对压迫工农之特殊阶级的激进革命思想,注入国民党的血液中"。(杨奎松:《中间地带的革命:国际大背景下看中共成功之道》,山西人民出版社2010年版,第64页)

② [澳]费约翰著,李恭忠等译:《唤醒中国:国民革命中的政治、文化与阶级》,三联书店2004年版,第231~232页。

效法苏维埃俄国式的激烈的社会革命①。

（二）

　　国民革命的高潮是国共合作下的北伐及其迅速获得的胜利。但是蒋介石和国民党右派很快就背叛了他们的同盟者，屠杀共产党人，镇压工农运动。中国现代政治史上的1927年，以轰轰烈烈的大革命之失败为最重要的事件。但是非常吊诡的是：此后的国民党已经实现了政权转换，基本上形成了统一的民族国家，自身也开始蜕变为执政的官僚集团，因而实际上不再具有现实的革命目标。换言之，蒋介石和国民党政府在20世纪30年代开始实际上代表中国的政治保守主义一翼；但是原先的国民党人却并没有整体上放弃"革命"的旗号。对于激进的一翼而言，社会—政治革命遭遇重大挫折进入低潮，革命理论却走向了历史的深处并赢得了更广泛的知识群体。从引领时代思潮转向的角度说，1927年以后的十年，更多信仰社会主义的知识分子反而服膺了新的革命理论。按照艾思奇的判断，1927年是一个转折点：

　　唯物辩证法风靡了全国，其力量之大，为22年来的哲学思潮史中所未有。学者都公认这是任何学问的基础，不论研究社会学、经济学、考古学，或从事文艺理论者，都在这哲学中看到了新的曙光。②

　　中国社会此后的发展情势是日甚一日的破产，民众的百分之九十九都不可避免地向下没落，而全世界的资本主义恐慌也一天天增大起来，中国民众的命运与全世界被压迫者的命运在同一前途上看见了同一的曙光，历史的法则已显露于世界之前，中国人也看见科学底社会主义了，于是辩证法唯物论的哲学思潮便狂风暴雨似的披靡了整个哲学界。③

　　这意味着中国思想界尤其是置身于革命潮流中的人们，对于中国社会和中国历史的认识进入了一个新的阶段。在思想界的上述"转折点"之前，1922年中

---

①　杨奎松分析过吸引一部分激进的中国知识分子与青年学生倾向俄国革命的社会主义的四重原因，包括社会主义已经成为一种潮流，而俄国革命是依照马克思、列宁社会主义理论取得的胜利，是社会主义的成功的榜样；苏俄的存在甚至已经得到各国政府的承认，随着新闻解冻，苏维埃的实验引起了同情劳苦大众的中国激进知识分子的浓厚兴趣。当然，1920年苏维埃政府宣告放弃俄国在华特权，也赢得了中国人的好感（见杨奎松：《中间地带的革命：国际大背景下看中共成功之道》，山西人民出版社2010年版，第14~15页）。

②　艾思奇：《二十二年之中国哲学思潮》，引自《艾思奇全书》（第一卷），人民出版社2006年版，第119页。对于1927年以后中国思想界的转向，郭湛波的《近五十年中国思想史》也持同样的观点：认为这一时期的思想，是"由工业资本社会自身的矛盾所产生的社会思想"，以马克思体系的唯物辩证法为主要思潮，冯友兰、张申府、郭沫若和李达代表了"这个时代的精神"（郭湛波：《近五十年中国思想史》，上海古籍出版社2005年版，第140~174页）。

③　郭湛波：《近五十年中国思想史》，上海古籍出版社2005年版，第112页。

国共产党第二次全国代表大会发表宣言，正确地分析了中国的社会性质、中国革命的性质、对象、动力和前途，特地指出中国的政治经济受帝国主义的操纵和支配，在中国革命的历史上首次提出了彻底的反帝反封建的民主革命的纲领。1927年，出现了艾思奇所说的唯物论辩证法风靡全国的潮头，但是真正从思想深处推动社会革命的，是随后发生的若干次重大争论，以及在此过程中，中国历史和中国社会得以在唯物史观的视野中逐步获得概念化。理论的这一进程又有力地推动了广泛的社会革命。

与唯物辩证法风靡全国相应的是，唯物史观占据了历史和社会研究的优势。美国学者阿里夫·德里克在其《革命与历史》一书中如此评价马克思主义史学家的贡献：

> 重要的是这样一个简单的事实：他们运用唯物史观赋予他们对历史问题复杂性的意识（这种意识远甚于前），将中国的历史概念化了。这种新意识的影响已经超出了史学研究领域。1927年之后的10年间，热烈的马克思主义史学活动广泛地宣传了马克思主义的社会历史概念，由此历史唯物主义开始塑造中国知识分子关于中国之过去、现在和未来的观念。[①]

在这部著作中，作者认为"唯物史观代表了20世纪中国社会的共产主义剧变在思想领域的对应物"。[②] 就指导中国革命的基本理论的整体性及其基础而言，这个判断无疑是有价值的。我们知道，新文化运动后期，李大钊、陈独秀等就经历了由进化论到唯物史观的思想历程，因而从革命民主主义者转变为共产主义者。这一转变使得他们用社会存在来说明社会意识，用经济条件的变迁来说明文化变迁；同时用生产力和生产关系的矛盾运动来说明社会经济形态的演变[③]。因而他们既可以获得研究以往历史的方法，又可以获得现实革命斗争的理论指导。李大钊对历史学有浓厚的兴趣，并在历史哲学的领域有独到的贡献。不过，这在当时只是少数早期的马克思主义者的状况，即使是他们对于中国社会的认识也还仅仅是开始；所以，对于革命党人尤其是对于更广大的革命知识分子而言，唯物史观转变为历史学的范式、进而帮助人们认识中国社会及其发展规律，1927年以后的十年也许更为重要。

在这十年中，思想界发生了若干次具有深远影响的论争。首要的就是关于中国社会性质的论争。这场论争由于本身具有共产国际对于中国社会性质与革命性

[①] ［美］阿里夫·德里克著，翁贺凯译：《革命与历史：中国马克思主义历史学的起源，1919～1937》，江苏人民出版社2005年版，第2页。

[②] ［美］阿里夫·德里克著，翁贺凯译：《革命与历史：中国马克思主义历史学的起源，1919～1937》，江苏人民出版社2005年版，第1页。

[③] 比如李大钊的《我的马克思主义观》、陈独秀的《答蔡和森〈马克思主义和中国无产阶级〉》。

质的争论的重要政治背景，涉及在共产国际指导下中国革命路线选择的问题，其政治的现实意义是不言而喻的。因为在中国社会性质问题的争论发生期间，1928年7月中国共产党的六大已经接受了斯大林的意见，否定了托派的观点（中国的土地革命在反封建的同时也具有反对资产阶级的性质），认定中国依然是半封建半殖民地社会，革命的性质是资产阶级的民主革命；当时的两大革命任务是反对帝国主义和进行土地革命。1929年中国共产党红军第四军军党部发表《共产党宣言》，强调：

> 中国的革命现在还是民权革命的阶段。民权革命是要推倒两个最大的敌人，就是外国帝国主义和本国地主阶级。……帝国主义打倒之后，全国才可以统一，工业才可以发展，中国整个的民族才可以解放，这是中国共产党的第一个责任。……土地革命是中国民权革命主要的内容，地主官僚军阀不除，中国农民得不到土地，民权革命就不算成功。所以推翻封建剥削，解决土地问题，是中国共产党第二个责任。[①]

同时提出了推翻帝国主义在中国的统治、没收外国资本、统一中国、推翻国民党政府、建立工农兵代表会议政府、工人实行八小时工作制和增加工资、实行土地制度改革、联合世界无产阶级等"十大纲领"。这是一个相当全面的、在中国当时条件下却显得相当激进的社会革命的纲领。

事实上，大革命失败后，中国共产党从以城市为工作中心走向以农村包围城市的道路，其中心是从事一场前所未有的土地革命。反对封建主义、实现现代化，曾经为许多政党和思想派别所谈论。孙中山"三民主义"中"耕者有其田"的承诺早就为国民党所放弃。胡适等自由主义者曾经在"人权""自由"等问题上与国民党的一党专政做过斗争，梁漱溟、晏阳秋等也曾有过若干乡村建设的实验，前者注重在维持固有的社会结构和传统文化的基础上，引进西方"团体组织"和科学技术，实现"乡村建设"；后者则试图从提高农民个人素质入手，在渐进的改革中推动民众现代意识的觉醒。但由于没有涉及土地制度改革这一根本问题，所以研究者认为它们都属于社会改良运动[②]。只有中国共产党坚持土地革命的目标，尽管在1927年到1937年全面抗战爆发，土地革命只是发生在局部贫瘠的乡村。但是从"中央苏区"到陕甘宁边区，乃至第三次国内革命战争期间的土地改革，土地革命顺应了中国社会的强烈期待，使中国共产党和中国革命得到如此众多的贫苦农民真心实意的拥护。"这是任何力量无法把它摧毁的，终于为中国革命闯出农村包围城市、武装夺取政权这样一条前人从来没有走过的独特的

---

① 彭明主编：《中国现代史资料选辑》（第三册）（1927~1931），中国人民大学出版社1988年版，第132~133页。

② 郑大华：《民国乡村建设运动》，社会科学文献出版社2000年版。

胜利之路。"① 引用这样一条几乎是近代史常识的材料，是为了说明，20 世纪 20 年代以后，以土地革命为中心的社会革命思潮之所以如此汹涌澎湃，既有深广的社会基础，又有共产党人的艰苦实践，它们又共同需要理论的指导与合法性的澄明。

但是在社会公共领域发生的这场中国社会性质问题的争论，其思想意义又有超出单纯革命战略与政策取向的价值，即这些论战的结果之一，是以唯物史观作为范式的马克思主义中国史学得以真正诞生。上述两个层面的重叠，提供给我们从政治思潮和史学思潮交错互动的视角来考察的空间。

20 世纪 20 年代晚期关于中国社会性质的那场争论，像 20 世纪许多思想界的争论一样，主要以不同的期刊为平台。像通常一样，这些杂志有不同的政治背景：主要有受中共中央文委支持的《新思潮》、托陈反对派的《动力》② 和以国民党人陶希圣、周佛海为首的《新生命》。所以从政治上说，它既有党内路线斗争的内容，又有党际斗争的意义。

从党内政治路线斗争的角度说，陈独秀认为在当时的中国，封建残余已经是"残余势力之残余"，中国社会已经是资本主义占优势并将继续和平发展的社会。被清除出党的托派继续这一核心立场，他们把商品经济与资本主义混为一谈，既

---

① 金冲及：《二十世纪中国史纲》上册，社会科学文献出版社 2009 年版，第 325 页。当然，也有另一种观点认为，"中共领导抵抗日本侵略者的民族主义的农民，这一点与该党上升为全国政权的争夺者有联系；共产主义革命从民族主义诉求中，而不是从社会经济改革的方案中为自己争取了主要的力量。日本的侵略显然使中共与国民党相比大大加强了自己的地位；该党在战争期间所争得的源于民族主义的合法性，对于走向最后胜利，吸引大众支持和让反对势力保持中立，都是必不可少的。"（[美] 詹姆森·R. 汤森、布兰德利·沃马克，顾速、董方译：《中国政治》，江苏人民出版社 1995 年版，第 15 页）这样的观点注意到中国的共产主义者同时又坚持民族解放和民族独立的斗争，并在抗日战争中获得了其政治合法性；但是反对帝国主义和实现土地革命是两项相连的任务。事实上，即使在抗日战争中，中共也并未完全放弃反对封建主义的立场，尽管暂时改变了原先实行的没收地主土地的方针，改为"减租减息"。而在第三次国内战争中，同时进行的就是土地改革，它为共产党最后战胜国民党提供了巨大的力量。美国著名中国学专家马克·塞尔登的名著《革命中的中国：延安道路》则强调"延安道路"是中共实行土地革命的重要成功经验。在延安时期中共采用灵活的土地革命和分配政策，其首要成果是通过改变财富分配而改变苏区的乡村社会生活状态，在未完全消灭阶级区别的情况下，改变了旧制度下最明显的不平等和剥削。同时也改变了农村社会的政治结构，实现了空前的社会动员。随着国内政治与抗日战争形势的变化，从温和的统一战线转变为整风运动以后更为激进的政策，使得延安在经济、政治、社会诸方面都呈现出与国统区不同的面貌。中共与农民的关系也与国民党迥然不同：通过广泛的政治动员，延安实验了一场社会革命。对于 20 世纪 20～30 年代中国苏维埃革命是如何以土地革命为中心展开的、土地改革如何帮助中共革命获得成功的问题，黄道炫承认其判断整体上的有效，但是认为其作用可能被高估了。"由于土地集中程度不高，农民从地主、富农那里获得的土地有限，加上苏维埃区域一般较小，战争负担意重，农民得利其实并不大。"（黄道炫：《张力与限界：中央苏区的革命（1933～1934）》，社会科学文献出版社 2012 年版，第 69 页）

② 《动力》发表托派中最有代表性的作者如任曙和严灵峰等人的文章，后来他们的文章则主要由《读书杂志》发表。

然中国的自然经济在帝国主义的入侵下已经崩溃，资本主义关系成为主导的关系，中国社会的性质自然是资本主义性质的，并将在外国资本的促进下继续发展。贯彻党中央和共产国际的方针，《新思潮》发表王学文、潘东周等的反驳文章，中心是论证中国一方面在帝国主义的压迫下，成为一个半殖民地的国家，另一方面保持着强有力的封建关系，因此国家解放只能通过以土地革命为中心的社会革命来实现。

尽管同样运用"革命"这一词语，从共产党与部分国民党人的分歧说，"新生命"派的代表人物陶希圣，也在唯物史观的名义下发表其对中国社会性质的论述，这些文章后来结集为《中国社会之史的分析》等书。他的基本论断是，20世纪中国是封建社会崩坏以后、资本主义发达以前士大夫身份及农民的势力关系为社会主要结构的社会。宗法制度已不存在，宗法势力还存在着；封建制度已不存在，封建势力还存在着。帝国主义的侵略更是引起了中国社会构造的改变：

> 中国社会是什么社会呢？从最下层的农户起到最上层的军阀止，是一个封建宗法社会的构造，其庞大的身份阶级不是封建领主，而是以政治力量执行土地所有权并保障其身份的信仰的士大夫阶级。中国资本主义受这个势力的桎梏，所以不能自动发展。自帝国主义的经济势力侵入以后，上层社会除兼地主与资本家的残余士大夫阶级而外，新生了以帝国主义资本为中心的资本阶级。在都市，资本阶级与无产阶级的对立，已有"见端"。在乡村，全国耕地大半属于地主而非佃农，农民土地问题形势极为严重。①

这一结论未成为后来的主流观点，更没有被转变为意识形态，但是在当时却相当引人注目。从20世纪中国社会思潮研究的向度说，其意义主要并不在于表示国民党完全沦落为官僚集团之前，内部本身存在着左和右的派别，而在于说明，对于"社会"概念的关注以及改造中国社会的诉求，在20世纪20年代晚期具有了高度的广泛性。

作为中国社会性质论争的延续，1931年主编《读书杂志》②的王礼锡发起了社会史的讨论，对于激进主义思潮的延续有重要意义。何干之就将社会史、社会性质、农村社会性质的论战看成是对于同一个问题的不同方面之展开："为着彻底认清目下的中国社会，决定我们对未来社会的追求，迫着我们不得不生出清算过去社会的要求。中国社会性质、社会史的论战，正是这种认识过去、现在与追

---

① 陶希圣：《中国社会之史的分析》，辽宁教育出版社1996年版，第29页。
② 对于《读书杂志》尤其是在20世纪30年代初期的政治倾向，德里克有所分析，认为其作者大多既不是共产党又不是国民党，而是"与具有社会民主主义倾向的'第三势力'关系密切"，这些人多以个人身份参与论战，其动机与复兴政治革命相关："他们在革命活动中受到挫折，就将不能在革命运动中释放的能量投入史学的争论中。"（［美］阿里夫·德里克，翁贺凯译：《革命与历史：中国马克思主义历史学的起源，1919~1937》，江苏人民出版社2010年版，第83~84页）

求未来的准备功夫。"① 因此这场论战同样是首先服从政治目标——探寻中国革命的道路。但是这场论战同样有超出单纯政治的意义，即在马克思主义史学的发展史上有里程碑的意义。

与"新生命"派陶希圣的《中国社会之史的分析》同样在当时取得巨大反响，但在思想倾向上不同的，是郭沫若。陶希圣以及胡秋原等对于中国社会历史的分析，强调中国的特殊性，强调民族意识或民族主义；郭沫若以及同时的马克思主义史学家，基本上信守列宁、斯大林以及苏联史学家的五种社会形态相继演进的历史观，强调该理论的普遍有效性或普世意义。这当然不只是对于社会历史的解释不同，而是包含着对于中国革命道路、目标、前途选择的不同：是民族主义的还是共产主义的选择。1930年郭沫若将其在1928～1929年间发表的论文编撰成《中国古代社会研究》一书，并且迅速取得了巨大的成功。郭著的重点是论证了商末周初的古代中国是一个可以和希腊罗马相比较的奴隶社会。与郭沫若类似，在差不多的时间内相继转变为马克思主义史学家的，还有吕振羽、翦伯赞、范文澜、邓拓等人。不过作为一个享有巨大文学声誉的学者，郭沫若的著作在相当长的时间内更有范式意义。他像王国维那样使用考古新发现尤其是甲骨文与青铜器铭文的解读，与既有文献相对证；同时又运用马克思主义的分析框架，尤其是汲取恩格斯的《家庭、私有制和国家的起源》中历史的发展观点。这使得他的著作不但在史学专业圈内保持了长久的权威地位，而且成为马克思关于历史分期理论具有普遍意义、因而同样适用于中国的重要证明。后者与长期成为意识形态重要内容的人类历史发展的五阶段论，自然有密切的关联。

这场围绕着中国社会和历史的争论，有丰富的思想史意义。从政治斗争的视角看，处于和自由主义、保守主义三角关系之间、主张中国进行社会革命的派别，在这场论争中出现了新的三角关系：既有共产党内路线的分歧，其关于中国革命的性质、路线、任务等存在着非此即彼的对立；又有国共两党的斗争，它更涉及党的生死存亡。1939年，在《中国革命与中国共产党》中，毛泽东对历次争论做了总结，承认近代以来的中国逐渐成为一个殖民地、半殖民地半封建的社会。帝国主义和中华民族的矛盾，封建主义与人民大众的矛盾，这些就是近代中国社会的主要矛盾，加上其他一些矛盾，"这些矛盾的斗争及其尖锐化，就不能不造成日益发展的革命运动。伟大的近代和现代的中国革命，是在这些基本矛盾的基础之上发生和发展起来的。"毛泽东同时还分析了中国革命的对象、任务、动力、性质和前途等一系列重大问题。他特别指出，虽然现阶段中国革命还是资产阶级民主主义的，但是它是一种"新民主主义革命"，是世界社会主义革命的

---

① 何干之：《中国社会性质问题论战》，上海生活书店1937年版，第5页。

一部分。"虽然一方面是替资本主义发展扫清道路,但在另一方面又是替社会主义创造前提。"①毛泽东对于中国革命的理论,在后来的《新民主主义论》中有更进一步的发展和更为完备的论述,但是在1939年已经初具规模,为指导中国革命的政党描绘了一幅中国从反帝反封建走向社会主义的宏观图景。

从思潮研究的视角看,由于马克思主义历史学的兴起,中国现代知识分子的历史观与古代正统的历史观更形成了鲜明的对比。我们知道,即使是司马迁那样伟大的历史学家,其历史观也是帝王中心论的。古典的历史学的任务是"资治",历史著述的重点是研究历史上治乱循环的经验教训。无论是对于人类历史的一般规律,还是对于中国社会,都没有达到现代科学理论的水准。早期马克思主义者如李大钊已经从马克思的历史观出发,突出"历史"与"社会"概念的关联,把握历史规律需要从社会分析入手。20世纪20年代围绕着中国社会性质问题的讨论,则更加突出了社会结构和经济条件的分析,突出了"阶级"的概念和上层建筑与经济基础之间的关系。换言之,他们都是以唯物史观为研究的范式来观察中国社会及其历史,这与自由主义、保守主义反对唯物史观,不承认马克思主义尤其是阶级斗争理论是有效的分析工具,有着泾渭分明的界限。正如阿里夫·德里克所说:"通过使社会革命问题在30年代的中国思想中持续地存在,社会史论战导致了激进主义长期存留于中国知识分子心中。"②

（三）

作为一个持续而激烈地改变着现代中国的思想潮流与社会运动,中国在短短30~40年间经历了辛亥革命、国民革命到共产革命的不同阶段。无论在哪个阶段,"革命"的观念都既表现出人类社会理想的力量,又转变为巨大的强制性的物质力量。20世纪中国革命的理想曾经呈现出多彩的光谱,但是其中有一条主线是社会主义。作为一个系统的理论,"社会主义"最初采自域外,但在中国也有自己的传统因素。两者的结合就使得它在中国出现了不同的样式。19世纪的欧洲就已经出现过各种各样的"社会主义",《共产党宣言》已经对封建的社会主义、小资产阶级的社会主义、保守的或资产阶级的社会主义,乃至空想的社会主义和共产主义做过深刻的批判,它们与马克思主义的科学社会主义有着原则性的区别。中国也有类似的状况,有洪秀全、康有为、孙中山式的空想社会主义,

---

① 《中国革命与中国共产党》,引自《毛泽东选集》(第二卷),人民出版社1991年版,第621~652页。毛泽东关于中国社会、历史和革命的认识,当然与他本人极其重视通过社会调查认识中国社会有关,这在他一系列著名论著中有充分的体现。

② [美]阿里夫·德里克著,翁贺凯译:《革命与历史:中国马克思主义历史学的起源(1919~1937)》,江苏人民出版社2010年版,第37页。

有无政府主义的社会主义,有梁启超、张东荪式的基尔特社会主义,有江亢虎的社会民主主义,也有托陈取消派的社会主义理论①。同时,以报刊编辑和大学教授为主体的知识分子中间,也兴起了论述社会主义的潮流②。普泛意义上社会主义也是具有自由主义倾向的知识分子所赞成的。甚至还有梁漱溟、熊十力等的"儒家社会主义"。所有这些形形色色的"社会主义"在中国的流行,既有某些共同的诉求,也包括同处于不同于19世纪的历史条件:20世纪上半叶社会主义运动逐渐高涨。中国思潮反映了在世界性的社会主义潮流中,知识分子普遍怀疑与拒绝资本主义的前途,赞成或同情对中国社会进行一场根本性的改造,同时也说明"大同"作为一个具有古老历史渊源的信念如何成为现代传统。但是,一贯坚持并真正在中国付诸实践的,为了这个理想不惜诉诸暴力革命的,只是中国共产党所遵循的科学社会主义的一脉。

毋庸置疑,共产党人"强调所有制问题是运动的基本问题,不管这个问题的发展程度怎样","他们公开宣布,他们的目的只有用暴力推翻全部现存的社会制度才能实现"③。按照马克思主义经典作家的论述,在经过资产阶级革命以后将进行无产阶级革命,以解决资本主义的社会矛盾,彼时,"无产阶级将取得公共权力,并且利用这个权力把脱离资产阶级掌握的社会生产资料变为公共财产,通过这个行动,无产阶级使生产资料摆脱了它们迄今具有的资本属性,使它们的社会性有充分的自由得以实现。从此按照预定计划进行的社会生产就成为可能的了。生产的发展使不同社会阶级的继续存在成为时代的错误。随着社会生产的无政府状态的消失,国家的政治权威也将消失。人终于成为自己的社会结合的主人,从而也成为自然界的主人,成为自身的主人——自由的人。"④ 同样没有疑问的是,中国共产党的理论家们对自己的历史使命——通过阶级斗争和无产阶级革命实现共产主义理想——是深信不疑的。从这一意义上说,"共产革命"不但与自由主义、保守主义相比,是远为激进的思想,而且由于中国社会的具体历史条件的制约,它也绝非简单套用教条化的理论可以完成的。换言之,将

---

① 高放、黄达强主编:《社会主义思想史》下,中国人民大学出版社1987年版。该书将新村运动和工读互助运动同样视为空想社会主义,而本书认为发生在新文化运动期间的上述知识分子实验有较强的无政府主义倾向。因为虽然他们并没有如极端无政府主义者那样主张暗杀、暴动等,但是他们以团体内部的平等合作代替权力关系,以为在现阶段可以用人际平等合作来根本上废止权威、剥削和等级制度等等,包含着十分激进的社会改革主张,可以属于广义上的无政府主义。

② 郑大华:《中国近代社会主义研究的几个问题》,引自郑大华、邹小站主编:《中国近代史上的社会主义》,社会科学文献出版社2011年版,第6~21页。

③ 马克思、恩格斯:《共产党宣言》,引自中共中央马克思恩格斯列宁斯大林著作编译局编译:《马克思恩格斯选集》(第一卷),人民出版社1995年版,第307页。

④ 恩格斯:《社会主义从空想到科学发展》,引自中共中央马克思恩格斯列宁斯大林著作编译局编译:《马克思恩格斯选集》(第三卷),人民出版社1995年版,第750~760页。

社会主义从理想转变为现实，必定事实上也确实经历了非常曲折的过程，不可避免地受到历史偶然性的干预，经历激越乃至惨烈的血与火的锤炼，其间有着与"左""右"两种不同倾向的斗争。不过其总轨迹，依然是马克思的科学社会主义理论与中国革命的具体实践相结合，逐渐走出了一条具有中国特色的社会主义道路。在这个意义上，我们可以说，科学社会主义是正面推动20世纪中国社会巨变的力量，但是又最终证明自己可以超越盲目的或极端的激进主义。

恰如前述，中国革命在20世纪前半叶以反帝反封建为主题。与其他党派或思潮不同的是，在中国共产党的战略中，这只是中国革命的第一步。毛泽东将其概念化为"新民主主义革命"，其更为成熟的展开则构成了著名的《新民主主义论》。在那里，毛泽东说：

> 中国革命的历史进程，必须分为两步，其第一步是民主主义的革命，其第二步是社会主义的革命，这是性质不同的两个革命过程。而所谓民主主义，现在已不是旧范畴的民主主义，已不是旧民主主义，而是新范畴的民主主义，而是新民主主义。[①]

中国革命总体上属于世界无产阶级社会主义革命的一部分，虽然它不是发生在发达的资本主义国家，而是发生在殖民地半殖民地国家的革命，因而只是"世界社会主义革命战线的同盟军"；然而其彻底反对帝国主义的性质是确定的。具体地说，中国革命在其第一阶段虽然客观上需要为资本主义的发展扫清道路，因而属于资产阶级民主主义革命；但是其实现却必须由无产阶级来领导，以建立新民主主义社会和新型的国家（后来毛泽东将这种新型的国家之国体定性为"人民民主专政"），并以此为中介，"为社会主义的发展扫清更广大的道路"。

《新民主主义论》作于1940年，正是经过十年土地革命而后进入艰苦的抗日战争的时期。这一时期，原先实施的土地制度改革策略性地转变为减租减息，中国共产党在坚持扩大敌后根据地的同时，把延安变成了吸引进步知识分子的"革命圣地"。我们可以把延安道路视为新民主主义社会的最初实验。在相继获得抗日战争和解放战争的胜利以后，毛泽东的革命战略则是以"只争朝夕"的精神，在全国范围内的土地改革完成以后，迅速推动生产资料所有制的社会主义改造。在此基础上建立起社会主义的基本制度。我们知道，不发达国家或地区在进行土地改革的时候可以有政策上的不同选项，相对于国民党后来在台湾和平实行的

[①] 《新民主主义论》，引自《毛泽东选集》（第2卷），人民出版社1991年版，第665页。

"耕者有其田""平均地权"等①，中共在大陆领导的土地改革则恰如著名作家周立波所作小说的题目：暴风骤雨。到 1955 年，毛泽东提出了"过渡时期的总路线"："基本完成国家的工业化，同时对于农业、手工业和资本主义工商业基本上完成社会主义的改造。"当时规划用 18 年的时间，即三年恢复加三个五年计划。不过仅仅过了两年，"社会主义改造"就完成了，并且接着就开始了从合作社到人民公社制度的普遍建立，并掀起了著名的"大跃进"运动。运动的盲目性与平均主义很快就被纠正，整个 60 年代，社会主义现代化在十分曲折的道路上前行，包括后来发生"文化大革命"那样的历史曲折。

"文化大革命"的起源，是一个尚待深入研究的问题。不过，至少毛泽东发动"文革"的目标之一是如何在社会主义制度中"限制资产阶级法权"，以阶级斗争、继续革命的方式来实现平等的理想。除了著名的"五七"指示以外，"文革"后期毛泽东还说：

>我国现在实行的是商品制度，工资制度也不平等，有八级工资制，等等。这只能在无产阶级专政条件下加以限制。所以，林彪一类如上台，搞资本主义很容易。因此，多看点马列主义的书。
>
>列宁说："小生产是经常地、每日每时地、自发地和大批地产生资本主义和资产阶级的。"工人阶级一部分，党员一部分，也有这种情况。
>
>无产阶级中，机关人员中，都有发生资产阶级生活作风的。②

"文革"给中国造成的破坏性是人所共知的，影响了亿万普通民众的生活，甚至影响了社会主义运动本身的声誉。幸而其最终获得纠正，使中国的社会主义现代化得以回归正常的轨道。

从现代化进程来看待 1949 年以后的社会主义运动，经济增长迅速，虽然不平稳（尤其是"大跃进"后的三年和"文革"后期）。1949 年以后中国获得的现代化的高增长率，超过了大多数尚未实现现代化的国家③；即使是在 1969 年开始的七年间，国内生产总值依然逐年上升，年均增长达到 9.43%④。从 20 世纪 50 年代起，中国即建立起共产党领导下的人民代表大会制度，它既根本上不同

---

① 国民党到台湾以后实行的土地改革，包括实行"三五七减租"以改善租佃制度；"公地放领"将共有土地转移为现耕农民所有；征收放领私有耕地，创设私有农户，并规定地价，照价征收和收买，涨价归公，所得用于扩大社会福利，促使农村的人力与资本向城市和工商业转移。这被称作是以"阶级合作"而非阶级斗争的方式实现农村改革。
② 《毛泽东关于理论问题同周恩来谈话记录（1974 年 12 月 26 日）》，引自金冲及：《二十世纪中国史纲》，社会科学文献出版社 2009 年版，第 1081 页。
③ [美] 吉尔伯特·罗兹曼主编，国家社会科学基金"比较现代化"课题组译：《中国的现代化》，江苏人民出版社 1988 年版，第 578～582 页。
④ 金冲及：《二十世纪中国史纲》，社会科学文献出版社 2009 年版，第 1117 页。

于传统的帝国，又不同于西方的宪政民主。数十年的历史不断增长了这一新型国家的能力，包括它推进社会整合方面的成效，大力普及和协调教育的发展。而20世纪80年代以后则促成了"中国奇迹"的发生，这与不再用超越现阶段中国社会历史条件的理想主义，而用现实主义的或"实事求是"的态度看待社会主义有密切的关系，具体说，就是社会主义初级阶段的理论。邓小平说：

> 我们党的十三大要阐述中国社会主义是处在一个什么阶段，就是处在初级阶段，是初级阶段的社会主义。社会主义本身是共产主义的初级阶段，而我们中国又处在社会主义的初级阶段，就是不发达的阶段。一切都要从这个实际出发，根据这个实际制定规划。①

初级阶段的概念，表明中国共产党自觉到作为一个发展中大国的执政党，在确立了社会主义基本制度以后，中心的任务是实现社会主义的现代化建设，而不再是进行"以阶级斗争为纲"的"继续革命"。至于何谓"社会主义"，邓小平有一个简明扼要的界定。他说："我们大陆坚持社会主义，不走资本主义的邪路。社会主义与资本主义不同的特点就是共同富裕，不搞两极分化。"② 从中我们可以看到社会主义在价值排序的时候，坚持平等优先的原则，将平等作为核心价值，使得它与自由主义、保守主义区别开来。这是作为现代社会三大力量之一的社会主义的传统。由于中国经历过近一个世纪的社会主义运动，社会主义制度也经过了60年的考验，"平等"已经成为一个强大的现代传统积淀在民众心中。当20世纪临近结束，中国出现严重的分配不公现象之时，社会主义制度与思想传统将促使改革的指针摆向公平的一方。不过由于吸取了"文革"的教训，它不该再次走向"暴风骤雨"的前景。

---

① 《一切从社会主义初级阶段的实际出发》，引自《邓小平文选》（第三卷），人民出版社1989年版，第252页。

② 《搞资产阶级自由化就是走资本主义道路》，引自《邓小平文选》（第三卷），人民出版社1989年版，第123页。

第二章

文化激进主义的兴衰

20世纪中国所经历的风云激荡的"革命世纪",常常使外部观察者感到诧异:"在19世纪,西方人经常把中国视为停滞的传统主义的典型。但是在20世纪中期,中国却成了很多人向往的革命之乡,成了与过去整个文化传统和社会秩序彻底决裂的社会。"[①] 这首先是前面我们讨论的20世纪中国政治革命到社会革命的历史;同时这一历史又与文化革命相互激荡。换言之,20世纪中国不仅发生了革命与战争,而且长期处于文化激进主义氛围之中。激进主义在文明古国狂飙突进,既是中国启蒙运动最具特色和影响的新文化思潮,又是世界现代化史上罕见的思想奇观。从清末民初,追求现代文明的新知识人对以儒教为核心的传统文化进行了一次至少在形式上十分激烈的革命。其时间之长久和情况之复杂,尤其引人注目:文化激进主义与其他思潮在百年中国的兴衰隆替,表征着中国现代化与文化转型的艰难历程。

这为我们从类型学的角度研究文化激进主义思潮提出了必要性,同时也提示着某些限制。在核心的意义上,我们将主张与以"正统"儒家为核心的传统文化实行"决裂"这样一种文化诉求,包括主张、理论和情绪,称为文化激进主义。将"文化"与"主义"联结在一起时,通常表示它们既持有某种系统化的理论,也忠诚于某种相应的生活方式以及其内在的价值。但是可以纳入文化激进主义思潮的,其实并不仅仅是某一种"主义",或单一的理论。它当然与前述激进的政治革命有相关性,因为从思想气质上它们常常互相激荡,历史上确实有一些积极从事政治和社会改革的革命家,同时主张与传统彻底决裂。不过,人们都明白,

---

[①] [美]本杰明·史华慈:《序》,引自林毓生,穆善培译:《中国意识的危机》,贵州人民出版社1986年版,第1页。

文化激进主义与政治激进主义又有某种区别：因为并非所有的革命家（如孙中山、章太炎）都乐意看到民族文化传统的断裂，甚至像毛泽东那样的马克思主义者，也一贯强调马克思列宁主义革命的理论要与中国具体的国情相结合，强调革命文艺要有普通工农兵"喜闻乐见"的形式。所以其反传统是反"道统"，而绝不是全盘反传统。相反，他主张从孔夫子到孙中山，都要批判地继承。即使在"文化大革命"以及后期他发动"批林批孔"运动时，尽管对儒学和传统文化有很大的伤害，但他自己的政治智慧中也始终渗透着深厚的历史－文化的积淀。而文化激进主义者包含了许多政治上倾向于自由主义的知识分子，在暴力革命的时代，他们未必无条件地支持激烈的政治行动。只是在某些特定的历史时期，在"古今中西"之争中其姿态激进化，其言论与著述汇入了文化激进主义的思潮。这一思潮的复杂性还表现在，卷入其中的人物，虽有对传统文化的痛切批判，甚至有许多今人看来"过激"的言论，但是却不妨碍他们同时是伟大的爱国者。因而他们之反传统也只是对传统文化中的某些部分或要素持严厉批判的态度，尤其是在20世纪早期，中国传统文化的消极面向充分暴露的时候，爱国者因为爱之深因而转变为恨之切。这一点我们前面在论述中国的民族主义对西方"既模仿又（双重）拒绝"的模式时候已经有所论及。从为一个古老民族的文化连续性而自豪自尊、期望中华民族的自强而言，它与民族主义有高度的共叠。因此在叙述文化激进主义思潮之兴衰过程中涉及的诸多人物，并非注定是纯粹而一贯的激进主义者，在他们那里文化激进主义可能是一时的倾向，因而并不排斥他们个人会有其他的认同，包括自由主义、社会主义、马克思主义、无政府主义，甚至有些一度十分激进的人后来可以转入文化保守主义营垒。所有这些在我们描述文化激进主义在20世纪中国的兴衰历程时，虽不能一一细述，但应该始终在我们的视域之中。

一、清末民初传统文化批判的兴起

文化激进主义思潮在20世纪经历了从兴起到走向高峰，然后被文化保守主义取代的过程。通常人们总以五四时期为其最有代表性的时期。然而文化激进主义在那个年代的狂飙突进，与其说仿佛是突然降临的，毋宁说是清末民初中国社会思潮在特殊条件下酝酿发酵的结果，是世纪之交中国知识分子迅速转向激进的潮流的产物。

（一）

19世纪后期，随着中国早期现代化的起步，无论是思想界还是中国的社会结构都开始发生重要的变化。前者是指"古今中西"之争的步步展开,最初被视为异端的龚自珍所提倡的"自改革"和魏源等提出的"师夷之长技以制夷",不但成为士大夫的共识,而且已经提升为"中体西用"的命题。后者是指新的社会阶层开始产生,包括传统士大夫开始向新式知识分子转变。它们都代表着中国社会中努力改变多年积累的腐朽成分、冲破颟顸愚顽的力量。我们知道,19世纪中叶,清代已经进入了龚自珍所谓的"衰世":患痹症之疾,如将萎之花。然而官场依然文恬武嬉,士大夫则不思进取。虽然有过所谓"同光中兴",作为一个历史悠久、幅员辽阔、人口众多的东方大国,中国又日渐深陷于秩序危机和意义危机之中。当以"自强"为目标的洋务运动经甲午一战遭遇到巨大失败时,原先的"衰世"一变而为"末世"。原先享有基本共识与大致保持团结的儒家集团(知识精英和政治精英)很快发生了分裂。"中体西用"论实际支配儒家精英集团几乎三十年,由于甲午战争的失败,坚持此论者迅速被视为保守的一翼。从"中体西用"的儒家精英集团中分化出政治上被称作"改良派"的群体。虽然与后来的革命派相比,因为他们主张"改良",主张渐进的变革,似乎不甚激进,但是无论与颟顸的官僚集团的整体相比,还是与中国社会(尤其是内地广大的农村人口)的一般精神状态相比,他们的激进倾向都是显而易见的。

  戊戌时代主导中国思潮的群体,以康有为为首脑,梁启超、谭嗣同等一批士大夫为前驱;从思想史与后来的历史影响而言其实还应该包括严复、章太炎。这一群体在当时实际上是自由主义与激进主义的联盟:当然这一群体迅速再次分化,十年左右的时间即一分为三:保守主义、激进主义和自由主义。康有为最为复杂,也最有原创性。即使他保皇、保教,但他的"旧瓶装新酒"的叙事策略、惊世骇俗的《大同书》,借公羊学的形式来阐发其得自域外和时代创获之综合,在保守主义者看来依然是"以夷变夏",翻译成后来保守主义攻击文化激进主义的语言,就近乎"全盘西化"。尽管我们赞成张灏的见解,他以康有为、谭嗣同与章太炎、刘师培为那个时代中国知识分子两类群体(革命主义与改良主义)的代表,认为"所有四人都深深扎根传统;但同时,他们又都打破传统"[①]。换言之,都有文化激进主义的一面。如果我们仔细分析,在康有为那里,激进主义、保守主义、自由主义兼而有之,不过在不同历史阶段、处理不同的问题时有不同的表现。谭嗣同被视为20世纪激进主义的源头,他慷慨赴死的烈士精神使得其《仁学》等著述具有了更加激励人心、触发怨愤心理的作用。但是我们在这里需要特别说明的是,戊戌前后,激进主义作为一种思想潮流已经发轫。其实戊戌时代的康有为同样有激进的表达。正如梁启超评论康有为使思想界如遭遇飓风、火

[①] 张灏:《危机中的中国知识分子:寻求秩序与意义》,新星出版社2006年版,第4页。

山爆发和地震一样的两部早期著作时说的那样，《新学伪经考》一出，"第一，清学正统派之立脚点，根本动摇；第二，一切古书，皆须从新检查估价，此实思想界之一大飓风也"。从新检查估价一切古书，与五四的"重新评定一切价值"之间，可以看到密切的关联。至于康有为的《孔子改制考》，则更具有颠覆性。道光年代以后，刘逢禄、龚自珍、陈立等今文经学家都喜欢讲"改制"，"而有为之说，实与彼异。有为所谓改制者，则一种政治革命、社会革命意味也，故喜言'通三统'。'三统'者，谓夏、商、周三代不同，当随时因革也。'三世'者，谓据乱世、升平世、太平世，愈改而愈进也"①。这揭示了在政治上改良、维新的底层，隐藏着对现实社会进行根本改造的思想。而这恰恰就是文化激进主义的基本品格。与谭嗣同曾经具有"革命"主张和对传统儒学的批判相比，20世纪初章太炎的激进有过之而无不及②。梁启超、严复等是20世纪中国自由主义的先驱，但他们在甲午到戊戌期间也是相当激进的。1895年以后严复发表的一系列时论，都是通过东西比较的方式对中国传统文化进行相当严厉的批判：

  尝谓中西事理，其最不同而断乎不可合者，莫大于中之人好古而忽今，西之人力今而胜古，中之人以一治一乱、一盛一衰为天行人事之自然，西人以日进无疆，既盛不可复衰，既治不可复乱，为学术政化之极则。

  在政治文化的向度，中国崇尚"大一统"，"一统者，平争大局也"，从秦始皇销兵焚书，到制科之制，"于是举天下圣智豪杰，至凡有思虑之伦，吾顿八纮之网以收之，即或漏吞舟之鱼，而已暴鳃断鳍，颓然老矣，尚何能为推波助澜之事也哉！嗟乎！此真圣人牢笼天下平争泯乱之至术。而民智因之以日窳，民力因之以日衰。"在严复看来国家力量衰落的根源在文化：

  其命脉云何？苟扼要而谈，不外于学术则黜伪而崇真，于刑政则屈私以为公而已。斯二者，与中国理道初无异也。顾彼行之二常通，吾行之而常病，则自由不自由异耳。

  夫自由一言，真历古圣贤之所深畏，而从未尝立以为教者也。……自由既异，于是群异丛然以生。粗举一二言之：则如中国最重三纲，而西人首明平等；中国亲亲，而西人尚贤；中国以孝治天下，而西人以公治天下；中国尊主，而西人隆民；中国贵一道而同风，而西人喜党居而州处；中国多忌讳，而西人众讥评。其于财用也，中国重节流，而西人重开源；中国追淳朴，而西人求欢虞。其接物也，中国美谦屈，而西人务发舒；中国尚节文，

---

  ① 梁启超：《清代学术概论》，引自《梁启超论清学史两种》，复旦大学出版社1985年版，第64~65页。
  ② 章太炎本来是古文经学的最后一个大师，其讲"国粹"，晚年"粹然成为儒宗"，以及"回真向俗"的转向。说其属于儒家完全成立，但是他不仅是革命家，而且曾经主张无政府主义，更对西方代议制民主持否定态度，认为中国可以实行"联省自治"下的直接民主，其实都包含了相当激进的姿态。

而西人乐简易。其于为学也，中国夸多识，而西人尊新知。其于祸灾也，中国委天数，而西人恃人力。①

严复虽然比较委婉地说两者的优劣不能断然分别，但是其对中国传统文化批评之态度是鲜明的。更重要的是，西方文化中的"自由"，与传统中国的恕与絜矩之道实质大不相同，"西人自由，则于及物之中，而实寓所以存我者也"。这实际上已经深入到人的存在论层面了。同样，在后来主张保皇和孔教的康有为，在戊戌时代的文化立场其实也相当激进。他劝说光绪变法时强调与"守成"相对立的"创造"："窃以为今之为治，当以开创之势治天下，不当以守成之势治天下；……盖开创则更新百度，守成则率由旧章。"② 至于梁启超，戊戌政变以后，正是他发表了亡友谭嗣同的遗著，在文化观念上提出了著名的"破坏主义"：

> 破坏本非德也，而无如古往今来之世界，其蒙垢积污之时常多，非时时摧陷廓清之，则不足以进步；于是而破坏之效力显焉。今日之中国，又积数千年之沉疴，合四百兆之痼疾，盘踞膏肓，命在旦夕者也。非去其病，则一切调摄滋补荣卫之术，皆无所用。故破坏之药，遂成为今日第一要件，遂成为今日第一美德。世有深仁博爱之君子，惧破坏之剧且烈也，于是窃窃然欲补苴而幸免之。吾非不惧怕破坏，顾吾尤惧夫今日不破坏，而他日之破坏终不可免，且愈剧而愈烈也。故与其听其自然之破坏而终不可救，毋宁加以人为之破坏而尚可有为。自然之破坏，即以病死致之喻也。人为之破坏，即以药攻病之喻也。故破坏主义在今日，实为万无可避者也。书曰，药不瞑眩，厥病不瘳。西谚曰，文明者，非徒购之以价值而已，又购之以痛苦。破坏主义者，实突破文明进步之阻力，扫荡魑魅魍魉之巢穴，而救国救种之下手第一著也。处今日而犹惮言破坏者，是毕竟保守之心盛，欲步新而不欲除旧，未见其能济者也。③

虽然梁启超后来也讲创新需要"粹厉其本有而新之"和"采补其所本无而新之"相结合，但是在20世纪初作为整个中国思想界的旗帜，他反复申明"不破不立"、中国需要"先破后立"的理论。更不用说远比梁启超极端的刘师培之辈所强调破坏的价值了。我们知道，"不破不立""先破后立"的路径是20世纪中国文化激进主义思潮的共同选项。因此，从这个意义上说，历史学家强调"没有晚清，何来五四？"道出了激进主义思潮滥觞于晚清的历史真相。

---

① 严复：《论世变之亟》，引自《严复集》（第一册），中华书局1986年版，第1~3页。
② 康有为：《上清帝第二书》，引自《康有为政论集》，中华书局1981年版，第122页。
③ 梁启超：《十种德性相反相成义》，引自《饮冰室合集》（第一册），中华书局1989年版，第50页。

（二）

著名历史学家陈旭麓说过，中国近代史上，戊戌与五四是思想解放的两个高峰："它们是中国近代史上两个激动人心的年代，在救亡和革新方面都曾有过激扬的旋律。"[①] 就文化激进主义的历程而言，这两个阶段有显著的连续性，即五四新文化运动时期激动年轻一代的观念，戊戌前后大致都具体而微地提出过；当然它们之间依然有所区别，即经历了这样一个转变：从"反正统"到"反传统"，或者说从保持对孔子或儒家的尊崇，维持尊孔读经的秩序，到把儒家降为百家之一，乃至将批判的矛头集中于儒家伦理－政治。

促成从"反正统"到"反传统"的历史原因相当复杂，从思潮史与社会史结合的向度考察，我们可以看到新思潮的强劲动力性及其造成的社会期待，与民初社会乱象之间的强烈对比，导致了广泛的社会焦虑和心理紧张。

所谓"新思潮"，在此处主要还不是在更深层面、哲学意味更厚重的理论，对于后者我们将在第三章中讨论。本节主要讨论具有广大社会覆盖面，影响社会心理，尤其是在知识分子群体中具有引领作用的两种新思潮：富强主义和进步主义。

"富强"是中国古老的边缘性的政治理念。法家以富国强兵为治国的终极目标；在儒家看来，它至多从属于"治平"的王道理想。我们知道，孟子批评战国七雄富国强兵的方针，主张"故善战者服上刑，连诸侯者次之，辟草莱、任土地者次之"。作为统治的意识形态，宋明以后的儒家更为重视士大夫的心性之学。晚清以降，由于列强侵凌和救亡图存的危机，激活了"富国强兵"的古老理想，并孕育了一种以抵抗型民族主义为内蕴的富强主义。

始于19世纪60年代"师夷之长技以制夷"的洋务运动，通过学习西方技术尤其是军事技术与经济的"自强运动"，创建了中国的海军和早期现代军事工业。事实上，它也是中国早期现代化的开始。甲午之役北洋水师的覆灭和屈辱的"马关条约"的签订，击碎了追求"西用"的技术现代化的"自强"之梦。富强主义对"中体"的疏离和反叛孕育了文化激进主义的产生。诚如史华慈所言：

> 在随着甲午战争失败而来的严重危机的气氛中，"富强"的口号和一切有关的联想，赢得了统治阶级中大多数明智人士的默认，并且使讨论转向了新的话题。什么是达到富强的先决条件？……现在，问题本身以一个更加命运攸关的方式提出来了。它不再是我们怎样达到富强和保国，以便"保教"，而是我们怎样才能既富强又保教？说到底，假如必须在保国和保住基本的儒

[①] 陈旭麓：《"戊戌"与启蒙》，引自《陈旭麓学术文存》，上海人民出版社1990年版，第398页。

教价值观念之间作最后的抉择,那么,哪一方将让路呢?①

一旦问题以这样的方式提出,答案已经出现,民族实体的生死存亡理所当然是第一选择。只要赞成把社会实体作为民族来保卫,并极力把这个目的置于其他价值观念和信仰之上,而据此来决定孰取孰舍,那么,明确的民族主义意识就登上舞台了。这种民族主义是所谓"既模仿又(双重)拒绝"模式的民族主义,而尤其重要的是,这类民族主义者拒绝在那些违背民族富强需求的民族历史中去发现价值。少数激进的典型则公开宣称整个民族的过去是民族独立和强大的障碍。1895年春,当严复在天津《直报》发表《论世变之亟》《原强》《辟韩》《救亡决论》等文章时,就成为这样的典型。其笔下于三千年空前的历史大变局中救亡图存的"富强"主题,奠定了中国"救亡型启蒙运动"的思想底色。在追寻西方富强之原因的《原强》一文中,严复提出"以自由为体,以民主为用"的现代社会的秩序原理:"是故富强者,不外利民之政也,而必自民之能自利始;能自利自能自由始;能自由自能自治始;能自治者,必其能恕、能用絜矩之道者也。"② 据此,严复以开民智、厚民力、明民德为中国改革的治本之策。

对于中西文化,严复反对洋务派保守的"中体西用"论,主张文化开放,输入西学,革新传统,以实现中西文化的会通。他主张以"富强"为文化评判的新标准。在他看来,今日中国最大的病患在愚、贫、弱,尤以愚为根本。凡是能解决愚、贫、弱三患的,一切事皆可为。而求其解决之道,则无论中西新旧。凡致国人于愚贫弱的文化,虽出于祖宗君师,犹将弃之。反之,凡可以疗救愚贫弱的文化,虽出于夷狄禽兽,犹将师之③。在严复的启蒙文化观中,富强主义取代了儒家修己成圣的道德主义,成为文化评判之新的标准。传统的"立德、立功、立言"的秩序,被改变为"立功"优先,从是否忠于传统价值与生活方式而言,这是一个相当激进的变化。

由于有这一变化,就导致一个结果:如果说欧洲启蒙运动以弘扬主体性和人的解放为宗旨,那么,中国启蒙运动则以后发展国家的救亡图存和"富强"为动力,因而它自始就是一场"救亡型启蒙运动",或"富强式启蒙运动"。

富强主义作为一种国族危机中的"既模仿又(双重)拒绝"模式的民族主义,无疑取得了极为重要的历史成果。今日中国的崛起与此有密切的联系。不过,从理论上说,它又具有强烈的实用主义、工具主义、功利主义的倾向。富强

---

① [美]本杰明·史华慈,叶凤美译:《寻求富强:严复与西方》,江苏人民出版社1989年版,第17~18页。

② 严复:《原强》,引自卢云昆编:《社会剧变与规范重建——严复文选》,远东出版社1996年版,第17页。

③ 严复:《致〈外交报〉主人书》,引自卢云昆编:《社会剧变与规范重建——严复文选》,远东出版社1996年版,第537~538页。

主义文化观重权轻经，它对文化持一种外在的工具主义态度，以是否具有"富强"功效为评判文化优劣的标准。在富强主义的天平上，世界一切伟大而古老的宗教和伦理都黯然失色。在救亡图存的近代中国，文化激进主义长盛不衰，其一个深刻的思想动因即富强主义。

从当时中国诸多思潮的相互关系看，富强主义是民族主义与社会达尔文主义结合的产物：

> 民族主义与社会达尔文主义在中国历史脉络中互动的结果是：寻找尽速而确能带来效益的富强之路。这种迫不及待的找寻，经常是使用与国富兵强的西方对比的方式进行的。

随着甲午惨败而兴起的民族主义，则是中国现代知识分子意识之中最大的支配力量之一。在强大的民族主义笼罩之下，任何可欲的政治、社会、文化与思想的变革，都必须配合民族主义的目的，都必须符合民族主义的要求。民族主义的优先性使得可欲的（包括价值观念的）变革都变成了民族主义的手段。[①]

晚清以后影响中国社会最为深远的意识形态是进化论。达尔文的进化论是19世纪最有影响的科学理论，其科学史和思想史之革命性意义，在于建立了一个变动的、进化的新宇宙观。进化论主张生物界有一个由低级向高级渐次发展的进化过程，而生存竞争是生物进化的原动力。进化论事实上是一个家族，18世纪法国启蒙哲学家孔多塞在《人类精神进步史表纲要》一书中提出"人类不断进步"的历史观念，奠定了进步主义的历史观。在中国影响深远的斯宾塞的社会进化论，则将自由竞争归为人类社会进化的法则。而进化论的兴起，则为进步主义提供了科学实证的支持。进化论与进步主义交相为资，互相支援，成为宇宙和社会的至尊真理。甲午之后，严复的《天演论》一经印行，进化论迅速风行中土，成为晚清影响最大的启蒙思潮。他倡言的斯宾塞"适者生存""优胜劣汰"的社会达尔文主义，唤醒了中国人救亡图存的民族主义和改革意识，成为晚清各派改革思潮共享的新"公理"。自此，一种进步的、尚力的、竞争的进化论世界观，代替了复古的、道德的、和谐的儒家世界观。

以胡适为例，他描述了进化论对于20世纪初中国的巨大影响：

> 《天演论》出版之后，不上几年，便风行到全国，竟做了中学生的读物了。读这书的人，很少能了解赫胥黎在科学史和思想史上的贡献。他们能了解的只是那"优胜劣败"的公式在国际政治上的意义。在中国屡次战败之

[①] 林毓生：《二十世纪中国的反传统思潮与中式乌托邦主义》，引自许纪霖编：《二十世纪中国思想史论》上，东方出版中心2000年版，第443～444页。

后，在庚子、辛丑大耻辱之后，这个"优胜劣败，适者生存"的公式确是一种当头棒喝，给了无数人一种绝大的刺激。几年之中，这种思想像野火一样，延烧着许多少年人的心和血。"天演""物竞""淘汰""天择"等等术语都渐渐成了报纸文章的熟语，渐渐成了一班爱国志士的"口头禅"。①

新文化领袖陈独秀亦笃信进化论，他将进化论、人权说和社会主义归为欧洲现代文明的三大基石。进化论是陈独秀启蒙主义的哲学基础。在他看来，进化是宇宙之法则，亦为人类生存之法则。"不进则退，中国之恒言也。自宇宙之根本大法言之，森罗万象，无日不在演进之途，万无保守现状之理；""以人事之进化言之：笃古不变之族，日就衰亡；日新求进之民，方兴未已；存亡之数，可以逆睹。"② 陈独秀以进化论为民族复兴的改革哲学，在他看来，进化的要义为新陈代谢，优胜劣败，日新求进。新者优胜，旧者劣败。变则兴，不变则亡。变革而进化，是中国复兴的希望所在。

进化论同样影响到革命派的领袖孙中山，他意识到自达尔文之书出后，世界思想为之一变。从此各种学说，皆依归于进化。根据进化论，孙中山断言，通过革命中国可以实现社会发展的"突驾"，不但超越日本，甚至超越欧美。这虽然主要是激进革命的政治主张，但也涉及对传统政治文化的批判：

> 世界进化由野蛮而至文明，心性进化由无知而至有知。天生聪明睿智、先知先觉者，本以师导人群，赞佐化育。乃人每多原欲未化，私心难纯，遂多擅用其聪明才智，以图一己之私，而罔顾人群之利，役使群众，有如牛马，生杀予夺，威福自雄，蚩蚩之民，畏之如神明，承命惟谨，不敢议其非者，由是履霜坚冰，积为专制。我中国数千年来圣贤明哲，授受相传，皆以为天地生人，固当如是，遂成君臣主义。立为三纲之一，以束缚人心，此中国政治之所以不能进化也。③

他进而批评传统的"天命"观念。他说：

> 占了帝王地位的人，每每假造天意做他们的保障，说他们处的特殊地位是天所授予的，人民反对他们便是逆天。④

根据进化论，孙中山描述了一个物质进化—物种进化—人类进化的宇宙观，同时把人类进化描述成人与兽争、人与天争、国与国争，以及国内相争的四个阶段，在其中，我们看到进化的规律服从着"竞争（奋斗）"的法则。孙中山本人总体上虽然不属于文化激进主义之列，但是上述材料说明，进化论如何使得主导

---

① 胡适：《胡适自传》，黄山书社1986年版，第46页。
② 陈独秀：《敬告青年》，载于《青年杂志》第1卷第1号。
③ 孙中山：《三民主义》，引自《孙中山全集》（第五卷），中华书局版1981年版，第188页。
④ 孙中山：《三民主义·民权主义》，引自《孙中山全集》（第九卷），中华书局版1981年版，第326页。

社会变革的人们在文化历史观上，也转向对传统儒家政治文化的挑战。

简言之，进化论的流播，为大变革时代的中国人——从政治家、思想领袖到小学生——提供了一种启蒙时代之进步主义的世界观和历史观。它以进步主义的历史观取代了儒家复古保守的循环论历史观，并以"生存竞争"法则颠覆了仁义至上的儒家价值观。崇尚竞争的进化论与儒家道德主义的对立，表征着中西文明之世界观的深刻冲突。进化论思潮的勃兴对于儒家价值观念的挑战，是中国文化古今转型最深刻的思想表征。自此，一种向未来开放的线性的现代时间意识，颠覆了儒家崇尚"三代"的循环论历史观。对于儒家和道家传统来说，无论在生生不已的生命轮回还是在改朝换代的王朝轮替中，"新"都并不具有"进化"和"进步"的道德意义。而进化论和进步主义则赋予"新"以美好的道德意义，它代表了人类文明借理性和科学技术而不断进步和完善的未来。这种崇尚新陈代谢的进化论对于变革时代的中国人尤具魔力，它在晚清知识界形成了一种唯新是尊的新之崇拜和喜新厌旧的价值观，"新"与"旧"由此成了二元对立的"善"与"恶"。这种唯新主义的进化论成为孕育反传统的文化激进主义的思想温床。在晚清以降的新旧之争中，欧洲文明代表"新"的先进文明，而中国传统则代表"旧"的落后文明。新旧二元对立的反传统主义已经预设了"新"的绝对价值优势。在晚清知识界，进化论思潮汹涌澎湃，无远弗届。除了章太炎提出"俱分进化论"和杜亚泉分辨自然与人道的多元进化论，很少有人对进化论进行反思和质疑，它已然成为一种新的法则、公理乃至规律的基础。

总之，随着中国现代化运动的递进和受挫，寻求西方化的变革思潮不断激进化。进化论、革命思潮、富强主义的风行，在思想界形成了一种日益激进的思想气候。这种救亡图存之危机中的激进思想氛围，成为孕育文化激进主义的思想温床。

（三）

与进化论的风靡中土相伴随的，是革命观念的流行。在作为"革命世纪"的20世纪中国，革命话语的形成与积极推进革命的思潮互相呼应，它构成了清末民初文化激进主义语境的重要部分。

现代中国革命话语的形成，经历了"革命"一词在汉、日、英三语之间复杂的翻译互动过程。"革命"一词源出《易经》："天地革而四时成，汤武革命，顺乎天而应乎人，革之时义大矣！"其义包括四季循环、改朝换代、天意人心。英语revolution源自拉丁文revolvere，原指天体周而复始的时空运动，与中文"革命"古义之"天地革"相近，16世纪后revolution逐渐衍生出政治转型的现代含义[①]。

---

① 陈建华：《"革命"的现代性——中国革命话语考论》，上海古籍出版社2000年版，第7页。

清末民初，宣扬"革命"观念的著述和时论可谓多矣。最著名的当属1903年年轻的革命者邹容的《革命军》，由此引发的《苏报》案实际上有效地传播了"革命"的观念。这一历史事件的另一位主角章太炎，则以他的《驳康有为论革命书》等一系列论文令鲁迅那样的年轻一代"神往"。当他说"人心之智慧，自竞争而后发生，今日之民智，不必恃他事以开之，而但恃革命以开之"的时候，"革命"的价值已经提升到智慧的高度。这与日后的文化激进主义一脉相连。这体现了他们与政治上的论敌——改良派或保皇派，其实共享了某些文化倾向。我们曾经说过1895年以后，康有为、谭嗣同、梁启超、严复等维新派代表了激进主义与自由主义的联盟，原因之一，即他们不同程度或以不同的方式地开启了文化激进主义。

毋庸置疑，四人中谭嗣同最为激进。当他以"大盗与乡愿"结合来否定传统政治的时候，当他以唯名论的方式来否定名教，主张以朋友关系来替代传统"五伦"的时候，张之洞希望保持的"中体"已经全在颠覆之列了。其激进主义姿态早已不仅在于他不惜做陈胜、杨玄感，而在于彻底摆脱社会关系的束缚："初当冲决利禄之网罗，次冲决俗学若考据、若词章之网罗，次冲决全球群学之网罗，次冲决君主之网罗，次冲决伦常之网罗，次冲决天之网罗，次冲决全球群教之网罗，终将冲决佛法之网罗。"[①] 与谭嗣同偶尔会冒出"革命"的火花不同，康有为一生坚持维新和保皇的政治立场。但是，康有为最初的著作《新学伪经考》和《孔子改制考》实质上都很激进；尤其是他的《大同书》，作为第一份平等主义的纲领，主张要"去九界"先从破"家界"开始，以"平等优先"作为价值排序的方式，提出了一个根本改变现实世界秩序的乌托邦。相比之下，谭嗣同的《仁学》则一方面试图为"平等"作更多的哲学论证；另一方面，在实践上更为急迫因而显得更为"急进"[②]。他们实际上都开了新文化运动所谓"伦理觉悟"之先声。

相比康、谭，严复和梁启超被视为近代自由主义的先驱，但是新文化运动中的某些核心观念可以在他们的论述中毫不费力地看到。

严复是最早全面比较中西文化的思想家，他认为，学习西方要把握其"命脉"。"其命脉云何？苟扼要而谈，不外于学术则黜伪而崇真，于刑政则屈私以为公而已。斯二者，与中国理道初无异也。顾彼行之而常通，吾行之而常病者，则自由不自由异耳。"[③] 西方文明的核心是科学与民主，而科学与民主成长的土壤

---

① 谭嗣同：《仁学》，辽宁人民出版社1994年版，第6页。
② 关于康有为、谭嗣同如何同属激进主义的平等观念，见高瑞泉著：《平等观念史论略》，上海人民出版社2011年版，第161页。
③ 严复：《论世变之亟》，引自卢云昆编：《社会剧变与规范重建——严复文选》，远东出版社1996年版，第4页。

是自由。质言之，西方文明"以自由为体，以民主为用"①。在严复看来，与西方相反，中国文化自古以来就匮缺自由。"夫自由一言，真中国历古圣贤之所深畏，而从未尝立以为教者也。"② 严复强调，自由与不自由是中西文化的分水岭，由此而产生了中西文化的一系列差异："如中国最重三纲，而西人首明平等；中国亲亲，而西人尚贤；中国以孝治天下，而西人以公治天下；中国尊主，而西人隆民；中国贵一道而同风，而西人喜党居而州处；中国多忌讳，而西人众讥评。"③ 严复虽未对这些中西文化的差异直接作出价值判断，但在他的启蒙主义、进化论和富强主义的文化观中，中西文化的优劣应显而易见，这种中西对举的文化比较无疑形成了对中国文化传统的深刻批判。

从这个意义上看，林毓生将晚清激进反传统思想的源头追溯到严复，有其合理性。在他看来，严复在《论世变之亟》中以中西对比的二分法来谴责中国制度与文化的落后，这种隐含着强烈反传统之信息的"非黑即白的中西二分法"，可谓现代中国激进反传统主义的滥觞④。

如果说严复对于"革命"话语的贡献是隐性的，而梁启超则可以说是一个杰出的宣传家。当梁启超将西方和日本式 revolution 的变革之义引入"革命"概念，中国古典"革命"观念与西方现代"革命"观念相融会，产生了"革命"的古词新义——"汤武革命"之暴力颠覆式的改朝换代和英法革命之历史进步的变革。而梁所倡言的"诗界革命"，则使"革命"的变革之新义越出了其原始词义所在的政治领域。梁启超以进化论诠释革命，并且将"革"分为渐进的"改革"(reform) 和激进的"变革"(revolution)："革也者，天演界中不可逃避之公例也。凡物适于外境界者存，不适于外境界者灭，一存一灭之间，学者谓之淘汰。""革命"为进化之公例，它是适应环境以自存的人为努力，即"人事淘汰"。"革命"包括人类社会一切领域的变革。"夫淘汰也，变革也，岂惟政治上为然耳，凡群治中一切万事万物莫不有焉。"⑤ 因而日本有宗教革命、道德革命、学术革命、文学革命、风俗革命、产业革命。今日中国新知识界，则有经学革命、史学革命、文界革命、诗界革命、小说界革命、音乐界革命、文字革命等。即使在转

---

① 严复：《原强》，引自卢云昆编：《社会剧变与规范重建——严复文选》，远东出版社1996年版，第14页。
② 严复：《论世变之亟》，引自卢云昆编：《社会剧变与规范重建——严复文选》，远东出版社1996年版，第4页。
③ 严复：《论世变之亟》，引自卢云昆编：《社会剧变与规范重建——严复文选》，远东出版社1996年版，第5页。
④ 林毓生：《二十世纪中国的反传统思潮与中式乌托邦主义》，引自许纪霖编：《二十世纪中国思想史论》上卷，东方出版中心2000年版，第445页。
⑤ 梁启超：《释革》，载于《新民丛报》第22号，1902年12月。

向为第一次世界大战以后崛起的"东方文化派"以后。梁启超也保留了相当的文化激进主义倾向。1923年他还说:"革命成功将近十年,所希望的件件都落空,渐渐有点废然思返,觉得社会文化是整套的,要用旧心理运用新制度,决计不可能,渐渐要求全人格的觉醒。"①

对于清末民初"革命"话语流行有推波助澜之功的,还有一批无政府主义者。关于这一思潮我们在讨论政治激进主义的时候已经有所讨论。不过这一派人的文化立场比较分化,代表之一刘师培属于"国粹"派,另一些代表人物如吴稚晖、李石曾等,则同时倾向文化激进主义。旅法期间,吴稚晖、李石曾创办《新世纪》杂志,倡言:

> 科学公理之发明,革命风潮之澎涨,实十九、二十世纪人类之特色也。此二者相乘相因,以行社会进化之公理。盖公理即革命所欲达之目的,而革命为求公理之作用。故舍公理无所谓为革命,舍革命无法以伸公理。
>
> 新世纪之革命……凡不合于公理者皆革之,且革之不已,愈进愈归正当。故此乃刻刻进化之革命,乃图众人幸福之革命。②

在李石曾看来,革命是进化的唯一手段,进化是革命的目的;革命越多,社会进步越大。革命是天然合理的,通过革命中国将获得科学与民主。笃信科学与民主的李石曾激烈地批判礼教,鼓吹"三纲革命",包括批判孝道,主张废除家庭和纲纪:

> 去迷信与去强权,二者皆革命之要点,因此二者互相维持,以图保存者也。所谓三纲,出于狡者之创造,以伪道德之迷信保君父等之强权也。迷信与宗教为一流,与彼相反者,则科学之真理。若取迷信与科学比较其异同,则是非易决矣。(甲)宗教迷信(一)君为臣纲,(二)父为子纲,(三)夫为妻纲。纲领者犹统辖之意也,是臣、子、妻皆被统辖者也。(乙)科学真理(一)人人平等,(二)父子平等,(三)男女平等。以真理言之,孰有统辖之权,孰有服从之义,故一切平等。③
>
> 慈孝者私之别称也,若世人不私,则无所用其慈孝,即世人慈孝(博爱)世人也。博爱平等,公之至也。慈孝与博爱,及公与私皆成反比例。然慈孝有害博爱平等,而博爱平等无损于慈孝,且有益之。因慈孝只利于我之近者,推而及于自利;博爱平等是利众人,众人利,我与我之近者,自在其中矣。人道进化之程度愈幼稚,慈孝之风愈盛,而博

---

① 梁启超:《五十年中国进化概论》,引自李华兴、吴嘉勋编:《梁启超选集》,上海人民出版社1984年版,第834页。
② 《新世纪之革命》,载于《新世纪》第1期(1907年6月22日)。
③ 真:《三纲革命》,载于《新世纪》第11期(1907年8月31日)。

爱之力愈薄,因各私其私也。今之世界纯然自私之世界也,经济问题其一大阻力。若经济平等,(共产实行)人人得以自立,互相协助而无所用其倚附。是时也,有男女之聚会,而无家庭之成立,有父子之遗传,而无父子之名义。是时也,家庭灭,纲纪无,此自由平等博爱之实行,人道幸福之进化也。①

除了"三纲革命",李石曾更为激进的改革主张是文字革命。他不仅笃信进化论,也是一个孔多塞式乐观的世界主义者。李以进化论原理阐发其文字革命论,认为文字进化的终极目标是世界文字的统一。他认为,世界文字可分为象形、表意、合声三类,分别代表了进化的三个阶段,中文只在中间阶段,尚需要进步到"纯用合声","合世界之文字而为一"。李氏强调:

文字所尚者,惟在便利而已。故当以便利与否,定其程度之高下,象形与表意之字,须逐字记之,无纲领可凭,故较之合声之字,尽括于数十字母之中者为不便,由此可断曰:象形表意之字,不若合声之字为良。于进化淘汰之理言之,惟良者存。由此可断言曰:象形表意之字,必代之以合声之字。此之谓文字革命。②

吴稚晖亦主张文字革命,并倡言以万国新语(即世界语)代替汉字,他断言:

汉字者为早晚必行废斥之一物……上策必径弃中国之语言文字,改习万国新语,其次则改用现在欧洲科学精进国之文字,其次则在中国文字上附加读音。③

中国文字为野蛮,欧洲文字较良。万国新语淘汰欧洲文字之未尽善者而去之,则为尤较良。弃吾中国野蛮之文字,改习万国新语之尤较良之文字,直如脱败絮而服轻裘,固无所用其更计较。④

《新世纪》的激进主义,具有浓厚的色彩。其"三纲革命"和"文字革命"的主张,我们可以在十年后另一种在上海刊行更具法国启蒙主义色彩的杂志《新青年》,听到激越的回响。"革命"是一套与古今社会转型相伴生的现代话语,它意味着一个与过去决裂并开启未来的进步过程。"革命"话语的流行,表示人们并不仅限于期望政治转型,而且欢迎包括伦理、思想、文学、宗教等一切文化领域的变革。文化激进主义席卷中国的重要征兆已经出现。

---

① 真:《三纲革命》,载于《新世纪》第 11 期(1907 年 8 月 31 日)。
② 真:《进化与革命》,载于《新世纪》第 20 号(1907 年 11 月 2 日)。
③ 吴稚晖:《续书神州日报东学西渐篇后》,载于《新世纪》第 102 号。
④ 吴稚晖:《新语问题之杂答》,载于《新世纪》第 44 号(1908 年 4 月 25 日)。

二、狂飙突进的新文化运动

（一）

对于五四新文化运动的研究已经汗牛充栋，我们主要是在文化激进主义的视域中加以讨论，因此有必要简要澄清某些基本的前提。

第一点是人们通常把五四新文化运动视为20世纪文化激进主义的高潮。它的出现一方面是前述清末民初思潮运动的进一步高涨，另一方面也是由对民国政治乱流尤其是对袁氏复辟与孔教合流的正面反击所激起的。从这个意义上，不仅是"没有晚清，何来五四"，而且可以说，没有政治反动与文化保守主义的逆袭，也未必有新文化运动那样激烈的反传统主义。新文化运动的诸位领袖人物的一个基本共识是，如欲建设一个现代国家，必须奠定现代文化的基础；因此就有一个文化革命的重大使命。袁世凯称帝利用孔教使得他们自觉有充分的理由将儒家与政治剥离，重新评价孔子与儒学。当然也由于新式知识分子在乱世中既坚守自己的民主政治立场，因而不可避免地要批评当权者，又避免过深地卷入黑暗的政治而不能自存。换言之，新文化运动借文化批评来实现政治改革的目标，而且是相当激进的目标。这是恰当地理解这一重大时期的思潮生成与消长的必要前提之一。

第二点需要澄清的是，虽然本书将新文化运动视为文化激进主义的高潮，但是从思潮的实质性构成上说，五四新文化运动的主流是自由主义与激进主义的联盟，保守主义则是一个暂居非主流地位的思潮。我们赞成这样的判断："新文化运动是一个文化新时代的真正开端……新文化运动的真正意义在于展现建设中国现代文化的多元思路，在于在中西古今的参考系中全方位地思考解决整个文化危机的有效方案。"[1] 事实上，参与五四新文化运动的，既有主张激进的社会变革的思想家，包括后来转变为马克思主义、从事社会主义运动的革命家、宣传家；也有本质上是自由主义者，但是由于在民主革命的主题上与社会主义者有共同之处，所以在批评传统文化上也持有相似的立场，不过后来在土地革命等大问题上与社会主义者分道扬镳。从某种意义上说，五四新文化运动期间，中国部分自由主义者也激进化了。这一激进化确实有远离中国文化本位的问题。

第三点是我们的基本立场：虽然文化激进主义留下了不少消极的遗产，所以20世纪晚期中国思想界有一个激进主义反思的时期，但是我们既不能将五四新文化运动用一个"文化激进主义"的符号简单地标签化，也不能对文化激进主义

---

[1] 欧阳哲生：《五四运动历史诠释》，北京大学出版社2012年版，第110页。

作全盘否定，把 20 世纪中国高速发展过程中积累起来的诸多问题统统归罪于五四新文化运动。同时，虽然五四有激烈反传统的一面，有人提出过极端的口号并且产生了许多流弊；但是我们并不认为，五四就只是所谓"全盘反传统"。事实上，对于中国传统思想，五四新文化运动的主流是承接了晚清诸子学复兴的潮流，同时又广泛接受与传播各种外来思想，形成了类似先秦那样的百家争鸣局面。"'五四'时期是各种思想流派自由争鸣的时期。新文化运动促进了学术思想的活跃。"① 对于儒家思想，与其说是全盘否定，毋宁说是以异端反正统。即在所谓"道统"之外的思想家获得了更多的注意。"反孔"，是一个历史事实，但是更为主流的是反对独尊儒术，五四把孔子从圣坛上拉下列为百家之一。即使对于儒学，新文化运动也并非全是破坏性的，从更长的时段看，它甚至推动了儒学的自我更新。主持新文化运动大本营北京大学的蔡元培，"循'思想自由'原则，取兼容并包主义"。正是他把现代新儒家的先驱梁漱溟请到北京大学兼任教席，后者不久则发表了他的《东西文化及其哲学》。按照梁漱溟的判断，新文化运动中的"旧派"，"他们自己思想的内容异常空乏"，所谓"国故"已经成为"死板烂货""陈旧古董"，绝非陈独秀等的对手②。新文化运动前儒家思想的消沉、僵化和无生气，这样的观点也为贺麟所赞成，他更直接地说：

> 五四时代的新文化运动，可以说是促进儒家思想新发展的一个大转机。……新文化运动的最大贡献在于破坏和扫除儒家的僵化部分的躯壳的形式末节，及束缚个性的传统腐化部分。它并没有打倒孔孟的真精神、真意思、真学术，反而因其洗刷扫除的功夫，使得孔孟程朱的真面目更是显露出来。③

贺麟作为一个经过五四洗礼的学者，意识到了百家争鸣对于儒学的复兴、对于中国文化的复兴的重要性。这一使得中国文化再度青春化的思想环境，是五四新文化运动创造的，其过度激进化的过错也是"新青年"的错误。

总之，我们对于五四新文化运动整体上持具体问题具体分析的态度，在这样一个基本立场上，来分析批评它内在包含的文化激进主义偏向及其问题。

（二）

五四新文化运动被视为中国的启蒙运动的重要阶段。从世界范围看，西方启蒙运动实际可以作更细的分类：主要包括 18 世纪苏格兰启蒙运动与法兰西启蒙运动。它们因历史背景不同而风格迥异。苏格兰启蒙运动以英国之个人主义社

---

① 冯契：《中国近代哲学的革命进程》，华东师范大学出版社 1995 年版，第 311 页。
② 梁漱溟：《东西文化及其哲学》，引自《梁漱溟全集》（第一卷），山东人民出版社 1989 年版，第 532 页。
③ 贺麟：《儒家思想的新开展》，引自《文化与人生》，商务印书馆 1996 年版，第 5 页。

会、新教的宗教自由、"光荣革命"之政治转型为历史前提。法国则处于一个绝对主义专制帝国现代转型的前夜,并不具有英国社会那样高度的自由化和现代性,法式启蒙运动因而采取了狂飙突进的方式,是一种"解放的哲学"(普列汉诺夫语)。阿克顿指出:"法国从美国人那里学来的是革命的理论,而不是他们的政体理论——是他们一刀两断的气魄,而不是修修补补的艺术。"① 五四新文化运动最激进的一面,就是陈独秀等以法国启蒙运动为典范,因而具备了革命的"一刀两断的气魄"。

在《法兰西人与近世文明》《东西民族根本思想之差异》《宪法与孔教》《孔子之道与现代生活》《再论孔教问题》《复辟与尊孔》《偶像破坏论》等一系列文章中,陈充分表达了对政治化儒家"一刀两断"式的批判,这首先就归结到在中国要发起"伦理革命"的主张:

  伦理思想,影响于政治,各国皆然,吾华尤甚。儒者三纲之说,为吾伦理政治之大原,共贯同条,莫可偏废。三纲之根本义,阶级制度是也。所谓名教,所谓礼教,皆以拥护此别尊卑、明贵贱之制度者也。近世西洋之道德政治,乃以自由、平等、独立之说为大原,与阶级制度极端相反。此东西文明之一大分水岭也。

  吾人果欲于政治上采用共和立宪制,复欲于伦理上保守纲常阶级制,以收新旧调和之效,自家冲撞,此绝对不可能之事。盖共和立宪制,以独立、平等、自由为原则,与纲常阶级制为绝对不可相容之物,存其一必废其一。倘于政治否认专制,于家族社会仍保守旧有之特权,则法律上权利平等、经济上独立生产之原则,破坏无余,焉有并行之余地?②

按照陈独秀等的思维方式,传统与现代、中国与西方,是决然不同的两种文化,其基础则是两种不同的伦理原则:传统中国是宗法社会,以家族为本位;现代西方则是以个人为本位,由经济上的个人财产独立为基础发育出独立、自由、平等等现代价值,以及民主政治、妇女解放等现代性。"孔子之道"即为家族本位的宗法社会的意识形态,所以中国如欲现代化,必须对阻碍中国现代化的孔教根本排斥。他强调:

  孔子精华,乃在祖述儒家,组织有系统之伦理学说。……吾人所不满意者,以其为不适于现代社会之伦理学说,然犹支配今日之人心,以为文明改进之大阻力耳。且其说已成完全之系统,未可枝枝节节以图改良,故不得不起而根本排斥之。盖以其伦理学说,与现代思想及生活,绝无牵就调和之余

---

① 转引自[美]苏珊·邓恩,杨小刚译:《姊妹革命:美国革命与法国革命启示录》,上海文艺出版社2003年版,第16页。
② 陈独秀:《吾人最后之觉悟》,载于《青年杂志》第1卷第6号。

地也。①

陈独秀的"伦理革命"得到新文化运动诸健将的共鸣。譬如吴虞对礼教的批判,矛头直指孝道和家族主义。他指出:"儒家以孝弟二字为二千年来专制政治与家族制度联结之根干,而不可动摇。"② 儒家"礼与孝是相表里的",忠孝并用,将"中国弄成一个'制造顺民的大工厂'。"③ 胡适则推波助澜,赞扬吴虞为"中国思想界的清道夫"和"四川省只手打孔家店的老英雄",并放言:"二千年吃人的礼教法制都挂着孔丘的招牌,故这块孔丘的招牌——无论是老店,还是冒牌——不能不拿下来,捶碎,烧去!"④ 鲁迅则以他最著名的小说《狂人日记》,喊出了最激越的口号:礼教"吃人"!

以"伦理革命"为入口,新文化运动的领袖们实际上试图发动一场文化革命。在陈独秀等看来,中国文明作为一个不可分割的整体(包括政治、学术、道德、文章等),其落后是全方位的,不先行破坏决不能建设⑤。针对当时文化保守主义"保存国粹"的主张,鲁迅等思想家则循着"既模仿又(双重)拒绝"的方式,强调"'要我们保存国粹,也须国粹能保存我们。'保存我们,的确是第一义。只要问他有无保存我们的力量,不管他是否国粹。"⑥ 在他们看来,中国文化的连续性和特殊性,并不天然保证其优越性。相反,他在"国民性批判"中批评中国人是"不长进的民族",甚至坦然承认中国社会中吃人、劫掠、残杀、人身买卖、生殖器崇拜、灵学、一夫多妻、拖大辫、吸鸦片、缠足等所谓国粹,无不与蛮人的文化恰合⑦。因此,鲁迅主张对中国几千年根深蒂固的旧传统进行彻底地改革,强调中国欲进步,不可彷徨于新旧之间,只有义无反顾地摒弃旧传统,革故鼎新:

> 中国社会上的状态,简直是将几十世纪缩在一时:自油松片以至电灯,自独轮车以至飞机,自镖枪以至机关炮,自不许"妄谈法理"以至护法,自"食肉寝皮"的吃人思想以至人道主义,自迎尸拜蛇以至美育代宗教,都摩

---

① 陈独秀:《再答俞颂华》,载于《新青年》第3卷3号。
② 吴虞:《家族制度为专制制度之根据论》,引自蔡尚思主编:《中国现代思想史资料简编》(第1卷),浙江人民出版社1982年版,第365~366页。
③ 吴虞:《说孝》,引自蔡尚思主编:《中国现代思想史资料简编》(第1卷),浙江人民出版社1982年版,第369~370页。
④ 胡适:《〈吴虞文录〉序》,引自欧阳哲生编:《胡适文集》(2),北京大学出版社1998年版,第610页。
⑤ 陈独秀:《答易宗夔》,载于《新青年》第5卷4号。新文化运动后期,接受了唯物史观的李大钊用上层建筑必须适应经济基础的理论来批判儒家伦理,认为建立在大家族制度基础上的纲常名教必将随着社会结构的变迁而变迁。(李大钊:《由经济上解释中国近代思想变动的原因》,载于《新青年》第7卷第2号)
⑥ 鲁迅:《随感录三十五》,引自《鲁迅全集》第1卷,人民文学出版社1956年版,第382页。
⑦ 鲁迅:《随感录四十二》,引自《鲁迅全集》第1卷,人民文学出版社1956年版,第402页。

肩挨背的存在。"新旧之间万无调和折衷之余地。"要想进步，要想太平，总得连根的拔去了"二重思想"。因为世界虽然不小，但彷徨的人种，是终竟寻不出位置的。①

新文化运动实际上发动了一场文化革命，但却是以"文学革命"为其发端的。

1917 年 1 月 1 日，《新青年》2 卷 5 号刊发胡适的《文学改良刍议》。在提出其文学改良的八项主张后，文章进而指出，文学是随时代而进化的。他认为，中国言文背驰已久，文学进化的历史趋势是走向言文合一的通俗普及的白话文学，即以白话的"活文学"代替文言的"死文学"②。陈独秀随即于《新青年》2 卷 6 号发表《文学革命论》，以革命家的激进姿态倡言"文学革命"。为声援胡适，他主张：

> 文学革命之气运，酝酿已非一日，其首举义旗之急先锋，则为吾友胡适。余甘冒全国学究之敌，高张"文学革命军"之大旗，以为吾友之声援。旗上大书特书吾革命军三大主义：曰，推倒雕琢的阿谀的贵族文学，建设平易的抒情的国民文学；曰，推倒陈腐的铺张的古典文学，建设新鲜的立诚的写实文学；曰，推倒迂晦的艰涩的山林文学，建设明了的通俗的社会文学。③

胡适后来虽然用"建设的文学革命"使得"文学革命"稍微显得温和一点，但又以是否是"白话的或近于白话的"为衡量文学价值的唯一标准。他认为，即使《左传》《史记》等伟大的作品在"文言的文学"里是活的，在"国语的文学"里也是死的④。

比胡适更武断的还是陈独秀。他强调："改良中国文字，当以白话为文学正宗之说，其是非甚明，必不容反对者有讨论之余地，必以吾辈所主张者为绝对之是，而不容他人之匡正也。"⑤ 而比陈独秀更极端的则是钱玄同，他连胡适肯定的《水浒》《西游》《儒林外史》《红楼梦》四部小说都予以否定，认为"从青年良好读物上面着想，实在可以说，中国小说没有一部好的，没有一部应该读的。……从今日以后，要讲有价值的小说，第一步是译，第二步是新做。"⑥

吴虞尤其是钱玄同还承袭了清末新世纪派的文字革命主张，倡言废除汉字，代之以世界语。钱玄同主张："欲废孔学，不可不先废汉文；欲驱除一般人之幼稚的野蛮的顽固的思想，尤不可不先废汉文。"他强调：

---

① 鲁迅：《随感录五十四》，引自《鲁迅全集》第 1 卷，人民文学出版社 1956 年版，第 416～417 页。
② 胡适：《文学改良刍议》，载于《新青年》第 2 卷第 5 号。
③ 陈独秀：《文学革命论》，载于《新青年》第 2 卷第 6 号。
④ 胡适：《答朱经农》，载于《新青年》第 5 卷第 2 号。
⑤ 陈独秀：《通信》，载于《新青年》第 3 卷第 3 号。
⑥ 钱玄同：《答胡适》，载于《新青年》第 4 卷第 1 号。

欲祛除三纲五伦之奴隶道德,当然以废孔学为唯一之办法;欲祛除妖精鬼怪、炼丹画符的野蛮思想,当然以剿灭道教——是道士的道,不是老庄的道,——为唯一之办法。欲废孔学,欲剿灭道教,惟有将中国书籍一概束之高阁之一法。何以故?因中国书籍,千分之九百九十九都是这两类之书故;中国文字,自来即专用于发挥孔门学说,即道教妖言故。①

在钱玄同看来,汉字几乎一无是处,认为其"千分之九百九十九"为记载孔门学说及道教妖言之记号。所以像吴虞、陈独秀一样,认定中国文字迟早必废。他们相信人类社会的进步将最终趋向于一个大同世界,那时像法国启蒙思想家孔多塞曾预言的那样,将出现一种各国共享的以符号来表达的"普遍的语言",这种普遍的语言就像代数语言一样,是和科学自身一起学到的,人们在认识符号所指示的对象、观念和操作的同时,就认识了符号。这种语言不仅易于推广到大量对象上去,而且可以避免以往语言的使用分裂成两个不平等的阶级之弊②。平心而论,对于废除汉字的文字革命论这样最激进的反传统主张,新青年阵营出现了分歧,陶履恭反对,胡适也不赞成。尽管后来大陆实行了简化汉字的文字改革,但文字语言对于民族文化的重要性今天已经是一个基本的常识,它反衬了当初废除汉字论的幼稚。

(三)

新文化运动的激进品格大致表现在伦理革命—文化革命—文学革命—文字革命这样一个逻辑之中。其发为思潮,并被高度政治化,自然有许多流弊。不过当时的青年常乃德有公正平允的评价:"平心而论,当时的新文化运动——《新青年》时代的新文化运动——不过仅仅有一股新生蓬勃之气可爱罢了,讲到内容上是非常幼稚浅薄的,他们的论断态度大半毗于武断,反不如《甲寅》时代的处处严守论理,内中陈独秀、钱玄同二人的文字最犯武断的毛病,《新青年》之不能尽满人意在此。但是我们若从另外方面一想,若不是陈、钱诸人用宗教家的态度来武断地宣传新思想,则新思想能否一出就震惊世俗,引起绝大的反响尚未可知。可见物各有长短,贵用得其当罢了。"③ 更重要的是,新文化运动似乎有超出"激进主义"的符号的意义。

我们说,新文化运动中虽然呈现出文化激进主义的高潮,但是参与新文化运动的人员则有不同的文化倾向。1922年,胡适曾作文《新思潮的意义》来解释《新青年》派的主张。文章前面冠以"研究问题、输入学理、整理国故、再造文明",大致可以

---

① 钱玄同:《通信——中国今后之文字问题》,载于《新青年》第4卷第4号。
② [法]孔多塞,何兆武、何冰译:《人类精神进步史表纲要》,三联书店1998年版,第200~201页。
③ 常乃德:《中国思想小史》,上海古籍出版社2009年版,第122页。

提示这场被后人视为文化激进主义的思潮,具有值得分析的内涵。胡适说:

> 新思潮的意义只是一种态度,这种态度可叫做"评判的态度",……评判的态度,简单说来,凡事要重新分别一个好与不好,……尼采说现今时代是一个"重新估定一切价值"(transvaluation of all values)的时代。"重新估定一切价值"八个字便是评判态度的最好解释。①

晚清以来,由于中枢应对世变与事变中的无能,触发传统文化发生严重的危机,价值迷失开始弥漫性扩展,新文化运动以"重估价值"自任,实际上代表了中国文化从自在到自觉的一个中介——以怀疑和反省为表征的自我批判,形式是一个否定的环节。不过在否定中可以有肯定,在批判中可以有建设。胡适说,重新评判一切价值的手段是"研究问题""输入学理",包括"整理国故",最后则是为了建设现代文明——再造文明。这是如下一个路径:通过输入西方思想来研究中国问题(包括古典文献),并以此为基础创造一个与传统文明不同的现代文明。尽管它埋下了后来"全盘西化"的根子,但是我们应该公允地说,不能单单用"打倒孔家店"五个字打发新文化运动。

新文化运动以文化激进主义的偏颇方式,开创了继先秦以来中国第二个百家争鸣、百花齐放的自由思想时代,在康德"勇敢而公开地运用自己的理性"的意义上,新文化运动无愧为中国的启蒙运动。在新文化运动前后,中国人继续如饥似渴地学习西方一切可以为我所用的东西(是否真能为我所用另当别论)。在各种各样的思潮的互动中,实际上也是在世界性的百家争鸣中,通过"因袭"、"规抚"和"创获"的综合,中国人的观念世界发生了一场现代性的转变。虽然我们通常用"科学"与"民主"(人权)来概括五四理想,实际上我们现在所强调的社会主义核心价值,在新文化运动中至少已经具体而微地存在了。在此过程中,传统确实发生了巨大的断裂,新文化运动的极端性口号在思想史意义上负有道德责任,但是家族制度的瓦解、孝道之式微,并非只是新文化运动之过。② 至

---

① 胡适:《新思潮的意义》,引自《胡适文存》(第一集),黄山书社1996年版,第527~528页。
② 对此余英时有平实的论述。余英时说:"对这一思想史(从19世纪中叶到新文化运动——引者注)的观察可以使我们认识到中国纲常观念的解体是经过了一段酝酿时期,才臻于成熟的;并不是在'五四'时代忽然有几个人出来大声呵斥,三纲五常的系统便立刻崩溃了。"(余英时:《中国现代价值观念的变迁》,引自《余英时文集》第二卷,广西师范大学出版社2014年版,第73页)又说:"到民国初年,至少大城市中已出现了家族本位向个人本位转变的社会现象;无论就价值观念或经济状况说,青年人已颇有倾向于自立门户的了。我们虽然无法确知这一现象普遍到什么程度,但它既已引起严复的关切,则至少不会是偶然的孤立事件。这一现象自然不能让'五四'的新思潮来负责,它毋宁构成了新思潮兴起的一种历史背景。"(前书,第79页)更往前追溯,章太炎在20世纪初即说过:"自季明以后,三纲之名虽存,其实废久矣。"(《章太炎全集》第四集,上海人民出版社1985年版,第279页)高瑞泉在《走出后经学时代》一文中比较详细地讨论过新文化运动如何既是传统价值迷失(传统断裂)的结果,又进一步推动了传统的断裂(《学说中国》,江西人民出版社1999年版,第279~321页)。

于今日痛恨的道德沦丧，更不宜记在新文化运动的账上。

新文化运动是由一批留学生、大学教授、新式知识分子发起的，其最大的基础是"学生社会"和学生运动，通过的媒介则是报章杂志，这些都是现代社会建制的产物。换言之，新文化运动一方面借助现代传媒，一方面融入了现代学院制度的建设。正是认北京大学为最高学府这样一种现代学院制度的建设，使得传统的四部之学彻底转变为现代人文社会科学。我们现在已经很难想象现代社会离开高度分化、努力应对不断变动的社会生活的人文社会科学。而就传统的连续性而言，经学时代结束了，读经的传统也中断了，传统价值至少在学院制度中无所附丽。

现代教育基本上是白话文教育，民国时代的"国语"，1949年以后推广的普通话，都是以白话文为中坚的现代汉语。新文化运动提倡文学革命，提倡白话文写作，从胡适的《尝试集》以来，中国现代文学有极为可观的成就。更重要的是，如今现代汉语已经是一种十分成熟的语言，运用现代汉语，不但中国作家可以获得诺贝尔文学奖，而且可以创作出类似金岳霖的《论道》《知识论》那样具有高度分析技术的哲学著作。

（四）

新文化运动的建设性还可以有更多的方面加以论述，但这不是本书讨论的重点，之所以简要提及，也只是说明并不能因为文化激进主义而全盘否定新文化运动。按照我们的研究，新文化运动虽然是启蒙运动的一环，但是只是中国文化从自在到自为（自由境界）的一个中介。文化的自我反省是必要的，通过反省才有后面的"文化自觉"。但是文化激进主义采用了最极端的形式：晚清维新派之文化激进主义是一种有限的文化激进主义，其反传统主义是一种局部性反传统主义，而非整体性反传统主义。而"五四人的意识深处，并非近代西方意义上的'to be free'（求自由），而是'to be liberated'（求解放）。这二者虽有关联，但究竟不是一回事。他们所急的，是从传统解放，从旧制度解放，从旧思想解放，从旧的风俗习惯解放，从旧的文学解放。于是大家一股子劲反权威，反传统，反偶像，反旧道德。"[①] "解放的哲学"孕育了相对主义和民族历史虚无主义的危险。这一危险在20世纪30年代的"全盘西化"论中表现尤为突出。

前面曾经提及，胡适《新思潮的意义》中已有后来"全盘西化"的伏笔。中西文化的论战则促使胡适将其彰显为成形的理论。1929年，他在《中国今日的文化冲突》一文中，批评文化保守主义和调和派，主张"全盘西化"（whole-

---

① 殷海光、林毓生：《殷海光林毓生书信录》，上海远东出版社1994年版，第156~157页。

sale westernization）和"全力现代化"（wholehearted modernization）。后来进一步写道：

> 我们如果还想把这个国家整顿起来，如果还希望这个民族在世界上占一个地位，——只有一条生路，就是我们自己要认错。我们必须承认我们自己百事不如人，不但物质机械上不如人，不但政治制度不如人，并且道德不如人，知识不如人，文学不如人，音乐不如人，艺术不如人，身体不如人。肯认错了，方才肯死心塌地地去学人家。不要怕模仿，因为模仿是创造的必要预备工夫。不要怕丧失我们自己的民族文化，因为绝大多数人的惰性已尽够保守那旧文化了，用不着你们少年人去担心。你们的职务在进取，不在保守。[1]

胡适强调，为了拯救衰病的民族和半死的文化，我们必须虚心学习和吸收西方文化。不过经过文化争论，后来他提议用"充分世界化"代替"全盘西化"，以避免无谓的名词之争[2]。即使如此，他始终不赞成"中国本位的文化建设"，坚持说：

> 中国的旧文化的惰性实在大得可怕，我们正可以不必替"中国本位"担忧。我们肯往前看的人们，应该虚心接受这个科学工艺的世界文化和它背后的精神文明，让那个世界文化充分和我们的老文化自由接触，自由切磋琢磨，借它的朝气锐气来打掉一点我们的老文化的惰性和暮气。将来文化大变动的结晶品，当然是一个中国本位的文化，那是毫无可疑的。如果我们的老文化里真有无价之宝，禁得起外来势力的洗涤冲击的，那一部分不可磨灭的文化将来自然会因这一番科学文化的淘洗而格外发扬光大的。[3]

比胡适更强调"全盘西化"论的是中山大学教授陈序经[4]。他批评新文化运动的领袖西化不够彻底："五四文化运动的价值，与其说是在于积极的主张接受西洋文化，不如说是在于消极的反抗孔家的思想。"[5] 陈主张中国文化彻底的西化，因为中国在政治、法律、宗教、道德、教育、科学、哲学、医学乃至平日的衣食住行几乎无一例外都落后于西方。相反"西洋文化是世界文化的趋势。质言之：西洋文化在今日，就是世界文化。"[6] 中国文化的唯一出路，就在于全盘西

---

[1] 胡适：《介绍我自己的思想》，引自欧阳哲生编：《胡适文集》，北京大学出版社1998年版，第515页。
[2] 胡适：《充分世界化与全盘西化》，1935年6月23日《大公报》星期论文。
[3] 胡适：《试评所谓"中国本位的文化建设"》，载于《独立评论》第145号。
[4] 张世保博士对陈序经等人的"全盘西化"论有专门而全面的研究，见他的专著有《从西化到全球化——20世纪前50年西化思潮研究》《西化思潮的源流与评价》《陈序经政治哲学研究》等。
[5] 陈序经：《五四文化运动的评估》，载于《自由论坛》1934年第1卷第3期。
[6] 陈序经：《中国文化的出路》，商务印书馆1934年版，第101页。

化。就政治文化而言，中国没有个人主义的传统，也没有自由主义的传统，所以要转变出现代性，只有与传统断裂。

与陈序经类似而稍有不同的张佛泉，则主张"根本西化"论。张佛泉的根本西化论与陈序经的全盘西化论，二者"西化"的分歧在于：张氏的观点是功能优先论，他从民族的生存论证西化的必要性，其主张具有鲜明的富强主义的逻辑。"我们四万万人如想继续在这世上生存，便非西化不可，而欲求西化则只有从根上西化才足以生效！我们是被逼西化，被逼从根上西化。近几十年的教训是我们最聪明的办法，便唯有诚意地、老实地、爽快地、不扭扭捏捏地从根上西化。我与主张保存国粹以图立国的人正正相反，我深信从根上西化才是我民族的出路。"他认为中西文化有"质"的不同，即中西文化有实质与表象之分，而不只是"程度高下之分"。因而应将注意力放在采纳实质上。他强调，且不论其价值，即使从功能上讲中国也必须从根本上西化。在张看来，只采取西人的应用自然科学、甚至其应用社会科学是不够的，而必须再发起一个"哲学的"运动，改造我们的文化（而不只是文明），才足以实现一个在大体上与欧美相同的社会。"我们目前最主要的工作，就是整个改造我们的头脑，而要将中式的头脑换上一个西式的头脑（western type of mind），由一个'论语'式的头脑，换上一个柏拉图'共和国'式的头脑。"①

"全盘西化论"形式上使得20世纪文化激进主义达到登峰造极的地步，但是实质上最多是五四文化激进主义的余波，因为它离开了中国的土壤，空想的成分过于明显。更何况20世纪30年代以后，最前卫的中国知识分子已经转向社会革命，空谈文化改造的方案不再是知识界关注的焦点。更不用说30年代民国政府在经济建设上也颇有成绩，有过一个"黄金十年"。社会需要重建秩序，那些对中国文化完全推倒重来的主张只能停留在书斋和论文中。中国现代化的道路实际上已经扬弃了"全盘西化"的理论。

三、对文化激进主义的反思

从20世纪20年代到70年代末的50年间，中国经历了波澜壮阔的革命与战争，开始了社会主义建设的伟大事业。虽然文化上的"古今中西"之争没有最后结束，但是文化问题更多地从属于急迫的现实政治经济问题的解决，或者说隐身为一种背景。五四新文化运动作为一个重大的起点，其政治意义依然被高度评价，毛泽东说："五四运动所进行的文化革命则是彻底地反对封建文化的运动，

---

① 张佛泉：《西化问题之批判》，载于《国闻周报》1935年第12卷第12期。

自有中国历史以来，还没有这样伟大而彻底的文化革命。当时以反对旧道德提倡新道德、反对旧文学提倡新文学为文化革命的两大旗帜，立下了伟大的功劳。"①"在'五四'以来的文化战线上，文学和艺术是一个重要的有成绩的部门。"② 但是古老中国的土地上，通过民主革命和社会主义的实践，进达现代化社会的进程，实际上正在扬弃全盘反传统的文化激进主义。毛泽东明确表示："所谓'全盘西化'的主张，乃是一种错误的观点。形式主义地吸收外国的东西，在中国是吃过大亏的。中国共产主义者对于马克思主义在中国的应用也是这样，必须将马克思主义的普遍原理与中国革命的具体实践完全地恰当地统一起来，就是说，和民族的特点相结合，经过一定的民族形式，才有用处，决不能主观地公式地应用它。"在这个基础上，毛泽东提出了著名的新民主主义文化的观念，即建设"民族的科学的大众的文化"。③ 他认为，对于古代文化，既要尊重自己的历史，又不能无批判地兼收并蓄，所以实行"批判地继承"的原则——从孔夫子到孙中山，我们都要批判地继承。如果说，在1949年前，这还是一个在野的革命党的文化主张的话，那么1949年以后，它就一直作为有巨大规范力量的意识形态在指导中国社会的文化生活。从这一意义上说，以"全盘反传统"为标志的文化激进主义，已经进入了历史。

不过，人们不难发现，毛泽东的文化观和《在延安文艺座谈会上的讲话》以来的文化方针，依然是"革命文化"。1957年以后，"左"的错误时有发生，直到发动"文化大革命"，使得中国经历了一场动乱。尽管"文革"的复杂性一定不是一个"激进主义"所能概括的，但是至少"文革"早期的"破四旧"等，使得文化领域的"批判"（有时甚至是"武器的批判"代替"批判的武器"）几乎完全淹没了"继承"。因为按照"继续革命"的逻辑，强调与旧传统的彻底决裂，才是彻底革命的立场。吊诡的是，"文革"结束以后，1980年代有过所谓"文化热"，在"彻底否定'文化大革命'"和追求现代化的目标下，出现了"荆轲刺孔子"式的传统文化批判。它存在的时间不长，但是却影响深广。1988年，承思想解放运动之余绪而追求现代化和批判传统的《新启蒙》杂志和电视政论片《河殇》面世，是其标志性事件。在经历一个突发事件以后，对传统的批判迅速转入低潮，与其共生的现象则是文化保守主义思潮的崛起。

正是在此背景下，20世纪90年代，开始出现了对于激进主义的反思。它对于我们从另一个侧面深入理解20世纪文化激进主义不无意义，应该予以专节讨论。

---

① 《新民主主义论》，引自《毛泽东选集》（第二卷），人民出版社1991年版，第700页。
② 《在延安文艺座谈会上的讲话》，引自《毛泽东选集》（第三卷），人民出版社1991年版，第847页。
③ 《新民主主义论》，引自《毛泽东选集》（第二卷），人民出版社1991年版，第706~709页。

（一）

从时代心理言，彻底否定"文化大革命"打开了思想解放的闸门。邓小平时代实行改革开放，表达了明确的现代化追求，由此开启了政治、经济和社会生活一连串的巨变。在思想领域中的"文化热"环绕着传统文化与现代化的关系这一中心而展开，本质上是对当代中国应该如何建构现代文化价值的争论。所以形式上有一种很强的声音，对传统持批评态度，认为中国的现代化之所以步履蹒跚，主要的原因是古代传统过于顽固。实质上是在特殊的语境下，曲折地表达了"现代化的焦虑"。全民族急迫地希望改变落后的现状，迅速实现现代化。在那些混杂了文化研究与政治批评的论述中，我们仿佛又听到激进主义的回响。但是论题本身是"传统文化与现代化"，即意味着对传统文化的价值又需要重新评价——因而包含了对"文革"时代大批"封资修"作一个极大的反弹。

不过真正在学理上给予思想界反思激进主义以启发的，最初来自海外。

美国威斯康星大学历史系教授林毓生是最早研究五四文化激进主义的学者。1979 年，林毓生在美国出版了英文著作《中国意识的危机——"五四"时期激烈的反传统主义》，书中以陈独秀、胡适和鲁迅为案例，深入分析了五四"全盘性反传统主义"的思想内涵，并揭示了五四激进知识分子源于儒家唯智主义和整体主义传统的"藉思想文化以解决问题的途径"的思维模式。1986 年，林著中译本在国内刊行。同年，林毓生在《公共论丛》发表《二十世纪中国的反传统思潮与中式乌托邦主义》一文，进一步追溯了甲午战败后近代中国第一代知识分子的反传统思潮及其与五四激进知识分子的关系。

1988 年余英时在香港中文大学 25 周年纪念会上发表了著名的演讲《中国近代思想史上的激进与保守》。在演讲中，余英时揭示了百年中国一个重要的思想史现象：一直处于激进与保守的两极对立之中。他认为，保守主义、自由主义与激进主义之间的力量不成比例。大多数知识分子基本上是以"变"——变革、变动、革命为基本价值，因而选择了激进取向，如戊戌的维新主义者、五四的自由主义者或社会主义者，都把中国文化传统当作现代化的最大敌人，而且在思想上愈来愈激烈。其共同假定：只有破掉一分"传统"，才能获得一分"现代化"。把"传统"和"现代"如昼夜般一切为二，在思想史上远承西方启蒙运动和实证思潮的社会历史观念。中国激进知识分子对于传统施以凌厉无前的道德谴责，从此"保守"和"激进"的关系成为"恶"与"善"或"黑暗"与"光明"的对立关系。人们对于文化传统只是一味地"批判"，而极少"同情的了解"。"中国近代一部思想史就是一个激进化的过程。""这一过程差不多有一百年的历史。它积累了一股越来越大的动力，好像巨石走峻坂一样，非到达平地不能停止。"

这一思想激进化过程最后以"文化大革命"为终点①。

像林毓生的论著刚发表一样,余英时的香港演讲当年在内地知识界并没有引起反响。直到香港中文大学的《二十一世纪》杂志发表这篇讲演以后,才一石激起千层浪,在沉寂的中国思想界引起巨大争议。复旦大学姜义华教授率先作出回应,他不同意余英时的基本判断,认为20世纪中国现代化的挫折主要归因于中国传统中各种保守势力的过于强大。他认为,在近代中国,保守主义势力不是太弱,而是太强。固守传统生产方式、生活方式、社会观念的亿万民众,是保守主义顽强存在的最广泛的社会基础。清末民初的传统卫道派、新儒学运动和国粹主义派,都具有文化保守主义的基本特征。政治保守主义,则从清末梁启超的开明专制论、康有为的虚君共和论,到袁世凯的洪宪帝制、国民党的军政训政、30年代新式独裁派、40年代战国策派,到60~70年代"文化大革命",直至80年代后期的新权威主义,对中国传统政治内核的认同和保守一以贯之。将"文化大革命"视为中国近代激进化进程的最高峰,只是看到了其表面与封资修彻底决裂的革命口号,而并未深究其深植于传统的专制主义本质。相反,中国近代的激进主义不是太强,而是太弱。中国现代化运动很长时期力量有限,其首先表现在现代化的经济、政治、社会力量的弱小。

在姜义华看来,保守主义与激进主义是中国社会大变动的一对孪生子,一百年来两者始终交织在一起,却经常处于势不两立、各趋极端化。其原因在于中国缺乏一支强大和成熟的中坚力量作保持社会稳定的基础。社会中产化程度过低,新型知识阶层力量过弱,大多数人难求温饱,社会本身两极化,因而缺乏推动保守主义与激进主义良性互动的积极社会力量。保守主义与激进主义的良性互动,有待于社会中坚力量的壮大②。

在回应姜义华的答辩文中,余英时强调:他所指出的思想史上激进化的现象,以价值取向为重点,这和中国社会上保守力量的强大完全是两回事。显示了他和姜义华教授的视域不同,后者从社会史的角度对激进主义的根源有更深的理解,余英时的演讲则旨在揭示百年中国激进主义泛滥之思想现象及其所导致的灾难性后果,批判了唯新求的进步主义迷思、革故鼎新的"革命"崇拜、现代与传统二元对立的反传统主义,并对20世纪"不断革命"之激进历史进程进行了深刻的反思。在经历了80年代新一波批判文化传统的"新启蒙""文化热"的大陆思想界,对于长期笼罩在革命话语中的知识分子来说,余英时的激进主义批判引起了很大的思想震动,并进而引发了90年代思想界关于激进与保守问题的

---

① 余英时:《中国近代思想史上的激进与保守》,引自李世涛主编:《知识分子立场——激进与保守之间的动荡》,时代文艺出版社2000年版,第1~12页。
② 姜义华:《激进与保守:与余英时先生商榷》,载于《二十一世纪》1992年4月号。

讨论。

美国弗吉尼亚州立大学历史系教授汪荣祖和上海学者许纪霖提出了比较类似的第三种观点：揭示了百年中国思想激进与社会保守的孪生性[1]。或者说，现代中国的激进主义与保守主义皆具有乌托邦社会工程之特点。激进与保守表面上看似势不两立，实为一枚硬币的两面，二者在思想深层具有共同的思想预设和思维逻辑[2]。北京大学陈来教授注重揭示百年中国文化激进主义的这些观念基础。他指出，20世纪中国文化运动受激进主义主导，它并非只是几个空洞的口号，不仅具浪漫色彩，也具有强烈的理想性和批判性，并有其文化观念为基础[3]。

1992年，青年学者顾昕在荷兰莱顿大学撰写的《中国启蒙的历史图景——五四反思与当代中国的意识形态之争》一书，由牛津大学出版社（香港）刊行。这是一部集中而比较系统地批判20世纪80年代后期中国知识分子之五四话语中的意识形态化倾向的著作。顾昕指出，五四传统是恢宏多元的，强大的激进主义和弱小的自由主义的联合，构成了新文化运动的基本特征，而保守主义则是对新文化运动的反弹。这些主义包含了多样杂乱的意识形态因素。在80年代后期知识分子的五四话语中，压倒性的主流是意识形态化的观点，即从多元的五四历史遗产中挑拣出某些因素，把它们和历史的客观发展规律相联系，强调其决定性的作用，进而继承之、弘扬之，以之作为中国现代化的指南。顾昕运用波普尔、哈耶克、韦伯、伯林等西方思想家的理论，来分析五四话语背后种种意识形态的"支援意识"，如历史必然性的信念、目的论历史观、本质主义与整体主义方法论、对科学与科学规律的比附。在顾昕看来，中国传统的、以过去为取向的道德目的论，已经转变为道德现代主义或未来主义的历史必然性[4]。它以本质主义与整体主义作为形而上学基础。中国知识分子的整体主义志向要远比波普尔所描述得更为宏大，他们关注的整体是迄今为止的整个中国近现代史[5]。顾昕还对五四话语对科学及科学规律的比附提出批评。他指出，抱有历史决定论信念的五四话语生产者往往诉诸"历史必然性"和"科学的发展规律"，他们相信其所发现的历史过程的本质、历史发展的规律以及由这种本质和规律所规定的历史进步的目的，是科学的、合乎理性的、必然的。然而，由于人们误把科学的具体形态视为

---

[1] 汪荣祖：《激进与保守赘言》，载于《二十一世纪》1992年6月号。
[2] 许纪霖：《激进与保守的迷惑》，载于《二十一世纪》1992年6月号。
[3] 陈来：《20世纪文化运动中的激进主义》，引自李世涛主编：《知识分子立场——激进与保守之间的动荡》，时代文艺出版社2000年版，第297页。
[4] 顾昕：《中国启蒙的历史图景——五四反思与当代中国的意识形态之争》，牛津大学出版社1992年版，第211~214页。
[5] 顾昕：《中国启蒙的历史图景——五四反思与当代中国的意识形态之争》，牛津大学出版社1992年版，第214~217页。

可以解决一切问题的方法,犯了"唯科学主义"(scientistic)错误,加剧了激进主义的意识。顾昕对五四话语中的激进意识形态的批判,尽管其论述依然借用西方理论,采用了习见的"找东西"的态度做中西比较,但是已经表示出对激进主义的批评应该进达哲学的层面的尝试。

(二)

20世纪90年代的激进主义反思更有价值的,是围绕若干具体问题展开的,不但有"五四反思",还有关于顾准、杜亚泉、《学衡》派的诸多讨论。

顾准的著作《从理想主义到经验主义》是作者的笔记。在这些笔记中,"他对于从一九一七到一九六七年半个世纪的历史,包括理论的得失,革命的挫折,新问题的涌现,都做了认真的思索,这些经过他深思熟虑概括出来的经验教训,成为他理论思考的背景,从而使他这本书形成一部结合实际独具卓识的著作。"该书和《顾准文集》的正式出版是20世纪90年代初期,这对于激进主义反思有某种启发作用。王元化在其给前者的序言中说道:"由于作者这些启示,我对自己一向所从未怀疑的某些观点发生了动摇,以至于考虑要把这些章节删去或改写,本书就具有这样强大的力量。"①王元化在90年代的启蒙反思(五四反思)、对杜亚泉的评论等大约都可以从这里找到某种线索。朱学勤则断言,通过对顾准的讨论,"人们都已明白顾准临终前达到的思想境界,再也不是一般意义上的民主启蒙派,而是一个'出走的娜拉';再也不是以1793年法国革命激进阶段为肇始的欧陆传统的凌空蹈虚者,而是一个回归英美传统以1688年和1787年为年谱标志的经验主义者。他的精神指针最终定位于自由主义,这已经是一个公开的秘密。"这是在借顾准的酒杯浇自家之块垒,表明激进主义退潮以后自由主义有所高涨的客观趋向②。

激进主义反思历程中更具有典型意义的是对杜亚泉进行的个案研究。在20世纪90年代以前,对于一般的读者而言,杜亚泉可能只是因为被陈独秀激烈批评而略有所知。在现代思想史的正规叙事中,杜亚泉显然是个负面的形象。然而,在激进主义受到反批评的90年代,杜亚泉开始以完全不同的面貌出现。王元化给《杜亚泉文存》所作的序言认为,杜亚泉虽然在中西文化论争中持调和论,但"还是主张革新的开明人物。杜亚泉作为一个自由主义思想家,带有浓厚

---

① 王元化:《序〈从理想主义到经验主义〉》,引自《清园夜读》,中国社会科学出版社1997年版,第222页。

② 事实上,20世纪90年代的中国,自由主义确实有所表现,但主要是在经济领域中放任"看不见的手"的主张甚为高涨。至于政治自由主义包括市民社会等的讨论,影响极为有限。自由主义反而与所谓"新左派"发生了论争。

的民主色彩。他虽然服膺理学,但绝不墨守"。不过,王元化此文写于1993年,它的最大关注其实还是在激进主义反思。这可以从下面一段讨论五四思想革命的历史来源的话中看出来:

> 我认为把杜亚泉看作是一位反对革新的落伍者,这种误解要归之于长期以来近代中国历史上发生的急骤变化。近代历史上每次改革都以失败告终。……百余年来不断更迭的改革运动,很容易使人认为每次改革失败的原因,都在于不够彻底,因而普遍形成了一种越彻底越好的急躁心态。在这样的气候下,杜亚泉就显得过于稳健、过于持重、过于保守了。……这种要求彻底的态度一直延续到数十年后的政治批判运动中。由于矫枉必须过正,以致形成以偏纠偏,越来越激烈,越来越趋于极端。①

王元化的上述见解,与华裔美国历史学家黄仁宇的"梯度式的反应"模式有某种相似之处。黄仁宇的"梯度式反应"模式,运用改革与社会环境之互动关系的分析框架,将改革的激进与传统的保守,视为中国现代化进程之互为因果而不可分割的两个面相。在"梯度式反应"中,"改革—失败—压力—再改革"的循环模式,呈现为一个波浪式的激进化过程。近代中国思想的激进化,实为这一"梯度式反应"之表征:"造船制械,力求争取现代科技的改进既无实效,则企图从法制方面革新,如修改宪法、编列预算。如此计划可能动摇传统皇权制度的根本,于是索性异于日本方式,而推翻两千多年来的君主制度。如此再无实效,则发动五四运动,知识分子主张自身的革新,范围及于生活习惯语言文字,只有法国大革命前的启蒙运动和俄国革命前的民粹主义运动与之稍近似。"在黄仁宇看来,"中国若非采取如此一波推一波的方式,则不能走入全面改革,一次失败,就加添下一层之压力。"② 激进反传统运动不过是一波推一波的中国改革之"梯度式的反应"的链环之一。新旧距离之大,冲突之烈,这正是中国与英国、美国现代化之最大差别,也是中国激进主义产生的根本原因。"梯度式反应"这种一波推一波由局部而全面的改革,也实为中国现代化变革的独特模式。

高力克教授则从陈独秀与杜亚泉的中西文化论战回顾中,批评了文化激进主义的另一个缺失:在反孔、提倡伦理革命等的同时,并未能恰当地解决现代化过程中的中国人必然面临的一个重大问题——文化认同。文化激进主义从激烈的反传统到全盘西化,虽然有程度的不同,但都存在着杜亚泉所反对的"以西评中"

---

① 王元化:《杜亚泉与东西文化论战》,引自许纪霖、田建业编:《杜亚泉文存》,上海教育出版社2003年版,第4页。

② 黄仁宇:《资本主义与二十一世纪》,三联书店2004年版,第470~473页。因此对于谭嗣同,黄仁宇颇表"同情之了解":"谭嗣同在戊戌变法失败后自愿牺牲,他已看清中国需要改造的地方范围极广,历时必久,流血必多,因之不惜以一身去标榜其必然性。这表明新旧之间距离之大。"(同前书,第471页)

和"以今评古"的进化论取向和对西方文化无批判的盲从态度。杜亚泉本人之所以持东西文化调和论,恰恰就是因为东西文明各有利弊。高力克认为陈独秀以科学和民主为名拒绝文化调和论,这里蕴含着一个重大问题:

> 陈独秀的以科学民主取代儒学传统的启蒙理性主义新文化模式,含有一个深刻的文化难题:世俗的西方现代性能否取代东方古典精神传统,而成为中国新的道德精神资源?当陈和《新青年》启蒙学者们急功近利地鉴取十八世纪西方现代启蒙文化时,他们却有意无意地忽略或回避了近二百年来基督教传统与现代性并行不悖的历史经验,而对基督教采取了拒斥态度。这就使新文化运动的"全盘西化"有名无实,而空缺了超越性之终极关怀层面的中西交流。陈在反孔时并未意识到,作为古典中国文化认同象征和道德精神资源的儒学被废弃后,中国文化势所难免的认同危机和意义危机。而这种传统文化失范所导引的价值真空,并非西方理性主义文化如"科学"或"民主"所能填补。①

1993年,学术界重读杜亚泉,重评五四时期杜亚泉与陈独秀的东西文化论战,表征着百年中国思想气候的重大转折。它不仅预示着一个"革命世纪"的终结和激进主义的衰落,而且凸显了中国古今文化转型中的"认同"主题的极端重要性。五四时期杜亚泉与陈独秀东西文化之争的实质,即为中国文化的"变革"与"认同"问题。陈氏反孔教的伦理革命和以民主与科学解决中国问题的新文化方案,尊奉进化论之新陈代谢和优胜劣汰的法则,其激进反传统的姿态引领了五四新文化运动的思想革命。在陈氏"现代—传统"二元对立的进化论世界中,其"以个人主义易家族主义""以科学代宗教""以欧化代传统"的西化主义现代性方案,充满启蒙主义的乐观精神,全无中国文化"认同"之虞。而杜亚泉则持"输入新文明,调和旧文明"的调和主义,其中西文化观"变革"与"认同"兼备。正是杜氏对文化认同之深刻的忧患意识,引发了他对新文化运动的批评以及其和陈独秀的东西文化论战。在风云激荡的"革命世纪",陈独秀与传统"彻底决裂"的文化激进主义大行其道,杜亚泉护存中国文化认同的忧患意识和中西文化融合的调和思想,则成为不合时宜的保守思想。直至"革命世纪"衰落的90年代,转型中国的文化认同危机日益凸显,杜亚泉思想中被历史掩埋数十年的深刻历史洞见才为人们所重新认识。

中国启蒙时代有两种思想家:变革型思想家与认同型思想家。陈独秀与杜亚泉是五四时期变革型思想家与认同型思想家的典型代表。对中国文化的"变

---

① 高力克:《重评杜亚泉与陈独秀的东西文化论战》,引自许纪霖、田建业编:《一溪集》,上海三联书店1999年版,第85页。

革"与"认同",构成了中国的启蒙辩证法。在中国文化古今转型中,"变革"与"认同",一进一挽,相反相成,构成文化演进的辩证过程。令人遗憾的是,在五四时期及整个"革命世纪",激进主义的变革思潮完全压倒了保守的认同思潮。两股思潮未能实现同时共存的对立统一的良性互动,而演变为时间上此消彼长的钟摆运动。直至后革命时代,激进主义盛极而衰,保守主义的认同思潮才蔚然兴起。在文化转型之"变革"与"认同"的二维关联中,百年中国文化激进主义之兴衰以及它与文化保守主义颉颃消长的思想史脉络,清晰可辨。

1990年与激进主义反思相关的另一个文化事件是重新评价《学衡》派。

20世纪中国的社会思潮与报刊尤其是同人刊物有极大的关联,某些思潮常常是由于某一刊物的大力引领而产生和发展。新文化运动期间,《新青年》和《学衡》杂志之间的争论亦是激进主义与温和的文化保守主义之间的争论。当年有一批反对激进的新文化运动的人文学者,以中央大学的教员为主,创办了《学衡》杂志。他们以美国新人文主义白璧德为宗师,主张"昌明国粹,融化新知",包括提倡典雅的文言、反对白话文运动、拒绝反孔等,他们尤其反对文学革命,主张改良,希望通过教育来提升平民文学。他们中有些人如梅光迪等,希望在中国发起一个取法白璧德和摩尔的人文主义运动。由于它们遭到"新青年"诸位健将的猛烈批评,在新文化运动中显然是失势的一派。但是这批白璧德的弟子实际的文化贡献是丰厚的,他们当时大多进入高等学府成为著名的专家,如梅光迪、吴宓、汤用彤、梁实秋、张钦海、陈寅恪等,留下了许多重要的学术成果。20世纪90年代,《学衡》派重新浮出水面。从研究《学衡》派的文化主张到推崇陈寅恪等学术大家的论著大量出现,读书界开始纠正以往对《学衡》派的偏见,他们既反对激进派的"破旧立新",也反对守旧派的"泥古不化",他们的主张是基于文化渐进观的"推陈出新"。通过对《学衡》派的重新评估,人们以为可以达成新的共识:

> 在经历了意识形态激情泛滥和文化、学术真空(这种情况是否间接或直接导源于新文化运动尚待分析)之后,人们看到激烈的反传统已在激烈中渐趋疲软,也意识到被吴稚晖等人扔进茅厕的国故或国学原来是我们保守不住却也扔弃不掉的文化细胞。存在的历时性决定了我们的理解和创造活动不可能完全与历史和传统无涉,不可能从澄明无蔽的状态开始。共识终于达成:"合理的东西仅仅来自创造精神和传统精神的对话过程。"①

---

① 孙尚扬:《在启蒙与学术之间:重估〈学衡〉》,引自孙尚扬、郭兰芳编:《国故新知论——学衡派文化论著辑要》,中国广播电视出版社1995年版,第2~3页。

对于《学衡》派的再评价，产生于激进主义反思的语境中，但是其思想意义并不局限于此，它像对杜亚泉的再认识一样，使得人们对20世纪中国人的思想世界的认知大为改观。所以，与以往人们喜欢用非此即彼的方式来对某些思想派别"贴标签"不同，杨扬认为，匆忙判定《学衡》派是"守旧派"、新文化运动的"反对派"或是"现代文化保守主义"都还嫌早。"或许更多的材料将证明，《学衡》派的主张，白璧德的'人文主义'理论与胡适、鲁迅等新文化人士的思想，杜威的实证主义历史观等一起，共同构成了20世纪中国现代文化最重要的思想资源。"①

总之，通过激进主义反思，除了揭示激进主义激烈反传统的缺失以外，人们对于八十年来中国社会思潮的总体图景有了新的认知。

（三）

上述激进主义反思，不乏对激进主义的同情的理解，但是总体上是对新文化运动的批评乃至谴责。其大致理路是思想史的，认为激进主义激烈反传统，并未使中国走向自由之路，由于加剧了传统的断裂，未能有效地解决现代中国人的"认同危机"；在这一层面，文化激进主义不如文化保守主义或持中的"调和"论者更为现实和理性。于是文化保守主义起而代之就有了充分的合理性。

激进主义反思的意义似乎还有超出这一具体问题的一面。因为它同时深化了人们对中国文化和中国社会的认知，这通过对中国激进主义生成的若干社会分析体现出来，包括了对中国的社会结构分析和社会心理分析两个大的方面。

前面我们已经说过黄仁宇的"梯度反应"说，这是符合新文化运动当事人的自我理解的。陈独秀当初曾经坦率地解释过为何要实现"最后之觉悟"——伦理革命：

> 自西洋文明输入吾国，最初促吾人之觉悟者为学术，相形见绌，举国所知矣；其次为政治，历年来政象所证明已有不克守缺抱残之势。继今以往，国人所怀疑莫决者，当为伦理问题。此而不能觉悟，则前之所谓觉悟者，非彻底之觉悟，盖犹在惝恍迷离之境。吾敢断言曰：伦理的觉悟，为吾人最后觉悟之最后觉悟。②

梁启超亦在《五十年中国进化概论》中回顾了晚清以降中国人觉悟的三阶段：

---

① 杨扬：《中国现当代文化语境中的白璧德——反思新文化运动》，引自《"现代化与化现代：新文化运动百年价值重估"国际学术研讨会论文集》（上册），《探索与争鸣》2015年，第262~263页。

② 陈独秀：《吾人最后之觉悟》，载于《青年杂志》1916年1卷6号。

第一期，先从器物上感觉不足。这种感觉，从鸦片战争后渐渐发动，到同治年间借了外国兵来平内乱，于是曾国藩、李鸿章一班人，很觉得外国的船坚炮利，确是我们所不及，对于这方面的事项，觉得有舍己从人的必要，于是福建船政学堂、上海制造局等等渐次设立起来。……第二期，是从制度上感觉不足。自从和日本打了一个败仗下来，国内有心人，真像睡梦中着一个霹雳，因想道，堂堂中国为什么衰败到这田地，都为的是政制不良，所以拿"变法维新"做一面大旗，在社会上开始运动，那急先锋就是康有为、梁启超一班人。……他们的政治运动，是完全失败，只剩下前文说的废科举那件事，算是成功了。……第三期，便是从文化根本上感觉不足。……革命成功将近十年，所希望的件件都落空，渐渐有点废然思返，觉得社会文化是整套的，要拿旧心理运用新制度，决计不可能，渐渐要求全人格的觉悟。[①]

梁启超原先是改良派，倾向于自由主义。其实要改变风气、进行思想革命，甚至是张继、梁济、徐世昌等人们心目中老派人物也都一定程度上赞成的。罗志田曾经描述过这些[②]。面对这样的思想史事实，"梯度式反应"只是一种描述的概念，它无法回答人们对"告别革命"论（或种种持中调和论）的质疑：当人们追求的社会改革——我们都认定它是正当的——由于有着强大的反对力量而不能推进的时候，如何保证我们退而求其次地"调和"能够实现？而且我们知道，社会改革总是与利益格局的改变有关，新文化运动本身就表明新式知识分子进入了文化权力与政治权力之间的博弈。因而"告别革命"论其实内在有着某种道德困境：人们应该为了而后未必实现的进步牺牲自己的诉求和理想。

从新文化运动的知识分子这一社会阶层来分析，胡伟希注意到如下的现象：卷入激进主义的有两类人物"观念人物"和"行动人物"。通常的文化激进主义者都为"观念人物"，他们擅长观念的探究和传播，好谈"主义"，在群众运动中扮演"导师"的角色，尤其在思潮初期和渐趋高涨的过程中，他们仿佛可以呼风唤雨，让群众顶礼膜拜。不过事实上此时已经有另一类人物正如"潜龙"隐身于群众运动中，等运动实际开展、需要组织与权力形态之时，"行动人物"才正式登台，实际决定行动的方略，对于他们来说，观念的意义主要在于行动的功用。而"观念人物"依然满脑子幻想，沉浸于自己制造的乌托邦之中而不觉。他们常为理想主义者，视理想为人生第一等事情，但是容易把理想当做现实，以至

---

① 梁启超：《五十年中国进化概论》，引自《饮冰室文集》之三十九，中华书局1989年版，第43~45页。

② 见罗志田：《激变时代的文化与政治：从新文化运动到北伐》，北京大学出版社2006年版，第5~6页。该书对新式知识分子在文化与政治之间的种种彷徨及其心态的复杂性，有甚好的描述。对于我们认识文化激进主义与政治革命（社会革命）的关系的丰富性，提供了另一幅具体的图景。

于要将理想强加于现实。文化激进主义的失败常是"观念人物"的悲剧①。

激进的"观念人物"的"观念"本身又有某种特点。用林毓生的话说，清末民初两代知识分子都信奉"借思想文化以解决问题的途径"，相信文化改革是一切改革的基础。这种"借思想文化以解决问题的途径"，受中国传统文化中根深蒂固的一元论和唯智论倾向的影响②。它决定了20世纪中国思想史的最显著特征之一，是持续地出现一种对中国传统文化遗产否定的态度。不过它有更深刻的根源，在"中国文化与社会的整合性结构"中，普遍王权是使社会政治秩序与文化道德秩序整合的链环。五四时期全盘性反传统主义的兴起，是普遍王权崩解的产物。因为普遍王权是一个使社会—政治、文化—道德秩序高度整合的必要的链环，所以，随着普遍王权崩溃而产生的社会—政治秩序的解体，也就不可避免地导致文化—道德秩序的破坏。这样，传统文化与道德框架的解体为五四反传统主义者提供了"结构上的可能性"③。换言之，林毓生的研究，揭示了"中国文化与社会的整合性结构"——"借思想文化以解决问题的途径"——"全盘性反传统主义"的历史逻辑。中国意识的危机，源于普遍王权的崩解所导致的传统中国文化与社会整合性结构的解体，而激进知识分子回应危机的激进反传统主义，仍源于中国传统的一元论思想和整体观思想模式。

同样从社会结构来分析，金观涛、刘青峰则从中国社会"超稳定结构"现代转型的宏观视域，阐释了中国传统"一体化结构"之"开放中的变迁"的独特模式。在他们看来，中国封建社会组织体制的特征是：儒家意识形态分别是社会上、中、下三个层次权威合法性的来源，从而实现了三者的整合。在中国封建社会中，国家官僚机构、乡绅自治、宗法家族三种组织层次均认同于儒家意识形态，这种宗法一体化结构（或传统一体化结构），是中国传统社会特有的整合方式④。晚清以降中国对外开放，遇到西方工业文明的强大冲击，社会危机来自内部和外部两个方面，传统儒家意识形态不变，系统将难以适应内部整合与对抗外来挑战的双重压力。于是，只能通过用更换意识形态来适应开放环境。中国社会的"超稳定结构"在开放环境中的变迁模式表现为："传统一体化解体、意识形态更替、新一体化结构建立这样三个阶段。"中国传统社会尽管被打开，传统一体化结构无法继续，但意识形态与政治结构一体化的组织方式继续保持下来，呈

---

① 胡伟希：《中心与边缘：20世纪中国知识分子与社会思潮》，引自高瑞泉主编：《巨变时代的社会思潮与知识分子》，上海古籍出版社2014年版，第206~210页。
② 林毓生著，穆善培译：《中国意识的危机》，贵州人民出版社1986年版，第43~45页。
③ 林毓生著，穆善培译：《中国意识的危机》，贵州人民出版社1986年版，第23页。
④ 金观涛、刘青峰：《开放中的变迁——再论中国社会超稳定结构》，香港中文大学出版社1993年版，第32页。

现出中国社会深层结构巨大的历史惯性①。

　　香港经济学家张五常则从中国社会经济转型的角度，揭示了农业社会之伦理治国被工业社会之法律治国所取代的历史趋势。2009年10月1日，他在《国家六十有感》一文中指出：不要贬低以道德伦理治国，因为这种治法成本远低于司法制度。就一个不靠科技产出而靠家庭农作与手工艺为生计的社会而言，高成本的司法制度并不可取。然而，以道德伦理治国的一个最头疼的大麻烦，是其没有弹性，修改不易。法律可以修改，但道德伦理修改极难。事生于世而备适于事，经济需要转变了，但管制制度改不了，将会带来灾难。管治成本越低的制度，越没有修改的弹性。"三从四德"的家庭传统与道德治国契合，就重视农业、手工业甚至商业而言，这种管制制度因为成本低，是可取的。困难的出现是人口上升，不靠工业的发展不足以糊口。工业的发展要让家庭产出转到工厂去，需要年轻人背井离乡，跑进没有亲属同事的工厂操作。这样，以家庭产出的传统开始瓦解，成本较低的伦理管治逼着要转到司法或法治那方面去②。张五常的经济学分析，深刻地揭示了儒家伦理在中国社会经济转型中的历史命运。五四新文化运动的儒学批判，实为中国社会文化转型的必要步骤，其历史意义不容低估。

　　史华慈指出："在本质上，全盘性反传统主义涉及两种预设：第一，必须把过去的社会—文化—政治秩序视为一个整体；第二，这种社会—文化—政治秩序必须作为一个整体而予以否定。"③ 评判全盘性反传统主义的得失利钝，需要分析其两种理论预设的是非。预设一："把过去的社会—文化—政治秩序视为一个整体"，符合中华帝国的整合性社会结构。无论是林毓生还是金观涛、刘青峰，都与陈独秀"孔教与帝制有不可离散之姻缘"的观察一致，符合中国古代社会结构属于"社会—政治秩序与道德—文化秩序的整合"的事实。但是，预设二："这种社会—文化—政治秩序必须作为一个整体而予以否定"，则可以质疑。清末

---

①　金观涛、刘青峰：《开放中的变迁——再论中国社会超稳定结构》，法律出版社2001年版，第45页。与某些激进主义反思认为激进主义就是一连串的失败不同，金观涛、刘青峰从中国社会结构转型的宏观视域，来描述传统一体化结构在开放环境中古今转型的独特路径。在他们看来，新文化运动之攻击儒教的全盘性反传统主义，只是中国传统一体化结构更替的特定方式。中国历史问题的关键，在于意识形态与政治社会整合的一体化结构的现代转型。据此，所谓"借思想文化以解决问题的途径"只不过是中国传统一体化结构的产物，即从传统一体化结构到新一体化结构的自我更新。既然五四激进主义是传统一体化结构变迁中之意识形态更替的关键历史环节，它自然有其不容低估的正面的历史意义。金观涛、刘青峰强调："对清王朝的现代化尝试、辛亥革命、五四青年的激进主义，以及国共两党的社会整合，都应该承认它们有不可取代的历史地位与意义。我们相信，将来回顾这一百多年的历史，它绝非一连串的失败，过去的世纪颇为壮观地体现出中华文明顽强的生命力和伟大的创造力。"（金观涛、刘青峰：《开放中的变迁——再论中国社会超稳定结构》，第464页）

②　张五常：《国家六十有感》，http：//blog.sina.com.cn/zhangwuchang，2009年10月1日。

③　史华慈：《序》，引自林毓生，穆善培译：《中国意识的危机》，贵州人民出版社1986年版，第2页。

宇宙王权崩解以后，帝国之整体性结构解体，附丽其上的儒家文化随之解纽。中国文化的转型固然必须批判一体化结构的旧意识形态，但这并不意味着因此要全盘否定传统文化。质言之，儒学即使作为社会—文化—政治整体性秩序的一环，甚至一体化结构的纽带，其功能绝不仅仅是帝国之意识形态，儒学的历史远早于帝国时代。儒学作为"轴心文明"的一个整全性的古典价值系统，其内部丰富多元的价值并非铁板一块，而是可分析的。除了意识形态化的帝国儒学，儒学还不仅蕴含普世的道德价值，而且构成了中华文明的文化认同。因而，不采用全盘反传统主义的意识形态，而采取创造性转化的态度，应该是一种现实的选择。

在激进主义反思中，就对其社会心理分析而言，大多数持同情的了解者的基本立场是承认"革命是水流壅塞时的溃决"（顾准语）。在文化心理层面，文化激进主义表征着一种文化自卑的屈辱感，由此使得它与激进的民族独立、平等意识相联系。伯林强调，民族主义是民族意识的一种"发炎红肿"的状态，导致民族主义发生的通常是创伤感，是某种形式的集体耻辱。日耳曼如此，亚洲的日本是如此，中国更是如此。从鸦片战争到甲午战争，一个泱泱大国由军事失败和经济落后而陷入救亡图存的民族危机，日益滋生一种失败民族自卑的屈辱心理，但是知识分子通常内心又有强烈的民族自尊感。这种反差造成了尼采或舍勒所说的"怨恨"，其表现之一，即五四激进知识分子悲愤地把中国的失败归咎于传统文化，胡适、鲁迅、陈独秀等人其实都有很深的民族文化悲情。我们在"导论"中曾经讨论过"既模仿又（双重）拒绝"的民族主义概念。这个视角可以帮助我们解释，尽管有民族主义作为三大思潮的公分母，但是三大思潮何以依然有其不可弥合的差别。中国许多人的民族主义，都是由于受到日本民族主义的刺激而生成的。在中国民族主义的兴起中，与日本的"既模仿又拒绝"关系的模式最为典型。拒绝外国的入侵和统治是共同的，为了拒绝必须模仿，所以最低程度的模仿（器物）是必须的，但是，激进主义和自由主义不满足于此，要向制度和伦理进军。社会主义和自由主义作为现代化的推动力量，其"模仿"的对象又有不同，不过就其都取法西方，自然与本土传统必然形成相应的紧张。

晚清以降，中国从一个笃古不变的古老民族转变为一个"不断革命"的现代民族，其民族精神之由静而动的蜕变，成为世界现代史上的一大奇观。其实，现代中国之保守与激进的转化，有着深刻的心理原因。

法国心理学家勒庞（Gustave Le Bon）的革命心理学，揭示了激进主义的心理基础。勒庞认为，一个民族的民族精神之元素必须具有刚性与柔性的平衡。只有当构成民族精神的那些要素拥有了某种程度的刚性之后，这种民族精神才算稳定地建立起来。另一方面，它还必须具有柔性。没有刚性，先辈的精神就无法继承；而没有柔性，则先辈的精神就不能适应由文明进步所带来的环境的变化。

"一个民族的民族精神如果过于柔韧，就会导致革命的不断发生；而民族精神如果过于僵化，则会导致这一精神走向没落。"因而，民族精神的理想境界是刚柔相济。在勒庞看来，古代罗马和现代英国或许是少数实现了这种刚性与柔性之平衡的完美典型。英国经历了两次革命，并且还把一位国王送上了断头台，但仍可称得上是一个稳定的国家。这是因为其民族精神既稳固得足以守成传统，取其精华；又柔韧得足以修正自身而不逾规矩。英国人从来没有像法国大革命中的革命者那样，梦想以理性的名义彻底打破古代的传统，建立一个全新的社会。在勒庞看来，英国刚柔相济的民族精神是完美的，而其保守和进步兼备的温和革命远远优于法国革故鼎新的激进革命。勒庞比较了英法传统后发现，英国民族精神刚柔相济，法国民族精神则刚有余而柔不足。他对于祖国民族精神的过于僵化深表遗憾："如果她再多一点柔韧性的话，古代的君主政体或许就会像其他地方那样慢慢地转变过来，而我们也就能够避免大革命及其破坏性的后果了，重塑民族精神的任务也就不至于如此艰难了。"

透过法国大革命的反思，勒庞揭示了深刻的革命心理学原理："那些精神极为稳固、持久的民族通常会爆发激烈的暴力革命，由于不能通过逐步的演进来适应环境的变化，所以当这种适应必须做出时，他们不得不在猝然之间被迫激烈地改变自身。"勒庞的结论发人深省："一个民族的传统精神决定其命运。"[1] 其实不独法国革命，俄国革命和中国革命的激进性，亦皆与其民族精神和文化传统的过于刚性有着因果关系。以往在启蒙反思中我们注意到法国启蒙与苏格兰启蒙的差别，现在我们看到，在民族心理上同样有（英国式）海洋性格的变动性与（法俄式）大陆性格的稳定性之间的差别。英国式的弱王权型封建秩序，孕育了自由传统、多元主义和妥协精神，而这些正是法国式的专制主义大一统社会所缺乏的。英法民族精神的差异，很大程度上源于其海岛和大陆的不同历史演进路径。英国民族精神兼具海岛国家的水之柔韧与土之厚重，它孕育着平衡性。而在法国、俄国和中国等大陆国家的民族精神传统中，恰恰缺乏海洋的柔性，以致传统过于僵化而难以适应现代化之历史大变局的挑战。

用这样的民族心理决定论来解释激进主义之兴起，是否又回到激进主义乃中国人之宿命？这是一个很难断然回答的问题。我们只能说，勒庞的心理学有助于我们理解中国社会之大陆式的刚性结构与传统，在遭遇历史性巨变时，采用激烈反传统的方案，包含了具有针对性的策略性。我们知道，胡适归国不久曾对传统之惰性不胜感慨："我以为这二十年来中国并不是完全没有进步，不过惰性太大，

---

[1] [法]古斯塔夫·勒庞著，佟意志、刘训练译：《革命心理学》，吉林人民出版社2011年版，第38页。

向前三步又退回两步,所以到如今还是这个样子。"① 鲁迅曾痛心疾首地哀叹:"可惜中国太难改变了,即使搬动一张桌子,改装一个火炉,几乎也要血;而且即使有了血,也未必一定能搬动,能改装。不是很大的鞭子打在背上,中国自己是不肯动弹的。"② 他很形象地说,中国人的性情太喜欢调和折中,假如一个屋子太暗,需要开窗,大家不允许。但如果你说拆掉屋顶,他们就会调和,愿意开窗了。意味着你本来只要和平地改革,但先要激烈的抗争。所以文化激进主义包括胡适倡言"全盘西化"的激进,针对古老的中国文化的深厚惰性,似乎包含了一种"取法乎上"、矫枉过正的文化策略。陈独秀用"以石条压驼背"为钱玄同废除汉字之偏激主张辩护,即以激进对抗保守的矫枉过正为理由③。这在20世纪90年代激进主义反思的过程中曾经被讥讽为"讨价还价"的做派。

历史确实充满着不同势力的博弈。传统越僵化而变革越激进,人们似乎只能用激烈反传统的方式去对付一个刚性的结构。物极必反,百年中国往往呈现历史钟摆的两极振荡。近代人喜欢说"不是东风压倒西风,就是西风压倒东风"。是/非、善/恶、对/错都是决然分明的两极。所以殷海光指出:"新人物反旧,旧人物也反新。互相激荡,意气飞扬,防御是尚,于是形成两极,彼此愈来愈难作理性的交通。一九一一年以后的中国就没有像日本那样的稳定的社会中心,以及深厚的中间力量,加以左右的政治分化和激荡,更是不可收拾。"④

总之,文化激进主义有其历史的根据,也有其历史的价值,它在正面推动中国的现代化的过程中为塑造中国的现代性作出的贡献是巨大的。从某种意义上说,没有亿万中国人追求激进变革的奋斗及其思想潮流,就不会有中国的迅速崛起。当然任何进步总有历史的代价。激进主义反思则强调其负面的意义。我们在描述此过程中提及的种种批评,未必都完全得当。不过新文化运动以来,是非两极分明的思维方式的广泛存在,说明在中国现代化的过程中,论辩的合理性没有随着工具合理性的扩张而建立,反而因为工具理性与价值理性的冲突而缺失。这涉及某些哲学问题,我们将在下一章来讨论。

---

① 胡适:《归国杂感》,载于《新青年》1917年4卷1号。
② 鲁迅:《娜拉走后怎样》,引自《鲁迅全集》(第1卷),人民文学出版社1956年版,第268页。
③ 甚至梁漱溟也对近代中国之变革的艰难和激进表示同情:"中国以其固有文化之特殊,社会构造历久而不变,抑且已到了自己不能再有什么变化的地步。及至近百年东西交通,人类历史汇之一流,此老社会为新环境所包围,且不断地予以新刺激,乃迫起变化不能自已,以求其适应。顾每一度变化均不见有何积极成功,只是他自身更深一度的崩溃解体。至于今日,殆犹未知其所届。其所以然,则以中国西洋在文化上之不同是根本的,其距离之度至大故也。不穷追至于最后,不能为新的构造。"(梁漱溟:《中国此时尚不到有宪法成功的时候》,引自《梁漱溟全集》(第五卷),山东人民出版社1990年版,第467页)
④ 殷海光、林毓生:《殷海光林毓生书信录》,上海远东出版社1994年版,第157页。

第三章

公共思想激进史的哲学分析

20世纪中国经历了一场伟大的革命,它深刻地改变了中国的面貌,在曲折地推进中国现代化的过程中,中华民族正期望着伟大复兴的新愿景。所有那些正面推动中国社会变革的思想,既让我们获得了值得珍视的成果,又可能在不同的历史阶段、不同程度上分有了"激进"的色彩。我们最初就澄清过:"激进主义"是一个描述思想倾向类型的概念,它包含了一个谱系,因而在不同的领域又有所不同。前面我们分两章讨论了政治与文化两方面的问题,它们都各有自身内部的复杂性。但是,如果从公共思想史的角度看激进主义的谱系,它们实际共享着某些思想资源,有着共同的哲学支援意识,或者不同程度地受到某些哲学难题的困扰。对这些做必要的分析,有助于我们更深入全面地理解20世纪中国极为重要的一脉思想。

一、线性化的进步主义信念

中国哲学在20世纪发生过若干显著的变革,前贤与时人已经有许多研究。有学者提出有一个类似古代所谓的"三五之变":20世纪中国文化哲学思潮流变可以分为三十年一小变,五十年一大变[①]。许全兴则提出,百年以来,随着三次

---

① 王守常:《20世纪中国哲学的断想》,引自《20世纪的中国:学术与社会(哲学卷)》,上海人民出版社2001年版,"代序"。

社会革命,20世纪中国发生了"三次哲学革命"①。再往前追溯,80年代,著名哲学家冯契先生著有《近代中国哲学的革命进程》一书,他认为,20世纪中国的哲学革命以进化论阶段为其开始,经过百家争鸣和实践的验证,哲学革命取得的最重要成果是体现时代精神的"能动的革命的反映论原理"。它是"马克思主义与中国哲学的优秀传统结合的结果"。它批判地继承了古代中国哲学的优秀传统,经过革命的飞跃,到达新的高度:"它作为中国近代哲学革命的最主要的成果,是历史观和认识论中心物之辩的科学总结,也为方法论的近代化与探讨人的自由问题提供了理论依据"。不过,冯契先生同时也指出,近代中国哲学的革命是一个尚未完成的过程,主要是在人的自由和思想方法的问题上尚需要进一步发展②。

冯契先生提出近代哲学革命从进化论传入中国开始,这与我们前面讨论激进主义思潮时,首先遇到的是进化论的影响有关联。许多批评激进主义的著述都把进化论视为激进主义的思想根源之一。从形式上看,这不无道理,然而如果深究起来,进化论对中国思想界的影响是全方位的,不仅激进主义受其影响,改良派——自由主义受其影响(严复、梁启超都是进化论的传播者),而且保守主义也未能完全独自超脱(诸如现代新儒家代表人物梁漱溟、熊十力也都一定程度接受进化论),只不过他们对于进化论家族的选择和理论的解释可以有不同。换言之,我们承认进化论对于中国的激进主义思潮有重大的影响,但更深层的是需要回答"进化论如何影响激进主义?"这一问题。

(一)

怀特海说过:"我认为,时代思潮是由社会的有教养阶层中实际占统治地位的宇宙观所产生的。"③ 进化论的宇宙观改变了传统的循环史观,又被而后的唯物史观所扬弃。陈卫平从世界观的高度称之为"近代中国思想界的第一大潮",并讨论了进化论如何为民族主义、自由主义和社会主义做了理论储备。他从传统

---

① 许全兴认为,与第一次资产阶级民主革命相应的是资产阶级哲学革命,它产生了孙中山、胡适、梁漱溟、熊十力、冯友兰和金岳霖、贺麟等的哲学。第二次是新民主主义革命,哲学革命的成果是产生了毛泽东哲学。"第三次革命是为建设、完善和巩固社会主义制度而进行的革命。这次革命包括毛泽东对中国社会主义道路的探索、1978年以来的改革开放。这次革命虽然取得了伟大的成绩,但尚未完成,仍在进行之中。与此相应发生的是马克思主义哲学的自我革命。自我革命主要是革教条主义的命,革从苏联传入的哲学教科书体系的命,以建立反映时代精神和具有中华民族特色的马克思主义哲学新形态、新体系。这一自我革命同样没有完成,仍在进行之中。"我们知道,历史上不少"左"的倾向通常与教条主义的错误有关联。事实上,至少在相当一段时间里,激进主义的偏向与苏式教科书所传达的若干"哲学原理"有关(许全兴:《百年中国哲学革命》,人民出版社2015年版,第549页)。
② 冯契:《中国近代哲学的革命进程》,华东师范大学出版社1996年版,第693页。
③ [英]A. N. 怀特海著,何钦译:《科学与近代世界》,商务印书馆1984年版,"序"。

哲学的"道器之辩"的延续与变形来讨论进化论的衍变,提供了一个新的思路[①]。近来有的研究则描述了这一个过程:从梁启超的"破坏主义"、孙中山将进化论作为激进革命的理论基础,到新文化运动中出现激进进化观和改良进化观,最后激进进化观成为主流[②]。

更进一步的研究似乎应该从思潮到观念沉积的路径来展开。因为进化论本来是西方科学的一种形态,中国人在接受和传播的过程中,既看到其科学的内容(对于一般人来说,基本上是常识的水平),更重要的是受到其歧出的一脉——社会进化论的影响。后者很快受到诸多批判。从这个意义上说,进化论思潮从整体上说,在20世纪20年代以后就不再是统合性的意识形态。但是从公共思想史的视角看,20世纪中国社会的"第一大潮"形式上退潮之后,依然有某种深层的力量,即有一种观念沉积下来,持久地发生广泛而深刻的影响。它就是"进步"的观念。

我们知道,在西方,"进步最初是一个宗教观念,在犹太—基督教的传统中间,这个指向乌托邦终点的观念占据着统治地位。假如说宗教改革运动把这个天国的观念降到了地上,那么启蒙运动则给予它最初的世俗形式。尽管浪漫主义运动反对把进步观念世俗化,对社会发展固有的积极本性的充满信心的赞美依然支配着19世纪的社会和文化思想。"[③] 而在甲午战争以后,当严复将进化论传入中国的时候,几乎同时就将"进步"的观念作为一个反传统的核心观念传导给中国思想界:

> 尝谓中西事理,其最不同而断乎不可合者,莫大于中之人好古而忽今,西之人力今以胜古;中之人以一治一乱、一盛一衰为天行人事之自然,西之人以日进无疆,既盛不可复衰,既治不可复乱,为学术政化之极则。[④]

另一个几乎独立地达到进化论的哲学家康有为,则借助于公羊三世说来传导进步的观念:

> "三世"为孔子非常大义。托《春秋》以明之,所传闻世为据乱世,所闻世为升平,所见世托太平。乱世者,文教未明也;升平者,渐有文教,小康也;太平者,大同之世,远近大小如一,文教全备也。[⑤]

尽管在上述两段文字中并没有出现"进步"一词,但是非常明显,它们都包

---

① 陈卫平:《世纪末的新世界观》,引自高瑞泉主编:《中国近代社会思潮》,上海人民出版社2006年版,第60~110页。
② 吴丕:《进化论与中国激进主义》,北京大学出版社2005年版。
③ Jefrey C. Alexander and Pitor Sztompka, *Rethinking Progress*: *Movement, Forces and Ideas at the End of 20th Century*, 1990, Boston, Uniwn Hyman.
④ 严复:《论世变之亟》,引自王栻主编:《严复集》(第一册),中华书局1986年版,第1页。
⑤ 康有为:《春秋董氏学》,引自《康有为全集》(第二卷),上海古籍出版社1990年版,第671页。

含了我们今天日常使用的"进步"观念。而且它几乎毫无疑问地是在时间之流中线性向前的过程。当然,他们尽可能地要使这一观念在中国生根。不仅康有为借用了经学的资源作现代性的解释,严复在传播进化论的时候,同样借用了儒家经典的新解释,把《周易》强调变动的永恒性("富有之谓大业,日新之谓盛德,生生之谓易")却保留循环论的观念,和儒家"天行健,君子以自强不息"和"苟日新,日日新,又日新"这类重视完善人格修养、努力走向"圣域"的观念,综合起来,创造性地转化为普遍的"进步"观念。不过,严复对是否有一个完美的理想世界,事实上抱有一定的怀疑。尽管如此,他依然说"吾党生于今日,所可知者,世道必进,后胜于今而已。"[1] 而康有为则通过对"三世"说的解释,创造了一个现代乌托邦——"大同"。尽管他将"三世"细分为一个不断渐进的过程,为其改良主义奠定历史观的基础,但是社会进步将必然到达一个与现实完全不同的理想世界,这种现代性的乌托邦蕴含了极为激进的意义。它意味着现实社会应该经历根本性的改造,因而努力颠覆现实界的秩序就具有了道德上的正当性。我们只要回顾20世纪中国的无政府主义思潮,几乎无一不是试图在当下进行"大同"的实验,就可以非常清楚地明白这一点;它和20世纪60年代"非常规现代化"实验一样,都把康有为安放在遥远未来的乌托邦,误置为可以立刻实现的社会设计。

其实,这原非中国独有的现象。作为现代性的观念前提,进步主义具有某种普遍性。爱德华·希尔斯在《论传统》中就已经指出,随着现代化运动的扩大,更多的人相信人类能够从其世俗的不完善中救赎出来:尽管上帝的王国不会在世上建立起来,然而使人类走向完善的社会进步则必将实现。但是,下面的讨论会让我们理解为何"进步"观念与公众思想的激进化有密切的关联。

(二)

从一般的意义上说,"进步"观念有其经验上的根据,而中国道路的独特性使得"进步"观念在中国有其更独特更丰富的经验基础。随着国门打开,中国人睁眼看世界,看到了现代西方随着科学技术的进步而发生了物质生活的巨大改善,也看到了中西社会治乱的强烈对比。西方在中国人的目标中就是"富强"。如果说生物进化论的传播只是描述了一份新的世界图景的话,那么"进步"观念的获得则最低程度也使得中国人觉得"富强"是可欲并且可能的。正如拉里·劳丹说的那样"'进步'一词具有许多感情方面的联想,这种联想深深扎根于科学的朋友和批评家的主观直觉中……同样必须注意的是,在'进步'一词的通常用

---

[1] 严复:《天演论》,科学出版社1971年版,第69页。

法中存在另一个极端严重的模糊性。具体地说,当谈到进步时,人们就毫无疑义地意味着生活的物质条件或'精神'条件方面的改善。"①

其实,正是这种在重视严格的逻辑分析的科学哲学家看来,意义模糊却同时可以引起人们丰富的情感上联想的观念,才对于普通大众具备驱动的力量;那些经过澄清、结构明晰的概念可以有认识论的意义,却未必具备实践的动力性。劳丹没有分析"进步"可以引起哪些"情感方面的联想",我们通过分析中国20世纪初期的文献大致可以看到,"进步"观念在中国,至少包含了四个方面的意蕴。首先自然是它的乌托邦指向。"进步"观念实际上包含了一个社会向善论的预设,即相信人类社会将不断改善,趋向一个完美的境界。在几代中国知识分子心目中,这个完美境界就是"大同"(将"大同"视为理想境界又蕴含了激进主义的另一种观念内涵——平等——这一点后面会再加讨论)。其次,正如"进化"一开始就带有"好"(严复用"宜"来表示)的意义②,"进步"同样是一个道德性的理念,指主体德性的提高和完善。或者说,接受"进步"的观念,就意味着预设了人性可以不断改善、趋向完人。我们知道,儒家讲人皆可以为尧舜,佛家讲人人能成佛。"进步"论使得道德理想主义有了现代形式的基础。再次,"进步"的信念意味着我们相信人的理性、知识尤其是科学技术将不断增长。中国人接受进化论的过程恰恰同时接受了启蒙主义,两者的重合,大大鼓舞了人们"勇敢而公开地使用自己的理性"。最后,"进步"观念对现实生活最持久的作用,在于它表示对力量的追求是可能的。"知识就是力量"是20世纪大部分时期人们公认的真理。我们相信凭借理性(尤其是科学技术那样的工具理性),足以征服自然,从而可以不断提高物质生活水平、增进人类的幸福。

上述四项意涵,包含了可以在经验世界中证成的部分(如科学技术和知识的增长、富裕生活的可能),也混合了无法验证(甚至有大量反证)的内容,但是它牵动中国人的情感上的联想是确定的,而且它所牵动的是非常强烈的情感。因为众所周知,20世纪初的中国积贫积弱,面临被瓜分的危险,国内政治混乱、国家极度无能。在此情形下,被迫进入现代化进程的中国实际上进入了一个高度竞争的世界,要在这场竞争中获得生存,需要高度动力性的观念来鼓舞人心。而"进步"恰恰正是一种具有强烈动力性的观念。人类具有进步信念,不仅使生活展现出进步的图景(中西之间至少在富强程度、科学知识、社会治理等方面表现出生活之间的距离——进步的可能空间),而且表示人们希望在所有这些方面获得改进,通过学习、追赶和达到"超胜"。"进步"的观念由此成为推动中国人

---

① [英]拉里·劳丹,方在庆译:《进步及其问题——科学增长理论刍议》,上海译文出版社1991年版,第9~10页。
② 高瑞泉:《中国的现代性观念谱系》,广西师范大学出版社2015年版第二章的相关考辨。

追求进步的动力。一个分币有两面，在它取得不可小觑的成就的同时，在公共思想史的激进一翼中演化为"进步主义"，乌托邦就转变为意识形态。

所谓"进步主义"，是指将"进步"理解成普遍、必然的历史规律，它是随着时间之流线性向前的永恒过程，人可以做的只有遵从这个规律。在20世纪初期，人们经常可以看到诸如此类的论式："世界潮流，浩浩荡荡，顺之者昌，逆之者亡。"这个潮流本质上就是社会进步的潮流。而在人们的日常生活中，是否"进步"成为一种评价标准，而"进步"的内涵则演变为追求力量、规模、速度、新奇。凡是在这四项有所改进的就是好的，最突出的特征就是唯"新"是求，凡是新的就是好的。新文化运动中的激进主义一翼将"新"与"旧"作决然的对立，后面就是上述思想模式在起作用。而其先驱谭嗣同早就说过："'日新之谓盛德。'言新必极之于日新，始足以为盛美而无憾。执此以言治言学，固无往不贵日新矣。"[①]

"进步"成为现代中国人精神世界中的核心观念，是一项重要的成就。它不但对于中国的现代化进程有不可或缺的价值，更重要的是，"进步"作为人的理想包含着进步的过程是为了人的，所有上述"进步"都以主体为目标。然而，一旦上述具体的"进步"本身成为目标，即成为"进步"的异化。所以我们在20世纪90年代以后的激进主义反思中看到了对"进步"尤其是"进步主义"的批评。

（三）

20世纪90年代激进主义反思中对"进步主义"的批评通常流于表面。从哲学上说，在进步主义发源地的西方，许多哲学家已经对其有过比较深入的反省。譬如，在科林伍德看来，尽管我们可以在相当有限的范围内承认道德、经济生活、科学、法律政治乃至哲学和宗教的进步，进步主义仍然是有疑问的。确实，进入现代化进程以后，以合理性为标志的现代性表示"进步"在许多方面都可以量化。譬如我们可以统计人均寿命、文盲率或受教育程度、物质生活的水平、人民享有公共产品的程度、犯罪率、城市化程度、以技术为驱动的劳动生产率，等等。但是在道德、幸福和艺术等方面，是否必然"进步"，似乎是难以确证的。因此，"历史的进步"在哲学上无法得到证成：

> "进步的规律"这一概念，——即历史的进程是这样被它所支配着，以至于人类活动前后相继的各种形式的每一种都显示出是对于前一种的一次改进，——因此就纯属一种书写混乱，是由人类对自己超过自然的优越性的信

[①] 蔡尚思、方行编：《谭嗣同全集》，中华书局1981年版，第416页。

念和自己只不过是自然的一部分的信念这二者间的一种不自然的结合而哺育出来的。如果其中一种信念是真的，另一种便是假的，它们不可能被结合在一起而产生出逻辑的结果。①

回顾中国人通过进化论的传播而接受"进步"观念，并将其上升为历史的普遍规律的过程，我们确实看到了两种信念的结合：一方面人类社会的进化服从生物进化的法则（生物进化则是宇宙进化的一个阶段）；另一方面，荀子"人定胜天"观念的现代复活，使得"进步"可能成为规范性的观念，即人有能力排除阻碍进步的障碍，实现自身的目标。在中国特定的语境中，就是既承认生存竞争、自然选择——适者生存、不适者淘汰的丛林法则，所以"任天为治"；又要"以人持天。以人持天，必究极乎天赋之能，使人治日即乎新，而后其国永存，而种族赖以不坠。是之谓与天争胜"②。

我们对这样一个似乎在逻辑推演上存在困难的观念作进一步分析，应该注意到"进步"观念并非独自起作用。"进步"作为一种价值、作为一种目标，达到它需要经过实践的途径。具体说来，需要通过"竞争"与"创造"。换言之，只有通过人主动地在竞争中取胜，以及创造性的活动，才可能获得进步。

达尔文的生物进化论，其要旨在于"生存竞争""自然选择"。按照这一理论，生物都会显示出变异的趋向，只有那些最适合在特定条件下生存的变异才得以繁衍后代。"没有第一种趋向，就不可能有进化。没有第二种趋向，就没有充分理由说明为什么一种变异会消失，而另一种变异会取而代之；这就是说，如不这样，那就没有选择。没有第三种趋向——生存斗争，自然选择的动力就会消失。"③ 当严复将这样的观念介绍进中国的时候，生存竞争已经泛化为社会生活中的"斗争"，包括民族国家之间的斗争。"竞争（斗争）"观念给当时中国人的情感上的联想，是反对列强、打倒军阀，有直觉上的正当性。同时，由于竞争（斗争）是达到进步的必要途径（当时许多人都总结西欧诸国最先发展的奥秘是列国纷争），竞争本身就获得了正面的价值。这对于古老的中国而言，是对传统价值的一种颠覆。"一阴一阳之谓道"，中国古代哲学有丰富悠久的辩证法传统，到张载那里发展到很高的程度。但是张载说："有象斯有对，对必反其有；有反斯有仇，仇必和而解。"（《正蒙·太和篇》）"仇必和而解"，意味着"和谐"终究是最后的价值。所以冯友兰说："所谓争斗的精神，中国以前是不讲底，中国

---

① ［英］科林伍德著，何兆武、张文杰译：《历史的观念》，商务印书馆1997年版，第443页。
② 严复：《天演论》，科学出版社1971年版，第1页。
③ ［英］赫胥黎著，《进化论与伦理学》翻译组译：《进化论与伦理学》，科学出版社1971年版，第5页。

以前所讲底，是无逸的精神。"① 现代文化保守主义的另一个代表钱穆也说："今于国史，若细心籀其动态，则有一至可注意之象，即我民族文化常于'和平'中得进展是也。欧洲常于'斗争'中著精神。"② 相对于这样的文化保守主义，在与进步密切联系之下安放"竞争"的价值，自然显得是一种激进的态度。如陈独秀如此赞美斗争精神：

  夫生存竞争，势所不免，一息尚存，即无守退安隐之余地。排万难而前行。乃人生之天职。……人之生也，应战胜恶社会，而不可为恶社会所征服；应超出恶社会，近冒险苦斗之兵，而不可逃遁恶社会，作退避安闲之想。③

如果我们注意到20世纪初期，在进化论的范式下，与强调"竞争"相对立的，还有如克鲁泡特金那样的"互助论"（即使像孙中山那样的革命家——同时有文化保守主义倾向——也主张"人类进化之主动力，在于互助而不在于竞争"，所以他反对阶级斗争），那么强调辩证法的正解唯有"仇必仇到底"，或者说用"斗争哲学"来解释社会历史进步的普遍规律，那就使得"进步主义"更显出其反传统的面相了。

与"竞争"类似的是"创造"的观念。毫无疑问，中华民族是富有创造性的民族，否则就无法解释何以有如此灿烂辉煌的古代文化。不过，先贤的创造性在子学时代一度以百家争鸣的方式大放异彩以后，在两千年经学时代，"创造"始终未呈现为显性的价值，而是被遮蔽在注经传统之下："盖凡学皆贵求新，唯经学必专守旧"，"制度有一定而不可私造，义理衷一是而非能臆说"④。实际上具有创造性的活动也只能在注解经典的外衣下进行，这种情况甚至延伸到康有为，他之所以采用"旧瓶装新酒"的方式来倡言改革，即因为充分意识到传统的权威。"布衣改制，事大骇人，故不如与之先王，既不惊人，自可避祸。"

随着"进步"观念的确立，"创造"的价值获得了广泛的认可。经过二十年的酝酿发酵，到新文化运动时期，几乎各个思潮派别都以不同方式、不同程度地认同了"创造"的价值。简言之，自由主义者如胡适所认可的"创造"，是一种理性的活动，可以通过科学研究的一般方法去进行。他们认为"创造"与传统之间，既有非连续性又有连续性：创新包含了对传统的理性批判，而整个创造又是不断积累"点滴进步"的结果。保守主义如梁漱溟也承认"创造"："所谓创造新文化即从旧文化里转变出一个新文化来。"或者说是"要从老道理的真精神里

---

① 冯友兰：《三松堂全集》（第三卷），河南人民出版社1989年版，第356页。
② 钱穆：《国史大纲》，商务印书馆1995年版，第12页。
③ 陈独秀：《敬告青年》，引自《陈独秀著作选》（第一卷），上海人民出版社1993年版，第150页。
④ 皮锡瑞：《经学历史》，中华书局2004年版，第93页。

开出一个新局面"。这符合他们的纲领"返本开新"。当他承认创造的价值的同时,更强调传统的连续性与本源性。因此保守主义的"创造"不会"唯新是求"。而激进主义者视野中的"创造",其精神与保守主义、自由主义都不同,他们更赞美"创造"是一种飞跃,强调创造是从自我出发的活动,必然包含文化传统的非连续性(断裂)。如李大钊说的那样,"西人既信人道能有进步,则可事一本自力以为创造,是为创化主义(creative progressionism)。"[①] 所以根本无须害怕与传统的断裂。陈独秀更直截了当地宣言:

> 新文化运动要注重创造的精神。创造就是进化,世界上不断地进化只是不断地创造,离开创造就没有进化了。我们不但对于旧文化不满足,对于新文化也要不满足才好;不但对于东方文化不满足,对于西洋文化也要不满足才好;不满足才有创造的余地。我们尽可前无古人,却不可后无来者。[②]

真正的创造活动与传统之间当然有一定程度的非连续性。但是,把"进步"理解为"前无古人"永不满足的"不断创造",就必然不惜割断与传统的联系,甚至以"与传统彻底决裂"为旗帜,这样便不可避免地使得"进步主义"成为"唯新是求"的激进主义。

二、平等主义的衍化

在进化论传遍中国、作为现代性基础观念的"进步"被广泛接受的同时,中国相继发生了戊戌变法、辛亥革命等一系列重大的政治变革,民族意识也随之高涨,民族主义思潮时时涌动。所有这些都与观念世界更深层面的变迁构成互动关系。辛亥革命以后,中国走出了迈向共和的第一步,它是一个古老帝国转型为现代民族国家的开始。在此过程中人们不难发现"民族主义和民主之间的关系,主权在民并且承认各个阶层在根本上的平等,这构成了现代民族观念的本质,同时也是民主的基本信条。"[③] 用最通俗的语言来表达,从传统帝国到现代民族国家的转型,不可避免地包含了个人身份从"臣民"到"公民"的转变。从《中华民国临时约法》开始,"平等"就在国家大法层面上得到了肯定(即使是字面上的肯定),并将转变为政治法律诸方面的制度安排。这种状态是前所未有的,而且迄今为止未有改变。这意味着"平等"成为各家各派的共法。而我们要注意的

---

① 李大钊:《李大钊文集》上,人民出版社1984年版,第559页。
② 陈独秀:《新文化运动是什么?》,引自《陈独秀著作选》(第二卷),上海人民出版社1993年版,第128页。
③ [美]里亚·格林菲尔德著,王春华等译:《民族主义:走向现代的五条道路》,上海三联书店2010年版,第11页。

是，激进主义一翼在对待"平等"方面有什么特点，平等观念对我们理解人们的思想"何以激进"有什么帮助。

（一）

从观念史的角度看，"平等"是一个古老的观念，但是在近代它经历了从"消极平等"到"积极平等"的飞跃[①]，严复用这两个概念来区别古代诸宗教的"平等"与现代民主政治中的"平等"。"消极"和"积极"的区别，不但指两种观念所包含的具体意义不同，而且指二者的意蕴及其所导致的行动倾向与动力性也大不相同。"消极平等"虽然也可能包含某些抗议性和实践要求，但是其基本倾向是对现实不平等的解释和"解脱"；"积极平等"则从强烈的抗议性引发出建构性，转变为改造社会、重作制度安排的规范性原则。前者在追求"平等"的驱动性上是一个比较薄、也比较弱的概念，作为一个抽象的概念，它主要作用于我们的主观世界；后者则为比较厚、比较强的概念，它在实践中不断扩张自己的领域，而且演化出一套复杂的话语。

从起源上看，对于"平等"观念在现代中国的嬗变起过积极推动作用的是激进主义和自由主义，更确切地说，在很长的时间里，是激进主义和自由主义的联盟，推动着"平等"成为改变20世纪中国的重要观念力量之一。传统主义的保守主义希望保持传统的权威和固有的秩序，这与他们实际上代表了原先享有的特权和精英地位有无庸置疑的联系。面对一个等级制的社会，"平等"首先就意味着重新分配权力和利益，意味着社会关系的全盘性调整，甚至意味着革命。改革或革命，"它意味着社会、经济或政治上的进一步平等，意味着人民对社会和政治生活的更为广泛的参与"。从戊戌到辛亥，中国历史不过是遵循了这一条逻辑而已：现代社会不可能长期安于严重的社会不平等。它的一项历史性的结果，是保守主义失去意识形态的主流地位达八十年之久。作为其补充，20世纪中国人的"平等"观念，几乎先天地就具备某种强烈的激进倾向。它几度走上前台，改塑了中国的政治文化版图。

从观念内容看，作为现代社会一项共法的"平等"观念，不再停留在人人能成圣或成佛的论述中，而要体现在广泛的社会生活中。而社会生活的复杂性和历史性，又决定了具体的"平等"诉求的多样化和历史演变。因此，在我们对公共思想界中激进之翼进行哲学分析的时候，需要考察激进主义的平等观与保守主

[①] 严复说："盖佛固言平等矣，而意指平等于用慈，亦言自由矣，而实明自由于解脱。即使求诸犹大之旧与夫基督之新经，固言于上帝前诸色人平等。然其平等者，平等于不完全，平等于无可比数。然则宗教之所谓平等者，乃皆消极之平等，而卢梭民约所标积极之平等，偶乎相远，而必不可强同者矣。"（王栻主编：《严复集》（第二册），中华书局1986年版，第338页）

义、自由主义有什么不同。简言之，文化保守主义虽不必反对"平等"，但是更倾向论述的是自我如何经过修养进入"圣域"，所以更重视"消极平等"。自由主义与激进主义的差异则首先体现在对"何物平等"问题的解答中。自由主义者注重的是政治平等，即原则上每一个成年人都有参与决定政治意志的权利，与其自由观相联系，自由主义强调法权平等，因而主要是机会平等。社会主义通常是现代社会革命的一翼（我们的前述讨论中"激进主义"各派其实都有不同的"社会主义"内涵），虽不必反对政治平等，但特别注意经济平等，他们不满足于机会平等那样的"形式平等"，而更在乎实质平等。因此，"平等"作为现代性的话语，内里充满了复杂的论辩，我们需要简略地分析激进一脉的平等诉求，来检讨此类"平等"观念是如何促进了这一脉思想趋于"激进"的。

与此相关的另一个重要问题是，既然"平等"是现代社会的共法，公共思想界是否仅仅因为对"平等"观念的具体规定有所分歧而产生出一部"三国演义"？回答这个问题的最简单的方式，是指出同时代的价值纷争，不但包含了各个不同派别各自持有何种价值——即它们各自的系统中包含了哪些基本的原则，而且很重要的是这些基本的原则是如何排序的，它决定了这个价值系统的结构。换言之，现代中国社会各个思想派别其实共享了许多基本价值，譬如富强、自由、平等、秩序、法治、民族等，但是每个思想派别的"统领性原则"却有所不同。它们虽可以摒弃于一时，但终究不能消弭差别。采用何种观念为自己的"统领性原则"，意味着当同一系统中的诸原则发生冲突时，"何者优先"就成为必须解决的问题。我们认为，在现代中国的三大思潮中，如果说保守主义以"秩序"为首要的价值原则，自由主义理所当然以"自由"为首要原则，那么激进主义就以"平等"为首要的原则。这一点更显示激进主义与平等观念以及平等主义之间的密切关系。

（二）

中国人"积极平等"的观念具备某种激进倾向，首先是因为它所包含的政治平等理想，最初是以纯粹外来的方式出现的。要用一种中国人前所未见的规范来改变中国社会，此之谓激进。其次，政治平等威胁到已经存在了两千年的帝制。以政治平等的标准看，传统的帝制并无其合法性（它的合法性来自"天命"论），因而连带着的是整个政治文化受到否定。所以谭嗣同说两千年政治是"大盗"与"乡愿"的结合，显得极其大逆不道。激进主义的"平等"观念一开始就不但要推翻整个政治制度，而且要否定该政治制度的文化基础，这种文化格式塔心理今天已经受到许多责疑。不过我们有理由说，激进主义"平等"观念一开始表现出强烈的反传统色彩，至少其中的一条原因，是占据主流地位的保守主义出于格式塔心理,试图运用全部文化传统的权威来防止"平等"观念的颠覆性,促使思想的博弈走向两极对立。

"革命世纪"一开始,"平等"观念就以十分激进的方式呈现在世人面前。那就是康有为的《大同书》和谭嗣同的《仁学》。

康有为认为人与人是天然平等的,尽管他借用传统信仰的"天",把人叫做"天民",实质却表示他接受了"天赋人权"的观念。更值得注意的是,在康有为那里,平等已经是先验的价值原则,是评判其他价值之价值:"人类平等是几何公理。但人立之法,万不能用,惟以平等之意,用之可矣。"[①] 另一方面,他又将"平等"的价值与功利主义或快乐主义联结起来,这种联结非常重要,因为当我们说康有为从公理推论出平等之公法的时候,它与"消极平等"的观念,可能都有关系,还只是平等的形上学。一旦将平等理解成人人都有追求幸福和快乐的相同权利、甚至与国家的强弱密切相关的时候,那么就是平等的政治学和社会学了。康有为的激进性还表现在将农民朴素的平均主义的"均贫富"转变为具有社会主义色彩的经济平等,而其实质是消灭私有制,与大工业和现代科学技术所提供的大生产联系在一起,"太平世人无私家、无私室、无私产、无私店",根本没有私有财产。如此激进的经济平等纲领,其实行从家庭革命开始,人们认为,只要废除婚姻制度,经济平等自然而然就实现了。结果,经济平等乃至整个"大同"都要从男女平等开始。正如梁启超评论的那样:"其最要关键,在毁灭家族。有为谓佛法出家,求脱苦也,不如使其无家可出;谓私有财产为争乱之源,无家族则谁复乐有私产?若夫国家,则又随家族而消灭者也。"[②] 这一套理论,在以家族为本位的中国社会,其激进性是毋庸置疑的。

我们可以把康有为的《大同书》视为平等主义的纲领,不但因为它有非常激进的经济平等观念,要求消除阶级之间的不平等;有非常激进的社会平等观念,要求实现男女之间的完全平等;而且还指它赋予了平等强烈的普遍主义品格。虽然它带有中国近代特殊的历史要求:民族平等。身处救亡图存困境中的中国人,最迫切的平等诉求之一,就是民族/国家之间的平等。大同要去九界,先要去"国界",消除由于民族国家之间的竞争而带来的不平等。不过,康有为不是在民族主义的意义上而是在世界主义的意义上要求民族/国家的平等。他相信世界应该有统一、合理的制度与秩序,以拆除国家之间的界限来保证人们的普遍平等。

说康有为的平等观属于激进主义的,是因为康有为的平等观念与现代资本主义的主流观念(自由主义)有着值得注意的区别。对经典的自由主义而言,平等

---

① 康有为:《康有为大同论二种》,上海三联书店1998年版,第7页。
② 梁启超:《清代学术概论》,引自《梁启超论清学史二种》,复旦大学出版社1985年版,第67页。

是作为自由的补充和假设条件,而不是作为对经验事实的一种陈述来思考的,"它要求人只有在经济和政治领域的竞争中是平等的,而不是在所有的生活领域都平等化"①。在价值排序中,与自由主义自由优先的方式不同,平等主义主张平等优先的原则;与自由主义重在保证进入竞争的"机会平等"不同,平等主义重在追求结果和实质性的平等。后者与平均主义有内在的联系。平均主义追求所有人都同样享有不伴有任何程度不平等条件的平等。政治上,所有人都拥有与他参与政治生活所需要的相等的政治权力和政治自由;经济方面,所有人都拥有相等数量的财富,以保证他获得幸福。而自由主义则认为机会平等才是真正的平等,因为它可以促使个人的行动自由,尤其是促使个人在经济活动中获得最大程度的自由。在康有为的"大同世界",虽然也容纳了一定程度的个人自由,但是极其有限,自由在"大同"世界中只是一个弱主题,平等才是压倒一切的强主题②。"大同"可以看作平均主义乌托邦的一种修辞学表达。

如果说《大同书》是平等主义的第一个纲领的话,那么谭嗣同的《仁学》则是对这一纲领的诠释和发挥,并且在若干方面更为激进。他为平等诉求作了更多的哲学论证,而且在实践上也有比康有为更激烈的趋势。

《仁学》以《仁学界说》开头,它用大量的条目谈论与平等相关的内容,因此成为谭嗣同平等论的总纲。《仁学界说》劈头就说,"仁以通为第一义",而"通之象为平等"。结果,"仁学"不再是建立在"爱有差等"基础上的伦理学说,而变成了普遍平等的理论。这里包含了对于儒家伦理的革命性解释。由于他将"通"上升为世界第一原理,人类的普遍平等就具有了本体论的依据。与此相应,谭嗣同对不平等的批评也更富有哲学意味。如果说康有为是用快乐主义或功利主义来批评不平等的制度的话,那么谭嗣同则运用唯名论来否定社会不平等的合法性。谭嗣同认为,在中国,社会等级和差别最突出地体现在"名教":

> 名本无实体,故易乱。……俗学陋行,动以名教,敬若天命而不敢渝,畏若国宪而不敢议。嗟乎!以名为教,则其教已为实之宾,而决非实也。又况名者,由人创造,上以制其下,而不能不奉之,则数千年来,三纲五伦之惨祸烈毒,由是酷焉矣。君以名桎臣,官以名轭民,父以名压子,夫以名困妻,兄弟朋友各挟一名以相抗拒,而仁尚有少存焉者得乎?③

按照前述仁学本体论,"平等"的关系是真实的存在(" 通 ""以太""电"

---

① [德]卡尔·曼海姆著,李朝晖等译:《保守主义》,译林出版社 2002 年版,第 83 页。
② 我们看到,在大同时代人们甚至不能对于自己的肤色种族特征负责,黑人是应该被改良的人种;妇女们不能自行决定是否生育,堕胎是法律明文严禁的行为;"懒惰"也被法律所禁止,不再享用社会财富而"出家"也不被允许,所以人们没有宗教信仰自由。最重要的是,大同社会严厉禁止追求个人经济利益的竞争。
③ 蔡尚思、方行编:《谭嗣同全集》,中华书局 1981 年版,第 299 页。

"心力");而等级关系、甚至一切差别都非真实的存在,都只是人所自造的概念、名称或符号而已。反过来,人们又为自造的名相概念所困,才导致不平等的社会现实。这种批评直接指向了当时中国的皇权政治。与康有为一样,谭嗣同说孔子是改革家,当初曾经"倡民主,变不平等为平等"。但是荀子把伦常说成孔教的精华,提出三纲说,创造了不平等的制度。后来儒家还用天命论来强化不平等:

> 以同一言天,而同受压于天也。天与人不平等,斯人与人愈不平等。中国自绝地天通,惟天子始得祭天。天子既挟一天以压制天下,天下遂望天子俨然一天,虽脅天下而残贼之,犹以为天之所命,不敢不受。民至此乃愚入膏肓,至不平等矣。①

> 君臣之名,或尚以人合而破之。至于父子之名,则真以为天之所合,卷舌而不敢议。不知天合者,泥于体魄之言也,不见灵魂者也。子为天之子,父亦为天之子,父非人得而袭取也,平等也。且天又以元统之,人亦非天所得而陵压也,平等也。②

不难发现,谭嗣同在论证过程中,用唯名论来破除不平等的社会制度,就使得其平等观念变得比康有为更加激进得多。他不仅要求破除三纲,而且要求废除五伦,一切人伦关系都以朋友关系为标准,因为朋友之间是平等的,个人"不失自主之权"。这种关系的普遍合法性早就由儒教、耶教和佛教证明了的③。这意味着,谭嗣同的平等观有着强烈的实践冲动,即包含着直接转变为政治改革行动的要求,为此可以不惜"流血满地球",诉诸暴力革命,而不是如康有为说的那样,在遥远的未来通过解除婚姻关系来达到平等。

总之,谭嗣同确实比康有为更激进,以至于被认为是20世纪中国激进主义的源头④。一方面,固然是前面所说的反对礼教、根本否定传统的政治制度,肯定政治平等的原则。他主张"共举一民为君",意味着所有成年人都有平等参与政治的权利。另一方面,是因为谭嗣同的理论有强烈的实践性,或者如张灏所说的"动力主义"(dynamism)和"行动主义"(activism)⑤。按照其"仁—通"

---

① 蔡尚思、方行编:《谭嗣同全集》,中华书局1981年版,第333页。
② 蔡尚思、方行编:《谭嗣同全集》,中华书局1981年版,第348页。
③ 蔡尚思、方行编:《谭嗣同全集》,中华书局1981年版,第350~351页。
④ "王汎森曾经追索谭嗣同思想在清末至五四运动前后的影响,他指出主张以冲决网罗之精神'打破所有传统的伦理、社会、政治结构,以达到所有国民平等,并在完全平等的基础上重新塑造一个新的群'的观念在1900年前后大量出现,至五四新文化运动达到高峰,材料多至不暇引用的地步,如笔名'激烈第一人'的刘师培、新民学会发起人之一的蔡和森,以及许多不甚著名的作者都有类似的想法。"(见黄克武:《一个被放弃的选择——梁启超调适思想之研究》,台湾"中央研究院"近代史研究所1994年版,第160页)
⑤ 张灏:《幽暗意识与民主传统》,新星出版社2006年版,第288页。

的本体论构想，依靠仁爱的精神力量，维系人我、群己之间的关系，可以构建无差别无隔阂的社会生活共同体。谭嗣同将"仁—通"实体化为"心力"，因而在中国近代最早复活了龚自珍的唯意志论，并在这个方向上实现其动力性的追求①。因此，和用理性规范社会的路径不同，谭嗣同的平等主义理想之实现，更多地要依靠意志和激情。这种非理性主义也使得谭嗣同的思想在有强大的实用理性传统的中国，更加显得激进；恰如其唯意志论在有强大的宿命论传统的中国显得十分异端一样。

（三）

我们之所以不惜花费笔墨来分析康有为谭嗣同的平等观念，主要是因为他们作为平等论的最初提倡者，对后世有深远的影响。我们知道，五四新文化运动也是平等主义的一个高潮期，其基本原则，在康谭那里都已经具体而微地存在了，这也从一个角度证明了"没有晚清，何来五四"这一观点。我们论述康有为谭嗣同的"平等"观念，也是以典型方式呈现平等主义与激进主义之间的密切关联。这使我们可以不必再具体陈述五四时代的平等论述②。总之，从戊戌到五四，一个不同于传统价值的"积极平等"观念，在很短的一二十年里，成为具有强烈动力性的理想，并且几乎全方位地扩展到政治、经济、社会等诸多方面。因此，如果与西方（譬如英国自由主义的鼻祖洛克）的理论相比，20世纪中国人的平等观念的激进倾向，还有几点颇值得注意。

其一，中国是除欧洲以外全世界最早废除帝制的国家，虽然而后的共和制度步履蹒跚，但是它开启了一个不可逆转的历史。中国不但在传统社会就是"君子之泽，五世而斩"；19世纪以后更无所谓世袭的贵族。千年科举取消以后，通过受教育尤其是高考，普通民众升入精英阶层的道路不断敞开。20世纪上半叶的土地革命和下半叶的社会主义革命，都实行了高度的社会动员，因而社会上下的流动也是前所未有的。尽管实际上存在着阶级和阶层的分别，但是至少在法理层面上这个社会不认可雇主（包括管理者）对于劳动者的压迫。

其二，在社会平等的某些方面，譬如教育平等、男女平等这些问题上，最前卫的中国意识觉醒比较早。这当然是在相对的意义上说的。西方人一开始并没有全面地提出平等的要求，洛克的《政府论》表明，"平等"主要是政治原则而不是普遍的伦理原则，从上帝面前人人平等的神学解释推导出来的，只是政治社会的平等，即公民的法权平等。因此在一定条件下，夫权和父权乃至主仆关系，都

---

① 高瑞泉：《天命的没落——中国近代唯意志论思潮研究》，上海人民出版社1991年版。
② 详可参见高瑞泉著《平等观念史论略》（第三章），上海人民出版社2011年版。

可以不服从"平等"原则。换言之，洛克和英国革命所解决的，只是围绕着政治权力的起源、使用和分配等等所涉及的平等原则，那是"民主的平等"的起点，既是逻辑的更是历史的。只是在政治平等获得某种程度的实现以后，英国人才渐渐将平等扩张到越来越广泛的社会平等——当然也是在经历了一连串的社会冲突和阶级之间的博弈以后。与英国不同，中国人则将自己的平等诉求在短时间内迅速扩张至各个方面，远在政治平等没有实现以前，男女平等、教育平等的主张已经为许多人所熟悉。中国的现代大学制度建立不久即实行男女同校，讨论"娜拉出走"成为新文化运动的一个热点，都说明虽然现代"平等"观念在中国是后起的，但是在社会生活的某些领域，却并非全面落后于同时代的西方世界。所以确实呈现出"激进"的面貌。更不用说，中国曾经有强大的无政府主义的潮流，无政府主义者在社会平等方面做过多方面的实验，也说明中国社会存在着强烈的社会平等的动力。

其三，中国是通过"中国特色社会主义"而迅速崛起的。与政治平等方面的实质性进展并不明显堪成对照的，是中国人对于经济平等的热情曾经持续高涨，并且在某些实验性运动中一度发展为破坏性的平均主义。20世纪40年代末国内战争的结局，已经决定了中国的社会主义道路的历史性选择，由此也决定了此后数十年经济平等从意识形态到国家制度、政策的转变。它突出表现在社会主义改造的一系列运动中。其目标不仅停留在分配正义上，按照马克思主义的经典理论，资产阶级的法权平等和资本主义经济不平等之间的冲突，最后只能导致危机和崩溃。真正的平等是消灭阶级，首先改变生产资料的私人占有为社会公有，同时要以不断革命的精神缩小乃至消除三大差别、限制资产阶级法权，从社会主义向共产主义转变。如何认识激进的平等主义的社会变革与经济发展之间的关系，需要非常专门的研究。按照大略的观察，"1950年以来，中国人取得了实现现代化的高增长率，超过大多数尚未实现现代化的国家"，但是低于"东亚四小龙"。扣除因为"大跃进"和"文革"所造成的破坏，这两个时期出现的问题，现在通常被人们归结为平均主义的恶果。中华人民共和国成立以后三十年经济的发展不容小觑，它一度被人们看作中国可能寻找到了一条不同于发达资本主义国家的现代化之路："它能建立一种更加平等、更具集体导向和更加公正的社会，从而减少了在其他地方可以发现的那种牢骚满腹和社会分裂的源泉。"

但是，为了实现激进的经济平等（和某些社会平等）而采取的无休止的"阶级斗争"和"无产阶级专政下继续革命"，不仅损害了生产效率，而且以一种新形式的政治不平等，导致了"文革"那样的社会动荡。换言之，在激进主义的社会改造方案中，"平等"本来因为它是未来社会的理想而成为社会动员的工具，这在有着悠久的"不患寡而患不均"的传统的中国，确实呈现出强烈的动力性。但是"经济平等"曾经一度异化为严重的不平等,激进的平等主义走向了它的反面,也给我们留下了深刻的教训。今天我们正在扭转这一误差,回顾历史就有了现实的参考意义。

三、功利主义的兴起

谈论现代西方激进主义的哲学基础时,我们通常重视欧陆哲学尤其是卢梭的著述,所以20世纪90年代"激进主义反思"就包含对卢梭及其对中国的影响的批评[1]。但是法国学者埃利·哈列维讨论的哲学激进主义,则主要是功利主义(utilitarianism)。这对我们反思激进主义的哲学基础有某种启发作用。

(一)

功利主义通常指那种以实际功效与利益作为道德标准的伦理学说。在这个意义上,先秦的墨子、宋代的陈亮、叶适那样强调事功的学派也被认为属于功利主义[2]。不过与20世纪激进主义有密切思想渊源的是作为一种系统理论的功利主义。"功利主义作为一种系统哲学而不仅仅是一种流行的观点的同时,一个功利主义者必然是一个激进主义者(故名之曰哲学激进主义)。"而且,在边沁时代,"功利主义的道德学说的支持者也同时是代议制民主和普选制度方面的理论家"[3]。事实上,边沁还对早期空想社会主义有过某种程度的影响。而社会主义是激进主义的重要形态。

作为对照,功利主义在现代中国同样可以归结为哲学激进主义的谱系,尽管功利主义在兴起的原因、它与传统思想的关系、它所带来的观念的演变脉络等方面,存在着自身的特点。但是无论如何,它是对儒家传统义利观念的一个方向性的逆转。我们知道,"义利"之说,被认为是儒家的"第一义",《孟子》的第一章,就是讨论义利之辩,而宋明理学家更强调"事无大小,皆有义利"(《朱子

---

[1] 如王元化有《卢梭〈社约论〉三篇》,写作于20世纪90年代,主旨是讨论卢梭的社会契约论,尤其批判其"公意"论。见王元化:《九十年代反思录》,上海古籍出版社2000年版,第88~102页。

[2] 中国古代儒家内部存在着对外王与内圣、王道与霸道、德性与事功、义与利等的争论,对于陈亮、叶适那样的哲学家,20世纪的研究者大多承认他们是功利主义者。不过侯外卢的《中国思想通史》把陈亮、叶适称作"异端",而美国学者田浩则强调了朱陈之争只是表现了儒家思想内在多样性的一个例证,陈亮的功利主义可以表明"中国的功利主义伦理取向能与儒家伦理相联系,而与维多利亚时代的个人主义无关。"([美]田浩著,姜长苏译:《功利儒家:陈亮对朱熹的挑战》,江苏人民出版社2012年版,第2页)

[3] [法]埃利·哈列维著,曹海军等译:《哲学激进主义的兴起:从苏格兰启蒙运动到功利主义》,吉林人民出版社2006年版,第1页。

语类》卷十三）。而功利主义思潮的流行，不但标志着士大夫从"太上有立德，其次有立功，其次有立言"的取向转变为更高的成就取向，即转变为现代人普遍认可的以成功和利益（在这里两者似乎是可以互文的）为第一目标；因而从根本上颠覆了传统价值在"义利之辩"中的排序原则。

梁启超写于 1902 年的《乐利主义泰斗边沁之学说》说明梁启超已经意识到功利主义对于此前占据主流的宋明理学所具有的革命性质：

> 汉宋以后学者讳言乐、讳言利。乐利果为道德之累乎？其讳之也，毋亦以人人谋独乐，人人谋私利，而群治将混乱而不能立也。虽然，因噎不可以废食，惩羹不可以吹齑。谓人道以苦为目的，世界以害为究竟。虽愚悖者犹知其不可也。人既生而有求乐求利之性质。则虽然极力克之窒之，终不可得避。而贤智者即吐弃不屑道，则愚不肖益自弃焉、自放焉，而流弊益以无穷。则何如因而利导之，发明乐利之真相，使人毋狃小乐而陷大苦，毋见小利而致大害。则其于世运之进化，岂浅鲜也。于是乎乐利主义 Utilitarianism 遂为近世欧美开一新天地。①

当然，与哈列维相比，梁启超的看法似乎过于简单。哈列维在讨论功利主义作为一种哲学激进主义为何在英国兴起的时候说道："一方面，物理科学的发展，牛顿原理的发现使得整个自然科学建立在唯一一个法则之上成为可能，同时，也使得发现一个能够有助于建立一个有关道德和社会生活现象之综合科学的类似原则成为希望；另一方面，一定意义上由于科学的发展及其应用带来的进步导致了整个社会面临着深刻的危机，这种危机的出现要求整个既有的法律、经济以及政治体制的转型，并提出了各种改革方案，各色改革者层出不穷，这种危机最终要求建立能够将各种零散芜杂的观念统合起来的单一原则：这些就是哲学激进主义形成的总的原因。"② 其实，功利主义在中国的兴起，同样是社会危机的产物，它以政治危机肇始，引发的是深刻的文化危机。在应对危机的过程中，以追求富强为先导的现代化运动，不但强化了价值观念变革的需求，而且导致了经济生活和社会阶层的深刻变化，后者又转而促使意义世界的秩序发生了某种基础性的变革。

从 19 世纪 60 年代的洋务运动（通常我们也把它看作中国的早期现代化）开始，道光年间兴起于士林的"经世致用"思潮，借助"洋务"而集中于追求富强的目标。洋务精英意识到，当初的"华夷隔绝之天下，一变为中外联属之天

---

① 梁启超：《饮冰室文集》一册，大道书局 1936 年版，第 237 页。
② ［法］埃利·哈列维，曹海军等译：《哲学激进主义的兴起——从苏格兰启蒙运动到功利主义》，吉林人民出版社 2006 年版，第 3 页。

下"，处于激烈的国际竞争环境中，"既厕于邻敌之间，则富强之术，有所不能废"①。在薛福成 1885 年在《筹洋刍议》中写下的这段话里，"富强"似乎还是需要求证的价值。但是 1895 年严复写作《原强》时，富强之达成已经是需要开民智、鼓民力、新民德的系统变革才能实现的了。所以严复说："是故富强者，不外利民之政也，而必自民自利始；能自利自能自由始；能自由自能自治始，能自治者，必其能恕，能用絜矩之道者也。"② 富强导向的政治变革，将要求经济活动方式、社会政治制度、伦理关系乃至自由理想，都发生根本性的变化。

（二）

功利主义思潮更深的意义在于它改变了"义利之辩"的方向。

"义利之辨"是中国古代伦理道德的关键论域，"义利之说，乃儒者第一义"。从孔子"君子喻于义，小人喻于利"开始，正统儒家重视的是义利之"辨"，重在区分"义"和"利"。因而，发展出一套道义论的传统，乃至有董仲舒所谓"正其谊不谋其利"和宋明理学家所谓"存天理灭人欲"的极端理论。当然儒家并非完全不承认"利"，只是坚持利益不能成为首要的价值原则，不能成为道德的形上学基础。用朱熹的话说，就是：

> 凡事不可先有个利心，才说著利，必害于义。圣人做处，只向义边做。然义未尝不利，但不可先说道利，不可先有求利之心。盖缘本来道理只有一个仁义，更无别物事。义是事事合宜。（《朱子语类》卷五十一）

在实践中它要求当利益与道义发生冲突的时候，应该舍利而取义。更明确地说，儒家承认的利是社会规范（仁义）允许之内的，换言之，"义"已经包含了某种"利"。逸出"义"的"利"是"私利"，是儒家所反对的。所以"义利之辩"必然关系到"公私之辩"或"群己之辩"。简言之，儒家认为个人利益不能成为道德的基础，并为此发展出一套本体论的论证。大致是说道义与德性来自天理，追逐私利的根源却来自人欲，"人欲"是正常的生活需求的溢出，"殉人欲，则求利未得而害已随之"。从而又涉及传统的"天人""理欲"等重大辩难。总之，儒家在"义利之辩"上的正统教义，表现出鲜明的反功利主义原则性，它构成了儒家价值系统的基础。"义利之辩"在古代中国有悠长的源流，墨家把道德价值归结为"利"，并且从人的感性好恶来界定利害。但是墨家在两千年间几乎成为绝学；儒学中即使有类似陈亮、叶适那样的事功学派，也只是异端或者潜

---

① 薛福成：《薛福成选集》，上海人民出版社 1987 年版，第 556 页。
② 严复：《原强》，引自王栻主编：《严复集》（第一册），中华书局 1986 年版，第 14 页。

流①。因此，可以想见，对于儒家这样一个综合了宇宙本体论、伦理学和政治学的价值系统，"义利之辩"的任何重大新方案，都会深刻地震动其自身。

震动不是突然到来的。国内学术界对于明清之际三大批判思想家或"早期启蒙"的研究，与日本学者沟口雄三所说的"中国前近代思想之曲折与展开"，都说明明清之际部分士大夫已经有了"欲的肯定和私的主张"②。与思想史的变化相应的是，传统"四民观"从"士农工商"正悄悄转变为"士商农工"③。不过所有这些变化都有其限度，即总体上并未取代正统意识形态的地位，作为异端与官方价值之间存在着明显的紧张。它们只是要求在传统的"义理"框架内安放"利"与"欲"。"义"与"理"依然是道德的根据和政治合法性的来源，功利或快乐尚未上升为价值的首要原则。道光年间，俞理初、魏源、龚自珍代表了上述转变正在继续。俞理初以为商人追逐利润的行为是"近人情"的，在"义理"之外另立一个"人情"作为评判标准。魏源提出"便民""利民"是衡量政治的标准。龚自珍则大胆地断言，人皆有私，即使圣帝哲后、忠臣孝子、贞节妇女，都是以"私"为标准，以自我利益为中心的。人可以先公后私、先私后公、公私并举、公私互举，唯独不能大公无私。因为物质利益是人类行动的基本驱动力，即使士大夫也未能独免。道光年间的变化表明，利益原则已经不需要从正统价值系统来获得其合法性的证据，因此正在从正统价值中分裂出来④。

个人利益上升为伦理学的基本原则，当然有外来思想的源头，但更应该看作中国社会现代化过程中新陈代谢的某种结果。历史学家认为 19 世纪 20~80 年代，一场资本主义的商业革命在中国沿海地区兴起，出现了兴旺而富有的商界。私有财产和利润制度都开始得到有力的保护⑤。而在思想界，就出现了郑观应对于商人地位的新自觉："是商贾具生财之道，而握四民之纲领也。商之义大矣哉。"⑥ 商人从四民之末上升为四民之首，是社会的精英和领袖。传统的"义利之辩"发生反转，"利"突破"义"的限制和规定就具备了历史条件。

功利主义的"义利观"成为戊戌时期的主流意识，其激进的性质表现为下列诸方面。

"去苦求乐"即"幸福"或"快乐"成为人道的基本原则、道德的基础。按照康有为的说法："故夫人道者，依人以为道。依人之道，苦乐而已。为人谋者，

---

① [美]田浩著，姜长苏译：《功利主义儒家：陈亮对朱熹的挑战》，江苏人民出版社 2012 年版。
② [日]沟口雄三著，陈耀文译：《中国前近代思想之曲折与展开》，上海人民出版社 1997 年版，第 17 页。
③ 余英时：《士与中国文化》，上海人民出版社 2003 年版，第 395 页。
④ 稍为详细的讨论见拙著《从历史中发现价值》，大百科全书出版社 2006 年版，第 180~195 页。
⑤ [美]郝延平著，陈潮等译：《中国近代商业革命》，上海人民出版社 1991 年版。
⑥ 郑观应：《盛世危言·商务二》，华夏出版社 2002 年版，第 307 页。

去苦以求乐而已。无他道矣。"这与边沁所谓趋乐避苦是支配人类行为的普遍法则的论断相似。边沁根据这一普遍法则规定了道德原理的基础即为功利。边沁说:"一种行为,其增多社会幸福的趋向大于其任何减少社会幸福的趋向,我们就说这个行为是符合功利原则的。或者为简短起见,只就是符合功利的(意思是泛指社会而言)。"所谓功利原理,是根据某一行为是增多还是违反当事人的幸福来确定其是否道德。幸福概念与利益概念相通,而利益总是个人利益,所谓社会利益只是"组成社会之所有单个成员的利益之总和"①。在表达边沁式功利主义的基本原则方面,严复走得更远一些:他断言背苦求乐是"人情之大常","必有所乐,始名为善"。而且他自觉到功利主义是对儒家正统的义利观的反叛:

  民之所以为仁若登,为不仁若崩,而治化之所难进者,分义利为二者之害也。孟子曰:"亦有仁义而已矣,何必曰利?"董生曰"正谊不谋利,明道不计功。"泰东西之旧教,莫不分义利为二途。此其用意至美,然而于化于道皆浅,几率天下祸仁义矣。自天演学兴,而后非谊不利,非道无功之理,洞若观火。②

  大抵东西古人之说,皆以功利为与道义相反,若薰莸之必不可同器。而今人则谓生学之理,舍自营无以为存。③

严复很清楚,功利主义使得传统的"义利之辩"发生了方向性的变化:儒家道义论拒绝以利益作为道德的基础,利己的行为没有道德意义;功利主义则反其是,不但认为利己的行为同时可以是道德的行为,并且认为"利益"应该成为道德的基础。

这一改变同时也改变了传统"理欲之辩"的方向。因为随着利益原则的上升,"欲望"不但是正当的,而且获得了前所未有的解放。朱熹讲存天理灭人欲,而天理与人欲的区别,从人的物质生活的需求与欲望的差别性看,人要饮食是天理,求美食即是欲望;夫妇之伦属于天理,寡妇再嫁则肯定是欲望。换言之,物质生活的需要应该被严格地限制在"礼义"的范围之内。任何非分之想都是非法的。天理与人欲的区别,从人道观所蕴含的感性原则与理性原则的关系说,朱熹的论点是将人的道德活动严格地限制在伦理理性之内,将人的感性活动排斥在外,"理欲之辩"等同于"性情之辩",无欲也即无情。而功利主义的传播旨在解放人的欲望。

  人道者,因天道而行之者也。有以发挥舒畅其质则乐,窒塞闭抑其欲

---

① 周辅成编:《西方伦理学名著选辑》(下卷),商务印书馆1987年版,第211~212页。
② 严复:《原富》案语,引自王栻主编:《严复集》(第四册),中华书局1986年版,第858~859页。
③ 严复:《天演论》,商务印书馆1981年版,第92页。

则郁。①

言性善，斯情亦善，生与形色，又何莫非善？故曰：皆性也。世俗小儒，以天理为善，以人欲为恶，不知无人欲，尚安得有天理！②

康有为、谭嗣同的上述议论当然并非他们独创，明清之际的早期启蒙思想家如王夫之等已经说出了"天理即在人欲之中，无人欲，则天理亦无从发见"。康有为、谭嗣同所具有的自然主义人性论，主张人道就是充分顺从人的天性，充分满足人的自然欲望，所谓欲望不但指物质生活的消费需求，而且指男女之间的情欲和其他方面的精神需求，即物欲与情欲的满足。而情欲的满足，不过是"男女之构精，特两机之动，毫无可羞丑"③，故可冲破传统伦理防淫、禁淫之种种，甚至应该取消婚姻和家庭④。物欲也不再只在维持生存的有限水平，而可以是对富裕和奢侈的追求。早期功利主义者对于资本主义和工业化所带来的物质生产力与财富似乎可以无限增长的前景，充满信心：

有矿焉，建学兴机器以开之，凡劈山、通道、潴川、凿险咸视之。有田焉，建学兴机器以耕之，凡林木、水利、畜牧、蚕织咸视之。有工焉，建学兴机器以代之，凡攻金、攻木、造纸、造糠咸视之。大富则为大厂，中富附焉，或别为分厂。富而能设机器厂，穷民赖以养，物产赖以盈，钱币赖以流通，已之富亦赖以扩充而愈厚。不惟无所用俭也，亦无所用其济施，第就天地自有之利，假吾力焉以发其覆，遂至少充溢溥遍而收博施济众之功。故理财者慎毋言节流也，开源而已。源日开而日亨，流日节而日困。⑤

人们不难从中发现与古代农业社会迥然不同的成就取向和经济伦理。谭嗣同的思想受康有为的影响甚深，康有为《大同书》最后一部分所描述的"大同"世界，物产是如何富裕，居处、舟车、饮食、衣服等无不可以臻于极乐，固然有佛教天堂的影子，但却是建立在对工业文明——马克思所说的"仿佛用法术创造了如此庞大的生产资料和交换手段的现代资产阶级社会"——将实现物质生活水平空前提升的信念的基础上的。所有这些都表明，早期功利主义对于传统社会的禁忌和规训，产生了何等强烈的破坏，在经济伦理（包括消费伦理）、家庭伦理（扩而至性伦理）等方面采取了何等激进的态度。

不过，早期功利主义者在其哲学激进主义的强度上，有其明显的限度。在强

---

① 康有为：《大同书》，上海古籍出版社1956年版，第27页。
② 蔡尚思、方行编：《谭嗣同全集》，中华书局1981年版，第301页。
③ 蔡尚思、方行编：《谭嗣同全集》，中华书局1981年版，第325页。
④ 康有为《大同书》对于"去家界"取消婚姻的规划，是人们已经熟知的。其实康有为甚至讨论过大同社会给予同性恋以自由。虽然所谓"男风"在古代贵族并非罕见的事例，但是总是不合礼仪。从这一点也可以看出，功利主义、快乐主义对于传统性伦理的颠覆作用。
⑤ 蔡尚思、方行编：《谭嗣同全集》，中华书局1981年版，第324页。

调"利益"原则是道德之基础的同时,并未舍义取利,而是以"义利合"为其主流。主要原因是他们没有采取西方功利主义的个人主义立场,与个性解放潮流同时兴起的还有大同主义,因而在与"义利之辩"密切相关的"群己之辩"上倾向于群己和谐或群己兼容的原则。边沁将社会和社会利益作类似唯名论的解释,只承认个人和个人利益的现实性;即使经过约翰·穆勒作一种修正主义的解释以后,他们依然坚持追求个人幸福是实现公共幸福的前提。所以像严复那样的功利主义者,并不强调个人利益是首要的原则,更多的时候是强调利己和利他的统一,由此走向"开明自营"论。所谓"开明自营"是指在不违背道义的情况下,实现利己和利他的统一,由此实现"利"(利己)与"义"(利他)的合一。"故西人谓此为开明自营,开明自营,于道义必不背也。复所以谓理财计学,为近世最有功于生民之学者,以其明两利为利,独利必不利故耳。"[1]

(三)

功利主义在五四时期进入了高潮,占据思想界主流的《新青年》同人大多取启蒙主义的立场,反对儒家正统的义利观念,主张满足人的自然欲望和基本的物质利益需求。"道德不在情欲之外,理即在事为之中。"[2] 个人利益具有天然的合法性:"一要生存,二要温饱,三要发展。有敢来阻碍这三事者,无论是谁,我们都反抗他、扑灭他!"[3] 传统的"知足即福"被颠覆了,人类的欲求具有善的价值:"物质上的不知足产生了今日钢铁世界、汽机世界、电力世界。理智上的不知足产生了今日的科学世界。社会政治制度上的不知足产生了今日的民权世界、自由政体、男女平权的社会,劳工神圣的喊声,社会主义的运动。"[4]

五四时期的功利主义与个人主义有某种程度的重合,与严复的"开明自营"相类似,胡适和陈独秀堪称代表。他们都从人性都求乐免苦的预设出发,以为自爱是人生的动力:"天下无论何人,未有不以爱己为目的者。其有昌言不爱己而爱人者,欺人之谈耳。"他们热烈地颂扬功利主义,认为功利主义所主张的个人财产独立与伦理上的个人人格独立互相结合,导致了西方社会制度和道德的普遍进步。在这个意义上,他们虽然主张个人主义或个人本位,但是同时是理想主义的,即以为从普遍的自爱出发,利己和利他是可以统一的:

> 个人生存的时候,当努力造成幸福,享受幸福;并且留在社会,后来的

---

[1] 严复:《天演论》,商务印书馆1981年版,第92页。
[2] 胡适:《几个反理学的思想家》,引自《胡适文存》(二集),黄山书社1996年版,第70页。
[3] 鲁迅:《北京通信》,引自《鲁迅全集》第3卷,人民文学出版社1981年版,第51页。
[4] 胡适:《我们对于西洋近代文明的态度》,引自《胡适文存》(二集),黄山书社1996年版,第10页。

个人也能享受。递相授受，以至无穷。①

陈独秀们接受的更多的是约翰·弥尔式的功利主义，并且从"幸福"的定义中剪除了"财富"或"发财"的内容。"最大多数人的最大幸福"虽然保留了必要的"物质利益"，但是却是大大弱化了，"幸福"更多地指向了精神的向度，即"内图个性之发展，外图贡献于群"。"真正的个人主义在于把你自己这块材料铸造成个东西。"②

个人主义的功利主义一方面由于它的个人主义，由于与"群己之辩"的变化相联结，因而传统的"义利之辩"发生的转向显得更为激进；但是另一方面，五四时期的功利主义又是理想主义的功利主义，他们普遍地鄙视"发财"，并不给追逐财富的行为以价值的肯定，也看不到富兰克林那样把个人追逐金钱的行为道德化的理论。后者在马克斯·韦伯的研究中，表明"从牛身上刮油，从人身上刮钱"如何变成了"具有公认信誉的诚实人的理想"。换言之，功利主义者对经济利益的伦理辩护并没有发展出与市场经济或商业社会相匹配的经济伦理，而是从文化-道德批评，走向政治斗争和社会革命。强调"利益"原则，更多的是为新的政治伦理提供前提，与社会解放、社会主义的理想有更密切的关系。

陈独秀等很快就转变为马克思主义者。马克思主义同样强调"利益"的原则。事实上，功利主义被认为是可以改造为社会主义的理论。恩格斯说：

> 当代最大的两个功利主义哲学家边沁和葛德文的著作，特别是后者的著作，也几乎只是无产阶级的财富。即使激进资产阶级中有边沁的信徒，那也只有无产阶级和社会主义者才能越过边沁，迈步前进。③

马克思主义认为："既然正确理解的利益是整个道德的基础，那就必须使个别人的利益符合于全人类的利益。"④ 共产党人"没有任何同整个无产阶级的利益不同的利益。……一方面，在无产者不同的民族的斗争中，共产党人强调和坚持整个无产阶级共同的不分民族的利益；另一方面，在无产阶级和资产阶级的斗争所经历的各个发展阶段上，共产党人始终代表整个运动的利益。"⑤ 正是阶级利益的冲突决定了阶级矛盾和阶级斗争的不可调和性质。无产阶级的自身利益，只有通过阶级斗争和无产阶级专政，通过彻底的社会革命，达到共产主义，才能

---

① 陈独秀：《陈独秀著作选》，上海人民出版社1993年版，第347页。
② 胡适：《爱国运动与求学》，引自《胡适文存》（三集），黄山书社1996年版，第571页。
③ 恩格斯：《英国工人阶级状况》，引自马克思、恩格斯，中共中央马克思恩格斯列宁斯大林著作编译局编译《马克思恩格斯选集》（第二卷），人民出版社1995年版，第528～529页。
④ 马克思：《神圣家族》，引自马克思、恩格斯，中共中央马克思恩格斯列宁斯大林著作编译局编译《马克思恩格斯选集》（第二卷），人民出版社1995年版，第157页。
⑤ 马克思、恩格斯：《共产党宣言》，引自马克思、恩格斯，中共中央马克思恩格斯列宁斯大林著作编译局编译《马克思恩格斯选集》（第一卷），人民出版社1995年版，第285页。

真正实现。毫无疑问，利益的原则在马克思主义的定义中与社会革命论相结合，表现出空前的激进性质：

> 现代的资产阶级私有制是建立在阶级对立上面、建立在一些人对另一些人的剥削上面的产品生产和占有的最后而又最完备的表现。
>
> 从这个意义上说，共产党人可以把自己的理论概括为一句话：消灭私有制。①
>
> 共产主义革命就是同传统的所有制关系实行最彻底的决裂；毫不奇怪，它在自己的发展中要同传统的观念实行最彻底的决裂。②

马克思主义的中国化产生了某种我们可以称之为"革命的功利主义"的理论。即社会革命最终是为了最大多数人民的最大幸福；同时满足人民群众的实际利益，又是实现革命所需要的广泛社会动员的工具。按照毛泽东的说法，因为要把革命发展到全国：

> 我们对于广大群众的切身利益问题，群众生活问题，就一点也不能疏忽，一点也不能看轻。因为革命战争是群众的战争，只有动员群众才能进行战争，只有依靠群众才能进行战争……一切群众的实际生活问题，都是我们应当注意的问题。假如我们对这些问题注意了，解决了，满足了群众的需要，我们就会真正成为群众生活的组织者，群众就会真正围绕在我们的周围，热烈地拥护我们。③

尽管中国的马克思主义的道德理想属于道义论的，但其现实的政策取向却显示出忠于利益原则的立场；尤其在新民主主义阶段，共产党的政策宣言带有浓厚的革命功利主义色彩。

> 必须代表广大劳动人民的利益，代表一切革命阶级的利益，代表自己民族的利益，也就是说要代表占本国人口百分之九十几的人民的利益。无产阶级的坚定立场，就是要在任何时候、任何情况下，都代表最大多数人民的最大利益，我们并且要了解这也就是无产阶级的最大的阶级利益……要在革命的每个发展阶段，都把局部利益和整体利益结合起来，把当前利益和长远利益结合起来，要像马克思和恩格斯所说的："一方面，在各国无产者的斗争

---

① 马克思、恩格斯：《共产党宣言》，引自马克思、恩格斯，中共中央马克思恩格斯列宁斯大林著作编译局编译《马克思恩格斯选集》（第一卷），第286页。

② 马克思、恩格斯：《共产党宣言》，引自马克思、恩格斯，中共中央马克思恩格斯列宁斯大林著作编译局编译《马克思恩格斯选集》（第一卷），第293页。

③ 《关心群众生活，注意工作方法》，引自《毛泽东选集》（第一卷），人民出版社1991年版，第136~137页。在这个问题上，尽管具体的用词有细微的差别，中国共产党有着理论的一贯性。2001年，江泽民在《庆祝中华人民共和国成立八十周年大会上的讲话》还提出"坚持把人民的根本利益作为出发点和归宿"。

中，共产党人强调和坚持整个无产阶级的不分民族的共同利益，另一方面，在无产阶级和资产阶级的斗争中所经历的各个发展阶段上，共产党人始终代表整个运动的利益"。①

值得注意的是"最广大人民群众的根本利益"的概念。它在更多的时候表述为"为最大多数人谋最大的利益"。而在集体主义的阐释体系中，它导致了两种标准：共产主义的信仰者应当自觉地过着克己的甚至是禁欲的生活；他们是解放者，对于他们，应该言义不言利；被解放的民族或人民的利益则必须时刻被关注。人民的根本利益、长远利益和整体利益即是自身的解放（义）。但是根本利益、长远利益和整体利益等，都必须与"革命"乃至"彻底革命"的目标联系在一起。

毛泽东有一个更著名的论述：

> 唯物主义者并不一般地反对功利主义，但是反对封建阶级的、资产阶级的、小资产阶级的功利主义，反对那种口头上反对功利主义、实际上抱着最自私最短视的功利主义的伪善者。世界上没有什么超阶级的功利主义，在阶级社会里，不是这一阶级的功利主义，就是那一阶级的功利主义。我们是无产阶级的革命的功利主义者，我们是以占全人口百分之九十以上的最广大群众的目前利益和将来利益的统一为出发点的，所以我们是以最广和最远为目标的革命的功利主义者，而不是只看到局部和目前的狭隘的功利主义者。②

以上所述，大致可以描述出从追求富强而兴起在中国的功利主义思潮，经过短暂而并未能生根的个人主义的功利主义，走向了革命的功利主义的脉络。从中我们不难发现，以追求富强为开始的现代化运动，如何因为改变了传统"义利之辩"的方向，幸福和利益原则的上升，在中国现代化的起步阶段，对价值世界、伦理关系和政治革命等多方面所具有的激进意蕴。

功利主义不是单独地起作用的，而是在与进步主义、平等主义和社会革命论的结合中，才充当了激进主义思潮的哲学辩护，或者说鼓舞了激进主义。因此，我们还需要进一步研究上述哲学理论之间的复杂关系，才能更全面地认识这个深刻影响了20世纪中国的社会思潮。

---

① 《论共产党人的修养》，引自《刘少奇选集》，人民出版社2004年版，第118～119页。
② 《在延安文艺座谈会上的讲话》，引自《毛泽东选集》（第三卷），人民出版社1991年版，第864页。

第二编

第四章

政治自由主义潮起潮落

按照沃勒斯坦的说法,现代性的本质就是自由主义,而激进主义和保守主义不过是自由主义的左倾和右倾[①]。这一现代性理论仍然以西方的现代性为标准,因而很难用以考察中国的自由主义。相对于激进主义的狂飙突进,保守主义的沉潜有力,中国自由主义虽然不绝如缕,但始终局限于一场精英的思想运动。当然这绝不等于说自由主义与政治无关,恰恰相反,从维新变法时期开始,政治自由主义便成为中国自由主义思潮的"执拗低音"[②]。这个低音在五四新文化运动后期借助现代媒体再次响起,同时又出现了自由主义的社团与当时国民党政府的暴政相抗争。20世纪30~40年代,在国共对峙的夹缝中,不少自由主义者以为获得了实现自身政治抱负的机遇,因而中国政治自由主义在短暂的数年间达到了20世纪的最高峰。

一、从戊戌到辛亥:政治自由主义的萌芽

(一)

研究近代中国自由主义的著述通常都把严复和梁启超视为自由主义的早期

[①] 沃勒斯坦:《三种还是一种意识形态?——关于现代性的虚假争论》,引自汪民安、陈永国、张云鹏主编:《现代性基本读本》(上),河南大学出版社2005年版。

[②] 这个术语出自日本学者丸山真男,为王汎森所重点阐释。参见王汎森:《执拗的低音》,上海三联书店2014年版。

代表。

严复自由主义思想的第一个重要方面,就是"政治自由"论。他强调,"自由"一词的原义是"不受拘束"或尽可能少受拘束的意思。但在政治生活中,这种"自由"并不存在。因为任何政治都是一种管束或管治行为,而且迄今为止的政治,都是少数人对多数人的统治。既然如此,那么当我们谈论"政治自由"的时候,其意义到底何在呢?严复提出,一方面,自由是"天之所界",是人生不可让渡的权利;另一方面,管理或管治又为人类社会所必需,因此所谓政治自由,它要探讨的实质是政府或国家的管治权到底有多大,也即它权限的问题。

十分明显,严复接受了西方自由主义"天赋人权"的理论,突出个体自由神圣不可侵犯的原则。他说:"侵人自由者,斯为逆天理,贼人道,……故侵人自由,虽国君不能。"① 在《辟韩》一文中,他通过对韩愈提出的君臣之伦乃"道之原"的说法的驳斥,阐述了设立政府的目的在保障人民的个人自由,即政府之设立基于"通功易事"的原则。尽管人民为了提高功效、发展生产,采取分工的办法,将一些公共事务委托给政府去办理,并赋予政府及管理部门以相当的权力,但一些属于私人领域范围的事情,任何他人,包括政府部门,都不得加以干涉。个人权利,尤其是生命权、财产权、思想自由权、追求幸福权以及安排个人生活方式的权利等,都是政府与国家不得横加干预的。严复的文章,很容易让人想起洛克的《政府论》下篇,几乎一开始就以"自由状态"为逻辑前提,来为自由辩护。因为"那是一种完备无缺的自由状态,他们在自然法的范围内,按照他们认为合适的办法,决定他们的行动和处理他们的财产和人身,而无须得到任何人的许可或听命于任何人的意志"②。因为严复指出:"知民所求于上者,保其性命财产,不过如是而已。更骛其余,所谓'代大匠斲,未有不伤指'者也。"显然,严复提倡"无为而治"以及政府尽可能少干预百姓的社会生活,是深感于数千年来中国的封建专制政治剥夺了人民的自由权利这一事实。他说自秦以来的中国帝王无不将天下作为自己的财产,"知有一人而不知有亿兆"。因此,最好的办法莫过于学汉高祖入关,与民约法三章,除了"去其所以困吾民之才、德、力者,使其无相欺、相夺而相患害"③ 者之外,其余则毋再去打扰百姓,而"悉听其自由"。

个人的自由权利在严复的政治哲学中占有如此重要的地位,因此,在《政治讲义》一书中,他坚持将人民享有自由的程度作为划分国家类型的标准及判定社会进化的标尺。他指出一个基本事实:暴虐的国家,人民未始不自由,反过来,

---

① 严复:《论世变之亟》,引自王栻主编:《严复集》(第一册),中华书局1986年版,第3页。
② [英]洛克著,叶启芳、瞿菊农译:《政府论》(下),商务印书馆1996年版,第6页。
③ 严复:《辟韩》,引自王栻主编:《严复集》第一册,中华书局1986年版,第34~35页。

施行仁政的政府，其辖下的人民未必一定有很大的自由。因为政治的仁暴与政治自由的多寡是两回事。他列举不少事实说明这一点："夫父母慈祥之政府，既能夺其民之自由，则反是而观，暴虐虎狼之政府，即有不夺其民之自由者。"此说貌似吊诡，其实意在说明：统治者的仁暴与政治的自由是两个概念。不过，当问到专制政体及立宪政体何者可以给予更多的个人自由时，他的回答当然是后者。他说：

> 今假政府之于民也，惟所欲为，凡百姓之日时，百姓之筋力，乃至百姓之财产妻孥，皆惟上之所命。欲求免此，舍逆命造反而外，无可据之法典，以与之争。如是者，其政府谓之专制，其百姓谓之无自由，谓之奴隶。

在他看来，立宪政体的国家，其人民享有自由的程度较高，原因在于通过立宪，人民获得了一部可以"据以与君上为争之法典"。他特意指出，立宪是制定确立保障人民自由的宪法，而不是公布管治、监督人民活动的刑法："立宪者，立法也，非立所以治民之刑法也。"① 可见，立宪政体成为确保人民政治自由的制度保障。而对立宪政治的具体运作——"自治"的探讨，构成严复自由主义思想另一个值得注意的方面。

严复的《政治讲义》撰写于1906年。由于其时社会思想的主潮已从提倡改良转变为倡言革命，从主张君主立宪转变为赞成民主共和，而严复的思想仍停留于改良及君主立宪的主张，因此他不仅被当时人视为保守，也被后人视为思想落伍。而事实上，这种貌似落伍的理论主张依然体现了严复坚持的英国式自由主义政治思想②的一个重要特点——注重政治过程的实际运作，从而与注重理念规划的法国启蒙学派的自由主义政治思想相区别开来。如前所述，严复认为，政治自由依其定义，定为与政令苛烦太过对立之名词。但他又指出，西方的议会制与三权鼎立的民主制度，政令也并非不苛烦。但在西方人眼里，国会和议院却普遍成为政治自由的象征。那么，议会制度与政治自由到底是怎样的关系呢？严复认为，自由和管治虽然是一对矛盾，处于同一问题的两极，但这两者并非绝对排斥而不能共存。事实上，在西方的民主政治实践中，它们通过"自治"获得了统一。严复在谈到自由与管治如何通过自治而得到统一时说：

> 夫自由云者，作事由我之谓也。今聚群民而成国家，以国家而有政府，由政府而一切所以治吾身心之法令出焉，故曰政府与自由反对也。顾今使之为法，而此一切所以治吾身心者，即出于吾之所自立，抑其为此之权力，必

---

① 严复：《政治讲义》，引自王栻主编：《严复集》（五），中华书局1986年版，第1283~1284页。
② 严复所受的是苏格兰启蒙运动一脉的古典自由主义思想的影响，特别是休谟、斯密、斯宾塞和密尔，而与广义的包含了新自由主义（new-liberalism）转向（如霍布豪斯）的英国自由主义存在区别。见高力克：《严复的伦理观与苏格兰启蒙运动》，载于《哲学研究》2009年第2期，第61~68页。

由吾与之而后有。然则吾虽受治，而吾之自由自若，此则政界中自治 Self-government 之说也。①

"自治"不仅在理论上成立，在实践中也随处可见：在外来势力入侵的情况下，人民奋然共起，执戈御敌，这时候人民会主动地服从一个首领的指挥。这位首领虽有"生杀威严"的权威与权力，但却不能说人民服从他的号令是受驱迫的，因为这一切皆出于自愿。可见，所谓自治，指的是社会生活中本来存在的"非由己欲，亦非从人"的一种情况，由此而形成契约关系。而将它普及扩大到政府管理，就是指人民或群众的愿望以政府或管辖者的法令、条文的形式表达出来，它体现了由人民立法，又由人民共同遵守的一种政权组织形式。严复对这种自治的政治组织制度予以极高的评价，称为"政界之境诣"。

但是完全的自治只是一种理想的境界，真正实行起来颇为困难。严复对"自治"形式分析后指出，使民自治，要有两个条件：第一，明确以个人言，他的愿望是什么；第二，明确个人作为社会一分子，他对社会的祈望又是什么。只有这两个条件都满足了，尽如其意，才是"虽受治而非强其所不欲为"的完全的自治。但在实际的政治生活中，哪怕是民主的议会制度中，这种条件都是难以达到的。因为它要求议会在通过任何法律条文时必须人人赞成，人人许可而后行。在西方的所谓议会制度中，真正能够施行的，并不是这种理想的自治制度，而只不过是"善钩而后从众"，即大多数决定的民主制，严复称之为"以众治寡"制，而与"以寡治众"的专制政体相区别。

尽管以众治寡的立宪制度并非理想的人人自治，但严复声明，它却是近代以来真正可以得以操作的一种自治的民主制。原因在于：这种制度有两大优点：第一，从众制或三占从二，其事易行；第二，数至极多之时，于公道为稍近。于是严复得出结论："以众治寡之制，虽不足当政界极诣之自治，而立宪则舍此殆无他术，故为今日最要政体。"而且这种政治制度实行以后，西方社会确实获得了很大的进步。

与"以众治寡"制联系在一起的是代议制度，也即是严复所说的"代表制"。严复指出，由大多数人决定的政府或国家事务管理形式只适用于小国，如古希腊的城邦国家。对于幅员辽阔的国家来说，由国家中的大多数人直接行使政治权力的办法是不实际的。他还谈到，西欧历史上罗马的专制政体之所以代替了古希腊的民主政体，原因之一是当国家幅员扩大以后，原来的大多数人直接参政的方式既不适应形势的需要，而当时的政治学家又未能找到有效地行使政权的民主方式。幸运的是，在近代以后，人们终于发明了代表制，即由人民公选若干名

---

① 严复：《政治讲义》，引自王栻主编：《严复集》第五册，中华书局1986年版，第1300页。

公民，这些公民代表全体公民来参政。

然而，值得注意的是，严复虽然认为以众治寡原则及代表制是近代民主政治必不可少的要素，但他并不认为西方的民主制度至此就完美无缺。相反，他看到"大多数决定"及代议制政体的不少缺点。例如，以大多数人决定的原则来说，既然是大多数决定，则总有少数人的意见未被采纳，或遭到否定（"法出于众，所谓众者，吾之小己，不必即在其中"）。另外，既然是"代表制"，则代表者与被代表者总有区别，这少数被选出的代表能否真正代表被代表者还是个问题（"法定于代表人，是代表者，毕竟非我"[1]）。这里，正显示出严复作为自由主义思想家关注个体自由的本色。我们知道，西方近代民主政治的思想中有两个流派，以卢梭为代表的民主共和派和以洛克、孟德斯鸠为代表的君主立宪派。同为主张自由、平等，但由于各自在价值取向上重点有所不同，卢梭重视的是社会平等，而洛克、孟德斯鸠关注的是个体自由。在这点上，严复显然是师事洛克、孟德斯鸠的。他主张效法英国的立宪政治制度，包括对"大众决定制"及代表制的看法，都是从它们是否能维护个体自由这一出发点来加以评价的。

换言之，个体自由构成了严复政治自由主义的逻辑起点与核心内容。或者说，严复的自由主义思想的核心内容，是一种个体主义的价值观[2]。在谈到近代西方文明不同于昔日之"夷蛮"时，他说：

> 至于今日西洋，则与是不可同日而语矣。何则？彼西洋者，无法与法并用而皆有以胜我者也。自其自由平等以观之，则其捐忌讳，去烦苛，决壅蔽，人人得其意，申其言，上下之势不相悬隔，君不甚尊，民不甚贱，而联若一体者，是无法之胜也。[3]

在严复眼里，西方之所以强盛，是由于其有"无法之胜"——在价值观上不同于中国。在西方民主制度背后，严复发现了西方富强的真正奥秘所在："彼以自由为体，以民主为用"。从重视个体自由出发，严复对中国的专制政治进行了尖锐的抨击。他认为，自秦朝以来，中国历代的法律虽有宽苛的差别，但本质上都一样，即视人民为奴隶。这种剥夺百姓个人自由的专制政治会导致怎样一种后果呢？他分析说："夫上既以奴虏待民，则民亦以奴虏自待。夫奴虏之于主人，特形劫势禁，无可如何已耳，非心悦诚服，有爱于其国与主，而共保持之也。故使形势可侮，国法尚行，则鞮鞻胯面，胡天胡帝，扬其上于至高，抑其已于至

---

[1] 严复：《政治讲义》，引自王栻主编：《严复集》（第五册），中华书局1986年版，第1301～1304页。
[2] 当代西方自由主义的理论代表之一杰拉德·高斯（Gerald Gaus）在其名作《当代自由主义理论》中的第一句话便是，"自由主义政治传统的重中之重，乃是个人自由。"［美］杰拉德·高斯，张云龙、唐学亮译：《当代自由主义理论》，江苏人民出版社2014年版，第4页。
[3] 严复：《原强修订稿》，引自王栻主编：《严复集》（第一册），中华书局1986年版，第31页。

卑，皆劝为之；一旦形势既去，法所不行，则独知有利而已矣，共起而挺之，又其所也，复何怪乎。"① 可见，专制政治只能造就奴才，而培养不出有人格自尊的国民。奴才对主子的服从并非出自内心；一旦形势恶化，法禁不起作用时，奴才就会揭竿而起。因此，严复提出劝告：要人民能真正树立起爱国心，要做的不是向人民灌输纲常名教和忠君的大道理，而是灌输自由观念以及引进西方基于自由主义理想的民主制度。他说：

>西之教平等，故以公治众而贵自由，自由，故贵信果。东之教立纲，故以孝治天下而首尊亲。尊亲，故薄信果。然其流蔽之极，至于怀作相欺，上下相循，则忠孝之所存，转不若贵信果者之多也。②

这里，严复明白指出，西方的社会伦理教育是重视"平等"的，但"平等"观念背后还有一个更根本的东西——个体自由。只有树立个体自由的意识，才能培养出有独立人格的国民；只有尊重个体自由，才能赋予"平等"以实质性的内容。同样，西方议会制度及其他政治制度的设立，目的无他，就在维护公民的个人自由权利。

严复对个体自由的重要性的认识又深入到了他对"自营"的人性的看法上。

严复视民主政治为达到国家富强的手段，而且也认为通过大众参与政治有利于做到上下"同力合志"，但他认为这种同力合志并不出自百姓的"公益心"，相反，即使予民以参政权，公众的政治选择行为也都是出于自私的目的。或者说，"自营"是人类的天性。问题在于：这种"自营""自私"的愿望与努力在民主制度下并不妨碍国家、社会的利益，反过来，它有利于增进国家和社会全体的利益。因此他提出"圣人之制治"不在于要百姓尽去其私，而在于"合天下之私以为公"。事实上，严复对于西方民主制度，包括其中的议会制度和法治管理形式，都是从这个角度加以观察的：

>法令始于下院，是民各奉其所自主之约，而非率上之制也；宰相以下，皆由一国所推择。是官者，民之所设以厘百工，而非徒以尊奉仰戴者也，抚我虐我，皆非所论者矣。出赋以庇工，无异自营其田宅；趋死以杀敌，无异自卫其室家。吾每闻英之人言英，法之人言法，以至各国之人言其所生之国土，闻其名字，若我曹闻其父母之名，皆纯挚固结，若有无穷之爱也者。此其故何哉？无他，私之以为己有而已矣。③

在严复看来，西方民主制度的奥秘就在于它的各种制度，诸如议会立法、官吏民选等，都体现了保证和满足人民"自营"，即公民争取个人幸福的合理愿望和权利，从而做到"合天下之私以为公"。个人的"自营"活动及个人自由权利

---

①②③ 严复：《原强修订稿》，引自王栻主编：《严复集》（第一册），中华书局1986年版，第31页。

于是不仅不与国家、社会的整体利益相冲突，反倒是后者不可缺少的动力与润滑剂。出于对西方的民主制度的历史作用的乐观评价，严复由衷表示赞叹："斯亦有道矣"。

（二）

与严复类似，梁启超从救亡和富强中国这一时代要求出发，也注意到必须引进西方自由主义思想的问题。在最能体现他的自由主义思想特征的《新民说》中，他开宗明义地提出：

> 国也者，积民而成。国之有民，犹身之有四肢、五脏、筋脉、血轮也。未有四肢已断，五脏已瘵，筋脉已伤，血轮已涸，而身犹能存者，则亦未有其民愚陋、怯弱、涣散、混浊，而国犹能立者。故欲其身之长生久视，则摄生之术不可不明，欲其国之安富尊荣，则新民之道不可不讲。①

这里对斯宾塞社会有机体学说的引用，与严复几乎如出一辙。但是，在民德、民智、民力同国家富强的关系这个问题上，梁启超将严复的思想进一步强化了，认为一国之兴亡、荣衰都系于民德、民智和民力，从而将富强中国之道归结为"新民"二字。

"自由"在"新民"中无疑占据着核心的地位。在《新民说》中的《论自由》一节中，他写道："自由之义，适用于今日之中国乎？曰：自由者，天下之公理，人生之要具，无往而不适用者也。"②这里他将"自由"作了具体的划分，指出自由包括政治自由、宗教自由、民族自由和生计自由。所谓政治自由，是人民相对于政府而保有自由，又可细分为三："一曰平民对于贵族而保其自由；二曰国民全体对于政府而保其自由；三曰殖民地对于母国而保其自由是也。"③这里梁启超对于自由概念作了外延方面的划分，有些颇有争论的余地，但梁启超对于自由观念予以极度的重视，视之为社会人生的基本原理，并视之为"立国之本原"，用意则相当明显。

在诸种自由中，梁启超认为"政治自由"在中国当时亟待解决。早在1906年，他在给严复的一封信中就注意到这个问题的重要。他说："国之强弱悉推原于民主。民主斯固然矣。君主者何？私而已矣。民主者何？公而已矣。"④ 1902年以后，他将政治自由具体归结为"参政权问题"，提出："凡生息于一国中者，苟及岁而即有公民之资格，可以参与一国政事，是国民全体对于政府所争得之自

---

① 梁启超：《新民说》，引自李华兴、吴嘉勋编：《梁启超选集》，上海人民出版社1984年版，第206页。
②③ 梁启超：《论自由》，引自李华兴、吴嘉勋编：《梁启超选集》，上海人民出版社1984年版，第223页。
④ 梁启超：《与严幼陵先生书》，引自《饮冰室合集·文集》（一），中华书局1989年版，第109页。

由也。"① 值得注意的是，他提出公民参政的要求除了是因为世界上强盛的国家都是"民主之国"这一理由之外，还直接诉诸"民约论"这一先验的原理。这方面显示出梁启超的思想不同于严复的经验主义的一面。与严复从历史进化的角度对卢梭的"民约"思想加以抨击不同，梁启超正确地看到，作为政治学理论的第一原理——自由观念应是先验的命题。因此他提出政府设立的原因有二："一则因不得已而立也，一则因人之自由而立者也。"他特地指出："是故卢梭民约之说，非指建邦之实际而言，特以为其理不可不如是云尔。"②

这样看来，梁启超对政治自由概念的阐述已经逐渐不满足于仅从人类社会历史的演化中寻找经验的证据，而希图借助于理性的法则。这一思想取向终于使他接触到民主政治之核心——个体自由及公民个人权利思想。在《十种德性相反相成义》一文中，他对"政治自由"这一概念的阐发，主要是从"个人权利"这一角度出发的，视之为"天赋人权"。他说："自由者，权利之表证也。凡人之所以为人者有二大要件：一曰生命；二曰权利。二者缺一，实乃非人。"这些个人权利包括：交通之自由、居住行动之自由、置管产业之自由、信教之自由、书信秘密之自由、集会言论之自由，等等。尤其值得注意的是，他认为以上这些自由在中国并非中国人从未享有的，但却没有法律形式的保障。用他的话说，是"有自由之俗，而无自由之德"。中国之所以有这些自由之俗，是因为官吏没有去禁止它们，一旦官方禁止，则这些自由就会消失得无影无踪。他还特意指出，过去中国的官吏不去禁止这些自由，并非出于尊重人权而不敢禁，而是国家能力尤其是吏治不够。通过这样的分析，梁启超得出结论：民主政治的实质无他，就是要通过立法的形式，确保个人权利和自由。他指出，没有法律保障的所谓自由，随时随地会遭到剥夺，这种自由不是真正的自由，只可称之为"奴隶之自由"。

立法的问题既然对于民主政体来说具有至关重要的作用，政治自由就涉及制定什么样的宪法、如何立法等问题。针对这个问题，梁启超提出了立宪的三原则：(1) 平等。他说："宪法者何物也？立万世不易之宪典，而一国之人，无论为君主，为官吏，为人民，皆共守之者也，为国家一切法度之根源。"③ (2) 有限政府。他说："立宪政体，亦名为有限权之政体；专制政体，亦名为无限权之政权。有限权云者，君有君之权，权有限；官有官之权，权有限；民有民之权，权有限。"(3) 人民主权论。他说："各国宪法，既明君与官之权限，而又必明

---

① 梁启超：《论自由》，引自李华兴、吴嘉勋编：《梁启超选集》，上海人民出版社1984年版，第224页。
② 梁启超：《卢梭学案》，引自葛懋春、蒋俊编：《梁启超哲学思想论文选》，北京大学出版社1984年版，第58页。
③ 梁启超：《立宪法议》，引自李华兴、吴嘉勋编：《梁启超选集》，上海人民出版社1984年版，第148页。

民之权限者何也？民权者，所以拥护宪法而不使败坏者也。"在他看来，人民拥有主权可以防止君主和官吏滥用职权。反过来，制定得再好的宪法若没有民权的督护，也不过是一纸空文。所以他尤其强调人民拥有主权的重要性："宪法与民权，二者不可相离，此实不易之理。而万国所经验而得之也。"① 从以上立宪之原则的提出来看，梁启超的确把握了西方"法治下的自由"民主政治的特征，是对严复在《政治讲义》中关于"以众治寡"制和"代表制"的政治思想的补充。

假如再进一步考察，可以看出，以上关于立法或立宪三原则的提出均围绕一个中心问题进行，即如何划定政府的权限问题。这也是西方近代自由主义思想家一直极度关心的问题。这个问题之所以重要，是因为即使在宪法已经制定的情况下，由于人民并不直接行使权力，而是采取代议或者其他形式将权力委托给少数人掌管，这少数人在行使权力的过程中，滥用权力侵害人民利益的现象仍会发生。因此，对于直接运用权力者或者政府的权限加以明确的规定是十分必要的。严复对这一民主政治的中心问题也曾加以论述，他特别强调政府的权限不得逾越个人的自由。

但是，个人自由到底何所指？梁启超写了《论政府与人民之权限》一文，专门讨论这个问题。他谈到立法中突出限制政府权限的重要性时说，在历史上，因人民之权大而害及国家利益的例子罕之又罕，而政府滥用权力侵犯其民的事实却屡见不鲜，因此，在划定政府与人民各自的权限时，应"以政府对人民之权限为主眼，以人民对政府之权限为附庸"。换言之，立法的中心问题就是如何防止政府滥用权力的问题。这里，梁启超又一次引述了卢梭"民约论"的观点②，指出政府之产生基于人民与"代民任事者"（即政府）之间的契约。政府的活动要有助于"公益"，因此其承担的责任不外是两件：一是助人民自营力之不逮；二是防人民自由权之被侵而已。假如政府的活动超出这二者的范围，则"有政府或不如其无政府"。然而，以上这两件事仍只论到政府的责任及工作，并未明确政府的权限范围有多大。况且，所谓"助人民自营力之不逮"，可以是一个范围不固定的概念。对此，梁启超的回答和严复一样，根据进化论的观点提出政府的权限是可变的。但当人问及当时中国的情况，政府的权限究竟应多大的时候，他明确地作答："今地球中除棕、黑、红三蛮种外，大率皆开化之民矣。然则其政府之

---

① 梁启超：《立宪法议》，引自李华兴、吴佳勋编：《梁启超选集》，上海人民出版社1984年版，第149~150页。

② 梁启超虽然也经常引用卢梭的语录，但是从思想的脉络来看，正如张朋园、黄克武等指出的那样，"任公的思想似乎比较接近英国传统的自由主义……民权的目的是经过'开民智'、'新民德'的程序使个人得到最高的人格发展"，与革命派更多地倾向于卢梭的自由论不同。见黄克武：《一个被放弃的选择：梁启超调适思想之研究》，台湾"中央研究院"近代史研究所1993年版，第3页；又见张朋园：《梁启超与清季革命（萧公权先生序）》，吉林出版有限公司2007年版。

权限当如何？曰：凡人民之行事，有侵他人之自由权者，则政府干涉之，苟非尔者，则一任民之自由，政府宜勿过问也。"① 可见，在梁启超的眼里，中国已完全进化到了同西方社会一样的历史阶段，因此，完全有理由和有必要采取一种像西方的立宪民主制度那样的保障个体自由的政治制度。他欢呼立宪制已经成为世界上不可挡阻的潮流，中国迟早亦必走上这条道路时说：

> 抑今日之世界，实专制、立宪两政体新陈嬗代之时也。按之公理，凡两种反比例之事物相嬗代必有争，争则旧者必败而新者必胜。故地球各国，必一切同归于立宪而后已，此理势所必至也。……盖今日实中国立宪之时机已到矣！当局者虽欲阻之，乌从而阻之？②

简括来说，"译介西学第一人"严复和"笔锋常带感情"的梁启超构成了从维新到辛亥时期中国政治自由主义思潮涌动的双峰。五四新文化运动中，自由主义也有表现③，但一方面此时的自由主义主要是文化自由主义，并不直接卷入政治；另一方面，新文化运动中的自由主义是与文化激进主义相结盟的思潮，是激进化的自由主义。政治自由主义再一次波涛汹涌，则需见之发生于20世纪30年代初的人权运动了。

二、运动与理论的双重进展："人权运动"

（一）

1928年创刊的《新月》月刊，一开始主要是文艺性刊物；1931年由罗隆基接编以后，变为以刊登政论时评、阐发自由主义政治理论为主的刊物，这意味着《新月》月刊的政治倾向逐渐加强。创刊伊始，发刊词《新月的态度》的题头诗用了《圣经·创世纪》中的"上帝说要有光，于是就有了光"，和雪莱的诗句："既然冬天已经来了，春天还会远么？"并且明白点出之所以沿用"新月"二字，"因为它虽则不是一个怎样强有力的象征，但它那纤弱的一弯分明暗示着、怀抱

---

① 梁启超：《论政府与人民之权限》，引自李华兴、吴佳勋编：《梁启超选集》，上海人民出版社1984年版，第315~317页。
② 梁启超：《立宪法议》，引自李华兴、吴佳勋编：《梁启超选集》，上海人民出版社1984年版，第151~152页。
③ 以自由主义的斗士自居的殷海光在《中国文化的展望》一书中，将吴虞和吴稚晖两人归于"自由主义趋向"中的人物之列，他们与同列其中的胡适可以说是新文化运动中人。但是在新文化运动及其后期，自由主义主要是"解放思想，抨击礼教"，而非有组织的政治活动。见殷海光：《中国文化的展望》，上海三联书店2002年版，第八章。

着未来的圆满"①。这显示了这批自由主义者对理想的执着和他们的乐观主义态度。

然而，国民党政府给予自由主义者的不是明媚的春天，而是严酷的隆冬。它日益加剧的专制独裁统治引起了《新月》同仁的抗争，争持的核心问题是保障人权。《新月》虽然是罗隆基接手以后转变为政治批判期刊的，但其灵魂人物是胡适。关于胡适在政治自由主义中的地位，欧阳哲生有一个评价：

> 胡适是现代中国自由主义的灵魂。他在这一思想流派中被奉为宗师式的人物，有着好几代追随者和敬仰者。胡适一生虽未参加任何党派，对政治亦不过是"不感兴趣的兴趣"，但他却有自己的政治理想和政治思想。早在五四时期，他即极力宣传西方的个人主义思想，使新文化运动具有浓厚的自由主义色彩。二三十年代，他先后创办或编辑《努力》《新月》《独立评论》等刊，从主张"好政府主义"，到发起人权运动，到关于民主与独裁关系的讨论，他恪守自由主义的基本立场，批判中国的现实政治，希望通过日积月累的进步，使现代性在中国获得长足进展。②

《新月》时期，正是胡适政治自由主义的倾向表现最强烈的时期③。他和《新月》同人以"反对摧残人权，要求保障自由"为口号，发表了一系列文章，揭露和抨击国民党的专制独裁、侵犯人权、压制自由，同时也积极迻译西方政治理论，提出了自己的政治主张，一时形成颇有声势的所谓"人权运动"，而他们则被称作"人权派"。

"人权派"对国民党政府专制独裁本质的揭露、对他们剥夺人民基本人权的残暴行径的抨击，是大胆尖锐的，有的甚至可以说是深刻的。胡适在《人权与约法》中指出：在国民党一党专制之下，"人权被剥夺几乎没有丝毫剩余"，"无论什么人，只需贴上'反动分子'、'土豪劣绅'、'反革命'、'共党嫌疑'等招牌，便都没有人权的保障。身体可以受侮辱，自由可以完全被剥夺，财产可以任意宰割，都不是'非法行为'了。"④ 罗隆基则激愤控诉国民党的黑暗统治，包括吏治腐败、特务横行、民生凋敝，"一切罪孽，都在整个制度，一切责任，都

---

① 徐志摩：《新月的态度》，载于《新月》1928 年第 1 卷第 1 号，第 4~11 页。
② 欧阳哲生：《探寻胡适的精神世界》，北京大学出版社 2012 年版，第 11 页。
③ 关于胡适的"自由主义者"身份认同，章清教授有深入的讨论，"大致说来，胡适约在 1926 年开始才较为集中阐述自由主义。此前曾经试图用"新自由主义"或"自由的社会主义"来代替自由主义。基本上是在创办《独立评论》期间，随着思想界的论战，胡适才认同了"自由主义的命名"，不过他和他的同人都尚未对自由主义的理念有更深的阐释。见章清：《〈独立评论〉与中国自由主义的命名》，引自李金铨主编《文人论政：知识分子与报刊》，广西师范大学出版社 2008 年版，第 95~125 页。
④ 胡适：《人权与约法》，载于《新月》1929 年第 2 卷第 2 号，第 7~12 页。

在政府和党魁"①。

　　人权派对国民党专制独裁统治的揭露与抨击，其价值取向与抗争方式固然都是自由主义的，即和平地诉诸舆论同情，而非以暴力革命推翻政权；但它对警醒民众（特别是青年学生和知识分子）依然有一定的启蒙意义，并且与整个左翼力量反对国民党统治的政治斗争有某种共鸣。换言之，自由主义与激进主义在要求民主、反对专制等方面保持着联盟关系。1932年宋庆龄、蔡元培等发起"中国民权保障同盟"，它以"唤起民众努力于民权之保障为宗旨"，它的目的主要是要求释放政治犯，废除"酷刑及蹂躏民权之拘禁杀戮"，争取结社集会自由、言论自由、出版自由等。胡适一度担任了这个同盟的北平分会主席。事实上，参加"中国民权保障同盟"的人中有相当数量的自由主义者，声名彰著者如蔡元培、林语堂等。所以，在争取自由、民主、保障人权诸点上，自由主义者与左翼力量形成了同盟。尽管因为种种原因，这种同盟是暂时的，其间有极为深刻的鸿沟，但是"自由""民主""人权"已经渐渐成为五四以来一切进步知识分子的共识，趋向于成为一套可以有较大凝聚力的价值，背离它，意味着背离了时代潮流、人心所向。因此，无论从短期的政治目标看，还是从长远的价值转换着眼，"人权派"的抗争都应当得到公正的评估。

（二）

　　人权运动旨在保障人权。早在新文化运动初期，陈独秀就将人权与科学一起高举为旗帜。不过陈独秀当时并未系统地阐释"人权"的内容与规定，而且后来很快就用"民主与科学"代替了"人权与科学"作为现代文明的两大原则。罗隆基在长文《论人权》中则作了相当明确的解说：

> 　　人权是做人的那些必须的条件。人权是衣、食、住的权利，是身体安危的保障，是个人"成我至善之我"，享受个人生命上的幸福，因而达到人群完成人群的至善，达到最大多数享受最大幸福目的上必需的条件。……彻底些说，人权的意义，我完全以功用（Fuction）二字为依据。凡对于下列三点有必要的功用，都是做人的必要条件，都是人权：（一）维持生命，（二）发展个性，培养人格，（三）达到人群最大多数的最大幸福的目的。

　　换言之，罗隆基的人权概念以人道主义和功利主义的结合为其底蕴。将它具体展开，罗隆基共罗列出了35条细目，"是我个人认为在中国现状之下所缺乏的做人的必要的条件，也就是我个人认为目前所必争的人权"②。它们主要包括以下方面：

---

① 罗隆基：《我的被捕的经过与反感》，载于《新月》1930年第3卷第3号，第40～56页。
② 罗隆基：《论人权》，载于《新月》1929年第2卷第5号，第7～31页。

（1）国家是全体国民的团体，其存在是为了保障全体国民的人权和谋全民最大多数的最大幸福。国家主权在全体国民，所以政府应当对全体国民负责，而政府官吏是全民的雇员，其雇用应采用直接或间接选举法及公开竞争的考试方法，选贤举能。

（2）人民对国家的一切义务是互惠的，不是单方面的。所以没有代议权，就没有缴税的义务，换言之，国家财政应完全公开。同时，国家应当保障国民私有财产，应提供充分的就业机会，保障国民在遇灾疫时有接受赈济的权利。

（3）法律是公共意志的表现，未经人民直接或间接承认的法律，人民没有服从的义务。人民在法律上一律平等，平等享受一切政治权利，不得有宗教、政治信仰、阶级和性别的限制或歧视，同时也不允许任何个人或团体有超越法律的地位。

（4）司法独立，司法官的人选，不受宗教及政治信仰的歧视；无论何人，未经法定程序，不受逮捕、检查、收押，不经法庭的判决，不受惩罚。

（5）军队国家化，军队受法律的控制，现役军人不得兼任文职官吏。

（6）国民有接受教育的权利，国家对国民有提供教育机会的责任。教育独立于宗教信仰与政治信仰。

（7）国民有思想、言论，出版、集会的自由。

以上一揽子人权的内容，涉及国家的本质与功能、政府组织原则、立法与司法、政治、经济、军事、教育诸多方面，所以罗隆基实际上提出了一整套政治方略。毫无疑问，这是一个资产阶级的民主共和国的政治蓝图。它们强调的人权先于法律、人权先于国家、人民制定法律、法律是人权的产物、国家的职能是保护人权等主张，都以"天赋人权"和社会契约论为理论预设；而它所强调的不得人民同意不得征收赋税的理论，则是洛克自由主义理论的翻版；整个地看，他的国家权威有限论，更是自由主义的原则。"人权"派中人写了一系列文章，但对人权观念的论述，无论其深入抑或其细致，均无人能出其右。

问题在于，这种国外移植的观念，在中国本来没有根基，那么在国民党的独裁统治之下，保障人权如何可能？进一步的问题是，《新月派》以"人权"为口号，实质上提出了民主改革的要求，因而就必须回答，民主如何可能？

人权派认为依靠法律，通过法治的途径，就能有效地保障人权。因此他们首先要求制订一部宪法或者约法，明确规定人民的基本权利、限制政府的权力；同时向社会开放公职，实行专家治国。用罗隆基的话来说，"二十世纪一个真正的民主政治的政府，一定要具备这两个条件：（一）有人民委托的治权，（二）有专家智识的行政。用西文说，政府是 a combination of entrusted power and expert service。"[1]

---

[1] 罗隆基：《我们要什么样的政治制度？》，载于《新月》1930年第2卷第12号，第6~29页。

人权派一反中国以往那种把法治理解为"法制"的观念，坚持西方自由主义政治的传统，认为法治的精义在于用法律来限制权力："法治只是要政府官吏的一切行为都不得逾越法律规定的权限。法治只认得法律不认得人。在法治之下，国民政府的主席与唐山一百五十二旅的军官都同样的不得逾越法律规定的权限。"① 由此得以保障公民的基本人权与自由。在缺少法治传统与法治观念的中国，人权派的法治理论表现出鲜明的现代意识。

针对国民党借口中国没有民主政治的传统而拒绝在中国实施民主政治，罗隆基说："人对于政治的智识，是天天求经验，天天求进步，政治上的经验与进步是无止境的。一定要到国民到了某种理想的境地，始可以加入政治活动，那么英美人现在仍在训政时期。从错误中寻经验，从经验中得进步，这就是英美人做政治的方法，这也是我们反对训政的理由。"② 胡适则说：

> 民治制度的本身便是一种教育，人民初参政的时期，错误总不能免的，但我们不可因人民程度不够便不许他们参政。人民参政并不须多大的专门知识，他们需要的是参政的经验。民治主义的根本观念是承认普通民众的常识是根本可信任的。"三个臭皮匠，赛过一个诸葛亮。"这便是民权主义的根据。③

作为一个经验论者，胡适信任与重视人的常识与经验；作为进化论者和社会向善论者，他相信民众一旦参与政治活动，其觉悟、能力都可以获得发展。他借孙中山"知难行易""行之则愈知之""越行越知""越知越行"等命题来强调民主政治本身即是民众接受政治训练的最好学校，而且更需要经过训练方能适应法治的是政府官吏。所以他坚持认为，即使行"训政"，也必须有一部宪法或者约法。"宪法是宪政的一种工具，有了这种工具，政府与人民都受宪法的限制，政府依据宪法统治国家，人民依据宪法得着保障。有逾越法定范围的，人民可以起诉，监察院可以纠弹，司法院可以控诉"④。否则人民大众无法熟悉并走上民主之路，政府官吏则只能习惯于专制政治。

毫无疑问，用民主政治代替专制独裁符合人民解放事业的要求，符合中国现代化的历史要求。同样毫无疑问，这必然是一场十分严峻的政治斗争，在中国这样一个缺少民主传统的国家，同时又将是一场旷日持久的历史转换。著名历史学家张朋园的著作《中国民主政治的困境：1919—1949》对 20 世纪上半叶四次国

---

① 胡适：《权与约法》，载于《新月》1929 年第 2 卷第 2 号，第 7~12 页。
② 罗隆基：《我们要什么样的政治制度?》，载于《新月》1930 年第 2 卷第 12 号，第 6~29 页。
③ 胡适：《我们什么时候才可有宪法——对于建国大纲的疑问》，载于《新月》1929 年第 2 卷第 4 号，第 8~15 页。
④ 胡适：《〈人权与约法〉的讨论》，载于《新月》1929 年第 2 卷第 4 号，第 100~104 页。

会选举做了别有匠心的研究。"张教授认为国内原生、国外乘势而入的威权主义是最大障碍,加上市民社会及政治文化的衰弱无力,民主可望而不可及。"[①] 蒋介石作为威权主义的代表背后是帝国主义、地主和官僚资本的利益集团,"蒋介石要做的是法西斯主义信仰下的领袖。法西斯主义在1930年代不可一世,世界各地有威权思想的人物无不奉为最高信仰。法西斯主义的特色是:(1)大权集中于领袖一身;(2)宣扬民族主义、国家主义;(3)全国总动员。蒋介石在1930年代梦寐以求工人拥戴他为领袖。"[②] 在此情况下,中国需要的是一场深刻的社会革命,只有经历了一场较为彻底的社会革命以后,才有可能走上民主和法治的道路。但是,胡适等人权派希望用舆论宣传的办法达到历史性的变革,无异于与虎谋皮。他们把民主改革约化为法律问题,似乎只要有一部宪法,民主政治就会水到渠成地出现。这种幻想很难说纯粹是幼稚的产物,更多的应当说是自由主义者在专制与革命之间两难境遇的折射。当中国民权保障同盟以一种相当激进的姿态从事人权运动,要求无条件地释放一切政治犯时,胡适明确反对说:"这不是保障民权,这是对一个政府要求革命的自由权。"[③] 并且反复强调:"中国民权保障运动必须要建立在法律的基础之上,一面要监督政府尊重法律,一面要训练我们自己运用法律来保障我们自己和别人的法定权利。"人权派淡化其活动的反政府的政治色彩,一方面是出于策略上的考虑;另一方面,也是更重要的,是出于这样的动机:人权派认为实行民主政治、维护人权,可以从根本上消除革命隐患、解救政治危机。章清指出,胡适对民主政治的辩护是对策性的,只是立足于现实层面[④]。罗隆基亦是如此:民主政治可以避免革命危机。他将中国共产主义运动蓬勃发展的原因归结为两条:一是经济上的贫穷,民不聊生;二是政治上的专制,民不安命。由于这两条,革命或迟或早,总要发生。既然如此,中国的自由主义者应当像英国费边社那样公开地研究社会主义,"费边社会主义出来,共产主义自行退落。我们觉得这种剿共铲共的策略,是最根本最敏捷最聪明的方法。这就是我们所谓的以思想代替思想的方法"。他进而建议两条。"(一)解放思想,重自由不重'统一';(二)改革政治,民治代替'党治'。这两点做到了,思想上青年有了归宿,政治上民怨有了平泄,以后,政治上可以上轨道,经济上可以谋发展。这些初步条件做到了,共产学说根本在中国站不住足了,共产

---

① 张朋园:《中国民主政治的困境:1919~1949》(序),吉林出版集团有限公司2006年版,第2页。
② 张朋园:《中国民主政治的困境:1919~1949》,吉林出版集团有限公司2006年版,第207页。
③ 胡适:《民权与保障》,载于《独立评论》1933年第38期,第1~4页。
④ 章清认为:"胡适作为民主政治最卓越的辩护人,警告人们防止独裁主义的危险,无疑是确立了自由知识分子的立言基石。其中的暧昧性在于,胡适对此的辩护同样是策略性的,仍将对于民主政治的辩护立足在现实的层面。"(章清《〈独立评论〉与中国自由主义的"命名"》,引自李金铨主编:《文人论政:知识分子与报刊》,广西师范大学出版社2008年版,第115页)

党不剿自灭了。"①

总之，既要改变国民党一党专制的政治，又反对共产主义，害怕人民革命的兴起，决定了这批自由主义者把人权运动局限在法律的范围内，由此也注定了人权派所面临的难题：如何从没有法律（特别是宪法、约法）、缺少法治的状况转变为法治完备的状况？对此，人权派仅仅希望通过舆论宣传迫使国民党顺应民意。但是国民党始终钳制舆论，人民并无思想、言论和出版的自由，这些尚是要争取的东西，是要依赖未来制订的法律来保护的东西。因此，现实迫使人权派将实行法治与人权的先决条件，悄悄地转变为其运动的目的和最佳结果。

因此，人权派实际上把只有一场深刻的社会改革才能解决的课题，看成单纯的政治问题；又把政治问题约化为法律问题，最后则把重心完全转移到思想言论自由问题。以至于《新月》刊登文章宣称：

> 我们现在要求的是：容忍！我们要思想自由，我们要法律给我们以自由的保障。我们并没有什么主义传授给民众，也没有什么计划要打破现状，只是见着问题就要思索，思索就要用自己的脑子，思索出一点道理来就要说出来，写出来。我们愿意人人都有思想的自由，所以不能不主张自由的教育。②

这表示人权派所要争取的主要是思想言论的自由、顶多是批评政治的自由。所以胡适后来总结整个人权运动的目标时说："我们所要建立的是批评国民党的自由和批评孙中山的自由。上帝我们尚且可以批评，何况国民党与孙中山！"③至于这种批评能不能变革现实政治，他们已经无暇顾及了。他们避开了当时中国最深刻的阶级矛盾、民族矛盾，对反帝反封建的历史要求视而不见，对从经济上改造中国的规律近乎无知，当然无法感知广大人民特别是占中国人口最大多数的农民的人权需求——生存权。换言之，人权派将民主政治的一部分——思想言论自由——去替代当时中国人最迫切的人权需求，离开了民众反剥削反压迫的渴望，当然就无法得到广泛的社会呼应与支持。因而人权运动始终只是极少数自由主义知识分子的运动。他们也看到中国的政治现代化需要社会动员，但不懂得如何动员民众参与到政治改革中，而是寄希望于少数刊物与文章，去改变国民党的专制独裁政治。他们不懂得中国社会人权无保障有着极其深刻的经济原因，权势集团压制人权与保护其经济特权是紧密结合的：可以依靠超经济的手段去获得巨大的经济利益。人权派希望依赖极其有限的政治批评去改革中国的政治制度，其失败的命运几乎从一开始就注定了。

---

① 罗隆基：《论中国的共产》，载于《新月》1931年第3卷第10号，第8~25页。
② 梁实秋：《论思想统一》，载于《新月》1929年第2卷第3号，第6~15页。
③ 胡适：《〈人权论集〉序》，引自《胡适文存》四集，黄山书社1996年版，第448页。

（三）

《新月》杂志创刊于 1929 年。1932 年 11 月，中国民权保障同盟成立，表明在自由、民主、人权等基本价值问题上，自由主义者与左翼激进知识分子结成了某种同盟。胡适于 1933 年 1 月加入了该同盟，并担任北平分会主席。但是，胡适对中国民权保障同盟会章中"释放一切政治犯"的条款颇为不满："我们观察今日参加这个民权保障运动的人的言论，不能不感觉他们似乎犯了一个大毛病，就是把民权保障的问题完全看作政治问题，而不肯看作法律问题。这是错的。"他批评上述条款说："这不是保障民权，这是对一个政府要求革命的自由权。一个政府要存在，自然不能不制裁一切推翻政府或反抗政府的行动。"① 这表明胡适与左翼激进派人士的分歧不仅仅是关于人权的界说、保障人权的途径或策略等问题，而是对现存统治秩序合法性的认同与否。

分化绝不仅仅出现在原先分裂的两翼。事实上，作为一个松散的政治派别，人权派内部、包括胡适与罗隆基这两位核心人物之间，同样存有不可忽视的分歧。

罗隆基自己比较忠于西方自由主义的教义。尽管他反对共产革命，以"两害取其轻"的态度对国民党政府采取了某种程度的承认，但是这种承认是出于对现实的无奈而不是对其合法性的认可。他沿用"天赋人权"说，认为人权先于国家，人权先于法律，人权产生法律。

> 国家的存在，有存在的功用（function）。他的功用失掉了，他存在的理由同时失掉了。国家的功用，就在保障人权，就在保障国民做人那些必要的条件。什么时候我们做人的必要条件失了保障，这个国家，在我方面，就失了他的功用，同时我对这个国家就失了服从的义务。②

虽然没有如卢梭或洛克那样从主权在民推出革命的合理性，但他实际上已经得出了国民党政府缺乏合法性的结论。因此，罗隆基显示出较多的离心倾向和较为强硬的不合作态度。这促使他转而强调国家政治制度的根本改塑。他说：

> 今日中国的政治，只有问制度不问人的一条路。制度上了轨道，谁来，我们都拥护。没有适合时代的制度，谁来，我们总是反对。③

这一方面使他对胡适将人权问题局限在法律领域的路径有所突破，较多地诉诸政治斗争，另一方面也使他更多地关注政治制度的改造与运作。对西方政治制

---

① 胡适：《民权的保障》，载于《独立评论》1933 年第 38 期，第 1~4 页。
② 罗隆基：《论人权》，载于《新月》1929 年第 2 卷第 5 号，1~25 页。
③ 罗隆基：《我们要什么样的制度？》，载于《新月》1930 年第 2 卷第 12 号，第 7~31 页。

度（如文官制度、考试、监察等制度）的研究、介绍，罗隆基的工作是相当全面的。

相形之下，胡适的政治设计显得较为浮泛与游移。他说："我们要建立一个治安的、普遍繁荣的、文明的、现代的统一国家。……'现代的'总括一切适应现代环境需要的政治制度、司法制度、经济制度、教育制度、卫生行政、学术研究、文化设备等。"① 这里虽然涉及中国社会制度现代化的要求，但其口吻夸夸其谈。从根本上说，在人权运动中间，胡适对国民党政府采取了实用主义和机会主义的态度。在内心深处，他为国民党失去权威感到极大的惋惜，这种感情在自由主义者中有相当的普泛性，如傅斯年在1932年就曾说："国民党曾为民国之明星者若干年；而以自身组织紊乱之故，致有今日拿不起放不下之形势。……国民党诚然太对不起国民……我们这专心同情于国民党及其前身二十多年的人最伤心，今日诚有哑巴吃黄连的苦处。"② 但在公众面前，胡适以批评者和诤友的面目出现，从未完全否认国民党政权的合法性。呼唤宪法或约法，当然怀抱着一个自由主义者对民主政治的向往，其当下直接的现实意义，确实有益于以宪法或约法来限制国民党政府肆虐已甚的权力，但其中也包含有期望国民党政府通过宪法或约法来取得政权合法性认可的目的。因此，在人权派中，胡适不但极少涉及民主政治的具体操作，而且表现出对国民党政府较大的向心倾向。因此，当代研究者就有理由对他提出批评，认为作为政治自由主义在"中国第二阶段"的代表人物，胡适没有在理论上有什么像样的推进，"只能说些个性自由、'好人政府'之类的话来。后者，造成中国自由主义'先天不足，后天失调'。"③

1931年6月1日，国民党颁布了"中华民国训政时期约法"，它并没有包含人权派所期望的"专家政治"或多党政治，人权派曾经散发过传单表示反对。罗隆基发表了《对训政时期约法的批评》说："这次约法，只有'主权在民'的虚文，没有人民行使主权的实质。人民不能行使的主权，本身就无主权的价值。"④ 国民党允诺人民有言论、出版、集会、通信、居住等自由，却又紧握着制订法律"停止或限制之"的特权，纯粹是一场骗局。而所谓"五权分立"的体制，则是"一个独裁专制的政府，或成一个多头专制的政府"。对国民党的专制本质及其伪善面目，罗氏的批评够得上深刻二字。至于胡适，于同年10月受到蒋介石召见，

---

① 胡适：《我们走哪条路》，引自牛其贞编：《胡适论学近著》，山东人民出版社1998年版，第342页。
② 孟真：《"九一八"一周年了!》，载于《独立评论》1932年第18期，第1~7页。
③ 任剑涛：《现代自由主义与中国古典传统》，引自王焱编：《自由主义与当代世界》，三联书店2000年版，第283页。
④ 罗隆基：《对训政时期约法的批评》，载于《新月》1932年第3卷第8号，第1~26页。

"对大局有所垂询",而后因在监狱调查问题上与中国民权保障同盟诸人出现分歧而被开除出同盟,之后又受蒋介石之命,担任了东北政治委员会和农村复兴委员会的委员。他虽然婉言谢绝了入阁的邀请,但同国民党当局结合的路向则已相当确定。除了人权派内部的分歧、自由主义松散派别的痼疾外,国共两党对人权派的左右夹击,也使他们举步维艰。中国共产党的党刊《布尔什维克》对人权派的政治思想予以根本的否定。最有代表性的文章要数瞿秋白在该刊第四卷第六期上发表的《中国人权派的真面》一文。在该文中,瞿秋白指出了人权派的资产阶级性质,抨击人权派企图以资产阶级的民主、自由、人权等来取消、扼杀共产主义运动。在人权派风头最健的时候,罗隆基曾经被国民党逮捕入狱,经保释后,他作了《我的被捕的经过与反感》一文,载于《新月》三卷三期上。为此国民党指令光华大学撤销罗的教授职位,虽经胡适等人奔走,终于还是敲碎了"饭碗",只好以译文卖稿为生。胡适则被国民党政府"警告"。国民党"临时约法"颁布后不久,北平的新月书店被军警检查、店伙被捕,杂志被没收。罗隆基也只好变相地承认了《临时约法》,承认国民党政府的合法性。随着救亡危机的急剧加深,自由主义者群体对国民党政府的向心力日渐增强。抗战爆发后,蒋介石表示出领导抗战的决心与姿态,不但广泛吸取知识分子的意见建议,而且与中共结成抗日统一战线,胡适也当上了驻美大使。在民族危亡面前,一个有能力组织抵抗外敌的政府,显然比空洞的"人权"更重要。这也多多少少证明了自由主义生存在一个不宜的时代。"中国近代以来的社会状况比较西方现代社会为自由主义提供的生长条件,相去实在太远。自由'在风暴中不易建立起'(托克维尔语),而近代以来的中国社会恰恰处于动荡之中。"①

三、蛰伏后的高潮与沉寂

从政治自由主义的视角看,抗日战争时期是其蛰伏的岁月,但是在中国近代史上,抗日战争则有极为深远的意义。抗日战争后期,胜利的曙光开始呈露,"中国向何处去"的问题再次横在国人面前。国民党的专制腐败与自由主义者民主改革要求之间的冲突也渐趋尖锐。自由主义者的主要目标是政治民主化,首先是成立联合政府,实施宪政。法西斯的灭亡和世界民主潮流的高涨给予中国自由主义者极大的鼓舞;国内国共对峙的新格局又呈现出新的机缘。因此,战后数年

---

① 任剑涛:《近代自由主义与中国古典传统》,引自王焱编:《自由主义与当代世界》,上海三联书店2000年版,第283页。

间,自由主义思潮一时相当引人瞩目。抗日战争以后,自由主义才真正"浮出水面"[①]。他们迫切要求中国政治按照自由主义的理念运行;由于世界范围自由主义的历史演变和中国具体的国情,这套理念与古典自由主义存在明显的差异。但是,在激进主义和保守主义之间求取中道的基本态度并没有改变,所以他们在暴政与革命之间求生存发展的路径也一如既往。自由主义者从来没有像现在这样深入地卷入政治旋涡,在中国的政治格局中也从来没有像现在这样重要。

（一）

20世纪40年代中国的危机,不仅在于日本侵华,而且在于社会权威的空前丧失。战争爆发之初曾被国民寄予很大希望的国民党,一方面行政无能,另一方面因其腐败与专制,也迅速丢失了权威,因而其统治的合法性遭到了严峻的挑战。

战争爆发之初,迫于国际国内的形势,国民党曾经有过某些政治改革的举动,还有更多的民主政治的许诺。但是,人民长期盼望的民主政治始终没有出现。国民党反而加固了它的专制独裁制度。1943年,国际反法西斯战争的形势发生了根本的转折,德日意法西斯联盟已呈瓦解态势,胜利的曙光已经闪耀。就在此时,蒋介石发表了《中国之命运》一书,完整地表述了其政治观点和内外政策,从理论上更加完备了为其专制独裁辩护的思想体系。它鼓吹复古主义,极力攻击自由主义和共产主义,称它们都不符合中国国情,违反中国文化的固有精神。蒋介石借孙中山之言论断定中国的问题是自由过度,以致成了一盘散沙。因此,中国只能实行一个政党、一个主义、一个领袖的独裁政治。这表明国民党决心继续逆世界民主的潮流而动。

战时国民经济急速滑坡:工业萎缩、农村衰败、通货膨胀、资源匮乏,人民绝对贫困化的程度迅速加剧。抗战胜利以后,国统区的经济更加迅速地由恶化而走向崩溃。另外,在抗战后期已经迅速膨胀起来的官僚资本,战后发展为垄断国计民生的绝对势力。使国民党的威信一落千丈的另一个重要原因,是"接收"期间暴露出来的因极端腐败而失去民心。连蒋介石也不得不承认这一点。他后来说:"由于接收时许多高级军官大发接收财,奢侈荒淫,沉溺于酒色之中,弄得将骄兵逸,纪律败坏,军无法纪。可以说,我们的失败,就是失

[①] 章清做了一项相当细致的研究,来重建自由主义的基本历史,其中特别注意到,20世纪40年代"第一次出现明确标榜'自由主义'立场的刊物",这可作为自由主义的自我意识成熟的标志,这一时期也是我们本篇所论述的政治自由主义空前的高潮期。章清:《1940年代:自由主义由背景走向前台》,引自高瑞泉主编:《自由主义诸问题》,上海古籍出版社2012年版,第34~82页。

败于接收。"①

一度将自己的理想悬置起来的自由主义者，曾经幻想国民政府能够逐步实现宪政、认真革新政治，从而引导中国走上现代化道路。对国民政府的失望使他们格外深切地感受到"中国需要重建权威"。——这正是1946年10月《观察》杂志发表吴世昌的文章的题目。

吴世昌认为，权威既不是实力，也不是科学。他将价值理性与工具理性区别开来：

> 本来所谓"国于天地，必有以立"，这个有原也不是指武器，而是指某一社会中人群所同意信守的生活方式和原则——几棵思想的大柱子，顶住了这个社会（或国家）的组织机构。一般人称这个机构为社会制度或政治制度。这几棵大柱子有的时候叫三纲五常，有的时候叫四维八德，有的地方叫民治思想，有的地方叫作共产主义。不管叫它什么，重要的是在这社会中的人群必须能同意支持这些柱子、这些原则，否则整个机构垮下来必酿成巨大的灾害。尤其重要的是要同意支持，不是强迫支持。所以权威本身，定义的（by definition）是民主的，不是独裁的或威胁的。权威本身是抽象的，它不能与人脱节。一旦离开了人，便是海市蜃楼毫无作用，不成其为权威了。②

吴世昌实质上提出了中国所面临的历史课题：一方面必须重建整个文化的价值，使之成为民族凝聚的精神中心，造成民族向心力，这是精神层面的内驱力。另一方面，必须有能够体现这套价值体系的社会团体或社会阶层，以整合社会力量，它可以说是价值承担。吴世昌反省历史，认为中国社会的固有权威在20世纪初开始崩溃，到五四时期价值真空的状况达到了顶峰。孙中山着手建立新权威——以民族主义为基础的三民主义。北伐战争曾经使以三民主义为旗帜的国民党的权威达到鼎盛状态，但很快便跌落下来。以后虽仍有若干次机会，惜乎被一一丢失。所以"国民党已失去领导国人重建权威的资格，不足以成为权威的主持者。其党员之滥、之偏、之驯良，也不足以成为支持者"。而共产党，按吴世昌的见解，因为种种原因，也不足以担当重建权威的历史重任。问题是如何重建权威？或者说，重建权威的重任应该落在何人身上？

从精神层面说，自由主义者提出过各种概念来表达他们的理想。有的称之为自由社会主义。他们认为，就世界范围而言，18世纪的理想是自由主义，19世纪的潮流是社会主义，"二十世纪的可能贡献不是创造一个崭新的主义或政治运

---

① 宋希濂：《回忆一九四八年蒋介石在南京召集的最后一次重要军事会议实况》，引自中国人民政治协商会议全国委员会文史资料研究委员会编：《文史资料选辑》，中华书局1961年版，第13辑，第15页。

② 吴世昌：《中国需要重建权威》，载于《观察》1946年第1卷第8期，第2~6页。

动，而是调和十八世纪和十九世纪的特殊贡献，使之成为一个集成合美，为人类造福的生活体系。因为这个体系要兼采自由主义和社会主义之长，我们似乎可以称它做自由社会主义"①。有的仍然沿用自由主义的旗帜，还有的则称"新资本主义"或"新社会主义"。吴世昌则借用了"三民主义"的外壳，灌注进自由主义的内容。他认为三民主义以民族主义为基础，将民权主义解释为民主主义或民治主义，它保障了政治自由；将民生主义解释为经济民主，可以保障经济上的自由。这些构成了我们称之为"新自由主义"②的理念或者社会发展模式。它是20世纪40年代中国自由主义者中较强的一脉，他们希望并相信，新自由主义可以成为中国文化的价值中坚。

从价值承担的层面说，自由主义者将价值重建的历史重任安放到自由主义知识分子肩上。周绶章断言："真正的自由主义分子其言论主张既能反映人民的需要，顺应时代之潮流，自必能主持清议，影响人心，对于实际政治的改造上具有极大的潜力。……我敢相信自由主义分子虽然不斤斤于实际政权的争取，对于政治改造，文化进展上面，仍必有其辉煌的贡献。"③吴世昌则更具体地将希望寄托于大学教授之类的知识分子："建立权威必有两个必要条件：有思想的基础，有适当的人士。……后者的条件其实也颇简单：只要其才识品德足以主持，热忱毅力足以实践这个思想基础，而且真能代表人民，不受私己集团的限制。但在目前情况下，毋宁是无党无派人士更为适当。……政治腐败，像大学教授这样的匹夫应当有责纠正。重建中国的权威，当然比澄清政治更为根本，更为重要，只要权威能建立得起来，澄清政治倒是其余事了。"④

这表明20世纪40年代中国自由主义思潮在其本质上仍然以自由主义为理想，以自由知识分子为中坚，试图重建中国文化的价值，进而改塑中国的政治、经济，乃至整个社会。

中国近现代的历史变迁属于统一的世界史的一部分，各种社会思潮大多在西方思想的影响、刺激下发生发展起来。从这一角度说，中国自由主义思潮可以被看作是在近现代中国社会条件下，西方尤其是英美自由主义的传播与移植。第二次世界大战中及战后数年间，中国卷入国际事务的深入程度与对外开放的程度，都是空前的，它为自由主义的滋长提供了特殊的气候。40年代中国自由主义思潮表明它属于一种"新自由主义"，这种"新自由主义"与整个20世纪世界潮

---

① 萧公权：《二十世纪的历史任务》，载于《世纪评论》1947年第2卷第5期，第5~8页。
② 这种"新自由主义"指的是new-liberalism，而不是neo-liberalism，后者也被翻译成是"新自由主义"，但严格地说是"新古典自由主义"，是对古典自由主义的复制和回归，尤其强调市场经济，而"新自由主义"（new-liberalism）主张市场和计划的结合具有鲜明的差异。
③ 周绶章：《为真正的自由主义分子打气》，载于《世纪评论》1948年第4卷第10期，第5~7页。
④ 吴世昌：《中国需要重建权威》，载于《观察》1946年第1卷第8期，第2~6页。

流的走向有极为密切的关联。

对 20 世纪世界格局起举足轻重影响的，莫过于共产主义运动。不但十月革命一声炮响，给我们送来了马克思列宁主义。苏联在短短 30 年的时间里所取得的显著的经济成就，更使世界为之震惊。苏联社会主义公有制、计划经济和消除种种社会不平等的实验，对各国无产阶级与被压迫民族都产生了强大的吸引力；对于它的近邻——有着大同理想传统的中国人尤其如此。苏联作为反法西斯的主力之一，在法西斯溃灭以后，势力扩展到东欧各国，同时也扩大了对中国政治的影响力量。所有这一切，都使得中国的自由主义者不可能对社会主义问题无动于衷。

作为西方自由主义思潮的分支，作为主要是亲西方的中国知识分子运动，中国自由主义思潮在 20 世纪 40 年代的变化，更多地受制于英美自由主义思潮从古典到现代的转变。

古典自由主义在经济和政治两方面有其特殊的含义。从经济方面说，古典自由主义以市场的统治权和"利益集团的自然协调"为基础，主张在经济领域中充分实现"自由放任"。从政治方面说，古典自由主义的指导原则是限制政府的权力，以免对社会的经济生活进行破坏性的干涉，即所谓"管得最少的政府就是最好的政府"。但是，20 世纪三四十年代，英美自由主义发生了引人注目的变化。尽管在承认和维护资本主义的私有制——私人利润和自由企业制度上，与古典自由主义并无原则区别，但不再是"自由放任"。因此，与古典自由主义不同，他们希望政府积极地干预经济事务，表现出自由主义的现代转变。自由主义从古典向现代的转变，在英美两国政治上的体现，就是具有某种"社会主义"色彩的罗斯福"新政"和英国工党政府的社会改革。他们对中国的自由主义者产生了极大影响。

1933 年，罗斯福当选总统后，美国政府全面干预经济生活，实施了"新政"。它包括：政府控制了金融；实施了农业调整法，由政府来控制生产，用补贴和重税来进行调节；实行所谓"公平竞争规则"，雇主须付给工人同样合理的工资，规定同样合理的工时，消灭童工劳动，制定合理工资标准，缩短工时。政府颁布了一系列推进劳资合作、弱化阶级矛盾的法律。包括《全国劳工关系法》，禁止雇主干预或图谋控制劳工组织，肯定工人有组织工会的权利，雇主不得拒绝与工人集体谈判合同，不得禁止罢工，不得歧视工会会员；《社会保险法》，主要是为失业者和老年人提供失业津贴和养老金，增加儿童保健和社会卫生事业方面的服务，改革税收，减少小企业公司税、提高大企业的公司税，征收遗产税；还有《公平劳动标准法》，即工资工时法。总之，罗斯福"新政"是根据美国垄断资本主义发展的需要，用国家干预经济生活的办法代替了传统的放任主义政策，局部地改良了生产关系，做到了"限制旧的社会制度的个别坏的方面，限制旧的社会制度的个别极端的表现"①。这在一定程度上改善了工人的处境，缓解了阶级矛盾，挽救并加强了资本主义。用罗斯福自己的说法，他的新政"挽救了被拖到毁灭边缘的私人利润和自由企业制度"。作为国际反法西斯阵营的领袖，同时又是新自由主义的象征，罗斯福特别受到中国的自由知识分子的青睐。40年代中国的自由主义者都向往着罗斯福的"四大自由"。1941年1月，罗斯福在对国会发表的国情咨文中说：在未来的日子里，"我们期待着出现一个建立在人类四项基本自由之上的世界"。它们是言论自由、信仰自由、免于匮乏的自由、免于恐惧的自由。在中国的自由主义者看来，这是面包与自由兼而得之的美好前景。所以罗斯福连任第四届总统时，《大公报》专门发表社论，认为"罗斯福总统所标榜的四大自由必须时常强调……使之成为安排战后世界的必遵的原则"②。也正由于这一原因，罗斯福主义被中国的追随者很恰当地视为"新自由主义"的另一代表，因为"资本主义社会依据这类意见，唯有改革的需要，但既无自动没落的趋势，也不可率意取消。因为唯有在自由式经济制度下，才可以保全政治自由；而政治上人权的保障，乃人类精神生存之寄托。否则生不如死，只顾目前饭碗，不计自由，人类尊严势必全失"③。加之战时罗斯福执行一条联合苏联的外交路线，这给富于幻想的中国自由主义知识分子创造了新的梦境。总之，40年代的"新自由主义"无疑从罗斯福主义中得到很大的鼓舞。

与罗斯福新政相呼应的是英国工党所贯彻的费边社会主义路线。成立于1884年的费边社，原是一个以费边社会主义为标榜的改良主义团体。1946年开始掌权的英国工党吸收了凯恩斯的经济学说，并将其中的大部分运用到英国经济的战后重建之中。"简而言之，凯恩斯著作的历史性意义就是：它对政府在大萧条时期迫不得已采取的非正统措施——比如说，用赤字财政和由政府采取行动保持充分就业的做法，提供了理论上的认可。在这种认可之外，还有振奋人心的主张，即并不需要在教条的社会主义和自由放任的资本主义之间作一次全要或全不要的抉择：二者都有缺点，二者都未能看出在私人企业经济的旧结构内有多少新的事情可做。"④英国工党政府在战后数年中实行了金融管制、大企业国营（燃料动力工业、内陆运输、钢铁工业收归国有）、加强了社会保险的福利制度。按照英国工党的竞选纲领，这一切都是使英国在美国的自由企业制度和苏联的社会主义

---

① 斯大林：《和英国作家赫·乔·威尔斯的谈话》，引自中共中央马克思恩格斯列宁斯大林著作编译局编《斯大林选集》下卷，人民出版社1979年版，第352页。
② 见1945年1月20日重庆《大公报》。
③ 吴元黎：《现代经济思潮的趋势》，载于《观察》1947年第2卷第9期，第5~7页。
④ ［美］H. 斯图尔特·休斯，陈少衡等译：《欧洲现代史》，商务印书馆1984年版，第331页。

之间获取一种"中间道路"。事实上,类似英国的还有斯堪的纳维亚各国的"福利国家"。而法国在戴高乐执政时也开始实行福利国家政策,以便抵消共产党人的宣传。换言之,第二次世界大战以后,欧洲资本主义国家有过一股大企业国有化的潮流。凯恩斯的国家干预的新自由主义理论,正是提出了这种可能性。

由于种种原因(包括战后杜鲁门政府的右转),20世纪40年代中国的自由主义者更多地注视着英国工党的理论与政治经济措施。

早在20世纪30年代,中国的自由主义者如罗隆基等就对英国工党及其前身费边社的和平渐进的社会改革理论深感兴味,并尤为欣赏费边社—工党那种既改善资本主义又避免革命的妥协技巧。他赞成工党领袖麦克唐纳如下的观点:"……认革命为社会主义者的方法是错误的。革命永久不能实现社会主义,因为社会主义者所希望的改变,是社会各方面的彻底更换,因此,这种变换一定是一种有大变化的秩序。政府形式的更换,例如君主或共和,人民是政治的主人抑或政治的奴隶,这些事,刀枪的力量或者可以做得到,但是一种影响经济生产的程序的变更,一种建设劳工与酬报的公平关系的变更,一种打破贫富不均的变迁,这些变更,革命是无能为力的。"[①] 这套理论对于信奉理性、进步、和平、自由与秩序的中国自由主义者有强烈的吸引力。

英国工党以费边社会主义与劳工运动的结合,采用和平的方式获取政权,似乎为中国的自由主义者塑造了一个楷模;战后工党政府的"中间道路"所取得的经济成效,更令他们大受鼓舞。还有一条重要的原因,使得40年代中国的自由主义与英国自由主义发生紧密的联系,即当时中国许多著名的自由主义者,与拉斯基有师生之谊。拉斯基是当时英国工党的主要理论家和政治活动家。拉斯基的思想以1931年为界,前期是"'左'倾自由主义者",持政治多元论,依然保持自由主义的"自由优先"原则。后期则进一步激进化,对唯物史观有一定程度的认可,对政治自由和经济平等都极端重视,以至于被称为"温和的马克思主义者"(Moderate Marxist)。[②]《观察》《世纪评论》等主要的自由主义刊物,都连篇累牍地发表文章介绍工党的路线。他们称颂:

> 三年来工党政府一直在艰难险境中奋斗,……内政上的金融管制、国营企业以及社会安全制度的施行,则已使英人由贫困而走向繁荣,并且博得了世人的赞赏。我们认为不流血的社会革命已在人类政治上奠定了初基……劳

---

① 罗隆基:《论共产主义》,载于《新月》1930年第3卷第1期,第21~42页。
② 据张世保的研究,拉斯基的中国学生有雷沛鸿、张奚若、金岳霖、徐志摩、蒋廷黻、钱昌照、陈源、杭立武、罗隆基、王造时、程沧波、储安平、龚祥瑞、吴恩裕、楼邦彦、邹文海、王铁崖、范德芬、费孝通、萧乾等。中国自由主义"左"倾化与其思想的转变不无关系。张世保:《拉斯基还是海耶克——中国自由主义思潮的激进与保守》,引自高瑞泉主编:《中国思潮评论》(第四辑),上海古籍出版社2012年版,第1~33页。

工是历史的产物,费边主义是时代的良药,唯有这二者的结合,才能汇成这二十世纪的政治主流。①

其实,中国的自由主义者很清楚工党改革的资本主义性质:"所谓新自由主义,实际上与英国工党已行的政策极其相近。但是与其说它是一种变态的社会主义,毋宁说它是改善了的新资本主义,因为它建基于根深蒂固的私产制度上,以私产及合法之自由支配为政治及经济自由之最后保障"②。

由此可见,20世纪40年代中国的新自由主义者确实自觉地将英国工党的纲领视若他们的旗帜了。

20世纪40年代中国的自由主义思潮虽然属于新自由主义,但其关注焦点首先是主要的西方国家早在17、18世纪已经完成了的变革:民主政治或宪政。所以,与30年代的自由主义相对,显现出政治自由主义的特点。

毋庸置疑,反法西斯战争的胜利,对自由主义者是一种鼓舞。从自由主义的政治理想实现的可能性而言,战争的进程与结果也提供了某种机缘。早在抗日战争期间,国统区于1939年和1944年先后有过两次民主宪政运动,其目标都是要求结束国民党一党专政,改革政治,实行民主化、保障人民基本权利。参加民主宪政运动的并非都是自由主义者,但其目标却与自由主义颇相一致。正是在民主宪政运动中,"中间派"开始结集起有组织的政治力量。抗战结束以后,民主势力空前高涨,此时民盟、民进、九三学社、农工民主党等一批民主党派已先后成立,其中,特别是民盟集结了相当一批自由主义者。

1945年8月,民盟召开临时全国代表大会,提出"民主统一,和平建国"的口号。大会通过的《政治报告》等文件,强调"要把中国造成一个十足道地自由独立的民国家"③。为此,第一,要实行议会制。第二,主张责任内阁制。第三,司法独立,不受行政及军事之干涉。会议提出主权在民,国家的目的只是为人民谋福利,"国家保障人民身体、行动、居住、迁徙、思想、信仰、言论、出版、通讯、集会、结社之基本自由"。会议还强调要实行军队国家化。所有这些,再加上普及教育,保证学术研究的绝对自由,实行劳工福利政策,保障人权、男女平等,都体现了一种典型的自由主义的政治—社会主张。同样有相当多自由主义者参与其间的民主建国会1945年12月成立于重庆,它的纲领也颇具自由主义的色彩。在中国自由主义思潮的发展史上,以往只是少数思想家的理论、观点、信念,或至多只是见诸报刊文字或宣传教育中的东西,如今第一

---

① 李时友:《英国工党是怎样成长的(三)》,载于《世纪评论》1948年第2卷第7期,第7~9页。
② 吴元黎:《现代经济思潮的趋势》,载于《观察》1947年第2卷第9期,第5~7页。
③ 《中国民主同盟临时全国代表大会政治报告》,引自中国民主同盟中央文史资料委员编:《中国民主同盟历史文献》,文史资料出版社1983年版,第71页。

次以一批政党的政纲的形式出现了。换言之，它不再只是个别人的思想，而变成对一批人的行为有约束力与范导力的准则，表现出影响中国政治生活进程的某种潜力。

第二次世界大战后自由主义之所以能形成某种现实的政治势力，还有两个既互相联系又互相制约的历史条件：一是美国的支持与干预；二是国共的对峙与内战。

在意识形态的层面，美国对中国的自由主义有同情的一面；但从现实的政治着眼，美国政府对中国自由主义的政策却是矛盾和游移的。杜鲁门政府的基本态度是"扶蒋反共"，因此在一定程度上要求蒋介石政权能够容纳自由主义分子，以扩大政治基础，特别是1945~1946年相交的一段时间内是如此。1945年底，杜鲁门发表对华政策声明，其中重要的一点就是支持中国的民主改革，要求改组国民党的"一党政府"，他相信如果这个政府的基础加以扩大，能容纳国内其他政治党派，便能够推进中国的和平、团结和民主的改革。12月20日马歇尔将军以总统特使身份来华调停国共之争，甚至在他"调停"失败离华时发表的声明中，仍然说中国未来的政治应当由"自由分子"来领导。在思想上自认与美国有某种亲缘关系的中国自由主义者，其受鼓励感是可想而知的。

抗日战争改变了中国的政治格局，原先国民党的一统天下变成了国共对峙。在自由主义者看来，这种两强对峙的格局可能是导致多元化政治的前奏；而且由于国共双方似乎任何一方都难以在短时间内消灭对方，双方都需要一个能影响舆论的第三者，自由主义者们颇以为这是一个居间斡旋、造成三足鼎立局面的千载难逢的时机。

1946年6月召开的政协，即上述条件的历史产物。蒋介石在开幕词中宣布了国民党的四项诺言：一是"人民之自由：人民享有身体、信仰、言论、出版、集会、结社之自由，现行法令，依此原则分别予以废止或修正。司法与警察以外机关，不得拘捕、审讯及处罚人民"。二是政党的合法地位。三是实行普选。四是释放政治犯[①]。经过斗争，最后通过了《政府组织案》《军事问题案》等五个决议文件，决定改组政府、和平建国、修改1936年宪法草案、建立宪政。最关键的是两项：政治民主化和军队国家化。十分明显，在政治民主化上，国民党有所让步，在军队国家化上，共产党也作了有原则的让步。而其结果总体上与颇有自由主义色彩的民盟政纲较为接近。对政协的一系列决议，国共双方都曾明确表示遵守的意向，美国总统特使马歇尔也十分赞赏。形势似乎向自由主义者显示，他们的政纲将变为政治现实。政治自由主义正走向高潮。

---

① 见1946年1月11日《新华日报》。

（二）

20世纪40年代中国的自由主义运动的直接目标是政治改革，但是其新自由主义的理念却包含着政治和经济的双重目标。他们盼望通过政治改革达到其经济目的。正是这种经济内容上的差异，使他们不同于古典的自由主义，而被列入了新自由主义的范畴。

用当时最通俗的语言，新自由主义的双重目标是"一张票和一碗饭"。但是采用何种较为精确的术语，在表述上则有种种不同。

一是所谓"政治自由与经济自由"论。从英国工党政府所代表的转变中得到鼓舞，中国自由主义者相信自由主义的民主政治可以推动社会的经济进步和劳苦阶级的解放。所以"政治的自由与经济的自由是相辅而行的。我们如得其一而失其二，我们要发现生活是悲惨的。我们如双管齐下，我们的奋斗可以事半功倍"[①]。

二是所谓"政治自由与经济平等"说。资本主义社会有政治自由，但无经济平等；苏联实行计划经济、平均分配，有了经济平等却丧失了政治自由。受拉斯基的思想影响，他们中有人宣称：

> 我认为政治的自由与经济的平等，不仅无任何绝对不可调和的冲突矛盾可言，而且正如车之两轮，鸟之双翼，引导人类和平进步，缺一不可。没有政治自由，经济平等不能良久保持，而人类的精神生活，不能得到解放；没有经济平等，政治自由的根基也不坚实，而人类的物质生活，常有匮乏之虞。只有兼采资本主义制度中政治自由，与共产主义制度中之经济平等两大原则，调和而为一种新的主义，新的路线，才能够把人类引上真正的和平幸福之境。[②]

三是占主导的表述方式，即"政治民主与经济民主"论。他们认为："英美有政治民主而无或缺少经济民主。苏联有经济民主而无或缺少政治民主。……英美人民有充分的权，而利则不足；苏联人民有充分的利，而权则不足。"[③] 两者有重大差异，但又可以统一，即民治民享的平衡。像英国工党用自由平等的政治方法实行社会经济改革，或像孙中山的三民主义那样去实现"天下为公"的理想社会。

其实这三种表述并没有本质的差别，都力图实现如下的政治或社会体制：它

[①] 蒋廷黻：《政治自由与经济自由》，载于《世纪评论》1947年第1卷第17期，第5~7页。
[②] 周绶章：《政治自由与经济平等》，载于《世纪评论》1947年第1卷第20期，第13~15页。
[③] 吴世昌：《政治民主与经济民主》，载于《观察》1946年第1卷第5期，第4~6页。

既包含在以保障全体公民享有个人权利为目的的宪法约束范围内，行使多数人权利的自由民主或宪政民主；又包含旨在缩小社会经济差别、特别是由于私人财产制度而产生的经济差别的社会民主或经济民主。用一句形象的话来形容，在这种社会里，"大家有饭吃、各人选路走"。

上述双重目标，或多或少地都反映在从 1945 年 8 月~1946 年 6 月迅速成立起来的 6 个民主党派的政纲中。政治上结束国民党一党专政、实行宪政、保障人民权利。经济上，对于工业发展，要在动力、矿产、交通、金融等企业中实行计划的国营经济；又要采取一系列措施，鼓励、保护和发展私人企业，保障私营企业的经营自由。同时，在农村中实行和平的合法的经济改革，扫除发展资本主义的障碍。还要实行社会福利政策，包括保障工人权益，促进劳资合作。

十分明显，新自由主义的双重目标在当时的民族资产阶级、广大知识分子等阶层中有较为广泛的呼应，它构成了自由主义者对未来中国图景的理想主义预测，既带有鲜明的时代特征，又带着很深的民族烙印。但是它有着明显的乌托邦色彩，而非建立在对中国社会的深切剖析的基础之上，它对资本主义与苏联经济的理解在今人看来也是相当简单幼稚乃至是武断的。

所有这一切在战后迅速膨胀为新自由主义的高涨，他们对自己的政治前途充满了信心："现在留下的只有一条可走的路，让中间派来领导革命，实行新政。中间派是什么？它就是知识阶级和自由主义的温和分子……倘使他们能够推行缓进的社会主义，领导革命，组织一个多党的联合政府，只需三十年时间，这班人必能安定中国，完成革命的最后一步！"[1]

新自由主义的经济目标要求扫除资本主义工业化的两大障碍：官僚资本与封建土地制度。所以他们主张"国营事业之官僚化与私人企业之独占化，同为经济建设之大敌。以我们现势而论，前者之危机远过于后者。因此我人一面主张国营事业国家化……一面更反对在官僚化尚未肃清以前扩大国营事业之范围"。"国营事业应仿照美国市政经理制度，由民间投标代为经理。"[2] 对于中国的土地制度，他们已经很自觉地意识到："封建的土地制度如不能改革，中国工业化是不可能的。……土地改革是封建社会跃入到资本主义社会的一个唯一的大前提。"[3]

反对官僚资本主义和封建主义是中国的马克思主义者与自由主义者在 20 世纪 40 年代的共同要求，但在实现目标的途径上双方有根本的不同。马克思主义者一贯毫不迟疑地采取革命的立场，主张用暴力的方式剥夺剥削者，完成激进的彻底的社会变革。自由主义者则一贯主张采取和平的社会改良政策，有程序地完

---

[1] 周钟岐：《论革命》，载于《观察》1947 年第 1 卷第 22 期，第 59 页。
[2] 姜平：《中国民主党派史》，武汉大学出版社 1987 年版，第 255 页。
[3] 施若霖：《论中国的土地改革》，载于《观察》1947 年第 2 卷第 21 期，第 6~9 页。

成一次渐进式的转轨。自由主义者讨论更多的是土地改革。他们大多主张先实行减租减息，安定农村，保障农民的生活，以增加其购买力，促进工商业增长，然后有计划地推行整个土地所有权的重新分配。自由主义者的土地方案一方面要将地主占有的土地制度转变为资本主义性质的，另一方面要尽可能避免阶级矛盾的激化和社会动荡，防止土地改革过程中对社会生产力的破坏，希望兼顾各个阶级的利益而能和平地发展出资本主义的生产关系。所有这一切都必须有和平的国内环境才可能实施；事实上，它也是战后短暂而布满危险的国内和平气象的结果。正是国共双方的对峙，使得自由主义者一时感到可以在革命与暴政之间"走钢丝"，而政协的文件更显示了成立联合政府、和平地实施社会改革的光明前景。但是，政协结束不过两个月，内战就爆发了。自由主义者和平改良的梦想也被历史进程无情地打破了。

（三）

20 世纪 40 年代中国的自由主义作为一种社会思潮，其基本立足点同国共两党都不相同。在这样一个三角关系中，作为一种政治力量，40 年代中国的自由主义者总体上与国民党政府处于对立的状态，而与共产党结成了同盟。

最直接的原因是政治现实。自由主义者大都是生活在国统区的知识分子，对其自由主义信仰与言行的直接威胁，来自国民党政府。这就迫使他们与共产党联手以对付国民党。换言之，蒋介石的专制政治必然推开了大批自由主义者。如果说，当初因为国难未解，相当多的自由主义者尚能忍耐的话；那么在战后数年间，这种忍耐越来越被厌弃与憎恶所代替。国际形势的转变，民主声浪的高涨，给自由主义者描绘了一幅美妙的前景，但是国民党的专制独裁统治使自由主义落入幻灭。更直接的原因是，国统区的经济崩溃、物价飞涨，学校教职员等知识分子深受其害，更加剧了国民党与普通自由主义知识分子的对立。

国民党对待像民盟这类颇具自由主义色彩的民主党派的政策与策略，也使他们丢失了上层自由主义者仅存不多的向心力。民盟的成立本来即逆拂国民党一党专政的体系，但在政协召开前夕，民盟已表现出相当的政治力量。国民党不能接受与共产党有某种同盟关系的"民主党派"的存在，在政协会议前以高官厚禄拉拢民盟领导人，并与青年党合谋企图拆散民主同盟，政协开会期间军警搜查民盟代表黄炎培住宅等事件相继发生。一年多后，国民党政府干脆宣布民盟为非法团体，强迫民盟宣告解散，它同时也结束了自由主义者对国民党政府的幻想。所以连美国大使司徒雷登也说，蒋介石取缔民盟实属失算，这不仅使人民对政府失去信心，"而且将驱使民盟盟员更趋'左'倾和转入地下活动"。

美国政府的对华政策也促使了自由主义者左转。我们已经描述过中国的自由主义者曾经对美国的政治援助寄予很大希望，但数年间便走入幻灭。汪荣祖曾经分析过美国政策中所包含的理想与现实的矛盾："讲理想，美国自应全力扶助中国的自由主义与民主事业，但在现实上美国又大力扶持'反共亲美'的蒋氏政权，不愿加诸太大的压力，以致和平破裂，改革无成。不少自由主义者都很明白美国的世界战略，要把中国作为反苏的一个重要基地。"① 因此，美国对中国的民主事业只有口惠而无实至，不可能成为中国自由主义者的真正朋友。加之美国扶日政策及美军在华的横行霸道都深深伤害了中国自由主义者的民族感情。"按照当时中国自由主义者的心情，对美国已是'鄙'而远之。美国政府像蒋政权一样把自由分子推向敌对的阵营去了。"②

共产党方面，整个抗日战争和第三次国内革命战争时期，对自由主义者都十分策略地采取了统一战线政策，将思想与人物分别对待。不言而喻，共产主义与自由主义是两个不同的思想体系，从这意义上说，共产党一向是拒斥自由主义的。但是，20世纪40年代后期，中国共产党的基本战略是联合一切反蒋力量，结成广泛的统一战线。当民盟被迫解散时，中国共产党作出了强烈反应。新华社的时评《蒋介石解散民盟》抗议蒋介石的高压政策，高度评价民盟在民主革命中的作用，同时又指出：国共之间的"中间道路"其实并不存在。曾经幻想在国共对峙之外另求生路的自由主义者，听了这番评论，一定会明白他们的"第三条道路"必定是越走越窄。

如果说20世纪30年代的自由主义者曾经陷于被左右夹击的困境的话，那么，40年代的新自由主义者面临的境遇要严酷得多：全面内战的爆发和蔓延，国共两党的历史性大搏杀，刚刚才达到"自我意识成熟"的自由主义者很快就痛苦地讨论起："自由主义者往何处去？"

1947年《观察》杂志上以此题发表文章说："自由主义近年来已成了相当时髦的东西，至少是一件美观而可活用的装饰品；一方面可能有人因它而受迫害，一方面也将有人利用它来做猎官的工具。"③ 仅仅过了一年，到1948年，同一作者又写了一篇《再论自由主义的途径》，感叹道："一年以来，自由主义遭受了左右夹攻，颇有无以招架之势。……自由主义者不但遭受左右夹攻，就是在自命为自由主义者之间，争执可能更厉害，因为自由主义始终没有一部经典或一套政纲来范围她。看来这是一个很大的缺点，尤其因为有若干人滥用自由主义来为独裁政治辩护。"④ 随着国共双方力量对比的变化，留给自由主义者做政治选择的

---

① 汪荣祖：《自由主义与中国》，载于《二十一世纪》1990年第2期，第36页。
② 汪荣祖：《自由主义与中国》，载于《二十一世纪》1990年第2期，第37页。
③ 杨人楩：《自由主义者往何处去？》，载于《观察》1947年第2卷第11期，第3~6页。
④ 杨人楩：《再论自由主义的途径》，载于《观察》1948年第5卷第8期，第3~5页。

余地越来越小。原先标榜走"第三条道路"或"中立"的自由主义者，大多数分化为两种：一批与国民党政府关系较深、结合较密切而一贯反共的人，如胡适、傅斯年、蒋廷黻等人，无论主观倾向还是客观境遇都决定了他们只能与国民党共进退；更大量的自由主义者属于另一种人，他们因为种种原因而与中共的关系循着批评者—合作者—拥护者的线路演化，这批人在国民党溃败时留在大陆，怀着复杂的心情，去迎接一个新的时代。

作为一种政治思潮的自由主义，在极短的时间内迅速达到了其巅峰状态，又以高速滑落的状态消隐了。

第五章

文化自由主义

  自由主义除了在政治上有其诉求，因而首先是一种政治思潮以外，在文化方面也有不同于激进主义或保守主义的特殊面相。这种特殊面向自然是由于其特有的态度或倾向造成的。他们在激进主义与保守主义的尖锐对立之间而"不偏"，所以处于左右之间即"中"，既不愿太"偏激"，又不愿太"保守"。同时他们又有共同的原则，即对自由的追求，包括文化自由。"文化的自由只是一个批评的精神与一个容忍的态度。"[①] 因而强调精神生活的自由、思想自由和价值多元。加之中国的自由主义本质上是一场知识分子的思想运动，它在思想文化上的影响要大于它在社会实际生活尤其是政治生活中的影响。所以我们这里对文化自由主义主要讨论三个问题：第一个问题是知识分子与自由主义的关系。第二个问题是自由主义与民族主义的关系。我们知道民族主义是一个非常复杂的概念，一般的民族主义通常保持着对民族文化的尊重，自由主义则常和"西化"相联系，而具体的自由主义者对传统文化的态度又是复杂的，所以我们还要讨论第三个问题：现代政治与传统文化。

  [①] 张东荪曾将自由主义区分为"政治上的自由主义"与"文化上的自由主义"。他所说的"文化上的自由主义"，除了前引所说的那样，还特意指"一种态度，而不是具体的主张"，"无论何种学说或思想，只要由严格的逻辑推出，有充分的事实为证据，换言之，是由于科学方法而成，则都可为文化的自由主义所承认。"这表明了张东荪的文化自由主义与经验主义或实证主义哲学有一定的关联（张东荪：《政治上的自由主义与文化上的自由主义》，载于《观察》1948年第4卷第1期，第3～5页）。

一、一场知识分子运动

中国的自由主义，本质上是一场知识分子运动。最活跃、具有较大社会影响的自由主义者是少数知识精英，他们对小知识分子有一定的号召力，与一般民众则比较隔膜。这一方面显示出了中国自由主义的特色，另一方面又造成了它的困境和危机。

我们知道，近代以来，随着中国社会的新陈代谢，传统士大夫渐渐转变为现代知识分子。许多人强调两者之间的相似性，认为士大夫与知识分子都以"道"为任。受儒家"天下兴亡，匹夫有责"传统的影响，近代自由主义知识分子也都对政治有关怀的热忱。但是，他们毕竟不是纯粹传统的士大夫，其中许多人"脚踩中西文化"；也不如古代士大夫那样处于政治中心，而更多的是边缘人物。他们不再是科举制度下的读书人，除了做官没有其他上升渠道和政治话语权。作为经受了西方自由主义洗礼的现代知识分子，他们不屑或不愿被腐败的官场所束缚。最具象征意义的是执掌新文化运动发源地北京大学的蔡元培，在与一帮同道结成的团体中，以"不做官"为团体行为规范中的一项重要条款。他们希望以一种现代方式来介入政治：通过教育、著述传播自由民主的思想，积极制造舆论、影响民心、反映民意，从而形成对政府的监督与影响。当然，并非所有的自由主义者都以同样的姿态参与政治，尤其是政治现实证明只要制造舆论就能迫使政府更弦易张、实行良治的图景只是一种幻想，自由主义知识分子本身也发生某种变化，并对中国自由主义作了历史性的反思。由此构成的自由主义思潮，其文化影响要大大超过其政治影响；该思潮中的主要人物，也呈现出知识分子的不同类型。简约说来，在中国近现代思想史上，有四种类型的文化自由主义知识分子：思想理念型、政治功利型、学术超越型和文化反思型。严复和胡适属于"思想理念型"的自由主义知识分子。这里所谓"思想理念"，是指将西方的自由主义思想作为一种终极信念与原则去追求。以严复和胡适为代表的自由主义知识分子，均是以英美式的自由主义作为其思想的蓝本。以严复为例，他介绍了孟德斯鸠、穆勒、斯宾塞等人的自由主义思想；而就思想源流上辨析，孟德斯鸠亦属于英美式自由主义营垒。胡适则主要是以实用主义为哲学内核的美国式自由主义的传播者。20世纪40年代以后，以当时特定的社会和政治情势为契机，出现了要求超出英美与苏联的对立、共产党和国民党的对立的"中间路线"或"第三条路线"的政治主张。持这种主张的大多是一批"政治功利型"的自由主义知识分子。这里所谓的"政治功利"，是指从策略上考虑，自由主义如果要在中国实现，必须要根据中国的国情和环境加以修正。这方面，张东荪的思想可谓典型。20世纪

30～40年代是中国自由主义运动向纵深发展的时期,还出现了一批"学术超越型自由主义知识分子",他们在政治与社会理念上向往与要求自由主义,但行动上,他们主要从事学术与教育活动,故其自由主义的理想主要体现于其学术与教育活动中,其口号是提倡"教育独立"与"学术自由"。以潘光旦、陈寅恪为代表。1949年以后,自由主义只活跃在台湾一隅,殷海光为其代表。作为"文化反思型自由主义知识分子",殷海光对自严复以来的中国自由主义运动及其思想的开展作了回顾与检讨。他洞见到中国的自由主义是"先天不足,后天失调",确实触到了中国自由主义的要害。尽管他依旧希望看到自由主义在中国实现,因此要接续当年严复开创的道路,当一名现代的"普罗米修士"。

鉴于我们在其他章节对严复、胡适、殷海光论述较多,故本章的重点在"政治功利型"和"学术超越型"这两类自由主义知识分子的思想。

(一)

20世纪40年代以后,出现了一批"政治功利型"的自由主义知识分子,张东荪可谓典型之一。

从新文化运动开始,张东荪就是中国思想界的活跃人物。他早年东渡日本,与梁启超结识,曾任上海《大共和日报》和梁启超主持的《庸言》《大中华》的编辑,并在上海的反袁刊物《正义》上撰写讨论宪政问题的文字,可以说是梁启超政治思想的传人。在第一次世界大战期间,受国际社会思潮影响,他倾心于民主社会主义。在《第三种文明》一文中,他将资本主义的文明称作"第二种文明",而"第三种文明"的特征是:"一、思想上道德上必定以社会为本位。二、经济上必定以分配为本位。三、制度上必定以世界为本位。四、社会上必定没有阶级的等次,虽不能绝对,也须近于水平线。"[①] 这显然指社会主义文明。张东荪视社会主义是人类社会发展的方向,是有感于西方近代以来的民主政治与个人主义并不能从根本上解决人类面临的许多问题,并且认为大战已经将西方资本主义文明的弊病暴露无遗。

但是,张东荪不认为中国可以立即实行社会主义,其理由是中国还不具备实行社会主义的条件。他认为中国最大的问题是产业的不发达和知识及教育水平的低下,若在条件不成熟的时候进行社会主义的革命,只能是发生"伪劳农革命"。正因为如此,中国的当务之急是发展实业,造就"绅商阶级"和提高人民的教育和素质。他说:"中国之贫民阶级非特知力不发达,即本能亦不发达。天性不厚,

---

① 张东荪:《第三种文明》,引自蔡尚思主编:《中国现代思想史资料简编》(五),浙江人民出版社1982年版,第613页。

无论何事不能为。故今日之中国非组织贫民专制之时,乃改造贫民性格之时。中国下级社会之人性不能逐渐改善,则一切社会革命皆为空谭。"① 正因为如此,从 20 世纪 20 年代起,他一直坚持自由民主的理想,并同主张立即在中国进行社会主义革命的马克思主义者进行思想论战。

至 20 世纪 40 年代末,张东荪的思想趋于"激进",尤其当国共两党以战争的形式来决定中国未来的命运时,他力图超越国共两党的对立,提出一条既不同于英美,亦不同于苏俄的"中间性的政治路线",这也就是他所谓的"民主主义的社会主义"路线。他说,所谓"中间性的政治路线"就是:"在政治方面比较多采取英美式的自由主义与民主主义,同时在经济方面比较上多采取苏联式的计划经济与社会主义。从消极方面来说,即采取民主主义而不要资本主义,同时采取社会主义而不要无产阶级的革命。"②

张东荪对他的"民主主义的社会主义"理论所作的一个论证,是认为"民主主义"与"社会主义"在基本理念方面相同。他说:

> 民主主义的概念基型是自由平等。这二概念可说是一个理想的基本概念。自由与平等有互相关系遂又发生一些概念,介乎其间,即公道、人权、与理性等是已。再把这一些概念加入其中便形成一簇或一个概念群。这个概念群(是一串概念),是民主主义与社会主义的在概念方面的根底。我要郑重告诉国人的是:民主主义的概念基型是这些概念,而社会主义的概念基型亦正是这些概念。并非有两个不同的概念基型。正因为民主主义与社会主义同依据于同一的概念群为其基型,所以二者在本质上,就是一个东西。③

但他着重指出,西方式个人主义与资本主义制度的结合给西方社会带来了许多问题,主要是私有制度与自由竞争的市场经济背景下,资本的力量会造成社会阶级的固化,不平等的加强反过来限制了自由。在他看来,挽救"个人主义的文化"以免其破产的办法就是废除资本主义的经济制度而代之以社会主义的计划经济。他说:

> 自由平等之观念基型为民主主义与社会主义所共有。无奈这些在天空中的理想必须拉下来落在地上方真有价值。而要真能拉下来又必须发明有一个中间的媒介物以为衔接。我曾举出两个东西:即建立于个人主义的资本制度与基于民族一体的国族主义。……现在要讨论到此外的一个第三个。就是所

---

① 张东荪:《现在与将来》,引自钟离蒙、杨凤麟主编:《中国现代哲学史资料汇编》第 1 集第 3 册,辽宁大学出版社 1981 年版,第 98 页。

② 张东荪:《一个中间性的政治路线》,引自蔡尚思主编:《中国现代思想史资料简编》(五),浙江人民出版社 1982 年版,第 204 页。

③ 张东荪:《民主主义与社会主义》,引自蔡尚思主编:《中国现代思想史资料简编》(五),浙江人民出版社 1982 年版,第 220 页。

谓计划经济。……这个媒介物在表面上看,好像是一个崭新的东西,而其实却至少有一大半是与前二者相混合……苏联之所以能实行计划的缘故,乃是由于采取了"国家资本主义"①

张东荪认为苏联"国家资本主义"计划经济模式的要点在于广泛的社会动员,包括集体农庄的建设,实行全面的计划经济,包括国家垄断对外贸易,以至于建成一个"计划的社会"。这就牵涉一个很重要的问题,即这种"计划的社会"是否会造成对个人自由的限制?与一般的自由主义者认为计划经济会妨碍自由的观点不同,张东荪认为经济平等与个人自由之间并不会构成冲突,但无论自由或者平等,它们都得服从一个基本的要求:不妨碍社会经济的发展。而张东荪对"计划经济"的论证,除了它可以避免"个人主义"带来的危害之外,还因为它较之资本主义的"自由经济"可以使社会生产力更大幅度地得以提高。

张东荪对"民主主义的社会主义"所作的第二个论证,是认为中国已经错过了发展资本主义的机会,再重头来补资本主义这一课已经为历史和社会条件所不允许。他说:

> 中国第一个大不幸是鸦片战争时,中国不急起直追来采取西方个人主义的文化,因为那时候采取西方的个人主义还来得及,到了今天乃变成了来不及了。中国第二个大不幸是在今天中国正在需要确立个人人格的时候而偏偏西方已走上了资本主义的末流,百病丛生了。中国实在没在法子吸引这样的资本主义,但对于做资本主义的根基的个人主义却正在渴望需要之……中国的一切毛病与外国文化相遇时错过了时期的阶段。②

张东荪这话包含两重意思:一是 20 世纪中期,世界环境不容许中国再发展资本主义;二是在新的历史条件下,中国也无须再按照西方的老路来发展资本主义。因此,中国社会发展的模式应该是吸取西方"个人主义文化"与苏联计划经济的优点而避免其缺点的"中间性的道路",为此,他着力论证苏联的"计划经济"模式以及马克思主义的理论与西方的"民主主义"并不是截然对立的东西。他认为马克思在理论上并不反对民主,共产主义运动实际上还有与民主主义合作的一面。但张东荪毕竟看到并且承认,"计划经济"的发展模式与民主主义理论中关于"自由"与"平等"的理想并不是那么天然地和谐和一致的。张东荪提出,在"自由"与"平等"这些社会价值之间,还有一个称之为"生产"的环节,它可能是比"自由"与"平等"更基本和更重要的东西。他说:

---

① 张东荪:《由宪政问题起从比较文化论中国前途(节录)》,引自蔡尚思主编:《中国现代思想史资料简编》(五),浙江人民出版社 1982 年版,第 215~216 页。

② 张东荪:《由宪政问题起从比较文化论中国前途(节录)》,引自蔡尚思主编:《中国现代思想史资料简编》(五),浙江人民出版社 1982 年版,第 216~217 页。

照理论，自由当然必须发挥到最高度方好；平等亦当然办到最高度乃最合理。……无如倘使是一个产业落后的国家公民急切的需要还不是如何高度自由与高度平等，而反只是如何能增加生产，先解决一班人民对于物质生活提高的要求。以此为标准来决定自由平等的程度。……自由必恰如其量，平等亦必恰如其量，在增加生产的各种措施的过程中。倘使不然：自由之量超过了其所需要而足以反使增加生产的措施与努力发生妨碍，则便不能不为了生产而牺牲一些自由，即就是必须把自由加以相当的限制。平等亦是如此：倘其量足以对于生产的努力的进行有所阻挠，则不能不弃一些理想，而迁就现实。上述苏联的各种办法都是好例，证明只有这样办，方能走得通。[1]

看来，张东荪之所以主张中国走苏联的"计划经济"的道路，在很大程度上是有感于中国"生产"的不发达，从优先解决中国物质不富裕这一现实情况出发来考虑问题的。

张东荪毕竟是一位自由主义者。他虽然从当时的国情出发提出中国应该走苏联式的"计划经济"的道路，但并没有放弃自由主义的终极信念。这表现在他对个体主义原理的肯定和他对思想自由原则的强调。张东荪以西方的自由主义思想观念为准则，认为：

> 欧洲近世文化所以能卓然特出者，而与中古为划期的不同，其根本却靠了这个思想自由。可以说欧美之所以成为今日之欧美，完全是由思想自由的花而结成的果。一班人不明此理，以为思想自由不过是民主政治的条件之一而已。其实不然。须知民主政治不仅是一种制度，乃是一个生活。这种生活不是由一纸宪法所能养成。中国自辛亥以来，屡次制宪，然迄今未成。不是因为宪法成则民治立。乃正是因为中国人世间根本上没有民主式的"生活"，所以宪法永无成立之望。明白了民主是一种生活，就好像鱼在水中一样，人们生活于民主政治之下，则便可知思想自由之在民主政治上占何等地位了。[2]

在20世纪40年代，张东荪是"思想自由"的坚决捍卫者。他主张把思想与行为分离，作为自由主义者，他虽不见得赞成共产革命的理论，但却说："即以共产主义而论，有人视为洪水猛兽。其实倘使共产主义者只是著书立说，不但没有丝毫害处，并且借此可以使人知资本制度之不合理与其必自行奔溃。"[3] 在他看来，一个国家只有真正实现了思想自由，让各种不同的思想和平竞争，才可以

---

[1] 张东荪：《民主主义与社会主义》，引自蔡尚思主编：《中国现代思想史资料简编》（五），浙江人民出版社1982年版，第229页。

[2] 张东荪：《思想自由与文化》，引自张耀南编：《张东荪文化论著辑要》，中国广播电视出版社1995年版，第414~415页。

[3] 张东荪：《思想自由与文化》，引自张耀南编：《张东荪文化论著辑要》，中国广播电视出版社1995年版，第420~425页。

获得长治久安。思想自由是一个文化得以发扬的基本条件,是国民道德的基本条件,所以也就是一个国家立国的根本。

张东荪自始至终主张以和平与渐进的方式推进中国的政治与社会改革。他提出的社会改革方案虽然有"激进"的成分,但在手段上却反对"激烈"和"暴力"。他说:"中国必须走上'社会主义的民主主义'之途。所谓渐进的乃是指采用平和手段而言。为什么要主张用平和方法呢?著者研究中国历史得到了一个教训,就是任何激烈的改革其后必有反动,足以将改革抵消,使其仍复原位。"① 作为自由主义者,张东荪自始至终未有放弃对民主政治的要求与向往,他认为解决中国问题的出路是"彻底实行民主主义"。他看到在中国要实行民主政治的艰难,不仅是一个政治制度问题,还涉及全部文化教育,因而必然要经历一个颇为漫长的过程。尽管如此,在40年代特殊的历史条件与气候下,作为一位自由主义者,他却希望调和、折中自由主义与社会主义,也表现出"政治功利型"自由主义者的特色。

(二)

20世纪30~40年代,当自由主义在国民党管制、压迫下作政治斗争,乃至一度走向黄金时代的同时,也出现了被滥用而面目模糊的危险。譬如当汪精卫与蒋介石争夺国民党内部的权力时,汪氏就曾在当时的报刊上登载文章,指责在国民党统治下,人民"生命财产及自由,毫无保障";1931年,国民党内部的反对派胡汉民亦提出"推倒独裁,实行民主政治"的口号。可见,所谓"自由""民主"等,已经沦为政客们争权夺利的烟幕弹和幌子。在这种情势下,一些自由主义分子认为,分清真假"自由""民主",防止"自由""民主"之滥用实在是当务之急。

潘光旦是20世纪30~40年代著名的自由主义者,与胡适等人积极发动与组织自由主义的实际运动不同,他主要致力于自由主义理念的传播与阐释。他认为自由有两个先决条件:一是"自我认识";二是"自我的控制"。他说:"自我认识是第一步,自我控制是第二步。控制的过程中虽也可以增加认识,但两者大体上有个先后;知行难易,虽可容辩论,知行先后,却不容怀疑。"② 潘光旦还认为,民主政治的落实要从教育抓起。在他看来,只注重知识的灌输和技能的训练,而忽视人格的培养,不能让受教育者认识自己,所以也就不能正确地享有自

---

① 张东荪:《思想自由与文化》,引自张耀南编:《张东荪文化论著辑要》,中国广播电视出版社1995年版,第198页。
② 潘光旦:《自由之路》,引自潘乃穆编:《潘光旦文集》(第五卷),北京大学出版社1997年版,第231页。

由。为此，他提倡"自由的教育"。"自由的教育"是与"填鸭子"的过程恰好相反的一种过程。自由的教育不是"受"的，也不应当有人"施"。自由的教育是"自求"的。自由的教育既着重在自求自得，必然以自我为教育的对象。他说：

> 自由的教育是"为己"而不是"为人"的教育，即每一个人为了完成自我而教育自我。……自由教育下的自我只是自我，自我是自我的，不是家族的、阶级的、国家的、种族的、宗教的、党派的、职业的……这并不是说一个人不要这许多方面的关系，不要多方面生活所由寄寓的事物，乃是说教育的主要目的是在完成一个人，而不在造成家族的一员，如前代的中国；不在造成阶级的战士，如今日的俄国；不在造成一个宗教的信徒，或社会教条的拥护者，如中古的欧洲或当代的建筑在各种成套的意识形态的政治组织；也不在造成一个但知爱国不知其他的公民，如当代极权主义的国家以至于国家主义过分发展的国家；也不在造成专才与技术家，如近代一部分的教育政策。[①]

潘光旦的"自由教育论"与其说是对近代以来的"专才教育"的一种批评，毋宁说是针对当时国民党强化"党化教育"这一情况而发的。在他看来，"自由的教育"在于养成独立的人格。针对当时国民党的"党化教育"和学校中盛行的党派宣传，他连续写了《宣传不是教育》和《再论宣传不是教育》等文，认为教育的最大危险，就是在从事教育事业的人心目中，教育与宣传混淆不清，甚至于合而为一。他写道："所谓社会教育，或公民教育，名为教育，实际上大部分是宣传，可以不用说。即如比较严格的学术教育里，宣传的成分近来也一天多似一天，而主张宣传即是教育的人还虑其太少，而虑之人事实上又不尽属一派，于是流弊所至，非把学术自由、思想自由的学校环境变换做宣传家钩心斗角出奇制胜的场所不可。"[②] 在他看来，大学是培养人才、追求真理之地，应当奉行"学术自由"和"思想自由"的原则；假如将其作为思想控制的工具，则完全违背了办学的宗旨和要求。潘光旦谈到当时这种"党派政治"对学校正常教学和学术活动的摧残时说：

> 在最近的几年里，这种明争暗斗的大小局面，已经是数见不一见。学生的社团生活里，课余作物上，甚至于数仞的门墙之上，随在可以发见此种争斗的瘢痕！我们真不知道这种宣传，和因所宣传的内容不同而引起的更多的宣传，究有几许教育的意义，几许学术的价值，更有几许教育人才的功效。

---

① 潘光旦：《自由之路》，引自潘乃穆编：《潘光旦文集》（第五卷），北京大学出版社1997年版，第260页。

② 潘光旦：《自由之路》，引自潘乃穆编：《潘光旦文集》（第五卷），北京大学出版社1997年版，第400页。

唯一的效果是鼓励青年们入主出奴的情绪与行为罢了①。

作为一位自由主义者，他对社会与政治本有强烈的现实关怀，但他却反对外部政治势力插手学校活动，也反对利用课堂来向学生灌输教条思想。他强调教师要以自己的人格力量及知识来培养学生成才，对当时官方要求教师向学生们灌输"三民主义"进行"思想教育"的做法予以痛斥，以为"大学教师似乎根本不感觉到有这样一种责任"。他指责当时外界势力插手学校，乃至学校的"学生自治会"变成了"学生被治会"。

总的来说，他认为，青年学生正处于长知识尤其是人格培养和形成的阶段，应以发展自己的理性能力、培养自己的独立人格为目的。所以，对于学生，他说："我如今借这个机会，一面奉劝大学的青年要明白自己的地位，要尊重一去不再来的青年时代，于理智方面力求自知，于情绪方面力求自胜，能自胜即能自治，能自治方能自强，一面更要替他们向外界的政治派别请命，让他们有一个真正能自治的机会。"②

另一方面，对于政府当局，他则强调"教育独立"，要求政府不要对学校的活动横加干涉。他强调，为了保证"教育独立"，"第一，国家的统制应尽量的轻减，特别是在大学教育一方面，政府和其他有组织的社会势力应自处于一个辅翼的地位，特别是在经济一方面，而于意识一方面应力求开放，避免干涉。第二，应辨别教育与宣传是相反的两回事，宣传工作的扩大就等于教育工作的缩小，要真心辅翼教育，就得尽量地限制宣传，小学教科书应该大大的修正，就是一例。"实际上，潘光旦认为，"教育独立"其实不仅仅是限于教育界的事情，它其实是衡量一个国家或政府是否真正奉行"民主政治"的试金石；反过来，"教育独立"的实施又可以为"民主政治"奠定起牢固的地基。自由教育和民主政治是建设一个健全的社会不可或缺的两面。

潘光旦对当时各种干扰和破坏"教育独立"的社会现象大加挞伐，向政府当局要求和争取"教育独立"及"学术自由"，具有一种积极向外争取"学术自由"的性质，这是一种"外向型"的学术超越型自由主义。此外，还有一种属于"内向型"的学术超越型自由主义，其代表人物是陈寅恪。在对待传统文化问题上，陈寅恪挚爱本民族的历史文化，自称与曾湘乡张南皮立场相似，表现出文化保守主义的倾向，并且在文史研究方面做出了极为出色的成就，我们在后面将会对他这方面的贡献有所论述。但是，在国民党统治下，他与一般文化保守主义

---

① 潘光旦：《自由之路》，引自潘乃穆编：《潘光旦文集》（第五卷），北京大学出版社1997年版，第400页。
② 潘光旦：《自由之路》，引自潘乃穆编：《潘光旦文集》（第五卷），北京大学出版社1997年版，第347~348页。

者在政治上相对认同政府和权威不同,又坚持"独立之精神、自由之思想",因而有自由主义的色彩。因此,我们所谓"内向型学术自由主义者"是指这么一批知识分子:他们在整体上对当时中国的民主政治已经失望,或者说,认为在当时中国的情况下,无论是提倡"民主政治"或反对"民主政治"的人都还不具备实践"民主政治"的基本素质和内在条件,因此而采取了"疏离政治"或"逃避政治"的方式,与当时的各种"政治"保持相当的距离,而倾全力于学术与教育事业。在他们看来,真正的"民主政治"还是要从教育,尤其是学术工作做起。原因在于:是否真正信仰与追求"自由",在各种空谈"自由"的政治口号中是无从检验的;而一到具体的教育与学术活动中,却立即可以判定真假。而只有对"自由"有真实的信仰与信念,方谈得上可以去追求自由的实现。陈寅恪谈到"做学问"或具体的学术研究工作与"自由"("思想自由")的关系时说:"士之读书治学,盖将以脱心志于俗谛之桎梏,真理因得以发扬。思想而不自由,毋宁死耳。"① 这段话包括两个意思:一是提倡"思想自由","自由"是比生命更可贵的东西;二是肯定"学术"有祛除错误的成见、探索真理的功用,换言之,人可以在学术中获得"思想的自由"与"心灵的自由"。值得注意的是,陈寅恪这里用"俗谛"一词,既指人们头脑中的各种日常"成见",更指各种意识形态的纠缠,故陈寅恪之提倡"学术独立"与"学术自由",实有以学术对抗当时的流俗政治和意识形态的霸权之意。

陈寅恪对于当时流俗政治的鄙视和痛恨,从下面这段话看得更明显:

百年以来,洞庭衡岳之区,其才智之士多以功名著闻于世。先生少日即以肄业于时务学堂,后复游学外国,其同时辈流,颇有遭际世变,以功名显者,独先生讲授于南北诸学校,寂寞勤苦,逾三十年,不少间辍。持短笔,昭孤灯,先后著书高数尺,传诵于海内外学术之林,始终未尝一藉时会毫末之助,自于立言不朽之域。与彼假手功名,因得表见者,肥瘠荣枯,固不相同,而孰难孰易,天下后世当有能知者。②

通过将杨树达与当时"以功名显者"的对比,陈寅恪表彰的是那种献身于学术研究、甘于寂寞的知识者,他自己选择和要走的,也是这么一条从事学术研究的崎岖之路。某种意义上,陈寅恪对杨树达的看法,其实也是他自己人格的一种写照。但陈寅恪并不是一位"为学问而学问"的书斋中人,而是有着高度的政治与社会关怀。也许,正因为陈寅恪对"世事"和"政治"太关心了,其自由主义的政治信念就显得太过执着和认真,他太看不惯当时"挂羊头卖狗肉"的流俗

---

① 陈寅恪:《金明馆丛稿二编》,上海古籍出版社1980年版,第218页。
② 陈寅恪:《金明馆丛稿二编》,上海古籍出版社1980年版,第230页。

政治和庸俗政治，并要与之划清界限。但这种"划界"并不等于他逃避政治。由于当时"民主""自由"已成了时髦的词语，怀抱有各种政治目的的政治势力与派别都乐于使用这些词语，但他们心目中的所谓"自由"和"民主"其实是五花八门的。陈寅恪则提出，真正的"自由"只能是"个体自由"，而"个体自由"不是别的，它首先要求树立独立人格，要保证个人有真正独立思考和作出判断的思想自由。只有具备了这种"内部的自由"，然后才可以去争取"外部的自由"；也只有具备了这种"内部自由"，才能去判断真自由和假自由。所以，作为学术超越型自由知识分子，陈寅恪之提倡与维护"学术自由"，除了认为只有保证了"学术自由"，学术才可以繁荣发展这一学术之内的动机之外，他还认为，通过提倡"学术独立"和"学术自由"，还可以孕育出一种真正的以"个体自由"为本位的自由。反过来，任何学术研究也只有与"自由"意识结合起来，才具有永恒的生命与价值。王国维的学术成就当时为世人所称道，但一般人只看到王国维治学的成就，并没有看出王国维之所以进行学术研究的精神动力。只有陈寅恪独具慧眼，指出王国维表面上"远离政治"和"为学术而学术"的背后，其实寄寓着一种追求"自由"的独立人格精神。这可以说是一种"自由理性"，这是一种"超越时间地域之理性"。当王国维自沉昆明湖而死，陈寅恪借悼念王国维继续发挥他的自由理念说："先生以一死见其独立自由之意志，非所论于一人之恩怨，一姓之兴亡。"他还认为，王国维的学问是很了不起的，但"来世不可知者也，先生之著述，或有时而不章。先生之学说，或有时而可商。唯此独立之精神，自由之思想，历千万祀，与天壤而同久，共三光而永光。"[①] 与胡适、罗隆基等自由主义者不同，陈寅恪的活动主要在大学这个象牙塔内，但对他而言，自由主义不仅仅是一套政治哲学，更是一种人格操守与人格要求，它已经内化为个体的生命，或者说，它本来就是个体自由生命的展现形式。

陈寅恪之恪守"内向型学术自由主义"，除了要同流俗政治划清界限之外，当然也与他对19世纪后期以来中国社会之急剧变革的反思有关。陈寅恪的祖父陈宝箴在维新运动时期任湖南巡抚，当时推行"新政"甚力。按陈寅恪的回忆，在当时守旧派与改革派力量对比悬殊的情况下，假如"维新变法"不那么"激进"，在方式和方法上较为"缓和"的话，也许"变法"事业可获得成功。在他看来"维新变法"失败之后，人们并没有真正吸取"维新变法"的教训，1945年，陈寅恪借《读吴其昌撰梁启超传书后》一文再次总结中国近代以来政治变革的历史教训，写下了这么一段值得深思的话：

> 自戊戌政变后十余年，而中国始开国会，其纷乱妄语，为天下指笑，新会所

[①] 陈寅恪：《金明馆丛稿二编》，上海古籍出版社1980年版，第218页。

尝目睹，亦助当政者发令而解散之矣。自新会殁，又十余年，中日战起。九县三精，飚回雾塞，而所谓民主政治之论，复甚嚣尘上。余少喜临川新法之新，而老同涑水迂叟之迂。盖验以人心之厚薄，民生之荣悴，则知五十年来，如车轮之逆转，似有合于所谓退化论之说者。是以论学论治，迥异时流，而迫于事势，喋不得发。因读此传，略书数语，付稚女美延藏之。美延尚知乃翁此时悲往事，思来者，其忧伤苦痛，不仅如陆务观所云，以元佑党家话贞元朝士之感已也。①

这说明陈寅恪虽以"学术"为自己的志业，但绝不是一个逃离现实、不食人间烟火之人，相反，他忧国忧民，有极其强烈的现实关怀。他认为，自"戊戌维新"以来中国政治与社会改造越来越"激进"的结果，距离原来的社会改革目标却越来越远。在他看来，提倡"民主政治"者鱼目混珠，沙泥俱下，其中更有不少人是浑水摸鱼。因此，在人们没有了解"民主政治"究竟为何物之前侈谈"民主政治"的建设是徒劳的。抛开那些"挂羊头卖狗肉"者不论，即便是一些真心实意地想在中国实现民主宪政的人，假如他们不了解或者忽视在中国实现民主政治的现实条件，也常常会事与愿违。因此，从解决如何才能在中国真正实现民主政治这个问题出发，陈寅恪将问题的思考转向文化问题。假如说作为"民主政治"的"硬件"——政治制度等是可能从西方民主国家"引进"的话，那么，"民主政治"的"软件"则无法直接从外部来借用或"拷贝"，因为它牵涉一个国家和民族的"传统"问题。为了解决西方的民主政治制度在中国生根的问题，陈寅恪提出了他赋予"新义"的"中体西用"说。这一方面固然表明他虽是一个历史学家，却对中国需要经过一场复杂的社会革命才能复兴的历史辩证法不甚了了，因而有文化保守主义的倾向，但也表现出他注重理性的态度，他认为任何外来"文明"或"文化"要在本土生根，一定要与本土文化相适应或"化合"。下面这段引文也成为他对未来中国文化发展的展望：

  窃疑中国自今日以后，即使能忠实输入北美或东欧之思想，其结局当亦等于玄奘唯识之学，在我国思想史上，既不能居最高之地位，且亦终归于歇绝。其真能于思想上自成系统，有所创获者，必须一方面吸收输入外来之学说，一方面不忘本来民族之地位。此二种相反而适相成之态度，乃道教之真精神，新儒家之旧途径，而两千年吾民族与他民族思想接触之所昭示者也。②

二、自由主义与民族主义：从文化的视角看

从学理上说，自由主义和民族主义被视为是相互冲突的。譬如以赛亚·伯林

---

① 陈寅恪：《寒柳堂集》，上海古籍出版社1980年版，第149~150页。
② 陈寅恪：《金明馆丛稿二编》，上海古籍出版社1980年版，第252页。

的理论①。在最简单的层面上，自由主义强调的是个人自由，而民族主义主张的是民族这个群体的权益，群己之间的紧张在自由主义与民族主义的关系中自然会有所呈现。近代中国史上确实也有民族主义高涨时自由主义便蛰伏的事实。

但是，在近代中国，救亡是压倒一切的大业，在民族危亡面前，绝大部分自由主义知识分子都是爱国者。中国文化的伟大传统对知识分子有强大的吸引力。从维护民族文化自豪感方面说，作为个人，自由主义与民族主义实可以兼容，因而实际的思潮运动表现出了自由主义和民族主义之间可能存在的积极关系。事实上，在民族主义的研究中，存在一种现代主义的（modernism）民族主义研究路径，其主旨便是认为民族主义也可以是理性的、与自由主义相匹配的。塔米尔的《自由主义的民族主义》认为，存在着这样一种民族主义，它不以威权或极权主义的形式出现，由于吸收了自由主义理念而变得温和与理性②。

国内近年来关于自由民族主义也有不少研究，主要是从人物个案出发，描述了一些著名的自由主义者从某种意义上说也是民族主义思潮中人③。这表明研究自由主义，尤其是文化自由主义，不能不讨论它与民族主义的关系。从一般的意义上说，我们认为民族主义是 20 世纪中国各大思潮的底线。在民族危亡之际，各种思潮的争论可以暂时搁置，在救国这一点上达成一致，就是明证。具体地说，我们的研究从三个方面展开：第一，中国自由主义如何看待传统文化。第二，中国自由主义如何从文化的角度与民族主义形成积极互动。我们的讨论是在广义的文化范围内进行的，但在涉及从事政治活动的心理层面时，则特指政治文化。第三，中国自由主义在构建、阐释自由主义原理时，如何努力发掘民族文化资源，尤其注重传统文化中相关的因素的发挥。

---

① 以赛亚·伯林说："发展到巅峰状态的民族主义主张：如果我从属的有机体，在需要的满足上与其他团体的目标相冲突，那么我（或我所归属的社会）别无选择，必须压抑其他团体，即使通过武力也在所不惜。假使我的团体——就让我们直接称它为'民族'好了——要自由自在的实现本性，则所有障碍都必须排除。一旦我确认民族的最高目标所在，其他妨碍到此目标的东西都不被视为有同等价值。"（引自江宜桦：《自由主义、民族主义与国家认同》，扬智文化事业股份有限公司 1998 年版，第 55 页）

② [以] 耶尔·塔米尔，陶东风译：《自由主义的民族主义》，上海译文出版社 2005 年版。

③ 这方面的论著有何卓恩：《殷海光与近代中国自由主义》，上海三联书店 2004 年版；胡伟希：《维新运动与中国自由主义的兴起》，载于《甘肃社会科学》1992 年第 2 期；许纪霖：《现代中国的自由民族主义思潮》，载于《社会科学》2005 年第 1 期；许纪霖：《在现代性与民族性之间：张君劢的自由民族主义思想》，载于《学海》2005 年第 1 期；许纪霖：《政治美德与国民共同体：梁启超的自由民族主义思想研究》，载于《天津社会科学》2000 年第 1 期；暨爱民：《近代中国自由民族主义思想研究述评》，载于《吉首大学学报》2010 年第 2 期；张太原：《建立一个民族国家：自由主义者眼中的民族主义》，引自郑大华、邹小站编：《中国近代史上的民族主义》，社会科学文献出版社 2007 年版。

（一）

自由主义的文化观，在典范的意义上说，与最典型的民族主义之间是存在距离的。因为近代中国确实有相当一批自由主义者受到系统的西式教育，他们不同程度地持西化的立场。但是这批人并没有完全舍弃传统文化，完全否定中国传统文化，只是他们的策略和观点与强硬的文化保守主义不同。在胡适、陈序经以及与"中国文化本位派"论战的自由主义者身上，我们都可以看出这些特点。

胡适坚持一元进化论的立场，认为各个民族文化只是发展迟速的问题，最终都会走向一个共同的道路和结局。这就表明胡适一方面坚持着民族主义的立场，另一方面，这种立场又是比较弱的，其中包含着普遍主义的色彩。换言之，虽然胡适认为最终所有民族的文化都会相同化，但是，同时应该承认处于不同历史发展阶段的各种民族文化本身的合法性。这当中就包含着某种文化民族主义的因素，不过很显然，这种因素的存在是暂时的，是以最终舍弃文化的民族性为前提的。他说：

> 我们承认各民族在某一个时代的文化所表现的特征，不过是环境与时间的关系，所以我们不敢拿"理智""直觉"等简单的抽象名词来概括某种文化，我们拿历史眼光去观察文化，只看见各种民族都在那"生活本来的路"上走，不过因环境有难易，问题有缓急，所以走的路有迟速的不同，到的时候有先后的不同。[①]

因此，胡适将"中西"文化的民族性差异简单等同于"古今"的时代性差异，预设了民族文化的"落后"。这是他说出中国万事不如人这样极端言论的原因。不过，与其说胡适反对民族主义，不如说他反对极端的、狭隘的民族主义。他说："本来凡是狭义的民族主义的运动，总含有一点保守性，往往倾向到颂扬固有文化，抵抗外来文化势力的一条路上去。这是古今中外的一个通例。"受到外力压迫越重，这种维护本民族文化的态度会越强。"中国的民族主义所以含有夸大旧文化和反抗新文化的态度，其根本原因也是因为在外力压迫下，总有点不甘心承认这种外力背后的文化。这里面含有很强的感情作用，故偏向理智的新文化运动往往抵不住这种感情的保守态度。"[②]

但是，胡适从理智的态度出发，在普遍进化的历史观框架内暂时安顿了传统文化，显示了民族主义与普遍主义的某种统一。它在与"中国文化本位派"的论

[①] 张忠栋、李永炽、林正弘主编：《现代中国自由主义资料选编》（4），台北唐山出版社 2001 年版，第 152 页。

[②] 张忠栋、李永炽、林正弘主编：《现代中国自由主义资料选编》（4），台北唐山出版社 2001 年版，第 190~191 页。

战中得到了较清晰的呈现。

在胡适那里，中国文化不是一个专指古代文化的名词，还应该包括未来的中国文化，从而将民族主义与保守主义切割开来：

> 中国文化，需要建设，中国人民，尤其是知识分子，应努力从事各种文化的建设，不当自馁，并要乐观的来参加我国文化建设的实际工作，使中国文化与世界文化，能互相适应，使中国在文化的领域中能恢复过去的光荣，重新占着重要的位置，成为促进世界大同的一支最劲最强的生力军。此种文化的改革，同时是新文化的创造，也可以说，就是中国本位的文化建设。①

可见，建设新文化的目的恰恰是为了中国文化的延续，反过来说，民族文化的复兴是需要更新的、建设的，而不能仅仅靠消极的维护。

在胡适那里，自由主义者主张以现代性为标准，对传统文化有所取舍。换言之，即便承认民族主义和保守主义存在重合之处，这种重合也应该发生在有利于中国存在、发展之处，因而需要理性的分析工作。"建设中国本位文化以前，应对中国旧有的文化优点与缺点，认识清楚。不过，那种文化是优，那种文化是劣，不能专以己意猜度，必须潜心研究，考察比较，来发现各种文化的优点与缺点，优点设法使之保存或发展，缺点设法使之改善或消灭。这就是中国本位的文化建设，也就是社会调查的任务。"②"所以现在来谈中国本位的文化建设，一方面在推翻各种固有不良的文化的势力，另一方面，应采取西洋文化的优点，而创立一种新的中国文化。"③

这种创造"新的中国文化"的立场显然表示出民族自信心和自豪感：

> 近常有人谓中华民族已入衰老时期，很难有复兴的希望，外人蔑视中国人及中国文化的有此感想，我国一般悲观的人亦有有此感想。但吾人须知，民族衰老一说，毫无科学根据，我们当此时期，要来努力创造新的文化，不可妄自菲薄，要使中国将来的文化有新的贡献，在世界上占重要的地位。④

从其西化的主张看，胡适似乎是反民族主义的，但从目的的角度看，他还是为了中华民族的生存。这是一种底线化的民族主义。他们的愿景是中国文化在未来发扬光大，因而其民族意识是非常鲜明的。

以最具典型意义的人物为例，甚至全盘西化论者如陈序经的思想中也绝非没有民族主义的因素。

陈序经认为并不存在纯粹的国粹，文化间的交往是一个不可否认的事实。在

---

①② 张忠栋、李永炽、林正弘主编：《现代中国自由主义资料选编》（4），台北唐山出版社2001年版，第247页。

③④ 张忠栋、李永炽、林正弘主编：《现代中国自由主义资料选编》（4），台北唐山出版社2001年版，第251页。

此背景下，所谓的民族文化、世界文化很难严格区分。任何文化都可以为某个民族所用，以图民族的发展。他说：

  现代一切文化都是许多种文化的融合物，同时也是世界的，供任何民族的采取，让他采取后努力的发展。现在应该用世界的眼光，来考察文化了。正如同每个文化在过去曾吸取他不同的文化一样，现在各国，如果具有世界的眼光，具有全人类的文化的眼光，而不是狭隘的爱国心所囿，也可以大胆的吸取他国所发展的文化。现在的世界正在互相交换文化的时代。那么，现在中国追随他的历史的先例顺应现代的潮流而采取与他的不同的文化，并不是一个耻辱了。①

在陈序经看来，20世纪是各民族文化交流空前频繁的时代，中华民族与西方一样，有责任奉献自己的文化创造。

陈序经为他的"全盘西化论"辩护，认为全盘西化论正是民族自信心的表示。有人以为全盘西化论是反民族主义的表现，是由于自甘暴弃，忘记了祖宗的成就与光荣，表示缺乏民族自信心。对此陈序经反驳说："我们以为所谓祖宗的成就与光荣，是祖宗的，而非我们的。我们自己没有成就，没有光荣，只靠祖宗的成就以为光荣，不但是自甘暴弃，而且是污辱祖宗。何况祖宗的成就与光荣早已成为历史。""所谓民族自信力是不当筑在祖宗的光荣上面，而是要筑在自己的才能，自己的智慧，自己的努力上。"这些话的意思是，全盘西化论以确保民族文化得以发展为目标，正是民族自信心的表示，它相信西洋人所能达到的，我们也可以做到，所以我们的才能和智慧，并不下于西洋人。②

陈序经强调说，全盘西化的目的是保存中华民族。在他看来，西洋文化具有普遍性，假如不接受这一具有普遍性的转变，中国固有文化将无法保存，从这一意义言，那个民族已经灭亡。问题在于，陈序经很难回答一个问题：被剥离了文化的民族是什么样的民族？民族主义之所以成为民族主义，一个要素在于对自身特异性的认同和坚守。西化之后的中华民族是否还是中华民族？笼统地说，陈序经的全盘西化论服务的还是一个民族主义的目标，但这种民族主义，大概已经趋向于种族主义了。因为文化独特性的因素一旦不复存在，所谓民族性大概只有血缘和种族特征了。他说："我们试看美国的印第安人，四百前整个美国是他们的家乡。七十年前，美国政府还要用重大兵力，始能征服。然而到了现在，已有种族灭亡的危险。……为什么他们会沦落到这田地呢？我的回答是，他们要闭关自

---

① 张忠栋、李永炽、林正弘主编：《现代中国自由主义资料选编》(4)，台北唐山出版社2001年版，第322~323页。

② 陈序经：《全盘西化论》，引自余定邦、牛军凯编：《陈序经文集》，中山大学出版社2004年版，第67~69页。

守,不愿努力西化。反之,美国的黑奴,至今不但已经解放,而且生长日繁,势力日大,不外是由于全盘西化。"① 黑人其实也已经是美国人,归化美国的黑人已经融入作为民族国家的美国,但是,陈序经还是认为他们是黑人,这显然是从种族的角度说的。这就从一个侧面表示,陈序经在全盘西化论下所保存的更多的是种族意义上的中华民族。这种将民族和文化剥离的做法表明,表明自由主义与民族主义之间的紧张在文化问题上也是存在的。

(二)

从政治文化的视角看,有些自由主义者认为自由主义与民族主义可以互相为用,甚至认为民族主义构成自由主义的前提。

通常来说,自由主义强调个体的自由权利,民族主义则强调群体(尤其是国族这个特殊的群体)的价值。因而自由主义与民族主义的关系似乎可以抽象为"己—群"的关系。所以有的自由主义者说:"我要指出的是个体自由与群体自由的相互为用之处。我们不能忘记,个体享有的若干基本自由,是必须透过群体自由才能实现的。如信仰自由,罢工自由,集会结社自由……都是在群体中存在的。至于,像罗斯福提出的免于恐怖之自由,免于匮乏之自由,那就更需要借重群体活动范围之扩大。个人要想获得这些自由,必赖教会、工会、政党、国家,甚至国际组织,先获得自由。"② 群体自由和该群体所有成员的个体自由之间呈正相关的关系。

这样来理解政治自由的"群己之辩",意味着自由主义可以与民族主义相互为用,确切地说,是自由主义的实现离不开民族主义。这里的自由主义,主要指的是对个人自由的重视。这里的民族主义是相当温和的,也表示了自由主义者对民族主义可以相容的期望尺度:个体自由可以在平等的民族—国家关系中获得更好的保障。这种民族主义当然是中性的,不是扩张型的,也不是威权政治的类型。

有一些自由主义者用更直接的方式,具体地揭示出民族主义在哪些方面构成了自由主义的前提。严复其实就已经觉察到国家安全对于个人自由的重要性,"严复'兵战乃自由之敌'的观点深刻揭示了国家安全和自由的相关性"③。后来罗隆基则是从对人权的保护的角度来理解国家的,一定程度上可以看作是对这个

---

① 陈序经:《全盘西化论》,引自余定邦、牛军凯编:《陈序经文集》,中山大学出版社2004年版,第45页。
② 张忠栋、李永炽、林正弘主编:《现代中国自由主义资料选编》(9),台北唐山出版社2001年版,第510页。
③ 高力克:《严复自由观之悖论》,载于《浙江大学学报》(人文社科版)2013年第2期,第147~159页。

观点的论证。他说："国家的存在，有存在的功用（Function）。他的功用失掉了，他存在的理由同时失掉了。国家的功用，就在保障人权，就在保障国民做人上那些必要的条件。什么时候我的做人的必要条件失了保障，这个国家，在我方面，就失了他的功用，同时我对这个国家就失了服务的义务。"①

民族主义的一个内涵是强调国家独立、主权完整。另一位自由主义者雷震认为，如果把国家自由理解成国家独立或国家主权完整，那么国家自由与个人自由并不对立。原因在于，国家独立与主权完整"很明白是为了这个国家中人民的利益，而所谓利益，是包含个人自由在内的"②。在雷震看来，国家主权之所以重要，是因为国家独立是保护个人自由的手段。

自由主义与民族主义之关系的复杂性由此呈现为：一部分自由主义者认为为了民族国家的完整，可以放弃个人自由；而在另一些自由主义者如雷震等人看来，民族主义、国家独立反而成为手段，个人自由反而成为目的。"所贵乎有国家自由者，其目的就是在于使包含自由在内的个人利益获得确切的保障。"③

这样的观点得到了较多的呼应。自由主义者许冠三说："国家自由（独立）的成分越高，能给予公民自由的机会也越多。"④ 无疑，许冠三将国家对个人自由的保障具体化了。保障不再是抽象的，而是具体化为"自由的机会"。其实民族、国家和个人自由之间的积极关系，不单纯是前者为后者提供机会，最基本的，恐怕是扎实的确认。这点为高一涵所注意到，由此他也论证了两者之间的积极关系，但理由却有所不同："近世乃知人民之权利自繇，由法律所赋予。国家权力强固一分，即人民权利强固一分，确认国家无自身之目的，唯以人类之目的为目的。"⑤

反过来，自由主义能不能成为民族主义的某种支援？很多自由主义者对这个问题的回答是肯定的。他们从认同、合法性、启蒙、民治等角度展开论证。

如果将建立一个统一的民族国家视为重大历史任务，视为自由主义与民族主义的共同点的话，像胡适这样的自由主义者也早有此类自觉。胡适指出，建立一个现代的中国是现时代最大、最烦难的一个任务，而自由主义可以为这一任务提供一种理性的方案。他认为从两汉开始，中国就已形成了民族国家，只是它缺乏

---

① 张忠栋、李永炽、林正弘主编：《现代中国自由主义资料选编》（9），台北唐山出版社2001年版，第39页。
② 张忠栋、李永炽、林正弘主编：《现代中国自由主义资料选编》（9），台北唐山出版社2001年版，第527页。
③ 张忠栋、李永炽、林正弘主编：《现代中国自由主义资料选编》（9），台北唐山出版社2001年版，第572~573页。
④ 张忠栋、李永炽、林正弘主编：《现代中国自由主义资料选编》（9），台北唐山出版社2001年版，第592页。
⑤ 张忠栋、李永炽、林正弘主编：《现代中国自由主义资料选编》（7），台北唐山出版社2001年版，第8页。

近代民族国家的巩固性和统一性,因此,"我们所谓'建国',是要使这个民族国家在现代世界里站住脚。"① 这就明确提出了现代民族主义的任务,而自由主义可以在其中发挥积极作用。胡适说:"我所设想的统一方法,简单说来,只是用政治制度来逐渐养成全国的向心力,来逐渐造成一种对国家'公忠'去替代往日的'私忠'。"② 所谓"向心力"即政治认同或国家认同,"公忠"的概念表示不再是臣民对君主的"忠"(私忠),因而个人是作为"公民"而存在的,国家—社会是公民的共同体,这是自由主义的建国理念。

罗隆基认为,自由主义赋予民族主义以合法性。而之所以能够这么做,因为民族主义的本质也应该是自由主义的。从而自由主义从目的和手段两方面支撑起了民族主义。他认为,国家的目的是自由主义的,同时也需要采取自由主义的手段来建设国家,而不能形成目的与手段之间的背离。他说:

> 国家所要达到的目的,我们认定是求全体国民的共同幸福。因为要达到这个目的,国家对国民有三重职务:(甲)保护;(乙)培养;(丙)发展。国民的身体安全,思想自由,经济独立等属于国家职务的甲项……国家要行使这三种职务,先要求国内的和平,安宁,秩序,公道。没有这几个条件,国家就不能行使上面的三种职务,不能行使上面的三种职务,就不能谋得国民共同的幸福。

> 国家是全体人民达到某种公共目的的工具。救国可以,救国的方法,不能与国家所要达到的目的相违背;建国可以,建国的方法,不能与国家所要达到的目的相冲突。反此,"救国""建国"就是一种罪孽。③

还有一种类型的自由主义者如殷海光,"在理性层面可以做一个非民族主义者,在存在层面却不能不是一个深刻的民族主义者"④。他也认为自由主义能够成为民族主义的支援⑤,并且他对国家和自由主义之间的积极关系的解读比罗隆

---

① 张忠栋、李永炽、林正弘主编:《现代中国自由主义资料选编》(7),台北唐山出版社2001年版,第275~277页。
② 张忠栋、李永炽、林正弘主编:《现代中国自由主义资料选编》(7),台北唐山出版社2001年版,第304页。
③ 张忠栋、李永炽、林正弘主编:《现代中国自由主义资料选编》(7),台北唐山出版社2001年版,第564~565页。
④ 何卓恩:《殷海光与近代中国自由主义》,上海三联书店2004年版,第271页。
⑤ "殷海光不仅在其自由主义进路上有民族主义的影子,而且,于自由主义启蒙论政中,也从来没有游离于民族主义之外。他虽然曾经撰文,为强调人的主体性,公开否认'民族''国家'这些大词的真实意义,但正如他私下谈到的,'我是多么地爱我的同胞,我们具有共同的肤色,共同的语言文字,共同的生活习惯,共同的感情基调,共同的文化基础,……'。他极其高调地主张所谓'实质反共'的背后动因,站在他本人的立场,无非还是'有效救国'。这种民族救国的思路,不同于西方式的'为民主而民主''为自由而自由',实质是民族主义的第二种形式。"(何卓恩:《殷海光与近代中国自由主义》,上海三联书店2004年版,第271页)

基更加深入。殷海光认为，真正能够实现民族主义的，唯有自由主义。而他所谓的民族主义，一个表现就是爱国主义。他说："真正有实质内容的爱国，有而且惟有在民主的国家。"① 他所说的民主，是自由主义式的。在民主的国家，各个人才可能在爱自己的同时又彼此相爱。在独裁极权国家却做不到这点。因为，第一，在独裁极权国家，各个人不属于他自己。他对于自己没有丝毫的自主权。他无法按照他自己的愿望来安排他的命运。从独裁极权者的角度来看，在他统治之下的每一个人只是一块材料，是"人畜"。甚至在他没有出生之前，他这块材料的用途已经被安排好了。个人哪里谈得上自由？第二，为了防止人们团结起来，为了方便统治，独裁极权者采取"分而治之"的方式。如果大家彼此相爱，便容易结合起来，对独裁极权者构成危险。在殷海光看来，非自由主义国家不可能存在真正的爱国主义，也不可能有真正的民族主义。换而言之，只有在实行自由主义民主的国家，人民才可能在爱自己的同时爱他人，一方面尊重个人自由，另一方面形成富有粘合力的团体，也即现代民族。

殷海光以美国为例，说明自由主义与民族主义的统一：

美国人民，一般地可从国家组织那里得到美满的生活，得到光荣。在国家组织里，一般美国人沉浸于种种选择的可能之中。因而他们有足够的机会来发展其抱负。他们底意见受到尊重。他们不愁"有吏夜捉人"。他们的勤劳可能得到应得的报酬。斯土斯邦，与他们的荣辱盛衰安危，无不息息相关。在这样的情况下，要谈爱国，就有实际经验的内容。因此，人人一提起国家来，感到浑身舒畅。在这样的情形下，如果有人阻止美国人爱国，简直就等于阻止他们爱自己。②

这里似乎有对美国社会的理想化，但它表示的是，殷海光试图将爱自己和爱国家有机结合起来。

作为一个有大一统传统的国家，建设成现代民族国家在 20 世纪上半叶的一大任务是实现统一。一批自由主义者认为，自由主义的民治是达成统一的有效方式。他们指出，"专制不能真正的实现统一，而民治才能真正的实现统一。统一是我们国家当前的急务，是我们上下一致所馨香祷祝的对象。我们有建设的需要，有经济的恐慌，内有匪贼必须铲除，外有强敌必须抵抗。我们必须实现统一，火速的实现统一。这个要求是无人能加以否认的。"③

---

① 张忠栋、李永炽、林正弘主编：《现代中国自由主义资料选编》(9)，台北唐山出版社 2001 年版，第 557 页。
② 张忠栋、李永炽、林正弘主编：《现代中国自由主义资料选编》(9)，台北唐山出版社 2001 年版，第 558 页。
③ 张忠栋、李永炽、林正弘主编：《现代中国自由主义资料选编》(9)，台北唐山出版社 2001 年版，第 437 页。

自由主义努力揭示了民族主义和民主政治之间的联系:"要实现真正的统一,根本必须勠力培植民族本身的黏贴性,要培植民族的黏贴性,首先便须使全国民族有共同的政治目标,要使全国民族有共同的政治利害关系,就要使他们有共同的政治活动,要使他们有共同的政治活动,就要给全国成年民众普遍而均等的参政机会。所谓全国人民的参政,那就是民主政治了。"① 这令我们想起几十年后民族主义研究专家里亚·格林菲尔德所说的话:"民主的诞生,伴随着民族性的自觉。这二者是内在相互联系的,割断这种联系则不能充分理解任何一者。民族主义是民主呈现在这个世界上的形式,民主被包含于民族的概念,恰似蝴蝶生于茧中。最初,民族主义就是作为民主而发展的。"同时,"主权属于人民这一概念,承认不同阶层在根本上平等这一观念,组成了现代民族思想的精义,而同时它们就是民主的基本原则。"②

20 世纪中国自由主义知识分子中有一批是文学家,其中就有梁实秋。梁实秋早年积极参与政治评论,他说:"我们要国家的统一,是要基于民意的真正的统一。不是摄于威力暂时容忍的结合。"③ 虽然他并未解释如何才是基于民意的统一,但是却已大致指出了拒斥暴力的亦即自上而下强制的方式,主张横向的在人民充分参与政治基础上实行统一的方向。

这一点,被张佛泉明确表达出来:

> 我们平常都讲,西洋一切政治运动,完全出自争自由的精神。因为要自由,要平等,他们于是起革命,改政体,因此才有今日的民治。但是我们若只就争自由的字面看来,仍容易起一种误解,仍容易使我们想到在自己以外,有一个东西叫做什么自由。说实的,在法国革命的时候,当时人实在好像有过这样感觉。同自己以外的人,同在上面的人,争自由。但后来闹来闹去的结果是怎样呢?结果为:不是旁人给争者以自由,乃是争者自己给自由以自由;不是从外面得来自由,乃是从内面给出自由。我们如果看民族解放的历史,解放很少有来自外面的。只有自己先站起来发誓道:我是我自己的主人。然后当真负起主人的重担时,才真能得到解放。④

对于中国的自由主义者而言,民族主义的一个目标——建立现代民族国

---

① 张忠栋、李永炽、林正弘主编:《现代中国自由主义资料选编》(7),台北唐山出版社 2001 年版,第 437~439 页。
② [美]里亚·格林菲尔德,王春华等译:《民族主义:走向现代的五条道路》,上海三联书店 2010 年版,第二章:法兰西的三种认同。
③ 张忠栋、李永炽、林正弘主编:《现代中国自由主义资料选编》(9),台北唐山出版社 2001 年版,第 149 页。
④ 张忠栋、李永炽、林正弘主编:《现代中国自由主义资料选编》(7),台北唐山出版社 2001 年版,第 70 页。

家——与自由主义相合一，更多的是一种愿望和理论，这与西方民族主义道路的示范作用是分不开的。民族主义理论大家霍布斯鲍姆指出，"近代的民族论还以另一种方式与自由主义意识形态重合。只是这次是因为它们所打出的口号相同，而非基于理论上的逻辑推演：这些口号指的是自由、平等、博爱。"① 换言之，自由主义与民族主义共享了某些基本的理念。所以霍布斯鲍姆还说：

> 无论民族的组成是什么，公民权、大众的普遍参与或选择，都是民族不可或缺的要素。穆勒不仅从民族情感来界定民族定义，他还特别强调隶属于同一民族的认同感："想在同一个政府之下效忠国家，或者想通过自治或部分自治的方式来管理国家。"我们一点儿也不惊讶穆勒会特别把民族认同问题，放在他那本有关代议政府或民主制度的论著里面。②

霍布斯鲍姆认为，民主代议的过程就是民族认同的过程。这与里亚·格林菲尔德将民族主义视为西方诸强国走向现代之共同道路的描述相似，在这条道路上，自由主义成为它的共同基础。它也成为部分中国自由主义者的选择，至于其能否实现，则不得不视乎中国的历史条件了。

三、现代政治与传统文化

民族主义通常表现为对本民族历史文化传统的高度重视，中国的自由主义曾经与激进主义结盟，因而表现出批判传统的锋芒。但是究其实质，中国的自由主义也绝非是历史虚无主义者。本部分我们从自由主义在阐释政治观念时注重挖掘与中国传统文化之间的关联性的角度来揭示这点。这种关联性绝非完全消极的。进而我们可以看到，中国自由主义的政治理念也与传统文化存在着紧密联系，两者构成了某种对话性：既有批评和舍弃，又有呼应和延续。

（一）

近代中国自由主义的先驱严复，虽然以批评传统政治而闻名于世，实则他在中国古代传统文化中浸淫甚深，又深受英国自由主义传统的影响，两者的结合，造成了"自由和保守交融的古典气质"。③

如果我们对严复自由主义与中国古代文化的关系作更细致的分析，也许可以

---

① ［英］霍布斯鲍姆，李金梅译：《民族与民族主义》，上海人民出版社2000年版，第41页。
② ［英］霍布斯鲍姆，李金梅译：《民族与民族主义》，上海人民出版社2000年版，第21页。
③ 高力克认为，"严复的思想深受英伦自由主义的影响，而具有自由和保守交融的古典气质。这种保守的自由主义表现为对自由宪政的追求及对秩序和传统的珍视。"（高力克：《严复的伦理观与苏格兰启蒙哲学》，载于《哲学研究》2009年第2期，第61~68页）

将之称为某种"道家自由主义"。在西方自由主义发展史上，个人主义是其理论基础。严复对此有清晰的认识。晚年严复做了一个大胆的揣测，他从音韵学的角度论证先秦时代主张"为我"的杨朱其实就是庄周。他说："颇疑庄与杨为叠韵，周与朱为双声，庄周即孟子七篇之杨朱。""庄周吾意即孟子所谓杨朱，其论道终极，皆为我而任物，此在今世政治哲学，谓之个人主义 individualism。"[①] 在我们看来，严复将庄周等同于杨朱，其根本意图是希望在中国先秦思想中发现个人主义的思想，从而为其政治自由观的建构提供逻辑基础。

这里需要强调的是，个人主义的杨朱，或者说庄周，不是道德上的自私自利者。因为严复这里的个人主义不是伦理学意义上的，而是政治哲学意义上的，它指向的是对个人种种自由权利的肯定。从伦理学的角度看，严复从来对群体予以高度的重视，他所推崇的忠孝节义等传统道德显然包含了对群体的关怀。

由此，严复从庄周那里发现了现代自由主义的前提：个人主义。也许这可以称之为古典的创造性解读。严复并不仅仅从庄周和杨朱的关系上着眼，还从以下几个方面来阐述传统观念与自由主义接榫的可能性。

第一，重新解释"恕道"或"絜矩之道"。

严复的自由观深受密尔的影响。所谓个人自由，必以他人的自由为界；严复反复表明，这种意义上的自由其实和中国传统中的"恕"和"絜矩之道"具有高度的相似性。在《论世变之亟》一文中，严复明确揭示了中国先秦思想中与自由相关的思想。他说："夫自由一言，真中国历古圣贤之所深畏，而从未尝立以为教者也。彼西人之言曰：唯天生民，各具赋畀，得自由者乃为全受。故人人各得自由，国国各得自由，第务令毋相侵损而已。侵人自由者，斯为逆天理，贼人道。其杀人伤人及盗蚀人财物，皆侵人自由之极致也。故侵人自由，虽国君不能，而其刑禁章条，要皆为此设耳。中国理道与西法自由最相似者，曰恕，曰絜矩。"[②] 在《群己权界论》的"译凡例"中，严复说："故曰人得自繇，而必以他人之自繇为界，此则《大学》絜矩之道，君子所恃以平天下者矣。"[③]

但是另一方面，严复又清晰地认识到，两者之间只是相似，而不是毫无差别的相同。他说：

> 中国理道与西法自由最相似者，曰恕，曰絜矩。然谓之相似则可，谓之真同则大不可也。何则？中国恕与絜矩，专以待人及物而言。而西人自由，

---

① 严复：《〈庄子〉评语》，引自王栻主编：《严复集》（第四册），中华书局1986年版，第1125~1126页。
② 严复：《论世变之亟》，引自王栻主编：《严复集》（第一册），中华书局1986年版，第2~3页。
③ 严复：《〈群己权界论〉译凡例》，引自王栻主编：《严复集》（第一册），中华书局1986年版，第132页。

则于及物之中，而实寓所以存我者也。①

严复对"恕""絜矩之道"和自由之间差异的认识值得深入分析。在某种意义上，不妨说这种差异实际上就是道德哲学和政治哲学的差异。所谓"恕"，就是"己所不欲，勿施于人"（《论语·卫灵公》）；所谓"絜矩之道"，语出《大学》，意思是在待人接物的过程中，以近取譬，将心比心。其含义和忠恕之道其实是一致的。这两者主要是伦理学的原则。因此，虽然其中显然也存在"我"，但是，此我乃道德"自我"，而不是作为政治主体的自我。因此西方自由才以"实寓所以存我者也"和它们相区别。在这个意义上，我们不妨说，严复"存我"为西方自由观之所以异于儒家"恕"或"絜矩之道"的本质特征，深刻地把握了作为现代性之主体意识的自由。

第二，自由即"在宥"。

严复所理解的自由的哲学意旨包括个体主体性的意蕴，在政治实践中则指向"自治"。在对《应帝王》的诠释中，严复认为真正的帝王是主张"在宥"的，听民自治的。他说："郭注云，夫无心而任乎自化者，应为帝王也。此解与挽近欧西言治者所主张合。凡国无论其为君主，为民主，其主治行政者，即帝王也。为帝王者，其主治行政，凡可以听民自为自由者，应一切听其自为自由，而后国民得各尽其天职，各自奋于义务，而民生始有进化之可期。"②

在早更的一篇论文中，严复指出主张个人主义的政党的思想内容是"一切听民自谋，不必政府干涉而已"。"再进亦不过操在宥勿治之学理，谓一切听民自谋，不必政府干涉而已。"③"在宥"与"自谋"相关联，而与"政府关涉"相对立。

如果我们在更广的范围内看，就会发现严复对民众的政治主体性的肯定，实际上已驱使他得出了否定帝王乃至否定仁政的结论。这个结论也是推崇民众的政治主体性的必然结果。严复说：

> 自由云者，不过云由我作主，为所欲为云尔。其字，与受管为反对，不与受虐为反对。虐政自有恶果，然但云破坏自由，实与美、法仁政无稍区别。虐政、仁政皆政也。吾既受政矣，则吾不得自由甚明，故自由与受管为反对。受管者，受政府之管也，故自由与政府为反对。④

无疑，当严复说"自由与受管为反对"时，他对自由的诠释有点极端化。如

---

① 高力克：《严复自由观之悖论》，载于《浙江大学学报》（人文社科版）2013年第2期，第147～159页。
② 严复：《〈庄子〉评语》，引自王栻主编：《严复集》（第四册），中华书局1986年版，第1118页。
③ 严复：《说党》，引自王栻主编：《严复集》（第二册），中华书局1986年版，第240页。
④ 严复：《政治讲义》，引自王栻主编：《严复集》（第五册），中华书局1986年版，第1287页。

果我们采用一种同情的理解的态度的话,可以说,严复对仁政的批评与他道家自由主义的立场相关。因为无论严复如何强调个体自由,他都不是一个无政府主义者。

第三,自由的一项重要内容是公民的言论自由。

严复认为在中国强大的纲常名教的束缚中,依然存在着特立独行之士,保有了言论自由。他说:"事关纲常名教,其言论不容自繇,殆过西国之宗教。观明季李贽、桑悦、葛寅亮诸人,至今称名教罪人,可以见矣。虽然,吾观韩退之《伯夷颂》,美其特立独行,虽天下非之不顾。王介甫亦谓圣贤必不徇流俗,此亦可谓自繇之至者矣。至朱晦翁谓虽孔子之言,亦须明白讨个是非,则尤为卓荦俊伟之言。谁谓吾学界中,无言论自繇乎?"① 不过,严复"把现代社会的自由等同于圣贤的'特立独行'……强调的不是公民的权利而是圣贤或君子的自我修养。"② 他对政治自由与个人道德修养的自由有所混淆,也确是事实。

称严复是"道家自由主义者",还因为严复努力从老子那里发掘出自由与民主、平等之间的关联,后者是自由主义的重要原则。譬如,严复认为原初社会中在自由权上人人平等,这是实行民主的基础。在政治哲学上,严复肯定平等表现为权利之间的平等,表现为形式的平等,并且在对老子思想的诠释中呈现了这个观点。他说:

老子言作用,辄称侯王,故知《道德经》是言治之书。……太古君不甚尊,民不甚贱,事与民主本为近也。……呜呼!老子者,民主之治之所用也。

所谓"君不甚尊""民不甚贱"无非是说社会成员之间的相对平等。严复进而认为老子贵柔守雌的哲学为民主提供了本体论的论证。《老子》说:"故贵以贱为本,高以下为基。"严复诠释为,"以贱为本,以下为基,亦民主之说。"③ 无疑,这是肯定了民众在政治活动中的基础地位。

总之,严复通过对先秦道家经典的解释,努力发掘传统文化中可以与自由主义接榫之处,显示出他既不同于文化保守主义,也不同于文化激进主义的自由观。

(二)

作为中国现代自由主义的重镇,胡适的自由主义思想,一方面有英美自由主

---

① 严复:《〈群己权界论〉译凡例》,引自王栻主编:《严复集》(第一册),中华书局1986年版,第134页。
② 袁伟时:《严复思想遗产三问》,引自《中国现代思想散论》,广东教育出版社1998年版,第225页。
③ 严复:《〈老子〉评语》,引自王栻主编:《严复集》(第四册),中华书局1986年版,第1091~1092页。

义思想的源头，另一方面，也包含了对中国传统思想的反省，这尤其体现在他对道家思想所作的自由主义式的阐发。

晚年的胡适对自由主义提出了自己的理解。总体上，他认为"自由主义就是人类历史上那个提倡自由，崇拜自由，争取自由，充实并推广自由的大运动"。自由在中国古文里的意思就是"由于己"，就是"不由于外力"；在欧洲文字里，自由含有解放的意思，是从外力的裁制下解放出来。因此，自由在历史上的含义就是"解缚"。"解除了束缚，方才可以自由自在。"分析地说，自由主义包含了四项诉求：第一个是自由；第二个是民主；第三个是容忍，主要是容忍反对党；第四是和平渐进的改革。

胡适所谓的自由主义的第一个含义主要强调的是信仰自由和思想自由。在这方面，"东方历史上也有很大胆的批评者与反抗者：从墨翟杨朱到桓谭王充，……都可以说是为信仰思想自由奋斗的东方豪杰之士，很可以同他们的许多西方同志齐名比美。"[①] 胡适认为，虽然中国传统中政治自由的追寻者是失败居多，但在"思想言论学术的自由"上则是有成绩的。[②] 胡适认为，中国传统思想中对于信仰自由和思想自由的重视不仅表现在学术思想的表达上，而且也表现在政制建设的规划上。如《吕氏春秋》"极力提倡直言极谏的重要，认为宣达民人欲望的唯一方法，遂给谏官制度建立一个学理的基础"[③]。但在《吕氏春秋》那里，思想言论自由是缓解民众压力的一种手段，因此，一方面，民众是需要被谏官代表的，另一方面，即便在制度设定上可以舍去谏官制，民众的心声可以直达天听，民众也始终处于客体、被听的地位，他们时刻需要一个主体（政府、统治者）来为其"做主"。

胡适显然对此有深刻的认识，他指出，"中国历代自由最大的失败，就是……忽略了政治的自由。所谓政治自由，就是要实现真正的民主政治，否则一切基本自由都是空的。"[④]这种民主自由的缺失，最直接的表现是墨子的"上同"思想[⑤]。"墨子'上同'的思想，就是下面一切要上同，所谓'上同而不下比者'，——就是一种极权主义。……墨子的这种理论，影响到纪元前四世纪出

---

① 胡适：《自由主义是什么?》，引自季羡林编：《胡适全集》（二十二），安徽教育出版社2003年版，第725~740页。

②④ 胡适：《自由主义在中国》，引自季羡林编：《胡适全集》（二十二），安徽教育出版社2003年版，第753页。

③ 胡适：《读〈吕氏春秋〉》，引自季羡林编：《胡适全集》（二十二），安徽教育出版社2003年版，第272页。

⑤ 胡适对于墨子的态度是复杂的。在此文中可以看出，一方面他认为墨子代表了极权政治的兴起，另一方面，他又认为墨子表达了思想学术自由的思想。受梁启超的影响，胡适深入的挖掘了墨子的在逻辑学、认识论上的贡献。

了一个怪人——商鞅。他在西方的秦国，实行这种'极权政治'；后来商鞅被清算死了，但这种极权制度还是存在，而且在一百年之内，把当时所谓天下居然打平，用武力来统一中国，建立所谓'秦帝国'。帝国成立以后，极权制度仍然继续存在，焚书坑儒，毁灭文献，禁止私家教育。"① 在这里，胡适梳理出了一条中国古代极权政治兴起的粗略脉络：从墨子到商鞅，构成了自由主义的反面。

胡适不仅批评商鞅、墨子，早年他也批评道家的无为而治。因为无为是消极的，现代政治在治理层面上是积极的，它需要广泛的社会动员，要求公民普遍提高政治参与意识；而"无为而治"很大程度上削弱了民众的政治主体性；它通常仅仅满足于个人内心的自由，在社会理论上则接近于乌托邦。胡适指出：

> 不争不辩的道德，也是不适宜于民主政治的。道家的人生观名义上看重"自由"，但一面要自由，一面又不争不辩，故他们只好寻他们所谓"内心的自由"，消极的自由，而不希望实际的，政治的自由。结果只是一种出世的人生观，至多只成一种自了汉，终日自以为"众人皆醉而我独醒"，其实也不过白昼做梦而已。他们做的梦也许是政治的理想，但他们的政治理想必不是根据事实的具体计划，只是一些白昼做梦式的乌托邦理想而已，或者，一些一知半解的道听途说而已。②

胡适在这里用了一个后来因为以赛亚·伯林而十分著名的概念"消极自由"，但与后者的意蕴并不相同。因为在高度缺乏人权保障、甚至缺乏人权意识的中国，自由是需要积极争取的东西。自由主义在政治上首先肯定的是人的权利。胡适认为从先秦时代起，中国人已经确认了人的权利。他指出，"权利"本来的意思说的是一个人所应有，它的正确翻译应该是"义权"，后来才变成法律给予个人所应该享有的"权利"。"中国古代思想也未尝没有这种'义权'的观念。孟子说得最明白：'非其义也，非其道也，一介不以与人，一介不以取诸人。'这正是'权利'的意义。'一介不以与人'是尊重自己所应有；'一介不以取诸人'是尊重他人所应有。推而广之，孟子所谓'富贵不能淫，贫贱不能移，威武不能屈'也正是个人自尊其所应有，自行其所谓是。"胡适进而认为，权利思想本质上是人之本能："好胜是天性，而肯吃亏是反人情"③。

从胡适对"权利"的崭新诠释中可以看出他对个体性的高度重视。他认为，

---

① 胡适：《中国古代政治思想史中的一个看法》，引自季羡林编：《胡适全集》（八），安徽教育出版社 2003 年版，第 450 页。
② 胡适：《从思想上看中国问题》，引自季羡林编：《胡适全集》（八），安徽教育出版社 2003 年版，第 269 页。
③ 胡适：《民权的保障》，引自季羡林编：《胡适全集》（二十一），安徽教育出版社 2003 年版，第 560～562 页。

"孔子、孟子一班人提倡的一种自由主义的教育哲学。……后来的庄子、杨朱，都是承袭这种学说的。这种所谓个人主义、自由主义的教育哲学和个人主义的起来，是由于他们把人看得特别重，认为个人有个人的尊严。《论语》中的'不降其志，不辱其身'，就是这个道理。个人主义、自由主义的教育哲学，教育人参加政治，参加社会；这种人要有一种人格的尊严，要自己感觉到自己有一种使命，不能随便忽略他自己。"① 这里明确将儒家、庄子、杨朱思想中的个人主义当作自由主义的前提。

在诠释《吕氏春秋》时，胡适将个体性具体化为民众的欲恶。他指出，《吕氏春秋》包含着民主政治精神，其要义就在于对民欲的重视："《吕氏春秋》的政治主张根本在于重民之生，达民之欲，要令人得欲无穷，这里的确含有民主政治的精神。"② 胡适还说：

> 《吕氏春秋》从贵生重己的立场谈政治，所以说的更彻底了，竟老实承认政治的运用全靠人有欲恶，欲恶是政治的纲纪；欲望越多的人，越可得用；欲望越少的人，越不可得用；无欲的人，谁也不能使用。所以说："善为上者能令人得欲无穷，故人之可得亦无穷也。"（《为政》）这样尊重人的欲恶，这样认政府的作用要"令人得欲无穷"，便是一种乐利主义的政治学说。

这段话值得高度重视。正统儒家对于人的欲望持警惕、反对的态度。这不是说他们试图建立某种制度来防范人的欲望，而是说，他们将"仁政"建立在人有善良意志的预设之上。这突出表现在孟子从"不忍人之心"推导出"仁政"的论证中。这种政治哲学上的乐观主义显然和自由主义的对人性的悲观主义的预设相差甚远。通常认为中国传统思想对于人的欲望总是持反对态度；即便是肯定了人性本恶的荀子，最后还是要设定礼仪制度来规范、引导人的恶性。在这个意义上，在荀子那里，人的欲望虽然得到了正视，但没有得到尊重。显然，尽管都说到了人的欲望，荀子和《吕氏春秋》还是有根本的区别的。荀子试图制恶，也即控制人的欲望；《吕氏春秋》则明确提出"令人得欲无穷"，且认为这是"为上者"的政治使命。胡适发现了《吕氏春秋》之中包含的"尊重人的欲恶"的思想，在政治哲学领域为自由主义寻找到传统的人性论根据。

当然，胡适不管如何"创造性诠释"，也明白《吕氏春秋》毕竟没有提出一套民主政治的设想。"《吕氏春秋》的政治思想虽然侧重个人的欲恶，却不主张

---

① 胡适：《中国古代政治思想史中的一个看法》，引自季羡林编：《胡适全集》（八），安徽教育出版社 2003 年版，第 449 页。

② 胡适：《读〈吕氏春秋〉》，引自季羡林编：《胡适全集》（三），安徽教育出版社 2003 年版，第 271～272 页。

民主政治。《不二》篇说：'听群众人议以治国，国危无日矣。'为什么呢？因为治国是一件很烦难的事，需要很高等的知识和很谨慎的考虑，不是群众人所能为的。……所以有贤能政治的必要。"在君主名分既定但其能力不足的情况下如何保证有效地统治，这个问题其实是古代政治思想的一个中心问题。或者说有着绝对威权的君主在不能保证其贤能的情况下，良政如何可能？对于这个问题，胡适列举了先秦时代的几种重要回答：

> 前四世纪到三世纪之间，政治哲学对于这个问题曾有几种重要的解答。第一是提倡禅国让贤。禅让之说在这时代最风行，造作的让国神话也最多，似乎都有暗示一种新制度的作用。第二是主张人民对于暴君有反抗革命的权利。孟子所谓"君之视民如土芥，则臣视君如寇仇，""闻诛一独夫矣，未闻弑君也"，都是很明白的承认人民革命的权利。第三是提倡法治的虚君制度。①

胡适的基本思路是两种：一种是更换统治者。如果统治者不合格，就采取和平的或者暴力的方式更换。另一种方案是使君主只成为一种形式，其本身不能发挥积极的治理职能。

晚年的胡适在贤能政治的主张上也有所修正，他将贤能政治、民众政治和无为而治相结合，认为其好处就在于在统治者消极化的情况下，国家的治理职能还可以得到发挥。这点突出地体现在《中国古代政治思想史中的一个看法》的演讲中。这一演讲中，胡适提出了中国古代政治思想史中四点关于威权与自由冲突的观念，列于首条的就是以老子为代表的无政府的抗议。他说："这是对于太多的政府，太多的忌讳，太多的管理，太多的统治的一种抗议。这种中国古代的政治思想，能在世界上占有一个很独立的、比较有创见的地位。……经我仔细地加以研究，感到中国政治思想史在世界上有一个最大的、最有创见的贡献，恐怕就是我们的第一位政治思想家——老子——的主张无政府主义。他对政府抗议，认为政府应该学'天道'。'天道'是什么呢？'天道'就是无为而无不为。这可说是一个很重要的观念。他认为用不着政府；如其有政府，最好是无为、放任、不干涉，这是一种无政府主义的政治思想：有政府等于没有政府；如果非要有政府不可，就是无为而治。"② 也就是说，胡适认为老子的思想代表了对威权的抗议，是自由观念的一种重要表现。

---

① 胡适：《读〈吕氏春秋〉》，引自季羡林编：《胡适全集》（三），安徽教育出版社2003年版，第259~266页。

② 胡适：《中国古代政治思想史中的一个看法》，引自季羡林编：《胡适全集》（八），安徽教育出版社2003年版，第449页。

（三）

继胡适之后，陈鼓应继续将道家思想和政治自由加以沟通，强调道家尊重个体自主性的思想与现代的政治自由思想存在着内在的相似性。

陈鼓应明确提出，老子"要求当权阶级消解他们的权力意欲，让人民发挥更多的自主性、自由性"。[①] 通过对老子本体论和宇宙生成论的解释，他认为"道法自然"就是对万物不加干涉而任其自然。[②] 在这个意义上，老子给政治自由提供了本体论的根据："第十七章所说的'百姓皆谓我自然'，是说明政府的作为以不干扰人民为上策，政府的职责在于辅助人民，功成事遂，百姓不感到政府力量的存在，反而觉得是自我发展的结果。在人民丝毫不感到政府干预的情况下，大家都觉得十分的自由自在。"[③]

陈鼓应也注意到庄子的自由思想的重要性，这首先表现在尊重民众的主体性上。《应帝王》表达了庄子无治主义的思想。"庄子认为一个国家的'经式仪度'，必须以人民的意愿为准则，必须以人民的意见为依归，必须因应自然——顺应民性。帝王的为政之道，应自正而后行化（'正而后行'），不以我强人，不强人性之所难为，任人各尽所能就是了。"陈鼓应说："庄子认为，帝王要做到无治而治，必得游心于恬淡之境，清静无为（'游心于淡，合气于漠'），顺着事物自然的本性而不用私意。'顺物自然'，就是顺任人民的自然性、自由性、自主性。治者'无容私'，就是不去用自己的私意约束人民，不以自己的意志去强加人民，这样，人民可享有自由的生活，社会才会走向为民为公的路途，那天下就可大治了。"所谓"'无为'有两层意思：一是顺任自然；一是不干涉主义，让人民自为自主。"[④]

具体而言，陈鼓应认为，"在政治上，庄子主张：一要依人的自然之性而行事；二要给人民以自由性、自主性；三是反对合模化，尊重个体的殊异性；四是从规范主义的束缚中解放出来。"[⑤] 这四点，表达的其实是一个意思。显然，从人的自然之性的角度看，每个人有其相同点，但也有其不同点。后者也就是所谓的"个体的殊异性"。从尊重人的自然之性的角度出发，从正面看，就是要让人民自己行动；从反面看，也就是反对统治者横加干涉的规范主义。总体精神都是尊重个体的主体性。

[①] 陈鼓应：《老庄新论》（修订版），商务印书馆2008年版，第426页。
[②] 陈鼓应：《老庄新论》（修订版），商务印书馆2008年版，第48页。
[③] 陈鼓应：《老庄新论》（修订版），商务印书馆2008年版，第151页。
[④] 陈鼓应：《老庄新论》（修订版），商务印书馆2008年版，第261~264页。
[⑤] 陈鼓应：《老庄新论》（修订版），商务印书馆2008年版，第424页。

陈鼓应对道家思想作自由主义的诠释，与他对现代新儒家的批评互相呼应。他认为港台新儒家的基本精神与现代政治是背道而驰的："儒家的文化道统与政统相结合强化了中国封建专制统治，如果没有老庄对儒家的冲击，那么孔孟之礼网对人民思想的束缚，对人性之桎梏，必然会使中国的文化传统更加干涸闭塞，而庄子哲学对此却有莫大的消解作用。虽然庄子没有普遍参与的概念，可是他强调万物之平等，强调万物各有其内涵，强调个性解放与言论自由，这对于儒家桎梏人心的道德教条，是一个有力的抗衡。儒家强调'攻乎异端'，反对言论开放，强调'天无二日'，这与庄子'十日并出'的主张，提倡自由与包容的精神适成对照。"①

在陈鼓应看来，庄子主张言论自由，强调个性解放，庄子哲学中本体论上对万物平等的论证成为现代政治生活中"普遍参与"思想的论证。它们与老子思想一样，都说明自由主义的自由观念在中国古代文化中是有根源可寻的。

总而言之，从严复、胡适到陈鼓应，几代自由主义者中不断有人试图从对道家思想的"创造性诠释"，来为现代性的自由观念辩护。他们在学术和理论构建上的自洽性是可以讨论的，但他们把现代政治与传统文化相联结的目标也是显而易见的。

---

① 陈鼓应：《老庄新论》（修订版），商务印书馆2008年版，第430页。

第六章

自由主义者的哲学探索

一、中国自由主义的哲学基线

（一）

在讨论过政治自由主义与文化自由主义以后，我们需要探讨中国的自由主义与其哲学以及中国现代文化精神之间的关系。由于篇幅所限，我们不能对中国自由主义在哲学上的系统性和传承关系做全面分析。自由主义在中国主要是一个政治文化派别，但并不是一个统一的哲学派别。同时，自由主义在中国从来没有形成统一的政党。正如20世纪40年代末著名的自由主义杂志《观察》上的一篇署名文章说的那样：

中国的自由主义者自来是无组织的：他们既不受经典与教条的约束，则见仁见智，彼此大有出入。如何才能将他们结集在一个庞大而严密的组织中，是个颇费推敲的问题，而且是若干自由主义者所不愿推敲的问题，因为他们只想以超党派的姿态来斗争。①

后来，还是这个作者，又说：

自由主义者不但遭受左右夹攻，就是在自命为自由主义者之间，争执可

---

① 杨人楩:《自由主义者往何处去？》，载于《观察》1947年第2卷第11期，第3～6页。

能更厉害，因为自由主义始终没有一部经典或一套政纲来范围它。①

　　这种情况不能不反映到哲学上，被公认为或自命为自由主义者的那些人在具体的哲学问题上可能持不同的甚至是对立的见解。这些对立的见解在更深的层面可能又暗通款曲。这种情况并非自由主义所独有。譬如，同样是儒家，在哲学上可能正是对手，如朱熹与王阳明以及陈亮。遵从孔子的学说（信仰或信念）使得他们都是儒家，但是如何理解（解释）孔子的学说、如何"成圣"（实践），假如各自形成系统的理论，就成了哲学上分歧。同样地，用中国自由主义者的说法，"自由主义是实现自由的理想主义"②。以自由为中心，还有一系列诉求，如民主、科学、人权等，都是自由主义共同的诉求。不过，这些价值诉求的合理性之系统论证，是更深层次的思想，或者说是第二序的思想。对这些问题的分析，当然是哲学的分析。因此，恰如阳光在三棱镜下可以形成次序连续的彩色光谱一样，通过哲学分析，我们可以看到中国的自由主义是否有什么更深的结构和精神倾向，即不仅看他们说什么（what），而且看他们如何说（how），以及为何说（why）。换言之，虽然自由主义之在中国很难说是独立的哲学派别，但是它们对于中国现代文化之产生和发展，是否提供了哲学性的贡献，以及提供什么样的贡献，是一个很值得研究的问题。这同时也是因为近年来，国内学术界几乎形成了某种共识：近代以来，尤其是20世纪的中国哲学，可以看作是三个大的派别——自由主义、马克思主义以及新儒家——复杂互动的历史。中国化的马克思主义的理论系统及其哲学基础是明确的，新儒家作为一个文化保守主义和人文主义的文化派别，其义理边界也是大致清晰的，他们主要是发展了心性论的形而上学，这一点甚至被他们坚守为"道统"。那么，中国的自由主义有没有自己独特的哲学底蕴？如果有，又是什么呢？

（二）

　　在以往的研究中，涉及上述问题的论著并不少，因为不少著名的自由主义者本人就是哲学家，如严复、梁启超、蔡元培、胡适、金岳霖、殷海光等，研究他们的著述通常会讨论其哲学思想。当然，几乎所有研究自由主义的人都会意识到，自由主义在西方本来就很难化约为若干条原则，而且这些原则在不同的派别中的解释也是不同的。自由主义在中国虽然没有那么复杂的理论，但是用众说纷纭、莫衷一是来描写其理论状况，依然能得其大体。这种情况在对它的哲学分析

---

① 杨人楩：《再论自由主义者的途径》，载于《观察》1948年第5卷第8期，第3~5页。
② 周授章：《疯狂了的中国——一个盲动的、悲剧的大时代》，载于《观察》1947年第2卷第16期，第7~8页。

中同样存在，如果不是更为复杂的话①。我们曾经非常粗略地用三点来概括中国近代自由主义的哲学思想之特征，即认识论上的实证主义、伦理学上的个体主义、历史观上的进化论②。与认识论上的实证主义相关，是不同程度的科学主义倾向；与伦理学上的个体主义相关，则是功利主义的流行。而另一些自由主义者，可以是非理性主义者（如张君劢），赞成功利主义的人又可能同时是契约论者。虽然"科玄论战"以后，科学主义与人文主义的分裂是明显的，但是某些自由主义者可以同时兼有这两种倾向。更复杂的是，中国的实证论者常常不能忘情于形而上学，譬如金岳霖不仅写《知识论》，也写《论道》。而中国的自由主义者很少持西方那样典型的个人主义，多数人会在"群己之辩"中采取比较中庸的态度，持群己平衡的立场。要深入讨论自由主义的哲学底蕴，需要将它们做系统的展开，从而看到的可能是一个相当复杂的谱系。

不过，如果我们先从自由主义的共同哲学倾向着手，我们可以发现中国的自由主义在两点上是高度一致的，而且又是同古代思想正统之间明显地是非连续的。那就是历史观上的进化论和伦理学中的自由说。我们把它们视为中国近代自由主义的哲学基线。

（三）

近代中国的自由主义者都服膺进化论，这是一个历史事实。更放大一些看，20世纪初进化论传播过程中所形成的"进步"和进步主义已经成为中国社会的基本共识，构成了文化现代性的基础。后来的自由主义者也许在科学的层面上对达尔文理论有所保留，但是在进步的信仰上并无大的差别。这与西方社会是类似的，正如霍布豪斯说的那样：

> 每一种建设性的社会学说都以人类进步概念为基础。自由主义的核心是懂得进步不是一个机械装置问题，而是解放活的精神力量的问题。③

我们要分析自由主义的哲学底蕴，就不能停留在他们的进化论和"进步"主张上，还要探讨他们是"如何"提出和论证这套主张的，因为正如柯林伍德说的那样，哲学是第二序的思想，是对思想的思想。

---

① 顾肃从罗尔斯的论述中概括出六条原则，即个人自决原则、最大限度的平等自由、多元主义、国家的中立性、善的原则和正当对善的优先性。他又认为斯皮兹"临终写的十条'信条'"或许更能直观地反映自由主义的基本原则（见顾肃《自由主义基本理念》，中央编译出版社，2003年，第3~4页）。不过这些原则并未全部成为中国自由主义的公认原则，而且这些原则本身其实还只是有待论证的信念（信条），为了论证它们，西方哲学、伦理学和政治哲学本身又成了论争的战场。

② 胡伟希、高瑞泉、张利民：《十字街头与塔——中国近代自由主义思潮研究》第一章，上海人民出版社1991年版。

③ ［英］霍布豪斯，朱曾汶译：《自由主义》，商务印书馆1996年版，第69页。

严复是最早通过翻译《天演论》来传播进化论的哲学家，同时也被认为是中国自由主义的早期代表。作为一个自由主义者，严复早期的著述的中心是以变革来追求富强。他的更深层的意义是推动中国文化精神的转变，即从一个以虚静为本体的正统理学价值系统，转变为以动力的追求为目标的文明。我们知道达尔文的生物进化论使一个动力式的生命世界获得了严格的决定论的证明。这种论证方式为严复所吸取。通过《天演论》，中国人将"进化"理解成进步，并赋予其正面的价值。作为进步的动力，竞争当然也成为基本的价值。所以史华慈会说：

> 在严复的眼中达尔文的理论不只是描述了现实，而且还规定了价值观念和行动准则，……很明显，严复强调的是竞争（一种确定无疑的活力）的价值观，强调的是在竞争的形势下潜在能力的发挥。①

事实上，严复巧妙地表达了斯宾塞式的信念：如果生活是一场适者生存的斗争，那么力量就是最终的美德，生存和胜利就是善。软弱、屈服和失败则是恶。换言之，传统的"力命之争"的儒家标准被倒转了。力量和竞争不再是消极和负面的东西，而是推动社会进步的动力。它是人得以充分发挥自身潜能的必要途径，既是历史大道，也符合人道的原则。

我们已经可以在严复的论证中看到中国古代"推天理以明人事"的理路重演。按照这一论证方式，本体论和宇宙论都具有规范作用。所以我们看到严复需要在宇宙论和本体论上给予其动力论以支持。按照严复的论述，宇宙不再是契合儒家道德的宇宙，而是一个力量的宇宙：

> 大宇之内，质力相推，非质无以见力，非力无以呈质。凡力皆乾，凡质皆坤也。……有斯宾塞尔者，以天演自然言化，著书造论，贯天地人而一理之。此亦晚近之绝作也。其为天演界说曰"翕以合质，辟以出力，始简易而终杂糅。"而《易》则曰"坤其静也翕，其动也辟。"②

严复用中国传统变异理论来理解近代西方宇宙观，展开在人们面前的是一幅机械论的世界图景，在"质力相推"的宇宙中，物质元素按照自身的动力而展开。按照"推天理以明人事"的逻辑，人类也应该积极而健动。结论是：

> 今者欲治道之有功，非与天争胜焉，固不可也。法天行者非也，而避天行者亦非。夫曰与天争胜云，非为逆天拂性，而为不祥不顺者也。道在尽物之性，而知所以转害为功。③

严复思想在这里出现了让本杰明·史华慈感到困惑的决定论与自由意志论的

---

① [美]本杰明·史华慈，叶凤美译：《寻求富强：严复与西方》，江苏人民出版社1989年版，第41页。
② 王栻主编：《严复集》第一册，中华书局1986年版，第1320页。
③ 王栻主编：《严复集》第一册，中华书局1986年版，第1321页。

混杂①。但是对于中国读者而言，按照真实的宇宙（"质力相推"）去实现动力的追求，是当时中国社会的普遍觉悟。

严复是一个经验主义者。在他以后，另一个重要的自由主义者胡适，也是经验主义者，当然同时还是一个进化论者。不过，基于进化论的哲学解释，在胡适那里有很大的不同。他承接了美国的实用主义，对于经验、宇宙和人生都作了更具有进取性的解释：他认为19世纪西方思潮的变迁有两点与实验主义有关。其一是所谓"科学实验室的态度"，"从前认作天经地义的科学律例如今都变成了人造的最方便最适用的假设"；其二是"进化观念在哲学上应用的结果，便发生了一种'历史的态度'（The Genetic Method）"。胡适还是守经验主义的立场，按照这种经验主义，实在并不是机械唯物主义所理解的纯粹客观实在，而是我们自己改造过的实在②。

这种实在论和理性派的见解大不相同。"理性主义以为实在是现成的，永远完全的；实验主义以为实在还在制造之中，将来造到什么样子便是什么样子。"实验主义（人本主义）的宇宙是一篇未完的草稿，正在修改之中，将来改成怎样便怎样，但是永远没有完篇的时候。理性主义的宇宙是绝对平安无事的，实验主义的宇宙是还在冒险进行的。③

现在我们受了生物学的教训，就该老实承认经验就是生活，生活就是人与环境的交互行为，就是思想的作用指挥一切能力，利用环境、征服他、约束他，支配他，使生活的内容外域永远增加，使生活的能力格外自由、使生活的意味格外浓厚。④

所以同样是"解放活的精神力量""动力的追求"，胡适的经验观念，比起古典的经验论的观念来，具有更多的进取和冒险的性质。

受进化论影响的并不止于自由主义者，"动力的追求"也是20世纪中国各文化派别的共同目标。但是严复、胡适等人的理路是从自然科学（进化论）出发，对于进化论的不同解释直接决定其历史观。如果说同一性问题是第一哲学的话，那么天然包含了三项：主体、客体、主客体之间的关系。中国自由主义的基本理路似乎是对于客体的认识决定了主体的准则，这与他们中许多人有不同程度的实证主义和科学主义倾向，有脱不了的关系。当然，他们对于动力的追求所做的哲学努力，决定了他们与新儒家哲学、马克思主义哲学一起，既共同构成了中国的

---

① 高瑞泉：《严复：在决定论与自由意志论之间》，引自《智慧之境》，上海古籍出版社2008年版，第97～111页。
② 胡适：《实验主义》，引自《胡适文存》（一集），黄山书社1996年版，第213～228页。
③ 胡适：《实验主义》，引自《胡适文存》（一集），黄山书社1996年版，第228页。
④ 胡适：《实验主义》，引自《胡适文存》（一集），黄山书社1996年版，第233页。

现代性的哲学话语，又有自己的派别特征①。

（四）

无论是严复还是胡适，在他们关于进化论的思想中，不可避免地已经涉及自由问题。这里的自由，不限于政治学上的自由（Liberty），而更多的是哲学上的自由（Freedom），带有终极价值意味的自由。换言之，当我们的目标是其哲学底蕴的时候，我们希望考察的不仅是中国的自由主义者的自由诉求本身，而且是他们对于自由价值的论证。

与西方自由主义相比，中国的自由主义在这一问题上显得相当薄弱，主要是缺少深远的终极关怀。我们知道，作为英国自由主义的鼻祖，洛克的自由主义政治理论以"自然法"和"自然状态"为预设和前提，而它们又是以对于上帝的信仰为前提的。换言之，洛克的自由观念在基督教的教义中可能找到充分的根据，而且宗教改革以后长时间的宗教实践和社会生活已经将此类观念内化为一种共同的文化心理。譬如，反映洛克自由主义的另一方面——宗教宽容的思想，不过是宗教改革运动以后西方宗教现状的理论肯定。而宗教的依托和宗教的传统，是中国自由主义先天缺乏的。在论证自由价值的时候，中国的自由主义者通常是直接截取西方文化中一度作为中介价值的东西，试图将它变身为终极价值，但是，在现代中国，尤其是对于普通民众而言，自由总显得似乎浮游无据。

假如从哲学而不是宗教或神学的方面来考察，那么我们在严复那里看到，与缺少宗教意识相匹配的是他对于形上问题的怀疑主义。当然，在这个问题上，史华慈、墨子刻和黄克武等学者已经做了许多发明。譬如认为严复与弥尔的最大区别是，他在翻译《群己权界论》的时候，将弥尔式自由主义者视个人自由和个人尊严为最终价值的想法丢失了，而黄克武则认为，严复的问题是忽略了弥尔的"自由的所以然"，"亦即弥尔对于进步、自由和知识之间的推理"。这种差别是哲学性的，包括认识论上的乐观主义和悲观主义的区别②，以及"群己之辩"上的群己并重，而不是西方式的个人主义。

严复的个案在中国现代史上有一定的普遍意义。严复以后，胡适、罗隆基、陈寅恪、殷海光乃至陈鼓应等几代自由主义者表达了对自由的不懈追求，包括对自由个性的推崇。在论证自由理想的时候，他们中有些人从对传统文化的批判着手，有些则常常从传统文化中寻求资源。庄子的"无待""逍遥"，孟子等儒家

---

① 20世纪90年代以后，有些自称"自由主义者"的学人，以哈耶克的理论为标准，舍弃进步论（进化论），主张社会演化论，可以被视为自由主义自身的一大演变。具体情况因为已经超出我们的论域，本书未作讨论。

② 黄克武：《自由的所以然·墨子刻序》，台湾允晨文化，1998年。

的理想人格理论，都获得了自由主义的解释。这种理路，从最直观的角度说明，中国的自由主义何以既与其他文化派别有所距离，又有与保守主义（传统主义）融合的趋势。但是，中国的自由主义在其发展历程中，如何提供了哲学性的贡献，则应该有更深入的研究。

二、认识论研究中的推进

（一）

严复是中国较早接受英国经验论影响的中国哲学家。正如冯契先生所说，"严复同英国经验论者一样，有一种实证论倾向。实证论者认为人的认识不能超越经验范围，超出经验范围，就无法认识。严复说：'可知者，止于感觉'（《穆勒名学》部甲篇三按语），所以万物本体是不可知的。"[①]

相应地，在真理观上，严复认为，真理并不是客观存在，而是主客相对待之后的产物。他说：

> 知者，人心之所同具也；理者，必物对待而后形焉者也。是故吾心之所觉，必证诸物之见象，而后得其符。……今夫水湍石碍，而砰訇作焉，求其声于水与石者，皆无当也，观于二者之冲击，而声之所以然得矣。故论理者，以对待而后形者也。使六合旷然，无一物以接于吾心，当此之时，心且不可见，安得所谓理者哉？[②]

也就是说，"理"是人的认识能力和客观存在对待之后的产物。单从人的认识能力或者客观存在之中，并不能发现真理。而其所理解的和人的认识能力相对待的另一方，从其根源上讲自然是"诸物"，但从实际上讲，则是"诸物之见象"，也即现象。严复认为，知所能把握的，不是物质本体，而是物质的现象。他赞成赫胥黎的论断，"人之知识，止于意验相符"，并且用庄子的"心止于符"来解释"意验相符"的观点，从而显示出了沟通古今中西的努力。

仔细考辨庄周之"心止于符"和严复在实证主义框架内对它的诠释，其间的分野也是很明显的。

严复之所以看重庄周之"心止于符"这句话，且在《穆勒名学》等书中屡次提及它，固然佐证了严复对庄子的重视；更需要注意的是"符"字所具有的意

[①] 冯契：《中国近代哲学的革命进程》，华东师范大学出版社1997年版，第173页。
[②] 严复：《〈阳明先生集要三种〉序》，引自王栻主编：《严复集》第二册，中华书局1986年版，第238页。

蕴。庄子所虚拟的孔子和颜回对"心斋"的讨论中说:

> 回曰:"敢问心斋。"仲尼曰:"若一志,无听之以耳而听之以心;无听之以心而听之以气。听止于耳,心止于符。气也者,虚而待物者也。唯道集虚。虚者,心斋也。"①

显然,这里预设了心之所符是外物,甚至是道。也就是说,和实证主义对物质等本体的拒斥不同,庄子对物质的存在持朴素的立场,表达出对道的追求。当然,对于"心止于符"的诠释也是歧义纷呈。陈鼓应把它诠释为"心的作用止于感应现象"。这里的"现象"一词更多的是修辞的用法,因为陈鼓应在诠释"听止于耳"时把它翻译成"耳的作用止于聆听外物"②,很明显,陈鼓应是为了避免使用相同的词语而作出了修辞意义上的考虑。严格地说,陈鼓应也故意留了"止于"二字没有翻译。它可以理解成只让心发挥感应、符合外物的作用,或者心的作用只是感应、符合外物。后面一种诠释显然有将心的功能狭隘化、单一化的嫌疑,所以前一种诠释为上。如此一来,从反面看也就是承认了心除了符合外物的功能之外,还有其他的主体能动性。事实上,早在成玄英的《庄子疏》中,在解释为什么要"无听之以心而听之以气"时,成玄英就对此作出了积极的肯定。他说:"心有知觉,犹起攀缘;气无情欲,虚柔任物。故去彼知觉,取此虚柔,遣之又遣,渐阶玄妙也乎!"③但庄子最终又抛弃了以心把握道的进路,这固然是由于心的功能的多样化,其主体性过于突出;但从另一个角度看,似乎也因为心在把握道的时候主要发挥的是"符"的功能,这和道的特性很难相配。

虽然"心止于符"的论述未得到充分展开,因而不免有些简单化,但是,从认识论的向度看严复,重要的是他反对心学一脉"师心自用"的传统,反对仅仅停留在经典文本的解释上,而不重视对自然的研究,不重视"读无字之书"。由此也涉及现代的科学方法论。

在较早的《西学门径功用》中他认为科学方法论有三个环节:考订、贯通和试验。

> 大抵学以穷理,常分三际。一曰考订,聚列同类事物而各著其实,二曰贯通,类异观同,道通为一。考订或谓之观察,或谓之演验。观察演验,二者皆考订之事而异名者。盖即物穷理有非人力所能变换者,如日星之行,风俗代变之类;有可以人力驾御移易者如炉火树畜之类是也。考订既详,乃会通之以求其所以然之理,于是大法公例生焉,此大《易》所谓圣人有以见天下之会通以行其典礼,此之典礼,即西人之大法公例也。中西古学,其中穷

---

① 《庄子·人间世》。
② 陈鼓应注译:《庄子今注今译》(一),中华书局1983年版,第121页。
③ [清]郭庆藩撰:《庄子集释》(上),中华书局1961年版,第147页。

理之家，其事或善或否，大致仅此两层。故所得之大法公例，往往多误，于是近世格致家乃教之以第三层，谓之试验。试验愈周，理愈靠实矣，此其大要也。

在广义上，"考订"不仅是科学方法的第一步：观察，而且也指向科学方法的最后一步：实践。实践不仅是试验，还包括生产斗争和社会斗争。"贯通"类似于综合。

严复认为西方科学之所以昌明，是在于西人注意归纳法和演绎法的结合。严复说："又若问西人后出新理，何以如此之多，亦即此而是也。而于格物穷理之用，其涂术不过二端。一曰内导；一曰外导。"① 由此得到的"公例"即规律性的知识，尚需要回到经验世界中得到验证："一理之明，一法之立，必验之物物事事而皆然，而后定之为不易。"②

在其后的思索中，严复逐渐将科学方法总结为："方其始也，必为其察验，继乃有其内籀外籀之功，而终乃为其印证，此不易之涂术也。"③ 内籀即归纳，外籀即演绎。换言之，科学方法分为四步：察验，归纳，演绎和印证。严复对归纳的重视，是前所未有的，他对归纳法的阐述更是以往的中国哲学家所未能达致的。他甚至将演绎包含在归纳法之中。在其译述的《名学浅说》中，将归纳分四层功夫：一是观察法；二是臆度法，即在详细占有现实材料的基础上提出科学假设；三是演绎法，通过推导和实验来论证；四是印证法，即用现实来证实或证伪获得的知识。这得到冯契先生的高度评价："可以说自严复以后，中国人不再忽视形式逻辑了，认识到要向西方学习近代科学，一定要学习逻辑和掌握实验科学方法。"④

我们可以进一步讨论的是，严复将实证主义所代表的现代知识论介绍进中国的同时，实际上已认同中国古典哲学的某些要素为前提。换言之，中国的古典哲学也深深地影响了他对实证主义知识论的诠释，使之一定程度上超越了实证主义的樊篱。这种中西合璧，某种意义上构成了中国自由主义认识论的一个特征。

严复的超越首先表现在对"心"和"科学"的深湛理解上。

严复认为，"心有二用：一属于情，一属于理。"⑤ "然欲为婍心之学，则当知心如形体，有支部可言，有思理，有感情。思理者，一切心之所思，口之所发，可以是非然否分别者也。感情者，一切心之感觉，忧喜悲愉，赏会无端，揽

---

① 严复：《西学门径功用》，引自王栻主编：《严复集》（第一册），中华书局1986年版，第93~94页。
② 严复：《救亡决论》，引自王栻主编：《严复集》（第一册），中华书局1986年版，第45页。
③ 严复：《论今日教育应以物理科学为当务之急》，引自王栻主编：《严复集》（第一册），中华书局1986年版，第280页。
④ 冯契：《中国近代哲学的革命进程》，华东师范大学出版社1997年版，第173页。
⑤ 严复：《西学门径功用》，引自王栻主编：《严复集》（第一册），中华书局1986年版，第93页。

结不尽,而不可以是非然否分别者也。"可见,严复不仅看到了人性中"理"的成分,还看到了"情"。在他看来,由于心本身是情与理的结合,所以,在认识的过程中不可能将两者截然相分。严复指出:"西人谓一切物性科学之教,皆思理之事,一切美术文章之教,皆感情之事。然而二者往往相入不可径分。科学之中,大有感情;美术之功,半存思理。"① "科学之中,大有感情"这区区八个字,大有可注意处,不过严复所云,到底是如金岳霖所说的,科学事业培养了我的热爱科学(真理)的感情,还是指科学知识中本身包含了知识者的参与,包含了主体的情感的成分,他并没有作更多的展开,后者在当代哲学家波兰尼等人的默会知识论中被展示出一个内涵丰富的认识论向度。严复既非科学家,又非专业哲学家,但他已经洞见到的东西,表示了他的思想超越实证论的一面。

其次,严复的认识论对实证主义的超越之处还表现在他将科学规律"道"化的趋向上。

严复充分肯定世界是变化的。他说:"建言有之:天不变,地不变,道亦不变。此观化不审似是实非之言也。"② 这里既有传统变易观念的影响,又有现代进化论思想的渗透。在强调现象世界是不断变化的同时,严复又承认"道亦不变"。当他承认有与现象世界不同的"道"存在的时候,已经蕴含了他思想中保留着追求形上学的倾向。不过,严复所谓"道"又与纯粹抽象的道有所不同,主要包含了自然科学规律和社会科学规则。

> 天变地变,所不变者,独道而已。虽然,道固有其不变者,又非俗儒之所谓道也。请言不变之道:有实而无夫处者宇,有长而无本剽者宙;三角所区,必齐两矩;五点布位,定一割锥,此自无始来不变者也。两间内质,无有成亏;六合中力,不经增减,此自造物来不变者也。能自存者资长养于外物,能遗种者必爱护其所生。必为我自由,而后有以厚生进化;必兼爱克己,而后有所和群利安,此自有生物生人来不变者也。此所以为不变之道也。③

在这里,传统哲学"形而上"的"道",已经具体化、分殊化;另一方面,在传统思想中被视为"形而下"的技艺、术等——现代科学技术——又被上升为"道",表明严复在中西哲学的会通过程中,科学主义与突破实在论局限之间的紧张。

---

① 严复:《论今日教育应以物理科学为当务之急》,引自王栻主编:《严复集》(第二册),中华书局1986年版,第279页。
② 严复:《救亡决论》,引自王栻主编:《严复集》(第一册),中华书局1986年版,第50页。
③ 严复:《救亡决论》,引自王栻主编:《严复集》(第一册),中华书局1986年版,第50~51页。

（二）

继严复之后，胡适继续探讨了真理的内涵、真理如何可得等问题。其中既有对西方相关思想的吸取，又有对中国传统思想的反思，包含着复杂的互动。

受实用主义的影响，胡适在真理观上坚持真理的个别性、特殊性和变动性。真理是有用的假设，而不是最终的、绝对的真理。与普遍进化论相配合的，是历史主义的真理论。严复曾认为世界是会变化的，但科学规律不变。胡适则说："这些科学基本观念之中，有两个重要的变迁，……第一，是科学家对于科学律例的态度的变迁。从前崇拜科学的人，大概有一种迷信，以为科学的律例都是一定不变的天经地义。他们以为天地万物都有永久不变的'天理'，这些天理发现之后，便成了科学的律例。但这种'天经地义'的态度，近几十年来渐渐的更变了。"①

由于真理不是天经地义的，而是会发生变化的，所以胡适又把这种真理观称作"历史的真理论"。他说：

> 这种真理论叫做"历史的真理论"。为什么叫做"历史的"呢？因为这种真理论注重的点在于真理如何发生，如何得来，如何成为公认的真理，真理并不是天上掉下来的，也不是人胎里带来的。真理原来是人造的，是为了人造的，是人造出来供人用的，是因为他们大有用处所以才给他们"真理"的美名的。我们所谓真理，原不过是人的一种工具。……因为从前这种观念曾经发生功效，故从前的人叫他做"真理"；因为他的用处至今还在，所以我们还叫他做"真理"。万一明天发生他种事实，从前的观念不适用了，他就不是真理了，我们就该去找别的真理来代他了。

"历史的真理论"可以说给历史主义提供了真理观的辩护，但是，它所蕴含的相对主义却同时有着销蚀作用。这一点已经被哲学史所反复证实。不过，比较值得注意的是，胡适提出了判定真理的效果论。这种理论坚持真理是假设；如果假设能够发生作用，那么它就是真理；否则便不是。可是，这并不意味着胡适完全放弃了符合论。他只是认为真理不是简单的同实在的意象相符合。他说："真理'和实在相符合'并不是静止的符合，乃是作用的符合：从此岸渡到彼岸，把困难化为容易，这就是'和实在相符合'了。符合不是临摹实在，乃是应付实在，乃是适应实在。"② 也就是说，某个假设是否是真理，一方面要看其产生的实际效果，另一方面，效果本身也显然是一种认识对象，它是一种在未来产生的

---

① 胡适：《实验主义》，引自季羡林编：《胡适全集》（一），安徽教育出版社 2003 年版，第 278 ~ 279 页。

② 胡适：《实验主义》，引自季羡林编：《胡适全集》（一），安徽教育出版社 2003 年版，第 278 ~ 295 页。

认识对象，对它的认识是离不开符合论的。

胡适的真理论在胡适对墨子"三表法"的研究中也有展示。他一方面高度赞赏墨子的思想，认为它标志着"中国经验主义的开端"；① 另一方面，却又借着反思墨子，进一步表达了他的真理观。墨子的"三表法"要义如下：

子墨子言曰："言必立仪，言而毋仪，譬犹运钧之上而立朝夕者也，是非利害之辨，不可得而明知也。故言必有三表。"何谓三表？子墨子言曰："有本之者，有原之者，有用之者。于何本之？上本之于古者圣王之事。于何原之？下原察百姓耳目之实。于何用之？废以为刑政，观其中国家百姓人民之利。此所谓言有三表也。"（《墨子·非命上》）

胡适认为，墨子的"三表法"可以概括为检验任何已知思想的真实性的要求：（1）和已经确立的思想中最好的一种相一致；（2）和众人的经验事实相一致；（3）付诸实际应用时导致良好的目的②。胡适认为，第一表的实质还是墨子的应用主义。因为在历史上，某些行动方式、国家政策、信念是带来有益的效果的，而其他一些却遭到毁败。因此，应该学习这些有益的东西，以之为评判真理的标准③。所以，墨子的"三表法"实际上提出了评判真理的两大标准：感觉经验和实际效果。按照这两个标准，胡适认为第二表用感官来考察思想这种做法并不完全正确。因为这种观点忽视了谬误、幻觉和其他感官限制的可能性。胡适认为，这个时候就应该引进统辖感觉经验、使得感觉经验成为可能、并渗透于感觉经验之中的"心"这个范畴。与此同时，胡适认为对于效果论也应该仔细考察。通过反思墨子的思想，胡适认为，用应用主义来证明逻辑正确性是可疑的，逻辑的合理性和理论的实用性应该区分。对"实际有用"这种说法不能作过于狭隘的解释，即不能解释为直接有用。效果之间也可以有质的区别。"所谓质的区别，在这里意味着直接有效的东西和不能被立刻看到的实践价值的东西之间的区别。"④ 他认为，虽然墨子也重视科学技术，但是，他所重视的都是当下直接有用的，对于需要长时间之后才能显出效果者则并不赞赏。这在一定程度上阻碍了科学技术的进展。比如，墨子用三年时间制作了一只木鸢，能够在天上飞翔，但飞了一天之后就坠毁。别人都向墨子表示祝贺。墨子却表示还"不如匠之为车辖。须臾刻三寸之木，而任五十石之重"（《墨子·鲁问》）。胡适以相当夸张的口吻批评道："墨翟当然应被认为对阻止人类征服空间负有两千多年的责任！"⑤

---

① 胡适：《先秦名学史》，引自季羡林编：《胡适全集》（五），安徽教育出版社2003年版，第89页。
② 胡适：《先秦名学史》，引自季羡林编：《胡适全集》（五），安徽教育出版社2003年版，第86页。
③ 胡适：《先秦名学史》，引自季羡林编：《胡适全集》（五），安徽教育出版社2003年版，第90页。
④ 胡适：《先秦名学史》，引自季羡林编：《胡适全集》（五），安徽教育出版社2003年版，第86～87页。
⑤ 胡适：《先秦名学史》，引自季羡林编：《胡适全集》（五），安徽教育出版社2003年版，第87页。

如上所述，胡适的真理观对中国传统哲学有所汲取，也有所批评，但最重要的批评指向了绝对的、普遍的真理观。

胡适批评了先秦思想中"知止"的真理论。荀子说："故学也者，固学止之也。"（《荀子·解蔽》）胡适对此进行了严厉的批评。他说："这九个字便是古学灭亡的死刑宣言书！学问无止境，如今说学问的目的在于寻一个止境；从此以后还有学术思想发展的希望吗？"① 他更批评宋儒说："他们既不讲实用，又不能有纯粹的爱真理的态度。他们口说'致知'，但他们所希望的，并不是这个物的理和那个物的理，乃是一种最后的绝对真理。……他们所希望的是那'一旦豁然贯通'的绝对智慧。这是科学的反面。科学所求的知识正是这物那物的道理，并不妄想那最后的无上智慧。丢了具体的物理，去求那'一旦豁然贯通'的大彻大悟，决没有科学。"②

胡适的实验主义真理观认为真理虽然总是具体的，但追求真理的过程却是无限的，这在他对庄子"以明"观念的解释中也得到说明。庄子认为，人们之所以总是处于争论之中，是因为人们的认识总有偏蔽不见之处。如果能把事理见得完全透彻就可以不用争论了。那么，如何才能见到事理之全呢？庄子的方法是，"欲是其所非而非其所是，则莫若以明"（《庄子·齐物论》）。胡适认为，"以明"就是"以彼明此，以此明彼"③。世界是进化的，"彼"和"此"总是相反相成，因此是非之争总是存在的，"是亦一无穷，非亦一无穷"。胡适认为庄子在此表达了认识是无止境的意思，这和胡适否认普遍的、最终的真理的立场是一致的。

胡适的真理观与他对认识之主客关系的新理解有密切关联。

虽然胡适认为真理是假设，但假设并非是可以随意提出的，因而是受限制的。假设的提出通常基于"疑难的境地"，而疑难的发生源于对实在的迷惑。所以实在成为真理的一个前提。胡适高度重视实在。他认为中国传统文化中科学衰败的一个原因就是忽略了对实在的研究，这点充分体现在他对荀子的理解中。他指出，"荀子哲学的另一个因素，给科学的发展造成了极大的损害，它包含在他的哲学理论的狭窄的人本主义概念中。……由于他过分夸大人定胜天，这样他实际上就把自然科学从哲学领域中排挤出去了。"④ 胡适认为荀子"制天命而用之"的观点是正确的；但"愿于物之所以生，孰与有物之所以成！故错人而思天，则失

---

① 胡适：《中国古代哲学史》，引自季羡林编：《胡适全集》（五），安徽教育出版社2003年版，第530页。

② 胡适：《清代学者的治学方法》，引自季羡林编：《胡适全集》（一），安徽教育出版社2003年版，第366页。

③ 胡适：《中国古代哲学史》，引自季羡林编：《胡适全集》（五），安徽教育出版社2003年版，第421~422页。

④ 胡适：《先秦名学史》，引自季羡林编：《胡适全集》（五），安徽教育出版社2003年版，第171页。

万物之情"(《荀子·天论》)的观点却是非常有害的。因为荀子只把知识的对象局限于人事,至于类似"物之所以存在"和"思物而物之"等问题,因为与人没有直接的关系,就拒绝研究。胡适认为,这种狭窄的实在观应该舍弃。

另外,胡适所理解的实在是实证主义意义上的实在,它被现象化,最终被感觉化了。他说:"我们所谓的'实在'(reality)含有三大部分:(1)感觉;(2)感觉与感觉之间及意象与意象之间的种种关系;(3)旧有的真理。从前的旧派哲学都说实在是永远不变的。詹姆士一派人说实在是常常变的,是常常加添的,常常由我们自己改造的。……感觉之来,就同大水汹涌,是不由我们自主的。但是我们各有特别的兴趣,兴趣不同,所留意的感觉也不同。因为我们所注意的部分不同,所以各人心目中的实在也就不同。"感觉的关系和意象的关系、旧有的真理皆如此。"总而言之,实在是我们自己改造过的实在。这个实在里面含有无数人造的分子。实在是一个很服从的女孩子,他百依百顺的由我们替他涂抹起来,装扮起来。"①

这样一种实在观念,其消极的方面是被主观化了,最终走向唯心主义一路;其积极的方面,在于高度重视认识过程中的主体方面,也在于他重视"心"这个范畴。

什么是心?心的作用如何?胡适的回答是,"心的作用并不光是照相镜一般的把外物照在里面就算了;心的作用乃是从已有的知识里面挑出一部分来做现有应用的资料。一切心的作用(知识思想等)都起于个人的兴趣和意志;兴趣和意志定下选择的目标,有了目标方才从已有的经验里面挑出达到这目标的方法器具和资料。康德所说的'纯粹理性'乃是绝对没有的东西。没有一种心的作用不带着意志和兴趣的;没有一种心的作用不是选择去取的。"进而他说:"因为心的作用是选择去取的,所以现在的感觉资料便是引起兴趣意志的刺激物,过去的感觉资料便是供我们选择方法工具的材料;从前所谓组合整理的心官便是这选择去取的作用。世间没有纯粹的理性,也没有纯粹的知识思想。理性是离不了意志和兴趣的;知识思想是应用的,是用来满足人的意志兴趣的。"②

可见胡适不取反映论的路径,有其排斥机械论的主张、重视心的能动性的原因。我们知道,在美国实用主义哲学家詹姆士那里,已经有唯意志论的哲学;胡适虽然没有走向极端的唯意志论,但也强调意志作为心的一种选择功能在认识中的作用。

作为对照,胡适认为,先秦时代的墨学已有知识的获得不能离开"心"的认

---

① 胡适:《实验主义》,引自季羡林编:《胡适全集》(一),安徽教育出版社2003年版,第297~298页。
② 胡适:《实验主义》,引自季羡林编:《胡适全集》(一),安徽教育出版社2003年版,第289页。

识。他们认为知识只有在智力、感觉、理解力的合作下才能获得。胡适以此为基础对"鸡三足""臧三耳""目不见""火不热""离坚白"等命题作出了新的诠释。"鸡三足"意味着身体的器官如果没有某个指挥中心（即心）就不能起作用。同样，胡适认为，臧的第三只耳朵就是心神。没有心神，就"目不见"。如果没有具备领悟力的心神，就"火不热"。在"离坚白"的命题中，"坚"和"白"是分离的。胡适认为，这种分离之所以可能，也离不开心神的工作。因为白是眼睛借助光线而看见的，坚是手通过触觉而感知的，"然而，当目不在看，或没有光线，或手没有实际触及时，心神却能见。被看到的事物和通过接触而被感知的事物，在心神中构成互相离。"总之，如果"没有心创造性的能动性，分离的感官知觉本身，不能使我们获得有关事物的真知。"①

在胡适看来，墨学不仅重视"心"的作用，与实验主义认识论有所契合，而且在逻辑学和方法论上也有现代意义。与中国古代哲学的多数著名词、观念比较含混多义不同，墨家的名学将推理的一切根本观念都说得明白透彻。这些根本观念包括，"故""法""类"的观念以及"辩"的方法。中国只有别墨这一派研究物的所以然之故，根据同异有无的道理，提出"效""辟""牟""援""推"等方法。他认为，这些方法不单可以在论辩中使用，而且本质上是"科学的方法"。与章太炎类似，胡适也在中西印三方比较中讨论逻辑学。印度、希腊的名学比较偏重于演绎，墨家的名学却对演绎和归纳同样重视。胡适认为，墨家论述归纳法，已经达到了现代的高度。自弥尔以来，归纳法的细则分为五种：求同，求异，同异交得，求余，共变。这五种方法其实只有三种。求余就是求异，共变就是同异交得。《墨辩》论述归纳法，只有三种：求同，求异，同异交得。但实质上已经包含了归纳法的全部细则。更何况墨家讨论知识，注重经验和推论，讲究实地验证②。综合而言，科学方法论的一些主要原则，在墨学中已经具体而微地存在了。

一般而论，胡适在当时学界最引人注目的是把杜威的方法论归结为"大胆的假设，小心的求证"。按照冯契先生的说法，"胡适独特的地方就在于把杜威的方法概括为十个字，并且把它和清代学者的治学方法沟通了"。"胡适在方法论上，既受了西方近代科学方法的洗礼，又继承了中国传统特别是乾嘉学派的方法，他把二者有机地结合起来，使人颇感新鲜、亲切，在当时产生了比较广泛的影响。"③ 我们这里所说，即是除了乾嘉学派以外，胡适如何创造性地发掘传统哲

---

① 胡适：《先秦名学史》，引自季羡林编：《胡适全集》（五），安徽教育出版社2003年版，第133页。
② 胡适：《中国古代哲学史》，引自季羡林编：《胡适全集》（五），安徽教育出版社2003年版，第384～386页。
③ 冯契：《中国近代哲学的革命进程》，华东师范大学出版社1997年版，第383～388页。

学中与现代科学方法论可以结合的资源。

(三)

时间上稍后于胡适,但在认识论上作出更杰出贡献的金岳霖早年也是一个自由主义者,这可以其英文著述 On Political Thought 为证。但他不是胡适一类的公共知识分子,与政治的关系比较疏远。作为一个专业哲学家,他两本最重要的哲学巨著,《知识论》是以"我可以站在知识底对象范围之外,我可以暂时忘记我是人"为预设的,与自由主义政治立场关联不紧密;而《论道》亦以纯粹抽象的概念安排讨论形而上学,且表现出向传统的某种复归。

在金门诸弟子中,成为著名的自由主义者的,应该是殷海光。殷海光探索一条走向正确思想之路,这条路就是经验与逻辑。他说:

> 逻辑乃天下之公器。经验可为天下人所公证。根据逻辑与经验可以接近客观。本此,我在这里所说的正确的思想乃接近客观的思想。只有接近客观的思想,才有希望为大家所公认。科学在这里已为我们提供最明显的证示。

正如殷海光所说,经验是走向正确思想的另一条大道,而科学则是经验的典型表现形态。他认为,"'科学的致知模态'(scientific mode of knowing)是没有颜色的思想最具形的范本。"① 依照这个范本来思想,我们可以得到这几种思想模态:不故意求同;不故意求异;不存心非古;不存心尊古;不存心薄今;不存心厚今;不以言为己出而重之;不以言为异己所出而轻之。后两者也就是要求"只问是非,不问人身"。殷海光认为,中国传统文化在这方面恰恰是存在不足的。他还认为,"除了科学方法以外,如果尚有所谓'致知的方法',那么一定是旁门左道,也许能给我们以别方面的满足,但其去真理也益远。"② 因此,在讨论其认识自由的思想时,他对科学的观点理应引起我们重视。

殷海光讨论了科学方法、科学的基本性质或者说科学心性的要件。他指出科学具有如下基本性质[③]:

(1) 印证的。殷海光以为韩非强调"参验"与之类似,因为韩非说:"无参验而必之者,愚也。"[④] (2) 怀疑的。殷海光主张借鉴笛卡尔"有系统的怀疑"或者"合理的怀疑"思想,先从可怀疑的事物入手,一直怀疑到无可怀疑之处,再以

---

① 殷海光:《正确思想的评准》,引自《殷海光文集》(二),湖北人民出版社2001年版,第357~358页。
② 殷海光:《怎样判别是非》,引自《殷海光文集》(二),湖北人民出版社2001年版,第209页。
③ 殷海光:《论科学与民主》,引自《殷海光文集》(一),湖北人民出版社2001年版。
④ 《韩非子·显学》。在原文中,殷海光认为这句话是荀子说的,且表述为"无验证而必之者,愚也。"但显然在此他的记忆有误(殷海光:《论科学与民主》,引自《殷海光文集》(一),湖北人民出版社2001年版,第145页)。

此为起点，逐步建立起确定的知识。(3) 累聚的、试行的。殷海光说："在科学知识长期底发展过程中，科学知识之得以累积起来，多少要靠着试行错误（trial and error）……无论人底智慧怎样高，他在求知的长远过程中，是无可避免地要走试行错误之路的。"(4) 系统的。科学的系统指的是一种工作系统，是为了研究工作的便利而设定的，它的目的在于安排经验语句，并且试行推论。这样的工作系统富于弹性，随时可以修正，甚至于放弃。(5) 互为主观的（intersubjective，今日译为"主体间性"）。在此，殷海光要求知识具有公共性。也就是说，科学知识不仅对于一个人的私有知识而言是真的，而且，对于别人的知识而言也是真的。"凡科学知识都须是可公开的，可共知共晓的。任何正常的人，遵循一定的程序，都可对科学知识有所了解，虽爱因斯坦底相对论亦不例外。"(6) 运作的。指的是知和行不能在事实上加以区分，"知之为何，须依靠行之为何的实际过程而决定。"[①] 这是受到了布里奇曼（Percy Williams Bridgman）操作主义的影响。

总括言之，这些科学的要素从心理的角度考虑，便是"科学的心性"。"具有科学的心性者注重'实事求是'。详细一点说，科学的心性是：(1) 重印证（confirmable）；(2) 解析的（analytic）；(3) 重尝试的（tentative）；(4) 运作的（operational）；(5) 累进的；(6) 自行修正的（self-corrective）。"[②]

科学虽然起于经验的基础，但其发展是一种试错的过程；虽然知识呈现累积的形态，但我们只能逼近客观实在，而不能完全把握它。他坚决反对"真理绝对主义"即独断论："自由主义者从来不相信人造的主义是一字不可移易和神圣不可侵犯的天经地义。"[③] 他认为人类实际上不能完全获得真理。因为科学真理本质上属于"思想秩序"，客观世界属于"事物秩序"。思想秩序不可能等于事物秩序。人智之所能为力者，只是"逼近"事物秩序[④]。也就是说，"从认知方面着想，知识乃一逼近的系统（Knowledge is an approximative system）。"[⑤] 这个思想为知识的可错性奠定了理论基础，也为自由主义的政治实践、主张渐进的改革奠定了认识论基础。

殷海光在认识论和逻辑学方面的探索与其自由主义存在紧要的联系，因为正如殷海光的自述，"我二三十年来与其说是为科学方法而科学方法，不如说是为反权威主义、反独断主义，反蒙昧主义（obscurantism），反许多形式的 ideologies【意缔牢结】而提倡科学方法。"[⑥] 而"科学方法"似乎同时为思想自由、言论自

---

① 殷海光：《论科学与民主》，引自《殷海光文集》（一），湖北人民出版社2001年版，第146~148页。
② 殷海光：《民主底试金石》，引自《殷海光文集》（一），湖北人民出版社2001年版，第123~124页。
③ 殷海光：《自由主义底蕴涵》，引自《殷海光文集》（一），湖北人民出版社2001年版，第29页。
④ 殷海光：《论科学与民主》，引自《殷海光文集》（一），湖北人民出版社2001年版，第151页。
⑤ 殷海光：《后设历史学试论》，引自《殷海光文集》（二），湖北人民出版社2001年版，第166页。
⑥ 殷海光、林毓生：《殷海光林毓生书信录》，上海远东出版社1994年版，第154页。

由等自由主义者所一贯看重的东西,提供了认识论的辩护。

三、理想人格如何构建

自由主义既然以"自由"为其"不易"之原则,就不但需要认识论的辩护,而且一定会涉及自由人格的建构。这一点可以通过对几代自由主义者的分析来说明。

(一)

中国自由主义的先驱严复以"鼓民力、开民智、新民德"为维新变法的基础,蕴含着"力—智—德"统一的"新民"理想,可以说是自由主义人格论的雏形。不过从整体上说,在道德问题上,他不脱离传统儒家的樊篱,故云:"不如一切守旧者,以为行己与人之大法,五伦之中,孔孟所言,无一可背。"① 他甚至认为道德为古今中外皆同:"德育之事,虽古今用术不同,而其著为科律,所以诏学者,身体力行者,上下数千年,东西数万里,风尚不齐,举其大经,则一而已。忠信廉贞,公恕正直,本之修己以为及人,禀彝之好,黄白棕黑之民不大异也。"②

中国的自由主义发展到胡适那里,已不再坚守传统的道德条目,反而对它们有诸多的批评。但是,胡适是在道德问题上"全盘反传统",还是其主张与传统思想之间既有断裂又存在着隐秘的内在联系?这是值得讨论的问题。

如果说严复后期高扬孔孟的话,胡适对儒家伦理则持批判的态度:"吾国训育的工具有几个最大的弱点,遂成为致命之伤。第一,'儒门淡薄,收拾不住'一般的平常老百姓;试问《尚书》《周礼》一类的书,即使人人熟读,岂能在人生观上产生什么影响?六经皆如此。即《论语》《孟子》之中,又能有几十章可使一般人受用呢?"③ 胡适认为,这些著述之所以不能培养道德人格,一个重要的原因是它们主要是在陈述道德教条,而没有为道德建立坚实的基础。

因此,胡适主张道德、精神生活应当以物质文明的发展为基础。他赞同管子的"衣食足而知荣辱,仓廪实而知礼节",反对压抑物质需求的精神生活:"人世的大悲剧是无数的人们终身做血汗的生活,而不能得着最低限度的人生幸福,不能避免冻与饿。人世的更大悲剧是人类的先知先觉者眼看无数人们的冻饿,不

---

① 严复:《论教育与国家之关系》,引自王栻主编:《严复集》(第一册),中华书局1986年版,第168页。
② 严复:《论小学教科书亟宜审定》,引自王栻主编:《严复集》(第一册),中华书局1986年版,第200页。
③ 胡适:《论六经不够作为领袖人才的来源》,引自季羡林编:《胡适全集》(四),安徽教育出版社2003年版,第542页。

能增进他们的幸福，却把'乐天'、'安命'、'知足'、'安贫'种种催眠药给他们吃，叫他们自己欺骗自己，安慰自己。"① 在胡适看来，重要的是实现"实际的仁爱"。抽象的道德教义没有意义，道德必须建立在物质文明的基础上。换言之，"实际的仁爱"概念表明，胡适对传统的仁爱思想作出了创造性的转换。无论胡适如何主张"打孔家店"，反对旧道德，他并没有全盘否定传统道德。他认为，古往今来有很多道德是共同的，并非为儒家所专有。仁爱的价值即在此列，当然，与文化保守主义将科学看成是洪水猛兽不同，他认为科学可能提供实现仁爱的手段。

　　胡适毕竟是自由主义者，他认为中国近代社会的一个重要任务是从儒家伦理理性中解放出来。所以他对儒家的道德观念是有分析的择取，并把其中某些元素与自由主义的理想相结合。譬如在胡适首次介绍易卜生主义时，孟子的"独善其身"就成为其诠释"健全的个人主义"的传统资源。他说："最可笑的是有些人明知世界'陆沉'，却要跟着'陆沉'，跟着堕落，不肯'救出自己'！却不知道社会是个人组成的，多救出一个人便是多备下一个再造新社会的分子。所以孟轲说'穷则独善其身'，这便是易卜生所说的'救出自己'的意思。这种'为我主义'，其实是最有价值的利人主义。"② 这里，孟子的"穷则独善其身"被诠释成积极的个人主义。尽管胡适后来又补充说仅仅"独善其身"还不足以成为一个积极的社会成员，因为它可能忽略了社会关怀。

　　显然，在社会之中每一个人都有人格，不仅在彰显自身的风范，而且彼此尊重。在梳理焦循对孟子的诠释时，胡适发掘出了尊重他人的个体性的含义。孟子说："物之不齐，物之情也。"焦循的解释是，"惟其不齐，则不能以己之性情例诸天下之性情。"焦循还说："人各一性，不可强人以同于己，不可强己以同于人。"胡适认为，"这几句话可以摧破戴震'一人之所欲，天下人之同欲也'的假定，也可以摧破焦循'己与人同此性，即同此欲'的假定。因为人的好恶不齐，故不能执我的好恶为标准而推之于天下人。我不愿人来扰我，也遂不肯去扰人，这是好的。但我不爱听音乐，也遂不许人听音乐，那就不好了。我爱小脚，遂要女子都裹小脚，那就更坏了。"③ 这里包含了对儒家"忠恕之道"的扩展性诠释。传统的"己所不欲，勿施于人"固然是正确的，但"己之所欲，强加于人"则走向了反面，与以赛亚·伯林提倡"消极自由"，批评"积极自由"有某种共鸣。

　　众所周知，在儒家思想中，仁爱又是与孝悌紧密地联系在一起的。孝悌是仁

---

　　① 胡适：《我们对于西洋近代文明的态度》，引自季羡林编：《胡适全集》（三），安徽教育出版社2003年版，第3页。
　　② 胡适：《易卜生主义》，引自季羡林编：《胡适全集》（一），安徽教育出版社2003年版，第613页。
　　③ 胡适：《戴东原的哲学》，引自季羡林编：《胡适全集》（六），安徽教育出版社2003年版，第431页。

之本。和对抽象的仁爱的批评相联系，胡适也反对抽象的孝道观念。他说："我的意想以为'一个堂堂正正的人'决不至于做打爹骂娘的事，决不至于对他的父母毫无感情。""但是我不赞成把'儿子孝顺父母'列为一种'信条'。"可见，胡适把对父母有感情当做一个健全的人的本质规定。

　　胡适之所以反对子女一味孝顺父母，恐怕和他的责任思想相关。他认为，父母生下子女，应该对子女的所作所为负一定的责任："我们糊里糊涂的替社会上添了一个人，这个人将来一生的苦乐祸福，这个人将来在社会上的功罪，我们应该负一部分的责任。"所以，"假如我染着梅毒，生下儿子又聋又哑，终身残废，他应该爱敬我吗？又假如我把儿子应得的遗产都拿去赌输了，使他衣食不能完全，教育不能得着，他应该爱敬我吗？又假如我卖国卖主义，做了一国一世的大罪人，他应该爱敬我吗？"① 按照儒家伦理的理想主义方案，或者如后来梁漱溟所反复强调的，儒家伦理是"互以对方为重"，所以孝道的展开是"父慈子孝"。以家庭成员彼此间承担相应的责任来考察，胡适并不反对"孝"——其实他本人就是以孝子闻名于世——他所反对的只是把孝作为单方面的义务。后者在徐复观看来，是进入大一统以后的异化②。胡适则从中大大地扩展了人与人之间的关系，使之不再局限于家庭伦理领域。孝不仅仅是子女对父母的感情，它本质上是一个堂堂正正的人对长辈的感情。这样来理解，孝已经从家庭伦理扩展为一个健全的人对自己的规定和要求。

　　支撑"健全的人"的系统化理论就是"健全的个人主义"，其要义就是"将你这块材料铸造成器"③。这种"成器论"和先秦儒家的"成德论"形成了鲜明的对比。孔子说过："君子不器。"（《论语·为政》）胡适主张"成器"，无论从事什么正当的行当都是可以的。这样一来，胡适的自由人格思想就得到了很大的拓展，指向了冯契先生所说的平民化的自由人格④。因为"成器"形式上与"成德"不同，实质上是"成德"的途径。这里的关键在于，在说到如何将自己这块材料铸造成器的方法的时候，胡适较多地从道德培养的角度入手。他说："发展个人的个性，须要有两个条件。第一，须使个人有自由意志。第二，须使个人担干系，负责任。""因为世间只有奴隶的生活是不能自由选择的，是不用担干系的。个人若没有自由权，又不负责任，便和做奴隶一样，所以无论怎样好玩，无

---

　　① 胡适：《"我的儿子"》，引自季羡林编：《胡适全集》（一），安徽教育出版社2003年版，第656～658页。
　　② 徐复观：《中国孝道思想的形成、演变及其在历史中的诸问题》，引自《徐复观文集》（一），李维武编，湖北人民出版社2002年版。
　　③ 胡适：《易卜生主义》，引自季羡林编：《胡适全集》（一），安徽教育出版社2003年版，第613页。
　　④ 冯契：《中国近代哲学的革命进程》，上海人民出版社1989年版，第22页。

论怎样高兴,到底没有真正乐趣,到底不能发展个人的人格。"① "成器"在于发展个人的个性,这是一种自由的个性,包含了人的情感(乐趣)。从更广泛的意义上说,合乎情感的生活即是人享有意志自由,所以培养自由人格,既要使人有自由意志,又应使人承担责任。同时,"成器论"和"能力"范畴紧密相连。然而,说到能力的时候,胡适又主要是在道德的范畴内加以使用。

当强调个人的道德责任的时候,胡适所主张的"健全的个人主义"就不是抛弃社会群体的。他主张的是社会的新生活。他认为,个人主义分为三种:(1)假的个人主义,也就是为我主义。"他的性质是自私自利:只顾自己的利益,不管群众的利益。"(2)真的个人主义,也就是个性主义。"他的特性有两种:一是独立思想,不肯把别人的耳朵当耳朵,不肯把别人的眼睛当眼睛,不肯把别人的脑力当脑力;二是个人对于自己思想信仰的结果要负完全的责任,不怕权威,不怕监禁杀身,只认得真理,不认得个人的利害。"(3)独善的个人主义。"他的共同性质是,不满意于现社会,却又无可奈何,只想跳出这个社会去寻一种超出现社会的理想生活。"②

前面两种个人主义是杜威已经区分过的,第三种则是胡适自己独到的发现。胡适认为,由于第三种个人主义在现实中不仅广泛存在,而且颇受人憧憬,所以格外危险。他认为,独善的个人主义从古到今存在四种表现形式:宗教家的极乐园、神仙生活、山林隐逸的生活和近代的新村生活。胡适申诉他的理由:"因为这种生活是避世的,是避开现社会的。这就是让步。这便不是奋斗。"胡适明确地提倡要在"现社会"中发展个人,这一观念在古代儒家中也并非完全无根,因为儒家思想不乏抗议精神,而且在高度入世的生活中追求"日新"。差别在于,儒家主要是伦理性的,其所谓的"日用"主要是人伦日用;胡适所理解的"现社会"却是广义的,包含了一切人类的作为。现代社会随着社会动员的深入,随着主体意识的觉醒,"民主的平等"无论是观念上和制度上都必须肯定每一个成年人都可以参与公共意志的形成,而"独善其身"的说法则否定了个人和社会之间的有机联系。其实改变个人就是在改变社会。所谓"这种独善的个人主义……的根本错误在于把'改造个人'与'改造社会'分作两截;在于把个人看作一个可以提到社会外去改造的东西。"③

强调"成器""改造社会",表现出胡适思想中功利主义的面相。在伦理学

---

① 胡适:《易卜生主义》,引自季羡林编:《胡适全集》(一),安徽教育出版社2003年版,第614~615页。

② 胡适:《非个人主义的新生活》,引自季羡林编:《胡适全集》(一),安徽教育出版社2003年版,第708页。

③ 胡适:《非个人主义的新生活》,引自季羡林编:《胡适全集》(一),安徽教育出版社2003年版,第711~713页。

史上，功利主义通常是效果论的，但胡适的人格论则在某种程度上表现出动机论和效果论的统一。他在介绍杜威的道德思想史时说："我们讲道德的书，都注重存好心一句话，谁知道我们要讲道德，不是存了好心便罢了，我们还要有能力把这些好心推行到实际上去。若有了心，没有力，便成一个被动的'好人'，有什么用处呢？所以我们要养成一种人，使他有肩膀担责任，不怕难，不怕苦，自动非被动，敢言又敢行，这才是一个有道德的人。这种能力，我们就叫他品性的原动力。"① 可见，胡适所理解的道德是动机论和效果论的统一。更加重要的是，胡适在此明确将"能力"概念引进了道德品质的讨论中。这大大拓展了胡适自由人格的理论。

（二）

中国的自由主义思想从严复开始，经过五四时期胡适等人的发展，20 世纪下半叶，则进入了以殷海光为代表的第三期。

从理想人格建构的角度看，这个时期的自由主义者和早期有较大的不同。严复已经认识到中西文化之别，但尚未将这种认识深入到道德建设的层面，所以依然较多地沿用传统道德规范；胡适要求在现代物质文明的基础上建设相应的精神文明，并对传统道德作出反思，但胡适本人对现代物质文明却是过于推崇的；殷海光则深刻认识到了现代社会的弊病，对现代物质文明持警惕、反思和批判的态度。在此基础上，他再要求进行道德重整、人格重建。如果说严复对传统道德尚怀有高度的信仰，胡适对启蒙主义仍情有独钟，那么，殷海光则"荷载独彷徨"。他认识到古代的价值世界早就瓦解；而现代价值世界尚未有效建构起来。当然，殷海光还是寄希望于将来。就是在这种复杂的境遇中，殷氏提出了他的自由人格论，力求振起心灵深处的自我，建设"科学的人本主义"②。

殷海光自由人格的思想，是以其对时代及置身其中的人的命运的判断为背景的。殷海光认为现代世界是一个"大时代"。大时代固然在科技、物质文明上突飞猛进，但同时也充满了战争、灾害、骚乱，尤其是道德失范。相对于同时代人对物质文明的讴歌，殷氏更多地看到了这个时代的阴暗面。受弗洛姆等人的影响，他认为现代人之工具化、所遭受的危机、凸显的悲凉，都是近代社会工业化的结果。倘若工业化不改变，这种状况就难以改变。在这样的大时代中，人的自由消失了，成为寂天寞地的人。

---

① 胡适：《杜威之道德教育》，引自季羡林编：《胡适全集》（二十），安徽教育出版社 2003 年版，第53 页。

② 殷海光：《中国文化的展望》，上海三联书店 2005 年版，第 366 页。

尽管如此，他依然不改对个人自由的追求。

在一个自由主义者看来，一个人的个人自由如被限制，就等于他的生命被限制。一只关在笼子里的鸟儿也许还是活的，可是，它的生命意义，比在天空展翅飞翔的鸟儿来，实在差得太远了。所以，我认为个人自由不容被限制。①

然而，如何获得自由？自由人格的含义究竟是什么？

殷海光认为，要解答这些问题，首先就需要了解人性本身。与儒家性善论不同，殷海光认为人是神魔混杂的："最可恶的动物是人，最可爱的动物也是人。"② 这与西谚所谓"人一半是天使，一半是野兽"并无二致。不仅如此，殷海光对人性的恶看得更重，断言"人总是为自我利益打算的。"③ "凡人好名、好利、好权，都有被利用的潜在可能。不然的话，那么大的一条鱼怎会为一小段蚯蚓而亡身。格调较高的，可能有理想上的饥渴。这种饥渴被精明的骗子发现了，也可能遭骗。"④ "人之求舒适是无止境的。"⑤ 现代化正是迎合了人性中求舒适的这个特性。一方面现代化获得了历史动力，另一方面也造成了诸多社会问题。与一般自由主义者"人是理性动物"的信念不同，殷海光认为，"最多数的人在最多数的情形之下是非理性的甚至是反理性的。"⑥ 因此，人们不难理解，殷海光不会赞成"人皆可以为尧舜"的儒家信条。

尽管殷海光不赞成"圣贤人格"，对人格的阴暗面揭示甚多，但他绝不是非道德主义者。毋宁说，在伦理学上，殷海光更多地表现出存在主义的意蕴。在他看来，自由的人同时是道德的人。不过，"道德是为人而存在的"，而不是相反，所以，"我们的道德是存在的道德。存在的道德延伸，才是道德理想"⑦。这种道德是现实而朴素的，但又不是只是为了满足人的低级欲望，因为存在的道德需要延伸，以达到理想人格。

自由主义通常以个体为实在，但殷海光显然也意识到人的存在是社会性的存在，并不是孤零零的个体的存在。所以从存在的道德达到理想的道德必须满足某些条件。殷海光曾在一封信中写道：

鸿材说"我们应该尊重别人的相异处，欣赏人与人之间的分歧"。而且"这种坦荡的胸襟，应由我们后代去拓广，而非狭化"，作为一个自由主义

---

① 殷海光：《致罗素》，引自贺照田编：《殷海光书信集》，上海三联书店2005年版，第84页。
② 殷海光：《致罗业宏》，引自贺照田编：《殷海光书信集》，上海三联书店2005年版，第232页。
③ 殷海光：《自由主义底蕴涵》，引自《殷海光文集》（一），湖北人民出版社2001年版，第29页。
④ 殷海光：《致何友晖》，引自贺照田编：《殷海光书信集》，上海三联书店2005年版，第67页。
⑤ 殷海光：《致何友晖》，引自贺照田编：《殷海光书信集》，上海三联书店2005年版，第235页。
⑥ 殷海光：《致何友晖》，引自贺照田编：《殷海光书信集》，上海三联书店2005年版，第354页。
⑦ 殷海光：《中国文化的展望》，上海三联书店2005年版，第346页。

者，我是很赞同这种态度的。不过，我个人在这种态度之上，又加两条原则：第一，为人必须怀抱基本的真诚；第二，如果一个人的头脑混乱，那么我立即停止同他谈论。为了坚持第二个原则，我显得颇不宽容。……第一个原则比第二个原则更为重要。别的暂时不提，人与人间如无基本的真诚，不仅毫无味道，而且互信不能建立，处处事事都得"办手续，拿证件"。这还成什么人的社会？①

可见，殷海光认为人与人之间的相处之道至少有三个要点：宽容、真诚和理性。"宽容"是中西自由主义共同的价值，胡适已有甚多论述。殷海光对"真诚"也高度重视，认为真诚构成了人与人之间互相信任的前提，而信任（trust）作为一项社会美德又是社会团结的基础。高信任度社会有利于人格的培养，仅仅依靠外在的规范式强制力来维系的社会，其实是不利于自由人格的养成的。殷海光的批评虽然仍在个人感触的水平，但依然是有启发意义的。

殷海光高度重视自由人格的理性品格。事实上，在殷氏思想中，与重建道德的急迫呼声紧密联系在一起的，是对"真是真非"的持续吁请。所谓乡愿，就是在认识中不辨是非，不问真理。"所谓'中立'，只能中立于党见，中立于人事势力，中立于私情恩怨，而万无中立于是非真妄之理。不然，便是乡愿。"② 殷海光对于乡愿的批评，与他在认识论中强调逻辑思维的重要性构成了内在的统一。通过严密的逻辑思维追求真理的同时培养人的理性精神，是培养理想人格的重要途径。

在提出了自由人格的多重内涵之后，对理想人格如何培养，殷海光也有其思考。他高度重视文化涵化人格的作用，以理性精神对传统文化分析批判，建设民主环境。殷海光对儒家文化曾有尖锐的批判，这与他反对专制、建设民主政治的诉求有关，也与他重视文化对人的涵化作用有关。从积极方面看，重视文化环境意味着要建立自由民主的大环境。"民主政治并不蕴涵反道德。恰恰相反，它可能为道德实现创造一可能的环境。"③ 它"既是一种能声张众意、调和众益的卫生程序，又具有自由的内容。"④ 他认为，传统儒家道德的不足就在于和权力纠缠不清：道德成为权威主义的工具。相反，在民主环境之下，道德才可能成为社会文化以及各个人内化的有生命的信仰、德操和规范。

殷海光主张人们应了解现代科学，在此基础上做到知情意并重。他认为，为

---

① 殷海光：《致何友晖》，引自贺照田编：《殷海光书信集》，上海三联书店 2005 年版，第 61 页。
② 殷海光：《致何友晖》，引自贺照田编：《殷海光书信集》，上海三联书店 2005 年版，第 48 页。
③ 殷海光：《致何友晖》，引自贺照田编：《殷海光书信集》，上海三联书店 2005 年版，第 16 页。在 P254 注④中说明。
④ 殷海光：《中国文化的展望》，上海三联书店 2005 年版，第 362 页。

了应对现代人的道德处境，必须要有知识："道德离开了知识，不是与现实人生毫不相干，便是根本行不通。"① 而他所说的知识，"不多不少，就是科学"②。科学是最可靠的"真正的生命的学问"。"生命的学问"在现代新儒家那里主要是伦理学，殷海光则认为它可能来自四个方面：神的启示，异人的传授，对人生的直观体验和自我观察所得，生物学、生理学、人类学、社会学等科学的教导。他认为前两者过于神秘，第三种方式可能会有所得，甚至所见极深，但可靠程度比不上第四种。通过现代科学（生物学、生理学、人类学、社会学），我们才能真正全面地认识自己。

殷海光无疑受到科学主义的影响，但也看到了科学和理性的局限，意识到情感与理智的冲突并非能够轻易解决。他否认理性能够成为情感的评判，认识到对人性的复杂性科学尚未完全发现。从积极的一面说，他似乎主张知情意并重；但是，就其整个理想人格理论而言，他并未做到完全自洽。

殷海光还主张知识精英的责任，珍惜心性，捍卫思想言论自由。他从形上学的高度肯定了人类的心灵对于"道德标准、正义感、对自由和幸福的追求……"是从不放弃的。虽然在现时代一方面有来自政治的压制，另一方面有诸多物欲的诱惑，令人偏离高尚的人生目标，"但这些心性不曾消失。有些人继续珍惜它们。"③ 他认为这是人类的希望所在。同时，殷海光主张建立言论自由的王国，它是建立在理性讨论的地基之上的。

总括上述，我们可以看出殷海光所主张的"新人本主义"的大致面貌。它的主旨是追求自由、平等、幸福、友善、正义、合作，增进人权，尊重个人的生命和尊严。殷海光认为，这个主旨充分体现在罗素的那句话中："良好的生活是为爱所激发并为知识所指导的生活。"因此，"爱"是人生最基本的出发点。从爱出发，向外四射，使人如沐春风，如浴阳光。

殷海光曾自称是"五四之子"，他的"新人本主义"继承了五四精神中追求自由的一脉，但毕竟也与传统文化有千丝万缕的联系，他的思想中有先秦哲学的影响，尤其古代道家的痕迹。然而与古代道家的不同点在于，殷海光主张在人间做奋斗，改善不良的处境。道家则往往流于消极无为。另外，殷海光主张在这个世界上追求幸福，拒绝为了来世而漠视此世。这表示他在终极关怀的向度具有中国文化的特点。所有这些大约都是晚年殷海光与徐复观等通过论战而能获得某种共识的原因。

---

① 殷海光：《中国文化的展望》，上海三联书店 2005 年版，第 332 页。
② 殷海光：《中国文化的展望》，上海三联书店 2005 年版，第 363 页。
③ 殷海光：《致屈莱果》，引自贺照田编：《殷海光书信集》，上海三联书店 2005 年版，第 103 页。

第三编

第七章

比较视野中的中国保守主义特质

著名的保守主义理论家罗杰·史库顿曾经说过:"保守主义的宗旨,就是试图建立起一个永恒的社会组织,经历数度史无前例的变化,仍屹立不倒。"① 这是 20 世纪后期英国新保守主义的自我表白。那么,作为现代中国社会思潮中极为重要的一翼,20 世纪中国的保守主义与此有相似之处吗?或者说有什么自己的特点?为此我们需要对保守主义的一般问题有所讨论。

一、秩序、理性与保守主义

(一)

与激进主义通常倾向于颠覆现成的秩序相反,保守主义明显地表现出对"秩序"的偏好。什么是秩序?从我们日常最通俗的意义上来说,秩序就是指一种顺序、条理、规则或结构状态,或者是按照某种规则组成的社会组织。与秩序相反对的就是失序、混乱、错位、杂乱、动荡,等等。条理化、结构化与规则化是秩序的十分重要的状态,无论是自然秩序还是社会秩序都无法脱离这几个方面的基本要求。条理是一种秩序的显性状态,理或者规律、规则是一种秩序的内在化或隐性的状态;同样,规则或规范是某种秩序的显性的状态,而理或道理或某种规

---

① [英]罗杰·史库顿著,王皖强译:《保守主义》,台湾立绪文化事业有限公司 2006 年版,第 8 页。

律、原则是该秩序的内在的规定性,是规则或规范的根据。换句话说,一种秩序实际包含着双重规定性:显性的秩序状态和隐含的内在理路,这个理路由科学家或人文知识分子给予阐述或揭示,甚至予以必要的诠释或铺张,当然也可能一直隐而不彰。它可能是自然性的规律,也可能是人类生活过程中通过日常生活积累而形成的共同的习俗。在社会制度的层面,社会规范成了社会秩序的最主要的代名词。秩序就演化为社会秩序、条理规范性社会结构的形成、维护与延续或直接指称某种社会规范本身。

由于社会学、政治学、制度经济学与哲学等学科之间的交叉渗透和思域的推展,秩序这个概念的内涵显然有所扩大。它的确在很多时候变成了一个制度性概念,譬如哈耶克的 The Constitution of Liberty 在海外被翻译成《自由宪章》,在大陆被翻译成《自由秩序原理》。后者能够成立的一个重要理由在于哈耶克的确是在探讨一种社会秩序问题,而"自由秩序"这一概念之内部包含两个相反相成的语词,显著地透露了 20 世纪保守主义的思想特征。经济学家韦森创造性地使用了"制序"一词来表征英文的制度 institution,将制度概念和秩序概念整合到一起,凸显了制度与秩序之间的内在关联①。

当我们把社会秩序与社会制度的概念在特定意义上基本等同以后,我们很容易看到,这种社会秩序的双重特质:内在的理与外在的礼,它们其实都是规则,内在的理更多呈现为人们已经认同接受的某种原则,而外在的礼或规定则是被人们所遵循的日常行为规定,譬如儒教或中国传统礼俗。儒家又被称为"名教"或"礼教",二者其实是互为表里的。所谓"名",并不是一个简单的现代语言学或分析哲学中的"指称"所能范围的,而是一套观念,是一套价值系统和与之相应的外在的社会规制和行为规范,同时又有名声、名誉等指标性特征,即公众信誉和社会影响力。"名"的双重内涵很好表征了传统秩序在意义世界的特征,它是由一组概念或观念所构成,甚至能够直接影响个体或社会组织的名誉,但是它本身具有理或理论的禀赋或要求,它首先是某种"理",以一种"理序"的样态呈现出来。这个理序就是一组观念,这一组观念得到合理的组合和诠释而构成一个观念系统。譬如儒家基本的"纲常伦理",首先是一种理,同时它表现为一种礼;而"礼"即是规范的具体表现形态。同时"礼"又是人类个体乃至社会组织之间文明交往的表征,因此它也具有双重的文化内涵,因其"文明"而被普遍接受。当这种"文明"受到质疑的时候,这个秩序内在的理或外在的礼就处于动摇状态了。这就是理序与秩序的同一性,破坏秩序的外在状态,必须以摧毁它的内在的理序为前提;同样建构一种秩序也要以建设某种新的理序为条件。一种秩序

---

① 韦森:《社会制序的经济分析导论》,上海三联书店 2001 年版。

及其理序的形成有其特定的历史条件。按照历史唯物主义的主张，秩序的变化需要适应历史条件本身的变化才行，或者说只有历史条件包括物质条件发展到一定阶段，人们的认识或观念才会相应变化。这样，对某种理序的认识才会更新，社会秩序本身才有可能改进或革命。冯友兰在他的《新理学》中表达了近似的观点：

> 一种社会之理，有其所规定之基本底规律。有某种规律，即有某种社会制度。一种社会之内，有一种社会制度。一种社会之内之人，在其社会制度下，其行为合乎其社会之理所规定之基本规律者，是道德底；反之则是不道德底。但另一种社会之理所规定之基本底规律，及由之所发生之制度，可以与此种社会不同，而其社会中之人，在其制度之下，其行为之合乎规律者，是道德底；反之亦是不道德底。两种规律不同，制度不同而与之相合之行为，俱是道德底；似乎道德底标准，可以是多底、相对底、变底。其实照我们的看法，所谓道德底者，并不是一行为合乎某特定之规律，而是一社会之分子之行为合乎其所属于之社会之理所规定之规律。所以无论在何种社会之内，其分子之行为，合乎其社会之理所规定之规律者，其行为是道德底，反乎此者是不道德底。诸种社会规律，或不相同，或正相反，但俱没有关系。①

冯友兰认为，一个具体的社会阶段或制度是根据其具体历史时期的理所形成的，其中的社会成员之行为是否合理是根据那个具体历史条件下的制度要求或规范或秩序规则来判断的，行为道德与否不是看合乎某种规律而是看是否合乎规律下的具体规则。这样说，冯友兰似乎一方面有一种相对主义倾向，另一方面又是在为落后的社会制度进行辩护。但是，冯友兰在不同地方又反复强调，变革是因为，我们已经从更高的社会之理或社会制度之理看现行的或已经落后的社会秩序或规则。不过，并不能以此要求当时的人们按照今天的新的观念或秩序规则来行动。因此，他的意思仅仅表明，一种社会秩序是一种特定的具体的理序，这个理序和礼序有其历史合理性。在手工生产条件下，在以家为本位的社会中，你不能说愚忠愚孝不合理，但是进入社会化生产时期，我们的道德规范就需要改变了。他的看法是，从某种生产工具到某种生产方法到某种社会制度到某种道德价值规范，这些是一致的②。因此，他的观点是两点论：传统社会根据它本身的社会发展水平只能有那样的道德秩序，这是由它的社会发展的理序所规定的；但是，这不等于它们会固定化，社会物质生产条件改变之后，社会制度会

---

① 冯友兰：《新理学》，引自《贞元六书》，华东师范大学出版社 1996 年版，第 118~119 页。
② 冯友兰：《新事论》，引自《贞元六书》，华东师范大学出版社 1996 年版，第 280 页。

相应改变，因此新理序和新的礼序会发生。这个看法我们大体是赞同的，就是说，一种制度之秩序是由其内在的理序所规制的，人们的行为规范被当时的社会发展条件和具体的社会规范本身所约束。反过来说，社会秩序的改变也是其内在理序和外在礼序改变的过程，这一过程或者是革命性突变或者是渐进性改良，但都会涉及理序之理的问题，即理的重建的问题或新的价值观确立的问题。

（二）

20世纪90年代以后的激进主义反思中，"保守主义"经常批评激进主义为浪漫主义，自己则坚称"理性"的态度。那么他们所说的理性为何物？理性的概念貌视简单其实相当复杂。一般来说，我们通常说的最多的理性是理智，或者说是理智的理性，这个理智是我们自己运用自己独立判断事物的能力及其逻辑的方法。我们经常把西方启蒙运动的历史时期称作是理性主义的时代或理性的时代，就是在这个意义上来说的。康德在讨论启蒙问题的时候指出，启蒙运动就是人类摆脱自己加之于自身的"不成熟的状态"，这个"不成熟"用他的话说就是"不经别人的引导，就对运用自己的理智无能为力"[①]。康德在这里所说的不成熟状态是指个体的蒙昧性，但是这个蒙昧性不是外来的，而是人类自己加诸自己的。解除这种状态的方式就是人类自觉地运用理性，同时更要自由的运用理性。他在《答复这个问题："什么是启蒙运动？"》中主要强调的是后者，即公民权利的实现问题。我们这里强调的是前一点：人类自觉地运用理性的能力的展开问题。这个问题韦伯作了特别的论述，这在西方思想史上占据独特的地位。社会的理性化就是"去魅"，就是剔除传统社会的巫术或巫术化给整个社会和人类精神所造成的束缚，而这个束缚就是人类对自然界的神秘化。因此，理性化或理智化并不意味着人类之个体对某一具体的工具使用的能力超越了古人，而只是人类开始确信自然界并不神秘："从原则上说，再也没有什么神秘莫测、无法计算的力量在起作用，人们可以通过计算掌握一切。而这就意味着为世界除魅。"[②] 独立运用自己的理智和相信世俗的世界并不神秘，这是理智主义的理性的两个重要特征，同样也是经验主义的认识论对现代世界的基本态度。

康德作为理性主义者在这一点上与经验主义者并没有根本的分歧，即主张一种从日常经验或科学经验或实证出发的理性或理性主义。但是康德还有另外一种

[①] ［德］康德著，何兆武译：《历史理性批判文集》，商务印书馆1990年版，第22页。
[②] ［德］韦伯著，冯克利译：《学术与政治》，生活·读书·新知三联书店1998年版，第29页。

"理性",这就是认识论上的理性主义和道德理性主义。这二者有区别也有同一性,因为它们都和认识论上的经验主义以及由此经验主义导向的推重感性满足的伦理学的功利主义之间有相当的紧张。后面这种道德的理性或人文的理性或伦理的理性,是基于对个体生命中的先验的道德意志或自由意志的确认而来。认识论上的理性主义则主要强调人的先验的知识或认识能力的可能性问题,道德理性更多地侧重个体道德精神的先验的存在和后天的修为,以及人类的道德精神在个体和人类生活中的重要作用。这是与前面所说的理智的理性不相同的。除此之外,我们还在梁漱溟那里看到一种"理性":他把个体心灵的清明之境称作是理性,这是以个体的心灵的澄澈状态而不是理智思维作为"理性"的,是一种特殊的"理性",甚至与理智相对立。在冯友兰和梁漱溟那里有时候又称作"情理"。但是,这个"情"被梁漱溟认为是无偏私的(impersonal)的"情"。这实际是一种"心理状态",也是道德,也是理智,但是它是清朗的没有主观偏向的,是一种自然而然的道德意志。

康德的理性与梁漱溟的理性和经验主义认识论基础上的理智的理性或理性主义肯定存在着某种紧张,但是又不是截然对立的。它们以一种严谨、审慎、理智、克制的精神将二者统一起来。道德理性主义如果不是达到梁漱溟所谓的"清明之境",那它还是要依赖个体的精神意志来统御的,是自律的道德,它和以推重感性和功利为主、建立在经验主义基础上的伦理学形成对照。这里的理性是感性冲动、功利计算的反面,或者说,理性与感性冲动、个性奔放和功利诉求正相反对,这正是现代文化保守主义的基本态度。无论是陈寅恪、钱穆一脉的史学家派、"学衡派"还是现代新儒家,大体不出此范围。我们曾经讨论过,功利主义是激进主义的哲学基础之一,保守主义和功利主义形成相当的紧张与冲突,就是自然之事。虽然,钱穆等人在哲学上不一定是理性主义者,但是,他们的人生态度是理性的;这一点反映在社会或政治变革的态度或路径上,其实就表现为康有为、杨度那样的谨慎、折中、审慎,强调连续性,反对激进、激烈的情绪冲动,等等。这和西方的基于经验主义认识论基础上的政治保守主义相类似,即他们都是理智的理性主义。这个理智的理性主义就是保守主义的精神特质之一,尤其是政治保守主义的精神气质,而文化保守主义则大多偏向伦理的理性主义。这样,我们这里所说的理性包含两个含义:道德理性与自我约束、克制、审慎和反思的理性。理智的理性主义也存在于自由主义和激进主义的思想之中,因为理性的概念是启蒙的产物。但是,保守主义的理智理性与启蒙理性的差异在于后者是整全性的、系统性的,而保守主义则是策略性的、审慎的、情境主义的和非概念化的。

（三）

保守主义无论是政治的还是文化的，都不是一种简单的精神气质或情绪，而是一种现代化历史阶段中的"保守性"文化派别或社会倾向，它强调"秩序"的理念。曼海姆认为，传统主义是一种思维和行动惯性，譬如惯性的守旧，基本上在面对一件新生事物出现时都可以对其认识和行动做出预测或预判。保守主义不是这样，它不是形式性的思维模式，而是"结构性"的思维模式；它不是思维或行动惯性而是思想或行动方式，它是一种"精神结构复合体"，首先与个体经验相联系但是又具有客观性。它是唯名论和唯实论之外的第三种思想方式：唯名论将个体经验孤立化，唯实论则将一个完成的经验抽象化、神圣化，所谓"精神结构复合体"是这二者之外的第三种类型：

>它在与经验的特殊过程的关系中展现自身独特的结构总体。

>传统主义行为大多只是反应性行为，而保守主义行为则是具有意义取向的行为，它总是以包含着不同历史时期、不同历史阶段、总是变化不居的不同客观内容的意义复合体为取向。

这种所谓有意义的取向的行为却是"通过实用的方式对直接事物和具体事务的坚持"，不崇尚体系化、抽象化、形式化。同样是改革主义者，进步的改革主义希望通过对周围世界和观念系统的转变实现的，而保守主义的改革者则是致力于具体的替换方式，而且只有在不得已的情况下才会采取体系性的思维方式[①]。曼海姆将保守主义上升到了一种思维方式，但是却是一种"具体性"和"结构性"的思维方式，并且注重与具体经验的联系。这很容易让人想起现在大家谈论的经验主义哲学家们对自由主义和保守主义政治哲学的影响。本书讨论20世纪中国的保守主义的时候我们也会涉及这个问题。但是，如果我们从对保守主义作抽象观察的角度看，亨廷顿的"情境主义"可能是一个最明晰的理论表述，虽然不一定和曼海姆完全一致，但是二者之间可以找到共同的特征。20世纪著名的政治学家亨廷顿于1957年发表一篇论文《作为一种意识形态的保守主义》，阐述了他对自由主义、保守主义等问题的见解。他提出三种保守主义的理论解释：贵族式、自主式和情境式。贵族式是一种内在的即以一种利益集团观为前提的解释路径，这种思维便将柏克等置入一个保守利益集团的阵营中解释其思想；自主式则是认为保守主义来源于一种认识观念，它不反映任何特定阶级或阶层的利益，而且在任何时代都会存在，它的存在主要取决于对一些价值观念诸如正义、平衡、秩序、协调等的认识，因此它是普遍的；第三种是亨廷顿自己所认肯的即

[①] ［德］卡尔·曼海姆著，李朝晖等译：《保守主义》，译林出版社2002年版，第59~79页。

"情景式"的保守主义：

> 情境性意识形态则截然不同。它们不是反映特定社会群体的持续利益和需求，而是依赖于群体间存在的各种关系。当一个群体和其他群体的关系呈现为一种形式时，它会支持一种情境性意识形态；而当这些关系呈现一种不同的形式时，它就会支持另一种情境性意识形态。①

亨廷顿认为保守主义不是一种观念体系，而是一种行动：第一，在具体情境丧失之后，保守主义可以消失；第二，它可以解释为什么一些保守主义者最初往往是革命者这个问题。所以，从曼海姆和亨廷顿的叙述来看，保守主义没有理论就是它的理论性的特征。但是，这不意味着对于西方保守主义的界定由此而成为唯一的了，亨廷顿讨论的这三种方式其实都是西方保守主义历史中所出现的特征。在亨廷顿看来，柏克的立场不是阶级或利益集团的立场，而是一种有左反左、有右反右的思维，但是他所认为的左右是什么呢？以什么为界定呢？这说明柏克还是有自己的理论设定，因此，抽象的"情境主义"说明了保守主义的中间色彩，这正好说明了有种平衡性的思想方式和特征，而这在一定意义上和自主式的对几种观念的关注也不无关系。严格地说，曼海姆超越唯名论和唯实论的第三种"精神结构复合体"论，强调保守主义对整体性社会环境和语境的敏感但又不失当下的情境思考，即对个人经验的关注，因此更加具有建设性，而亨廷顿则容易让人产生即时性或反应性的感觉②。

从上面的叙述我们可以看到西方保守主义的一些重要特性：第一，保守主义不是一种简单的心理倾向或思维惯性，而是固守与前行之间的折中，在塞西尔看来，这种二元性甚至是彼此存在的条件。第二，在社会学和政治学层面上，社会是作为有机体存在的。关于这个有机体的认识在不同人那里强调的侧重点是不同的。多数人侧重于社会结构和社会道德的连续性，反对自由主义关于人的理性设定（如抽象的社会契约观念等）。而从柏克那里可以看到"秩序"概念的重要性，这种秩序涉及三个层面：一个是表达对社会的稳定的诉求，一个是旧有社会层级的维护和架构的延续，还有一个是社会道德风尚所构成的"秩序"含义。有的有机体论者则对道德和社会秩序的连续性十分看重——不管是从宗教层面出发的，还是从历史层面出发的，这二者在某些论者那里有时是统一的。在曼海姆看来，历史传统只是宗教意识稀薄了的后果，是现代性对宗教观念冲刷的结果。第三，从社会连续性层面看，

---

① ［美］亨廷顿著，王敏译：《作为一种意识形态的保守主义》，载于《政治思想史》2010 年第 1 期，第 155～178 页。
② 亨廷顿在他的论文中对曼海姆的批评，即认为保守主义重视保守主义的社会利益集团意义是片面的，曼海姆其实更试图将现实主义设定为一种思维方法来看待。

他们还特别关注政治合法性的源头，一部分保守主义者更愿意从神学或宗教的角度看待它，不管对它的证明是从先验的层面还是从它的社会功能的层面来展开。这一点其实需要从社会有机体或连续体论中独立出来，它可算作是一种类似哲学本体论的思维模式，表现为文化取向上的寻根意识，具有强烈的宗教性。从方法论上看，这就是曼海姆的"精神结构复合体"或亨廷顿的"情境主义"。它和有机体理论有些类似，但并不相同。有机体主义可能走向历史主义也可能走向整体主义，即强调国家主义的保守主义等，这就是后来在德国出现的一种倾向。但是，对曼海姆和亨廷顿而言，它仅具有在认识层面的意义，强调的是保守主义的认识路径和思维方法。概括地说，上述对保守主义的讨论集中在社会学和政治学的意义上：秩序、平衡、有机体主义、情境主义等，总体表现为连续性、折中调和、社会分层化、反对一般意义上的平等，这些可以大体解释上述的保守主义观念。这些清理对我们研究20世纪中国的保守主义尤其是政治保守主义很有帮助。但是，又必须看到，如果说现代中国有一个保守主义思潮的话，那它与西方的保守主义观念之间有着很大的差异。20世纪的中国有政治上的保守主义，但是，文化保守主义才是影响力显赫的主流，而且即便是政治的保守主义也混杂着文化的血脉，这是中国土壤所决定的。

中国20世纪的政治保守主义同样具有曼海姆、亨廷顿所总结的西方保守主义的类似特征。这种特质我们把它概括为一种理智"理性"的精神特质。这种理性的主要成分是理智和冷静，同时它也可能被批评者看来是固执己见而不与时俱进，这主要反映在康有为和杨度的身上，而30年代的蒋廷黻、丁文江等人的"开明专制"论也有类似的精神。它们的共同点是对变革过程中维系"现行基本秩序状态"的渴望，希望制度变革不产生剧烈动荡，保持连续性和稳定性，或渴望强有力的领导者，对民众自治之可能性相当怀疑。我们把经验主义的理智主义称作理智的理性主义，而把文化保守主义的理性主义称作人文的或道德的或伦理的理性主义。人文的或伦理的理性主义是相对于经验主义的认识论和功利主义的伦理学而言的。自由主义、社会主义在近代以来的思想传播也是以理性主义为自己的旗帜的，这是与西方的启蒙时代的称号相一致的，即相对于中世纪神学时代的一种理性的自我启蒙。这个理性主义既包括认识论上的经验主义如洛克、休谟等，也包括理性主义的康德等人。20世纪西方政治思想也有称作理性主义的，如奥克肖特的著作，但是，它也是以经验主义的认识论哲学为基础的，其他如哈耶克等人追随休谟的哲学大都是如此。这种政治思想的理性主义重心是理智（经验的）的运用而不是理性（先验的）。但是，这种理智的经验、审慎和重视传统的连续性又恰恰与所谓偏重内在理性的设计形成对照，这也是 20 世纪西方政治思想的一个新的着力点，譬如对法国革命和计划经济的批判等。我们的理性主义侧重于文化保守主义的哲学，与认识论上的理性主义相接近，但是也把康有为、杨度等人的经验主义渐进论或进化论称作理性主义，这一点是从其理智、审慎的态度层面界定的。

人文的或伦理的理性主义在 20 世纪文化保守主义那里是十分重要的思想支点。因为所谓秩序的观照必然是一种理性秩序的架构形成过程，理论上的"理"的建立就是一种秩序（制度与规范的）的观念形态的形成，这一点在任何时代都是必要的或必然的理论建构。理，不管是天理、自然之理还是人文之理还是它们的复合之理，都是社会秩序从形上学到具体构成的必要前提。

二、20 世纪中国保守主义的精神特质

（一）

在 20 世纪 80 年代前后，现代化成为当时中国思想界的核心论域。当时的社会学家和历史学家都大体沿用了"变革与认同"之间的张力模式来表征后发国家尤其是中国近代以来社会变革中的内在冲突。今天，基于对现代化思潮之内部的考察，变革与认同是继续思考的参照系，同时，依据哲学的理路，"动力与秩序"的结构解释类型可以成为我们思考的又一个中心。在面向现代化的共同理念之下，自由主义偏向一种动力与秩序的均衡性及其内在同一性；激进主义则偏向于动力的主导性，譬如阶级斗争学说和内在的革命思想；保守主义则偏向于秩序的稳定性一面和制度的结构性构成一面，因而具有稳定性和整体性思考的特征。它们都接受了进化的方案，但是，各自走向了进化理念的不同端点。

变革与认同是 20 世纪 80 年代风行的现代化演化的认知范式。动力与秩序是一个哲学化的术语，动力强调个体和制度内部基于观念变化而形成的动能，秩序则关注动能变动性基础上的自我认同的凸显、连续性的诉求和结构变迁的代价认知等问题。它因此而区别于传统主义和激进主义。人类的活动性源于个体的精神和身体性的欲望以及群体的无意识动机或上升到自觉的民族精神，但是精神的动能或躯体的动能之发用及其与社会共同体的关联是一个哲学问题。在现代中国，

它转化为三个不同的思想流派①。从个体来说，动力的内在动因是人的感性欲望；从群体来说，动力的动因是集体的无意识动机，这个动机可能是反抗的情绪也可能是受到观念引导所形成的自觉的意识甚至意识形态。从感性的动能角度看，动力与秩序的关系就转换为感性与理智理性或道德理性之间的对冲关系，这是我们这里运用这个解释模型的原因之所在。用伦理或道德理性主义来统摄20世纪中国的文化保守主义（我们后面称作新文化保守主义），正好与强调个性革命、自由解放（或被"学衡派"批评为"奔放"）的感性主义、感觉主义的动力相对。个性解放、感性革命和伦理冲决是一场文化革命，针对的是传统的个人修身和社会规范，自由主义和激进主义对这种传统理序和规范进行了长期的斗争。而对文化保守主义来说，这场革命无疑是一场心灵秩序和精神世界意义的颠覆和破裂。用理智的理性主义对应于同样运用理智但是在政治保守主义看来在决策认知上并不理智的自由主义和激进主义，也与20世纪现代新儒家致力于理性主义哲学的重建相吻合。理性的重建无疑就是一种秩序的重建，因为秩序的重建需要一种理序的重建。20世纪文化保守主义尤其是现代新儒家特别努力于一种融会中西哲学的新哲学的建构，这种融会的方向希望构成一种新的心灵秩序，希望在世纪之交精神世界崩解的基础上重建中国人的精神世界、心灵世界。

对精神秩序的重新探寻是因为它在世纪之交的破裂和损毁。对进化、革命、个性解放、自由、平等、民主等现代性价值的拥抱，冲毁了传统的人文价值（包括人格修养的规范）。经历了数千年的精神传统和心灵秩序进入了一个破坏过程。

---

① 第一，严复为代表的进化论，从描述一个服从"质力相推"客观规则的宇宙图景，借助"推天理以明人事"的思维方式，论证中国人必须发挥积极的竞争精神，方能救亡图存。所以对"动力"的哲学论证是重在机械论的客观世界，从客观世界到主观世界。用吴汝纶的说法："以人持天，以人治之日新，卫其种族之说，其义富，其辞危，使读者秫焉知变。"这一路数包括一个新的世界图景部分地成为科学主义思潮的"默识点"，在此基础上形成了一些基本的社会共识，包括科学和民主是现代中国人之所欲（可欲），随着历史的开展，中国在民主与科学两个方面都会不断获得进步。但是，经验主义关于事实与价值分离的论断，从根本上对"推天理以明人事"这一论式的真理性提出了质疑。通过类比推理，"推天理以明人事"获得的进步主义作为一种背景性的观念，也受到广泛的批评。第二，现代新儒家相反，其哲学重在主体性，将"动力"的来源归结为能动的"心"。思孟学派尤其是王学的复兴，是19世纪中叶以后重要的哲学现象。从众多哲学家崇尚"心力"、梁漱溟重"意欲"、熊十力创作"心本论"，一直到牟宗三论证具有"直觉之即创生之"功能的"智的直觉"，都可以说是从心灵去寻求力量之源，尽管其最基本的依然是道德的力量。新儒家在现代唯心论方向的建构，以玄学甚至诗意的方式，而非科学行动理论提供了满足社会期待的方案，围绕现代认同的重建，提供了个人在现代社会"安心立命"的一种选择。他们成就的是用道德形上学阐释的传统思想，而非正面推动社会的实际变革。第三，马克思主义中曾经有教条主义的一派，将动力归结为线性的历史规律和对"规律"的服从，但是又吊诡地引发了唯意志论。中国化的马克思主义，则发展出实践的辩证法。对动力的追求侧重于"实践"，即主客观之间的辩证关系。实践论具体化为将社会革命、阶级斗争、解放生产力视为动力的源泉。沿着马克思主义哲学中国化的方向，发展出激进的社会动力理论。在意识形态相对淡化、理想主义消解的时代，必定发生新的转进（高瑞泉：《中国哲学以何种样态再度"登场"？》，载于《文汇报》，2012年12月17日）。

当然，这一方面导致守旧的传统主义的愤怒，同时，也对已经开始接受现代思想的新一代知识阶层形成了莫大的冲击。除了热烈欢呼的拥抱者之外，还有一批企图将其与中国传统相联结的人物。他们就是文化保守主义者，其中包含从传统礼俗秩序进入思考的文史学者，也包括一批已经接受了现代西方学术训练乃至哲学训练的哲学家。他们不简单听从激进或自由主义思想的召唤，而是尝试探索中国人文传统的新命运、新的生机的可能性，并努力施展他们重建理性的努力。而这个理性主要是人文的甚至直接说主要是道德的，尽管他们依据宋明儒家的理路分成了偏于理的实在论的先验的"理"学，和偏向于德性内在的以心性为主的道德的"理"学。但是，他们的目标其实是一样的，就是以这种理学的重建重新在中西会通的基础上构筑中国人的新的（从某种意义上也是"旧的"，不管其用词还是内涵，其实都是新旧混合的）意义世界。这就是从梁漱溟、熊十力、冯友兰到牟宗三、唐君毅等现代新儒家的工作，他们要重建中国的"仁心"来确立中国的人心①。

新儒家为什么要回到"仁"的德性理想主义？张灏指出，意义的危机是他们考虑的根本性的问题。他将之归纳为精神迷失的三个方面：道德迷失、存在迷失和形上迷失，生存的困惑和焦虑是他们更加关注的焦点②。中国认同危机绝不仅是思想与社会层面的问题，在儒家那里它更主要的是意义危机，即生存性焦虑乃至形上的焦虑。现代新儒家与文化民族主义有复杂的纠葛，他们并不一概排斥普遍性。当然自由主义和社会主义更不会排斥普遍性，因为他们是以此为前提的，新儒家的特点是将意义的寻求回归到了中国传统。对中国来说，意义秩序的摧毁或延续或重构都指向儒家思想，保守主义观念的雏形也在这其中形成了，这就是文化保守主义的孕育根源。精神世界是一种秩序建构，这其实是一个基本的问题，但是过去我们对此讨论得不够充分，因此需要进一步思考。

动力与秩序的范式和变革与认同的解释模型并不冲突。动力的内在是个体生命意志或精神认知，或者是民族解放或个体解放的集体精神，但是它的外形是具体的社会变革或政治变革（change 到 revolution）。而认同的逻辑是对传统价值的部分肯认或对传统秩序连续性的强调，这正是保守主义所强调的秩序、规范，包括内生的秩序与外生的秩序、正式规则和非正式规则。政治保守主义者（譬如晚年康有为）既想在吸纳现代政治理念的基础上实现中国的政治系统变革，又想捍

---

① 我们把中国 20 世纪的保守主义不管是政治的还是文化的保守主义统称为理性主义，但是，这其中差异其实非常明显。前者的认识论恰恰可能与后者很不同甚至相反，即前者是以经验主义为主，它与西方的政治保守主义的理念相似；后者则是认识论上的理性主义者，我们或可以将他们称为经验的理性主义和人文的理性主义。

② 张灏：《新儒家与当代中国的思想危机》，引自《幽暗意识与民主传统》，新星出版社 2006 年版，第 98~100 页。

卫他所认为的传统政治秩序中的"合理性"因素。当然，他是首先在"变"的基础上的"守"，而且守要有守的根据，这个根据就是过渡社会的政治秩序问题。也就是说，政治保守主义不仅要思考一般性政治原则，还要考量具体的政治变革的阶段性规律，他要推进实现一种新的政治或社会秩序还要维护变革过程的"秩序"。而对于文化保守主义者来说，问题相对简单一些。对于其中的人文学者尤其是从事文史研究的学者来说，他们强调的是社会礼俗秩序的持久性和意义，以及其中所蕴含的普遍性价值，或对中国人有特殊意义的价值。陈寅恪就曾经强调中国传统社会中儒家所建构的"习俗性制度"（即制度经济学所凸显的非正式规则）对中国几千年的形塑作用。钱穆则强调中国人文传统尤其是礼俗传统的"中国性意义"，他将世界文化相对化，同时认为中国文化有其"绝对的意义"。与陈寅恪与钱穆等人对传统社会中礼序的肯定不同，文化保守主义的哲学家们对先验之"理"予以肯定，前者包含着制度内涵，后者则只有精神秩序的肯定。[①]他们在这种精神的自我认肯中重新确定自己在20世纪思想潮流中的位置。

（二）

近现代中国社会急剧的社会变迁与严峻的"内忧外患"，推动大多数知识分子走向了批判传统以寻找新出路的方向，但是这个境遇却也刺激20世纪中国一部分知识分子以"道"自任的愿望变得格外强烈，这就是对中国文化的重新认知和理性再确认。中国文化在新文化运动前后已经受到严重的质疑和批判，它在未来的历史发展中还有没有价值？它的本质内核是什么？它对于中国人未来精神世界的重建还有没有意义？这是激进主义和自由主义也都需要面对的，但是，他们基于对传统伦理和礼俗的批判，在总体上已经对这种文化形态做出了自己的判决。对于文化保守主义者来说，就是要面对这些评判提出自己与其不同又能立脚的看法，这是他们自觉的使命，同时又是建构"新道统"的责任。

基于此，人文保守主义者们提出了自己对于社会秩序演变和心灵秩序重建的一系列看法。首先应该提到的是梁漱溟。梁漱溟被看作是20世纪文化保守主义的代表之一，但是与其他"现代新儒家"不同，他不仅在哲学上有较多的和影响

[①] 与伦理—政治向度的秩序重建相伴随的，是自19世纪中叶以来始终纠缠着中国人的意义世界的失序和重构。意义世界的失序，至少是人们痛恨的道德失序的原因之一，它更大的危险是导致社会丧失内在的权威。它包括价值观念的新旧冲突和要素排序之不同。前者是人们熟知的，社会结构、生活方式、文化冲突带来旧价值的失效和新价值的渗入，它涉及规范的有和无。后者是指同样作为现代性价值的自由、平等、繁荣、发展等在价值选择中何者占据优先性的问题，涉及规范的先和后、强和弱。意义世界的重构，还关系到世俗生活和超越境界（道、上帝、神）的秩序，因而与宗教的复兴密切相关，它指示了秩序重建的形而上向度如何为世俗生活的秩序提供辩护（高瑞泉：《中国哲学以何种样态再度"登场"？》，载于《文汇报》，2012年12月17日）。

较大的表述，而且他首先是东西文化论战的发起者之一。他在中国文化价值的体认层面有一套系统全面的看法，所以他在我们关于20世纪保守主义的文化和哲学理念的创造两个方面都有重要的分量。在保守主义的文化层面论述较多、创获较深的还有钱穆和学衡派、陈寅恪等著名的文史学家。钱穆对中国传统的士人万分推崇，认为中国传统的政治核心就是"士人政治"，它是中国实现大一统的命脉所系。现代新儒家则自觉地承担起传承道统的使命。冯友兰表明自己的哲学是对宋明儒家的"接着讲"而不是简单的"照着讲"。"接着讲"一方面表明冯友兰有继承创新和中西融合的意识，也表现为一种自觉的传承道统的精神：

> 中国需要现代化，哲学也需要现代化。现代化的中国哲学，并不是凭空创造出一个新的中国哲学，那是不可能的。新的现代化的中国哲学，只能是用近代逻辑学的成就，分析中国传统哲学中的概念，使那些似乎是含混不清的概念明确起来，这就是"接着讲"与"照着讲"的分别。①

如果纯粹"照着讲"那就是传统主义而非现代保守主义，而"接着讲"自然不能不传承中国哲学的精神和命脉，可以说，他们就是在这其间寻找一种"中道"。

在现代新儒家中，道统意识最浓烈的当属海外新儒家。徐复观声称要做中国文化的"孝子贤孙"，而这种激昂的意识显然并不仅仅因为他热爱中国文化，还因为他对中华民族和中国文化有深深的忧患意识。他们要传承中国文化，核心是把握和传承这个文化的中心——儒家。所以，钱穆和牟宗三都有一个共同的概念：常道。牟宗三则为此做了不厌其烦的阐述：

> 在今天问这个问题，要比以往任何时代都来得严重。何以会如此呢？因为我们今天谈儒家的使命，似乎还可再反问一下：儒家本身今天还能否存在呢？能存在，才能谈使命，若自身都不能存在，还谈什么使命呢？

牟宗三标明的姿态是：第一，儒家的义理不是教条；第二，儒家的义理是"常道"；第三，儒家这个学问能够在现代化中负起积极的责任。

> 首先，我们要表明儒家的义理与智慧具有"常道"的性格。儒家，从古至今，发展了几千年，它代表一个"常道"——恒常不变的道理。中国人常说的"常道"，它有两层意义：一是恒常不变，这是纵贯地讲它的不变性；一是普遍于每一个人都能够适应的，这是横地讲、广括地讲它的普遍性，即说明这个道理是普遍于全人类的。

牟宗三认为，儒家义理的这个常道就是人们的日常生活本身，是"家常便饭"；没有独断主义，不是理论、说教、主义，因此，它不是教条。而且，牟宗

---

① 冯友兰：《中国现代哲学史》，广东人民出版社1999年版，第200页。

三更进一步：

> 我们说儒家这个学问能在现代化的过程中积极地负起它的责任，即是表明从儒家内部的生命中即积极地要求这个东西，而且能促进、实现这个东西，亦即从儒家的"内在目的"就要发出这个东西，要求这个东西。所以儒家之于现代化，不能看成是"适应"的问题，而应看成是"实现"的问题，唯有如此，方能讲"使命"。①

既然中国儒家的义理是常道，我们就没有理由放弃甚至背离这个常道，而且要自觉地去弘扬这个常道。牟宗三还认为，儒家义理不仅不违背现代化，而且还是现代化的促进因素，它自己内含着现代化的动因。很显然，这表明他既是现代化论者，又是坚定不移的中国文化的传承者，这在"五四"后几十年间似乎是一个奇怪的悖谬的精神合体，而这就是文化保守主义或新文化保守主义的精神。但是，新文化保守主义与传统主义的区别就在于，他们与自己所信奉所宣扬的中国文化的理性精神是一致的，即他们不是仅仅做激情的传播，而是要脚踏实地地做理论工作，要证明中国文化是常道。所谓常道就是合乎伦理的理性的日常生活，体现了中国人几千年的心灵秩序。我们需要融合中西，学习西方的集团生活精神即民主、他们的开拓精神即科学，这几乎是新文化保守主义的共识之所在。他们试图用中国传统的道德精神或道德理性主义与西方的科学理性即经验的实证的理性主义整合到一起，这就是20世纪中国保守主义的总的使命和精神趋向。

无论是政治保守主义还是文化保守主义，他们都贯穿一种精神，这种精神就是理性或理性主义。其内在的精神实质是在变动社会中对秩序的探索，这既是一种制度性的秩序探求，也是一种过程性、情境性的秩序探求，还是一种对心灵根基秩序的探求。而这些秩序统统囊括在理性之中，内在于理性的态度、精神气质和理性主义的方法以及伦理理性主义的道德追求中。

（三）

无论政治保守主义还是文化保守主义，其重心都在秩序的维系与探寻。他们寻求个体精神和神圣精神之间的关联，并借此构成秩序的架构。对伦理秩序的强调则为重中之重，因为伦理秩序是政治秩序和心灵秩序的中介，是社会秩序和政治秩序的核心形态。就中国思想来说，其哲学基础就是对天道性命的不断颠覆和重演论证。

在政治哲学的论域中，儒学在古代中国的突出功能是为秩序和权威提供原则与论证。这演化为围绕着"天"、"命"、"性"、"道"与礼教而展开的话语，表

---

① 牟宗三：《政道与治道》，广西师范大学出版社2006年版，"新版序"，第1~3页。

现出伦理理性主义的特色，并尤其注重历史文化的连续性。孔子在回答子张提问（"十世可知也？"）的时候，很肯定地说"殷因于夏礼；所损益可知也。周因于殷礼；所损益可知也。其或继周者，虽百世可知也。"（《为政》）又说："周监于二代，郁郁乎文哉！吾从周。"（《八佾》）我们现在大体上同意这样的解释：春秋时期"礼崩乐坏"，以孔子为代表的儒家，主要通过重新解释传统的礼乐，来重建秩序。

> 仲尼祖述尧舜，宪章文武；上律天时，下袭水土。辟如天时之无不持载，无不覆帱，辟如四时之错行，如日月之代明。万物并育而不相害，道并行而不相悖，小德川流，大德敦化，此天地之所以为大也。（《中庸》）

按照文化历史的连续性，子思说的"天命之谓性，率性之谓道，修道之谓教"，正表达了儒家正统的价值原则。朱熹有更进一步的解释：

> 命，犹令也。性，即理也。天以阴阳五行化生万物，气以成形，而理亦赋焉，犹命令也。于是人物之生，因各得其所赋之理，以为健顺五常之德，所谓性也。率，循也。道，犹路也。人物各循其性之自然，则其日用事物之间，莫不各有当行之路，是则所谓道也。修，品节之也。性道虽同，而气禀或异，故不能无过不及之差，圣人因人物之所当行而品节之，以为法于天下，则谓之教，若礼、乐、刑、政之属是也。盖人之所以为人，道之所以为道，圣人之所以为教，原其所自，无一不本于天而备于我。（朱熹《中庸章句》）

先秦儒家就是通过对危机中的传统秩序加以重新解释来为新的社会秩序提供基本的原则规定，从而建立了持续两千年的权威。从先秦到汉代，经历了一场历史性辩论。其中起作用的，既有怀特海所谓"说服的力量"（理想的感召力、以德服人），也有他所谓的"强制力"（暴力、以力服人）。总体上是采用一种自上而下、德力并用的方式，确立了一套人间性和整全性的基本秩序。

所谓"秩序"，尤其是社会秩序，在柏森斯看来，包含着两个易于混淆的含义，即规范性秩序和实际秩序。从静态的说是有结构；而结构包含了（规范性）元素与关系。从动态的说是有条理和法则；"秩序意味着依循规范体系的规定而发生的过程"[①]。思维要把握它就有观念、原则和推理。譬如荀子就说：

> 以类行杂，以一行万；始则终，终则始，若环之无端也，舍是而天下以衰也。天地者，生之始也；礼义者，治之始也；君子者，礼义之始也。为之，贯之，积重之，致好之者，君子之始也。故天地生君子，君子理天地；君子者，天地之参也，万物之总也，民之父母也。无君子，则天地不理，礼

---

① ［美］T. 柏森斯著，张明德等译：《社会行动的结构》，译林出版社2003年版，第103页。

义无统,上午君师,下午父子,夫是之谓至乱。君臣、父子、兄弟、夫妇,始则终,终则始,与天地同理,与万世同久,夫是之谓大本。故丧祭、朝聘、师旅一也。贵贱、杀生、与夺一也。君君、臣臣、父父、兄兄、弟弟一也。农农、工工、商商一也。(《荀子·王制》)

所谓"以类行杂,以一行万;始则终,终则始,若环之无端",表明了秩序既是(社会的)结构又是(活动、生活、历史的)条理。以类行杂,以一行万,也就成为逻辑、分析的方法,秩序即使是变动的也是可以预测的,因而成为合理的。这里似乎是在说,社会的合乎规则性,是社会存在的基础和本质。这样的秩序观念是理性主义的。在理性主义的基点上承认秩序,就意味着世界本质上是合(道)理的,是可以"理"解和"理"喻的,也是可以提供给我们行动的方法和规范的。在中国哲学中最能体现"秩序"的概念是"道"。全部中国哲学都可以归结为求道、论道、践道的学问。道有天道有人道,中国哲学强调天人合一,统天道人道为一个道,姑且说是大写的道。"道"成为秩序的第一原理。人道是人世间的秩序、法则和动力(生生之谓易)。就人世间的秩序而言,朴散为器,道分为理,表现为伦理、经济、政治等的秩序。在儒家看来,所有的秩序本质上是伦理的或带有伦理意味的;伦理的秩序是基础,是根本的秩序。伦理的秩序有合乎天道的价值世界为其作神圣性的辩护,天道和伦理原则就成为权威的源头。

理解儒家在秩序问题上的总体特点,对于理解儒学在近现代中国的历史方位有重要的意义。我们知道,现代新儒家兴起以前,作为正统意识形态的官方哲学,程朱理学受到了各种各样的批判,而现代新儒家,则被称作"保守主义"。它与其他保守主义(如《学衡》派)一样属于文化保守主义,但却有更强烈的政治意蕴。按照亨廷顿的说法,保守主义是一种方位性的意识形态(a positional ideology),而不是捍卫特定制度的理论①。但是作为现代中国的保守主义的新儒家,却显示出它的双面性。它既有捍卫民族传统的古老制度及其文化价值的一面,又有随着历史方位而不断改变修正自己的一面。一方面它有某些原则,有某些特定的价值乃至思想方式与生活方式需要捍卫,另一方面,在捍卫这些东西的过程中,它又常常随着时势的变化而改变自己的话语策略,因而自身的理论构成也发生了一些变化,呈现某种修正主义的色彩。

不过这样平面描述的定义,没有办法解决它的连续性与转化的问题。即无法回答曼海姆的问题:"与'保守主义'这个词所包含的意义相当的历史学和社会学的实体存在吗?一种能够在现象学上加以确认并能够确切地被称为'保守主

---

① *Conservatism: An Anthology of Social and Political Thought from David Hume to the Present*, Edited by Jerry z. Muller, 1997, Princeton University Press, P. 3.

义'的感觉方式、思想方式和行为方式存在吗?"① 这是从知识社会学的角度提出"保守主义"具有何等相对明晰的思想形式,以及它在社会总体进程中如何生根的问题。这个问题在中国学术界尤其重要,因为在20世纪90年代关于"激进和保守"的争论中,对于保守主义的界定就是相当含糊的。事实上,1988年余英时用比较直观的方式表达了相似的困惑。在那个著名讲演中,余英时不但提出近代中国思想史是一个"激进化的过程"(process of radicalization),包括一波比一波更激烈的反传统;而且认为保守主义与激进主义之间根本不成比例,无法制衡时代思潮的激进化。而之所以如此,是因为近代以来中国始终没有出现可供"保守"的"现状",没有形成"某一种秩序:社会的、文化的、政治的秩序"②。按照余英时的意见,保守主义主要与文化的传统主义有关,但是也是一种政治的"态度"(disposition, orientation),所以这种政治—文化保守主义,并不单独指称某种思想或学派。余英时的讲演曾经引起极大的反响。当时对他的批评大多是针对其中包含的政治诉求而发的。不过,其中也蕴含了另一层悖论:既然历史没有形成值得保守的秩序,"保守主义"还是合理的吗?

在我们看来,20世纪中国的保守主义,曾经有过短暂的希望保守旧的政治秩序、恢复旧制度的运动,譬如世纪初的保皇党反对革命,辛亥以后张勋、袁世凯等的复辟活动,这些都是政治保守主义失败的尝试。它们与19世纪末顽固反对维新变革的传统主义者虽有所不同,但在维系传统中国的基本社会制度及其伦理基础这一核心的秩序问题上,构成了前仆后继的谱系。就新文化保守主义而言,他们希望保守中国文化的历史连续性所体现的秩序原理,因而随着中国的现代化进程不断调节着自己的论辩策略。这从社会史的角度看,就是对传统的文化资本的不断发掘和运用,以满足不断变化的社会期待。而从哲学史的角度看,则是对现代化运动作了保守主义视角的概念化。

(四)

在各派文化保守主义中,现代新儒家做出了特殊的贡献,也产生了最大范围和持续性的影响。他们将中国传统和现代化进行关联性思考,从清末"中体西用"走向自己的"返本开新",这都是保守主义的最具现代意识和创造性的思想,是20世纪中国思想发展中一个非常重要的环节。现代新儒家围绕自身与中国的现代化之关系的论述,大致上是从认为"儒家文化可以为现代化提供传统资源"转变为认为"儒家思想可以成为对治现代弊病的良药"。前者是对于"儒家

---

① [德]卡尔·曼海姆著,李朝晖等译:《保守主义》,译林出版社2002年版,第55页。
② 李世涛主编:《知识分子立场——激进与保守之间的动荡》,时代文艺出版社2000年版,第3页。

传统不能开出现代化"的反驳,中心是现代化的焦虑;后者是对于现代性的风险与意义危机的诊断,目的是提供现代病的救治。但是我们不能将这种方位性理解为纯粹的策略转变。所以我们对前述"曼海姆问题"① 要给予一个肯定的回答:作为保守主义的新儒家,他们确实有其特具的"感觉方式、思想方式和行为方式",它表现为"中体西用"和"返本开新"两个纲领。

"中体西用"最早出现于张之洞的《劝学篇》。它对中国从19世纪中叶"师夷之长技以制夷"而开始的"学习型现代性"的历史经验,作了最初的保守主义的概念化。在《设学》一章中,就开设新式教育机构的原则,张之洞说:

> 其学堂之法约有五要:一曰新旧兼学。四书五经、中国史事、政书、地图为旧学,西政、西艺、西史为新学,旧学为体,新学为用,不使偏废。

在另一个地方,张之洞强调学习的程序本质上是由学习的目的和诸价值之间的特定排序规则所决定的:

> 今欲强中国,存中学,则不得不讲西学。然不先以中学固其根柢,端其识趣,则强者为乱首,弱者为人奴,其祸更烈于不通西学者……今日学者,必先通经以明我中国先圣先师立教之旨,考史以识我中国历代之治乱、九州之风土,涉猎子集以通我中国之学术文章,然后择西学之可以补吾阙者用之,西政之可以起吾疾者取之,斯其有益而无害。②

张之洞的主张当然超出了单纯学校组织的方案,它实际上是19世纪60年代以后中国早期现代化的理论表述,并在后来的论辩中被概括成"中学为体,西学为用"。要维系固有的社会秩序,需要儒家价值作为规范性要素。张之洞用传统哲学的"体用"范畴来讨论中国早期现代化的经验与谋划,背离了中国哲学"体用不二""体用相即"的传统。"中体西用"作为中国早期现代化的概念化没有获得成功。它不但受到严复等自由主义者的批判,而且在进入实践的过程中,也使"中学"丧失了"用"进而也丧失了其"体"的地位。换言之,在保守主义那里,一开始就将工具合理性与价值合理性(或者解释的合理性)分离开来,这反而凸显了传统价值及人文学科,与以工具合理性为特征的现代性的不相容。

从梁漱溟到熊十力,现代新儒家实质上延续了(从"师夷之长技以制夷"到"中体西用")这一路径,但是对于如何将其概念化,他们尝试了新的路径。从梁漱溟说西方的科学和民主我们要全盘接受,"只是根本态度要改一改",我们可以看到其中之端倪。而熊十力更说:

> 南皮欲采西学,其意自是。惜其以中西学,判为一体一用,未免语病

---

① [德]卡尔·曼海姆著,李朝晖等译:《保守主义》,译林出版社2002年版,第55页。
② 张之洞:《劝学篇》,上海书店出版社2002年版,第22页。

耳。中学既具其体，即有其用。而用有所未尽者，则取诸人以自广可也。若中学果为有体无用之学，则尚安用此死体为哉？南皮下语，既不能无病。而其深意，在当时又不为人所深察，于是吾国人日趋完全毁弃自己之路。①

如果我们注意梁漱溟、熊十力从事哲学创造时的语境，那么不难发现，作为"体"的"中学"之一面已经发生了现代性的转变。张之洞讲"中体西用"时，"中学"（"体"）的核心是"明纲"。辛亥革命以后，尤其是经过新文化运动以后，作为既往的秩序原则，"君为臣纲，父为子纲，夫为妻纲"在很大程度上已经丧失了现实性，梁漱溟、熊十力等也并不赞成这些死的教条。作为保守主义，他们在回答何为"中体"的时候，回到文化上的"古今中西"之争，认为"中"指中国文化，"体用"论被文化哲学所替代。梁漱溟持一种意志主义的文化哲学，用"意志—生活—文化"这样一个简单的结构建设其体系。这不止是因为受到叔本华、柏格森等西方哲学家和刚刚传入中国的深层心理学的影响，同时也可以说——用罗杰·史库顿的解释——曲折地表达了作为保守主义之本质的"生存意志"（will to life）。②起于对中国历史的生命力与人文世界的连续性的深刻感受，梁漱溟作出了其现代性谋划的方案：

第一，要排斥印度的态度，丝毫不能容留；

第二，对于西方文化是全盘接受，而根本改过，就是对其态度要改一改；

第三，批评的把中国原来态度重新拿出来。③

梁漱溟的结论用一种非常吊诡的论式表达，包括他定义"中国文化是以意欲自为、调和、持中为其根本精神的"④，方法上是"理智地运用直觉的"，而西方文化是"直觉地运用理智的"，等等，表明他尚未找到概念化的合适途径来建构其文化哲学，在讨论其中包含的认识论问题时虽然不乏真知灼见，却离开融贯与精巧甚远。

自梁漱溟以后，现代新儒家的一个共同信念就是：中国文化自身有其强劲的生命力，包含着不竭的源头活水。因此，作为现代保守主义的"感觉方式、思想方式和行为方式"，新儒家就从"中体西用"，展开为哲学建构的"返本开新"。

---

① 熊十力：《读经示要》，引自《熊十力全集》（三），湖北教育出版社1992年版，第564页。

② 罗杰·史库顿（Roger Scruton）以对"历史生命力"和"社会世界的连续性"的感受为中心，从心理学来解释保守主义，并把它的本质规定为"生存意志"（will to life），或者说对于社会秩序的认同，通常就是源于它对于其所属社会的生存意志的认识。给保守主义以某种神秘主义的解释。见［英］罗杰·史库顿，王皖强译：《保守主义》，台湾立绪文化事业有限公司2006年版，第18页。

③ 梁漱溟：《东西文化及其哲学》，引自《梁漱溟全集》（第一卷），山东人民出版社1989年版，第528页。

④ 梁漱溟：《东西文化及其哲学》，引自《梁漱溟全集》（第一卷），山东人民出版社1989年版，第383页。

前面我们把"中体西用"视为保守主义的第一个纲领,现在可以把"返本开新"视为保守主义的第二个纲领。这一派哲学家认为,哲学是文化的核心,中国文化要能不坠落于世,就必须在哲学创建上展示其超胜。它包括从哲学去发掘中国文化的动力,同时获得人文世界的秩序原理。从熊十力开始,便转向本体论的建构。之所以如此,在于他要救治实证主义的偏失:

> 近世哲学不谈本体,则将万化大原、人生本性、道德根底一概否认。①
> 盖以为哲学者,所以穷万化而究其原,通众理而会其极。然必实体之身心践履之间,密验之幽独隐微之地……哲学所穷究者则为一切事物之根本原理。易言之,即吾人所以生之理喻宇宙所以形成之理。夫吾人所以生之理与宇宙所以形成之理,本非有二。②

熊十力从天人合一出发,表示他的哲学创造主要在形而上学。在研究"宇宙人生之根本问题"的过程中,形而上学一方面满足人们对于意义的追寻,尤其是对于神圣性的精神需求,一方面也给社会实际秩序的重建提供了以目的、规则或理想等形式出现的规范性根据。

(五)

然而,从形而上学的秩序原理,转变为社会生活的实际秩序,不但需要理想转变为方法与德性,从而包含了实践论的飞跃;而且需要有形上学转变为具体行动理论的指南,因而需要社会科学的支持与验证。现代新儒家已经意识到问题的这一面向。譬如,关于社会实际秩序的混乱与救治,熊十力说:

> 自家礼及社会酬酢,乃至国家一切度制,今皆紊乱无序。礼失则乱,乱极宜反。民亦劳止,迄可小康。酌古准今,如何通变,是在有多数经儒,真能于性地用功,而复格物达时变者,方堪议此。③

他意识到重建秩序需要若干条件:相当数量的儒者,既有儒家性理之学的深厚造诣,又能对具体的现实问题与变化有科学研究;并且需要经过"议"(讨论)的过程,由此即"酌古准今"而"通变"。无论是"返本开新"还是"酌古准今",都要从"中学"经典出发,它是曼海姆所说的"留存到现在的过去"之最具体最权威的要素。经典世界本身是有秩序的:义理、经济、考据、词章四科之学,义理为主脑。义理之学虽然融贯百家,却又"要以六经为归"。这意味着经济学、政治学乃至所有的社会科学,都必须在六经之义理中寻找到根据。因

---

① 熊十力:《新唯识论》,中华书局1986年版,第242页。
② 熊十力:《十力语要》,辽宁教育出版社1997年版,第128~129页。
③ 熊十力:《读经示要》,引自《熊十力全集》(三),湖北教育出版社2000年版,第609页。

此,熊十力实际上回到传统的经学中发掘现代社会的规范性和秩序原理:

> 经者常道也。夫常道者,包天地,通古今,无事而不然也。无地而可易也。以其恒常,不可改变,故曰常道。夫此之所宗,而彼无是理,则非常道。经之道不如是也。古之传说,而今可遮拨,则非常道,经之道不如是也,戴东原曰:"经者至者道也。"此语却是。①

儒家承认"常道"的存在,但是又承认"权"和"更化"。康有为以今文经学讲"大同",这一翼提出了平等主义的政治文化取向:在改造(或者颠覆)帝制的基础上实现一个普遍平等的"大同世界"。在20世纪中国,永久和平的理想与现实危机的应对之间明显是脱节的。为了弥补这一裂隙,新儒家提出了一个道德理想主义的蓝图。这一方向是熊十力开启的。他坚持"至治"或"大同"有一个首要条件:全人类共勉于道德。

> 礼乐之原,一也。一者,道也。此道在人曰性。性者,序也,和也。何以言之?性者,生生也。生生者无滞碍,恒亨畅故,说之为和。生生者,非迷乱,具条理故,说之为序……礼者,天理之节文。天理谓性,节文犹云条理。即显性是生生而条理。若夫人事之仪则,只此条理显发于外,自身心之律范,乃至天下一切度制,亦皆是仪则……圣人礼乐之用,合政治与道德为一。但欲穷礼乐之原,须证见本体始得。政治道德合一,此乃儒者精神。世界如期大同,非由此道不可。②

通观《读经示要》,熊十力归结为九条:(1)仁以为体;(2)格物为用;(3)诚恕均平为经;(4)随时更化为权;(5)利用厚生,本之正德(科学在其中);(6)道政齐刑,归于礼让;(7)始乎以人治人;(8)极于万物各得其所(按照礼的原则);(9)终之以群龙无首。与古代儒家相比,现代新儒家的秩序构想中间,随着天命论的衰落,政治合法性问题,以及人与自然的关系问题大大地被"去魅"了(与张之洞比,不再主张三纲五常)。尤其显示其秩序原理之复杂性的,是熊十力的平等观。他一方面坚持儒家德治的传统,以"圣人"为垂直型权威的源头,表现出在社会组织原则方面,有杰里·马勒所谓的"反契约主义",即"与欣赏自愿的、契约式的社会关系的自由主义者不同,保守主义强调非自愿的义务、责任和忠诚的重要"。③另一方面,又向往"群龙无首"式的平等,因而依违在精英主义与民粹主义之间。

同样从"中体西用"到"返本开新",如果说熊十力走的是学院哲学的路

---

① 熊十力:《读经示要》,引自《熊十力全集》(三),湖北教育出版社2000年版,第197页。
② 熊十力:《读经示要》,引自《熊十力全集》(三),湖北教育出版社2000年版,第606~607页。
③ [美]杰里·马勒著,刘曙辉、张容南译:《保守主义:从休谟到当前的社会政治思想文集》,译林出版社2010年版,第13页。

径,从经学去发掘现代秩序原理,那么梁漱溟就是另一个路径,即恢复古风——类似泰州学派的儒者讲学与民众运动结合——的路径,试图从实践上成就社会秩序的重建。梁漱溟反复揭示当时中国社会失序的危险:一个原先以乡村为基础、以农民为主体的中国社会,经历了"一部乡村破坏史",陷入了"文化失调"的危机。文化失调的外化,就是社会构造的崩溃:

> 今日中国问题在其千年相沿袭之社会组织构造既已崩溃,而新者未立;或说是文化失调,人非社会则不能生活,而社会生活则非有一定秩序不能进行;任何一时一地之社会必有其所为组织构造者,形著于外而成其一种法制、礼俗,是即其社会秩序也。一社会之文化要以其社会之构造为骨干,而法制、礼俗实居文化之最重要部分。中国文化一大怪迷,即在其社会构造(概括政治构造经济构造等)历千余年而鲜有所变。社会虽有时失掉秩序而不久仍旧规复,根本上没有变革,其文化像是盘旋而不能进。但到今天,则此相沿不变的社会构造,却已根本崩溃,夙昔之法制、礼俗悉被否认,固有文化失败摇坠不堪收拾,实民族历史上未曾遭遇过的命运。而同时呢,任何一种新秩序也未得建立。试问社会生活又怎得顺利进行?①

梁漱溟意识到一个健全的社会秩序需要规范性秩序、实际秩序和社会成员对于秩序的认同三者之间有相对的稳定:

> 本来的社会秩序(包含社会上一切法制礼俗),是跟着社会事实来的。(这个事实,经济很居重要。)社会秩序无非是让社会事实走得通的一个法子,所以秩序与事实是要相符合的。我们的意识要求,也常常与秩序与事实是一致的相符合的。因秩序就是一个是非标准,含有价值判断在内,普通我们的意识要求既视此为标准。总之,意识要求、社会事实、法制礼俗,三者都要调协。②

但是近现代中国陷入了意识要求、社会事实和法制礼俗三者的冲突。在梁漱溟看来,其根本原因,不是传统社会的固有秩序不适应变化了的"社会事实"和"意识要求",而是知识分子尤其是激进主义的知识分子,盲目地引用西方文化的观念,后者导致了价值失序以及由此而来的规范性秩序之无效。在梁漱溟看来,中国社会依然是以农村和农民为基础的社会,以"返本开新"的方式重建秩序,则需要以中国数千年经验为本。中国数千年的实际秩序,属于"伦理本位、职业分途"。而中国人的伦理观念,与西方个人主义也有根本的差异。所以传统的五伦都强调反契约主义的责任、义务和忠诚的重要性,以此为"本",梁漱溟相信

---

① 梁漱溟:《乡村建设理论》,引自《梁漱溟全集》(第二卷),山东人民出版社1990年版,第162页。
② 梁漱溟:《乡村建设理论》,引自《梁漱溟全集》(第二卷),山东人民出版社1990年版,第232页。

未来中国社会的秩序一定是历史的延续。同时，他也强调西方文化之长，梁漱溟在乡村建设的实验中，强调农民应该培养"团体组织"的能力，乡村建设同时也是新型的团体组织的养成，等等。

从哲学上说，梁漱溟在讨论秩序原理时，把传统哲学的"人我之辩"，扩大为"群己之辩"，主张个人与团体互以对方为重：个人尊重团体以尽自己的义务，团体尊重个人使其享有自由平等。梁漱溟对重建秩序的思考、谋划与实践，都体现了他如何用"中体西用"与"返本开新"的思维方式，探讨中国传统文化尤其是儒家伦理精神复兴、社会进步的途径。其中存在着将历史理想化，或者说对于实际秩序的描述与评估未能恰当分离的问题；也没有充分认识到阶级、利益和暴力等在中国社会秩序重建中的重要作用，因而使得其理论带有浓重的乌托邦色彩：

> 我们把许多中国冲突点疑难点解决以后，就可以发现一个新的社会组织。这个组织乃是以伦理情谊为本源，以人生向上为目的，可名之为情谊化的组织；因其关系是建筑在伦理情谊之上，其作用为教学相长。这样纯粹是一个理性组织，它充分发挥了人类的精神（理性），充分吸收了西洋人的长处。西洋人的长处有四点：一是团体组织——此点矫正了我们的散漫；二是团体中的分子对团体生活会有力的参加——此点矫正了我们被动的毛病；三是尊重个人——此点比较增进了以前个人的地位，完成个人的人格；四是财产社会化——此点增进了社会关系。以上四点是西洋的长处，在我们的这个组织里，完全把他容纳了，毫无缺漏；所以我们说这个组织是以中国固有精神为主而吸收了西洋人的长处……才能为社会开一条新路。我相信这样的组织才是人类正常的文化、世界未来的光明。①

梁漱溟的秩序理论，从对传统社会的文化历史连续性的价值认同出发，将对中国社会伦理的想象作为构造理想政治的原则，使得其政治原则与制度设计保留了儒家伦理学的预设，同时又拒绝了西方原子主义的个人观。后者将自由平等和个人的实现都建立在团体（群体、社群）与个人互以对方为重的关系上，实际上扬弃了古代"礼教"对个人的束缚，同时又坚持在历史脉络中"成己""成物"，因而有某种社群主义的倾向；就其对财产共有的认同，并认为均平的经济秩序是秩序的基础而言，他又有某种社会主义的倾向②。梁漱溟是现代新儒家中努力在

---

① 梁漱溟：《乡村建设理论》，引自《梁漱溟全集》（二），山东人民出版社1990年版，第309页。
② 这方面的情况，我们通过阅读其后期的著作《人心与人生》就可以更加明了。在《乡村建设理论》中已经有所提示。但是其社会主义与我们通常所说的科学社会主义有所不同，主要是并不赞成阶级斗争的理论。事实上，梁漱溟一方面不同意自由主义或资本主义的路径，另一方面也不赞成共产主义革命，他的整个重建秩序的理论都是第三种道路的探寻。

实践中探讨中国道路的思想家,他早期从事乡村建设、农民教育,中年积极参与民主建国,都实践了自己复活泰州学派将讲学(宋明理学)与社会运动结合的志愿。从这层意义上说,他复活了儒家知行合一的传统。从动员民众的自觉性出发,去重建中国社会的合理秩序,这一路径和社群主义的倾向一起,后来为徐复观所继承。牟宗三、唐君毅等则主要继承了熊十力从心性论"曲通"社会理论的路径,走了一条专业哲学家的道路。20世纪中叶以后,港台新儒家对于"返本开新"做出了独特的努力,尤其是牟宗三和徐复观等人,对他们思想的较为详细的叙述我们放在了后面。

(六)

至此,我们可以讨论保守主义的方法论特点。20世纪中国保守主义虽然强调中国文化有不同于与西方之处,但并不注定是一种特殊主义的论述。特殊主义有相对主义的方法论倾向,而相对主义则一般强调问题的独立性和特殊性。中国的保守主义当然强调中国文化的独特性,但是同时有一股主流是指向现代西方的。譬如康有为、杨度在政治思想上先接受宪政理念,然后又根据他们所认为的情境主义的需要,实施策略性的调整,而不是要回归传统社会的政治结构。他们的目的有二:第一,君主立宪或虚君共和是现代性的,它们与民主共和的实质性目标一致;第二,之所以选择君主立宪或坚持虚君共和,是因为维护社会秩序的要求,是保持社会连续性的价值所系。从价值目标上说,这似乎不是普遍主义的,但从路径的选择来说,至少在他们看来,秩序的转变实质上是普遍主义。

又譬如20世纪早期出现的《学衡》派。作为一个经典的学院式思想派别,他们的观念一开始就是普遍性的,这和他们的老师白璧德如出一辙。他们所倡导的人文主义源于20世纪初期在美国兴起的"新人文主义运动"(New Humanist Movement),因而并不是一种地方主义、族群主义的论述,而是被视为关于人类生命存在的基本训练和基本价值训练。具有较好科学素养的杜亚泉坚持"折中""调适"理念,更是这种方法论的鲜明代表。20世纪中国保守主义的思想范围大体是在世纪性的国家危机、民族意识危机和历史性变革的交织中思考中西文化的关系以及社会和政治变革的战略和策略等几个方面的问题。

在哲学家一维,梁漱溟的观点之特殊在于他的"普遍主义"将中国文化看作了人类未来的选择,而将西方的社会景象和思维方法看作是中国今天的选择,尽管形式上与同属文化保守主义的冯友兰等相反,但实质还是普遍主义的。文史专家钱穆形式上似乎是一个例外,但是其强调中国文化优胜于西方文化时已经潜藏着中国文化的普遍性或普世价值。中国保守主义的方法论与西方政治保守主义的方法论相类似,基本都是"调和"、"折中"以及融通。"融通"是中国文化保守主义的主旨，他们都同意中国物质水平的落后，认为器物和制度需要改进，甚至于文化某些方面都需要调整。他们和激进主义、自由主义的差别仅仅在于他们提出融合，而不是主张连根拔起、推倒重来。中国文化保守主义的特殊性仅仅在于有一个主流派别的"返本开新"观念尤其突出而已，与激进主义或自由主义的差异仅仅在于他们并不主张否弃中国传统文化的意义。

虽然，中国文化保守主义强调融合、融通，但这从来没有弱化他们对中国文化在人生价值确定和修养层面的普遍意义乃至于人类性价值。这个问题其实是从康有为开始的，梁漱溟一开始也是从全体人类的路径出发，因此属于普遍主义自不待言。他的融合也是普遍的，在他看来，中国要向西方学习那种向前的思维，而西方人也会很快就向中国学习另一种思维。熊十力其实也是这样，他关于"本心"的探究不局限于族群，他在晚年几乎重走康有为的路线，并走得比康有为更彻底。"现代新儒家"的核心圈层也是这样的，从牟宗三的"良知说"到杜维明的"文明对话"，他们的视野逐渐转向了世界和人类。需要说明的是，中国保守主义的"普遍主义"不是自由主义或其他思想流派的普世主义，他们的思想本身具有策略性，但是，他们试图将这种地域性与世界性相结合的文化转换方式或思维方式普遍化，这是我们这里要说的"普遍主义"。

第八章

变革进程中的政治与社会秩序

我们在前一章曾简略提及，20世纪中国的政治保守主义与西方保守主义同样具有曼海姆、亨廷顿所总结的类似特征。这种特征不妨概括为一种"理性"的精神特质，这种理性的主要成分是理智和冷静，同时它也可能被批评者看成是固执己见而不能与时俱进。这主要反映在康有为和杨度的身上，30年代的蒋廷黻、丁文江等人的"开明专制"论也同样是类似的精神。他们的共同点是对变革过程中维系"现行基本秩序状态"的渴望，希望制度变革不产生剧烈动荡，保持连续性和稳定性，渴望强力的领导者，对民众自治的可能性则持怀疑态度。

今天考察20世纪中国的政治保守主义，需要从这个方面来思考：秩序是保守主义的核心追求，秩序的稳定性十分重要；同时，"秩序"本身又有制度创生的含义。换言之，现代保守主义的"秩序"理念带有构成性或建构性，具有制度演化的内涵，因而与传统主义的固守现存制度和对新生或外来事物的简单排斥性相区别。他们的保守是相对的，是在历史进程的剧烈演化中而呈现的"相对"保守，是在和其他思想派别"激进"或"飞跃"的对比中而呈现的保守。在20世纪初的中国特殊语境中，千年帝制已被革命运动所推翻，"专制"已经成为几乎人人欲诛之的东西，任何试图复辟帝制或者重新建立专制政治的言行，自然应该归入政治保守主义的行列。本章将讨论的康有为、杨度，30年代的开明专制论，40年代的"战国策"派，构成了这样一个系列。

一、民族竞争中的国家秩序

保守主义在政治向度上最迫切的目标是确立有序且有效的国家政治制度。在 20 世纪初，继"改良 vs 革命"之争之后，发生的是"保皇 vs 共和"之争。讨论此时的保守主义，不能不论及康有为。康有为是一位极有创造性又有高度复杂性的人物。他一身兼有三种向度的可能性：《大同书》以其乌托邦性质可以开启激进变革的目标；对个体自由平等的认同和对西方立宪制度的肯定可以看作与自由主义合流；晚年固守其改良立场，在革命大潮已起之时仍主张立宪乃至复辟又成为保皇派的领袖。在当时一连串的政治活动中，康有为的政治立场主要是维护秩序的连续性，突出君主立宪或虚君共和政治对国家政治运行稳定的重要性：避免内部因民主而发生的可能的争斗和混乱。保守主义可以和民族主义结合，某些保守主义的民族主义者表现出强烈的国家主义色彩，康有为则仅仅反对不根据历史条件而求共和的无原则模仿近代西欧的民族主义。

继努力促成光绪复辟而起、积极推举袁世凯复辟的是杨度。他早年受学于近代帝王术家王闿运，深得王闿运的赏识。虽然后来杨度思想转变，但是早年的思想烙印已经不可磨灭。从思想方法论考察，我们不难发现杨度思想深深纠结于变革与社会秩序的二元统一方面。他一方面对中国当时社会的变革有深刻的认识，同时又特别关注政治战略或社会战略可能带来的社会后果，尤其是社会动荡的可能性。因此，杨度的思想方法和政治理想是理性和现实主义的。

立宪的目标是实行宪政，它既可以是君主立宪，也可以是民主制的。沿袭美国人甄克思《社会通诠》的论断，杨度视人类社会进程为蛮夷社会、宗族社会和军国社会的阶段论发展，而把宗族社会之意识形态定为民族主义，将西方民主社会或民族国家定义为军国主义或经济军国主义。他认为，民族社会遇军国社会一触即溃。这样，中国从民族社会向军国社会的转变，其实是从家族主义（或所谓天下主义）向民族主义的转变[1]。在此转变中非立宪没有别的出路。杨度以为，从行政和人民幸福层面看，君主立宪或民主立宪实无差异，至于中国到底是君主立宪还是民主立宪应该就当下情况而言：

> 是不当以理论决，而当以事实决；又不当以他日之事实决，而当以今日之事实决。若吾人之所主张者，则以为今日中国之事实，但能为君主立宪，而不能为民主立宪。此于理无可言，惟据势以断耳。[2]

---

[1] 杨度：《〈中国新报〉叙》，引自《杨度集》，湖南人民出版社 1986 年版，第 209~210 页。
[2] 杨度：《〈中国新报〉叙》，引自《杨度集》，湖南人民出版社 1986 年版，第 210 页。

那么，杨度所谓的"势"是什么呢？是当时世界所流行的被他称作经济军国主义的国家主义和中国面临外部势力的入侵。他把民族主义和国家主义做了区分。民族主义是一个民族自我团结争取民族整合的理念，而国家主义是一个地域内已经融合的多民族形成一个政治共同体。他认为，像中国这样的共同体可以也应该维护其整体性。中国从明朝开始就有汉人与满、回族的共存，在当时只是恰好是汉人做君主而已。从现代意义上说，君主也只是国家机器中的一个部件，他可以置身于各个民族之外。你现在革去这个君主，那它也不是民族主义。民族主义是民族之间对反、互反的主义，是"人民排人民主义"。这可能导致的一个恶果将是舍弃中国固有的蒙、回、藏等地而让列强占领[1]。从世界各国发展看，只有国家主义而非民族主义。民族主义作为目的是宗法社会的事情，现代民族国家其实是国家主义[2]，是多民族的国民国家。杨度有强烈的国家主义理念，即强调国家的整体性、统一性，这种理念与他后来走向"筹安会六君子"不无思想关联。在杨度看来，现代世界本身即是一个诸国家民族竞争的时代："曰中国今日所遇之国为文明国，中国今日所处之世界为野蛮之世界"。他认为，现代民族国家的建立就是因为互相之间的存在和竞争而导致的，这是一种新的"进化"和"文明"，是各个民族的必由之路，但是这个路上充满凶险，因为，彼此独立的过程就是互相争杀、斗争的过程：

  考各文明国之历史，其所以致此文明者，未尝不由于列国并立，外患迫切，非极力以治其内则不足以图存。彼惟以外之野蛮迫为内之文明为其原因，则以内之文明发为外之野蛮为其结果，亦自然之数，无足怪者，此其二也。[3]

  杨度这种思想在当时并不鲜见，许多中国思想家都认为国际社会并未从"丛林原则"中脱身而出。把现代世界看作是战国时代的重演的看法，在20世纪40年代发展为一个重要的思想流派，即"战国策派"。他们在20世纪是另一个最值得关注的国家主义思潮，他们基于当时日本侵略的更具体的民族斗争形势，提出了与自由主义和共产主义的普世性立场均不同的基于国家主义的民族主义理念。他们试图突出的是一个民族个体精神的战斗力和战士精神，因而哲学上具有强烈的唯意志论倾向[4]。他们所反对的"士大夫"是文人官僚的贪婪、懦弱；他们所推崇的"大夫士"是具有武士精神气质的战士。他们所认为的人类历史不过就是

---

[1] 杨度：《金铁主义说》，引自《杨度集》，湖南人民出版社1986年版，第353页。
[2] 杨度：《金铁主义说》，引自《杨度集》，湖南人民出版社1986年版，第373页。
[3] 杨度：《金铁主义说》，引自《杨度集》，湖南人民出版社1986年版，第219页。
[4] 高瑞泉：《天命的没落——中国近代唯意志论思潮研究》，上海人民出版社1991年版，第192~196页。

大一统与战国时代这样的二元循环状态,而在"战国时代",就要发展强悍的战斗的民族主义,而这种民族主义具有明显的国家主义色彩。

"战国策派"的思想来源相当复杂,他们和五四知识分子相一致的是,对中国二千年的官僚制度深恶痛绝,渴望中国的崛起和振兴。但是,他们的特异之处是将批判矛头更多地指向皇权下的官僚和士人阶层。这与自由主义和社会主义者均不一致。更重要的是,他们认为中国衰败导致挨打的一个征象是中国人的精神颓败,它恰恰是皇权制度及其附庸士大夫之所为。"其反复宣扬顺应'革命潮流'和主张集权的反民治倾向,更令不少民主人士感到不安。"[1] 当然,他们的思想也有一些值得我们仔细品味之处。林同济认为,三千多年的中国政治史能够一言以蔽之:由大夫士到士大夫。以秦汉为界,春秋末世到战国时代是过渡转折。秦汉以后是士大夫政治的历史时期。这个分类和分期是我们民族史上的根本性的变革,标志着两种中国政治文化类型和两种中国人格类型的存在。战国以前没有士大夫,战国以后没有大夫士[2]。

林同济把中国历史分为两个阶段:封建时期和大一统时期,相对应于此,即是大夫士和士大夫政治历史两期。"也就是说它是由贵族武士型转变到文人官僚型。"[3]

封建时代的贵族武士一般由世袭而来,存在其固有的弊端。但是,它对中国民族早期的文化发育也有宝贵的贡献,那就是"贵士传统"或"贵士风尚"(aristocratic tradition)的形式。林同济认为,大夫士一贯的条理风尚是"世业"与"守职",其背后的精神支点是"荣誉"。林同济说,荣誉是大夫士的灵魂,在欧西即 Honor,在中国古代就是一个"义"字。在他看来,义就是大夫士的荣誉意识,即极端强烈的自尊意识。

林同济认为,这样来理解古代士人之"义",才能够理解古代士人之"礼"。礼不是迎来送往、揖让客套,而是"荣誉之规""义之规"。离开背后的荣誉意识,"礼"就是后代世人尤其是士大夫的"交际花样"和"入世手术",虚伪而且没有尊严。如果要概括大夫士人格的基本要素,那就是忠、敬、勇、死。这四位一体的人生价值和他们世业的抱负、守职的恒心,就是一种"刚道的人格

---

[1] 胡逢祥:《"战国策"派的历史哲学及其史学实践》,引自高瑞泉主编:《巨变时代的社会思潮与知识分子》,上海古籍出版社 2014 年版,第 290 页。
[2] 林同济:《大夫士与士大夫——国史上的两种人格型》,引自温儒敏等编:《时代之波——战国策派文化论著辑要》,中国广播电视出版社 1995 年版,第 61~62 页。
[3] 林同济:《大夫士与士大夫——国史上的两种人格型》,引自温儒敏等编:《时代之波——战国策派文化论著辑要》,中国广播电视出版社 1995 年版,第 62 页。

型"①。这种大夫士的刚道的人格到后来蜕变为士大夫的"柔道的人格型":讲礼仪、讲面子,孝、爱、智、生四德为先,这是后世的文人官僚求功名利禄的根据和砝码。一言以蔽之,林同济就是在民族主义横决的历史时代,求得中国人人格的刚道品性、力的勇猛,也就是他后来的用词:战士的人生观。

大夫士的或战士的人生观在后来的皇权体制下遭到了毁灭性打击,受到四毒的侵害:皇权毒、文人毒、宗法毒和钱神毒。这四毒之核心还在于皇权与官僚制度的整合与相互依赖。后世的士大夫官僚体系不仅受到皇权威势的胁迫而臣服,而且它也在商人钱神的诱惑下而蜕变:中饱私囊是官僚们的拿手好戏,孔方兄才是他们的宗教②。这是"战国策派"对传统中国政治制度的最严厉的批判。但是这不代表他们向西方的现代性(不管是自由主义或社会主义)学习,他们是文化类型学者,崇尚的是历史循环论的规律。他们认为,历史发展不是线性进步的,他们推崇的是民族主义的精神气质,并视之为历史发展中民族国家存在的根据。对于林同济等人来说,外来文化是一种参照,民族对决才是永恒的标准。根据这种战国时代的民族对决,中国民族需要从本民族中寻找其曾经固有的战斗精神,这是他们所认为的历史使命。因此,雷海宗就是直接从中国古代的兵文化角度来审视文化更新的,适与林同济形成呼应,其主旨意在强调中国在乱世存活即须尚武和尚武精神。

与林同济类似,雷海宗对中国历史的分期也以秦朝为界限。秦以上的历史总有政治的变化,是动的历史,秦以下则是死水一潭的静的历史,这是有兵的文化和无兵的文化的历史之差异。雷海宗进一步推论:没有兵也就是没有真正的国民,也就是没有真正的政治生活③。这样,他和林同济得出了一个相似的结论:中国自汉以下,没有真正的社会组织,只有两种强大的组织,一个是士大夫组织,一个是流氓组织。士大夫都是文弱书生,在乱世政权则落入流氓手中④。历推中国历史变化到今世,雷海宗认为恰是到了最危险的时期:过去时代,中国虽或为异族占领、征服,但是因为中国文化高出四周,故中国不至于灭亡;但是,今天则不同,鸦片战争以后的中国遇到另一个在武力和文化上都高出自己的外来者,它们想同化中国,这是中国历史之最紧急关头。在对中国历史的具体描述层面,是另一种历史观。"在中国历史的分期方面,雷氏着力打破'西欧中心论',

---

① 林同济:《大夫士与士大夫——国史上的两种人格型》,引自温儒敏等编:《时代之波——战国策派文化论著辑要》,中国广播电视出版社1995年版,第66页。
② 林同济:《士的蜕变——由技术到宦术》,引自温儒敏等编:《时代之波——战国策派文化论著辑要》,中国广播电视出版社1995年版,第90页。
③ 雷海宗:《中国文化与中国的兵》,岳麓书社1989年版,第94~95页。
④ 雷海宗:《中国文化与中国的兵》,岳麓书社1989年版,第104~108页。

并按其自身演变的特点，提出了新的思路。"① 因为"西欧中心论"无法解释其他种类的文化现象。

从恢复民族精神层面说，他们还是主张弘扬文武兼备的文化精神气质。雷海宗说，单纯的文德虚伪、卑鄙固然很坏，但是他们也绝不只是提倡一种仅仅重视纯粹武德的文化。在他看来，这样的后果甚至更加危险："我们的理想是恢复战国以上文武并重的文化。每个国民，尤其是处在社会领导地位的人，必须文武兼备。非如此，不能有光明磊落的人格；非如此，社会不能有光明磊落的风气；非如此，不能创造光明磊落的文化。"② 他甚至说，如果不能变革，仍然过两千年以来沿袭的文德的文化，还不如就此亡国灭种，反倒痛快！③ 雷海宗据此给出了三个意见。第一，全民练兵即军事训练为要。第二，调和大小家族问题。废除妨碍国家利益整合的大家族体系，因为家族关系已经成为中国历史之无兵文化的根源。但是，小家庭也需要警惕，因为这里会滋生极端个人主义风气，在这里要用到中庸之道。第三，解决中国历史将皇帝神化但实际上往往群龙无首的问题，要解决新的元首制度问题④。当然，全民皆兵以及公民尚武忠诚于国家是这个设想的重点。

如果说，上面的论述还带有某种中性的表述，即这种战斗的民族主义在当时中国受到外来侵略的时代是完全可以理解的话，那么，在当时"战国策派"受到社会主义者批判的主要就是他们循环论的历史观，即认为从封建时代到战国时代然后到大一统时代是一种周而复始的历史循环。林同济对民族主义做了一个分析：民族主义是一种文化现象也是一种政治主张。作为文化现象的民族主义是因为地域、语言等因素之上的民族认同感；政治主张是这种认同感渴望得到现实的实现，即政治上的整合⑤。但是，林同济认为民族主义也是一种历史形态，是历史循环发展到战国阶段必然出现的一种文化现象。所谓历史循环的文化形态，是指他们借鉴斯宾格勒和汤因比等人的思想构造出来的三阶段性历史文化循环观：人类历史之文化演变重复出现三个阶段——封建时代、列国时代和大一统帝国时代。这三个阶段本身即类似一种循环：封建时代有等级和共主，列国时代则处于彼此分崩离析和互相竞争、倾轧乃至战争灭绝的过程，到大一统则又回复到一个更高的统一时期。这就是说，在一个局部性的文明系统中，各自都有这种历史文化形态的产生，这是一种历史规律。依据这种推理，全球化发展文化交融的过程

---

① 胡逢祥：《"战国策"派的历史哲学及其史学实践》，引自高瑞泉主编：《巨变时代的社会思潮与知识分子》，上海古籍出版社2014年版，第283页。
②③ 雷海宗：《中国文化与中国的兵》，岳麓书社1989年版，第168页。
④ 雷海宗：《中国文化与中国的兵》，岳麓书社1989年版，第168~171页。
⑤ 林同济：《民族主义与二十世纪——列国阶段的形态观》，引自温儒敏等编：《时代之波——战国策派文化论著辑要》，中国广播电视出版社1995年版，第32页。

中，新的世界性文化也会如此。在林同济等人看来，当时的时代情况是：整个西洋文化进入它的列国时代，这样，互相竞争的民族主义就成为一种不可避免的世界现象。

林同济敏锐地看到，近代以来的西方是个体意识和民族意识相反相成的阶段，也是西方走向现代性的历史时期。这两种相反相成的运动态势既是西方社会重建的过程，也是人们寻求心灵归宿或心灵重建的过程。独立之"小我"的证成与个体作为"大我"之碎片的冲突在民族主义旗下融合。在这两种运动冲突融合之下，政治组织的强化变成个人的自觉选择，而政治组织或国家则变成一个实实在在的有强力的实体。由此形成林同济所谓的"大争之世"。"大争之世，其所以为'大'者在哪里呢？曰：争以全体。曰；争在天下。也就是说，战的方法，要动员全民族的人力、财力、智力、文化力。战的归宿，有意无意，都在一种世界性的权力的形成。"[1] 这种民族主义发展到极端，是世界大争，是各个民族一决高下的战斗与搏杀。

林同济上面提到的战国竞争的历史循环和政治组织的强化以及"大力国"理论受到了当时马克思主义者的批评。如汉夫撰文，一方面批判历史循环论，认为历史是向前发展的，当时的战争不是列国纷争，而是世界反法西斯主义和侵略者之间的战争；另一方面指出，林同济等人的观点有可能导向国内统治势力的集权，即在个性潮流和国力潮流的争夺中，推崇集权专制的政府会借机扩张自己的权力，形成对人民力量的压制[2]。

所谓保守主义，从来就是一个相对性的观念，对"战国策派"的论断也是如此。相较于20世纪上半叶的自由主义、社会主义思想，"战国策派"的思想表现出不同的特征。第一，循环论的文化历史观，与进化论形成对照。把民族主义看成是历史中一直存在、乃至于循环存在的意识形态。今天则是它的世界范围内的升级版而已。第二，鲜明的民族主义尤其是主张强力武装、战斗的民族主义精神，也已经有别于孙中山的民族主义理念了。尤其是其中有一部分学者推崇尼采的"权力意志"，因而引发了更多的疑问。第三，忽略社会分析的视角。譬如，既不强调自由主义的个人自由观念，也不强调社会主义的平等思想，则其贵族主义色彩尤其显示其保守主义的内核。

---

[1] 林同济：《民族主义与二十世纪——列国阶段的形态观》，引自温儒敏等编：《时代之波——战国策派文化论著辑要》，中国广播电视出版社1995年版，第40页。

[2] 汉夫：《"战国"派的法西斯主义实质》，引自钟离蒙、杨凤麟主编：《中国现代哲学史资料汇编》第3集第3册，辽宁大学出版社1981年版，第1页。

二、变革中的权威与秩序

讨论20世纪中国的政治保守主义，必须要考察他们对于社会变革时期政治权力的强弱变化的态度、考察他们对社会变革进程中社会秩序变迁的容忍程度，这是保守主义和自由主义、激进主义之间的差异之一。

（一）

政治保守主义是一种关于现代民族国家的想象，其中包含着对于现代中国立国方针的构想。"杨度综合洋务派的富强论与立宪派的宪政论，揭示了西方民族国家之自由民主的国内秩序与弱肉强食的国际秩序的辩证法，全面认识了文明与强权一体两面之西方世界。他的金铁主义以文明与强权的辩证法，因应国族主义与自由主义的双重挑战，揭示民族国家建构的内外秩序原理，进而形成了其建构现代国家的中国现代性方案。"[①] 该方案在立国方针上以君主立宪为根本，意在避免产生最高领导人的位置之争。杨度在《君宪救国论》中提出，国家富强端赖于一国安宁，外无强敌环伺甚至侵袭，内无国家动荡。当时的中国有此两忧。从内部说，争夺大总统就是数年轮回一次的争斗，这个时候国家惟实行专制了。这个时候，只有除去共和一途，回到君主立宪。而且，杨度还正面论说，凡是君主立宪而没有国家不富强的。君主立宪的好处是，人存政举，人亡而不会政息。他在这里的想法有类于康有为的方略：国家需要定于一。如何定于一？国家元首须有一个一定之人，使人们丧失对此觊觎争夺的野心，等于是政治系统的稳定性获得后，使其不动摇，而行政系统的运行方可顺当而为。

> 夫宪政者，求治之具也。乃中国将来竞争大总统之战乱，不知已于何时？后来之事，思之胆寒。方备乱之不遑，而何有于致治？故非先除此竞争元首之弊，国家永无安宁之日。计唯有易大总统为君主，使一国元首立于绝对不可竞争之地位，庶几足以止乱。孟子言定战国之乱曰："定于一"。予言定中国之乱亦曰："定于一"。彼所谓一者，列国并为一统，予所谓一者，元首有一定之人。元首有一定之人，则国内更无竞争余地。国本既立，人心乃安。拨乱之后，始言致治，然后立宪乃可得言也。[②]

杨度的观点与美国政治学家、时任袁世凯顾问的古德诺的看法也有略似之

[①] 高力克：《寻求富强与文明：杨度的现代中国想象》，载于《南京大学学报》（哲学·人文科学·社会科学版）2015年第2期，第63~73页。

[②] 杨度：《君宪救国论》，引自《杨度集》，湖南人民出版社1986年版，第571页。

处。故而，在一定意义上，古德诺作为袁世凯之顾问与杨度的思想形成了联合或同一。即政治合法性创制难，行政施为则相对容易。杨度曾比喻道："创宪政者，如以人力扛火车，使入于轨道，其事至难；守宪政者，如以机器驱火车，其事较易。"① 费孝通在《中国绅士》中观察指出：

> 不幸的是，自从中国的封建结构崩溃以来，政治权力不再永久地在一定的家族内传递，并且至今从未发现过能以和平手段来取得它。我们一直认为，获得政治权力的方式是"手持大棒"，打内战。成则为王，败则为寇。因此，我们不断地碰到暴君。少数人统治着群众。这种专制君主政体并没有因权力的传递和更换而改变。②

因此，杨度一方面思考中国国家的权力机构的形成及其稳定性，一方面思考一般民众个人权利的伸张，试图达到这两个方面的均衡。

简言之，杨度的政治哲学是折中论和时势变异应对论。他在筹安会时仍然强调："至于鄙人宗旨，于'君主立宪'四字，一字不可放松。立宪而不君主，必不足以固国本，鄙人所反对也；君主而不立宪，必不足以伸民权，亦鄙人之反对也。"③ 杨度哲学的另一特点是应时势。他主张君主立宪，与其政治发展的现实主义和情境主义密切关联：根据具体情势的变化做出相应的战略调整——以基本原则为出发点，以可能性的成功为转移的法则。所以，他在误判形势以为袁世凯有机会称帝之时极力主张袁氏"复辟"。

康有为反对辛亥革命的理由与杨度有相类之处。他基本延续了在一个国家中政治文明的习俗性与行政性同一的观念。他认为，一国不论虚实必须有一个君主在，而有君主则又须有君臣之义在，二者皆失，只能走向民主，但这样就会大乱。

> 革命者无论不能割据自立，不能推倒政府也。今假设皆能之，至于是时，立君主乎？则近者大朝旧国，君臣之义，扫地尽矣，况布衣昆弟，同起草昧，而欲人为韩、彭、萧、曹，欲人为徐、汤、沐，谁则甘之，则必无复君主之理。则将立民主乎？④

康有为认定，革命以后，或可割据一时，但是也不能持久，因为，他们必陷于两种状态："一则必乱争于内，一则必吞服于外，二者殆必难免，而亦相因矣。"⑤ 假设能够成功，必然陷入政争，谁也不甘居人下，这时候君主就再也不

---

① 杨度：《君宪救国论》，引自《杨度集》，湖南人民出版社1986年版，第572页。
② 费孝通：《中国绅士》，中国社会科学出版社2006年版，第3页。
③ 杨度：《谈筹安会》，引自《杨度集》，湖南人民出版社1986年版，第593页。
④ 康有为：《救亡论》，引自《康有为政论集》，中华书局1981年版，第654～655页。
⑤ 康有为：《救亡论》，引自《康有为政论集》，中华书局1981年版，第654页。

能存在了，用杨度的话就是"定于一"的可能性丧失了。在革命以后的中国，君主和君臣之义都沦丧之后，则只能实行民主。民主制度在瑞士这样的小国比较容易成功，但是，在中国这样一个巨型的国度实行民主，其结果就是天下大乱：

> 若中国而实行共和政体乎？则两党争总统之时，每次各率一万万男子而相战，不知经何年而后定也，不知死几千万人也。墨国之争总统，乱三百年，至爹士专制，仅安二十余年，而今复大乱。中国处列强环伺之际，其能待三百日乎？①

康有为的《救亡论》写就于辛亥革命期间，其中表现出高度的紧张和焦虑。这一方面源于对民主共和可能导致的秩序破坏的恐惧，他认为，内部秩序的剧烈变革会导致杀人无数、互相敌视的局面。另一个令他忧虑的是他认为，这种内斗会导致政权落入旁人之手。他认为，革命或动荡如果发生在汉初、唐初或元末明初之际的刘邦项羽之间、窦建德李世民之间或朱元璋陈友谅之间，甚至于在太平天国内部的争斗那都不算大问题，因为，那"不过楚人失弓，而楚人得弓，皆中国自主之，不足计也"。②但是，在当时列强环伺的形势下，轻言破坏，则建设实难矣。"岂知一破坏之后，则中国永无建设之日，假有建设，则他人入室，代我为之，而主人为奴，但作印度、安南、缅甸、台湾而已矣。"③最后造成鹬蚌相争，渔翁得利的局面。在列强纷争中寻求一国自立自主，必欲以民族主义立身（用杨度的话即国家主义），同时又要避免民主可能带来的政治动荡。这是早期政治保守主义的思想基石。

（二）

在动荡和变革的时代，寻求政治秩序的建构以及现有秩序的维系似乎是很难兼得的任务，这在政治保守主义者看来，正好是他们的使命所在。20 世纪 30 年代，胡适创办了一份自由主义知识分子刊物《独立评论》。但是，在这些知识分子同仁内部却发生了一场论战。那就是蒋廷黻和丁文江先后发表文章阐述当时中国需要一定程度的"专制"或"独裁"，引发了一场思想界的纷争。虽然从个人的整体态度和理论看，很难简单地将蒋廷黻和丁文江贴上"政治保守主义者"的标签，但是，从他们当时的主张在"三角关系"中呈现出的特质而言，又无疑与政治保守主义思潮同类。

作为一个历史学家，蒋廷黻对于政治现实却表现出一种特别的冷静和旁观的姿态，他说：

---

① 康有为：《救亡论》，引自《康有为政论集》，中华书局 1981 年版，第 672 页。
②③ 康有为：《救亡论》，引自《康有为政论集》，中华书局 1981 年版，第 656 页。

西洋政治制度和政治思想，当作学术研究是很有兴趣也很有价值的，当作实际的政治主张未免太无聊了。愈讲这些制度与思想，我们愈离事实远，而我们的意见愈不能一致。①

在政治后进的国家，许多改革方案免不了抄袭政治先进的国家。在政治状况和历史背景相差不远的国家之间，这种抄袭比较容易，且少危险；相差太远了，且极难而又危险。②

蒋廷黻所强调的事实就是中国在当时是太落后了。落后的原因是中国没有统一，政权不坚固，在这种情况下抄袭西方国家的民主制度会造成前述康有为所料想的情形，结果是革命就只成为徒有其表的装饰，即便是真正的革命家孙中山都在和日本通过各种讨价还价以削弱袁世凯的实力。与康有为不同，蒋廷黻肯定法国革命，但是他肯定法国革命的目的与众不同，他要人们知道，法国革命之所以成就了一个法兰西共和国是因为他们在此之前经历了波旁王朝两百年专制和路易十四的开明专制时代，是那个专制时代造就了法兰西民族及其同一性③。他又借俄国为例来强调专制的历史时期对后来革命以及国家建设的意义：

世人徒知列宁推翻了罗马罗夫朝代，可忽略了这朝代给革命家留下了很可贵的产业。第一，俄国在这三百年内从一个朝代国家长成为一个民族国家，革命就不能有割据的流弊。第二，专制的罗马罗夫朝养成一个知识阶级能当新政权的中核。第三，专制时代提高了俄国的物质文明，使援助白党的外人无能为力。④

蒋廷黻认为一个现代国家的形成需要三个要素：从王朝国家向民族国家的转变；一个政治行政系统的中坚力量的形成；一定程度的物质文明基础。第一条可以保证一个集中统一的民族国家及其公民忠诚的实现，而不是一盘散沙或服从于若干家族、宗教或地方势力；第二条可以保证一个政治和行政运作系统的存在，没有一个知识阶层就不能运转现代政治系统；第三条则是革命或建设的前提条件。蒋廷黻指出俄国革命的前三个优势之后，同时指出中国当时的三个弱势：第一，中国当时人民的公忠不是面向国家的；第二，清廷灭亡，没有留下一个可供政治正常运行的公职群体，即知识阶层同时又是公务系统人员的群体；第三，中

---

① 蒋廷黻：《知识阶级与政治》，引自姜义华编：《中国现代思想史资料简编》（三），浙江人民出版社1983年版，第664页。
② 蒋廷黻：《知识阶级与政治》，引自姜义华编：《中国现代思想史资料简编》（三），浙江人民出版社1983年版，第655页。
③ 蒋廷黻：《革命与专制》，引自姜义华编：《中国现代思想史资料简编》（三），浙江人民出版社1983年版，第671~672页。
④ 蒋廷黻：《革命与专制》，引自姜义华编：《中国现代思想史资料简编》（三），浙江人民出版社1983年版，第672页。

国当时的物质文明太落后了，一起革命就会被外族所利用①。因此，蒋廷黻明确主张在当时中国需要一定的专制与独裁来维系政权的权威、公民的服从，并在此基础上实施国家建设，积累物质文明。蒋廷黻的观察既可以和康有为进行类比，也可以和 20 世纪 60 年代以后美国政治学家亨廷顿所主张的在发展中国家实施政治变革的权威主义作出比较。他和自由主义甚至和社会主义者的共同点是认为中国必然走向现代化社会，但和他们不同的是，蒋廷黻认为在走向个人权利优先和议会民主的政治之前需要一个"训政"阶段。他强调政治系统的专家化、专业化，这当然与社会主义主张的阶级斗争、无产阶级革命和无产阶级专政更为不同。

总体来看，国家主义的整体论和民族竞争论，确立政治权威和避免民主革命导致的动荡是政治保守主义的要义。它与其他现代性观念的共同特点是寻求现代性的价值目标，但是在过程方面则持有较强的现实主义和情境主义的"绝对理性主义"的考量。

三、君主与教主

（一）

保守主义在政治运行方面是政治策略主义，但是这不等于说他们纯粹是政治投机或见风使舵。在政治谋略层面，人们不难发现他们亦有很强烈的价值关怀和必要的理论内核与外缘。在他们看来，传统价值就是这种内核与外缘的统一体。在这方面，中国和西方政治保守主义有着某种共同点。如果我们把托克维尔还是看作略有保守倾向的自由主义者，那么，柏克作为典型的保守主义，他的理论叙述则典型地反映了保守主义对传统价值的认同，尤其在君主论、贵族精神等问题上，与他们的政治理念的保守主义保持着惊人的一致性。柏克说："每个国家都应该有一套风尚体系，使一个教养良好的心灵愿意去享受它。要使我们爱我们的国家，我们的国家就应该是可爱的。"② 柏克在这里说的风尚和可爱当然指的都是对既往存在的重要人物、权力和秩序的必要的尊崇，即绅士和高贵性精神的存在，而且他认为这是经济生活持续的必要条件：

> 我们的风尚、我们的文明以及与风尚和文明相联系的一切美好的东西，

---

① 蒋廷黻：《革命与专制》，引自姜义华编：《中国现代思想史资料简编》（三），浙江人民出版社 1983 年版，第 672 页。

② ［英］柏克著，何兆武等译：《法国革命论》，商务印书馆 1998 年版，第 104 页。

在我们这个欧洲世界里,多少世代以来都有赖于两项原则,而且确实还是这两者的结合的结果。我指的是绅士的精神和宗教的精神。①

柏克所强调的贵族精神和宗教精神亦为康有为、杨度等人所同样重视。这与他的理念有关。就20世纪中国保守主义的类型来说,可以分为政治保守主义和新文化保守主义,他们的一个共同点是都对儒家传统有很深的同情的理解或认同。不同的是,政治保守主义对儒家传统的观念一定是与他们试图维护或建构的社会秩序相联系;人文的或文史的保守主义则更多是对伦理生活的关怀;而新文化保守主义中的哲学家则是对儒家的生命关切之命题有高度的肯认和阐发。康有为对政治秩序的稳定性有特殊的敏感。我们前面讲到"定于一"的问题,这个"一"就是康有为所极为看重的,不管它是实在的还是虚化的,实体的还是精神的,这是一种对向心性、支点等特殊感受的认知能力。政治保守主义和文化保守主义对这一问题的差异仅在于前者必然联系政治稳定性和连续性,后者仅仅是从精神的自足性、根基性和精神活动的自足性上考量,杨度和康有为对儒家思想的制度性功能都有较多的关注。

在政治保守主义者看来,现代政治秩序的成立是有一定条件的,譬如前面曾提及的蒋廷黻所言的三个条件:一个民族共同体、一批知识阶层成为行政系统的中坚和一定程度的物质文明条件。这也成为保守主义看待政治秩序建构的基本条件,只是他们之间略有差异。譬如杨度和康有为都比较强调民众的精神素质,而且他们都强调这种素质与政治架构的内在同一性。但是他们又有一个基于现代性的认知,即现代社会中的人民应该忠诚于国家而不是家族、君主或利益集团,这是他们立场的二元性所致。下面,我们既能看到杨度对礼教之绝对性的批判,又能看到他对发扬传统"国粹"的必要性的强烈认同和呼吁,这二者是相反相成的。

在辛亥革命之初,人们讨论了新刑律和礼教之间的关系。杨度认为,这二者密切相关。但是,杨度对当时一些顽固守旧的人物对礼教的绝对推崇表示了严重的怀疑甚至嘲弄。他说,有的人把礼教看作是天经地义、千古不易的绝对真理,以礼教为人禽之辨的标准。那其他民族和宗教怎么说呢?如果不是如此绝对,那么就是意味着,各国或不同民族都有自家的礼教,中华礼教就不是分别华夷、人禽的标准。原因仅仅在于,"天下必无两种相反之天经地义,不过治民之一政策而已"②。应该根据时世的变化和具体条件来决定实施什么样的教化,一切法律、政治、教育都以此为转移,没有什么是一成不变的。但是,杨度又对国民德性教育倾注了很大的关注,这是保守主义者的基本要求,他也不可能脱离这个规律。

---

① [英]柏克著,何兆武等译:《法国革命论》,商务印书馆1998年版,第105页。
② 杨度:《国家主义与民族主义之区别》,引自《杨度集》,湖南人民出版社1986年版,第529~530页。

1902年杨度在远渡日本往访于日本教育家嘉纳治五郎的时候，曾经有一个对话。嘉纳基本是折中论者。按照嘉纳治五郎的看法，中国已经出现了政府（以守旧主义为主）与民间（大量进步主义者）的对立，如何防止这种对立的扩张是一个重要的问题。① 杨度赞同中国需要公德与私德教育并立的提议，但是，涉及具体的国民精神的教育方向时，杨度认为应该学习日本的变革战略：先由欧化主义，在稳定成型之后再转向本土文化。嘉纳担心的是社会出现骚乱与动荡，但是杨度认为，时下的问题是什么就解决什么，如果动荡不可避免，那也只好接受。

但是，杨度在《〈日本学制大纲〉序》中则抛弃了偏向于以欧化为主要教育方向待成熟以后再转向国粹的主张，转而主张中西交进，二者同化。他认为，在中国形势危急的时刻，欧化西化尚且不可得，回到所谓国粹当然是不可能的。但是，若走日本式道路先欧化再本土结果会怎样？杨度此时认为也不可："以我国今日事势之亟，人民爱国心之不发达，非急求造成最根固之国民以与外人相捍，反尽驱一国之人民崇拜他国，人有万长，己无一善，如狂如醉，至不得目为己国之国民，亦岂有不亡之理耶！"② 欧化是舍己从人而不知其他，沉湎国粹是己非人也不知其他。二者偏于一端均不可取，如果要想没有弊端，就是像日本那样二者兼取，但是不能像日本那样前后相继，而是应同时并取。将西方学术和中国孔孟学说并举同修，两相融贯，这是上策，虽划分为中西两派，但是二者合力并行是当时拯救中国精神的唯一正道③。杨度对中西文化的关系持两相交融并进的态度，所以他在《寄梁启超函》中又说："欲挽青年学生堕落之狂流，必须提倡保存国粹之教育。"④ 因此，也就不难理解他在政治变化形态上的折中立场：袭用西方的立宪民主，但是保留避免全盘颠覆的可能性，实现人心和政治秩序架构的稳定是同样重要的时代要求。

（二）

康有为是个具有高度原创性的思想家，但是他又是以战略家自视的政治家——尽管历史表明他是一个很不成功的政治家。这二者之间的界限就是，思想家可以将自己的思想一锅端出，但是，政治行动家和战略家则不然，后者往往是根据社会历史进展的具体情况再发布适应这一段历史实际的思想和战略。这就是他始终不肯将《大同书》公之于世的原因。因为，他既有对世界、人生的根本性

---

① 嘉纳治五郎、杨度：《支那教育问题》，引自《杨度集》，湖南人民出版社1986年版，第46~47页。
② 杨度：《日本学制教育大纲》序，引自《杨度集》，湖南人民出版社1986年版，第72页。
③ 杨度：《日本学制教育大纲》序，引自《杨度集》，湖南人民出版社1986年版，第72~73页。
④ 杨度：《寄梁启超函》，引自《杨度集》，湖南人民出版社1986年版，第96~97页。

看法，同时又关注不同时段历史发展的阶段性观点，如果这二者不能统一，他只能根据不同阶段阐发自己的理念，避免超越历史阶段导致战略上的失误，这就是他的历史连续进化论的基本观点。他说：

> 夫为治有序，进化有阶，苟不审其序，而欲躐级为之，未有不颠蹶者也。今夫飞船之天游，至乐而神速也，然而挟山谷之野人，置飞船之上，只有坠死，不可见人之妙乐，不审己而遽师之。今全球大地之行民主制而安乐者，只有美国、瑞士。瑞二十二村，与我不相类，即美之始立，不过三百万人，盖亦极小国，而又因于属地无君主，又皆清教徒为之。试问中国万里之大，四万万之民，与美同乎？不同乎？法小于中国十倍，然而乱八十三年，中国民地十倍于法，不应乱八百年乎？欧各国不敢师之，而吾亚洲国乃欲妄师美人，不颠与葡萄小儿慕飞船而纸装之，乃腾跨而坠死乎？①

这种进化观在康有为那里是一贯的，因此，他认为中国革命与民主制度的创建不能不顾中国的历史条件。第一，不能不考虑民众的道德水平。美国清教徒由于信仰宗教而不争权夺利，这是康有为十分关注的一点（尽管后人可以明确指出康有为的误判），也是他急于在中国推行儒教的重要参照原因。第二，不能不顾现实条件。不顾中国的广袤和复杂而遽然实施民主共和，会导致内乱。第三，不能不看政治条件，譬如中国历来有君主，而美国并无君主。这样，在中国的渐进之路就是君主立宪而在辛亥革命之后就应是君主共和，即所谓虚君共和：

> 夫欲明君主共和新制之妙理，则观于立宪之君主而可恍然矣。立宪各国，政体虽有不同，而权在国会内阁则一也，与共和国无少异也。夫既全权在国会，由国会政党之大者组织内阁，故其君主毫无用人行政之权，故宪法大义曰君主无责任，曰君主不为恶，曰国会监督，曰大臣代受责任。夫在天谓之为命，在人谓之为责任，在下接之谓之为代受，在上去之谓之为革。然则代受责任乎，禅让乎，革命乎，名体虽微不同，其实一也。②

康有为强调，重要的在于：君主是一个虚位，这种虚君立宪暗合共和民主之道。这正是 20 世纪保守主义的重要特质：他们一直试图在历史与现实、中国与西方的夹缝中寻求一种中道，一条在他们看来不背离理想设计但是又具有可操作性的改革路径，这构成了他们与自由主义和激进主义的重要分野。

康有为不是纯粹从原则上空谈虚君，而是对此作了详细阐明，他想说明的是，设立一个君主等于是设定一个木偶神位。这个形同木偶神位的虚君，一方面具有避免政党派系之间争夺最高权力的功能，另外它还有很多稳定天道秩序和社

---

① 康有为：《共和政体论》，引自《康有为政论集》，中华书局 1981 年版，第 683 页。
② 康有为：《共和政体论》，引自《康有为政论集》，中华书局 1981 年版，第 687 页。

会秩序的功能，是维系社会心理的重要机制：

> 尝譬论之，君主者如神乎，神者在若有若无之间，而不可无者也。不明鬼神则陋民不悟，故先圣以神道设教，美饰其庙宇，厚费其牲醴香火，率百姓万民拳跪以事之，而不肯稍惜其费、稍客其恭焉。佛、耶、回诸教主，皆托于上帝以临民，而民德以修，岂无故哉？盖明则有政治，幽则有鬼神；鬼神者以无用为用，而亦为大用者也。今世无论何国，苟骤废神道、去迷信，则奸人益横肆而无所忌惮，复何所不至哉。夫神者既以无用而为大用，而天下未能废神，且必立而尊之；然则他日大同，文明既极，或不尊天而废神，今则未至也。不能废君主犹是也。孔子之作《春秋》，推王于天，盖天在有无之间，以无为为治者也。明于是义，可以通欧人立宪君主之制矣。①

康有为认为，不废君主才能不废君道，不废君道才能继续保留社会民众的基本的"迷信"或基本信仰，即政治与天道之间的匹配关系：明有政治，暗有鬼神，其间架是天，天道统摄天地鬼神和人物。康有为反对政治的"祛魅"，而认为必须让老百姓保留尊重、信念、信仰和敬畏，保留各种神秘感。"神"不是人，没有具体的用处，但是，他有大用，那就是保持社会的一体性。君主已经成为神像木偶，也没有具体的用处，但是，它又有很大的用处：维系社会秩序的合法性、合理性。这个合法性、合理性不是通过民众的欲望的满足来落实的，而是通过人们的信仰、信任、信念乃至恐惧等来实现的，这是保持社会团结非常重要的一环。我们在这里可以看出，保守主义都有类似的信念：通过世俗的权威和神圣权威的联结构成社会秩序的一体性架构。很明显，这种理念和自由主义、激进主义的经验主义、理性主义或唯物主义反对神圣权威的态度迥然不同。康有为不迷信，也明白社会进化须扬弃鬼神这个道理，但他认为只有到大同社会，这个问题才可以获得解决。他又说，其他宗教都是托于上帝、鬼神而临民，正是这个道理。否则，世俗的神道废弃，信仰崩溃，奸人横行恣肆妄为，无所不用其极，社会秩序就会彻底坍塌。所以，世俗权威的形式的统一性与天道的一元性有暗合的关系。就是要有人们在现实中尊"神"的体现——君主的存在。它的存在上以配天或神，下有黎民百姓，中间有一个君主，这样一套秩序架构是完整的，社会秩序与政治秩序的稳定性就有了保证。

康有为在民国初年连续发表论著，一方面批评革命的剧烈动荡和礼崩乐坏、群党争夺可能带来的杀伐；另一方面在共和既成的前提下思考如何保持社会制度的连续性、现行秩序的稳定性。他认为，不但政治制度上需要虚君共和；同时还需要精神上的教主——孔子，这就有了建立孔教会的主张。它的根据就是社会秩

---

① 康有为：《共和政体论》，引自《康有为政论集》，中华书局1981年版，第689页。

序的存在需要道德来防止私欲膨胀而生起无休止的争斗乃至杀伐。中国人效法的是美国和法国的革命。但是，美国之所以革命成功是因为有好几个中国不具备的条件，而法国则因为急剧革命陷入社会动荡若干年。康有为看来，美国革命成功而不陷入动荡的理由有四：第一条就是美国的开国大贤们都是清教徒，他们"没有争权位之志，只有救民之心"①。其他几条也跟中国现实有所不同，即美国历史上没有君主、它是一个小国，美国直接移植了英国人的宪法等。对于中国来说，中国历史上有文教即礼教，但是由于革命导致这个维系社会秩序和风俗的礼教或文教正处于毁灭之中，这正是要摧毁共和国所以成立的根基。康有为强调，于今在实现革命之后，要真正实现共和和良政，唯有国人输进通识，崇尚道德。通识是对现代社会的基本知识的了解和把握，而崇尚道德则是共和国的基本条件，因为崇尚道德才能遵守法律，才能有良好的法治观念和责任纪律意识，这样所谓现代政治体系如共和民主才能具体运行：

> 何谓崇尚道德也，孟德斯鸠谓专制之国尚武力，立宪国尚名誉，共和国尚道德，英人勃拉斯著美国平民政治者曰：美人之能运其民主之制也，以有恭敬爱法守法之念也，盖道德与物质之发明，过于政治，而后能成此大业也。无道德法则无能为，今观国者，视政治之结构过重，然政治机制之真价，不在其别有巧妙也，在于其民之风气事势，养其性情，形以法律，与其利害之势而已。②

康有为发挥孟德斯鸠等的理论，认为崇尚道德是政治运行的前提条件，没有道德基础和公民的遵守法纪的基本素质就不能实现政治体系的良性运转。这里涉及几个方面：第一，在革命时期，新法没有确立之前，先顺应旧制即传统的礼教规则秩序；第二，即便在转轨之后也应新旧并举；第三，要上下有度，尊卑有序，保持基本的规则秩序。

康有为指出，美国虽然是共和国家，但是它的民俗遗风却是英国式的，其政治尤其是行政体系也是英式的。日本也效法英国，"新旧并驰，是故进取而又能坚固也。"康有为所谓新旧并驰和进取而又坚固就是指的保持传统的连续性，尤其是旧有的民风民俗（特别是道德风俗和上下尊卑秩序）不能破坏：

> 夫法之不能无弊，穷之不可不变，自然之势也。然旧者有坚固之益，新者顺时势之宜，二者不可以偏废也，故孔子曰：温故而知新。双轮并驰，则车行至稳也。英国之为治也，常新旧并行，其温故者操守极坚，其知新者进行不失，二者相率相制，且前且却各一步而一骤，而得其调和焉，故常守旧

① 康有为：《救亡论》，引自《康有为政论集》，中华书局1981年版，第670页。
② 康有为：《中华救国论》，引自《康有为政论集》，中华书局1981年版，第724页。

而能保俗，而又日更新以争时。夫守旧而能保俗，则国民德性不改，风俗不变，持重不佻，而无颠仆之患。更新而能争时，则国民进趋不后，比较不失，竞争进化，而无败退之虞。

康有为强调政治制度的根基是道德风俗的涵养，改革或革命会造成社会风尚和政治制度的骤变，因此，处于新旧交替的时候，反而不能提倡社会风俗的彻底性改变。在他看来，凡是在制度变革中保持了新旧并驰的就立于不败之地。民主必须避免暴民政治。要应对革命的巨变和道德的沦丧，唯一的办法就是保持道德信仰，这样才能维系社会秩序而不致一片混乱。他说："试问古今天下，幽无鬼神，明无礼教，上无道揆，下无法守，而可以立国者乎？"① 所以，康有为在辛亥革命中坚持他的基本立场，从君主立宪走向虚君共和。他一开始主张的是让孔子的后裔担任君主，一则这只是个木偶神位，不需要才干和军力，只需要荣誉，而孔族是汉族的国粹代表，立这样一个虚君"以无用为用，或可以弭乱焉"；二则，它符合康有为自己所坚持的孔子"素王"的主张，"素者，空也，素王素帝，真虚君也"②。这样的设想符合康有为的两个理念：其一，政治体系和宗教民俗体系是一个同构对应的关系，二者是二元一体的关系，他的这个思想与托克维尔的理念乃至现代制度经济学的正式规则和非正式规则的理论颇有可相通之处；其二，他一直坚持孔子是中国历史上的"无冕之王"，是真正的王，这个王是真正政教合一的君主和主教。他认为，只有这样的政治架构（即便是形式化的）才有利于社会的稳定和秩序的和谐，使社会不至于脱离既成的轨道而成为脱缰的野马。在这个政治设计失败以后，康有为又转向建立孔教。建立孔教还是为了社会秩序的连续和避免动乱，另一个原因则是，孔教可以独立地构成在中国未来政教分离的社会中秩序建构的一部分，它既可以配合政治体系，也可以发挥自己的独立功能。在考察欧美诸国之后，康有为更强调了宗教在民主国家中的教化功能。他逐渐改变策略，试图将儒学宗教化和民间化。在这个过程中，康有为遇到一个东西方宗教的重要差异：西方宗教的最高偶像都是超越性的神，而孔子则只是一个历史上的人物。为此他从两方面解决这一问题，一方面，他将孔子神化，一方面他提升人道教的地位，将之提升到神教同样的地位，甚至将儒学这种人道教提高到超过神主教的更高地位：

或谓各国宗教皆主神道，孔子既不语神则非教主也。

然则谓言神道为教，谓言人道者非教；谓佛耶回为教，谓孔子非教，岂不妄哉。况孔子尊天事帝，无二尔心，明命鬼神，为黔首则，原始反终，而

---

① 康有为：《中华救国论》，引自《康有为政论集》，中华书局1981年版，第710~713页。
② 康有为：《共和政体论》，引自《康有为政论集》，中华书局1981年版，第692页。

知生死之说。精气为物,游魂为变,而知鬼神之情状。乃执不语神之单文,以概孔教之大道,是犹南洋人北地之有冰雪,而疑其无也。岂知孔子弟子传道四方,改制立法,实为中国之教主。①

康有为强调神道是蒙昧初民的创为,近代思想的发展其实是在变革这种思想而逐渐趋向人道,因此,人道教是更高的宗教。孔子虽然不讲鬼神之事,却尊帝事神,有知神人化之功德但做不语默然之修为。孔子弟子出游四方,行化大众,这又是宗教的重要特征,因此,孔教即是人道教。

同时,康有为还强调指出,孔教作为中国历史之政教合一的"宗教",它能提供一种责任伦理。有的人说儒家大义是最重视纲常伦理的,现在改成共和了,君臣关系不存在,儒家的教义失灵了,也就不该传播了。康有为强烈斥责这种论断,不厌其烦地论述,儒家的君臣大义其实是种上下级关系的道义和礼仪上的规定,因此它适合于任何不同历史阶段的各种职能关系,譬如家庭中父子关系、店铺中的雇主与伙计关系等,所以这是天经地义的普遍性规则。康有为上述种种努力,无非就是既要改良,又要持守;在革命的过程中更要道德秩序和社会秩序的稳定。他后期对政治之秩序稳定性的关注、对社会等级的肯定、对礼乐教化的狂热信仰无不反映了一个政治保守主义者的基本信念。康有为认为平等是人的本性、是未来一个社会的理想状态,但现在只是小康社会的建构,维持秩序的连续性是最重要的。他和自由主义、激进主义的价值目标与现实政治战略的分歧于是更为鲜明。

总之,康有为是一个高度关注秩序演进的连续性和战略思考的保守主义者,也可以说是一个高度重视现实环境状态的进化论者。作为进化论者,他和自由主义、激进主义有相似之处;作为崇尚连续性和稳定性的进化论者他又和他们分道扬镳;而同样作为进化论者,康有为分阶段的策略性观念与系统化、概念化的自由主义、激进主义也形成了鲜明的对照。

---

① 康有为:《孔教会序二》,引自《康有为政论集》,中华书局1981年版,第739~740页。

第九章

理性的伦理生活与中道

20世纪中国保守主义最重要的一个分支是文化保守主义。人们常常在不同的语境下使用"文化保守主义"这个术语,我们则倾向于将他们称为"新文化保守主义"。它指20世纪以后在中国知识界与社会上出现的一种社会思潮,主张在基本接受西方现代价值观念的同时大力维系传统文化并且认同传统价值。所谓"新",首先是要将文化保守主义与历史上的"传统主义"区别开来。在任何社会大变革的时代,都会出现"传统主义者"。传统主义者认同传统文化并且恪守传统价值,是一种习惯性的反应,表现为恪守传统而恪守传统,因而常常一味地反对新思想和新观念。中国19世纪末与20世纪初都有这样一些顽固的传统主义者,比如说洋务运动时期的顽固派、维新运动时期的相当一批朝廷亲贵,乃至于新文化运动时期的"复古派",等等。而这里所论的"文化保守主义"不然,它尽管认同传统文化价值,却是或多或少地主张传统文化与现代文化的融合,或者提出中国文化的"返本开新"。因此,他们常常已经拥有了新思想与新观念。其次,要将文化保守主义与通常意义的"政治保守主义"区分开来。当人们使用"保守主义"一词时,通常指社会政治思想的保守。所谓社会政治上的保守,最显著的特征就是强调维持现有社会秩序而反对社会变革。"文化保守主义者"在社会政治立场上则并不一概保守,都提倡社会与政治改造,也并不一概排斥西方文化。较早的"文化保守主义者"中不乏早年积极投身革命(如章太炎),或身为维新运动的干将(如汪康年),后来又转变为文化保守主义的代表。现代新儒家的代表梁漱溟、熊十力与他们亦可谓殊途同归。另外,这里所说的文化保守主义与清末民初的"托古改制派"和"国粹派"也有区别。"托古改制派"以康有为为代表,试图借助孔子的权威来推行"君主立宪",其矛头所向是传统的专制皇权;"国粹派"则利用传统文化或"国学"来对抗清廷的统治,其思想主旨是提倡"反满"的"民族革命"。而我们所说的文化保守主义出现于新文化运动兴起以后,其倡导传统文化的目的实质上提出了在激进主义、自由主义之外的第三种现代性方案。

因此,为了使问题的论述更为明确,我们将从五四时期开始成形的文化保守主义称为"新文化保守主义"。这里的"新"有两重意思:一指它在时间上较为晚出,二指它在思想含义上与前述各种"保守思潮"有所不同。那么,这种不同于前述各种思想派别的"新文化保守主义"的思想特质何在?我们所论列的"新文化保守主义"包括史学家钱穆、陈寅恪、五四时期的"学衡派"、20世纪20年代末至30年代以梁漱溟为代表的"乡治派",以及30年代兴起一直持续至后来的以熊十力、牟宗三、徐复观等人为代表的"现代新儒家"。新文化保守主义区别于前述各种也具有"文化保守"倾向的思想派别,最重要的方面在于:由于所处时代的不同,它具有与上述"文化保守"主张者不同的问题意识;相反,它和五四以降的自由主义者与文化激进主义者却有某些共同的思想关切。但是对此类问题的解答方案却不相同。中国自晚清以来,尤其是民国建立之后,社会结构与政治制度发生了深刻的变动,传统文化随之也发生了根本的动摇,在这种情况下,中国文化的出路何在?是彻底抛弃传统文化,走"西方化"的道路?还是保守传统文化?在这些问题上,新文化保守主义者与当时已占据主流的激进主义拉开了距离,他们主张回归传统,从古典传统再出发来创造"新文化"。

一、理性的礼俗与伦理生活

(一)

向以家族本位为文化基础的纲常名教发起猛烈的进攻,是新文化运动最重要的思想内容,它构成了近代中国"人的解放"的重要一环。但是,文化保守主义之所以被称作保守主义就在于在涉及中国文化的关键问题上,他们与激烈反传统的思想流派的看法迥然有异。其中重要的一点,表现在对中国传统的家族制度和君臣之道,陈寅恪、钱穆、梁漱溟等文化保守主义者都有自己的理解。

陈寅恪认为,中国相比于西方自有伟大之处,这在于它的家族制度、君臣之道以及三纲六纪所代表的家族亲情关系和由此形成的礼俗制度。他在《王观堂先生挽词序》中称:

> 吾中国文化之定义,具于《白虎通》三纲、六纪之说,其意义为抽象理

想最高之境，犹希腊柏拉图所谓 Idea 者。若以君臣之纲言之，君为李煜，亦期之以刘秀；以朋友之纪言之，友为郦寄，亦待之以鲍叔。其所殉之道，与所成之仁，均为抽象理想之通性，而非具体之一人一事。①

中国家庭伦理之道德制度，发达最早。周公之典章制度实中国上古文明之精华。今中国文字中，如伯、叔、妯、娌、甥、舅等，人伦之名字最为详尽繁多，西文则含混无从分别。反之，西国化学原质七八十种，中国则向无此等名字。盖凡一国最发达之事业，则其类之名字亦最备也。②

三纲六纪就是中国人以核心家庭为根基、以家族体系为范围的人伦关系范畴，并同时提升到国家层面，这是十分具体的生活原则和价值规范。但是，在家族制度事实上已经衰落的情境下，陈寅恪没有将它表述为行动规则，而首先将它看成是一种理念（Idea）、抽象的观念，或者说是一种境界。君臣之道与朋友之序都有理想的范型，甚至可以抽象到纯粹观念的理想形态。因此，人们最后感怀的、追恋的、内心深处难以忘怀的是一种"精神"：仁的价值。这个仁的价值可以具体化为种种人伦关系，但是它更是一种精神气质和理念或理想。这就是陈寅恪对中国传统伦常关系与众不同的理解。这是一种人际关系或实践伦理学的精神。

我们知道，陈寅恪对先秦诸子评价甚低，认为诸子在哲学上的造诣不能和西方哲学相提并论。儒家思想主要构成了中国精神的"实学"，哲学与宗教主要是由佛教来提供，佛教构成了中国精神的"精深"，这是今天需要继续发扬的。因为佛教补充了中国的形而上学，即性理学，这是"虚"的精神，亦为中国人所需要。因此，中国人的精神是虚实相间、互相补充的：

中国之哲学美术，远不如希腊，不特科学为逊泰西也。但中国古人，素擅长政治及实践伦理学。与罗马人最相似。其言道德，惟重实用，不究虚理，其长处短处均在此。长处即修齐治平之旨，短处即实事之利害得知，观察过明，而乏精深远大之思。③

至若周秦诸子，实无足称。老、庄思想尚高，然比之西国之哲学士，则浅陋之至。余如管、商等之政学，尚足研究。外则不见有充实精粹之学说。汉晋以还，佛教输入，而以唐为盛，唐之文治武功，交通西域，佛教流布，实为世界文明史上大可研究者。惟其中之规律，多不合于中国人之风俗习惯

---

① 陈寅恪：《王观堂先生挽词序》，引自《陈寅恪学术文化随笔》，中国青年出版社 1996 年版，第 4 页。
② 吴宓：《雨僧日记：记陈寅恪论中西印文化》，引自《陈寅恪学术文化随笔》，中国青年出版社 1996 年版，第 290 页。
③ 吴宓：《雨僧日记：记陈寅恪论中西印文化》，引自《陈寅恪学术文化随笔》，中国青年出版社 1996 年版，第 289 页。

（如祀祖、娶妻等）。故昌黎等攻辟之，然辟之另无济其乏，则终难遏之。①

陈寅恪肯定中国人的实事求是和伦理家族生活的实在性特征，而其思虑不够深邃远大，幸有佛教东来，补足了这个缺憾。佛教本身有与中国文化不同的主张，譬如无父无君之说。佛教性理学为宋明理学所吸收，但是，这种吸收并没有摧毁儒家的祖先崇拜、家族生活等内容。陈寅恪十分肯定地排斥了基督教："今夫耶教不祀祖，又诸多行事，均与中国之礼俗文化相悖。耶教若专行于中国，则中国之精神亡。"② 他认为，基督教的信仰是排他的，这个和佛教完全不同，所以吸收佛教可以补足中国人精神世界中思辨和精神信仰的成分，却不会影响中国人肯定世俗生活的精神特质。基督教则不然，它的信仰的排他性、唯一性造成了二者不能并立更不能包容渗透的特性，譬如不能祭祀祖先一条，在陈寅恪看来，这就会摧毁中国文化精神。佛教则不然：

> 自宋以后，佛教已入中国人之骨髓，不能脱离。惟以中国人性趋实用之故，佛理在中国，不得发达，而大乘盛行，小乘不传。而大乘实粗浅，小乘乃佛教古来之正宗也。佛教于性理之学 Metaphisics，独省深造，足救中国之缺失，而为常人所欢迎。自得佛教之裨助，而中国之学问，立时增长元气，别开生面。③

在陈寅恪看来，佛教传入中国，其实是被中国人部分有选择地吸收的。它的性理学因为其思辨之功能、精神世界探索之功用而被中国人吸收，但是，对它的吸收是建立在我们自己的文化认同和主流价值观之内的，这个主流的价值观就是儒家的礼俗制度。这个制度是实在的但是也是精神的，今天人们用接受西方的机械功利来批评中国传统的虚无，其实是错误的，这就会败坏中国的精神。

在陈寅恪看来，中国人注重实用也有流弊。就是不能深谋远虑，但是，像今天有些人所主张的那样专门图谋功利机械的学理和精神的输入而批判儒家精神是虚的，不讲求实际，那它必然会导致人欲横流、道德沦丧：

> 夫国家如个人然。苟其性专重实事，则处事一切必周备，而研究人群中关系之学必发达。故中国孔孟之教，悉人事之学。而佛教则未能大行于中国，犹有说者。专趋实用者，则乏远虑，利己营私。而难以团结，谋长久之功益。即人事一方，亦有不足。今人误谓中国过重虚理，专谋以功利机械之事输入，而不图精神之救药，势必至人欲横流，道义沦丧。即求其输诚爱

---

① 吴宓：《雨僧日记：记陈寅恪论中西印文化》，引自《陈寅恪学术文化随笔》，中国青年出版社1996年版，第 290～291 页。
②③ 吴宓：《雨僧日记：记陈寅恪论中西印文化》，引自《陈寅恪学术文化随笔》，中国青年出版社1996年版，第 292 页。

国，且不能得。①

陈寅恪想表达的无非是：中国的家族礼俗制度实质是一种精神，不仅仅是一种行为或规范；这种精神十分可贵，因为它是一种理想，是寄托于父子、夫妇、君臣关系之上的一种道德、一种精神、一种可以托付生命的境界。

（二）

新保守主义的另一个重要代表是梁漱溟。梁漱溟在20世纪30年代以后强调东西文化的特点不再是直觉与理智的对峙，而是所谓"心的文化"和"身的文化"的差异，在这一点中包含了科学发展的问题。东西文化的不同也是伦理本位和团体生活的不同，这一点中包含了过去中国有无"民主"的问题。梁漱溟自己在后来总结的时候说：

> 早先我作文化比较研究（如1921年出版之《东西文化及其哲学》），曾把近代西洋文化所长归纳为三点：一科学，二民主，三征服自然利用自然之卓越成就（物质文明）。但后来我变了，喜欢说两点，而不说三点。两点就是团体组织和科学技术。②

梁漱溟的解释是：第一，民主在中国的有无在他那里未定结论，这是他与自由主义或社会主义者的重大差别；第二，团体生活是更根本性的差异，是中西文化源远流长的差别，而民主则是西方晚近发展的较新的成就，不能体现文化的根本性差异。科学技术不同，它是西方意欲向前、向外的发展成果。中国如果没有外来文化的刺激以及我们自己的模仿几乎不可能发展出来，而且就这一点来说，是中西文化身体和心灵两种文化对立的集中表现：一则是理性，一则是理智。梁漱溟所说的中国文化是理性的无对，西方则是人与物的对待，结果造成一个是从心（理性）出发的文化，向人情努力的文化即中国文化；一个是从身体向外用力的态度而成的西方文化，名作"从身体出发"③。这种从身体出发的态度，其实是从"我"出发的，"我"看外界一切都是物，都是对象：身体是争生存的工具，而这争也只是为身体而争。这就是理智的加强运用，这在梁漱溟看来是一种基于本能和为本能所驱动的力量。

理性则不然。梁漱溟认为理性内在驱动的文明是无对的、情感的、感通的，是通过认知人与人之间的义务关系而确定的人际关系。中国伦理本位的优长就在这个地方，这个无对的理性就是人的感情。梁漱溟认为中国传统社会是礼俗社会

---

① 吴宓：《雨僧日记：记陈寅恪论中西印文化》，引自《陈寅恪学术文化随笔》，中国青年出版社1996年版，第290页。
② 梁漱溟：《中国建国之路》，引自《梁漱溟全集》（第三卷），山东人民出版社1990年版，第344页。
③ 梁漱溟：《中国建国之路》，引自《梁漱溟全集》（第三卷），山东人民出版社1990年版，第260页。

替代了封建社会,然后几千年未变。而所谓"礼俗"则出自人心和仁心:"礼俗本来随时在变的,其能行之如此久远者,盖自有其根据于人心,非任何一种势力所能维持。"①梁漱溟认为,礼俗社会的建构原则是孔子基于个体人格的形成原则建立的:"孝子慈父,在个人为完成他自己,在社会,则某种组织与秩序亦即由此而得完成。这是一回事,不是两回事。"②这与将他人作为一个"对象"或"物"来认识和对待的理念不同,即不是西方文化的理智及其运用的理念。但是,西方的人与人、人与物对待的文化发展了科学技术和团体组织,虽然它是基于人我对立的态度然后整合而成的,其中包含着若干中国文化所不具备的一些优良的特质。梁漱溟列举了四条西人所长我们所短的特质:公共观念、纪律习惯、组织能力、法制精神③。西方人因为彼此对立而又须共同生活,故形成了一种集团生活方式,其中的阶级斗争被梁漱溟所不看重,但是它由此构成的国家则是中国人所不逮的。

梁漱溟也清醒地看到,中国的伦理本位的两极性摇摆:或者由于家庭,或者直接到"天下",而缺乏一个中间的有组织的社会生活状态,结果导致我们不能形成一个紧密型的共同体及其生活方式,所以上述由集团生活构成的现代性的优点中国未尝具备。但是,梁漱溟坚持家族生活与集团生活都是人类早期形成的生活方式,没有特别的优劣。而且,中国人的家族生活因此而不主"力",即舍弃争斗的生活样式,"舍力用理"乃是它的长处,同时这也是未来人类发展的方向。梁漱溟认为,中国不一定没有民主,但是的确没有现代西方意义上的民主,这种民主的两个特征就是:平等和讲理。另一点是自由和个体人权的出现。这一套西方文化的共同点就是"承认他人"或"承认他人存在"。中国文化的最大不足就是个人永不被发现④。但是,梁漱溟每每论及中国文化之短处同时就申述,中国文化不是不承认他人,而是承认他人忘了自己,这种文化超越了"承认他人"的状态。中国人也未尝不自由,但是人权自由观建立不起来。伦理情谊导致了我们权利观念的不曾产生,这是从心的文化造成的。

这种理性偏长、理智极短的文化在今天遇到了身体文化的严峻挑战,而且它自己盘旋不进,因此,需要做一个大的转变。梁漱溟认为,身体的文化运用理智开发自然和社会,心的文化运用情感求得社会稳定和自足。但是,人类的生活是依靠理性主导、理智运用做工具共同推进的,这个身体工具性的能力衰弱了,理性也就不复施为了。"因为生命浑整不可分,未有其身体本能既萎弱而理性犹健

---

① 梁漱溟:《中国建国之路》,引自《梁漱溟全集》(第三卷),山东人民出版社 1990 年版,第 119 页。
② 梁漱溟:《中国建国之路》,引自《梁漱溟全集》(第三卷),山东人民出版社 1990 年版,第 120 页。
③ 梁漱溟:《中国建国之路》,引自《梁漱溟全集》(第三卷),山东人民出版社 1990 年版,第 67 页。
④ 梁漱溟:《中国建国之路》,引自《梁漱溟全集》(第三卷),山东人民出版社 1990 年版,第 251 页。

全者。今日的中国人，从某些地方看其理性尚不如西洋人，即为此。"① 中国的伟大在于理性的伟大，吊诡的是，中国的衰弱却在于理性早启而文化早熟。因此，中国需要补身体的文化之课、集团生活之课，但是仍不应废弃理性的指引，因为社会本位是人类的发展趋势。梁漱溟说："今天世界正面临这一历史转折的当口，社会本位的经济势不在远，第一问题即快有交代。"② 这个所谓的第一问题就是一例向前的文化快要转轨了，要从"身的文化"向"心的文化"改变了。中国不可能退回到第一文化，而西方乃至整个世界都要转向第二文化③。因此，现在需要以中国的态度走向现代集团生活并逐步转向理性的生活方式。其实这种态度正是他最初设想的要用中国文化的理性态度引领现代科学和民主的实施，既保留中国文化中仁心的、理性的、情感的或情理的思维，同时好好运用西方发展的科学技术和集团生活方式，并将二者统一起来。

（三）

钱穆是以文史学者名世的文化保守主义者。钱穆认为，文化有内外和大小之分。所谓大小就是指从外向内的过程，从物质世界向精神世界过渡、从人类社会向个体精神过渡的过程，这被钱穆称之为"小生命"；从个人内心逐渐向外扩展，一直扩展到外部世界则是所谓的"大生命"。从里向外的行动、思想是向外的贡献，因为它的贡献大，所以称作"大生命"④。从外向内的过程是生命的"共相"，从里向外的过程是生命的"个性"。文化是精神性的，因此，是大生命，是大生命因此就各有其个性即自己独特的性质与禀赋。这是文化的特点，也可以说这是"心"的特点。人类以群居，此群就构成一个大生命，也就是文化。群的文化就构成该群的精神历史即一种人文性存在。区分人文性与所谓物质性是他分别中西文化的重要特点，以此为基础，他特别强调文化及其传统的民族性、整体性及其连续性：

> 文化传统，便是一部民族生命史。欧洲人有欧洲人的文化，我们此刻称之曰"西方文化"，但内涵各民族，有拉丁、条顿、斯拉夫民族等，各民族间仍然有分别。各民族间的生命都有长时期的历史积累，便成为文化传统。⑤

中国在世界各种文化中呈现出来的最大的特色或个性是什么呢？在钱穆看

---

① 梁漱溟：《中国建国之路》，引自《梁漱溟全集》（第三卷），山东人民出版社1990年版，第309页。
② 梁漱溟：《中国建国之路》，引自《梁漱溟全集》（第三卷），山东人民出版社1990年版，第381页。
③ 梁漱溟：《中国建国之路》，引自《梁漱溟全集》（第三卷），山东人民出版社1990年版，第381页。
④ 钱穆：《中国文化精神》，引自《钱宾四先生全集》（三十八），台湾联经出版公司1998年版，第6~7页。
⑤ 钱穆：《中国文化精神》，引自《钱宾四先生全集》（三十八），台湾联经出版公司1998年版，第10页。

来，那就是"家"和"国"的观念及其历史形态，以及在历史中形成的文化艺术。这是他所看重的文化之精义所在，而不是梁漱溟所看重的中国人和印度人、西方人不同的那个"意欲"或"无对"的心的文化。因此，在文化的认知层面上，作为史学家的钱穆与偏好哲思的梁漱溟、冯友兰等人的概括都有所不同。他的文化概念强调文化的实存层面，而梁漱溟等人更注重文化的气质层面。作为文化保守主义者，像当时许多人一样，他们都将西方文化看成是偏物质的，把中国文化看成是偏精神的。这种观点表示当时的学人对于西方文化的了解仍失之于浮泛，但钱穆认为这是显而易见的，这可以理解为中国民族和西方民族的嗜好不同。这其中最大的不同是，中国的家庭及其传承方式为西方人所根本不具备，这是中国文化的家庭传统和家庭生命。钱穆和梁漱溟他们都关注、重视中国的家庭和家庭制度，但是关注的重心有所不同：梁漱溟关注伦理本位的心的根基，以及由此可能的转化；钱穆关注的是家庭及其制度对人的涵育方式以及人在其中的安乐状况。在一定意义上，他们的运思理路正好相反：梁漱溟看到的是孔学强调个体生命的完满而形成家庭制度；钱穆看到的是家庭为中国人教育个体生长的摇篮。

钱穆认为，中国的一大特点是长期是一个大一统的国家。中国几千年有王朝、有王室，大一统帝国是中国的常道，进而下贯至家庭生活方式及孔夫子所规范的家庭伦理。现在的人艳羡西欧，但是，钱穆却反问：

> 像英法般，较之我们中国，究竟哪个更现代、更合理？我想，我们中国人做人，可做将来世界人一榜样；我们的家庭也可做将来世界家庭一榜样；我们的国家，也可做将来世界国家一榜样。①

钱穆这里指的就是中国历史上长久积存的一种"统一文化"。一般文化譬如在西欧，即便是一个文化也不一定能造就国家的统一：

> 甚至同一民族同一文化在同一地区，地区并不大，而仍不能共同建立一国家，如古代之希腊，近代之西班牙葡萄牙皆是。若要他们建成一大国，则必由武力征服而成为帝国型，如古代之罗马，近代之大英帝国。此与中国之由同一民族同一文化而建成之国家大不相同。②

钱穆认为，世界大同之最大障碍是宗教差异，而中国自古以来就是不同宗教能和谐相处。若欲世界各大宗教融合归一，其合流只有在中国社会中才有可能。③

---

① 钱穆：《中国文化精神》，引自《钱宾四先生全集》（三十八），台湾联经出版公司1998年版，第27页。

② 钱穆：《中华文化十二讲》，引自《钱宾四先生全集》（三十八），台湾联经出版公司1998年版，第73~74页。

③ 钱穆：《中华文化十二讲》，引自《钱宾四先生全集》（三十八），台湾联经出版公司1998年版，第74~75页。

在此判断背后蕴含着对同一性的追求,以及强烈的文化优越感。

钱穆高度评价中国文化涵育了世界上最早的和持续时间最长的民族国家。这是一个遵循着经济、政治、文化三层结构的体系,中国的国家制度遵循着由文化指导政治,由政治指导经济的原则,是由伦理文化为基础构筑的整体性的民族体系。希腊、罗马、中世纪神权国家和近代主权政治都缺乏这种一贯性的道德文化支持①。总之,钱穆特别强调中国政治的优长和特殊性,可以说基本上还是传统的天下观支配着他的思维。今天看来,自然是有所见,亦有所蔽。

与中国的"统一文化观"或"大一统"观念相匹配,钱穆的一般文化观本身就是整体性、一体性的。家、国是中国人实现道德价值和自身完善的场域,是实现教化的阵地,而艺术作为心的文化的重要产物也是文化的重要组成部分,因此,钱穆的文化观相对而论更为宽泛。他说:

> 艺术世界、礼乐世界、道义世界都该属于"心"的世界,也可谓是精神世界。什么叫"精神"呢?凡从个人心里流出来的,便可叫精神。机器世界从科学家心灵创造出来,科学家也可代表一种精神,但机器造出以后,此项精神便没失于物质之内,由是由机器再造机器。不用再花很多精神。人坐在机器旁,服侍那机器,那机器自会活动,在旁的人只要不打瞌睡便行。艺术世界不同,须不断要从心灵中创造出来。学唱学画、一笔一钩、一声一字,须懂得要从心灵中流出。画家一幅画,作曲家一部曲,代代流传,不断临摹,不断演奏,前代后代,此曲此画之内在精神则依然存在,这就是精神世界。②

钱穆"精神世界"和"心"的概念的外延显然超过梁漱溟以及冯友兰的概念。他把人的内在精神创造出来的产品都看作是文化,这是广义的文化,当然也是社会学家、历史学家比较认可的文化。与有些哲学家强调文化的精神内核是哲学理念,往往把精神和精神产品作为内核的衍生品不同,在钱穆那里,他毋宁更重视这些产品本身的文化意义,而不是心灵本身的问题。所以,他也一直在说身生活、心生活,但是这个心生活与梁漱溟的心大不同。换句话说,钱穆的"心"就是"心生活","心生活"就是精神世界的所有创造物,所以器物、制度、艺术都为他所看重。不过,相对于文化艺术,钱穆将道德精神的传承看得更重,而道德涵养层面的安身立命则是人人需要、也是人人可以做到的,这就是中国人安身立命的所在。换言之,中国人只能在自己的传统文化中安身立命。他说:

> 什么叫"文化"?简言之,文化即是人生,文化是我们"大群集体人

---

① 钱穆:《文化学大义》,引自《钱宾四先生全集》(三十七),联经出版公司1998年版,第49页。
② 钱穆:《中华文化十二讲》,引自《钱宾四先生全集》(三十八),联经出版公司1998年版,第60页。

生"一综合体,亦可说是此大群集体人生精神的共业,此一大群集体人生是多方面的。如政治、经济、军事,如文学、艺术,如宗教、教育与道德皆是。综合此多方面始称作文化。故文化必有一体系,亦可说文化是一个机体。等于人之一身,耳用来听,眼用来看,五官四肢内脏各部各有各的作用,而合成为各人之生命。所以文化是多方面的人生,定要互相配合成为一体,不能各自分开独立,否则便失掉了意义。①

这种大文化观决定了钱穆所认定需要传承的文化传统就是家国道德和文史文化的一体性的大传统,这是他和作为哲学家群体的现代新儒家的差异。因此,钱穆对中国文化的热爱也不同于现代新儒家秉承道统和价值承担责任的理论关切,他的关爱、认同是基于对整个中国文化的眷恋和钟爱。他的文化观与现代新儒家相比有较强的经验主义色彩,它基于历史文化经验,也表现出强烈的价值关切。

二、新文化保守主义的方法论

新文化保守主义在"古今中西"之争中不是简单的守旧,而是希望在本土文化中寻找现代基因,构成继续向前的基本条件。可以说他们绝大多数实际上都是秉持着调和古今中西的方案。

(一)

我们先讨论梁漱溟。梁漱溟在《东西文化及其哲学》中提出:在当时中国人应该采取的态度,第一,要排斥印度的态度,丝毫不能容留;第二,对于西方文化应该全盘接受,而根本改过,这个所谓的根本改过就是对它的行事的态度要改一改;第三,批评的把中国的态度拿出来②。梁漱溟认为,中国和印度文化的态度没有问题,即持中的和向后的心态没有问题,但是时机不对,用他的话说就是"成熟太早,不合时宜"③。顺天需要在征服自然的束缚之后,屈己让人也要在个性伸张之后,在解脱种种权威的约束、束缚之后,运用直觉也要待论理的精神发达、完善被充分运用之后。西方文化是沿着一种自然顺序展开的,它会在第一条道路走完后自然或被迫转向第二条、第三条路向;中国、印度都不然,因为自身文化的特性,其态度是超前的,而且这种超前的态度之顺从性、自然性使其不可

---

① 钱穆:《中华文化十二讲》,引自《钱宾四先生全集》(三十八),联经出版公司1998年版,第80页。
② 梁漱溟:《东西文化及其哲学》,引自《梁漱溟全集》(一),山东人民出版社1989年版,第528页。
③ 梁漱溟:《东西文化及其哲学》,引自《梁漱溟全集》(一),山东人民出版社1989年版,第529页。

能转向与自然对抗的方式。在梁漱溟看来，当时中国西方的落后和先进都是根本上决定于文化差异。因此，梁漱溟坚决主张中国文化的变革。他认为陈独秀向旧派人物的发问即"孔子的真精神到底是什么？"问得不错，因为旧派人物实在自身学问根底空乏，他们是真的回答不了；同时，更是因为新派所提倡的民主与科学实在确当，无懈可击，就是我们中国当下所应该全盘接受的。他说：

> 其实这两种精神完全是对的，只能为无条件的承认；即我所谓对西方化要"全盘承受"。怎样引进这两种精神实在是当今所急的；否则，我们将永远不配谈人格，我们将永远不配谈学术。你只要细审从来所受病痛是怎样，就知道我这话非激。①

简言之，梁漱溟欲取西方文化的科学与民主改革中国的文化，认为中国文化中的"人生或生命态度"要改变一番地重新拿出来，这是一种很吊诡的调和。不仅如此，梁漱溟虽信佛教，但当时却认为那种出世的哲学精神完全不能应用到现实中来。因此，他要在孔子思想中找到一个带动中国人从持中的意欲转变为向前意欲的精神，这就是孔子的"刚"。但是，这个"刚"的向前是中国的而不是西方的，这个向前是非功利的，而不是计较利害得失的。在梁漱溟看来，西方文化有很强的动力性，但表现为功利的计较，这是不对的。不计较利害是中国人的真精神，梁漱溟把这个真精神称作"理性"。在他看来，中国文化是真正理性的文化，西方文化则是理智的文化，中国的理性文化高于西方的理智文化。梁漱溟显然对西方科学尤其近现代科学何以在西方产生和发展并无深切的理解，对科学家从事科学研究的非功利态度没有体会，同时又对中国文化中追求实用或功利的倾向估计不足。因而其中西文化的理论本质上是一种评价。

在梁漱溟看来，将文化分为物质精神的说法不是根本性的，反而陈独秀那种绝对的、决然的否定全盘的看法才确能看到中西文化上之根本不同②。在这个意义上，梁漱溟与陈独秀、胡适等西化派一样，都是文化整体主义者，或者说他们都以格式塔心理看待文化。但是，犹如前面所说，梁漱溟的文化观毕竟与他们不同，他一方面意欲改变中国原来那种不向前的姿态，同时又试图保留"不讲功利"的态度。梁漱溟通过重新解释孔子式儒学来表达这样的文化观：孔子的"理性"之中有向前的精神，这个向前的精神是理性的，既是德性的，又是理智的，所以是能动的。他试图以孔子的"理性主义"涵摄理性与理智的两种品格。

---

① 梁漱溟：《东西文化及其哲学》，引自《梁漱溟全集》（一），山东人民出版社1989年版，第533页。
② 梁漱溟：《东西文化及其哲学》，引自《梁漱溟全集》（一），山东人民出版社1989年版，第334~335页。

（二）

与梁漱溟喜好对文化作哲学的解释相比，钱穆持守一个史学家的本职，对中国文化的研究更多地从历史事实出发。

钱穆文化研究的重点在强调中国文化的特殊性或不同类型特征，强调不同文化各有其自足的本质。他区分了文化和文明的不同：文明的属性是物质的，可以传播，可以模仿；而文化是精神的、是生命的，须自本自根，从自己内部生命中培植生长。譬如电影艺术中，电影器械、放映器材等是属于物质技巧方面的，属于文明；而编剧、导演、演员表演方面则是文化的，是精神的，是跟自己的文化生命直接相关的，是从文化生命中流溢出来的。二者就必须截然分开，不能混为一谈。放到国家政治层面更是如此，也就是说，文化精神不可以简单模仿。因为都是各自有根的，根脉不同，源流不同，不可能照抄照搬。

> 若使中国也如罗马帝国崩溃前夕之北方蛮族般，自身本无甚深的文化基础，只凭自己精力来接受外面文化陶冶，这比较尚简单；然亦得经历西方中古时期一段又长时间之演变，才有近代西方文化之光采发越。不幸近代中国人，早已不是一蛮族，排去旧的，接纳新的，不全是精力问题，还需要高度的理智。能疏解，能诱导，始可逐步转进。若今天般单凭短视的势利眼光，把中国的一笔抹杀，西方的盲目接受，那真谈何容易？[①]

在钱穆看来，文化类型之不同导致文化发展的底蕴完全不同，欲使其简单西化是根本不可能的，只能是在现有基础上作一转进。在这一点上，钱穆的思想方式是理性主义或现实主义的。所以，他说欧洲蛮族入侵西欧以后，即便他们自身没有什么文化积累却仍然经历了漫长的中世纪的涵化过程，中国这样有几千年历史的文明古国当然更不能全盘西化。

钱穆不否认中国现在的落后及其改进的必要，但是他同时也认为西方也在走下坡路。在这一点上他的看法与梁启超在《欧游心影录》中的描述相似，表现出对西方资本主义走向帝国主义的忧惧；同时又与马克思主义者认为资本主义必然走向帝国主义而且必然衰落的看法相接近，虽然他整体上不接受马克思主义理论。他认为，今天资本主义帝国主义都是西方文化的结果，帝国主义面临崩溃的边缘，其基本证据就是当时殖民地的逐步瓦解。而全世界逐步接受西方文化的另一个后果则将是世界纷争的更加严重[②]。他把达尔文的进化论、唯物主义学说都

[①] 钱穆：《文化学大义》，引自《钱宾四先生全集》（三十七），联经出版公司1998年版，第74页。
[②] 钱穆：《中华文化十二讲》，引自《钱宾四先生全集》（三十八），联经出版公司1998年版，第98~99页。

看作是唯物偏向或物质偏向和斗争偏向，他认为这都不是文化及其发展的根本。文化是七个要素的综合：经济、政治、科学、宗教、道德、文学、艺术，核心则在于宗教道德层面。物质生活的提高不是文化发展的重要表征，物质生活仅在于让人吃饱穿暖，科学技术的发展和人生关联很少①。显而易见，他对科学技术改变社会生活条件，进而引起意义世界的改变，没有充分的估计。

钱穆对个人主义和个人自由也持强烈的批判态度，他认为个人自由的膨胀是西方文化之推崇力量、外倾的必然后果。西方近代的科学发展、自由追求和世俗化的肉体化导致从中世纪对神的无限追求转向对功利、利益的无限追求。自由的无限性本来是天国中的目标，现在转到尘世之中。而中国人自古就没有精神无限伸展的强烈追求，也没有走向世俗化的文艺复兴。中国文化的"历史性"特征，加上缺乏上述西方人的精神无限性、现实自由欲望和极度的权力意志，导致中国文化没能发展出西方科学②。

显然，西方文化的长处和病根在一起，中国文化的缺失中也含着自己的特长。除了对中国文化史的描述，他的物质精神二分、自然人文二分的信念也支持着他的思想。但是，面对中西现实的各有短长，中国现实落后被动的情形，钱穆也提出了融会贯通的观念。他说，虽然说中国文化重人文、西方重自然，但是人文也是脱胎于自然的，人文也是自然。中国人的天人合一正支持这种人文自然的统一观。如此，在钱穆看来，以西方文化改进中国文化也便成为可能。他说：

> 在此等观念与意识之下，我认为中国文化里尽可以渗透西方文化来，使中国文化更充实更光辉。并不如一些人想法，保守了中国固有之旧，即不能吸收西方现代之新。似乎大家总爱把一切事业作相反对立看，不肯把此等相反对立作互通合一看。所以我们中国所讲"执两用中的中庸之道"，此刻应该大大地再阐明。③

钱穆的"西方文化渗透观"凸显了他的内心世界中以中国文化为根基融合吸收西方文化的企图和宏愿，这和西化派用西方思想彻底改造中国文化或部分文化保守主义者实现中西对接有着明显的差异。总体来说，钱穆的"理性主义"主要体现在两个方面：第一，是他的整体性或群体性、有机论的文化观；第二，是他的思维方法上现实、理智的文化融合观。他的理性主义带有特殊主义的倾向，即把历史传统相对固定化、合理化，民族性、团体性和历史性构成了他的文化观的

---

① 钱穆：《文化学大义》，引自《钱宾四先生全集》（三十七），联经出版公司1998年版，第39~43页。
② 钱穆：《文化学大义》，引自《钱宾四先生全集》（三十七），联经出版公司1998年版，第116页。
③ 钱穆：《中国文化十二讲》，引自《钱宾四先生全集》（三十八），联经出版公司1998年版，第146页。

突出色调。

（三）

当时实际上活跃于新文化运动的，还有吴宓、梅光迪、胡先骕等文学家。他们将美国白璧德的"人文主义"（Humanism）学说引入中国，并以其为基本立场参与到当时的文化论争中，这就是著名的《学衡》派。这一派人以"论究学术，阐求真理，昌明国粹，融化新知"为宗旨，持有的是和钱穆等史学家相类似而与哲学家们不大相同的一种方法论。前面提到的哲学家如冯友兰、牟宗三都讲人文主义有一个寻根的过程。虽然他们承认极高明而道中庸，但是，首先确认有高明一路，也就是在人性中有超越的天道或神性。文史学家们则大多不具有这种类似信仰性的关切，但是，他们与主张新文化的人群秉持追求人的个性解放、思想自由和功利诉求的自由主义和社会主义者又有所不同。他们相信人的道德追求更加重要，乃至于偶尔也用神性一类的辞藻，但是，他们并没有哲学家那样的一种信念，即认为理性是生命的主宰，将人的道德涵养最终推到天道层面。他们大体上秉持一种二元论的立场：人生是一种训练过程，人的感性存在方式有其冲动奔放的要求，但是，这种要求必须要有节制，依据理性内在的规律性把握调节感性生命的冲动而最终成为一种习惯。这与白璧德的核心思想有关。"'内在制约'（inner check）是白璧德'人文主义思想'最核心的概念。""白璧德更进一步郑重强调，人文主义者由于认识到人的内心是一个能够实施'控制'（control）的'自我'，并有另一个需要'控制'的'自我'，他对人生的态度必然是'二元论的'（dualistic）。"① 因此，他们反对现代化论者张扬个性、伸张生命的感性欲望自由、同时反对武断的文化革命论。如果将他们和现代新儒家相比，现代新儒家认为中道是心性的本真状态，但是中道之于白璧德的弟子们则是自觉的理智的恪守，是情操问题。

近代以来，在西方思想界，人文主义和人道主义几乎成了同义词，但是白璧德则要分辨二者的区别，扭转这种混同的趋势。他说："凡人表同情于全人类，致信于将来之进步者，而其所信仰者，即可谓之人道主义。""盖人道主义几重智识与同情之广被而不问其他。"② 但是，人文主义则与此有大不同，它重在选择之要，同时又含有同情，是"一种曾受训练而能选择之同情"。"是故奉行人文主义者，与人道派适相反，视其一身德业之完善，较之改进全人类为尤急。虽亦

---

① 张源：《从"人文主义"到"保守主义"：〈学衡〉中的白璧德》，上海三联书店2009年版，第55、58页。
② ［美］白璧德著，徐震堮译：《白璧德释人文主义》，引自孙尚扬、郭兰芳编：《国故新知论——学衡派文化论著辑要》，中国广播电视出版社1995年版，第22页。

赋予同情，然必加之以训练，节之以判断。"在白璧德看来，如果说古代希腊罗马人有失于严苛的话，那么近代文艺复兴以来的人道主义则严重伤于感性的解放。"今之学者，亟应研究昔时人士如何选择主要之科目，以与宗教之成分融合，而成为一种训练。"即研究现代学者的生存方式与古代君子人格的统一。白璧德将之归结为古希腊哲人之"一与多"的平衡，"人心欲保持中和，则于一贯 Unity 及多端 Pluraity 之间必持精当之平衡"①。在"一"的普遍、神性、规律、规则和"多"的特殊、众性、自然等之间寻求一种平衡，这也是吴宓后来所严格秉承的运思路径。

因为白璧德与杜威的实验主义势同水火，杜威的中国信徒胡适持批儒的立场，因此，《学衡》派引白璧德的话为孔子学说正名：

> 近人每自命为实验主义者，今当正告之曰：彼古来伟大之旧说，非他，盖千百年实在之经验之总汇也。故孔子之学说，不宜仅以其生后二千余年之影响而判断之，须知其学说实为孔子生前数千年道德经验之反影也。②

白璧德认为，传统中国的优越性恰恰在于以道德理念为立国之基础，它既非西方近代那样的自然主义，也不是印度式的宗教，而是注重人际关系的伦理。因此，孔子教育中的繁文缛节与修身无关，尽可删除，但是中国传统学问中的修身大义，则必须要保持。中国的文艺复兴运动，不能盲目信奉西方的流行学说（譬如功利主义）过深而忽略道德。吴宓对白璧德的这种主张做了充分的解释和发挥：以一与多、天理与人性的争战与调适为最终的调和目标。吴宓说：

> 主张人性二元论者，以为人之心性 Soul 常分为两部，其上者曰理（又曰天理），其下者曰欲（又曰人欲），二者常相争持，无时或息。"欲"为积极的，"理"为消极的。"欲"常思行事，而"理"则制止之，阻抑之。③

当然，吴宓在当时所发表的论述中最违逆新文化运动潮流的是他极力支持"孔教"和"旧道德"，因而自然就被视为"复古"派④。至于道德实践的方式，吴宓归纳了三种：克己复礼、行忠恕和守中庸。这三者都很重要，但是，守中庸为吴宓的中心观念。他说，精神等于理智加情感，"故凡人行事，既为心情之所安，复为理智之所许，则始有精神之乐与实行之勇。""由是，幸福等于精神的和

---

① [美]白璧德著，徐震堮译：《白璧德释人文主义》，孙尚扬、郭兰芳编：《国故新知论——学衡派文化论著辑要》，中国广播电视出版社1995年版，第23~31页。
② [美]白璧德著，胡先骕译：《白璧德中西人文教育说》，引自孙尚扬、郭兰芳编：《国故新知论——学衡派文化论著辑要》，中国广播电视出版社1995年版，第45页。
③ 吴宓：《我之人生观》，引自孙尚扬、郭兰芳编：《国故新知论——学衡派文化论著辑要》，中国广播电视出版社1995年版，第165页。
④ 张源对此问题从翻译研究与思想史结合，有颇具说服力的论述，见张源所著《从"人文主义"到"保守主义"：〈学衡〉中的白璧德》，上海三联书店2009年版，第225~235页。

谐，等于理智与情感（头脑和心灵）的协调。"① 这样人的精神追求其实是一个合体，而不是一个纯粹精神的向往或纯粹物质的贪婪。中庸为中道，中道就是中和：

  中庸者，中道也，常道也，有节制之谓也，求适当之谓也、不趋极、不务奇诡之谓也。过与不及，皆不足为中庸。②

  如前述之（1）宗教家（2）浪漫自然派，皆各趋一端而非中庸。盖一重天命而专务精神灭罪，一重物性而徒事纵欲任情，漫无止所。故结果不良，而惟其间之人文主义，犹笃信中庸之道也。③

吴宓的中道或中庸思想针对西化论者们的论调而来，是对当时的功利主义的反击。他们的中庸或中道思想不仅代表了理智与情感的调和，也同时代表了当时主张中西合璧的中庸思想或中道思想。因此，可以看出：中西会通是20世纪文化保守主义者的主要命题。如果说现代新儒家的人文理性是生命的内在的纯粹的"理性"即"平和清明"的心灵的真正展现，那么"学衡派"的人文理性则是自觉的理智和省察，是生命之反省和审慎的结果。

（四）

我们在讨论激进主义思潮的时候，曾经说20世纪90年代重新"发现"了杜亚泉。之所以说是"重新发现"，是因为在相当一段历史时期中，杜亚泉都被视为是反对革新的保守派。90年代，随着《杜亚泉文选》的出版，包括王元化、高力克等对杜亚泉思想的再评价，杜亚泉开始以不同的面貌出现在世人面前。王元化说："把杜亚泉看作是一位反对革新的落伍者，这种误解要归之于长期以来近代中国历史上发生的急骤变化。近代历史上的每次改革都以失败告终……百余年来不断更迭的改革运动，很容易使人认为每次改革失败的原因，都在于不够彻底，因而普遍形成了一种越彻底越好的急躁心态。在这样的气候之下，杜亚泉就显得过于稳健，过于持重，过于保守了。"④ 在20世纪中国保守主义者中，他更注意其理论的方法论辩护。用杜亚泉借用德国佛郎都的概念就是"接续主义"，这个概念本身具有一种理论上的标志性或有一种哲学方法论的意义在内。杜亚泉以个体的存在为比方。每个人的生存都是一个连续性的存在，不可能一生的事情

---

① 吴宓著，王岷源译：《文学与人生》，清华大学出版社1993年版，第92页。
② 吴宓：《我之人生观》，引自孙尚扬、郭兰芳编：《国故新知论——学衡派文化论著辑要》，中国广播电视出版社1995年版，第170页。
③ 吴宓：《我之人生观》，引自孙尚扬、郭兰芳编：《国故新知论——学衡派文化论著辑要》，中国广播电视出版社1995年版，第171页。
④ 田建业等编：《杜亚泉文选》，华东师范大学出版社1993年版，第4页。

在一天之内毕其功于一役，因此，连续性是人生的一个常规。换句话说，每一天都是昨天的继续，都是明天的开始，因此人生是连续的，不是间断的。连续性包含了理智的筹划，不能"今朝有酒今朝醉，明日愁来明日当"。这是个人立身之本，推广于家庭、社会乃至于国家皆可[1]。不过，"接续主义"的主要意义是政治性方案。它表示的是开进与保守的统一。"政治秩序的失范，成为早期民国政治最深刻的危机。杜亚泉对这种激进与保守的对抗之局，以及由此加剧的政治秩序整合危机深怀忧虑。他以西方现代化经验为历史借镜，借取德国学者佛郎都的'接续主义'，而力倡进步与保守相调和的政治接续主义。"[2] 第一，接续主义自然是开进的，但是开进而无保守，则国家基础可能动摇。因此，保守是免于"纷更"的保守，不是复古。第二，对国家在动荡过程中的传统尚未彻底中断者，予以必要的维护，需要特别注意断而未断的地方。另外，强调对于已经断裂的地方需要修复，"为不接续之接续"。民主国家比较君主国家更要注意接续问题，因为总存在着政权更迭的情况。杜亚泉针对接续的方式提出的是道德的方案。他认为，政治家之道德是国家是否断裂或连续的根本，当然政治家之道德也是个人的道德，因此，道德的涵养是国家政治的要点，是维护政治秩序不致翻云覆雨的条件。后者的肆意颠倒则会导致国民的道德坠落，而国民道德坠落，则国家更加破裂衰败，这构成了一种恶性循环。在道德问题上，与陈独秀等激烈反传统的主张不同，杜亚泉采取的也是如后来《学衡》诸公般的东西调和论。"杜氏伦理调和论的一个基本观点是：道德的根本原则（如仁爱）是普遍而永恒的，它并不受时代和地域的限制……现代中国的道德建设，仍宜阐扬光大仁爱的传统"，实现"标准于旧道统，斟酌于新道德"的道德综合[3]。

　　杜亚泉的接续主义首先和柏克的思想十分接近，自不待言。他和亨廷顿的情境主义也有类同之处。亨廷顿虽然标志为情境主义，但是，他实际上重视的是政治变革的连续性。譬如，他认为民主化进程的开放会导致社会动员、参政热情的高涨、参政机会的敞开等，但是，这也可能会导致政治失控，所以必须把握适当的平衡。社会与经济的现代化对政治和政治体制的影响有：传统社会与政治集团的瓦解、对传统权威忠诚的削弱、传统体制解体导致心理上的崩溃与反常等[4]。他说："产生政治混乱并非由于没有现代性，而是由于要实现这种现代性而进行

---

[1] 杜亚泉：《杜亚泉文存》，上海教育出版社2003年版，第13页。
[2] 高力克：《调适的智慧：杜亚泉思想研究》，浙江人民出版社1998年版，第17页。
[3] 高力克：《调适的智慧：杜亚泉思想研究》，浙江人民出版社1998年版，第47页。
[4] ［美］塞缪尔·亨廷顿著，张岱云等译：《变动社会的政治秩序》，上海译文出版社1989年版，第40~41页。

的努力。"① 因此，社会动荡是现代化的必然产物，但是，避免不必要的动荡造成的损失和伤害是需要政治家考虑的问题之一。

接续主义和情境主义在认识论上是一种"中道"或"中庸"哲学。它既是政治选择的理性方案，又是个人乃至社会道德建设的路径，甚至是一种文化的气质，它构成了文化保守主义的重要特征。

（五）

综上所述，新文化保守主义者提出保守传统有其现实问题的考量。他们与当时的自由主义者和文化激进主义者一样，都关注中国社会与政治问题，而且也与五四新文化运动初期的"新思潮派"一样，主张中国问题的解决须从文化以及思想启蒙做起，但他们认为全盘西化或者"西方化"无助于中国问题的解决。所以近二十年学术界可以说实际上有两种启蒙的言说，新文化保守主义也是中国现代启蒙运动的一脉，与反传统一脉构成了对手。中国到底需要何种文化？如何进行中国的社会与政治改革？在这些原则问题上，新文化保守主义者与西化派的不同不仅体现在思想主张方面，还体现在改造中国社会与政治的具体思路方面，其重要之点是：与自由主义和文化激进主义注重政治体制的改革甚至通过政治革命来改造中国不同，文化保守主义者主张从传统文化的复兴入手，来达到中国社会问题的解决。在他们看来，传统思想是中国文化的"源头活水"，中国社会与政治各种问题的解决都须从浇灌这"源头活水"做起。用梁漱溟的话说，中国好比一棵"大树"，"近几十年来外面有许多力量来摧毁它，因而这棵大树便渐就焦枯。……所以现在趁这老根还没有完全朽烂的时候，必须赶快想法子从根子上救活它。""将来中国新文化的创造，也正和这棵新树的发芽生长的情形是一样，这虽是一种譬喻的话，可是道理却很切当。"② 可见，通过复兴传统文化来实现对中国所有问题（包括社会与政治问题）的一揽子解决，才是新文化保守主义者之"保守"传统的出发点所在。

具体来说，作为一种社会思想而非狭义的文化观念，新文化保守主义者的思想主张表现在以下几个方面。

首先，他们认为中国问题的解决须从文化做起。新文化保守主义者认为中国的种种社会与政治问题其实都是在文化上出了问题，因此，中国问题的解决也就要从中国文化这个根子上抓起。梁漱溟说："中国的老道理是站得住的"，"无论

---

① ［美］塞缪尔·亨廷顿著，张岱云等译：《变动社会的政治秩序》，上海译文出版社1989年版，第45页。

② 梁漱溟：《乡村建设大意》，引自《梁漱溟全集》（一），山东人民出版社1989年版，第612页。

是政治、经济，……什么组织构造，通统以乡村为根，以老道理为根，从此开出新道理，救活老民族"①。学衡派也对五四激进派主张全盘摧毁传统文化的态度不以为然，如柳诒徵宣称："今日社会国家重要问题，不在信孔子不信孔子，而在成人不成人，凡彼败坏社会国家者，皆不成人者之所为也。苟欲一反其所为，而建设新社会新国家焉，则必须先使人人知所以为人，而讲明为人之道，莫孔子之教若矣。"②

其次，他们认为传统文化并非一成不变，必须加以改造以适应现代社会的需要。新文化保守主义者以提倡与维护传统文化（尤其是儒家思想）为特征，但这不意味着他们完全恪守传统；相反，他们认为中国的传统文化也必须变革，以顺应时代的变化。如梁漱溟提出中国文化是不同于西方文化的"另一种路向"，但同时强调中国传统文化必须"转变"。他说："中国文化将要有一个大的转变，将要转变出一个新的文化来。""所谓创造新文化即从旧文化里转变出一个新文化来。"③ 而现代新儒家像牟宗三等人更是将如何从传统的"内圣"开出现代政治的"新外王"作为政治哲学思考的内容。

再次，他们主张中西兼融。中国的新文化保守主义者不仅强调传统文化的返本开新，而且力主吸收外来文化，尤其是西方文化。与传统主义者或张之洞式的"中体西用"论者意识到西方文化代表一种新的价值观而加以拒斥不同，新文化保守主义者普遍认同西方的人文主义理想与民主政治理念。如"学衡派"就将美国的"新人文主义者"白璧德的思想作为其重要的思想观念来源之一。而梁漱溟也不讳言对西方文化的吸纳，如他谈到他的"乡村组织"理论即代表"中西具体事实的沟通调和"时说："历史迫着我们往西变，同时也迫着西洋往东变，我往西变，他往东变，两方就沟通了，调和了。"④

最后，有强烈的社会与政治关怀。虽然强调文化的重要，但新文化保守主义者关注的首先是社会政治现实。像梁漱溟这样的不满足于"坐而论道"的文化保守主义者之致力于"乡村改造运动"是众所周知的。即便是注重于讨论文化与学术问题的"学衡派"，其背后的现实关怀仍然是社会政治而非其他。如吴宓在《论新文化运动》中所说的：

> 但所虑者，今中国适当存亡绝续之交，忧患危疑之际，苟一国之人皆醉心于大同之幻梦，不更为保国保种之计，沉溺于淫污之小说，弃德慧智术于

---

① 梁漱溟：《乡村建设大意》，引自《梁漱溟全集》（一），山东人民出版社1989年版，第614页。
② 柳诒徵：《论中国近世之病源》，引自孙尚扬、郭兰芳编：《国故新知论——学衡派文化论著辑要》，中国广播电视出版社1995年版，第152页。
③ 梁漱溟：《乡村建设大意》，引自《梁漱溟全集》（一），山东人民出版社1989年版，第612页。
④ 梁漱溟：《乡村建设大意》，引自《梁漱溟全集》（一），山东人民出版社1989年版，第665页。

不顾。又国粹丧失,则异世之后,不能还复;文字破灭,则全国之人不能喻意,长此以往,国将不国,凡百改革建设皆不能收效。①

可见,不是白话文本身,也不是某些具体的学术观点之分歧,而是担心新文化运动会加深国家与民族的危机,才成为国粹派在新文化运动中不惜欲"挽狂澜于既倒"与"新思潮派"相抗衡的真正目的所在。

除此之外,我们发现,新文化保守主义者还具有其他一些思想特点。就思想类型与思维方法上看,新文化保守主义者有偏爱人文文化而轻视科学文化、崇尚价值理性而贬低工具理性的取向。不但《学衡》派明显如此,杜亚泉也从早年积极介绍现代科学转变为对西方科学技术持反思的态度。至于梁漱溟,则虽然不明言反对科学,但对工业化却深恶痛绝。并且,他们的思维方式倾向于追求终极善并试图从文化入手来对社会政治问题作一种"根本的解决"。

在社会历史观上,新文化保守主义者通常反对线性的历史进步观和社会进化论,主张历史多元论甚至于历史循环论,而且尤其强调中国文化的特殊性格与中国历史发展的独特性问题。就对传统文化与儒学的理解来说,新文化保守主义者认同的是先秦儒家而非后来的儒家,故他们着力发挥的是先秦时期的孔子和孟子的思想,甚至有以孔孟思想来批评后来的儒学(包括宋明理学)的倾向。在这点上说,新文化保守主义者不是一般意义上的传统文化之提倡者,更不是文化上的"复古主义者"。

总之,在社会政治思想与文化观念上既不同于"五四"以来的自由主义与文化激进主义,同时也迥异于传统主义或政治保守主义,这是自"五四"以来的新文化保守主义作为一种社会思潮而被人们重视的原因。我们曾经说过,从某种意义上看,20世纪中国自由主义、激进主义和保守主义的核心价值领地分别是自由、平等和秩序,但是,他们都不是截然排斥另外两种价值,只是重心不同、排序不同,或者思想体系的着重点有异。从对"秩序"的观照来看,文化保守主义或新文化保守主义关注传统的礼俗价值,但却不是像康有为那样从政治秩序和社会秩序视角而是从家庭和个人生命修养的角度来看待,实显出这一思潮的人文向度。

---

① 孙尚扬、郭兰芳编:《国故新知论——学衡派文化论著辑要》,中国广播电视出版社1995年版,第8页。

第十章

文化保守主义的哲学基础

一、理性主义对抗经验主义

（一）

20世纪的中国保守主义以文化保守主义为主体，文化保守主义者或新文化保守主义者很多是哲学家，即便不是哲学家也对哲学有着浓厚的兴趣，这多半是因为"哲学"在20世纪享有着崇高的地位，而这一派人物颇"像笛卡尔的认识论传统、特别是以康德为基础的唯心主义传统把思想实体化"[①]。我们把它大体界定为理性主义和二元论者。理性主义者以学院和民间的哲学家为主体，即我们前面所说的一元论者；二元论者大体是文史学者，譬如《学衡》诸老和钱穆这样的史学家。他们对抗的是以实证主义为主体的一元论者，我们把它称作经验主义者，尤其是以胡适为代表的自由主义学者群体[②]。胡适的实验主义在当时的学术界影响巨大，与进化论一道成为中国思想界当时重要的思维方法和理论指南，影响遍及自然、社会科学界乃至史学界，譬如顾颉刚等人的"疑古史学"，他们也

---

① ［美］理查德·罗蒂，黄勇编译：《后哲学文化》，上海译文出版社1992年版，第9页。
② 社会主义者以唯物史观为思想理念核心，更是一元论的，其实也是经验主义的，实用主义的经验主义者在学界和思想界影响巨大，而唯物主义者在社会群众中传播甚广。保守主义大体在思想上与这两派人士是有严重分歧的，讨论的对手也是他们，但以胡适实验主义为主。

是保守主义的主要辩论对手①。

文化保守主义的理性主要是道德理性，因此牟宗三有时候称之为"道德理性主义"，有时候又叫"道德理想主义"，这二者几乎是同一的。牟宗三说：

> 此怵惕恻隐之仁心何以又是理性的？此所谓理性，当然不指理论理性，即逻辑理性而言……这个仁心之所以为理性的，当从其抒发理想指导吾人之现实生活处看。仁心所抒发之每一理想皆表示一种"应"之命令……这个理是从怵惕恻隐之心发，所以是"天理"。天理即是天定如此之理，亦即无条件而定然如此之理。自其为公而无私的，正义的，客观地言，它是一个有普遍性之理，即它是一个普遍的律则。②

这种以道德理性为根本旨归的哲学当然与科学主义的思维方法形成激烈的冲突。双方的论战贯穿于20世纪，"科玄论战"则为重要标志。文化保守主义对科学主义的批评从梁漱溟的《东西文化及其哲学》即已开始，"科玄论战"其实只是一次集中爆发。但是论战双方的深度较浅：后来真正代表玄学的哲学家熊十力尚未发表其《新唯识论》，而玄学派真正要批评的胡适，也并未深度展开其哲学论述。

胡适对实验主义哲学的介绍主要限于詹姆士和杜威，内里主要是西方传统哲学的理性主义的思维方式，但字里行间锋芒所向的却是中国传统思想和传统文化观念。胡适对詹姆士实验主义的三重意义做了系统的阐释，包括方法论的实验主义、真理论的实验主义和实在论的实验主义。方法论的实验主义重点是"要把注意之点从最先的物事移到最后的物事；从通则移到事实，从范畴（Categories）移到效果。"③ 他认为詹姆士对传统的理性主义哲学进行了激烈的抨击和讽刺，认为他们都是在玩弄辞藻和名称，不切实际。他引用詹姆士的话认为理性主义哲学：

> "宇宙的道理即在名字里面，有了名字即有宇宙了。（参看中国儒家所论正名的重要，如孔丘董仲舒所说。）'上帝'，'物质'，'理'，'太极'，'力'都是万能的名字。你认得他们就算完事了。玄学的研究，到了认得这些神通广大的名字可算到了极处了。"他这段话挖苦那班理性派的哲学家，可算得利害了。他的意思只是要表示实验主义根本上和从前的哲学不同。实验主义要把种种全称的名字一个一个的"现兑"做人生经验，再看这些名字

---

① 在这些方面和社会主义者辩论的则是自由主义者，保守主义的争论多集中于胡适的实用主义哲学。
② 牟宗三：《道德的理想主义》，吉林出版社集团有限责任公司2010年版，第20~21页。
③ 胡适：《实验主义》，引自《胡适哲学思想资料选》，华东师范大学出版社1981年版，第57页。

究竟有无意义。①

在他看来，玄学或形而上学都是玄幻无实的名称空谈，只有在现实中验证的确凿的事实才是真实的实在，这便是实验主义的根本方法，由此来规定事物的意义、观念的意义乃至一切信仰。一个观念就像一张支票，上面注明它的可兑现的效果，如果大自然见了这个支票即刻就能兑现那这个观念就是真的，否则就是假的。信仰的意义要放置在人生实际中观察，两种争执的学说如果对人生的实际影响没有分别，那就说明都是废话。② 对于所谓真理观，胡适也直接挪用詹姆士的学说："凡真理都是我们能直接消化受用的；能考验的，能用旁证证明的，能稽查核实的。凡假的概念都是不能如此的。"③ 真理要能稽查核实，真理的功能在于做经验的"摆渡"而不是静态的和实在的符合。这种真理观叫做"历史的真理论"（Genetic Theory of Truth）："所谓真理，原不过是人的一种工具，真理和我手里这张纸，这条粉笔，这块黑板，这把茶壶，是一样的东西；都是我们的工具。"④ 所以，像三纲五伦、天圆地方，就相当于工具的更新，历史上曾经被人们信奉过，时过境迁，不能再应对现实，便不得不被废止。所以胡适的价值观是与进化论密切联系着的历史主义的。

詹姆士为胡适提供了真理观，杜威则为他提供了科学研究的方法论。杜威认为经验是知识，同时还是方法和工具、是应付环境的法子，这些思想为胡适深深服膺。詹姆斯和杜威的实用主义在哲学上有重要的意义，但是，它的产生有其特定的历史环境因素，如果抛去这些具体性而将之普遍化也会产生新的问题。胡适在接受实用主义哲学的时候就似乎没有作出必要的省察，而将其作为一种全新的哲学同时又是对付中国传统思想的一个重要武器。这个武器就是杜威的实用主义，因其具有民主和平民主义色彩，正好是对付贵族化、知识化、专业化和社会等级化的最有力量的工具之一。这个工具就是不把"知识"抽象化、绝对化并成为少数上层人的专利，所以胡适在这里引用并加以引申：

> 杜威说："知识乃是一件人的事业，人人都该做的，并不是几个上流人或几个专门哲学家科学家所能独享的美术鉴赏力。"从前的大病就是把知识思想当做了一种上等人的美术鉴赏力，与人生行为毫无关系；所以从前的哲学钻来钻去总跳不出"本体""现象""主观""外物"等等不成问题的争论。现在我们受了生物学的教训，就该老老实实承认经验就是生活，生活就是人与环境的交往行为，就是思想的作用指挥一切能力，利用环境，征服

---

① 胡适：《实验主义》，引自《胡适哲学思想资料选》，华东师范大学出版社1981年版，第58页。
② 胡适：《实验主义》，引自《胡适哲学思想资料选》，华东师范大学出版社1981年版，第58～59页。
③ 胡适：《实验主义》，引自《胡适哲学思想资料选》，华东师范大学出版社1981年版，第59页。
④ 胡适：《实验主义》，引自《胡适哲学思想资料选》，华东师范大学出版社1981年版，第61页。

他，约束他，使生活的内容外域永远增加，使生活的能力格外自由，使生活的意味格外浓厚。①

胡适所介绍的哲学自然有其一定的时代意义，但是当他把对实用主义的信奉和当时流行的生物进化论等思维方式一并不加消化地吸收时，就形成了他的一些庸俗化的倾向，即知识和日常生活的混同，精神的取消，生物本能和经验的混杂，等等，这就暴露了其哲学之弱点，也为其理论对手提供了大量口实。

胡适在杜威那里接受的另一个重要的思想是科学研究的"五步法"：

> 杜威论思想，分作五步说：（一）疑难的境地；（二）指定疑难之点究竟在什么地方；（三）假定种种解决疑难的方法；（四）把每种假定所涵的结果，一一想出来，看那一个假定能够解决这个困难；（五）证实这种解决使人信用；或证明这种解决的谬误，使人不信用。②

在胡适看来，杜威的五步法，其核心是第三步即"假设"，这一步承上启下，后面两步是求证，这样就构成了"大胆假设"和"小心求证"的两步法。其验证的方法还是通过生活实践看这种理论及其构想对实际生活有没有用处，"人生实际的事业，处处是实用的，处处用效果来证实理论，可以养成我们用效果来评判假设的能力，养成我们实验的态度"③。问题是，这个效果指的是什么？就是人们生活的满足？生活的满足就是物欲的享受？人们的精神生活在哪里？人生的意义是否就是追求"生活"的满足？这些问题胡适并没有给出切实的答案，这正是20世纪的保守主义者们对此质疑、责难的地方。

（二）

经验主义在欧洲的出现其实应该是人类思想史的一个重要成就，它对独断论尤其是宗教对人类精神生活的垄断是致命的冲击。中国自严复开始逐渐接纳经验主义和进化论的思维方式。但是经验主义有一个共同的倾向，那就是对人类精神世界保持高度的怀疑，而20世纪初经验论者通常对进化观念保持一种机械的认同。我们通常说，经验主义是自由主义的哲学根基，甚至于现在人们一讨论西方保守主义的时候就会提到洛克、休谟等人。但是，近代西方自由主义还有一个哲学源头是康德。康德为人类精神世界保留了一个地盘，没有将道德的自由意志归于经验范畴。中国的文化保守主义大体上接近于康德的二元论，但是，他们在思想上是复杂的，是对简单的怀疑主义和美国经验主义蜕变到中国后的效验主义表

---

① 胡适：《实验主义》，引自《胡适哲学思想资料选》，华东师范大学出版社1981年版，第70~71页。
② 胡适：《实验主义》，引自《胡适哲学思想资料选》，华东师范大学出版社1981年版，第73页。
③ 胡适：《实验主义》，引自《胡适哲学思想资料选》，华东师范大学出版社1981年版，第79页。

示了极大的反感。

从严复开始，中国的自由主义者即与哲学上的经验主义有某种同盟关系，同时也分享着不同程度的怀疑论。严复以下，从胡适开始到其他经验主义的信徒在当时倡导新文化冲击旧观念的科学信仰的引导下，更有一种怀疑论的狂热。丁文江说：

> 存疑主义是积极的，不是消极的，是奋斗的，不是旁观的。要"严格的不信任一切没有充分证据的东西"，"用比喻和猜想来同我说是没有用的"，所以无论遇见什么论断，什么主义，第一句话是："拿证据来"。①

这种对于人生哲学层面的"拿证据来"的说法令崇尚人文主义的思想家完全无法接受，徐复观后来对此进行了激烈的抨击：

> 治学中的怀疑精神与思想中的怀疑主义，是不可混为一谈的。任何诚恳治学的人，一定会有怀疑精神。但怀疑主义，则即使在西方的思想史中，也只不过是不重要的小支派。稚晖先生漆黑一团的人生观，乃是不可知论，怀疑主义的大胆地结论。这与科学无关，因为从漆黑的人生观中产生不出科学。把怀疑主义的人生观，在中国与科学结合在一起，这是中国科学发展中的最大不幸之一。这也是为什么胡适先生这样地崇拜西方文化，但他连对西方的文学、史学也一无所知的最好的说明。②

人文主义对经验主义批评的另一个方面，就是认为"科学"在科学主义者手里的使用不是真实的而是虚妄的，是党派性质的即对人不对己的党同伐异。梅光迪曾就此进行抨击：

> 今之国中，时髦学者，亦盛言科学方法，然实未尝知科学方法为何物，特借之以震骇非学校出身之老儒耳。故其为学也，毫无审慎与客观之态度，先有成见，而后援引相合之事实以证之，专横武断，削趾就履。彼之所谓思想，非真思想，乃诡辩也。彼之所谓创造，非真创造，乃捏造也。又以深通名学，自夸于众，然其用归纳法，则取不完备之证据，用演绎法，则取乖谬之前提，虽两者所得结论，皆合于名学原理，而其结论之失当，无可免也。牛门（Cardinal Newman），约翰亚当斯亦曰："人乃运思之动物，非运思合当之动物也。"（Man is a reasoning animal）。故彼等所欲证明者，皆可证明之，以自圆其说，而倡其根据成见不合真理之伪学。③

---

① 丁文江：《玄学与科学——答张君劢》，引自《科学与人生观》，辽宁教育出版社1998年版，第179页。

② 徐复观：《纪念吴稚晖先生的真实意义》，引自《中国知识分子精神》，华东师范大学出版社2005年版，第77页。

③ 梅光迪：《论今日吾国学术界之需要》，引自孙尚扬、郭兰芳编：《国故新知论——学衡派文化论著辑要》，中国广播电视出版社1995年版，第142页。

梅光迪的议论直指胡适。在梅光迪看来，胡适的科学方法强调审慎和客观，但胡适只是拿着这顶光鲜的学院派的帽子吓唬未曾受过系统科学训练的人们，这种思想的目的和出发点就不是真正客观的，因此他的审慎、客观都是用来约束别人的而不是拿来自己用的。基于私心自用的企图，所谓演绎法、归纳法都使用得未免有些荒唐。

中国保守主义同西方保守主义一样，不是顽固派或单纯的守旧主义，因此他们对科学以及科学方法并非一味拒斥，在特定范围内还有所推崇。不过，就如康德的划界一样，文化保守主义通常不认为科学能够毫无限制的应用于人生。尤其是对德性的提升和对所谓宇宙"真理"的体悟，文化保守主义者更是有自己的系统理论。不管偏向于心学还是偏向于理学，他们大多认为，人生的道理是一种智慧，它和宇宙"大道"相统一；自然界和人类社会大体处于现象界，超越这一界限，科学就无能为力了。在"科玄论战"中，张君劢努力说明精神科学与物理科学之不同，"心灵"的问题非简单的决定论可以解决，即人的自由意志非普通的科学所足以探明的。张君劢因为强调直觉主义而使问题暧昧不明，后来熊十力、冯友兰在这个方向上作了更多的理论澄清。

熊十力指出："科学的心理学，其方法注重实测，其解释心理现象以神经系统为基础。若站在科学的立场来说，余固不须反对。然或以为心理学之观点与方法可以发明心地，余则未知其可。"① 与胡塞尔对心理主义的拒斥相似，以唯识学为其哲学来源之一的熊十力虽然严格区分科学与哲学（又与胡塞尔迥然不同），但认为心理学不足以认识人的心灵，尤其是不能为道德哲学提供可靠的基础。他认为，运用实际测量的方法观察人的心理活动，不是不适当的，尤其是从人类心理现象本身还保留有动植物的生活机能与直觉、本能等活动性来看更是如此。但是，人类之特有的"仁心"是心理测量的方法达不到的："如所谓仁心，则唯有反己体认而自知耳，诚非实测术所可及也。"② 心理测量方法是对形气体貌的实际观察、测度，这是对动物世界的有效方法，对人的躯体机能层面也是有效的。但是人与动物界有一个不同，那就是人的"仁心"，这是动物界所不能达到的。动物只有知觉，实质就是动物蔽于形气，人类的"仁心"则是超越形气的桎梏，而与天地万物同体，这是人类的"高级心灵"，是心理测量方法永远无法企及的③。他提出哲学心理学以纠科学心理学之弊。哲学心理学就是中国传统的默识体认。熊十力还提出了一个"思维术"的方法，即所谓：

    直任明睿的思维深穷宇宙体用，动然旷观，毋滞一曲，须会其全；毋妄

---

①② 熊十力：《体用论》，中华书局1994年版，第220页。
③ 熊十力：《体用论》，中华书局1994年版，第220~221页。

推度，要必有据。久之，体用透彻，而心之所以为心，有其源，有其关系，皆无复疑矣。若不明起源，则以心当作实体者，将超脱现实世界以养其神，而流弊无穷。①

熊十力的"新唯识论"虽然持"心本论"的立场，但其本体论是非实体性的，因此心物都非实体，心物相互依存。但是一般经验科学测度外部世界的方法不能全面应用到心灵的深层，只能达其表层而已。这是熊十力对以具体科学来审视心灵问题的回应。他还更一般地论及这个问题。他认为当时的提倡科学方法的人士把科学之向外求理的路径走得太过、太死，不了解生命之真谛和中国哲学探究这一问题的真实途径。哲学和科学的对象不同，领域也不同，因此治学的精神和方法也相应地不一样。科学的方法旨在"向外求理"，认为玄学是"虚悬与糊涂"，但是，中国哲学重在体认，没有内外之分，当然这是从体认大道的层面来看的。个体与宇宙是融摄的而不是分别的，因此非体认不可。也就是说，外部观察的和技术测量的方法与中国哲学对人生的体认方式存在着巨大的差异。熊十力的《新唯识论》虽然写作于"科玄论战"之后，却是对科学派与科学主义的有力反弹。

这涉及生活智慧。我们知道，在胡适那里，人生就是一种以经验应付环境的"活法"，实际生活就是寻找如何活得好的各种努力，真理就是我们的认识是否有效，也无所谓本体或别的存在形态。在新儒家那里恰好相反，人生不同于外部世界，人生的根本是智慧，是自我反省后的觉悟，通过它也只有通过它我们才有可能对这个世界的"本质"有所认识，科学却并不能达到这一点。对于生命和世界本体的考察，在熊十力是"体认"，在冯友兰则是"觉解"。他认为，人异于禽兽，是因为人有知觉灵明，这是根本性的差别，而人的知觉灵明包括科学层面的认识能力即知识能力，但是它又不限于此，它的这种能力有认识人自己本性的能力，即古人说的"尽心尽性"。

所以，照上所说，我们可以为，有知觉灵明，或有较高程度的知觉灵明，是人所特异于禽兽者。旧说人为万物之灵，灵即就知觉灵明说。知觉灵明是人的心的要素。人将其知觉灵明，充分发展，即是"尽心"。

或问：科学家研究科学，是否亦是发展其心的知觉灵明，是否亦是求尽心尽性？于此我们说，科学的知识，虽是广大精微，但亦是常识的延长，是与常识在一层次之内的。人有科学的知识，只表示人有觉解，但觉解只是觉解，而不是高一层的觉解。所以科学家虽研究许多事物，有许多知识。但仍是在上所谓梦觉关的门限之梦的一边。所以科学家研究科学，虽事实上亦是

---

① 熊十力：《体用论》，中华书局1994年版，第222页。

发展其心的知觉灵明，但他对于求尽心尽性，并无觉解。普通研究科学者，多不自觉其研究是发展其心的知觉灵明，即不自觉，所以于其作此等研究时，他是在梦觉关的梦边，而不是在其觉边，还是在无明中，而不是在明中。用海格尔的话说，他发展其心的知觉灵明，是"为他的"而不是"为自的"。所以他研究科学，虽事实上亦是发展他的心的知觉灵明，但对于他并没有求尽心尽性的意义。所以他虽可对科学有很大的成就，但不能有圣人所能有的境界，如本书下文所说者。①

冯友兰认为，哲学的特征就在于它不是常识的延伸，哲学是反思性的认识。科学是思想，而哲学是思想的思想，或者说是第二序的思想：

  我们可以说：有科学的格物致知，有哲学的格物致知。此二种的格物致知，其所格的物，可同可不同。但其致的知则不同。科学的格物致知，所致的知，是与常识在一层次上的知。哲学的格物致知，所致的知，则是高一层次的知。科学的格物致知，不能使人透过梦觉关。而哲学的格物致知，则能使人透过此关。②

这样，哲学和科学的界分就比较清楚了，无论是冯友兰还是熊十力都在个体的觉悟上讨论哲学。熊十力更加强调在中国传统的体认和默会自识上或者就是纯任思维直下通彻天地，而冯友兰则重在心灵的自我反省和对宇宙之理的认识及其在此认识基础上的升华，但他们都截然分开了哲学与科学的边界。

后来唐君毅则综合了他二人或者是处于他们之间，他说：

  自哲学上言，则人欲成其生命存在之升进，则首赖于有一以自觉心灵，统此一切概念思想知识之哲学。人有此一哲学，即更助成其自觉心灵之恒居于统此一切概念思想知识之地位，而对此一切概念等，自由地平等地，加以运用，而存之或废之；亦知其皆可存可废，而不以自限。此自觉心灵，又不只可统此概念知识思想等，亦可于其自觉吾人相继而生之其他活动时，自觉此诸活动与其所对之境物之相继而现；并可以一切可能有之活动与境物，视之为其自身之可能的所对，亦表现其自觉之能之所在。由此而本此人之自觉心灵，以观人之一切活动，与其所对境物，即皆可通之为一体；而整个之人生宇宙，皆可视为此自觉心灵所感、所知、所觉之境。此即哲学中唯心论所以为人之循哲学之路，以求其生命存在心灵之超拔升进，恒必经之一关之故也。③

第一是要有心灵的反思性自觉，在冯友兰看来这是人类所独有的特征；第

---

① 冯友兰：《贞元六书》，华东师范大学出版社1996年版，第544页。
② 冯友兰：《贞元六书》，华东师范大学出版社1996年版，第545~546页。
③ 唐君毅：《生命存在与心灵境界》，河北教育出版社1996年版，第810页。

二，在唐君毅看来，人要体认宇宙本体并通过自觉心灵遍周万物，这亦似熊十力的思维术。而所谓"通为一体"即受儒家"万物皆备于我"或"万物一体"的体察之影响所致，也有类于冯友兰的"大全"。当然，冯氏的"大全"是一个哲学性观念，而全体具有实在性，但它们均是经验论所极力否定的所谓抽象无法验证的"东西"。

胡适在1939年曾经批评中国传统的理学：

> 五百多年（一○五○～一六○○）的理学，到后来只落得一边是支离破碎的迂腐，一边是模糊空虚的玄谈。到了十七世纪的初年，理学的流弊更明显了。五百年的谈玄说理，不能挽救政治的腐败，盗贼的横行，外族的侵略。于是有反理学的运动起来。①

胡适认为，明清之际和清代几个做朴学功夫的思想家顾炎武、戴震等人开始致力于破坏心性玄谈和不近人情的理学观，建设新的知识方法。但是，从上面我们看到，现代新儒家正是传承的宋明儒学，他们所致力的根本不是知识，而是生命的智慧。从他们的角度，胡适对心性之学的批判难以成立。

二、人文理性主义的新建构

中国自近代引入西方哲学以来，接受了很多西方哲学的概念，尽管后人批评它是一种"反向格义"，但是实际上中国哲学家也从中做了自己的调整，譬如"理性"概念。对于这个含义极为丰富而又复杂的重要概念，现代新儒家在诠释和借以建构自己系统的理论过程中，作出了独特的贡献。"理性"在康德那里辨析为纯粹理性和实践理性，或者说理论理性和道德理性。这样就将对知识的肯定和对道德的昂扬做了区分，这能够和亚里士多德乃至柏拉图的哲学达成一致。但是，这样的区分放置到中国就很困难了。中国的德性学说在宋明儒那里有程朱理学的"理""天理"，但是，这种将内在生命的德性探求和外在知识的寻求结合起来的做法在儒家内部就是不统一的，心学一系对此进行了激烈的批评。而且这一点其实在孔子那里找不到源头：以一种理性的普遍性设定来规定人的道德实践行为，并非孔学的传统。孔子是随处指示、点化或者最多给予某种否定，从而让人在否定中得到一丝正面的"讯息"，此所谓举一反三。近代中国的新儒学又遇到了这个问题，梁漱溟对此做了一个比较好的解决。他用"理性"和"理智"分别指示道德层面的"理"和知识层面的"理"，因此，他的理性就不是西方哲

---

① 胡适：《几个反理学的思想家》，引自欧阳哲生编：《胡适文集》（4），北京大学出版社1998年版，第65页。

学中的普遍性和推理的概念所能范围，而是大大渗入了"直觉"的成分。这样就把"仁心"涵括了进去，后期他甚至将"理性"铺陈得更广，直到伦理层面的觉悟。后来的冯友兰和牟宗三对此问题都有各自的发展，基本上形成了一个中国保守主义的"理性"观念和理性主义的新建构形态，这就是新文化保守主义所追求的"新本"——探求现代性条件下以人文理性为根基的新本体。

（一）

中国古代哲学素有推崇直觉的传统，即使如朱熹这样重"道问学"的哲学家，也在"格物"之后追求一个"豁然贯通"的境界，而陆王心学以"尊德性"为宗旨，更强调"先立乎大者"的学问路径。我们知道，从19世纪晚期开始，近代哲学中存有一股心学复兴的潮流，现代新儒家的哲学尤其是偏向于心学的一系，统统认得一个"仁"字，以"仁"或"仁德"为儒家思想核心。但是越往后譬如从梁漱溟、熊十力到牟宗三，他们越开始向"理"或"理性"靠拢。因为，他们在西学尤其是西方哲学输入以后，也希望通过系统化的理论和经过厘清的概念表达"仁"的意义和意蕴；另一重原因则是自西学概念输入之后，必须对它有一个对称性的回应，即用他们惯常的概念以说明而形成对照，理性相对应的就是"理智"。梁漱溟最初没有用"理性"而是"直觉"，是由于他受到深层心理学的影响，将"直觉"与"本能"相混淆了。在《东西文化及其哲学》一书出版后不久，梁漱溟就作了自我修正，摒弃了"本能"，改为强调"理性"。牟宗三也是力图用理性来表述"仁"或熊十力教给他们的"本心"，这与学院化有一定的关系，但是也与试图将传统儒家哲学现代化有着直接的关系。冯友兰本身就是现代理学派的，但是，其实他是"理""心"会通的。因此，他们就共同构成了20世纪保守主义的理性主义哲学。但是，这个源头是梁漱溟开辟的，他直接指向了当时经验主义哲学推崇的"工具性理性"或"理智"：

> 我们已说过西洋哲学是偏向于外的，对于自然的。对于静体的一面特别发达，这个结果就是略于人事；所以在他人生哲学好像不是哲学的正题所在，而所有其人生哲学又自古迄今似乎成一种特别派头。什么派头？一言以蔽之，就是尚理智：或主功利，便须理智计算，或主知识，便须理智经营；或主绝对又是严重的理性。[①]

这里所批评的是西方的思维方式及其行动方式。这里说的不尚人事就是这种哲学或思维方式跟人自身不发生关系，理智作为工具当然是如此，绝对的理性其实也不是中国的人道天道之相通的方式，因为中国的文化的理不是在外的而是在

[①] 梁漱溟：《东西文化及其哲学》，引自《梁漱溟全集》（一），山东人民出版社1989年版，第482页。

人自身的。他的行动由他自己发出，而这就是"理"，这与西方客观性的理或者通过功利的诉求和理智的方法实现价值目标均不相同。

梁漱溟在批评胡适的"仁就是尽人道，完成人格"时指出，胡适这话虽然不能说不对，但是笼统茫荡，不着边际，因为他不懂得，孔子的仁就是活跃现成的。这个活泼现成的就是当下的直觉呈现，譬如宰我问三年之丧，孔子就是以心安还是不安来诘问。安或不安就是情感层面是否反应敏锐，这就是仁或仁心的当下反应：

> 儒家完全要听凭直觉，所以唯一重要的就在直觉敏锐明利；而唯一怕的就是在直觉迟钝麻痹。所有的恶，都由于直觉麻痹，更无别的原故，所以孔子教人就是"求仁"。人类所有的一切的诸德，本无不出自此直觉，即无不出自孔子所谓"仁"，所以一个"仁"就将种种美德都可代表了。①

仁是直觉，是当下的直接敏锐的反应，不转弯、不转念、不计较、不算计，是就是，非就非，它是生机活泼的，顺应天理和人道的，是天理和人道相统一的。理智恰好与它相对，直觉在场，理智退却；理智显现，直觉隐身。这里梁漱溟的直觉就是"仁"，就是"仁"的外显。而理智就是"出来分别一个物我，而打量、计较，以致直觉退位，成了不仁"②。理智本身是无私的，静观的，是一个计算工具，但是它每每伴随着占有冲动而来，就妨碍了情感的流露③。梁漱溟将依据理智的计较而形成的伦理哲学称作是"算账的"哲学，他认为仁是活泼的，最反对算账计较。从这个意义上说，梁漱溟对理智的批评，实质上是对功利主义的批评。因为按照边沁的学说，人的行为的善是按照它是否以及多大程度增进了社会的福利这样的效果而论的。严复等中国的功利主义者也力倡"开明自营"。

仁既然是直觉，因此有情感成分。仁是情感，但是，仅仅情感又不能说明它。梁漱溟接受了宋明儒的仁的理解：仁是一种无以名状的状态，是"寂"和"感"，正是这种心理状态导致直觉的可能。梁漱溟对"理性"的界定，本于他在《东西方文化及其哲学》中的"直觉"，尤其是仁心之"寂"和"感"。寂是根本，感是寂的直发状态，是理性的呈现。寂不是枯，而是平和，从根本上说也不是一般的平和，而是一种完全不受外界扰动的心理状态，即"喜怒哀乐未发谓之中"的状态。但是本体之"中"显然不易得到，因此，梁漱溟有时候也用我们寻常的"平和"说理性。梁漱溟说："所谓理性者，要亦不外吾人平静通达的心理而已。这似乎很浅近，很寻常，然而这实在是宇宙间顶可贵的东西。宇宙间

---

① 梁漱溟：《东西文化及其哲学》，引自《梁漱溟全集》（一），山东人民出版社1989年版，第453～454页。

②③ 梁漱溟：《东西文化及其哲学》，引自《梁漱溟全集》（一），山东人民出版社1989年版，第455页。

所有唯一未曾陷于机械化的，亦只在此。"① 梁漱溟将通过人际交往的彼此相入、相得而没有杂念于其间称为理性的状态："你可以观察他人，或反省自家，当其心气和平，胸中空洞无事，听人话最能听得入，两人彼此说话最能说得通的时候，便是一个人有理性之时。"② 可见，梁漱溟的理性其实与人的德性相关，如他在《东西文化及其哲学》中所讲的直觉或仁。他不像西方哲学家亚里士多德、康德那样讲道德层面的理性，他讲的是实践或人的行动的哲学，而不是纯粹理论理性或知识理性的哲学。梁漱溟则将知识理性或纯粹理性归之于"理智"，他对二者做了严格的判分，这是他确立理性观念的最重要的前提。所以，他说："总起来两种不同的理。分别出自两种不同的认识：必须屏除感情而后其认识乃能锐入者，是之谓理智；其不欺好恶而判别自然明确者，是之谓理性。"③

这种中国文化的"理"或"理性"在梁漱溟那里是作为"情理"而存在的。所谓情理其实就是人的"心理"，但不是一般心理学意义上的"心理"，它是一种"无偏私"的心理状态，同时是一种"情感"。在西方思想中，理性恰与情感相对照、相对待。在梁漱溟那里，理性是心理的一个方面，另一个方面就是理智，二者正相反对并构成梁漱溟认识中西文化的哲学基础——理性与理智对待的两种文化根基：

  盖理智必造乎"无所为"的冷静地步，而后得尽其用；就从这里不期而开出了无所私的感情（impersonal feeling）——这便是理性，理性、理智为心思作用之两面：知的一面曰理智，情的一面曰理性，二者本来密切相联不离。譬如计算数目，计算之心是理智，而求正确之心理是理性。数目算错了，不容自昧，就是一极有力的感情，这一感情是无私的，不是为了什么生活问题。分析、计算、假设、推理……理智之用无穷，而独不作主张，作主张的是理性。理性之取舍不一，而要以无私的感情（梁注：无私的感情〈impersonal feeling〉，在英国罗素著《社会改造原理》中曾提到过；我这里的意思和他差不多。读者亦可取而参详。）为中心。此即人类所以异于一般生物只在觅生活者，乃更有向上一念，要求生活之合理也。④

梁漱溟的理性与理智其实一个是人的先天主宰心，一个是人的先天工具心。先天主宰心是理性，是人的行动的支配者，拿主意的所在。先天工具心是人的行动的筹划者，它只关照行动的事实层面，而不管行动本身是否合理、是否得当，因此，它本身没有所谓的价值评判，没有善恶。理性则不然。梁漱溟那里，理性表面看似乎也超越了善恶，是一颗澄明的心灵的活动，但那恰恰是善本身。因

---

  ①② 梁漱溟：《中国文化要义》，引自《梁漱溟全集》（三），山东人民出版社 1990 年版，第 123 页。
  ③ 梁漱溟：《中国文化要义》，引自《梁漱溟全集》（三），山东人民出版社 1990 年版，第 128 页。
  ④ 梁漱溟：《中国文化要义》，引自《梁漱溟全集》（三），山东人民出版社 1990 年版，第 125~126 页。

此，梁漱溟的理性就是人性本身所由以发出的他所谓的"情理"，而理智则是应对于具体事务方面的方法，即物理或事理，而且这个事理不包含任何价值属性，仅仅是事理的运用实施过程的"道理"而已。所以，梁漱溟辨别了两种理，理性之理和物理之理：

> 所谓理者，即有此不同，似当分别予以不同名称。前者为人情上的理，不妨简称"情理"，后者为物观上的理，不妨简称"物理"。此二者，在认识上本是有分别的。现时流行有"正义感"一句话。正义感是一种感情，对于正义便欣然接受拥护，对于不合正义的便厌恶拒绝。正义感，即是正义之认识力；离开此感情，正义就不可得。一切是非善恶之理，皆同此例。点头即是，摇头即不是。善，即存乎悦服崇敬赞叹的心情上；恶，即存乎嫌恶愤嫉不平的心情上。但在情理之理虽则如此；物理之理，恰好不然。情理，离却主观好恶即无从认识；物理，则不离主观好恶即无从认识。物理得自物观观测；观测靠人的感觉和推理；人的感觉和推理，原是人类超脱于本能而冷静下来的产物，亦必要屏除一切感情而后乃能尽其用。因此科学家都以冷静著称。但相反之中，仍有相同之点。即情理虽著见在感情上，却必是无私的感情。无私的感情，同样地是人类超脱于本能而冷静下来的产物。此在前已点出过了。①

这样，梁漱溟的理性就是人的道德情感。但是，这种道德情感之称为理性，却和一般人的理解不同。梁漱溟的道德情感是发乎人的纯粹的心体，是人心的直发，是仁心的直接流露，中间不夹杂任何个人的自私的感情，也就是这个理性和理智都是纯粹的，但是都不是人的本能。梁漱溟后期强烈地认识到，他的哲学有一个大的隐患：那就是无论理性还是理智都可能和人的本能相混淆。理性是直觉的，但不是本能，因为它是自在清明的，是道德的；理智也不是本能的，因为它是计算的，虽然，本能也能作为人类的工具开发世界，但那是极其不够的。理智发动本于人类生活或直接说生存的要求，即本能的要求。但是，理智有其超乎本能的面向，一旦理智的发动转向自身，即超越了本能则应该更进一步走向理性了。"盖理智必造乎'无所为'的冷静地步，而后得尽其用；就从这里不期而开出了无所私的感情（impersonal feeling）——这便是理性。"② 梁漱溟经常谈到经验主义和由此形成的伦理上的功利主义是"算账的哲学"，这便是直接由"理智之心"形成的。算账或计算数目是理智，而求得正确与否则是理性，即对计算本身的审查核实。计算可能是为了生活、生存，但是看看计算是否有误无关乎生活

---

① 梁漱溟：《中国文化要义》，引自《梁漱溟全集》（三），山东人民出版社1990年版，第127~128页。
② 梁漱溟：《中国文化要义》，引自《梁漱溟全集》（三），山东人民出版社1990年版，第125页。

之目的，因此是理性：

> 理性、理智为心思作用之两面：知的一面曰理智，情的一面曰理性，二者本来密切相联不离。譬如计算数目，计算之心是理智，而求正确之心便是理性。数目算错了，不容自昧，就是一极有力的感情，这一感情是无私的，不是为了什么生活问题。

功利的目的是本能，为了功利目的而使用的工具是理智，不为了功利目的的运用则是理性。从目的性上说，本能和理性都是做主张的，理智只是工具，本能自身既是目的也是工具。人类的特征在于没有像动物那样局限于自身，而是通过理智超越了本能的局限。如果还是本能支配，那它就是一种非理性的行动，而一旦超越了本能的和功利的诉求转而为自由状态即平和清明的心理状态，则是理性。综括言之，作为一个非专业的哲学家，梁漱溟的哲学存在着粗糙乃至不自洽的问题，理智、理性、直觉、本能等重要概念及其关系，在他的前后论述中未尽安妥，但是他努力用道德理性来统御理智生活，强调理性的能动性和重要性，依然是有启发意义的。

（二）

现代新儒学的主脉是心学的复兴与发煌，相比之下，自 19 世纪末到新文化运动，理学和礼教都受到严厉的批评。这种情况到冯友兰开始发生变化。因此，冯友兰理学的重建是 20 世纪文化保守主义的重要工作。虽然，他的工作本身受到了保守主义阵营内部尤其是心学一系的严厉批评，但是，从整个 20 世纪的思想建构来说仍有其特殊的意义。它是保守主义最重要的理论建树之一，尤其是当我们注意到保守主义的哲学内涵主导是理性主义的时候更是如此。

一般来说，冯友兰思想尤其是他的"理"上承宋儒程朱，带有先验的普遍的理性主义的色彩。但是，他的境界说与理学不是隔绝的，其中有贯通的脉络。他的天理、天民的观念构成了他的理学和他的人生修养的境界学说的统一。"理，宋儒亦称为天理。我们亦可称为天理。我们于上文说，天兼本然、自然二义。理是本然而有，本来已有，故是本然，故可称为天理。"[1] 理是本然，因此，理是世界万物的根源、根基、根本："就真际之本然说，有理始可有性，有性始可有实际底事物。""实际底的事物是实现理者，故为显，为已发。某理即是某种事物之所以为某种事物者，某种事物即是所以实现某理者。"先天之理是具体事物存在的根据，具体事物是理的现实呈现者。事事物物都有它存在的理的根据[2]。

---

[1] 冯友兰：《新理学》，引自《贞元六书》（上），华东师范大学出版社 1996 年版，第 35～36 页。
[2] 冯友兰：《新理学》，引自《贞元六书》（上），华东师范大学出版社 1996 年版，第 37 页。

从天之观点看，每一类之事物皆有其理，其理亦即是其极。就此类之事物说，其极是其至善，其气质之性，即其所实际地依照此理者，是"继之者善"。一类之事物，在"无极而太极"之大道中，从天之观点看，其应做之事，即是充分依照其理，能十分地充分依照其理，即是尽性，即是穷理①。

事物之理是事物形成的根据，也是它的最高规定性。换句话说，它的现实形态就不是它的本然形态，就人来说也是如此。人如果要回归超然形态，就要在现实中做超越现实的努力："以我之知知事物之理，则我可超乎经验而不为经验所囿，此是对于经验之超脱。以我之行，充分实现我所依照之理，则我可超乎自己所缚，此是对于自己之超脱。"② 人按照其为人之理，而尽其性。尽性的第一场所首先是在社会中，因为人的生活是社会的生活，在社会生活中尽性就是道德的行为，这就是超乎自私的境界。这种超乎个体乃至于超乎经验的行动而人自己又能自觉其受用，这是人的特质，是动物所不具备的。

按照冯友兰的新理学，人性首先是一种逻辑存在而不是一种现实存在，现实的人心当然更不是宇宙本心了。也就是说，人心与人性在人的现实形态中并非天然是统一的，甚至是冲突的、矛盾的。但是，当现实中的个体真正进入"圣域"，心和性就统一了。既然，人已经复归其本性，那么他的心也就是天地之心。"已入圣域之人，既超乎经验、超乎自己，而决天地万物与其超乎自己之自己，均为一体，则对于他，他的心'即'宇宙底心。"③ 在冯友兰看来，一般地说，只有宇宙的心，没有宇宙底心。意思是只有宇宙的逻辑的心，而没有宇宙事实的心，但是在他后来谈到这些"进入圣域之人"的时候，可以说是有宇宙"底"心。"此宇宙'底'心即他'的'心。他可用另一种意义，说：'我心即天心。'如此说时，他即可以说，他是'为天地立心'。"④ 冯友兰这种思想的延伸就使他进入了"四种境界"说。

冯友兰的《贞元六书》是一个宏大的体系，它是对中国传统哲学尤其是宋明理学的"接着说"。实际上，冯氏的理论构造既继承了宋明儒的思想，也吸纳了西方新实在论，尤其是综合了宋儒的使命感和西方哲人从纯粹理性到实践哲学和社会哲学的贯通路径。因此，他就将他的理学建设传导到他的社会认识之中。

冯友兰强调个体的社会责任和个人的伦理职责，但是他对社会责任的确定和伦理职责的持守是从人性角度展开论证的，而不是从功利主义的视角展开的；其实质是在该方面确定人内在的道德理性。人在社会中的尽伦尽职是人性的客观要求。冯友兰反对所谓个人先天自由的说法，也不赞成笼统地说要把人从社会制度

---

①② 冯友兰：《新理学》，引自《贞元六书》（上），华东师范大学出版社1996年版，第207页。
③ 冯友兰：《新理学》，引自《贞元六书》（上），华东师范大学出版社1996年版，第214~215页。
④ 冯友兰：《新理学》，引自《贞元六书》（上），华东师范大学出版社1996年版，第215页。

中解放出来。因为社会和社会制度是不能取消的，它是和人的存在即人的社会存在联系在一起的，人是社会性动物，不可能没有社会。"'是社会底'是人的性，所以社会不是压迫个人，而是人于尽性时所必需。"① 与激进主义和自由主义强调社会（尤其是当时的中国社会制度）对于人性的压抑不同，冯友兰强调人性的完善要在社会之中实现。"在任何种类底社会中，人与人必有社会底关系。此种关系，即是其中底人伦。"② "凡社会的分子，在其社会中，都必有其伦与职。"③ 这种职责和职位被冯友兰称作"人职"即人的社会职位。而每一种社会职位都有它的最高理想，那就是这个职位的"理"。冯友兰强调尽伦尽职不是一个纯从自然的过程而是一个自觉觉解以后的行动，即人在自觉以后在获得高一层认识基础上的行为，是一个自觉的选择，是中国人所谓"自作主宰"或西方人"自由意志"的体现。"在道德境界中底人，尽伦尽职，'只是成就一个是而已。'"④ 这个"是"就是这个职位的"理"了，即其所当是者。冯友兰通过比较抽象的论证，超越了对特定社会制度一般性的否定。进而否定了新文化运动对具体的社会伦理所作的批判。也就是说，社会伦理的批判应该是二分的，哪些是必须要否定和超越的，哪些是人类普遍存在、必须继承的，这二者之间必须分开才能说得恰当。

新文化运动时期中，程朱理学作为儒学正统而遭到了最严厉的批评，特别是天理观、天命观等为启蒙思想家所多痛恨与批判⑤。而从思想解放的角度看，对儒学的批判还有一个转换就是从圣贤人格向平民人格的转型。从这一意义上说，20世纪三四十年代的"新理学"尤其是冯友兰的"四种境界说"在一定程度上就是对"五四"启蒙思想的一种反拨。"天民"概念则是对其重建天理天道的一项哲学社会学的实验，及重新确立一种不同于"五四"人文主义的、平民主义的人格规制，这表露了明显的文化保守主义的诉求。

"新理学"强调"觉解"。在冯友兰看来，对于宇宙或大全有觉解的人，他在社会中的存在地位和意义也同时意味着他在整个宇宙中的地位和意义：

> 天民在社会中居一某位，此位对于他即是天位。他于社会中，居一某伦，此伦对于他即是天伦。他于居某位某伦时所应作底事，亦即是一般人于居某位某伦时所应作底事。不过，他的作为，对于他都有事天的意义。⑥

他的行动既是尽人伦、人职，也是尽天伦、天职。这种人是宇宙之自觉的公民。所有人都可以说是宇宙公民，但是只有理解、把握天理、天道的人才能如孟

---

① 冯友兰：《新原人》，引自《贞元六书》（下），华东师范大学出版社1996年版，第607页。
②③ 冯友兰：《新原人》，引自《贞元六书》（下），华东师范大学出版社1996年版，第608页。
④ 冯友兰：《新原人》，引自《贞元六书》（下），华东师范大学出版社1996年版，第618页。
⑤ 高瑞泉：《天命的没落》，上海人民出版社1991年版，第一章。
⑥ 冯友兰：《新原人》，引自《贞元六书》（下），华东师范大学出版社1996年版，第631页。

子所说的是那种真正的"天民"。他们获得的是"天爵",他们乐的是仁义忠恕而不是普通人的物质生活的幸福。衣食住行、吃喝拉撒,这与胡适所强调的功利主义当然有明显的区别。达到天地境界的人,做的也都是吃饭穿衣、扶老将幼、日常工作的尽职尽责的平常事,但是他们的境界、觉解和普通人全然不同。因此,这些平常事的意义于他也就和这些事相对于普通人是截然不同的。按照冯友兰的说法,他们的心也就是天地之心。这些人才是人格完善的最高境界。即"同天""同理"的境界。

(三)

激进主义和自由主义的联盟主导了20世纪中国社会思潮的主流,它们以批判传统文化为先导,目标是追求中国的现代化。这一目标在新文化运动中被简化为科学与人权,后来被表达为科学与民主。作为激进主义的反拨的文化保守主义,其关注的中心是现代性的文化基础。换言之,他们并不一般地反对科学与民主,而是认为中国传统文化可以成为现代社会的资源,因而文化保守主义也在试图重建理性,但是他们的目的则是在认同科学理性的基础上重建道德理性乃至于天道理性。同时,他们希望这种新的理性的建构同时实现中国人的个性和主体性的新建构,而这在自由主义那里是通过经验主义的认知理性和个人主义的价值观挺立起来的,这是二者的核心分歧。我们可以以牟宗三为例,他承认知识理性是民主与科学的存在基础,同时又试图在为知识理性寻找不同的价值基础。

宋明理学家通常都区分"德性之知"与"见闻之知","德性之知"不萌于见闻,按此德性是自足的。那么知识的来源何在呢?这个问题一直困扰着儒家学者。到了近代科学与民主观念开始盛行,这个问题更加尖锐起来。王阳明曾经说过知识不外于德性。当然,这不是说,知识来源于德性。而是说,二者并不尖锐对立和冲突,知识和道德有其一致性。但是这二者何以同一?牟宗三一直致力于这个问题的解决,他借助于康德现象和物自身的对立,表示道德与知识之间的内外关系。但是,他和康德所面对的问题有所不同。牟宗三所面对的问题更加复杂:民主与科学的基础在于知识理性的确立,但是,如果中国知识理性的确立却导致中国文化主体性和个体生命依归的丧失,这是他不能接受的。因此,他试图同时使二者以一种矛盾统一的方式成立。他必须肯定道德价值挺立的普遍意义,超越它的具体历史性给它带来的消极特征,譬如将道德价值和道德理想与传统社会的具体价值观区分开来,使之与个体直接相关,从而重建道德主体性。另一方面他又要避免传统的道德理性对认知性价值的泯灭,使知识理性也能挺立起来,因为科学民主都要以其为基础,这就是文化保守主义的艰巨工作。牟宗三的理性主义重建工作就是由此开始的。

从具体的理论进路而言，牟宗三的理性的理想主义是建立在对理想、理性之普遍性及其对现实和功利特殊性的超越的论证基础上而得出的。近世中国的启蒙有两个人物特别值得重视。一个是黄宗羲，他对中国几千年的政治制度发出了大胆的质疑，提出了私天下与公天下的问题；另一个是戴震，他批判理学"以理杀人"的说法振聋发聩，至少间接影响了近代胡适等一批思想家。因此，进入20世纪之后，如何论说理之普遍性上成为一个重要的哲学问题。直接面对此问题的是冯友兰和牟宗三。他们二人的共同特征就是将"理"的普遍性与个体生命发展的具体性相统一，前面我们对冯友兰已有所介绍。牟宗三则进一步讨论了普遍性如何成为人的价值理想这一问题。他认为人应该依理想而生存，不能无理想而苟活，他在这一点上确立了理性即理想的同一性，以及普遍性价值存在的社会必要性。他的直接的问题就是如何使人的理想即普遍性与人的自由即个体性实现圆融："一般言之，普遍性代表理想，个体性代表自由。这两者究竟是对立呢，还是可以融通，使自由成为真自由，理想成为真理想？"① 理想存在的意义在于人们至少在思想上需要一种设定，它能够冲破我们在现实生活中由各种具体的私利所形成的人际的樊篱和隔阂。在牟宗三看来，这些限制与障碍来自人们的私欲。人人各自裹挟私欲前行，彼此的限制与障隔就势所必然。

> 这限制与障隔是由私利的主观性与特殊性而形成。这里并没有一个公共纽带可以使人超越其自己之私利之主观性与特殊性。如是，人陷溺于主观私利之无厌足的追逐中，必见互相是障碍，互相是限制。人各顺其主观私利之无厌足的追逐，必须冲破对方，而对方亦复顺其主观私利而又冲回来。互相冲击，而又冲击不下。这里一切唯机诈是视，唯力是视。或者亦无机诈，亦无力，而唯是瘫痪下去。如是，人纯落于现实中而无理想可言，这是有性情有志趣的人所不能耐的。②

在牟宗三看来，人的阻隔是由两个因素造成的：一个是人的私利，一个是人的主观私见，二者的叠合则更加重偏私的发展。打破这种私利和私见畅行的方式就是道德的普遍性，它以公共的纽带破除各自私利的局限。"普遍性是表示自我之超拔。人在此普遍性前，生命始能客观化，始能从自己之躯壳私利中拖出来。普遍性就是理想性。人在此超拔中而呈现出普遍性就是自我之解放。"③ 牟宗三认为，庄子说道本无"封"，道就是普遍性，就是理想；封就是封闭、畛域、界限、限制，冲破这些限制才能呈现道体，因此，道就是普遍性，就是理想性，就是个体的解放（解脱、自在）④。

---

①② 牟宗三：《道德的理想主义》，吉林出版集团有限责任公司2010年版，第92页。
③ 牟宗三：《道德的理想主义》，吉林出版集团有限责任公司2010年版，第92~93页。
④ 牟宗三：《道德的理想主义》，吉林出版集团有限责任公司2010年版，第93页。

关于将理性界说为理想，以此超越殊相的局限，打破思想上的自我禁锢，冯友兰也曾有过类似的说法，而且更加注重从哲学分析的层面看待："一个人所有的概念就是他的精神境界；一个人所有的概念的高低，就分别出他的精神境界的高低。"① 冯友兰曾举例证说明：

> 比如说，人们看见过一千棵树，由此得到树的概念。这个树的概念并不是第一千零一棵树，而是另外一回事，对于那一千棵具体的树的认识，是感性的认识，它们是感觉的对象。树的概念是对于树的共相的认识，是理性认识，共相是理性认识的对象。由感性认识到理性认识一个飞跃。真正认识到共相和殊相的区别以后，就可以体会这种飞跃的真实意义。在社会进化中，革命是一种飞跃。只有真正经过革命的人才能体会这个飞跃的真实意义。我猜想，禅宗所说的"悟"，大概也是一种飞跃吧。无论怎样，我认识到抽象和具体的分别以后，觉得眼界大开，心胸广阔。②

在冯友兰和牟宗三那里，理性以其普遍性对感性和局部的超越就意味着理想的一种可能存在。他们看到，人们在局部和感性认识中的胶着会将个体生命的自我认知僵化、固化，而看不到个体利益之外和局部环境之上的更多的内容。理性的意义就在于它在一定意义上可以构成理想，理想则引导人们走出狭隘的个体樊篱。

在牟宗三那里，普遍性之能超越在于它植根于个体生命的道德心性而不是虚幻的、纯粹知性概念的、外在强制之教条。普遍性的理想在于超拔，但是超拔的消极在于它脱离生命而单独成为价值性存在，所以，他说：

> 凡在知性上主客关系中，从客观方面所把握的普遍性皆只能是经验的，归纳的，服从知识意义的。若用之于人事，转而为行动之教条，其为教条之普遍性皆是虚幻的，皆为立理以限事。③

他举出了基督教在中世纪的教条化、僵化和官方主宰化。由于这种普遍性不能透过个人心灵的体认而获致，因此成为虚幻普遍性而与真实的以生命体认和生命挺立为根据的真实普遍性相对冲。这种和真实的普遍性相对立的虚幻的普遍性作为知识理性又试图作用于社会与人事，其最后的结果必然是：知识价值彰显但人文价值丧失。此外，"在实践生活中，只剩下实然的、原子的、个人主义的个体性，其自由是任意任性之主观的，激情之冲动的。"④ 真实的普遍性是个体可以付诸实践的，而不是从外部确立的。对于人类个体来说，不能没有这种以理想

---

① 冯友兰：《中国现代哲学史》，广东人民出版社1999年版，第214页。
② 冯友兰：《三松堂自序》，生活·读书·新知三联书店1984年版，第278页。
③ 牟宗三：《道德的理想主义》，吉林出版集团有限责任公司2010年版，第95页。
④ 牟宗三：《道德的理想主义》，吉林出版集团有限责任公司2010年版，第96页。

建立起来的真实的普遍性的确立。对于个体、家庭及至于民主政治，普遍性都具有重要意义。但是，牟宗三也同样看到，民主与科学这种建立在知性基础上的普遍性并不在个体的道德属性上直接建立起来，它于道德心性反而有对反的意义，但是，天地之圆融却归诸于德性的圆融，因此，知性不可能在德性作为基质的本体之外。但是，它却是需要有一个现实的发展，社会才能在彼此对待的基础上形成科学理性和民主理性以及依此建立民主的制度架构。因此，认知理性或知识理性或知性的理性在中国需要开出来，它和德性将以一种复杂乃至吊诡的关系呈现。

三、儒家教化的哲学证成

近代思想革命的基本目标是消除儒学在中国几千年历史上形成的独尊地位，随之而来的是对旧传统伦理的攻击，推翻"吃人的礼教"等，由此就开始了对整个传统的所谓彻底革命。而作为对中国传统持同情和认同态度的文化保守主义者，则致力于对这个传统的重新诠释和现代学科意义上的再表述，用冯友兰的话就是有"照着讲"更有"接着讲"。他们接着讲的一个重要题目就是把儒学从传统意识形态的禁锢中解脱出来，或者说将传统伦理与实际政治加以区别，不再使其被认为是专制独裁的思想基础。换言之，他们对儒学的重新理解就是要让它"脱魅"，但同时又不能让它失去其价值意义的普遍性。由此进入一个两难的困境。第一，重新实现对中国传统天道的认肯，重新确立儒学内蕴的宗教特性——中国人意义上的神圣性。这就需要把传统的天道价值和历史曾经赋予它的伦理道德中的部分内容普遍化，但是又需要对部分历史价值予以剥离和否弃。第二，重新认定孔子创制的儒家思想的人文主义，但是，又要确证它的理性特征而不是变成西方文艺复兴所张扬的感性色彩的人文主义，以彰显儒家之于中国的准宗教性价值以代替西化论者对西方宗教形态的呼吁。以现代新儒家为代表的文化保守主义者在这个领域的努力构成他们最主要的工作之一。

（一）

确立中国人有宗教关切但又不是西方基督教式的宗教，而且中国文化的宗教性内在于个体自身，是文化保守主义的基本论旨。梁漱溟在《东西文化及其哲学》中已经有所提示，这就是他关于"仁"的论说。但是由于他过于强调"直觉"的意味，而将其实际内蕴的心学思想的天道性掩盖了。因此，这个工作的学理化最初是由冯友兰和徐复观开启，而由牟宗三基本完成的。

冯友兰从两个方面正反论证中国人的出世而又入世的品格。他在《中国哲学简史》中指出，中国古人推崇的价值理想是圣人（当然他在这里说的是儒家），而圣人的最高成就是与宇宙同一，那是不是中国古人推崇出世呢？另一方面，孔子言谈之中不离"未知生，焉知死"一类，那是不是就是人们所常说的中国古人尤其是儒家是纯粹入世的呢？牟宗三一开始给自己设计了这个矛盾的问题。他给予的回答是：

> 专就中国哲学中主要传统说，我们若了解它，我们不能说它是入世的，固然也不能说它是出世的。它既入世而又出世。有位哲学家讲到宋代的新儒家，这样地描写他："不离日用常行内，直到先天未画前。"这正是中国哲学要努力做到的。有了这种精神，它就是最理想主义的，同时又是最现实主义的；它是很实用的，但是并不肤浅。①

入世与出世、理想主义与现实主义的正反命题在中国哲学中成为一个合命题。中国哲学以其特有的方式来解决此问题。② 冯友兰在这里就是想说明中国传统儒家是入世出世一体的。后面他又说道德价值和超道德价值，也是强调这二者在儒家那里是同入世出世一样的关系。当然，肯定入世出世的一体，也就肯定了中国儒家对道德价值和超道德价值的一体追求。

冯友兰只是突出强调了中国儒家传统在入世情怀之上还有超越性的追求，但是，对此问题作了比较详细历史考究的是徐复观。他在《中国人性论史（先秦篇）》中以"忧患意识"和"敬"（德）表彰出中国古人尤其是周人开始的类宗教性的人文精神，这种宗教性自其发端即将人文性的个体道德与原始宗教性的天道绾结在一起。徐复观指出，周人革掉殷人的命之后，并没有趾高气扬、不可一世，而是产生了《易传》中所说的"忧患"意识。但是，这种忧患意识不同于一般宗教性中的绝望、恐怖，不是对高高在上的天帝的畏惧，而是一种内在的责任感的涌起：

> "忧患"与恐怖、绝望的最大不同之点，在于忧患心理的形成，乃是从当事者对吉凶成败的深思熟虑而来的远见；在这种远见中，主要发现了吉凶成败与当事者行为的密切关系，及当事者在行为上所应负的责任。忧患正是由这种责任感来的要以己力突破困难而尚未突破时的心理状态。所以，忧患意识，乃人类精神开始直接对事物发生责任感的表现，也即是精神上开始有了人地自觉的表现。③

徐复观指出，忧患意识是一种人的自觉意识的觉醒和自我承担精神的萌发，而不是因为宗教信仰而产生的依赖感、对神的寄托等。徐复观把这种精神归纳为

---

①② 牟宗三：《道德的理想主义》，吉林出版集团有限责任公司2010年版，第7页。
③ 徐复观：《中国人性论史（先秦篇）》，上海三联书店2001年版，第18~19页。

一个"敬"字,但是,已经主要不是敬天而是敬德和明德。"'敬德'是行为的认真,'明德'是行为的明智。"①周人建立的敬德、明德的意识和观念世界,以此来照察、指导自己的行动世界,是中国人文精神的最早萌芽。《召诰》的"命哲"虽然还不是内在的德性而是直承天德,但是已经将天命和德性统一起来了,这标志着儒家人文主义精神的初步形成,也为孔子、子思和孟子的德性的心性论奠定了基础。牟宗三的论证几乎就是从徐复观的基础上展开的,但是,他对整个儒家思想中心性一系的内在超越做了最好的阐释。

牟宗三从孔子的"下学而上达"和《中庸》"唯天下之至诚,为能经纶天下之大经,立天下之大本,知天地之化育"出发,得出超越的遥契与"内在的"(immanent)的遥契②。前者是通过践仁而得出自己的信念"知我者其天乎",这是一种敬畏、信仰和信念。天道自然形成形上的、遥远的存在,有强烈的宗教意识,天则有人格神的意味。而后者则是"知天"、经纶天地、弥合万物。诚作为天道,通过诚之者的人道,实现了自我与天道的内在沟通乃至同一,这是内容的了解,是内在的呈现和同化。如果没有这种理解,天道对我们只是外在的、缥缈的、虚无的。外在的超越性、客观性和内在的主体性、主观性的统一恰是中国哲学与文化的实质,也是中西文化的差异之处③。"大人与天地合德,就是说要与天地同有创生不息的本质。用今日的语言解释,就是要正视自己的生命,经常保持生命不'物化'(Materalizalition),不物化的生命才是真实的生命,因为他表示了'生'的特质。"④牟宗三对"仁"的阐释很多,大体不出他经常说的"觉"和"健"。觉是通感,但不是人的感官官能对外部世界的感知能力,而是孟子的四端所指出的人的"恻隐之感"、孔子的"不安"。觉就是"不麻木",对世界有感通能力:

> 感通是生命的层层扩大,而且扩大的过程没有止境,所以感通必以万物为一体为终极,也就是说,以"与天地合德,与日月合明,与四时合序,与鬼神合吉凶"为极点。润物是在感通过程中予人以温暖,并且甚至能够引发对他人的生命。这样的润泽作用,正好比甘霖对于草木的润泽。仁的作用既然如此深远广大,我们不妨说仁代表真实的生命(real life);既是真实的生命,必是我们真实的本体(real substance);真实的本体当然又是真正的主体(real subject),而真正的主体就是真我(real self)。⑤

---

① 徐复观:《中国人性论史(先秦篇)》,上海三联书店2001年版,第21页。
② 牟宗三:《中国哲学的特质》,吉林出版集团有限责任公司2010年版,第39~41页。
③ 牟宗三:《中国哲学的特质》,吉林出版集团有限责任公司2010年版,第44~45页。
④ 牟宗三:《中国哲学的特质》,吉林出版集团有限责任公司2010年版,第34页。
⑤ 牟宗三:《中国哲学的特质》,吉林出版集团有限责任公司2010年版,第35页。

这种物化的对立面就是"仁",就是德性的浸润、弥漫。仁体现天道、仁就是天道。仁即是天,人性即是天性,仁人即是圣人,这就是尽心知性知天:

> 中国的传统精神,儒教立教的中心与重心是落在"如何体现天道"上。在这如何体现天道上,最重要的是尽性。因此,人性问题成了儒教的中心问题。但是我们前面讲过,孔孟的仁与性实既是"创造性本身"。就孟子"性善"之性说,性实即是"内在的最高道德性",即冥合"创造性本身"的那道德性。从这里说,人人皆可以为圣人,而且人人都是平等的。人的尊严由此立。①

平等精神和个体的挺立就成为牟宗三哲学的出发点。现代保守主义的人文主义哲学由此奠基,这个基础是以阐明天道之内在性为基础的,人道的超越层面也是在这个基础上得到表征的。同时,它是人道而不是纯粹的外在的"天道"或"帝则",因此是一种理想主义的人文理性主义,有别于外在化的专制主义和感性化的功利主义的人文主义。

将儒家思想设定为人文主义或人文教是20世纪保守主义的基本命题,而牟宗三则将之定位为人文教,即宗教与人文的统一。牟宗三的宗教观与他的哲学思想也是一以贯之的,即强调天道的内在而超越,这是秉承了思孟一系的学脉并予以发挥。牟宗三在把儒学或儒教视作宗教的时候,重心放在人性的自我敞开的证成上面,也就是天道在人身的实际展现或展开,这是一种通过修养功夫实现自我的"实证的"宗教。牟宗三认为宗教有两个方面的功能:首先就是个人人格的创造,在儒教就是成圣成贤,在佛教就是成佛,在基督教就是成为真正的基督徒;宗教的第二个功能其实是它的自然延伸的功能即文化的创生功能,这种文化的创生就是因为各个宗教因之形成各种宗教文化。

这种"证成"的宗教其核心即在个人人格的形成上面,但是,这个人格的体现则是天道,因此,它的超越性是显而易见的。不能简单地说中国儒教是一种纯粹的人文教或一种简单理解的"人本",这是一种以人心证人性,以人性敞开体证天道的特殊宗教。它也具有其他宗教的一般性特征,但是,它不注重那些形式化的表现而是重在实质性的内容。人性的展开体现天道之"创造性",牟宗三说:"一般人常说基督教以神为本,儒家以人为本。这是不中肯的。儒家并不以现实有限的人为本,而隔绝了天。他是重如何通过人的觉悟体现天道。人通过觉悟体现天道,是尽人之性。因人以创造性本身作为本体,故尽性就可知天。"② 这是一个体现超越性的过程,同时又是一个成德的过程,这二者是统一的。他说:

---

① 牟宗三:《中国哲学的特质》,吉林出版集团有限责任公司2010年版,第110页。
② 牟宗三:《中国哲学的特质》,吉林出版集团有限责任公司2010年版,第107页。

"中国的传统精神,儒教立教的中心与重心是落在'如何体现天道'上。在这如何体现天道上,最重要的是尽性。因此,人性问题成了儒教的中心问题。"① 这样,儒教的特质就是人性善而不是人性恶,也不是基督教的原罪观念。但是儒教中又有才性的问题,在宋儒那里就是"气质之性"的展开。其实这就将现实的人性与天道的人性同时存于人身,个人修养的基础和根据就都在这儿了,即转变气质问题。这个转变同时基于人性现实层面上的"恶",需要转变这个"恶",但是转变"恶"的前提则又是人性之天道的"善",没有善则发现不了恶,也无力转化恶。因此,牟宗三特别强调儒教的"功夫论":"因儒家重体现天道,故重点不落在上帝加恩与个人呼求之情上,故重功夫,在功夫中一步步克服罪恶,一步步消除罪恶。"② 说它是天道与人道统一的宗教就在于它没有诉诸更多的神秘性和天道创造性的无限内容上,而是集中于天道与人性的同一处:"所谓体现天道也只是把天道的全幅意义或无限的神秘全部体现出来。故《中庸》云:'及其至也,虽圣人也有所不知,有所不能。'尽管如此,还是要在尽性践仁之无限过程中以遥契之并体现之。故孟子曰:'圣人之于天道也、命也、有性焉。君子不谓命也。'"③ 牟宗三基于此而作出的结论是,儒教具有高度的宗教性,"而且是极圆成的宗教精神"④。但是,它又是非典型的宗教,因为它在宗教事务性上非典型,不重于形式化的内容,它把宗教形式融合在了日常生活的体认之中,包括礼乐教化之中。

在表面的礼乐认同方面,牟宗三的"证成人文教"与某些思想家强调的礼教似乎有近似之处,但是同时又有原则性的差别。其间的差别主要在于儒家所重之礼的本源在于人心,而不是相反即让人心束缚于礼。牟宗三将这种形式化于内容的宗教称作:儒教作为"日常生活轨道"的意义。但是,这种体现于人伦的礼仪教化的"伦"不是基于生物学意义上的而是基于人性的天道天德意义上的:"伦之所以有伦,皆因后面有一定的道理使它如此,而这一定的道理也不是生物学或社会学的道理。皆是道德的天理一定如此,所以其所成之伦常也都是不变的真理。"⑤ 从这个意义上说,证成的人文教是人性的自我证明。

(二)

上面的诸种论证意在从理论上说明中国传统儒学重天道与人道的贯通,也在一定意义上昭明中国思想具有宗教性关怀,那么它在事实领域究竟如何呢?梁漱

---

① 牟宗三:《中国哲学的特质》,吉林出版集团有限责任公司 2010 年版,第 110 页。
②③ 牟宗三:《中国哲学的特质》,吉林出版集团有限责任公司 2010 年版,第 108 页。
④ 牟宗三:《中国哲学的特质》,吉林出版集团有限责任公司 2010 年版,第 109 页。
⑤ 牟宗三:《中国哲学的特质》,吉林出版集团有限责任公司 2010 年版,第 102 页。

溟、钱穆等文化保守主义对儒家在中国传统社会中的实际功用作了比较周密的叙述。当然，他们这样说的目的仅在于说明儒学在中国人的社会生活实践中具有强大的生命力。梁漱溟说：

> 两千余年来中国之风教文化，孔子实为其中心。不可否认地，此时有种种宗教并存。首先有沿袭自古的祭天祀祖之类。然而却已变质，而成为孔子教化内涵之一部分。再则有不少外来宗教，如佛教、伊斯兰教、基督教等等。然试问，这些宗教进来，谁曾影响到孔子的位置？非独夺取中心谈不到，而且差不多都要表示对孔子之尊重，表示彼此并无冲突，或且精神一致。结果，大家彼此相安，而他们都成了"帮腔"。这样，在确认周孔教化非宗教之时，我们当然就可以说中国缺乏宗教这句话了。①

梁漱溟这里虽然最后说中国缺乏宗教，但是，他的意思既不是否定宗教在世界范围内的意义，也不是否定中国儒家精神内蕴的宗教性，他的意思很明确：中国是以孔子学说代替了宗教在人类其他民族中的功能。

梁漱溟在前面其实率先论证的是宗教在世界不同民族形成中的关键作用，这个作用是：人类文化都是以宗教开辟的，同时也是以宗教为聚集中心的。人类群居的政治和社会秩序都有赖于宗教的基础。有以宗教承包全部生活的，譬如西藏；有高等的文化生活脱胎于宗教母胎的，譬如欧美。梁漱溟指出，民族的形成寄托于较高的文化，民族的统一则需要宗教的凝聚②。宗教的重要性可见一斑了。在梁漱溟看来，人类生存于世界所需要的工具手段、技术手段、组织制度等在文化中虽然体量巨大，但是它们是从属的，不居于文化的主导地位。居于中心地位的是人生态度，世界上诸如文化的差异、文化的变迁改造都是从这里入手的。这种人生价值和文化价值在文化的各个方面都随处体现，但是集中展现在宗教、道德、礼俗和法律之中。而所谓的道德、法律等又都是从宗教中脱胎出来的③。人类的原始聚居之所以有秩序有赖于两个武器：一个是强力或暴力；另二则有赖于宗教了。因此，在梁漱溟看来，宗教是人类集合的唯一的最重要的方式。宗教的特征是两个：第一，它的根据必定是超越的；第二，它对人类情感必定是有慰藉作用的，即它施为于人类情感层面，有极其重要的勖勉功能④。但是，另一方面，梁漱溟认为，一般的宗教都是出世的，因此随着现代科学和人类知识的增长，宗教可能逐渐为现代科学等知识所取代，其重要性和生民之初不能相提并论。

和宗教在世界其他民族中的重要性相比，至少在早期中国宗教的作用也是不遑多让的。但是，自从周孔建立文教或礼教之后，这一切发生了巨变。儒家的文

---

① 梁漱溟：《中国文化要义》，引自《梁漱溟全集》（第三卷），山东人民出版社1990年版，第103页。
②③ 梁漱溟：《中国文化要义》，引自《梁漱溟全集》（第三卷），山东人民出版社1990年版，第97页。
④ 梁漱溟：《中国文化要义》，引自《梁漱溟全集》（第三卷），山东人民出版社1990年版，第98页。

教占据了中国人社会生活的中心。中国是"以道德代宗教"。这种宗教安排组织社会的功能被周孔的"礼"替代并实现了：

一、安排伦理名分以组织社会。二、设为礼乐揖让以涵养理性。二者合起来，遂无事乎宗教。此二者，在古时原可摄之于一"礼"字之内。在中国代替宗教者，实是周孔之"礼"。不过，其归趣，则在使人走上道德之路，恰有别于宗教，因此，我们说：中国以道德代宗教。①

在历史主义兴起的时代，作为一个文化保守主义者，梁漱溟讨论的不是历史的事实，而是历史传统的现代意义。因此，梁漱溟进一步阐释了礼教在中国形成的伦理本位和理性涵养的价值，而这个价值具有现代性。如果将伦理本位和涵养理性的意义归结为一句话的话，在梁漱溟看来那就是：孔子是以人格完成为其礼教的根本点的②。孔子的礼教组织构成和人文教化与古希腊的城邦建构相类似：孔子学派力促敦勉孝悌和仁爱之情，一方面是个人生命的完成，同时也是中国古代社会秩序和组织的完成。希腊人在其城邦的架构中也是将市民的权利义务的构架和个人的立身统一起来的。它们的差异只是一个形成了礼俗社会，一个形成了法律社会。梁漱溟与主张现代性的社会学家的最大不同是，在他投入山东乡村建设之后，他主张重建中国的礼俗文化，并与现代性的组织即集团国家的建构统一起来，而不是放弃这种传统的人情社会。

（三）

从孔子开始，儒家伦理的最核心原则是孝悌，毫无疑问，重视家庭是中国人的基本观念，与此相配合，家族制度可以说是传统社会秩序的基石。但是，随着现代化的进程，旧的家族制度加快了解体的历史，新文化运动则更对家族制度发动了声势浩大的批判。如吴虞在《家族制度为专制主义根据论》一文中，直指儒家提倡的孝道和忠道。他说：

或曰：子既主张孔氏孝弟之义，当以何说代之？应之曰：老子有言："六亲不和有孝慈"然则六亲苟和，孝慈无用，余将以"和"字代之。既无分别之见，尤和平等之规，虽蒙"离经叛道"之讥，所不恤矣。③

吴虞还是要家庭求"和"，但是他的"和"并不来自旧的家庭伦理，而是以无分别、不分尊卑贵贱的形式实现。其核心在于彻底反对由家族中的名分不平等所导致的社会关系的不平等和不自由。陈独秀、鲁迅、胡适等在当时也同样对此

---

① 梁漱溟：《中国文化要义》，引自《梁漱溟全集》（第三卷），山东人民出版社1990年版，第110页。
② 梁漱溟：《中国文化要义》，引自《梁漱溟全集》（第三卷），山东人民出版社1990年版，第120页。
③ 中国社会科学院近代史研究所编：《五四运动文选》，生活·读书·新知三联书店1979年版，第89页。

予以了激烈的抨击。胡适在《易卜生主义》中对压抑个性的家庭关系发出了控诉和反击："社会最大的罪恶莫过于摧折个人的个性，不使他自由发展。"① 就历史乃至于今天的社会现实来说，家庭以及由此扩展而成的中国家族伦理制度的确有很大的弊端，这一点需要予以彻底的澄清，找出它的源头病灶。但是，这是否等于说，作为中国人文生活基本特征的家庭伦理观念就一无是处，就应该彻底葬送？文化保守主义者提出了另一种方案，如钱穆等人就对家庭伦理做了别有深意的阐发。

钱穆怀着对中国文化特有的情愫，声称西方科学可学，但是西方人做人不可学。因为西方重物质，中国重人道。西方人的做人是通过他们的宗教实现的，宗教具有这种力量和能力，但是中国人自有一套做人和教人的方法。钱穆给予了一个特别的判断，认为中国没有宗教但是有教堂：

> 中国人怎样教人做人呢？诸位看，其他各国都有一个宗教，如耶稣教、回教、印度教等。惟有中国没有自己创造的宗教。但中国虽然无宗教，却有教堂。中国每个人的家庭，便是中国人的教堂。由生到死，便在这教堂里。中国人理想，若不能在家里做人，便不能到家外去做人。要到家庭外边做个人，就得在家里先做。不能做父母，对儿女不行，怎能对其他别人。子女对父母也一样。家庭就是个小社会，也可说是个小天下。家庭成为人群中一细胞。人与人不能成一家，还能成其他什么呢？人群、社会，一切就要从家做起。②

按照前面梁漱溟的看法，宗教是凝聚人而合群的。它的方法简单地说，就是以神圣的信仰和崇拜为地基建筑现实社会的人际关系，而在教堂中接受神父或牧师的教诲以及群修是他们形成相应人格的重要方式。中国没有基督教那样的宗教，当然也没有教堂。但是，在钱穆看来，家庭就相当于西方的教堂，中国人的人格是在这里锻造形成的。

钱穆承认，宗教有感情慰藉功能，近似于文学艺术，而与科学不同。钱穆认为，上帝乃是人类内心营造的"亲人"，他当然不如身边的"亲人"真实可亲。而且，随着科学的昌明、发达，上帝的形象渐行渐远、日益模糊、渺茫③。所以，应该回到我们自身的道德上来。钱穆的观察当然没有深入西方宗教与科学之间的关联，然而这并不妨碍他依据道德来解释人生乃至宗教是中国文化的精义所在。在他看来，道德高于文学和宗教：

> 父求慈，不求子之必孝；子求孝，不求父之必慈。文学是求在别人身上

---

① 胡适：《易卜生主义》，引自《胡适哲学思想资料选》，华东师范大学出版社1981年版，第168页。
② 钱穆：《中国文化精神》，引自《钱宾四先生全集》（三十八），台湾联经出版公司1998年版，第25页。
③ 钱穆：《文化学大义》，引自《钱宾四先生全集》（三十七），台湾联经出版公司1998年版，第56页。

发现我，在别人身上完成我。道德则我在别人身上发现、完成。在儿女身上发现完成了理想的父母；在父母身上发现完成了理想的儿女。没有儿女，发现不成理想的父母之慈。没有父母，发现不成理想儿女之孝。没有道德，发现不成理想的我。道德只是人的真性情，只有性情始是人之真，始是真我，始是真人生。父母求慈，必得慈；儿女求孝，必得孝。[①]

钱穆认为，宗教不能忘我，道德能忘我，譬如父慈子孝是能够忘我的，宗教因为向外乞灵，所以不能忘我。文学不能自足，而道德能够自足，因为文学有所求，道德无所求[②]。父慈子孝只是人的真性情，没有外在的目的。"求仁得仁，又何怨？"这才是最完美的人生艺术，最热烈的理想宗教。科学可以反宗教，但是不能反道德。作为一个文史专家，钱穆在宗教哲学和道德哲学等理论领域并无深造，但是他的观察及其结论支持了文化保守主义的立场，则是显而易见的。

（四）

前述中国儒家的天道性命观念主要是从对生命体认的层次上确定的，也是从儒家对人性和人本身的价值层面上确定的。那么文化保守主义者在现实生活世界中如何调适自己的情感、如何协调个体与他人的关系？这是从理念落实到实际生活的关键问题。大致说来，虽然20世纪的文化保守主义者之间存在着理念上的种种差异，譬如《学衡》派与现代新儒家的差别、心性儒家与钱穆的差别、心学与理学的差别，甚至梁漱溟与熊十力的差别，等等，但是中庸或中道的原则是他们所共同认可的。

在这方面我们可以以梁漱溟为中心展开讨论。在否定了中国人的宗教生活而归之于道德实践和伦理生活之后，梁漱溟并没有将之设定为僵死的、固化的、教条的生活样式，而是将之认定为一种中和的、快乐的、情感调和的生活形态。这是对胡适、陈独秀乃至鲁迅等的反驳。在新文化运动的激进派看来，程朱理学是戴震所说的"以理杀人"的代表。因此，现代思想就是解放人的个性和生命，在感性生存的意义上理解人生的基本性价值。这是近代进化论、功利主义引进以后的基本观念。胡适曾经说：

  崇拜所谓东方精神文明的人说，西洋近代文明偏重物质上和肉体上的享受，而略视心灵上的与精神上的要求，所以是唯物的文明。
  我们先要指出这种议论含有灵肉冲突的成见，我们认为是错误的成见。

---

 ① 钱穆：《文化学大义》，引自《钱宾四先生全集》（三十七），台湾联经出版公司1998年版，第57页。
 ② 钱穆：《文化学大义》，引自《钱宾四先生全集》（三十七），台湾联经出版公司1998年版，第57～58页。

我们深信，精神的文明必须建筑在物质的基础之上。提高人类物质上的享受，增进人类物质上的便利与安逸，这都是朝着解放人类的能力的方向走，使人们不至于把精力与心思全抛在仅仅生存之上，使他们可以有余力去满足他们的精神上的要求。①

健全的身体是精神或心灵的条件，因此，身体的需要与满足作为人类存活的先在条件是基础。而在梁漱溟看来，身心是一体的，并且个人的快乐与物质条件的是否满足关系其实不大。那么快乐和情感的安顿系于何处呢？

梁漱溟认为，孔子教人在社会中得一个"仁"的生活，他的理念和方式与宗教类似，但又不是宗教。宗教关乎人类的情感性生活或情志生活。人类的情志生活有两类最重要，一个是宗教，一个是艺术，宗教的力量又远大于艺术。但是，儒家尤其是孔子的生活方式也是情志类型的，而不是宗教类型的，因为它不具有基督宗教那样的一些重要因素。但是，另一方面，它又有类似西方宗教般的对于人生的绝大作用。因此，梁漱溟说"孔子差不多有他的一副宗教"②。那么，孔子教的法门是什么呢？在梁漱溟看来就是两个：第一，孝弟的提倡；第二，礼乐的实施。梁漱溟基本上对宗教的超道德价值不置可否，也可说他对此不曾特别注意或有特殊的领会。正如梁任公所说，梁漱溟是泰州学派的精神后裔，强调情感的当下即是或自发性是他思想的特点，可以说，宗教的另一个层面在他是不大注重的。这也是他所谓的"道德代宗教"的立论根据。梁漱溟把宗教生活和人类生活区分得很严格：宗教的根本方向是出世的，孔家则不是。然而孔子根据人的仁心本原，可以获得和宗教类似的社会效果。

梁漱溟论孝弟的作用和钱穆相类似，但是，他是从人的感情出发的，钱穆则是从对人的感性的训导出发的，二者细较起来有很大的不同。梁漱溟和钱穆同样认为，只要教人在家孝弟，其他一切道德就自然而然形成了。人在儿童时期的情感萌发是长大以后情感发用的源泉："《论语》上'孝弟也者其为人之本与'一句话，已把孔家的意思说出。只须培养得这一点孝弟的本能，则其对于社会、世界、人类，都不必教他什么规矩，自然没有不好的了。"③ 梁漱溟认为，孝弟其实是顺着人类情感发生的，因此这种教化其实是如水之就下，通过情感的激发而自然培固的。泰州学派顺乎人性自然的倾向推动梁漱溟更加走向孝弟和礼乐与自己内心的统一而不是对人的宰制，所以，将儒家生活的宗教性和人文性的整合推向艺术化就是梁漱溟的必然归宿。

---

① 胡适：《我们对于西洋近代文明的态度》，引自《胡适哲学思想资料选》，华东师范大学出版社1981年版，第307～308页。
②③ 梁漱溟：《东西文化及其哲学》，引自《梁漱溟全集》（第一卷），山东人民出版社1989年版，第467页。

为此梁漱溟特意对《礼记》中的《乐记》作了一番新的诠释，认为它对人之血气调和有特殊的方法。譬如"本之情性，稽之度数，制之礼义，合生气之和，道五常之行。""故乐行而伦清，耳目聪明，血气平和，移附易俗，天下皆宁。"这样的礼乐当然是人之性情调顺中和的路数，而不是程朱直接压抑遏制的方式①。这样，孔子的礼乐教化就不仅仅是一种对人性感情层面的遏制，而是顺向着人类情感的开展，以艺术的方式使之涵养、中和，把礼教的强制性色彩淡化、内化，以服从人的情感的适当抒发的形式展开。礼乐就不是一种单纯的外部性的存在，而是依托于人的内心生命的自然流露而展开的。梁漱溟晚年更加突出了这种看法。他将道德代宗教改称之为"以美育代宗教"。

在梁漱溟看来，宗教的教化力量在于教堂环境的构设及其礼拜等团契生活的具体操作，实质是发展成了一种艺术化的身心洗礼过程。通过参加宗教活动，人们享有精神生活：

> 一时超脱尘劳杂念，精神上得一种清洗。或解放，或提高。这得之于什么力量？这得之于艺术的魔力。非止于种种艺术的感受，而且因为自己在参加着艺术化的一段现实生活。这种生活便是让人生活在礼乐中。礼乐是各大宗教群集生活所少不得的。宗教全藉此艺术化的人生活动而起着伟大影响作用，超过语言文字。②

梁漱溟将宗教、艺术、礼乐视为连续乃至合三为一的事物。虽然是三个名称，但是本质上有相通之处。梁漱溟把宗教的功能艺术化了，而把教堂的各种施为更加艺术化了。而且只有是艺术形态了，它才能涵化人的身心，使之受到熏染。这就是梁漱溟为什么强调儒家礼乐的原因。他的礼乐和程朱的礼乐基本上是两种概念了，梁漱溟的礼乐是艺术，是对人的陶养，不是硬邦邦的教条或家族族长的训诫。在梁漱溟看来，孔门或周孔的礼乐教化是道德教化，但它不借助于一个超然的偶像崇拜。它有待人类悠然自得的境界，即道德与艺术统一的生活：

> 纳一切行事于礼乐之中，即举一切生活而艺术化之。所谓"礼乐不可斯须去身"（语出《礼记》）者，不从言教启迪理性，而直接作用于身体血气之间，便自然地举动安和，清明在躬——不离理性自觉。③

梁漱溟认为这是人类未来发展的终极方向。而这个方向就是艺术化的宗教，人文性的宗教。这是现代新儒家中将礼乐内在化和理想化的一种见解，在一定意义上这也代表了现代新儒家的总体看法。他们的理性主义是德性、仁心本根的，

---

① 梁漱溟：《东西文化及其哲学》，引自《梁漱溟全集》（第一卷），山东人民出版社1989年版，第477页。
② 梁漱溟：《人心与人生》，引自《梁漱溟全集》（第三卷），山东人民出版社1990年版，第741页。
③ 梁漱溟：《人心与人生》，引自《梁漱溟全集》（第三卷），山东人民出版社1990年版，第750页。

同时也具有艺术化的倾向。将礼乐艺术化，虽然在原始儒家那里可以找到根源，但是现代新儒家的理论工作更多地显示出对现代性的回应，此种回应是通过将儒家礼乐理想化的方式来进行的。而现实的演进却证明，这一方案未能真正解决中国的社会问题。

四、人文理性的分解与政道

（一）

当我们用激进主义、保守主义和自由主义的三角关系来描述20世纪中国社会思潮的总貌时，已经肯定以"富强"为首要标志的现代化乃是中国人的普遍追求，而民主与科学又被公认为现代文明的两大核心要素。从这个意义上来说，无论哪一个思想派别，都不拒绝科学与民主。文化保守主义与其他两派的主要差别在于，他们坚持中国传统文化并不是科学与民主的障碍，反之，儒家传统完全可以"开出"民主与科学。简单地说，他们就是为中国文化尤其是儒家"正名"，重新估定它的内在价值，并在此基础上构建一个融通中西的价值秩序和政治秩序。牟宗三在这方面作了很大的努力。

牟宗三指出，中国人从民初开始就在追求现代化，但是，却是以对儒家传统的颠覆为前提的。"事实上，儒家与现代化并不冲突，儒家亦不只是消极地去'适应'、'凑合'现代化，它更要在此中积极地尽它的责任。"这个所谓的积极地尽责任所指何谓呢？牟宗三认为就是要从中国文化的内在价值和目的中确定"现代化"的指向：

我们说儒家这个学问能在现代化的过程中积极地负起它的责任，即是表明从儒家内部的生命中即积极地要求这个东西，而且能促进、实现这个东西，亦即从儒家的"内在目的"就要发出这个东西、要求这个东西。所以儒家之于现代化，不能看成是"适应"的问题，而应看成是"实现"的问题，唯有如此，方能讲"使命"。①

这个使命就是开出科学与民主政治。而科学和民主政治在牟宗三看来渊源于一种西方人特有的"事功精神"，这种精神在中国传统的理性主义即道德理性主义中通常不被重视。中国古代的理性主义重视的是成圣成贤或者重视豪杰精神，而不重视一般平平常常的"办事精神"。但是，就是这种寻常的"办事精神"在今天是最重要的精神特质，即民主科学的精神。现代化是一种事功主导的社会，

---

① 牟宗三：《政道与治道》，广西师范大学出版社2006年版，"新版序"，第3页。

也是事功发扬的社会类型,因此事功的精神特质相对于成就圣贤的精神特质就是时代的最新课题。而在牟宗三看来,成就圣贤的精神与事功精神之间不是冲突对立的,但事功必须在民主政治下才能实现。在这个意义上,"民主政治即为理性主义所蕴涵;在民主政治下行事功,这也是理性主义的正当要求。这是儒家自内在要求所透显的理想主义——理性主义的理想主义。"[①] 对"科学"的诉求也同样如此。儒家并不反对知识的追求,"儒家的内在目的即要求科学,这个要求是发自于其内在目的的"[②]。因为,儒家讲良知,重在动机和目的上,但是没有合适的手段,这个良好的动机也是无法实现的,良知、道德内在要求知识作为手段和工具。因此,儒家必须肯定科学[③]。中国儒家文化的更生即现代化首先是要求"新外王",民主政治是新外王的"形式条件",而科学知识则是新外王的"材质条件"。牟宗三说:

> 新外王要求"藏天下于天下"、开放的社会、民主政治、事功的保障、科学知识,这就是现代化。
>
> 民主政治能够表现一些"藏天下于天下"的理想。儒家学术最内部的要求亦一向在于此,但是从未在现实上出现,而今天之现代化亦主要在要求此一理想的实现。[④]

在牟宗三看来,中国传统政治和现代西方的民主政治都是"理性主义"的,只是这两种理性的运用和表现方式存在着极大的差异。一个是"道德主体",一个是"知性主体",一个表现为"综合的尽理之精神",一个表现为"分解的尽理之精神",亦即一个是道德理性,一个是认知理性,前者是"实践形态",后者是"理解形态"或"认识形态"。

在中国古代,由于理解形态的未产生或不发展,导致历史中逻辑、数学与科学的不发生,国家、政治和法律的完成形态也无法克成。因为,集团生命的组织形态正是逻辑、数学和科学由以产生的分解的知性精神的凸显。这一点其实在梁漱溟的《东西文化及其哲学》中已经有所阐述。梁漱溟把它们看成是两种生活样态,其根源也是理智和"直觉"(后来用"理性"代之)的分途所致。梁漱溟所谓西方人惯于集团生活同时又个性充分发展,转到牟宗三就是在分解的知性(或理性)之下"对列格局"的形成[⑤]。只有"对列格局"的展开才有个体的主体的独立和并立,才有个人权利的意识和实践。中国传统的治道是理性即道德(理想化状态下)的作用表现,不是对列格局形态的人人平等、对等的形式,而是 sub-

---

[①②] 牟宗三:《政道与治道》,广西师范大学出版社 2006 年版,第 11 页。
[③] 牟宗三:《政道与治道》,广西师范大学出版社 2006 年版,第 11~12 页。
[④] 牟宗三:《政道与治道》,广西师范大学出版社 2006 年版,第 15 页。
[⑤] 牟宗三:《政道与治道》,广西师范大学出版社 2006 年版,第 17 页。

ordination 的隶属形态的即垂直的等级的样式,而西方的民主制度则是基于理性的对列格局之思维背景的分解理性的架构表现。因此,牟宗三认为,中国现代化的道路就是"转理性的作用表现为理性的架构表现",以实现基于个人权利平等基础上的政治的对列格局,这就是民主政治。因此,牟宗三的政治理性主义就是在他的道德理性主义下的第二层次的即梁漱溟的"理智"的自我凸显的运用过程。如果说在哲学上,梁漱溟与牟宗三致力于重建道德理性的新哲学的话,那么,牟宗三则开始致力于说明怎么样从道德理性中推导出它所能够涵容的分解理性。虽然它和价值理性之间形成敌对关系,因而它是经过一个自我否定的转折才能开出的,但是,从目的论的层面它其实是一种直接诉求,从生成论的角度则是一种间接的关系。在牟宗三看来,这是在肯定道德理性主义的前提下的一种努力。两种理性既存在着冲突关系,即分解的理性恰恰是要在道德理性的圆融之中解脱出来;但是,正因为如此,也说明分解的理性不外于道德理性本身,道德良知是它的母体。认知理性或分解的理性是一种反思的理性、对待的理性,是主体人格的展现,它对个体人格和法治的实现是根本性的,而这是中国人在传统社会中最缺乏的。即自我否定一种伦理共同体的存在而趋向于一种政治共同体的建构形态,以形成一种有别于道德人格和艺术人格的主体人格的构成。显然,这是一种"理智"运用的理性主义的建构形式,其内核是知性的思维方式的形成。牟宗三反复强调,没有分解的理性精神的支撑,道德生命必然陷于虚空飘荡甚或在专制强权中窒息而死[1]。牟宗三认为,在历史形态上看,孔子建立仁且智的主体圆融无碍;孟子实现一次破裂,道德主体挺立彰显,但是没有形成知性主体的自由;荀子又一次破裂,知性主体显露,但是却不是自下而上而是自上而下的,也就是道德主体又丧失了,知性主体依然没有在自我确立的基础上分解开来,反而成了一统之下的社会建构的工具,它具有一定的科学知识性征但不具有政治法律性征[2]。因此,中国人的思维尤其是政治思维必须发生一次革命,这就是从仁德的圆融转向理智的对待,这就是所谓"良知自我坎陷"。其实,不管是通过良知自我塌陷还是通过制度架构实现现实性的民主政治形态,都不会否认通过个体的觉醒然后实现的必要性。这个个体的觉醒从客观制度说必须经过社会的分解的理性思维的形成与拓展。牟宗三非常重视"个性"的构成,这在法律上即是"人格"即 personality,其实就是法权,这在希腊初步开启,在罗马法中得以成形。在牟宗三看来,这种由外在限制所构成的"个性"其本源是基督教,因为个体在上帝面前皆平等[3]。把中国人的个体从皇权和家族体系的"大实体"中解放出来,实现个人

---

[1] 牟宗三:《道德的理想主义》,吉林出版集团有限责任公司2010年版,第5页。
[2] 牟宗三:《历史哲学》,广西师范大学出版社2007年版,第115~116页。
[3] 牟宗三:《历史哲学》,广西师范大学出版社2007年版,第156页。

的自由平等是牟宗三塑造中国人从"道德存在"到"政治存在"的根本目标，这是现代新儒家的现代性的基本表征之一。

这样一种关于"政治"的理性主义是新儒家在 20 世纪的创制，即在肯定儒家道德理性主义的前提下，扬弃他们的总体性的伦理共同体的制度形态，建构现代政治理念及其思维方式：分解对待的个体主体性。这样一种知性的理性主义是科学和政治的统一形态，因为其目的在于扬弃天道伦理、建构知识"论理"，但是又不脱德性的根源和命脉，因此可以将之称作是良知政道的建构法则。

（二）

现代新儒家的基本理论路径是"返本开新"，返儒家传统之本，开现代性之新。但是，他们在理论建构上最重要的工作显然在心性哲学即所谓"内圣"的阐发。如何顺应现代社会的发展，解决如何从"内圣开出外王"的问题，显得尤为迫切。20 世纪 50 年代以后的港台新儒家，尤其是牟宗三、唐君毅等重在哲学建构的新儒家，经受了政治变局、文化变迁且与身世飘零互相纠结，其理论也展现出探索"民主如何可能"的新方向。

面对社会革命论的挑战，牟宗三与钱穆类似，否定中国古代社会的阶级分野，其实这也是梁漱溟中国社会"伦理本位、职业殊途"的判断被许多人所赞成的原因。按照这一基本判断，古代中国不仅与印度种姓社会不同，与欧洲中世纪封建社会也不同。

> ……中国则自古即无固定阶级之留传，它无阶级的问题……"无生而贵者"这一句话即表示了中国文化生命里之无阶级观念。贵贱是爵谥的问题，因而也就是一个价值观念。贵贱由分位观念起。人无生而贵者，自其生物之生言，皆平等。此为生之原质。必套于文化系统中，而后见其贵贱。是以中国贵贱观念，自始即是一价值观念，而非阶级之物质观念也。由文制而定贵贱，即由生之原质而至人道也。①

牟宗三长于思辨哲学，论历史则不能回答"无固定阶级"是否即无等级、无特权、无地位和贫富悬殊的问题。"贵贱"表达了价值观念，但是这个价值观念反映的恰好是古代社会那种按照等级高低的标准（爵谥）来区别人的事实。人分贵贱正是基本的不平等观念，不过这个不平等的观念在具体形态上与欧洲中世纪或古代印度不同，而有中国自己的特点罢了。

在牟宗三看来，"人皆可以为尧舜"的观念，同基督教"在上帝面前人人平等"或佛教"一切众生皆有佛性"类似，都表达了"超越的平等性"。在西方，

---

① 牟宗三：《历史哲学》，引自《牟宗三先生全集》（九），台湾联经出版公司 2003 年版，第 208~209 页。

借助自然法或"原始的自然的平等性",人开始获得"内在的平等性"(immanent equality),因而成就为权利主体。换言之,即我们前面所说,从"人的相同性"出发的平等的形上学,进入了"权利平等"(平等的政治学和社会学)。但是,西方人的"权利平等"由于只是形式的平等,牟宗三将之称为"外延表现",认为它缺少"内容表现",即不能解决个人主观的生命问题,结果导致了严重的文化危机。技术的高度发达和物质文明的高度繁荣,不能掩盖内在的"极度虚无与野蛮"。所以不如中国"内容表现"之路,更注重个人生命的关怀和提高①。

在为中国儒家传统辩护的后面,我们还是可以看到牟宗三等谈论平等问题有一个新的方向,那就是关注民主在中国如何可能的问题:

> 同是要求现代化,西方与中国的源泉不同;西方是根据阶级斗争而来,中国社会则只是"职业分途,伦理本位",阶级的分野不清楚。中国以前取得政权的方式是靠打天下而来的,政权的泉源是非理性的,是皇帝打来的,旁人不能过问,所能过问的只是第二义以下的。除了政权来源这一方面不能触及之外,中国以往在其他方面是非常自由、平等。我们可以说,中国以前只有"治权的民主",而没有"政权的民主"。从考进士、科甲取士等处,即可见治权是很民主的。但是真正的民主是在"政权的民主"。唯有政权的民主,治权的民主才能真正保障得住。②

事实上,在他批评西方的平等民主是在从"超越的平等性"到达"内在的平等性"只是走了"形式表现"的时候,他并没有否定"形式表现"(外延的表现),而是同时说要"参考这条路",而且要"以内容的表现提撕并护住外延的表现"③。这当然是种道德理想主义。问题是,本来具有丰富的道德境界理论的中国,在"超越的平等性"上有很高的成就,虽不同于政治的平等,但在逻辑上与政治上的自由平等不相反对。但是何以我们缺少形式的展开,或者更明确地说,"政权的民主"如何实现?于是,这就表现为港台新儒家最关心的话题之一:内圣如何开出"新外王"。

关于这一重大课题,牟宗三有一著名的命题:良知的自我坎陷,或者说道德理性的自我否定,或者说是所谓"曲通",都是类似的意思。撇开具体论证的复杂性,我们不难发现,牟宗三充分意识到无论是孟子的"良贤""人皆可以成尧舜",还是佛教的"人人皆有佛性"等"超越的平等性",不仅在历史上与"权利平等"没有因果关系,而且在逻辑上也不存在必然关系。不过,牟宗三似乎太

---

① 牟宗三:《政道与治道》,引自《牟宗三先生全集》(十),台湾联经出版公司2003年版,第157~175页。
② 牟宗三:《政道与治道》,引自《牟宗三先生全集》(十),台湾联经出版公司2003年版,第27页。
③ 牟宗三:《政道与治道》,引自《牟宗三先生全集》(十),台湾联经出版公司2003年版,第175页。

局限于观念论的理路了，所以在解释如此重大的观念史问题时，只停留在观念自身去考察。依我们的见解，"曲通""坎陷"云云，乃是历史的辩证法，平等观念的现代嬗变，除了观念自身的历史外，要用社会条件的历史性才能获得说明。换言之，社会史的重大变迁，决定了观念世界发生了划时代的变化，一些新的观念产生了，一些古老的观念也获得了新的理解。

如果我们同意平等问题可以作为划分现代思想派别之激进与保守的根据（或根据之一）的话，那么现代新儒家中同样有比较激进的人物，譬如徐复观。大体言之，徐复观对于历史具有强烈的反省意识，对于儒家在历史上的实际作用比较能做实事求是的分析：强调其贡献与理想，也明确地承认历史中的黑暗和曲折。根据他的判断，汉代以降的儒家，其理论之意图已经与先秦儒家大不相同，从孔孟用儒家理想去规范现实，转变为如何维系现实的大一统王权。因此，一般的儒家很少以被统治者的视角，去限定统治者的行为，而总是站在统治者一面为解决政治问题寻找出路：

> 因为总是站在统治者一面设想，千言万语，总是君道、臣道、出处之道，并未成就政治学，所以只是发芽抽枝，并未开花结果。①

所谓未能开花结果，主要是"民"作为真正的政治主体，没有建立起来。这是对中古儒家非常严厉的批评。正如黄俊杰教授在其新著中指出的那样："徐复观解释中国文化时，特别注重批判专制体制对中国文化各方面的伤害与荼毒……析论中国历史文化比较具有强烈的批判精神。"② 在徐复观看来，先秦儒家的人本主义思想在政治上展开为民本论，但是后起的儒家政治理论的基本点，却转变为如何论证专制君权的合理性及其实践的制度配置。

关于这一发现，徐复观特意指出，这是他"亲闻之于黄冈熊先生"。考诸熊十力的著述，这一点确实是相当显豁的。作为现代新儒家中最有创造性的哲学家之一，熊十力虽然早年从辛亥革命的政治旋涡中退入书斋，对于那场革命的民主诉求却有深切的体验，因而在《十力语要》说道：

> 古代封建社会之言礼也，以别尊卑、定上下为其中心思想。卑而下者以安分守志、绝对服从其尊而上者。虽其思想、行动等方面受无理之抑制，亦以为分所当然、安之若素，而无所谓自由独立。及人类进化，脱去封建之余习，则其制礼也，一本诸独立、自由、平等诸原则，人人各尽其知能、才

---

① 李维武编：《徐复观文集》（一），湖北人民出版社2002年版，第117页。
② 黄俊杰：《东亚儒学视域中的徐复观及其思想》，台湾大学出版中心2009年版，第64~74页。在本书中，作者将徐复观放在广阔的比较研究视野中来探讨其思想，包括比较了徐与钱穆对于中国文化历史的研究。认为，同样"以中国文化作为认同对象"，徐与钱对于历史的两种解释，不但涉及历史的描写，而且渗透了主观的评价，"徐复观犀利而敏锐的批判态度，使他直探中国文化根本病痛之所在。如果就为未来的历史奠基这个角度来看，徐复观的批判精神留给这一代知识分子的遗产显然较为丰富。"（第71页）

力，各得分愿。①

《十力语要》是 1949 年前所作。不过，在《原儒》《读经示要》等其后期著作中，熊十力同样批评了为汉以后的"小康儒"修正孔子的"大同"理想。

不过，熊十力和徐复观，都没有把"平等"简单地化约为乔万尼·萨托利所说的单纯的"抗议性原则"，而是注意到其复杂性，强调其同时也可以是"建构性原则"。所以，熊十力说：

> 然则平等之义安在耶？曰：以法治言之，在法律上一切平等。国家不得以非法侵犯人民之思想、言论等自由，而况其他乎？以性分言之，人类天性本无差别。故佛说一切众生皆得成佛。孔子曰："当仁不让于师。"（言仁德吾所固有，直下担当，虽师之尊，亦不让彼之独乎人也。）孟子曰："人皆可以为尧舜。"此皆平等义也。

这表明熊十力既注意到"相同性的平等"，也注意到"权利平等"或"公正的平等"。

然而，熊十力在其不多的关于平等的论述中，最注重的还在"相同性的平等"，用他的话说，这是一种"性分平等"，并且着意于建立平等的形上学论证。他认为儒家平等观念在"群己之辩"中有一个指向存在论和本体论的背景。熊十力认为，儒家既讲成己成物，又讲万物一体。"己"和"物"本来互相联结，不分彼此，不分内外。而"内圣外王"却要分别内外。

> 据理而谈，有总相别相故。说万物一体，此据总相说也。凡物各自成一个小己者，此据别相说。若无别相，那有总相可说。别相在总相中，彼此平等和合作，而各自有成，即是总相的大成。譬如五官百骸在全身之发育，亦此理也。②

我们发现，虽然熊十力常常喜好用《易传》"群龙无首，吉"来论证人人平等，但是，与西方个人主义或自由主义在理解个人与社会或个体与群体之关系的时候用实证的、分析的方法不同，他特别擅长运用玄学思维和辩证方法，强调在对待中把握个体与总体、部分与全部的关系。同时，在理解个体之间的关系时，就与西方个人主义强调个人的独立与实在不同，承认关系本身的实在性，而非个体的实在性。他的形上学，不仅用"翕辟成变"解释实在，将 Being 转变为 Becoming，而且认为个体永远在关系中。他反复说，总相和别相，"名虽有二，实一体也。故个人成己之学，不可为独善自私之计，而成物为至要也。然己若未成，又何以成物？故内圣外王其道一贯，学者宜知。"③ 这种辩证思维后面隐蔽

---

① 熊十力：《十力语要》，辽宁教育出版社 1997 年版，第 253 页。
② 熊十力：《体用论》，中华书局 1994 年版，第 314 页。
③ 熊十力：《体用论》，中华书局 1994 年版，第 315 页。

着的是与西方现代平等观念所包含的原子主义的个人观念不同的前提。

以"性分平等""人皆可以为尧舜"为平等论的基础,熊十力的这一理路,为其后学所继承,当然也为徐复观和牟宗三、唐君毅等人所肯定。他们共同起草的《为中国文化敬告世界人士宣言》中如此说道:

> 从儒家之肯定天下非一人之天下,并一贯相信道德上,人皆可以为尧舜为圣贤,及民之所好好之,民之所恶恶之等来看,此中天下为公人格平等之思想,即为民主政治思想根源之所在,至少亦为民主政治思想之种子所在。

因此,说徐复观赞成"性分平等""人皆可以为尧舜"这类高调的平等论,或者平等的形上学,应该是题中应有之义:

> "天命之谓性",这是子思继承曾子对此问题所提出的解答;其意思是认为孔子所证知的天道与性的关系,乃是"由天所命"的关系。天命于人的,即是人之所以为人之性。这一句话,是在子思以前,根本不曾出现过的惊天动地的一句话。"天生烝民","天生万物",这类的观念,在中国本是出现得非常之早。但这只是泛泛地说法,并不一定会觉得由此而天即给人与物以与天平等的性。
>
> "天命之谓性",决非仅只于是把已经坠失了的古代宗教的天人关系,在道德基础上与以重建;更重要的是:使人感觉到,自己的性,是由天所命,与天有内在的关连;因而人与天,乃至万物与天,是同质的,因而也是平等的。天的无限价值,即具备于自己的性之中,而成为自己生命的根源,所以在生命之自身,在生命所关涉到的现世,即可以实现人生崇高的价值。
>
> "天命之谓性"的另一重大意义,是确定每个人都是来自最高价值实体——天——的共同根源;每一个人都秉赋了同质的价值;因而人与人之间,彻底是平等的,可以共喻共信,因而可建立为大家所共同要求的生活常轨,以走向共同的目标。[①]

严格说来,从"天命之谓性"并不能直接推论出"天给人与物以与天平等的性"这样的结论,而且儒家的"天人合一"也绝不是两个平等的元素的联合。从形式上看,徐复观的论述依然是从超越的"天"之信仰,下贯而论人性的存在论根据,从天道这一价值的源头来论证人的相同性的平等。但是我们仔细寻绎其文字,还是可以发现二人思路之差异。熊十力基本上停留在形上学的领域,凭借的是思辨的方式。而徐复观的论述重心渐渐转移到个人、现世和生命。因此其平等观虽然和熊十力一样出于儒家之"天人之际",但是不再只是玄妙之境,不是冷冰冰的理性准则,而是"生的敬畏",是发自内心的真诚情感。

[①] 李维武编:《徐复观文集》(三),湖北人民出版社2002年版,第115页。

所谓生的敬畏,即是对于一切生命,均承认其有平等而崇高的价值,因而发生一种敬畏之心。由此种敬畏之心而发出与人类,乃至与万物,同为一体之感。①

因而可以借平等的原则,"建立为大家所共同要求的生活常规,以走向共同的目标"。

这种将"性分平等"落实到现实人生的路向,一定要突破古代"相同性的平等"的界线,把平等的形上学转变为平等的政治学和社会学。这在徐复观对于"天命之谓性"中的"命"的解释中,有着鲜明的体现。当他说,"天命之谓性"决定了每个人都有"同质的价值"时,不仅说道德上的等质,而且说在现实生活中也"等质"。与宋明理学家比较多的局限于将"天命之谓性"理解为人普遍地具有道德的先验之根据不同,徐复观将此与近代"天赋人权"的观念联系起来,因而有了非常突出的法权平等的观念。他说:

生民的具万理而无不善的命,同时也应该是在其生活上能有平等自由的命,亦即是政治上的天赋人权之命,假定有前者而无后者,则不仅不能在抑压委顿之下,责人人从道德上去作圣贤,即使是圣贤自己,也应该从抑压委顿中,翻转出来,使自己随着天地万物,皆在其份位上能各得其所。圣贤为了拯救天下,为了"一人不出地狱,已即不出地狱",而可以忍受抑压委顿;但圣贤不仅不以抑压委顿期望之于他人,并且也决不以抑压委顿的本身为道德;否则即是奴隶的道德。奴隶的道德,历史上常常成就了少数暴君的不道德,以造成罪恶的世界。所以人格的完成,同时必须人权的树立。人格与人权,真正是相依为"命"而不可分离。从教化上立人格的命,同时必须从政治上立人权的命,这才是立性命之全,得性命之正,使前者有一真确的基础,使后者有一真实的内容,于是生民的命才算真正站起来了。②

我们知道,在中国思想史上,对于"人皆可以为尧舜"的诠释,历代儒家虽有一贯的关注而并未达成一致的理解。相当多的解释是一般人虽然"可以"成为而并未实际"成为"尧舜:"成圣"这种可能性只是潜在的而非现实的。这反映了社会史的真实:儒家尤其是政治化的儒家,在坚持性善论的同时还维持着对于特权、等级和权威的信念。最极端的一派,实际上以为人在其现实性上,不但社会政治地位不平等,而且在道德上也不平等,君子小人的区隔是不能逾越的。温和的儒家则以为,尽管政治现实中人有差等,但是在道德上人可能被视为平等。激进的儒家则不满足于抽象的可能性,而出现了像王门后学那样"满街皆是圣

---

① 徐复观:《西方圣人之死》,引自《徐复观文存》,台湾学生书局1991年版,第337页。
② 徐复观:《为生民立命》,引自萧欣义编:《儒家政治思想与民主自由人权》,台湾学生书局1988年版,第190页。

人"的理论。

徐复观从敬畏生命出发讲"人皆可以为尧舜",实际上上接左派王学的路径,要将"平等"从抽象的同一性,在生活世界中转化出现实的同一性。因此,他说:

> 在人的性上,尧舜更不比一般人多些什么;所以他说"尧舜与人同耳"。既是"尧舜与人同耳",便可以说"人皆可以为尧舜"。
> 但孟子说上句话,不是把他当作"应然地"道理来说,而是把它当作"实然地"事实来说。即是孟子并不是认为人性应当是善的,而是认为人性实在是善的。①

将成圣从可能性直接翻转为现实性,可谓徐复观的一大发明。但是,这一断语是需要论证的。首先就需要在经验中获得证实,因为传统儒家的君子小人之辨容易形成一种成见,以为君子与小人之分是不可逾越的。徐复观则辩难说:

> 人性既与天道同体,则每一个人应当都是成德的君子。但事实上,却是百姓多而君子少,这又如何解释呢?作《易传》的人,以为这乃是由于百姓的"不知"。"百姓"与"小人"不同,百姓乃是无心为恶,但亦无为善的积极企图的人。所以他们的心灵,常处于非善非恶的浑沌境界。"不知"的"知"与"觉"同义。不知,即是不自觉与天地同体之性。人一旦对其本性有了自觉,则其本性当下呈露。②

诉之于经验,社会构成的主体既不是君子,也不是小人,而是"百姓"。这样,徐复观就越过传统的君子小人之辨,直接得出一个可能蕴含了启蒙主义的论式。普通人与作为道德楷模的君子其实并无本质的区别,其差别只在君子有高度的自觉,百姓则"日用而不知"而已。因而,其间的地位之差别就不是不可逾越的,应该被打破。逻辑上,百姓通过其"自觉",就可以进达君子的层面。这表示出徐复观突破儒家精英政治传统的一种理论努力,与熊十力虽有平等的意识,但依然保留着对权威、地位的信仰,并且以为中国社会政治动员依然只能采用从上而下垂直的运用权力的方式③,就大异意趣了。

在政治哲学的视域中,徐复观坚持通过"自觉",普通人可以觉悟其本性而

---

① 李维武编:《徐复观文集》(二),湖北人民出版社2002年版,第154页。
② 李维武编:《徐复观文集》(二),湖北人民出版社2002年版,第191页。
③ 熊十力说"古者儒家政治理想,本为极高尚之自由主义,以个人之尊严为基础,而互相协和,以成群体。期于天下之人人各得自主,而亦互相联属也;各得自治,而亦互相比辅也。《春秋》太平之旨在此。然太平未可骤几,民德未进,民质未优,岂可蹴期至治。故必在官者以师道自尊,以身作则,生心动念,举足下足,悉由乎礼与法之中。然后亿兆民所知向风,天下莫不隆礼奉法而世乃太平,师道毕矣"。(熊十力:《十力语要》,辽宁教育出版社1996年版,第88页。)他并不觉得"在官者以师道自尊,以身作则"云云,如何与自由主义的宗旨大异。至少在这个阶段,权威和地位,甚至特权等,都依然是不能用平等的原则处理的。

成就道德主体，其目标是以此为基础，将人格的平等转变为政治上的平等，即从道德主体成为政治主体。但是，如何从儒家相同性的平等的形上学论证，转化为公正的平等即政治学上的平等，这是现代新儒家所共同遭遇的困境。因为，按照传统儒家的论辩逻辑，性善论在伦理政治的框架中，它不仅包括伦理上的成圣，而且包括政治上的"王"。圣王之心发而为仁政，即王道政治。所以"内圣外王"将性善论与德治理想统合在儒家政治哲学或者广义的实践哲学之中。但是，在这一论式中，"百姓"并没有主体的地位，依然是被统治或被管制的对象。换言之，传统的"内圣外王"论不能保证普通人既是德性主体，又是政治主体。毋宁说它依然保留了"王"者的特权、地位和权威性，而其病根则是平等没有从形上的领域向下落实到普通人（"百姓"）的政治权利，民主政治自然无从发生。

徐复观因之而所做的理论努力是对"德治"理想的重新解释。他认为所谓"德治"应该是要求人君"将其才智转化为一种德量，才智在德量中做自我的否定，好恶也在德量中作自我的否定……因此而凸显出天下的才智与好恶，以天下的才智来满足天下的好恶，这即是'以天下治天下'；而人君自己，乃客观化于天下的才智与天下的好恶之中，更无自己本身的才智与好恶，人君自身，遂处于一种'无为的状态'，亦即非主体性的状态。人君无为，人臣乃能有为，亦即天下乃能有为。这才是真正的治道。"① 反过来，德治的推扩需要平等的原则在政治生活中的实现，"政治的主体不立，即生民的人性不显，于是德治的推扩感应，便不能不有一定的限度"②。

十分明显，这种对儒家德治理想的创造性诠释，形式上是用老子"无为而治"说来界定儒家"仁政"，但是，实质上是将古代垂直地（自上而下）运用政治权力，转变为自下而上的实施政治权力；剥夺君主的主体性，改由"天下""百姓"来承担主体性，因而凸显出了现代平等观念：

>在中国文化史上，由孔子而确实发现了普遍地人间，亦即是打破了一切人与人的不合理的封域，而承认只要是人，便是同类的，便是平等的理念。③

所谓"普遍地人间"即是平等地适用着人际原则的社会，或者说世俗的平等，而不再是停留在抽象的"性分平等"。所以他进而阐发所谓"普遍地人间"为三点，前两点尤为重要：

（一）孔子打破了社会上政治上的阶级限制，把传统的阶级上的君子小人之分，转化为品德上的君子小人之分，因而使君子小人，可由每一个人自

---

① 徐复观：《中国的治道——读陆宣公传集书后》，引自萧欣义编：《儒家政治思想与自由民主人权》，台湾学生书局1988年版，第224页。
② 李维武编：《徐复观文集》（一），湖北人民出版社2002年版，第118页。
③ 李维武编：《徐复观文集》（第三卷），湖北人民出版社2002年版，第69页。

己的努力加以决定……政治的职位，应以人的才德为选用的标准，而不承认固定的阶级继承权利，此即所谓《春秋》讥世卿。

（二）孔子打破了以为推翻不合理地统治者即是叛逆的政治神话，把统治者从特权地位拉下来，使其应与一般平民受同样的良心理性的审判。……他主张政治权力，应掌握在有德者的手中；平民有德，平民即应掌握权力。①

这里的核心在于所谓"有权者应该有德，有德者应该有权"，何谓"有德"？形式上，依然是德治的精英政治论，但是其倾向是"平民"，而不是"士君子"，因而包含了一种意蕴：假如平民已经觉悟到自性，而成为一个有德性人，那么就应该也可以行使其政治权力，成为政治的主体。这种基于道德平等的政治理想，剥夺了"君"对政治权力的独占性，否定了君主与平民在政治地位上固有的等级区别，进而否定了"圣王"所独擅的权威。

平民应该有权，成为政治主体，和合理地行使政治权力，这并不直接同一。因为"现实上，人是有许多类别的，如智愚之分，种族之分，文野不同，等等；不过在孔子看来，这只是教育问题。所以他便说出了'有教无类'（《卫灵公》）这句最伟大的话。"②它与前者是互相联系的平等原则的两个方面。前者意味着社会等级是流动的，进入政治权力的机会是平等的；没有人可以独占政治权力，或者将社会地位凝固化。后者意味着人民受教育的机会是平等的，而教育平等是政治平等的基础。这两项近年来被许多历史学者所着意发掘的历史遗产，实际体现了政治平等和社会平等的现代性原则。

早就有学者指出徐复观的思想包含了传统主义与自由主义的某种综合，即所谓"以传统主义卫道，以自由主义论政"③。我们似乎也可以这样说徐复观：从传统儒学中发掘自由主义的思想资源，在自由主义的政治中实现传统儒学的更新。

在20世纪中国，尽管自由主义者所理想的政治制度并未一帆风顺地建立，自由主义依然是强势的话语之一。甚至像熊十力这样的儒家，也并不简单地拒绝自由主义。但是，另一个强调平等的政治派别是社会主义，它在很长时期中（尤其是在中国大陆）是更为强势的话语。如果说自由主义和社会主义有某种基本的区别的话，那么正在于如何解释"平等"的原则。这里的解释不仅包括对于"平等"的具体诉求，而且包括如何给予平等在现代性价值系统的秩序安顿。通

---

① 李维武编：《徐复观文集》（第三卷），湖北人民出版社2002年版，第71~73页。
② 李维武编：《徐复观文集》（第二卷），湖北人民出版社2002年版，第73页。
③ 见何信全所著《儒家与现代民主——当代新儒家政治哲学研究》中所引韦政通语，何氏同样称"徐复观透过儒学诠释所发扬的儒家思想，实透显出充沛的自由主义精神。"［何信全：《儒家与现代民主——当代新儒家政治哲学研究》，文哲研究所（台北）2004年版，第131页］

常说来，自由主义会主张自由优先，而社会主义会主张平等优先；自由主义所说的主要是法权的平等，而社会主义会主张经济平等（主要是分配平等）；自由主义一般主张自由的基础是产权，是自由市场经济；社会主义则主张生产资料的国有的或公有制度是保证经济平等的最重要手段。

在这一点上，徐复观与熊十力的区别就比较清晰了。熊十力说：

> 内圣者，深穷宇宙人生根本问题，求得正确解决，笃实践履，健以成己，是为内圣学。外王者，王犹往也。孔子昌明大道，以天下为公，立开物成务（开发万物为开物，成立一切应创应兴之新事业曰成务，见《易大传》。公也者，开与成之本也。）以天下一家，谋人类生活之安。①

熊还说，"天下一家"就是"天下为公"，而且断言当初孔子"天下一家"之论，必有详细的说明与预拟的制度。惜乎《礼运》经过后儒的削改，无法考证了。而孔子作《书经》注《春秋》，完全是为了"领导革命，消灭统治，以蕲进乎天下一家之盛。"② 更值得我们注意的是下面的论述：

> 何休注"三世"：一、据乱世者，万国庶民，在久受压迫和侵削之中，奋起革命，消灭统治，拨乱世而反之正。二、升平世者，革命初陈，乱制已革，（乱制者，古《春秋》说，少数人统治大多数人，即是造乱的制度。）更须领导新建设，国家将改正旧日之国界恶习，而变为文化团体。但在万国未能遽行统一以前，国家仍保持独立的规模和军事之设备。其对外，则防御列国中或有反动分子阴蓄异图；其对内，则土地国有，一切生产事业国营，乃至万物聚散与人民享受等等业务，莫不有国家经理。（以上皆根据《周官经》而言。聚，谓国内各地各种物资之统购。散，谓分配物质于各地各项职业之人，平价售出，共其食用等需要。）此举其大要也。三、太平世者，国界种界一切化除，天下一家，人各自主，而皆平等互助，无彼我分别，《易》云"群龙无首"是也。何休所述"三世"，确是孔子《春秋》之三世义。③

这里有明确的经济平等、消灭私有制度，国家统制经济生活等诉求在内，其中的社会主义倾向十分明显。

至于徐复观，则与之不同。首先，他主张自由竞争的经济：

> 不论经济与文化，都是在自由竞争中得到进步。经济进步的消极标志，便是落后的东西受到自然的淘汰。为了免于淘汰，便不能不在技术、管理、推销等方面力求前进。所谓自由竞争是不把经济以外的因素，尤其是不把政

---

① 熊十力：《体用论》，中华书局1994年版，第314页。
② 熊十力：《体用论》，中华书局1994年版，第315页。
③ 熊十力：《体用论》，中华书局1994年版，第317页。

治权力的因素,介入到经济活动中去。①

从这个意义上说,他追求的是有限责任的"小政府",而不是全能政府。"只有采用中国传统的无限责任的政治观点,而后面缺乏道德的自觉,采用西方近代权力竞争的观点,而前面不承认各个体的基本权利限制,这种把中西坏的方面糅合在一起的政治,有如中国现代的政治,才是世界上最不可救药的政治。"②

其次,这种主张自由市场的理论,与其简单归结为通常西方式的自由主义,毋宁说是儒家自由主义。因为,徐复观虽然坚持私有财产应该得到保护,但是又认为不应该走向金融寡头垄断国民经济的局面。从根本上说,他不赞成西方自由主义所固有的个人主义价值,而认为按照儒家的政治理想,在自由竞争的市场经济中,自由和平等、秩序与和谐、权利与义务应该获得平衡。

因此,当我们说徐复观的平等观念表明他属于某种儒家自由主义的时候,实际上意味着我们很难简单地将徐复观纳入通常用于划分现代思想派别的某个"主义"中。从其对于个人权利、平等意识和民主政治的建设性理论而言,当然包括了许多政治自由主义的共识;但就其"以中国文化为认同对象"而言,他无疑属于儒家。更重要的是,他在规划中国的民主政治时,依然坚持儒家的人格理想与社会理想的统一,并未落入西方自由主义所通常持有的原子化的个人主义:

> 儒家的伦理思想、政治思想,是从规定自己对于对方所应尽的义务着眼,而非如西方是从规定自己所应得的权利着眼。这自然要比西方的文化精神高出一等。……中国是超出自己个体之上,超出个体权利观念之上,将个体没入于对方之中,为对方尽义务的人生与政治。中国文化之所以能济西方文化之穷,为人类开辟文化之新生命者,其原因正在于此。③

现代民主建设的第一步,亟待中国人的自我意识从道德主体转变出权利主体,但是民主制度之完成,却依然需要"以争而成其不争"。个体依然是在群体之中,追求的是群己和谐、人我互重的社会生活共同体。这种社会理想,乃儒家所固有。

总体上看,就对传统的关系而言,他们虽然持"返本开新"即回复到原点的姿态,但是其新方向却是指向现代民主。当然其间又有细微的差别,特别是对于传统政治文化的反省程度上,有相对激进和相对保守的区别。这些区别,不但与其个人学术观才性气质有关,这里有师承关系的原因,还有社会经济条件的原因,也表现了现代新儒家经过"返本开新",其系统内部所包含的张力。从传统性善论出发,在应对现代性的过程中,可以有多种进路。需要解决的问题不少,

---

① 徐复观:《经济保护与文化保护》,引自《徐复观文存》,台湾学生书局1991年版,第118页。
② 李维武编:《徐复观文集》(一),湖北人民出版社2002年版,第121页。
③ 李维武编:《徐复观文集》(一),湖北人民出版社2002年版,第120页。

包括如何深入讨论"分配正义"的问题，而不再只停留在重复"不患寡而患不均"的大原则；尤其需要解决的是徐复观所提出的如何使人民真正成为政治主体，这是政治平等的基本条件，只有具备了这一条件，在国家范围内原则上每个人都有平等参与建构政治意志的权利才得以实现。当西方民主制度显现出其弊病的时候，更需要讨论一个正义的社会，需要不需要以政治平等为基础？以及如何实现社会正义等严峻的议题。

保守主义尤其是文化保守主义正在方兴未艾之时，其扩展与演变似乎将给中国社会以更大的影响。对于一个已经有近百年历史而又迅速发展的思潮而言，现有的研究将都显得不足，同时也给我们继续关注它以及它与其他思潮的互动以重大的推动力。

参 考 文 献

[1] 艾思奇：《艾思奇全书》，人民出版社 2006 年版。

[2] 蔡尚思等主编：《中国现代思想史资料简编》，浙江人民出版社 1982 年版。

[3] 蔡志栋：《含混与创见：孙中山认识论新探》，载于《杭州师范大学学报》（人文社科版）2015 年第 4 期。

[4] 蔡志栋：《论"道家自由主义"三相》，载于《华东师范大学学报》（哲社版）2013 年第 3 期。

[5] 蔡志栋：《试论非宗教运动的思想史意义》，引自《人文教育——文明·价值·传统》，上海人民出版社 2007 年版。

[6] 蔡志栋：《章太炎后期哲学思想研究》，上海社会科学院出版社 2013 年版。

[7] 常乃德：《中国思想小史》，上海世纪出版集团 2009 年版。

[8] 陈独秀：《陈独秀文选》，四川文艺出版社 2009 年版。

[9] 陈独秀：《陈独秀著作选》，上海人民出版社 1993 年版。

[10] 陈独秀：《答易宗夔》，载于《新青年》第 5 卷第 4 号。

[11] 陈独秀：《敬告青年》，载于《青年杂志》第 1 卷第 1 号。

[12] 陈独秀：《通信》，载于《新青年》第 3 卷第 3 号。

[13] 陈独秀：《文学革命论》，载于《新青年》第 2 卷第 6 号。

[14] 陈独秀：《吾人最后之觉悟》，载于《青年杂志》第 1 卷第 6 号。

[15] 陈独秀：《再答俞颂华》，载于《新青年》第 3 卷第 3 号。

[16] 陈鼓应：《老庄新论》（修订版），商务印书馆 2008 年版。

[17] 陈鼓应注译：《庄子今注今译》，中华书局 1983 年版。

[18] 陈建华：《"革命"的现代性——中国革命话语考论》，上海古籍出版社 2000 年版。

[19] 陈少明：《汉宋学术与现代思想》，广东人民出版社 1995 年版。

[20] 陈卫平：《第一页与胚胎：明清之际的中西文化比较》，上海人民出版社1992年版。

[21] 陈旭麓：《陈旭麓学术文存》，上海人民出版社1990年版。

[22] 陈旭麓：《近代中国社会的新陈代谢》，上海人民出版社1992年版。

[23] 陈旭麓主编，吕明灼、陈善学、胡汐本副主编：《五四以来政派及其思想》，上海人民出版社1987年版。

[24] 陈序经：《陈序经文集》，中山大学出版社2004年版。

[25] 陈序经：《五四文化运动的评估》，载于《自由论坛》第1卷第3期。

[26] 陈序经：《中国文化的出路》，商务印书馆1934年版。

[27] 陈寅恪：《陈寅恪学术文化随笔》，中国青年出版社1996年版。

[28] 陈寅恪：《寒柳堂集》，上海古籍出版社1980年版。

[29] 陈寅恪：《金明馆丛稿二编》，上海古籍出版社1980年版。

[30] 崔宜明：《个人自由与国家富强》，载于《上海师范大学学报》（哲社版）2011年第3期。

[31] 邓小平：《邓小平文选（一九七五——一九八二年）》，人民出版社1983年版。

[32] 邓小平：《邓小平文选》，人民出版社1993年版。

[33] 丁文江、赵丰田编：《梁任公先生年谱长编》（初稿）第二册，中华书局2010年版。

[34] 杜亚泉：《杜亚泉文存》，上海世纪出版集团、上海教育出版社2003年版。

[35] 方克立、关东：《现代新儒学研究的回顾与展望——访方克立教授》，《哲学研究》1990年第3期。

[36] 费孝通：《中国绅士》，中国社会科学出版社2006年版。

[37] 费孝通：《中华民族多元一体格局》，中央民族学院出版社1989年版。

[38] 冯桂芬：《校邠庐抗议》，上海书店出版社2002年版。

[39] 冯契：《人的自由与真善美》，华东师范大学出版社1996年版。

[40] 冯契：《智慧的探索·补编》，华东师范大学出版社1998年版。

[41] 冯契：《中国近代哲学的革命进程》，上海人民出版社1989年版。

[42] 冯天瑜、陈锋主编：《张之洞与中国近代化》，中国社会科学出版社2010年版。

[43] 冯友兰：《三松堂自序》，三联书店1984年版。

[44] 冯友兰：《贞元六书》，华东师范大学出版社1996年版。

[45] 冯友兰：《中国现代哲学史》，广东人民出版社1999年版。

[46] 冯友兰:《中国哲学简史》,北京大学出版社 1996 年版。

[47] 傅孟真:《论豪门资本之必须铲除》,载于《观察》,第 1 卷第 22 期。

[48] 高放、黄达强主编:《社会主义思想史》,中国人民大学出版社 1987 年版。

[49] 高军等编:《无政府主义在中国》,湖南人民出版社 1984 年版。

[50] 高力克:《调适的智慧:杜亚泉思想研究》,浙江人民出版社 1998 年版。

[51] 高力克:《五四的思想世界》,学林出版社 2003 年版。

[52] 高力克:《严复的伦理观与苏格兰启蒙运动》,载于《哲学研究》2009 年第 2 期。

[53] 高力克:《严复自由观之悖论》,《浙江大学学报》(人文社科版)2013 年第 2 期。

[54] 高瑞泉、颜海平编:《全球化与人文学术的发展》,上海古籍出版社 2006 年版。

[55] 高瑞泉、杨扬:《转折时期的精神转折》,上海古籍出版社 2008 年版。

[56] 高瑞泉:《从历史中发现价值》,中国大百科全书出版社 2006 年版。

[57] 高瑞泉:《从学习型现代性到反省型现代性》,载于《学术月刊》2001 年第 1 期。

[58] 高瑞泉:《开辟考察中国境界的新境界》,载于《文汇报》,2007 年 12 月 6 日"每周讲演"专版。

[59] 高瑞泉:《略论近代中日哲学的相关性》,载于《天津社会科学》1993 年第 4 期。

[60] 高瑞泉:《平等观念史论略》,上海人民出版社 2011 年版。

[61] 高瑞泉:《平等主义的纲领及其衍绎:〈大同书〉〈仁学〉的一种解读》,载于《社会科学》2011 年第 11 期。

[62] 高瑞泉:《天命的没落》(修订本),上海人民出版社 2007 年版。

[63] 高瑞泉:《秩序的重建:现代新儒学的历史方位》,载于《武汉大学学报》(社会科学版)2014 年第 5 期。

[64] 高瑞泉:《中国的现代性观念谱系》,广西师范大学出版社 2015 年版。

[65] 高瑞泉:《中国现代精神传统》,上海古籍出版社 2006 年版。

[66] 高瑞泉:《中国哲学以何种样态再度"登场"?》,载于《文汇报》2012 年 12 月 17 日。

[67] 高瑞泉等:《学说中国》,江西人民出版社 1999 年版。

[68] 高瑞泉主编:《中国近代社会思潮》,上海人民出版社 2007 年版。

［69］高瑞泉主编：《中国思潮评论第二辑：现代性视野中的思潮与观念》，上海古籍出版社 2010 年版。

［70］高瑞泉主编：《中国思潮评论第六辑：激进与保守的复调变奏》，上海古籍出版社 2014 年版。

［71］高瑞泉主编：《中国思潮评论第三辑：民族主义及其他》，上海古籍出版社 2011 年版。

［72］高瑞泉主编：《中国思潮评论第四辑：自由主义诸问题》上海古籍出版社 2012 年版。

［73］高瑞泉主编：《中国思潮评论第五辑：巨变时代的社会思潮与知识分子》，上海古籍出版社 2014 年版。

［74］高瑞泉主编：《中国思潮评论第一编：思潮研究百年反思》，上海古籍出版社 2009 年版。

［75］葛懋春等编：《无政府主义思想资料选》，北京大学出版社 1984 年版。

［76］耿云志：《胡适新论》，中国人民大学出版社 2010 年版。

［77］耿云志：《胡适研究论稿》，四川人民出版社 1985 年版。

［78］公羊编：《思潮：中国"新左派"及其影响》，中国社会科学出版社 2003 年版。

［79］顾肃：《自由主义基本理念》，中央编译出版社 2003 年版。

［80］顾昕：《中国启蒙的历史图景——五四反思与当代中国的意识形态之争》，牛津大学出版社 1992 年版。

［81］郭庆藩撰：《庄子集释》，中华书局 1961 年版。

［82］郭湛波：《近五十年中国思想史》，上海古籍出版社 2005 年版。

［83］哈佛燕京学社主编：《全球化与文明对话》，江苏教育出版社 2004 年版。

［84］何干之：《中国社会性质问题论战》，上海生活书店 1937 年版。

［85］何卓恩：《殷海光与近代中国自由主义》，上海三联书店 2004 年版。

［86］贺麟：《文化与人生》，商务印书馆 1996 年版。

［87］贺照田编：《殷海光书信集》，上海三联书店 2005 年版。

［88］胡逢祥：《文化变革与社会传统：中国近代文化保守主义思潮研究》，上海人民出版社 2000 年版。

［89］胡绳：《从鸦片战争到五四运动》，人民出版社 1981 年版。

［90］胡适：《〈人权与约法〉的讨论》，载于《新月》第 2 卷第 4 号。

［91］胡适：《充分世界化与全盘西化》，1935 年 6 月 23 日《大公报》星期论文。

[92] 胡适:《答朱经农》,载于《新青年》第5卷第2号。

[93] 胡适:《归国杂感》,载于《新青年》第4卷第1号。

[94] 胡适:《胡适的日记》(手稿本),台北远流出版事业有限公司1990年版。

[95] 胡适:《胡适来往书信选》,中国社科院近代史研究所中华民国史研究室编,中华书局1979年版。

[96] 胡适:《胡适论学近著》,山东人民出版社1998年版。

[97] 胡适:《胡适全集》,安徽教育出版社2003年版。

[98] 胡适:《胡适自传》,黄山书社1986年版。

[99] 胡适:《民权与保障》,载于《独立评论》,第38号。

[100] 胡适:《人权与约法》,载于《新月》第2卷第2号。

[101] 胡适:《试评所谓"中国本位的文化建设"》,《独立评论》第145号。

[102] 胡适:《文学改良刍议》,载于《新青年》第2卷第5号。

[103] 胡适:《我们什么时候才可有宪法——对于建国大纲的疑问》,载于《新月》第2卷第4号。

[104] 胡适1941年2月在纽约的演说,载于重庆《大公报》,1941年2月8日。

[105] 胡适等:《科学与人生观》,辽宁教育出版社1998年版。

[106] 黄道炫:《张力与限界:中央苏区的革命(1933~1934)》,社会科学文献出版社2012年版。

[107] 黄俊杰:《东亚儒学视域中的徐复观及其思想》,台湾大学出版中心2009年版。

[108] 黄克武:《近代中国的思潮与人物》,九州出版社2013年版。

[109] 黄克武:《一个被放弃的选择:梁启超调适思想之研究》,近代史研究所(台北)1994年版。

[110] 黄克武:《自由的所以然:严复对约翰弥尔自由思想的认识与批判》,台湾允晨文化实业股份有限公司出版1998年版。

[111] 黄仁宇:《资本主义与二十一世纪》,三联书店2004年版。

[112] 江宜桦:《自由主义、民族主义与国家认同》,台湾扬智文化事业股份有限公司1998年版。

[113] 姜平:《中国民主党派史》,武汉大学出版社1987年版。

[114] 姜义华:《激进与保守:与余英时先生商榷》,载于《二十一世纪》1992年4月号。

[115] 蒋廷黻:《政治自由与经济自由》,载于《世纪评论》第17期。

[116] 金冲及、胡绳武：《辛亥革命史稿》（第一卷），上海辞书出版社2011年版。

[117] 金冲及：《二十世纪中国史纲》，社会科学文献出版社2009年版。

[118] 金观涛、刘青峰：《观念史研究：中国现代政治术语的形成》，香港中文大学出版社2008年版。

[119] 金观涛、刘青峰：《开放中的变迁——再论中国社会超稳定结构》，香港中文大学出版社1993年版。

[120] 金雁：《倒转"红轮"：俄国知识分子的心路回溯》，北京大学出版社2012年版。

[121] 康有为：《康有为大同论二种》，上海三联书店1998年版。

[122] 康有为：《康有为全集》，中国人民大学出版社2007年版

[123] 赖永海：《佛学与儒学》，浙江人民出版社1992年版。

[124] 赖永海：《中国佛教文化论》，东方出版社2014年版。

[125] 雷海宗：《中国文化与中国的兵》，岳麓书社1989年版。

[126] 李大钊：《李大钊文集》，人民出版社1999年版。

[127] 李大钊：《由经济上解释中国近代思想变动的原因》，载于《新青年》第7卷第2号。

[128] 李华兴等编：《梁启超选集》，上海人民出版社1984年版。

[129] 李时友：《英国工党是怎样成长的（三）》，载于《世纪评论》第4卷第7期。

[130] 李世涛主编：《知识分子立场——激进与保守之间的动荡》，时代文艺出版社2000年版。

[131] 李维武：《近百年来儒学形态与功能变化的总体走向与基本历程》，载于《武汉大学学报》（人文社会科学版）2014年第5期。

[132] 李维武编：《徐复观文集》，湖北人民出版社2002年版。

[133] 李向平：《救世与救心：中国近代佛教复兴思潮研究》，上海人民出版社1993年版。

[134] 李泽厚、刘再复：《告别革命：李泽厚刘再复对谈录》，天地图书公司1995年版。

[135] 梁启超：《申论种族革命与政治革命之得失》，载于《新民丛报》。

[136] 梁启超：《释革》，载于《新民丛报》第22号。

[137] 梁启超：《饮冰室合集》，中华书局1989年版。

[138] 梁实秋：《论思想统一》，载于《新月》第2卷第2号。

[139] 梁实秋：《罗隆基论》，载于《世纪评论》，第15期。

[140] 梁漱溟：《梁漱溟全集》，山东人民出版社1989年版。

[141] 林毓生著：《中国意识的危机》，穆善培译，贵州人民出版社1986年版。

[142] 刘青峰编：《民族主义与中国现代化》，香港中文大学出版社1994年版。

[143] 刘晴波编：《杨度集》，湖南人民出版社1986年版。

[144] 刘长林：《中国人生哲学的重建》，华东师范大学出版社2000年版。

[145] 卢云昆编：《严复文选》，远东出版社1996年版。

[146] 鲁迅：《鲁迅全集》，人民文学出版社1956年版。

[147] 罗隆基：《对训政时期约法的批评》，载于《新月》第3卷第8号。

[148] 罗隆基：《论共产主义》，载于《新月》第3卷第1期。

[149] 罗隆基：《论人权》，载于《新月》第2卷第5号。

[150] 罗隆基：《论中国的共产》，载于《新月》第2卷第10期。

[151] 罗隆基：《我的被捕的经过与反感》，载于《新月》第3卷第3号。

[152] 罗隆基：《我们要什么样的政治制度？》，载于《新月》第2卷第12号。

[153] 罗荣渠：《现代化新论：世界与中国的现代化进程》，商务印书馆2004年版。

[154] 罗荣渠主编：《从"西化"到现代化》，北京大学出版社1990年版。

[155] 罗志田：《激变时代的文化与政治：从新文化运动到北伐》，北京大学出版社2006年版。

[156] 罗志田：《乱世潜流：民族主义与民国政治》，上海古籍出版社2001年版。

[157] 马德普：《如何看待自由主义》，载于《政治学研究》2013年第5期。

[158] 毛泽东：《毛泽东选集》，人民出版社1991年版。

[159] 茅家琦等：《孙中山评传》，南京大学出版社2001年版。

[160] 牟宗三：《道德的理想主义》，吉林出版集团有限责任公司2010年版。

[161] 牟宗三：《历史哲学》，广西师范大学出版社2007年版。

[162] 牟宗三：《政道与治道》，广西师范大学出版社2006年版。

[163] 牟宗三：《中国哲学的特质》，吉林出版集团有限责任公司2010年版。

[164] 南京第二档案馆编：《中国现代政治史资料汇编》第4辑第5册1959年版。

［165］欧阳哲生：《探寻胡适的精神世界》，北京大学出版社 2012 年版。

［166］欧阳哲生：《五四运动历史诠释》，北京大学出版社 2012 年版。

［167］潘光旦：《潘光旦文集》，北京大学出版社 1997 年版。

［168］彭明主编：《中国现代史资料选辑》第三册（1927～1931），中国人民大学出版社 1988 年版。

［169］皮锡瑞：《经学历史》，中华书局 2004 年版。

［170］钱穆：《国史大纲》，商务印书馆 2010 年版。

［171］钱穆：《钱宾四全集》，台北：联经出版事业股份有限公司 1998 年版。

［172］钱穆：《中国近三百年学术史》，商务印书馆 1997 年版。

［173］钱玄同：《答胡适》，《新青年》第 4 卷第 1 号。

［174］钱玄同：《通信——中国今后之文字问题》，载于《新青年》第 4 卷第 4 号。

［175］任剑涛：《现代自由主义与中国古典传统》，载于《公共论坛·自由主义与当代世界》三联书店 2000 年版。

［176］施若霖：《论中国的土地改革》，载于《观察》第 2 卷第 21 期。

［177］四川大学马列主义教研室中共党史科研组编：《政治协商会议资料》，四川人民出版社 1981 年版。

［178］孙尚扬、郭兰芳编：《国故新知论——"学衡派"文化论著辑要》，中国广播电视出版社 1994 年版。

［179］孙斯鸣：《中国政党政治往哪里走？》，载于《世纪评论》第 16 期。

［180］孙中山：《孙中山全集》，中华书局 1981 年版。

［181］孙中山与中国近代化国际学术讨论会：《孙中山与中国近代化》，人民出版社 1999 年版。

［182］谭嗣同：《谭嗣同全集》，中华书局 1981 年版。

［183］汤志钧编：《康有为政论集》，中华书局 1981 年版。

［184］唐君毅：《中国现代学术经典·唐君毅卷》河北教育出版社 1996 年版。

［185］唐文权：《觉醒与迷误：中国近代民族主义思潮研究》，上海人民出版社 1993 年版。

［186］陶希圣：《中国社会之史的分析》，辽宁教育出版社 1996 年版。

［187］汪民安等编：《现代性基本读本》，河南大学出版社 2005 年版。

［188］汪荣祖：《激进与保守赘言》，载于《二十一世纪》1992 年第 6 期。

［189］汪荣祖：《新文化的南北之争——重新认识新文化运动的复杂面相》，

引自《探索与争鸣》编辑部：《"现代化与化现代：新文化运动百年重估"国际学术研讨会论文集》，2015年6月。

[190] 汪荣祖：《自由主义与中国》，载于《二十一世纪》1990年第12期。

[191] 王汎森：《执拗的低音》，三联书店2014年版。

[192] 王光祈：《城市中的新生活》，载于《晨报》1919年12月4日。

[193] 王奇生：《革命与反革命：社会文化视野下的民国政治》，社会科学文献出版社2010年版。

[194] 王栻编：《严复集》，中华书局1986年版。

[195] 王守常：《20世纪的中国：学术与社会（哲学卷）》，上海人民出版社2001年版。

[196] 王元化：《九十年代反思录》，上海古籍出版社2000年版。

[197] 王元化：《清园夜读》，中国社会科学出版社1997年版。

[198] 韦森：《社会制序的经济分析导论》，上海三联书店2001年版。

[199] 温儒敏等编：《时代之波——战国策派文化论著辑要》，中国广播电视出版社1995年版。

[200] 吴宓著：《文学与人生》，王岷源译，清华大学出版社1993年版。

[201] 吴丕：《进化论与中国激进主义》，北京大学出版社，2005年版。

[202] 吴世昌：《政治民主与经济民主》，载于《观察》第1卷第7期。

[203] 吴世昌：《中国需要重建权威》，载于《观察》第1卷第8期。

[204] 吴元黎：《现代经济思潮的趋势》，载于《观察》第2卷第9期。

[205] 吴稚晖：《新语问题之杂答》，载于《新世纪》第44号。

[206] 吴稚晖：《续书神州日报东学西渐篇后》，载于《新世纪》第102号。

[207] 萧公权：《二十世纪的历史任务》，载于《世纪评论》第5期。

[208] 萧公权著：《康有为思想研究》，汪荣祖译，新星出版社2005年版。

[209] 萧萐父：《萧萐父文选》，武汉大学出版社2006年版。

[210] 熊十力：《熊十力全集》，湖北教育出版社1992年版。

[211] 熊月之：《中国近代民主思想史》，上海人民出版社1896年版。

[212] 徐复观：《学术与政治之间》，华东师范大学出版社2009年版。

[213] 徐复观：《中国人性论史（先秦篇）》，上海三联书店2001年版。

[214] 徐复观：《中国思想史论集续编》，上海书店出版社2004年版。

[215] 徐复观：《中国知识分子精神》，华东师范大学出版社2005年版。

[216] 许纪霖、陈达凯主编：《中国现代化史（1800~1949）》（第一卷），学林出版社2006年版。

[217] 许纪霖：《当代中国的启蒙和反启蒙》，社会科学文献出版社2011

年版。

[218] 许纪霖：《激进与保守的迷惑》，载于《二十一世纪》1992年第6期。

[219] 许纪霖编：《二十世纪中国思想史论》，东方出版中心2000年版。

[220] 许纪霖等编：《史华慈论中国》，新星出版社2006年版。

[221] 许纪霖等编：《现代中国思想的核心观念》，上海人民出版社2011年版。

[222] 许纪霖等编：《一溪集》，三联书店1999年版。

[223] 许全兴：《百年中国哲学革命》，人民出版社2015年版。

[224] 杨光斌：《民主主义、民族主义与现代国家建设》，载于《行政科学论坛》2014年第4期。

[225] 杨国强：《论清末知识人的"反满"意识》，载于《史林》2004年第3期。

[226] 杨国荣：《从严复到金岳霖——实证论与中国近代哲学》，高等教育出版社1996年版。

[227] 杨国荣：《科学的形上之维：中国近代科学主义的形成与衍化》，上海人民出版社1999年版。

[228] 杨奎松：《海市蜃楼与大漠绿洲：中国近代社会主义思潮研究》，上海人民出版社1991年版。

[229] 杨奎松：《中间地带的革命：国际大背景下看中共成功之道》，山西人民出版社2010年版。

[230] 杨人楩：《再论自由主义的途径》，载于《观察》第5卷第8期。

[231] 杨人楩：《自由主义者往何处去？》，载于《观察》第2卷第11期。

[232] 杨扬：《中国现当代文化语境中的白璧德——反思新文化运动》，《"现代化与化现代：新文化运动百年价值重估"国际学术研讨会论文集》（上册），《探索与争鸣》，2015年，第262~263页。

[233] 殷海光、林毓生：《殷海光林毓生书信录》，上海远东出版社，1994年版。

[234] 殷海光：《殷海光文集》，湖北人民出版社2001年版。

[235] 殷海光：《中国文化的展望》，上海三联书店2005年版。

[236] 余英时：《钱穆与中国文化》，上海远东出版社1994年版。

[237] 余英时：《士与中国文化》，上海人民出版社2003年版。

[238] 余英时：《中国思想传统及其现代变迁》，广西师范大学出版社2014年版。

[239] 余英时：《中国知识人之史的考察》，广西师范大学出版社2014

年版。

[240] 郁振华：《默会知识论视野中的科学主义和人本主义之争——论波兰尼对斯诺问题的回应》，载于《复旦学报》（社会科学版）2002 年第 4 期。

[241] 郁振华：《形上的智慧如何可能？——中国现代哲学的沉思》，华东师范大学出版社 2000 年版。

[242] 袁伟时：《中国现代思想散论》，广东教育出版社 1998 年版。

[243] 张东荪：《政治上的自由主义与文化上的自由主义》，载于《观察》第 4 卷第 1 期。

[244] 张佛泉：《西化问题之批判》，载于《国闻周报》第 12 卷第 12 期。

[245] 张灏：《烈士精神与批判意识》，新星出版社 2006 年版。

[246] 张灏：《危机中的中国知识分子：寻求秩序与意义》，新星出版社 2006 年版。

[247] 张灏：《幽暗意识与民主传统》，新星出版社 2006 年版。

[248] 张建华等：《政治激进主义与近代俄国政治》，上海三联书店 2010 年版。

[249] 张朋园：《中国民族政治的困境》，吉林出版集团有限责任公司 2008 年版。

[250] 张世保：《陈序经政治哲学研究》，人民出版社 2007 年版。

[251] 张世保：《从西化到全球化》，东方出版社 2004 年版。

[252] 张世保：《西化思潮的源流与评价》，华东师范大学出版社 2005 年版。

[253] 张枬、王忍之编：《辛亥革命前十年间时论选集》，三联书店 1959 年版。

[254] 张耀南编：《知识与文化：张东荪文化论著辑要》，中国广播电视出版社 1995 年版。

[255] 张之洞：《劝学篇》，上海书店出版社 2002 年版。

[256] 张之洞：《张之洞全集》，河北人民出版社 1998 年版。

[257] 张忠栋等编：《现代中国自由主义资料选编》，台北唐山出版社 2001 年版。

[258] 章清：《1940：自由主义由背景走向前台》，高瑞泉主编《中国思潮评论》第四辑，上海古籍出版社 2012 年版。

[259] 章太炎：《章太炎全集》，上海人民出版社 1985 年版。

[260] 赵泓：《中国人的乌托邦之梦：新村主义在中国的传播与发展》，台北独立作家出版社 2014 年版。

[261] 真：《进化与革命》，载于《新世纪》第 20 号（1907 年 11 月 2 日）。

[262] 真：《三纲革命》，载于《新世纪》第 11 期（1907 年 8 月 31 日）。

[263] 真：《三纲革命》，载于《新世纪》第 11 期（1907 年 8 月 31 日）。

[264] 郑大华、邹小站主编：《中国近代史上的社会主义》，社会科学文献出版社 2011 年版。

[265] 郑大华：《民国乡村建设运动》，社会科学文献出版社 2000 年版。

[266] 郑观应：《盛世危言》，华夏出版社 2002 年版。

[267] 郑师渠：《思潮与学派——中国近代思想文化研究》，北京师范大学出版社 2005 年版。

[268] 郑诗亮：《周锡瑞谈近代以来中国民族主义思潮》，载于《东方早报·上海书评》2014 年 8 月 24 日。

[269] 郅志选注：《猛回头——陈天华邹容集》，辽宁人民出版社 1994 年版。

[270] 中国民主同盟中央文史资料委员会编：《中国民主同盟历史文献》，文史资料出版社 1983 年版。

[271] 中国社会科学院近代史研究所编：《五四运动文选》，三联书店 1979 年版。

[272] 钟离蒙、杨凤麟主编：《中国现代哲学史资料汇编》，辽宁大学出版社 1981 年版。

[273] 周辅成：《西方伦理学名著选辑》，商务印书馆 1996 年版。

[274] 周绶章：《疯狂了的中国——一个盲动的、悲剧的大时代》，载于《观察》第 2 卷，第 15 期。

[275] 周绶章：《为真正的自由主义分子打气》，载于《世纪评论》第 10 期。

[276] 周绶章：《政治自由与经济平等》，载于《世纪评论》第 20 期。

[277] 周钟岐：《论革命》，载于《观察》第 1 卷第 22 期。

[278] 周作人：《雨天的书》，岳麓书社 1987 年版。

[279] 朱熹：《朱子全书》，上海古籍出版社、安徽教育出版社 2001 年版。

[280] [英] A. N. 怀特海著，何钦译：《科学与近代世界》，商务印书馆 1984 年版。

[281] [英] A. N. 怀特海著：《观念的冒险》，周邦宪译，贵州人民出版社 2011 年版。

[282] [英] 阿·汤因比、[日] 池田大作著：《展望 21 世纪：汤因比与池田大作对话录》，荀春生等译，国际文化出版公司 1985 年版。

[283]［美］阿里夫·德里克著：《革命与历史：中国马克思主义历史学的起源，1919~1937》，翁贺凯译，江苏人民出版社 2010 年版。

[284]［美］爱德华·萨义德著：《东方学》，王宇根译，三联书店 1999 年版。

[285]［美］艾恺：《世界范围内的反现代化思潮》，贵州人民出版社 1991 年版。

[286]［法］埃利·哈列维著：《哲学激进主义的兴起——从苏格兰启蒙运动到功利主义》，曹海军等译，吉林人民出版社 2006 年版。

[287]［英］安东尼·史密斯著：《民族主义：理论、意识形态、历史》，叶江译，上海人民出版社 2011 年版。

[288]［英］奥克肖特著：《政治中的理性主义》，张汝伦译，上海译文出版社 2004 年版。

[289]［美］本杰明·史华慈著：《寻求富强：严复与西方》，叶凤美译，江苏人民出版社 1989 年版。

[290]［英］彼得·温奇著：《社会科学的观念及其与哲学的关系》，张庆熊等译，上海人民出版社 2004 年版。

[291]［英］柏克著：《法国革命论》，何兆武等译，商务印书馆 1998 年版。

[292]［美］丹尼尔·贝尔著：《资本主义文化矛盾》，赵一凡等译，三联书店 1989 年版。

[293]［英］戴维·米勒、韦农·波格丹诺编：《布莱克维尔政治学百科全书》，邓正来译，中国政法大学出版社 1992 年版。

[294]［澳］费约翰著：《唤醒中国：国民革命中的政治、文化与阶级》，李恭忠等译，三联书店 2004 年版。

[295]［美］费正清著：《伟大的中国革命（1800~1985）》，刘尊棋译，国际文化出版公司 1989 年版。

[296]［美］费正清等著：《中国：传统与变革》，陈仲丹等译，江苏人民出版社 1992 年版。

[297]［美］弗朗西斯·福山著：《历史的终结及最后之人》，黄胜强、许铭原译，中国社会科学出版社 2003 年版。

[298]［美］傅乐诗等著：《近代中国思想人物论——保守主义》，台北时报文化出版事业有限公司 1980 年版。

[299]［法］古斯塔夫·勒庞著：《革命心理学》，佟意志、刘训练译，吉林人民出版社 2011 年版。

[300]［日］沟口雄三著：《中国前近代思想之曲折与展开》，陈耀文译，上

海人民出版社 1997 年版。

[301]［美］H. 斯图尔特·休斯著：《欧洲现代史》，陈少衡等译，商务印书馆 1984 年版。

[302]［德］哈贝马斯著：《现代性的哲学话语》，曹卫东译，译林出版社 2004 年版。

[303]［英］哈耶克著：《法律、立法与自由》（第一卷），邓正来等译，中国大百科全书出版社 2001 年版。

[304]［美］海斯著：《现代民族主义演进史》，帕米尔等译，华东师范大学出版社 2005 年版。

[305]［美］汉娜·阿伦特著：《论革命》，陈周旺译，译林出版社 2011 年版。

[306]［英］赫胥黎著：《进化论与伦理学》，《进化论与伦理学》翻译组译，科学出版社 1971 年版。

[307]［英］霍布豪斯著：《自由主义》，朱曾汶译，商务印书馆 1998 年版。

[308]［英］霍布斯鲍姆著：《民族与民族主义》，李金梅译，上海人民出版社 2000 年版。

[309]［美］吉尔伯特·罗兹曼主编：《中国的现代化》，国家社会科学基金"比较现代化"课题组译，江苏人民出版社 1995 年版。

[310]［美］杰拉德·高斯著：《当代自由主义理论》，张云龙等译，江苏人民出版社 2014 年版。

[311]［德］卡尔·曼海姆著：《保守主义》，李朝晖等译，译林出版社 2001 年版。

[312]［德］卡尔·曼海姆著：《意识形态和乌托邦》，艾彦译，华夏出版社 2001 年版。

[313]［德］康德著：《历史理性批判文集》，何兆武译，商务印书馆 1990 年版。

[314]［英］科林伍德著：《历史的观念》，何兆武、张文杰译，商务印书馆 1997 年版。

[315]［美］柯文著：《在传统与现代性之间——王韬与晚清改革》，雷颐、罗检秋译，江苏人民出版社 1994 年版。

[316]［法］孔多塞著：《人类精神进步史表纲要》，何兆武、何冰译，三联书店 1998 年版。

[317]［英］雷蒙·威廉斯著：《关键词：文化与社会的词汇》，刘建基译，三联书店 2005 年版。

[318]［英］拉里·劳丹著：《进步及其问题：科学增长理论刍议》，方在庆译，上海译文出版社1991年版。

[319]［美］里亚·格林菲尔德著：《民族主义：走向现代的五条道路》，王春华等译，上海三联书店2010年版。

[320]［苏］列宁：《列宁选集》第2卷，人民出版社1972年版。

[321]［英］罗杰·史库顿著：《保守主义》，王皖强译，台北立绪文化事业有限公司2006年版。

[322]［德］马克思、恩格斯，中共中央马克思恩格斯列宁斯大林著作编译局编译《马克思恩格斯选集》，人民出版社1995年版。

[323]［德］马克思、恩格斯：《共产党宣言》，人民出版社1971年版。

[324]［德］马克斯·韦伯著：《学术与政治》，冯克利译，三联书店1998年版。

[325]［英］密尔著：《论自由》，程崇华译，商务印书馆1959年版。

[326]［印］帕尔塔·查特吉著：《民族主义思想与殖民地世界：一种衍生的话语？》，范慕尤等译，译林出版社2007年版。

[327]［美］柏森斯著：《社会行动的结构》，张明德等译，译林出版社2003年版。

[328]［英］塞西尔：《保守主义》，杜汝楫译，马清槐校，商务印书馆1986年版。

[329]［美］塞缪尔·P．亨廷顿著：《变化社会中的政治秩序》，王冠华等译，三联书店1989年版。

[330]［苏］斯大林：《斯大林选集》，人民出版社1979年版。

[331]［美］苏珊·邓恩著：《姊妹革命：美国革命与法国革命启示录》，杨小刚译，上海文艺出版社2003年版。

[332]［美］田浩著：《功利主义儒家：陈亮对朱熹的挑战》，姜长苏译，江苏人民出版社2012年版。

[333]［美］威拉德·蒯因著：《从逻辑的观点看》，江天骥等译，上海译文出版社1987年版。

[334]袁刚等编：《中国到自由之路：罗素在华讲演集》，北京大学出版社2004年版。

[335]袁刚等编：《民治主义与现代社会：杜威在华讲演集》，北京大学出版社2004年版。

[336]［以］耶尔·塔米尔著：《自由主义的民族主义》，陶东风译，上海译文出版社2005年版。

[337] [美] 伊曼纽尔·沃勒斯坦著:《现代世界体系》(第一卷),尤来寅等译,高等教育出版社1998年版。

[338] [美] 詹姆斯·R. 汤森、布兰特利·沃马克著:《中国政治》,顾速、董方译,江苏人民出版社1995年版。

[339] M. Dubofsky, A. G. Theoharis, D. M. Smith. *The United States in the Twentieth Century*. Saddle River, N. J.: Prentice – Hall, 1978.

[340] Jeffrey C. Alexander and Piotr Sztompka, *Rethinking Progress*: *Movement, Forces and Ideas at the End of* 20*th Century*, Boston, Unwin Hyman, 1990.

[341] Jerry z. Muller, *Conservatism*: *An Anthology of Social and Political Thought from David Hume to the Present*, Princeton University Press, 1997.

[342] Lawrence E. Cahoone: *From Modernism to Postmodernism*: *An Anthology*, Blackwell Publishers, Ltd. 1996.

后　记

　　本书是根据本人主持的教育部重大攻关项目"20世纪中国社会思潮研究"的结项报告修改而成的。近代以来，尤其是整个20世纪，各种各样的社会思潮互相激荡，汇成了一幅视野多维、内涵复杂的图景，如何在有限的篇幅中对之做出如实的描述和恰当的评价，以资我们和后人在认识这个伟大时代的同时汲取思想的教训，是我和我的同仁们最关心的问题。鉴于先人和时贤已有的研究以及该问题域的高度开放性，课题组从一开始就接受开题报告会评议专家的建议，将整个研究过程分解为一系列的专题"工作坊"（workshop），以期最大限度地吸收和分享同行专家的成果。感谢华东师范大学哲学系、华东师范大学现代思想文化研究所、华东师范大学学报编辑部的大力支持，课题组与它们合作召开了多次学术研讨会。在此基础上，《华东师范大学学报》（哲学社会科学版）三次以"20世纪中国社会思潮研究"专栏的形式，发表了多篇论文。此外，作为本项研究的阶段性成果，从2009年开始，我主编的"中国思潮评论"集刊（《思潮研究百年反思》《现代性视野中的思潮与观念》《民族主义及其他》《自由主义诸问题》《巨变时代的社会思潮与知识分子》《激进与保守的复调变奏》）共六种，陆续在上海古籍出版社出版。通过上述形式，在对20世纪最主要的社会思潮相对充分讨论的基础上，课题组获得了撰写结项报告的基础，其中包括清华大学胡伟希教授、浙江大学高力克教授、华东师范大学胡逢祥教授在各自擅长的领域的贡献，他们不仅自始至终参加课题组的研究，而且充分理解本项研究自身就是一个讨论的平台。最终形成了现在所呈现的一个总论和上、中、下三篇——分别讨论20世纪中国思想三种倾向和派别以及它们的互相激荡、互相吸收的复杂图景——的总体架构。除了总论和上篇由我本人撰写以外，先后参与撰写中篇初稿的有上海财经大学吴晓番副教授和上海师范大学哲学系蔡志栋副教授，下篇初稿由河北工业大学李洪卫教授撰写，胡岩博士在上篇的相关资料收集上对我很有帮助。统稿工作则由我本人承担。

　　感谢匿名专家对本项研究结项报告的热情肯定和积极细致的修改意见。据此，我们对相关章节做了相应的调整，又按照出版社的相应规范对文本做了技术处理。整个过程持续半年之久，胡岩博士和鲍文欣博士做了许多具体工作，没有他们的悉心工作，断难如期完成修改任务。总之，该书是集体研究的成果，集中了多位专家的创获；不过，既然最后的文本经过我较大幅度的修改，所以其中的任何不足或错误都理应由我负责。

对一切关心和参与过我们研究工作的同仁——因为数量过多而不能一一道来——表示诚挚的感谢；同时也渴望得到你们和一切关心中国现当代思想文化史研究的学者和读者的批评。

高瑞泉
丙申年处暑后五日于上海

教育部哲学社会科学研究重大课题攻关项目成果出版列表

序号	书　名	首席专家
1	《马克思主义基础理论若干重大问题研究》	陈先达
2	《马克思主义理论学科体系建构与建设研究》	张雷声
3	《马克思主义整体性研究》	逄锦聚
4	《改革开放以来马克思主义在中国的发展》	顾钰民
5	《新时期　新探索　新征程 ——当代资本主义国家共产党的理论与实践研究》	聂运麟
6	《坚持马克思主义在意识形态领域指导地位研究》	陈先达
7	《当代资本主义新变化的批判性解读》	唐正东
8	《当代中国人精神生活研究》	童世骏
9	《弘扬与培育民族精神研究》	杨叔子
10	《当代科学哲学的发展趋势》	郭贵春
11	《服务型政府建设规律研究》	朱光磊
12	《地方政府改革与深化行政管理体制改革研究》	沈荣华
13	《面向知识表示与推理的自然语言逻辑》	鞠实儿
14	《当代宗教冲突与对话研究》	张志刚
15	《马克思主义文艺理论中国化研究》	朱立元
16	《历史题材文学创作重大问题研究》	童庆炳
17	《现代中西高校公共艺术教育比较研究》	曾繁仁
18	《西方文论中国化与中国文论建设》	王一川
19	《中华民族音乐文化的国际传播与推广》	王耀华
20	《楚地出土戰國簡册［十四種］》	陈　伟
21	《近代中国的知识与制度转型》	桑　兵
22	《中国抗战在世界反法西斯战争中的历史地位》	胡德坤
23	《近代以来日本对华认识及其行动选择研究》	杨栋梁
24	《京津冀都市圈的崛起与中国经济发展》	周立群
25	《金融市场全球化下的中国监管体系研究》	曹凤岐
26	《中国市场经济发展研究》	刘　伟
27	《全球经济调整中的中国经济增长与宏观调控体系研究》	黄　达
28	《中国特大都市圈与世界制造业中心研究》	李廉水

序号	书名	首席专家
29	《中国产业竞争力研究》	赵彦云
30	《东北老工业基地资源型城市发展可持续产业问题研究》	宋冬林
31	《转型时期消费需求升级与产业发展研究》	臧旭恒
32	《中国金融国际化中的风险防范与金融安全研究》	刘锡良
33	《全球新型金融危机与中国的外汇储备战略》	陈雨露
34	《全球金融危机与新常态下的中国产业发展》	段文斌
35	《中国民营经济制度创新与发展》	李维安
36	《中国现代服务经济理论与发展战略研究》	陈 宪
37	《中国转型期的社会风险及公共危机管理研究》	丁烈云
38	《人文社会科学研究成果评价体系研究》	刘大椿
39	《中国工业化、城镇化进程中的农村土地问题研究》	曲福田
40	《中国农村社区建设研究》	项继权
41	《东北老工业基地改造与振兴研究》	程 伟
42	《全面建设小康社会进程中的我国就业发展战略研究》	曾湘泉
43	《自主创新战略与国际竞争力研究》	吴贵生
44	《转轨经济中的反行政性垄断与促进竞争政策研究》	于良春
45	《面向公共服务的电子政务管理体系研究》	孙宝文
46	《产权理论比较与中国产权制度变革》	黄少安
47	《中国企业集团成长与重组研究》	蓝海林
48	《我国资源、环境、人口与经济承载能力研究》	邱 东
49	《"病有所医"——目标、路径与战略选择》	高建民
50	《税收对国民收入分配调控作用研究》	郭庆旺
51	《多党合作与中国共产党执政能力建设研究》	周淑真
52	《规范收入分配秩序研究》	杨灿明
53	《中国社会转型中的政府治理模式研究》	娄成武
54	《中国加入区域经济一体化研究》	黄卫平
55	《金融体制改革和货币问题研究》	王广谦
56	《人民币均衡汇率问题研究》	姜波克
57	《我国土地制度与社会经济协调发展研究》	黄祖辉
58	《南水北调工程与中部地区经济社会可持续发展研究》	杨云彦
59	《产业集聚与区域经济协调发展研究》	王 珺

序号	书　名	首席专家
60	《我国货币政策体系与传导机制研究》	刘　伟
61	《我国民法典体系问题研究》	王利明
62	《中国司法制度的基础理论问题研究》	陈光中
63	《多元化纠纷解决机制与和谐社会的构建》	范　愉
64	《中国和平发展的重大前沿国际法律问题研究》	曾令良
65	《中国法制现代化的理论与实践》	徐显明
66	《农村土地问题立法研究》	陈小君
67	《知识产权制度变革与发展研究》	吴汉东
68	《中国能源安全若干法律与政策问题研究》	黄　进
69	《城乡统筹视角下我国城乡双向商贸流通体系研究》	任保平
70	《产权强度、土地流转与农民权益保护》	罗必良
71	《我国建设用地总量控制与差别化管理政策研究》	欧名豪
72	《矿产资源有偿使用制度与生态补偿机制》	李国平
73	《巨灾风险管理制度创新研究》	卓　志
74	《国有资产法律保护机制研究》	李曙光
75	《中国与全球油气资源重点区域合作研究》	王　震
76	《可持续发展的中国新型农村社会养老保险制度研究》	邓大松
77	《农民工权益保护理论与实践研究》	刘林平
78	《大学生就业创业教育研究》	杨晓慧
79	《新能源与可再生能源法律与政策研究》	李艳芳
80	《中国海外投资的风险防范与管控体系研究》	陈菲琼
81	《生活质量的指标构建与现状评价》	周长城
82	《中国公民人文素质研究》	石亚军
83	《城市化进程中的重大社会问题及其对策研究》	李　强
84	《中国农村与农民问题前沿研究》	徐　勇
85	《西部开发中的人口流动与族际交往研究》	马　戎
86	《现代农业发展战略研究》	周应恒
87	《综合交通运输体系研究——认知与建构》	荣朝和
88	《中国独生子女问题研究》	风笑天
89	《我国粮食安全保障体系研究》	胡小平
90	《我国食品安全风险防控研究》	王　硕

序号	书　名	首席专家
91	《城市新移民问题及其对策研究》	周大鸣
92	《新农村建设与城镇化推进中农村教育布局调整研究》	史宁中
93	《农村公共产品供给与农村和谐社会建设》	王国华
94	《中国大城市户籍制度改革研究》	彭希哲
95	《国家惠农政策的成效评价与完善研究》	邓大才
96	《以民主促进和谐——和谐社会构建中的基层民主政治建设研究》	徐　勇
97	《城市文化与国家治理——当代中国城市建设理论内涵与发展模式建构》	皇甫晓涛
98	《中国边疆治理研究》	周　平
99	《边疆多民族地区构建社会主义和谐社会研究》	张先亮
100	《新疆民族文化、民族心理与社会长治久安》	高静文
101	《中国大众媒介的传播效果与公信力研究》	喻国明
102	《媒介素养：理念、认知、参与》	陆　晔
103	《创新型国家的知识信息服务体系研究》	胡昌平
104	《数字信息资源规划、管理与利用研究》	马费成
105	《新闻传媒发展与建构和谐社会关系研究》	罗以澄
106	《数字传播技术与媒体产业发展研究》	黄升民
107	《互联网等新媒体对社会舆论影响与利用研究》	谢新洲
108	《网络舆论监测与安全研究》	黄永林
109	《中国文化产业发展战略论》	胡惠林
110	《20世纪中国古代文化经典在域外的传播与影响研究》	张西平
111	《国际传播的理论、现状和发展趋势研究》	吴　飞
112	《教育投入、资源配置与人力资本收益》	闵维方
113	《创新人才与教育创新研究》	林崇德
114	《中国农村教育发展指标体系研究》	袁桂林
115	《高校思想政治理论课程建设研究》	顾海良
116	《网络思想政治教育研究》	张再兴
117	《高校招生考试制度改革研究》	刘海峰
118	《基础教育改革与中国教育学理论重建研究》	叶　澜
119	《我国研究生教育结构调整问题研究》	袁本涛　王传毅
120	《公共财政框架下公共教育财政制度研究》	王善迈

序号	书名	首席专家
121	《农民工子女问题研究》	袁振国
122	《当代大学生诚信制度建设及加强大学生思想政治工作研究》	黄蓉生
123	《从失衡走向平衡：素质教育课程评价体系研究》	钟启泉 崔允漷
124	《构建城乡一体化的教育体制机制研究》	李 玲
125	《高校思想政治理论课教育教学质量监测体系研究》	张耀灿
126	《处境不利儿童的心理发展现状与教育对策研究》	申继亮
127	《学习过程与机制研究》	莫 雷
128	《青少年心理健康素质调查研究》	沈德立
129	《灾后中小学生心理疏导研究》	林崇德
130	《民族地区教育优先发展研究》	张诗亚
131	《WTO主要成员贸易政策体系与对策研究》	张汉林
132	《中国和平发展的国际环境分析》	叶自成
133	《冷战时期美国重大外交政策案例研究》	沈志华
134	《新时期中非合作关系研究》	刘鸿武
135	《我国的地缘政治及其战略研究》	倪世雄
136	《中国海洋发展战略研究》	徐祥民
137	《深化医药卫生体制改革研究》	孟庆跃
138	《华侨华人在中国软实力建设中的作用研究》	黄 平
139	《我国地方法制建设理论与实践研究》	葛洪义
140	《城市化理论重构与城市化战略研究》	张鸿雁
141	《境外宗教渗透论》	段德智
142	《中部崛起过程中的新型工业化研究》	陈晓红
143	《农村社会保障制度研究》	赵 曼
144	《中国艺术学学科体系建设研究》	黄会林
145	《人工耳蜗术后儿童康复教育的原理与方法》	黄昭鸣
146	《我国少数民族音乐资源的保护与开发研究》	樊祖荫
147	《中国道德文化的传统理念与现代践行研究》	李建华
148	《低碳经济转型下的中国排放权交易体系》	齐绍洲
149	《中国东北亚战略与政策研究》	刘清才
150	《促进经济发展方式转变的地方财税体制改革研究》	钟晓敏
151	《中国—东盟区域经济一体化》	范祚军

序号	书　名	首席专家
152	《非传统安全合作与中俄关系》	冯绍雷
153	《外资并购与我国产业安全研究》	李善民
154	《近代汉字术语的生成演变与中西日文化互动研究》	冯天瑜
155	《新时期加强社会组织建设研究》	李友梅
156	《民办学校分类管理政策研究》	周海涛
157	《我国城市住房制度改革研究》	高　波
158	《新媒体环境下的危机传播及舆论引导研究》	喻国明
159	《法治国家建设中的司法判例制度研究》	何家弘
160	《中国女性高层次人才发展规律及发展对策研究》	佟　新
161	《国际金融中心法制环境研究》	周仲飞
162	《居民收入占国民收入比重统计指标体系研究》	刘　扬
163	《中国历代边疆治理研究》	程妮娜
164	《性别视角下的中国文学与文化》	乔以钢
165	《我国公共财政风险评估及其防范对策研究》	吴俊培
166	《中国历代民歌史论》	陈书录
167	《大学生村官成长成才机制研究》	马抗美
168	《完善学校突发事件应急管理机制研究》	马怀德
169	《秦简牍整理与研究》	陈　伟
170	《出土简帛与古史再建》	李学勤
171	《民间借贷与非法集资风险防范的法律机制研究》	岳彩申
172	《新时期社会治安防控体系建设研究》	宫志刚
173	《加快发展我国生产服务业研究》	李江帆
174	《基本公共服务均等化研究》	张贤明
175	《职业教育质量评价体系研究》	周志刚
176	《中国大学校长管理专业化研究》	宣　勇
177	《"两型社会"建设标准及指标体系研究》	陈晓红
178	《中国与中亚地区国家关系研究》	潘志平
179	《保障我国海上通道安全研究》	吕　靖
180	《世界主要国家安全体制机制研究》	刘胜湘
181	《中国流动人口的城市逐梦》	杨菊华
182	《建设人口均衡型社会研究》	刘渝琳
183	《农产品流通体系建设的机制创新与政策体系研究》	夏春玉

序号	书名	首席专家
184	《区域经济一体化中府际合作的法律问题研究》	石佑启
185	《城乡劳动力平等就业研究》	姚先国
186	《20世纪朱子学研究精华集成——从学术思想史的视角》	乐爱国
187	《拔尖创新人才成长规律与培养模式研究》	林崇德
188	《生态文明制度建设研究》	陈晓红
189	《我国城镇住房保障体系及运行机制研究》	虞晓芬
190	《中国战略性新兴产业国际化战略研究》	汪 涛
191	《证据科学论纲》	张保生
192	《要素成本上升背景下我国外贸中长期发展趋势研究》	黄建忠
193	《中国历代长城研究》	段清波
194	《当代技术哲学的发展趋势研究》	吴国林
195	《20世纪中国社会思潮研究》	高瑞泉
	……	